I0304186

द्वितीय विश्व युद्ध के पश्चात का विश्व इतिहास

(1945 – 2015)

लेखिका परिचय

अनीता शुक्ला ने राँची विश्वविद्यालय, राँची (झारखंड) से इतिहास में एम.ए. करने के पश्चात, उसी विश्वविद्यालय से पी.एच.डी. की डिग्री प्राप्त की। कई वर्षों तक महाविद्यालय में अध्यापन के बाद अब स्वतंत्र रूप से पूर्ण–कालिक शोध–परियोजनाओं में निमग्न हैं। वर्तमान में छत्तीसगढ़ राज्य के बस्तर क्षेत्र की समस्याओं पर शोध–कार्य जारी है।

e-mail: shukla.anita14@gmail.com

द्वितीय विश्व युद्ध के पश्चात का विश्व इतिहास
(1945 – 2015)

डॉ॰ अनीता शुक्ला

ZORBA BOOKS

ZORBA BOOKS

Published in India by Zorba Books, 2018

Website: www.zorbabooks.com
Email: info@zorbabooks.com

Copyright © डॉ० अनीता शुक्ला

ISBN Print Book - 978-93-87456-20-4

All rights reserved. No part of this book may be reproduced or transmitted in any form or by any means, electronic or mechanical, including photocopying, recording, or by an information storage and retrieval system—except by a reviewer who may quote brief passages in a review to be printed in a magazine, newspaper, or on the Web—without permission in writing from the copyright owner.

Although the author and publisher have made every effort to ensure the accuracy and completeness of information contained in this book, we assume no responsibility for errors, inaccuracies, omissions, or any inconsistencies herein. Any slights on people, places, or organizations are unintentional.

Zorba Books Pvt. Ltd.(opc)
Gurgaon, INDIA

Printed at Repro Knowledgecast Limited, Thane

अरुणीश, अदिति, नवनीत एवं अर्जुन को सप्रेम
समर्पित

विषय क्रम

मानचित्रों की सूची

प्राक्कथन

1. द्वितीय विश्व युद्ध के परिणाम 1

यूरोप के प्रभुत्व का अंत; जर्मनी पर प्रभाव; अमेरिका का उद्भव; सोवियत संघ का उद्भव; साम्राज्यवाद का अंत; शीत युद्ध; संयुक्त राष्ट्र संगठन; आणविक हथियार; सामाजिक परिवर्तन।

2. संयुक्त राष्ट्र संगठन 19

उद्देश्य तथा सिद्धांत; सदस्यता; राष्ट्रसंघ के अंग तथा कार्य : महासभा, सुरक्षा परिषद, आर्थिक तथा सामाजिक परिषद्, अंतर्राष्ट्रीय न्यायालय, न्यासधारिता परिषद्, सचिवालय तथा महासचिव; संयुक्त राष्ट्र के विशिष्ट अभिकरण; उपलब्धियाँ; संघ एवं आणविक हथियारों की समस्या; मूल्यांकन।

3. भारतीय संदर्भ में प्रवासी 47

यूरोप के प्रवासी, डियासपोरा, भारतीय प्रवासियों की ऐतिहासिक पृष्टभूमि, स्वतंत्रता प्राप्ति के पश्चात भारतीय प्रवासी, निष्कर्ष।

4. औपनिवेशिक मुक्ति का दौर :
ब्रिटिश, फ्रांसीसी एवं डच साम्राज्य का अंत 61

औपनिवेशिक मुक्ति के कारण; ब्रिटिश उपनिवेशों की स्वतंत्रता; फ्रांसीसी उपनिवेशों की स्वतंत्रता; डच उपनिवेशों की स्वतंत्रता; निष्कर्ष।

5. शीत युद्ध 89

उद्भव; शीत युद्ध के कारक : पूर्वी यूरोपीय साम्यवादी सरकारें, जर्मनी का बँटवारा, ट्रूमैन सिद्धांत एवं यूनान का गृह–युद्ध, मार्शल योजना एवं कॉमिनफार्म, बर्लिन संकट, नाटो की स्थापना, सोवियत संघ का परमाणु कार्यक्रम, वारसा संधि, अमेरिका में जासूसी का आतंक; चीन में साम्यवाद की स्थापना; प्रकृति एवं प्रभाव : कोरिया का युद्ध, कगारवाद एवं भयोत्पादन सिद्धांत, अमेरिका की सैनिक संधियां, सी.आई.ए., परमाणु हथियारों की होड़, क्यूबा संकट, आइज़नहावर एवं डोमिनो सिद्धांत; शीत युद्ध का अंत।

6. लैटिन अमेरिका   109

साइमन बोलीवार; यांकी साम्राज्यवाद; बोलीवार क्रांति एवं हयूगो शावेज़; लैटिन अमेरिकी देशों के विकास के अवरोधक।

7. शीत युद्ध के भंवर में पूर्व एशिया   137

कोरिया का बँटवारा और तानाशाही का उद्भव; उत्तर कोरिया; दक्षिण कोरिया; वियतनाम की त्रासदी; चीन : माओ का काल, अप्रत्याशित आर्थिक विकास, बाजार व्यवस्था, राजनैतिक नियंत्रण।

8. मध्य—पूर्व की भू—राजनीति   163

इजरायल का निर्माण; मिस्र और अरब राष्ट्रवाद; फिलिस्तीन की समस्या; सद्दाम हुसैन एवं इराक, ईरान—इराक युद्ध; इराक एवं प्रथम खाड़ी युद्ध 1990—91; द्वितीय खाड़ी युद्ध 2003; अरब वसंत : मिस्र, लीबिया, यमन, सीरिया; अरब वसंत : प्रभाव एवं परिणाम।

9. तीसरे विश्व का उद्भव : गुट—निरपेक्ष आंदोलन   195

प्रथम, द्वितीय एवं तृतीय विश्व, तीसरे विश्व की विशिष्टताएँ, तीसरे विश्व की गरीबी के कारण, विकास की राह में बाधाएँ; गुट निरपेक्ष आंदोलन : स्थापना, स्वरूप एवं सदस्यता, उद्देश्य एवं उपलब्धियाँ, वर्तमान प्रासंगिकता।

10. द्वितीय विश्व युद्ध के पश्चात संयुक्त राज्य अमेरिका   214

द्वितीय विश्व युद्ध के पश्चात अमेरिकी समाज; नागरिक अधिकार आंदोलन; मार्टिन लूथर किंग जूनियर; साम्यवाद विरोध : मैकार्थी युग; अमेरिका की विदेश नीति; अमेरिका बनाम एक ध्रुवीय विश्व।

11. पूर्वी यूरोप   246

साम्यवादी सरकारों की स्थापना; 1949—1989 के दौरान संघर्ष; साम्यवाद के पतन के कारण; पूर्वी यूरोपीय देशों के साम्यवादी सरकारों का पतन; मिखाइल गोर्बाचोव की भूमिका; अमेरिकी प्रभुत्व।

12. अफ्रीका के विकास के अवरोधक एवं दक्षिण अफ्रीका में रंगभेद   271

विकास में अवरोध के कारण; दक्षिण अफ्रीका : रंगभेद के विरूद्ध संघर्ष ; रंगभेद से प्रजातंत्र तक।

13. सोवियत संघ का विखंडन   295

पतन के जिम्मेदार कारण, मिखाइल गोर्बाचोव की भूमिका, संघ का विघटन, विखंडन का रूस पर प्रभाव, विश्व पर प्रभाव, एक ध्रुवीय विश्व एवं अन्य प्रभावों की समीक्षा।

14. पश्चिमी यूरोप को संगठित करने का प्रयास :
    नाटो एवं यूरोपीय समुदाय   325
    संगठित करने के कारण; यूरोपीय समुदाय या साझा बाजार; समुदाय एवं ब्रिटेन के मध्य संबंध; यूरोपियन संघ की संस्थाएँ; यूरोपियन संघ की विशेषताएँ।

15. वैश्वीकरण   355
    अर्थ एवं प्रकृति : आर्थिक, राजनैतिक, सांस्कृतिक वैश्वीकरण; वैश्वीकरण के आर्थिक एवं राजनैतिक प्रभाव; वैश्वीकरण एवं तीसरा विश्व; तीसरे विश्व के लिए वैश्वीकरण वरदान या अभिशाप।

    ग्रंथ–सूची (Bibliography)   386
    अनुक्रमणिका (Index)   389

मानचित्र क्रम

1.	हिरोशिमा पर अणु-बम	3
2.	अंतर्राष्ट्रीय न्यायालय : हेग	32
3.	वे देश जहाँ 19वीं सदी में भारतीय अनुबंधित श्रमिक ले जाए गए	53
4.	(अ) ब्रिटिश औपनिवेशिक साम्राज्य (1945)	67
	(ब) फ्रांसीसी औपनिवेशिक साम्राज्य (1945)	79
	(स) डच औपनिवेशिक साम्राज्य (1945)	85
5.	जर्मनी का बंटवारा : बर्लिन संकट (1948)	95
6.	दक्षिण (लैटिन) अमेरिकी देश	117
7.	शीत युद्ध के भंवर में पूर्वी एशिया	147
8.	(अ) फिलिस्तीन के बचे हिस्से एवं इजरायल	171
	(ब) 2011 का अरब बसंत	187
9.	गुट-निरपेक्ष देश	205
10.	मार्टिन लूथर किंग (जूनियर)	226
11.	द्वितीय विश्व युद्ध के पश्चात पूर्वी यूरोप के साम्यवादी देश	248
12.	अफ्रीका के देश	275
13.	सोवियत संघ के स्वतंत्र हुए गणराज्य (1991)	310
14.	यूरोपियन यूनियन के सदस्य देश	343
15.	(अ) 1950 में शंघाई (चीन)	364
	(ब) 2001 में शंघाई (चीन)	366

प्राक्कथन

1945 के बाद की समसामयिक इतिहास की पुस्तकें हिन्दी में कम उपलब्ध थीं अतः राँची विश्वविद्यालय के स्नातक एवं स्नातकोत्तर पाठ्यक्रम को ध्यान में रखते हुए इस पुस्तक की रचना की गई है। कई तरह की प्रतियोगिता परीक्षाओं, राज्य एवं संघ लोक सेवा आयोग द्वारा आयोजित परीक्षाओं में भी इसकी उपयोगिता पाई जा सकती है। यह पुस्तक उनके लिए भी लाभकारी होगी जो अंतर्राष्ट्रीय संबंधों के बारे में जानकारी चाहते है।

समकालीन इतिहास के परिपेक्ष्य में द्वितीय विश्व युद्ध एक बहुत बड़ी घटना/हादसा थी जिसने विश्व को बुरी तरह झकझोर दिया। इसके बाद पहले जैसी कम ही चीजें रहीं। एक के बाद एक, इतने सारे परिवर्तन होते चले गए और वह भी तीव्र गति से कि सैकड़ों सालों में सम्पन्न होने वाली घटनाएँ चलचित्र के समान सत्तर वर्षों में घट गईं जैसे शीत युद्ध का प्रारंभ एवं अंत, पूर्वी यूरोप में साम्यवादी शासन की स्थापना एवं अंत, जर्मनी का बटँवारा एवं एकीकरण, चेकोस्लोवाकिया, रूस एवं युगोस्लाविया का विखण्डन, यूरोपीय समुदाय/संघ का निर्माण और ब्रिटेन के निकल जाने के पश्चात शायद उसके पतन का प्रारंभ, वैश्वीकरण का उफान एवं गिरावट, पर्यावरण क्षय, आतंकवाद, कट्टर इस्लाम का उदय इत्यादि ने लोगों को हतबुद्धि कर रखा है। तेजी से बदल रहे विश्व को समझने के लिए इन सभी का वर्णन समझना जरूरी है।

संयुक्त राष्ट्र संगठन के निर्माण और द्वितीय विश्व की भयंकर बरबादी के बाद विश्व मानस ने उम्मीद की थी कि अब युद्ध बंद हो जाएँगे, संवाद एवं समझौतों से विवादों का निपटारा हो पाएगा पर द्वितीय विश्व युद्ध के बाद, आज तक सौ छोटे या बड़े युद्ध लड़े जा चुके हैं और बड़े युद्धों की बड़ी संभावना बनती ही जा रही है जैसे दक्षिण चीन सागर का विवाद, फिलीस्तीन-इजरायल समस्या, सिरफिरे उत्तर कोरिया के तानाशाह की आणविक हथियारों में रूचि या फिर भारत-पाकिस्तान विवाद जैसे मुद्दे कभी भी तीसरे विश्व युद्ध का कारण बन सकते हैं। यह आवश्यक है कि भावी पीढ़ी इन सभी मुद्दों की जड़ों को समझे, किसी एक देश का पक्ष ही न जाने बल्कि दूसरे पक्ष की जानकारी पा सके। समसामयिक विश्व के नजदीकी भूतकाल पर पैनी नजर डाल कर ही पेचीदा समस्याओं और खतरनाक परिस्थितियों के समय सही निर्णय लेने में भारतीय नेतृत्व को सहयोग दिया जा सकेगा।

इस पुस्तक का काल द्वितीय विश्व युद्ध के पश्चात से ले कर वर्ष 2015 तक रखा गया है क्योंकि इस बीच की घटनाओं के तार परस्पर गुंथे हुए है। इसी तरह ज्यादा नवीनतम घटनाओं की चर्चा करने की कोशिश की गई है। विश्व इतिहास एक विशाल क्षेत्र है अतः कुछ ही पहलुओं पर ध्यान आकर्षित किया गया है जैसे राजनैतिक इतिहास इस पुस्तक के केन्द्र में है, कुछ महत्वपूर्ण पक्ष छूट गए हैं जिन पर भविष्य में काम करने की इच्छा है।

अनीता शुक्ला
बचेली, दन्तेवाड़ा
19.03.2017

१. द्वितीय विश्व युद्ध के परिणाम

पृष्ठभूमि

द्वितीय विश्व युद्ध, समकालीन विश्व इतिहास की ऐसी घटना है जिसके बड़े दूरगामी परिणाम हुए। 1 सितम्बर 1939 से प्रारंभ हुए इस युद्ध ने इसमें भाग लेने वाले सभी देशों को बुरी तरह से हिला डाला और लगभग छह वर्षों तक चलने के पश्चात 14 अगस्त 1945 को, भयंकर संहार के पश्चात इसका अंत हुआ।

इस युद्ध में एक तरफ से रोम, बर्लिन, टोक्यो धुरी देश अर्थात इटली, जर्मनी एंव जापान तो दूसरी तरफ मित्र देश ब्रिटेन, फ्रांस, रूस एवं अमेरिका थे। धुरी देशों की तरफ से अल्बानिया, बलगारिया, फिनलैंड, हंगरी, रोमानिया और थाइलैंड भी हो गए जबकि मित्र देशों का साथ देने वाले कई देश हुए जो उस समय स्वतंत्र भी नहीं थे।

प्रथम विश्व युद्ध के बाद जर्मनी से किए गए शांति समझौते जिसे वर्साई की संधि कहते हैं, में ही द्वितीय विश्व युद्ध के बीज बो दिए गए थे। जर्मनी के साथ बुरा बर्ताव हुआ था। उसे बंदूक की नोक पर संधि पत्र पर हस्ताक्षर करने के लिए विवश कर दिया गया था और यह संधि भी प्रतिशोध की भावना पर आधारित थी। उसके उपनिवेश एवं व्यापारिक सुविधाएँ छीन ली गई थीं, पोलिश–गलियारा (Polish Corridor) बना कर उसकी भूमि को दो भागों में बाँट दिया गया था। उसकी समुद्री शक्ति को पूरा नष्ट कर दिया गया था। उसके कोयले और इस्पात के स्त्रोत छीन लिए गए थे, उस पर युद्ध क्षतिपूर्ति का अपमानजनक और असहनीय भार डाल दिया गया था। विदेशी सेनाएं छावनी डाल कर जर्मनी में रहने लगीं ताकि संधि की शर्तें पूरी करवाई जा सके। रूर (Ruhr) की घाटी में फ्रांस की सेना का अधिकार अत्यंत अपमानजनक रहा, जिससे जर्मनी के लोग बुरा महसूस करने लगे। परिणामतः नवनिर्मित जर्मनी के गणतंत्र के सामने जटिल समस्याएँ खड़ी हो गई। पश्चिमी यूरोप की प्रजातांत्रिक सरकारों ने जर्मनी के वाइमर (Weimar) गणतंत्र को कोई सहायता नहीं दी और उसे चारों तरफ के विरोध का निरंतर सामना करना पड़ा। उसे निरंतर तख्ता पलट के षड़यंत्र झेलने पड़े। इन परिस्थितियों में देश में नाज़ी पार्टी पनपने लगी और इसका नेता हिटलर जनवरी 1933 में चांसलर नियुक्त हुआ और देश में अपनी स्थिति शक्तिशाली बनाकर तथा सैनिक साधनों को मजबूत कर उसने अपना उद्देश्य और लक्ष्य स्पष्ट करना प्रारंभ किया। मार्च, 1936 में

राइनलैंड पर अधिकार कर लिया गया और 1938 में आस्ट्रिया, जर्मनी में मिला लिया गया। चेकोस्लोवेकिया के जर्मन मूल के सूडेटनों (Sudetens)को जर्मनी से मिल जाने के लिए उकसाया और हिटलर ने उनका खुले रूप से भी समर्थन किया पर ब्रिटेन चेकोस्लोवेकिया को सैनिक सहायता देने का वचन दे चुका था अतः युद्ध की संभावना बन गई। ब्रिटेन का प्रधानमंत्री चैम्बरलेन तीन बार जर्मनी गया और आखीर म्यूनिख संधि (Munich Pact) के अंतर्गत चेकोस्लोवेकिया को जर्मनी की मांग माननी पड़ी। युद्ध तो टला पर तुष्टीकरण की यह नीति मित्र देशों को बहुत मंहगी पड़ी। ब्रिटेन उस वक्त युद्ध के लिए तैयार न था, 1919 के पश्चात उसने अपनी सैन्य शक्ति को बहुत ही कम कर दिया था।

1939 में नाज़ियों ने डैन्जिग (Danzig)और पोलिश–गलियारा (Polish Corridor) पर ध्यान लगाया। हिलटर ने समाचार पत्रों द्वारा इस बात का प्रसार किया कि पोलैंड सरकार वहाँ के जर्मनों पर अत्याचार कर रही है, उसने डैन्जिग की वापसी की मांग की। अब 31 मार्च 1939 को चैम्बरलेन ने घोषणा की कि यदि जर्मनी ने पोलैंड पर आक्रमण किया तो इंग्लैंड और फ्रांस उसकी सहायता करेंगे। किन्तु हिटलर ने इस चेतावनी की उपेक्षा की और पोलैंड को धमकी दी। 23 अगस्त 1939 को सोवियत रूस और जर्मनी में अनाक्रमण समझौता (Non-aggression pact) किया गया कि दोनों देश परस्पर युद्ध नहीं करेंगे। यदि दोनों में से एक देश तीसरी शक्ति से युद्ध में फंस जाए तो दूसरा देश तीसरी शक्ति की सहायता नहीं करेगा। यह संधि हिटलर की कूटनीतिक विजय थी। युद्ध की स्थिति में जर्मनी दो मोर्चों पर युद्ध करने से बच गया। अब जर्मनी ने पोलैंड से 16 मांगों को मानने का धमकी भरा प्रस्ताव भेजा जिसे मना करने पर 1 सितम्बर 1939 को जर्मन सेनाओं ने पोलैंड पर आक्रमण कर दिया तब 3 सितम्बर 1939 को फ्रांस एवं ब्रिटेन ने जर्मनी के विरूद्ध युद्ध की घोषणा कर दी।

युद्ध का दूसरा कारण जापान का साम्राज्यवाद भी था। प्रथम विश्वयुद्ध में जापान की महत्वकांक्षाएं बढ़ गई थी। जापान और चीन दोनों ही प्रथम विश्व युद्ध में मित्र राष्ट्रों के सहयोगी थे पर युद्ध के बाद चीन की कीमत पर जापान को अनेक सुविधाएँ दी गई। जापान की सरकार ने अपनी सैन्य शक्ति खूब बढ़ाया। जापानी लोगों ने भी इसका समर्थन किया। 1931 में जापान में मंचूरिया में हस्तक्षेप किया और राष्ट्रसंघ (League of Nations) के मना करने पर भी मंचूरिया को अपने अधिकार में कर लिया। जापान की लालसा बढ़ती गई। जुलाई 1937 में जापान ने बिना घोषणा किए चीन पर आक्रमण कर दिया और एक के बाद एक कई शहरों पर कब्जा कर लिया। जब द्वितीय विश्व युद्ध प्रारंभ हुआ तब भी चीन–जापान युद्ध चल रहा था। जापान, रोम बर्लिन धुरी में जुड गया और 7 दिसम्बर 1941 में प्रशांत महासागार के हवाई द्वीप पर स्थित अमेरिकी बंदरगाह पर्ल हारबर (Pearl Harbour) पर आक्रमण कर युद्ध में शामिल हो गया। उग्र राष्ट्रवाद और सैन्यवाद के उत्कट प्रभाव के कारण जापान ने भी युद्ध की परिस्थितियाँ तैयार की।

प्रथम विश्व युद्ध के बाद कई देशों में तानाशाहों का शासन स्थापित हुआ जिसकी वजह से युद्ध की स्थितियाँ बनीं। हिटलर के नेतृत्व में जर्मनी में नाज़ी

हिरोशिमा की अणु बम द्वारा तबाही

तानाशाही की स्थापना हुई। उसने पड़ोसी देशों पर अधिकार कर के ''रहने का स्थान'' बनाना (Lebensraum) चाहा, सभी ट्यूटोनिक जातियों को देश में मिलाना और यहूदियों को मार भगाने जैसे क्रूर उद्देश्यों की चर्चा की। रोम में मुसोलिनी अपने फासिस्ट साथियों के साथ प्राचीन रोम की शान की पुनर्स्थापना करना चाहता था इसीलिए उसने अबीसीनिया को जीता। स्पेन के तानाशाह जनरल फ्रैंको की सहायता नाज़ी तथा फासिस्टो ने की। 1937 में इटली, साम्यवादी संघ विरोधी संधि (Anti Comintern pact) में शामिल हुआ जिससे बर्लिन–रोम–टोक्यो धुरी संगठन का जन्म हुआ। इनके रहते शांति असंभव थी।

युद्ध की बड़ी वजह तानाशाही और प्रजातंत्रवाद की विचार धाराओं का भी संघर्ष था। जर्मनी, इटली और जापान जैसे देश एक विचारधारा के थे ; जबकि ब्रिटेन, फ्रांस और अमेरिका दूसरी विचारधारा के। मुसोलिनी ने इस दो विचारधाराओं के संघर्ष को ठीक परिभाषित किया जब उसने कहा ''दो प्रकार के संसारों के संघर्ष में समझौते का कोई स्थान नहीं है या तो हम रहेंगे या वे''। हिलटर अपने देश के पुराने उपनिवेशों के साथ और प्रदेश चाहता था ताकि जर्मनी फ्रांस और ब्रिटेन के समकक्ष आ जाए। जर्मनी के लोगों को भी यह बात अपमानजनक लगती थी कि उनके पास ज्यादा उपनिवेश नहीं थे। जापान धरती का भूखा था वह हर उस से युद्ध के लिए तैयार था जो उसकी इच्छा में रोड़ा अटकाए।

फ्रांस और ब्रिटेन जैसे देशों ने तुष्टीकरण की नीति अपना कर तानाशाहों का मनोबल खूब बढ़ाया। वे स्वयं युद्ध के लिए तैयार नहीं थे और फिर वे हिटलर तथा मुसोलिनी के साम्यवादी विरोधी रूख के झांसे में आ गए। उन्हें लगा हिटलर तथा मुसोलिनी जैसी शक्तियां ही रूसी साम्यवादियों के प्रसार को रोक पाएँगी। अतः हिटलर द्वारा वर्साई की संधि शर्तों को तोड़ते चले जाने पर भी उन्होंने चुप्पी साध रखी। आखीरकार तानाशाहों ने अपना असली रंग दिखा दिया।

राष्ट्रसंघ का कमजोर होना भी युद्ध का एक कारण बना। अमेरिका राष्ट्रसंघ का सदस्य बना ही नहीं अतः यह फ्रांस एवं ब्रिटेन का पिछलग्गू संस्था बना रहा और उन सारी समस्याओं को नहीं सुलझा पाया जो किसी बड़े देश से संबंधित थे।

प्रथम विश्वयुद्ध के समान द्वितीय विश्वयुद्ध का कारण सैन्यवाद था। वर्साई की संधि से जर्मनी को निःशस्त्र कर दिया गया था और आशा की गई की अन्य देश भी इसका अनुसरण करेंगे पर ब्रिटेन को छोड़ कर किसी यूरोपीय देश ने इसका पालन नहीं किया। हिटलर ने तेजी से देश का सैन्यीकरण शुरू किया, 1935 में अनिवार्य सैनिक भर्ती प्रारंभ हुई, जर्मन वायुसेना एवं नौसेना का विस्तार किया अतः सभी यूरोपीय देश युद्ध की तैयारियों में लगने को मजबूर हुए।

पोलैण्ड पर आक्रमण से द्वितीय विश्व युद्ध शुरू हुआ और नाज़ी सेना ने बिजली की गति (Blitzkrieg) से युद्ध करते हुए सितम्बर के आखिरी सप्ताह तक उस पर अधिकार कर लिया। पोलैण्ड के पूर्वी भाग पर स्टालिन ने कब्जा कर लिया। इस पश्चात कई महीनों का सन्नाटा रहा, जब कि युद्ध की घोषणा तो

हो चुकी थी परन्तु पोलैण्ड की रक्षा के लिए न ब्रिटेन और न ही फ्रांस आगे आया, अतः अक्टूबर 1939 से मार्च 1940 का समय छद्म युद्ध (Phoney war) कहलाता है। अप्रैल 1940 से युद्ध पुनः शुरू हुआ जब नाज़ियों ने नार्वे तथा डेनमार्क पर आक्रमण कर कब्जा कर लिया। मई में हॉलैण्ड तथा बेल्जियम पराजित हुए। जून में नाज़ी सेना फ्रांस के उत्तरी भाग में अपना अधिकार करने में सफल हुई। इसके बाद हिटलर ने ब्रिटेन पर आक्रमण की योजना (Operation sea lion) अगस्त में बनाई मगर वह कामयाब नहीं हुई। चर्चिल के नेतृत्व में अंग्रेजों ने खुद को बहादुरी से बचाया। उत्तरी अफ्रीका पर ध्यान केन्द्रित करते हुए मुसोलिनी ने मिस्र और ग्रीस पर आक्रमण किया और नाज़ी सेना भी यहाँ आ पंहुची। 21 जून 1941 को जर्मनों ने रूस पर आक्रमण कर दिया और इस विशाल देश के भीतर घुसते चले गए। उधर 7 दिसम्बर 1941 को जापान द्वारा अमेरिकी नौसेना पर्ल बंदरगाह पर आक्रमण से अमेरिका का भी युद्ध में प्रवेश अनिवार्य हो गया। यूरोप में जहाँ टैंकों, हवाई जहाजों और पनडुब्बियों से युद्ध लड़ा जा रहा था, प्रशांत महासागर में जापान और अमेरिका के नौसैनिक जहाज और युद्ध क–विमान–संवाहक पूर्वी कमान के मुख्य हथियार थे। अगस्त 1942 तक नाज़ी दक्षिण की तरफ से मास्को के नजदीक पहुंच गए। रूसी लाल सेना की बहादुरी, रूसी जनता का अथक धैर्य और कष्ट सहने की अदम्य जीजिविषा पर सबसे बढ़कर रूसी शीत ऋतु ने नाजियों को हरा दिया। फरवरी 1943 में नाज़ी जनरल पॉलस ने एक लाख सैनिकों के साथ आत्मसमपर्ण कर दिया। जुलाई 1943 को मित्र सेनाएं इटली के दक्षिण से घुसीं, इटली के राजा ने मुसोलिनी को पदच्युत कर दिया और देश ने, मित्र सेनाओं के सामने आत्मसर्गपण कर दिया। जापान प्रशांत में काफी सफलता से अपनी ताकत बढ़ा रहा था। सिंगापुर, मलेशिया, हाँगकाँग तथा बर्मा उसके कब्जे में आ गए थे। वह अमरीकियों को फिलिपीन्स और गुआम से बाहर करने में सफल रहा था। पर 6 जून 1944 को अमेरिकी, ब्रिटिश एवं कनाडाई सैनिकों ने फ्रांस के उत्तर में नॉरमैंडी तट पर मोर्चा खोला और पश्चिम की तरफ से जर्मनी की तरफ बढ़ते चले गए। इटली के दक्षिण से मित्र सेनाएँ उत्तर की तरफ बढ़ती गई, मुसोलिनी को विरोधियों द्वारा गोली मार दी गई। पूर्व की तरफ से रूसी लाल सेना, पूर्वी यूरोपीय देशों को नाज़ी कब्जे से मुक्त कराते जर्मनी की तरफ बढ़ चलीं और सबसे पहले वे ही बर्लिन पहुंचीं, अप्रैल 29, 1945 को हिटलर ने खुद को गोली मार ली और यूरोप में युद्ध समाप्त हो गया, परन्तु जापान प्रशांत में अत्यंत शक्तिशाली था और उसका कब्जा मलेशिया, सिंगापुर, कोरिया, मंचूरिया तथा ताइवान पर बना हुआ था, अमेरिकी राष्ट्रपति ट्रूमैन ने जल्दी युद्ध समाप्त करने के नीयत से नए परीक्षण किए आणविक बम का प्रयोग करने की सोची। 6 अगस्त एवं 9 अगस्त 1945 को जापान के हिरोशिमा तथा नागासाकी शहरों पर क्रमश : बम गिराए गए, सैकड़ों की संख्या में जापानी नागरिक मारे गए आखीरकार 14 अगस्त 1945 को जापान ने आत्मसमर्पण कर दिया।

द्वितीय विश्व युद्ध के परिणाम तथा प्रभाव

इस युद्ध में लगभग पाँच करोड़ लोग मारे गए। इन मरने वालों में करीब दो–तिहाई से भी ज्यादा नागरिक तथा गैर–सैनिक थे। युद्ध ने शहरों, गाँवों, उद्योगों तथा संचार के साधनों को विनष्ट कर दिया। करोड़ो लोग बेघर हो गए। सबसे ज्यादा विनाश सोवियत संघ में हुआ। जर्मनी और जापान का भी काफी विध्वंस हुआ। इटली को अपने उपनिवेश वापस करने पड़े। सैनफ्रांसिस्को संधि के अंतर्गत जापान को अपने सारे क्षेत्र लौटाने पड़े जो उसने पिछले नब्बे वर्षों में जीते थे। युद्ध के दौरान बड़े पैमाने पर शरणार्थियों को अपनी जान बचाने के लिए संघर्ष करना पड़ा, लगभग एक करोड़ जर्मन पूर्वी जर्मनी से भागकर पश्चिमी जर्मनी में आए। द्वितीय विश्व युद्ध के दौरान नाज़ियों के कब्जे वाले पूर्वी यूरोपीय देशों, हॉलैण्ड, ग्रीस एवं जर्मनी के यहूदियों को, सुनियोजित ढंग से बड़ी संख्या में मार दिया गया। यहूदी नरसंहार विश्व की क्रूरतम घटना है जो द्वितीय विश्व युद्ध के दौरान घटी। वैसे तो यहूदी विरोधी भावना सदियों से यूरोप में थी पर हिटलर ने उन्हें प्रथम विश्व युद्ध में जर्मनी के पराजय का कारण माना और यहूदी विरोध, राष्ट्रीय नीति बना ली। विश्व युद्ध के दौरान उन्हें जगह–जगह से बटोर कर, कैम्पों में रख कर गैस भट्टियों में, गोलियों से भुनवा कर मार डाला। पूरा विश्व इसकी जानकारी पा कर हिल गया।

विश्व राजनीति में यूरोप के प्रभुत्व का अंत

द्वितीय विश्वयुद्ध से पहले इंग्लैण्ड तथा फ्रांस, विश्व की दो महान शक्तियाँ गिनी जाती थीं क्योंकि औद्योगिक क्रांति ने न केवल इन्हें समृद्ध बनाया था बल्कि इनकी सरकारें 'मर्कन्टाइल' (Mercantile)सिद्धांत पर काम करती हुई अधिक से अधिक उपनिवेश प्राप्त कर, व्यापार के माध्यम से अधिक से अधिक सोने और चाँदी जैसे बहुमूल्य धातु प्राप्त कर समृद्ध एवं शक्तिशाली बनने की होड़ में लगी हुई थीं। विश्व के अधिकांश भागों में इनके उपनिवेश थे। विश्व राजनीति में इन्हे चौधरी समझा जाता था। परन्तु विश्व युद्ध के दौरान इन्हें अत्यधिक आर्थिक तथा सैनिक हानि उठानी पड़ी। दोनों ही देश युद्ध में प्रवेश के लिए इच्छुक नहीं थे और युद्ध के दौरान चार–पाँच सालों तक नाज़ियों ने यूरोप पर कब्जा का रखा था, हालांकि ब्रिटेन, फ्रांस की तरह नाज़ी कब्जे में नहीं रहा पर उसे भीषणतम बमबारी झेलनी पड़ी थी जिसने उसकी अर्थव्यवस्था को तहस–नहस कर दिया था। युद्ध के बाद का पुनर्निर्माण यूरोप के देशों के लिए बहुत बड़ी चुनौती बन गया। किसानों के पास न ही बीज, औजार, पशु थे, उद्योग कच्चे माल एवं कोयले की कमी से परेशान थे, लोग भोजन, वस्त्र और जलावन के लिए आतुर थे। व्यापार अवरूद्ध था, संचार तथा परिवहन ठप्प पड़ गए थे। मुद्रस्फीति के कारण चीजों के दाम बढ़ते जा रहे थे और उपनिवेशों से होने वाली आय बंद थी। युद्ध से लौटने के बाद सैनिक बेरोजगार हो गये थे। राजनीतिक समस्याएं भी कम न थीं। युद्ध के दौरान चुनाव नहीं हो पाए थे, फ्रांस की लोकप्रिय सरकार देश के

बाहर थी। जब युद्ध पश्चात चुनाव हुए तो ब्रिटेन और फ्रांस में भी अन्य पश्चिमी देशों के समान साम्यवादियों और कम्यूनिस्टों की संख्या बढ़ गई। गठबंधन सरकारों का दौर चल पड़ा, पर ये सरकारें अंतर्विरोध और आपसी खींचतान में लग गईं।

फ्रांस में एक नया संविधान तैयार किया गया जिसके पश्चात चौथा फ्रांसीसी गणतंत्र अस्तित्व में आया। यह भी दक्षिण पंथी और कट्टरपंथियों के संघर्ष से डावाँडोल हो रहा था। फ्रांस का मनोबल बहुत कम हो गया था, और वह युद्ध तथा सैनिक कार्यवाही से बचना चाहता था।

ब्रिटेन में जुलाई 1945 को चुनाव हुए और लेबर पार्टी सत्ता में आई। चर्चिल पराजित हुए और क्लीमंट एटली की सरकार बनी। 1946–47 के बीच कई समाजवादी कानून पारित किए गए, बैंक ऑफ इंग्लैण्ड, कोयले के खदान, इस्पात उद्योग, हवाई परिवहन और रेलवे का राष्ट्रीकरण किया गया। युद्ध ने उत्पादकता पर असर डाला था, युद्ध के बाद करों को और बढ़ाया गया, अमेरिका से काफी वित्तीय मदद मिलने के बावजूद, ब्रिटेन की माली हालत काफी खराब रही, कच्चे माल और खाने के सामान की कमी बनी रही जिसके चलते कठोर राशनिंग (Rationing)करनी पड़ी। ब्रिटिश सरकार को सेना एवं नौसेना दोनों में ही कटौती करनी पड़ी।

अतः युद्ध ने इन दोनों साम्राज्यवादी देशों की ताकत को तोड़ दिया और इनके उपनिवेश धीरे–धीरे आजाद होने लगे। इनकी जगह विश्व की दो अन्य शक्तियाँ महाशक्तिशाली बन कर उभरीं और वे द्वितीय विश्व युद्ध के बाद विश्व की राजनीति पर छा गई। वे थीं – संयुक्त राज्य अमेरिका और सोवियत संघ – विश्व मे यूरोप केन्द्रित युग का अंत हो गया।

द्वितीय विश्व युद्ध का जर्मनी पर प्रभाव

पराजित जर्मनी पर प्रथम विश्व के पश्चात जैसी वर्साई की संधि तो नहीं लादी गई परन्तु उसके नाज़ियों का खात्मा करने के लिए, मित्र देशों की सेनाओं ने उसके विभिन्न हिस्सों पर कब्जा कर लिया। न सिर्फ उसकी सैनिक व्यवस्था को भंग कर दिया गया बल्कि उसके कई उद्योग नष्ट कर दिए गए। जुलाई और अगस्त 1945 को, मित्र देशों के राष्ट्राध्यक्ष, बर्लिन के नजदीक के शहर पोट्सडम में मिले, यहीं पर उन्होंने एक घोषणा–पत्र जारी किया जिसमें नाज़ी तत्वों का पूर्ण विनाश और जर्मनी के निरस्त्रीकरण के उद्देश्य से निम्नलिखित निर्णय लिए गए – पोलैण्ड को पूर्वी प्रशा का भाग सौंप देना, जर्मनी को चार क्षेत्रों मे बांट कर मित्र देशों द्वारा असैनिकीकरण, अनाज़ीवाद और लोकतंत्रीकरण लागू करना एवं साम्राज्यवाद, सैन्यवाद और नाज़ीवाद की समाप्ति करना।

अमेरिकी क्षेत्र में बवेरिया, हसे, वर्टमबुर्ग–बडेन तथा ब्रीमेन का बंदरगाह आया, ब्रिटिश क्षेत्र में श्लेस्विग–होलस्टेन, सैक्सनी का दक्षिणी भाग और हैमबर्ग आया,

सोवियत क्षेत्र में ब्रैंडनबुर्ग, बाकी सैक्सनी, मैक्लेनबुर्ग, पोमेरेनिया और थुरिंगिया आया। फ्रांस के हिस्से एक छोटा क्षेत्र पैलेटिनेट और राइन क्षेत्र आया। राजधानी बर्लिन को भी चार भागों में बांटकर, मित्र देश की सेनाओं ने अपने कब्जे में किया।

सोवियत हिस्से को छोड़कर जो जर्मनी के उत्तर–पूर्व हिस्से में था, बाकी हिस्सों के मिला दिया गया और 1949 में चुनाव द्वारा गणतंत्र की स्थापना की गई। अमेरिकी आर्थिक सहयोग ने इस हिस्से में पुनर्निर्माण आसान बना दिया। अतः यह हिस्सा पश्चिमी जर्मनी या संघीय जर्मन गण्तंत्र बन गया और बॉन इसकी राजधानी बनी। सोवियत हिस्सा साम्यवादी पूर्वी जर्मनी भी 1949 के पतझड़ में अस्तित्व में आया। यहाँ सोवियत ढंग की योजना आधारित पंचवर्षीय आर्थिक विकास का तरीका अपनाया गया। समय के साथ पश्चिमी जर्मनी तेजी से विकसित हुआ, वहीं पूर्वी जर्मनी के लोगों का जीवन स्तर वैसा अच्छा नहीं हुआ। बर्लिन को चार भागों में बांटा गया था, तीन हिस्से एक हो गए जिन्हे पश्चिमी बर्लिन कहा गया और पूर्वी बर्लिन पर रूसी कब्जा था। पूँजीवादी देशों की गतिविधियों से नाराज स्टालिन ने जून 1948 में उनके पश्चिमी बर्लिन में स्थलमार्ग से प्रवेश पर प्रतिबंध लगा दिया क्योंकि बर्लिन शहर, रूसी क्षेत्र के बीचों बीच पूर्वी जर्मनी में स्थित था। लगभग दस महीनों तक यह घेराबंदी चलती रही पर अमेरिका समेत पश्चिमी देश, हवाईजहाजों के माध्यम से पश्चिमी बर्लिन के नागरिकों को आवश्यक चीजों की आपूर्ति करते रहे, आखीर मई 1949 को घेराबंदी हटा दी गई परन्तु विश्व मानो पुनः युद्ध के करीब आ गया था, और शीत युद्ध के बादल घिर गए। अतः द्वितीय विश्व युद्ध के बाद जर्मनी देश का, दो विपरीत विचारधारा वाले देशों में बँटवारा हो गया – पूंजीवादी पश्चिमी जर्मनी तथा साम्यवादी पूर्वी जर्मनी। इस बँटवारे का प्रत्यक्ष प्रमाण बना बर्लिन की दीवार। अगस्त 1961 में पूर्वी और पश्चिमी बर्लिन के बीच, पूर्वी जर्मनी ने दीवार बना दी जिसके ऊपर बिजली के तार लगे थे, ताकि पूर्वी जर्मनी के लोग, पश्चिमी बर्लिन जा कर पश्चिमी जर्मनी न जा सके।

विश्व शक्ति के रूप में अमेरिका का उद्भव

द्वितीय विश्वयुद्ध के पश्चात अमेरिका एक महान शक्ति के रूप में प्रतिष्ठित हुआ। अपने मानव एवं अगाध प्राकृतिक स्त्रोतों की वजह से वह मित्र देशों का न केवल यूरोप बल्कि सुदूर पूर्व में हुई विजय का कारण बना और मित्र देशों के विपरीत उसकी धरती पर कोई लड़ाई नहीं लड़ी गई न ही किसी शहर या उद्योग का विद्धंश हुआ। इस बार उसकी अर्थव्यवस्था भी मंदी की आंच में नहीं झुलसी बल्कि उसका उत्तरोत्तर विकास होता गया। जो उद्योग युद्ध के दौरान युद्धोपयोगी सामान बना रहे थे, वे अब उपभोक्ता सामान बनाने लगे, कई नए सामान बाजार में आ गए जैसे बर्तन धोने की मशीन, कपड़े धोने की मशीन, रिकार्ड–प्लेयर, टी. वी. इत्यादि और ज्यादा से ज्यादा लोग इन्हें खदीरने लायक पैसे भी रखते थे। 1920 के दशक में लोगों के पास गैर जरूरी चीजें खरीदने का पैसा न था पर 1950 के दशक में आर्थिक विकास ने मध्यम वर्ग को धनवान बना दिया था। इस

समय अमेरिका का सालाना विकास दर आठ प्रतिशत था। युद्ध के दौरान मित्र देशों को सामान निर्यात कर या उधार पर दे कर उसने बहुत धन कमाया था। युद्ध के पश्चात उसने इंग्लैंड, फ्रांस, नार्वे, डेनमार्क बाद में जर्मनी को भी पुननिर्माण के लिए आर्थिक सहायता भी दी और विश्व में अपना प्रभाव बढ़ाया।

द्वितीय विश्व युद्ध के दौरान अमेरिका प्रथम देश था जिसने परमाणु शक्ति का अविष्कार किया। उसने 1945 ई॰ में जापान के दो नगरों हिरोशिमा एवं नागासाकी पर बम गिरा कर दुनिया में यह साबित कर दिया कि सैन्य दृष्टि से वह विश्व में सबसे शक्तिशाली देश है। 1952 ई॰ में उसने अणु बम से भी कई गुना अधिक खतरनाक हाइड्रोजन बम का सफल प्रयोग किया, जिन से विश्व में उसकी धाक जम गई।

अंतरिक्ष अन्वेषण में भी अमेरिका तेजी से उन्नति करने लगा। हालांकि अंतरिक में सबसे पहले रूस ने अपना यान ''स्पूतनिक'' 1957 ई॰ में छोड़ा, परन्तु अगले ही वर्ष अमेरिकी उपग्रह ''एक्सप्लोरर'' प्रथम, 1958 ई॰ में सफलतापूर्वक प्रक्षेपित किया गया और इस तरह से दोनों देशों के बीच अंतरिक्ष प्रयोगों को ले कर भी होड़ शुरू हो गई। 1969 ई॰ में अमेरिका ने प्रथम मानव यान चाँद पर उतारने में सफलता पा ली और नील आर्मस्ट्रांग चाँद पर उतरने वाला विश्व का पहला व्यक्ति बना।

युद्ध पश्चात अमेरिका में साम्यवादी विरोधी विचारधारा फिर से बलवती होने लगी। 1917 की रूसी क्रांति के बाद से ही अमेरिका साम्यवादी विरोधी व्यवहार रखता था। पश्चिमी यूरोपीय देशों के साथ मिलकर हर कदम सोवियत संघ का विरोध करना उसकी नीति बन गई थी। ये सब मिलकर हिटलर तथा मुसोलिनी जैसे तानाशाहों के प्रति 1930 के दशक में तुष्टिकरण की नीति की तहत उन्हें प्रोत्साहित करते थे, पर हिटलर ने इन्हीं पर आक्रमण कर द्वितीय विश्व युद्ध शुरू किया। युद्ध के दौरान मित्र देशों ने रूस के साथ मिलकर नाज़ियों के विरूद्ध युद्ध लड़ा पर युद्ध के पश्चात अमेरिका ने मानो अपने ऊपर यह जिम्मेदारी ले ली कि वह विश्व में साम्यवाद के प्रसार को रोकेगा। उधर सोवियत संघ समय–समय पर होने वाले अंतर्राष्ट्रीय साम्यवादी कम्युनिस्ट सम्मेलनों की उस घोषणा का समर्थन करता था कि उनका ध्येय पूरे विश्व में साम्यवादी विचारधारा पर आधारित देशों के स्वप्न को धरती पर वास्तविक बनाना है। (Communist International) अमेरिका के राष्ट्रपति हैरी.एस. ट्रूमैन ने 12 मार्च 1947 ई॰ को घोषणा की कि स्वत्रंत लोगों की मदद करना अमेरिका का कर्तव्य है अगर वे सशस्त्र अल्पसंख्यको (Armed minorities)या बाहरी दबावों से संघर्ष कर रहे हों। पर वास्तविकता में इसका मतलब था कि वे कम्युनिस्ट प्रसार को रोकेंगे। अतः ग्रीस में कम्यूनिस्टों का विरोध करने के लिए आर्थिक मदद भेजी गई, तुर्की जो रूसी जहाजों को अपनी खाड़ी में प्रवेश नहीं करने दे रहा था की मदद के लिए अमेरिकी विमान–वाहक 'फ्रैंक्लीन डी. रूज़वेल्ट' भेजा गया। अमेरिका ने 'डोमिनो प्रभाव' की व्याख्या की ; अगर नए स्वतंत्र होने वाले देश साम्यवाद के प्रभाव में आ गए तो उनके पीछे अन्य कई भी साम्यवादी प्रभाव में आ जाएँगे अतः अमेरिका ने यह अपनी विदेश नीति बना ली कि वह आर्थिक मदद या सैन्य हस्तक्षेप के जरिए देशों

को साम्यवादी प्रभाव के अंतर्गत आने से रोकेगा। 1949 ई॰ में जब चीन में साम्यवादी शासन की स्थापना हो गई तो अमेरिका ने कई वर्षों तक उसे मान्यता नहीं दी बल्कि फारमोसा टापू (ताइवान) की सरकार को ही वास्तविक चीन की सरकार माना। लैटिन अमेरिका के देशों में केवल उन नेताओं की सरकारों को मान्यता दी या हर संभव मदद दी जो अमेरिका के समर्थक तथा साम्यवादी विचारधारा के विरोधी थे। इस महाद्वीप के देशों की उन सरकारों का तख्ता पलटने के लिए अमेरिका ने या तो वहाँ अपनी सेना भेजी या वहाँ के विद्रोहियों (जो प्रायः अमेरिका समर्थक होने थे) की भरपूर मदद की। इस तरह के व्यवहार से द्वितीय विश्व युद्ध के बाद शीत युद्ध की स्थिति बनी।

अपने देश के भीतर भी अमेरिका में सब कुछ अच्छा न था। देश की समृद्धि वहाँ के श्वेत लोगों और सरकार तक ही सीमित थी। अमेरिकी क्रांति के बाद की गणतांत्रिक सरकार समानता पर आधारित नहीं थी और नस्ली भेदभाव था। अमेरिका के अश्वेत लोग जिन्हें वहाँ नीग्रो कहा जाता था, पर कई तरह के प्रतिबंध लगे हुए थे। 1950 ई॰ के दशक में वहाँ नागरिक अधिकारों के लिए शक्तिशाली आंदोलन प्रारंभ हुए जिसे धीरे–धीरे सफलता मिली। अमेरिकी उच्चतम न्यायालय ने कई आदेश पारित किए जिससे रंगभेद या नस्ली अलगाव को स्कूलों, सार्वजनिक स्थानों और मताधिकार के लिए अमान्य घोषित किया गया, पर फिर भी लोगों के मन से इन्हें दूर करना मुश्किल था। दक्षिण के राज्य नस्ली भेदभाव को खत्म करना नहीं चाहते थे। 1955 ई॰ से ही मार्टिन लूथर किंग जो एक बैपटिस्ट अश्वेत पादरी थे ने अहिंसक तरीके से मानवाधिकारों और अश्वेत अधिकारों की लड़ाई प्रारंभ की। वे महात्मा गांधी और डेविड थोर (David Thoreau)के विचारों से प्रभावित थे। उनके धरनों और अहिसंक असहयोग एवं अवज्ञा आंदोलनों ने काफी प्रभाव छोड़ा और 1963 ई॰ में 'वाशिंगटन मार्च' जैसी एक अत्यधिक बड़ी रैली का आयोजन किया जिसके पश्चात अश्वेत लोगों को मताधिकार मिला। उनके कार्यों के लिए मार्टिन लूथर किंग जूनियर को 1964 में शांति का नोबल पुरस्कार मिला। परन्तु अप्रैल 1968 ई॰ में उनकी हत्या कर दी गई।

अतः द्वितीय विश्व युद्ध के बाद अमेरिका एक विश्व शक्ति के रूप में उभरा जो दुनिया में उदार जनतंत्र, राष्ट्रीय स्वशासन और अंतर्राष्ट्रीय सहयोग का पक्षधर था परन्तु ये सारी उच्च विचारों वाली छवि भी विश्व को अशांत होने से न बचा सकी।

विश्व शक्ति के रूप में सोवियत संघ का उद्‌भव

द्वितीय विश्व युद्ध के दौरान भयंकर तबाही झेलने के बाद, रूसी सेना विजेताओं की तरह सबसे पहले बर्लिन पहुँची थी। यूरोप में युद्ध समाप्त हो जाने के बाद जापान को पराजित करने के लिए अमेरिका सहित पश्चिमी देश रूस, जिसे उस समय सोवियत संघ कहा जाता था, की हर बात मानने को तैयार थे और उन्होंने रूस के पूर्वी पोलैण्ड, बाल्टिक के इस्टोनिया, लैटविया और लिथुआनिआ के कब्जे

पर कुछ न कहा। उसी तरह जब रूस की सेना पूर्व की तरफ से बढ़ते हुए पूर्वी यूरोपीय देशों को आजाद कराते हुए बर्लिन में घुसी तो पश्चिमी देशों ने केवल कागज पर उससे वादा ले लिया कि वह इन देशों में स्वतंत्र चुनाव कराएगा और गणतांत्रिक सरकारों की स्थापना में मदद करेगा। युद्ध के बाद सोवियत संघ विश्व की दूसरी महान शक्ति बनकर उभरा जो न केवल युद्ध का विजयी देश था बल्कि पूर्वी यूरोपीय देशों का उद्धारक था अतः इन देशों में रूसी प्रभाव से साम्यवादी सरकारों का गठन हुआ। हंगरी, पोलैण्ड, रूमानिया, यूगोस्लाविया अल्बानिया, बुल्गारिया, चेकोस्लोवेकिया, पूर्वी जर्मनी इत्यादि देश रूस के "उपग्रह" बन गए। उधर गृह युद्ध के बाद 1949 ई॰ में चीन भी साम्यवादी देश बन गया। रूस ने इन सभी साम्यवादी देशों को यथा संभव आर्थिक तथा तकनीकी सहायता दी। उसने कोरिया, वियतनाम, क्यूबा आदि में अमेरिका के विरोधियों का समर्थन किया और अधिकांश कम्यूनिस्ट देशों द्वारा साम्यवादी गुट के नेता देश के रूप में मान्यता प्राप्त कर विश्व को यह बता दिया कि रूस के साथ दुनिया के अनेक देश हैं।

एक ओर जहाँ पश्चिमी यूरोप के देश तहस–नहस हो गए तो दूसरी तरफ बहुत ही विद्ध्वंश झेलने के बाद भी रूस ने अपनी वैज्ञानिक, औद्योगिक, तकनीकी, आर्थिक और सैन्य प्रगति जारी रखा। जैसे अमेरिका ने सबसे पहले अणु बम का अविष्कार व प्रयोग किया था, अतः रूसी सरकार ने अपने वैज्ञाानिकों को इस क्षेत्र में बहुत प्रोत्साहित किया और 26 नवम्बर 1949 ई॰ में उन्होंने भी अणु बम का सफल परीक्षण कर हथियारों के क्षेत्र में अमेरिका की बराबरी कर ली।

रूस ने 1926 ई॰ से ही पंचवर्षीय योजनाओं के माध्यम से अपने औद्योगिक और अन्य आर्थिक क्षेत्रों में प्रगति करनी शुरू कर दी थी। जब पश्चिमी देश महामंदी के चपेट में आ गए थे तो सोवियत संघ इससे बचा रहा था। अतः युद्ध के बाद भी रूस पंचवर्षीय योजना के माध्यम से विकास करता चला गया, जिससे वहाँ के लोगों के जीवन में अभूतपूर्व सुधार हुआ। सबको शिक्षा, पौष्टिक भोजन और चिकित्सीय सेवा के क्षेत्र में उल्लेखनीय उपलब्धियाँ प्राप्त हुई।

अंतरिक्ष क्षेत्र में सोवियत संघ अमेरिका से भी आगे निकल गया। उसने 1957 ई॰ में स्पूतनिक प्रथम और स्पूतनिक द्वितीय नामक उपग्रहों को अंतरिक्ष में छोड़कर विश्व को हैरान कर दिया। 1961 ई॰ में उसे मानव को अंतरिक्ष में भेजने में सफलता मिली। यूरी गगारिन विश्व का पहला आदमी बना जिसने रॉकेट में बैठकर अंतरिक्ष में चक्कर लगाया और वापस सही सलामत पृथ्वी पर आ गया। इस प्रकार की सफलताओं ने विश्व में सोवियत संघ का प्रभाव और सम्मान बढ़ा दिया।

अपनी साम्यवादी विचारधारा के अंतर्गत सोवियत संघ पूँजीवाद और शोषण का मुखर आलोचक बन गया और दुनिया में उन सभी देशों का आदर्श बन गया जो अपने साम्राज्यवादी शोषक देशों से आजादी के लिए संघर्ष कर रहे थे। उसने एशिया, अफ्रीका तथा लैटिन अमेरिका के स्वतंत्रता प्राप्ति के लिए संघर्ष कर रहे

राष्ट्रों को अपना नैतिक, आर्थिक और यथासंभव सैनिक समर्थन दिया। उसने अनेक देशों को औद्योगिक, कृषि, यातायात, संचार, खनन इत्यादि क्षेत्रों में तकनीकी सहायता दी जिससे उसकी प्रतिष्ठा उत्तरोत्तर बढ़ी।

द्वितीय विश्व युद्ध के बाद भी सोवियत संघ ने अपनी सैन्य शक्ति को और मजबूत किया। इसी के बल पर उसने अपना वर्चस्व पूर्वी यूरोपीय देशों पर कायम रखा और विश्व शक्ति बना रहा। इन देशों में सैनिक हस्तक्षेप के लिए उसकी आलोचना भी हुई। द्वितीय विश्व युद्ध के बाद महान शक्ति के रूप में उभर कर सोवियत संघ ने विश्व में संतुलन कायम किया। दुनिया को दिखाया कि पूँजीवाद के अलावा भी अर्थव्यवस्था एवं सरकार बहुसंख्य जनता के लिए भलाई का काम कर सकती है। सरकार को जनता की भलाई के लिए प्रयत्न करना होगा, यह पूँजीवादी सरकारों को सिखाया, निशस्त्रीकरण के क्षेत्र में सोवियत संघ ने ही हाथ बढ़ाया, रूस के वैज्ञानिकों, सैनिकों, खिलाड़ियों और मेहनतकश लोगों ने अपने देश की मान–प्रतिष्ठा बढ़ाने में पूरा योगदान दिया।

साम्राज्यवाद का अंत

द्वितीय विश्व युद्ध का एक महत्वपूर्ण परिणाम था साम्राज्यवाद का पतन। अठारहवीं शताब्दी से ही पश्चिमी यूरोप के देश अपने ज्ञान और विज्ञान के बल पर दुनिया के पिछड़े क्षेत्रों पर अपना कब्जा जमाने में लगे थे और यही चेष्टा प्रथम विश्व युद्ध एवं द्वितीय विश्व युद्ध का कहीं न कहीं कारण भी बनी थी। एशिया, अफ्रीका और दक्षिण अमेरिका के देशों पर औपनिवेशिक कब्जा, दुनिया में फैली अशांति का प्रमुख कारण था। फिर भी द्वितीय विश्व युद्ध में भयंकर बरबादी झेलने के बाद भी साम्राज्यवादी देश अपना कब्जा बनाए रखना चाहते थे। सबसे बड़ा साम्राज्य ब्रिटेन का था जो भारत, बर्मा (म्यंमार), श्रीलंका, मलाया, अफ्रीका के कई क्षेत्रों, साइप्रस, हाँगकांग, वेस्टइंडीज, फॉकलैण्ड और जिब्राल्टर का मालिक था। फ्रांस भी अफ्रीका के बडे हिस्से, हिंदचीन, सीरिया इत्यादि को छोड़ना नहीं चाहता था। डच, बेल्जियम–कांगो, रूआंडा एवं बुंरूडी को, पुर्तगाल–अंगोला, मोजाम्बीक और गिनी, स्पेन–सहारा, मोरक्को तथा गिनी ; इटली–लीबिया, सोमालिया और इरिट्र्या पर कब्जा बनाए रखना चाहते थे।

विश्व युद्ध के समाप्त होने के तीस वर्षों के भीतर अभूतपूर्व परिवर्तन होने लगे। 1975 ई० तक इनमें से ज्यादातर उपनिवेशों ने अपनी स्वतंत्रता पा ली। डच और फ्रांसीसी उपनिवेशों को अपनी स्वतंत्रता पाने के लिए ज्यादा सशस्त्र संघर्ष करना पड़ा। संघर्ष के साथ–साथ कई पेंचीदा समस्याएँ थी जैसे भारत में धर्म के आधार पर राजनीति, अफ्रीका के कई देशों में श्वेत बस गए थे जो इन देशों की स्वतंत्रता के बिल्कुल खिलाफ थे क्योंकि उन्हें अश्वेत शासन में रहना पड़ता, जैसे अल्जीरिया, केन्या, टंगाइका, यूगांडा और रोडेशिया। अंग्रेजों से स्वतंत्रता पाने वाले कुछ देश थे भारत तथा पाकिस्तान–1947, बर्मा (म्यंमार) तथा श्रीलंका–1948, मलेशिया तथा गोल्ड कोस्ट (घाना)–1957, टंगाइका एवं जंजीबार (मिलकर तंजानिया)–1961

इत्यादि। फ्रांस से सीरिया–1946, हिन्द–चीन–1954, मोरक्को तथा ट्यूनीशिया ने–1956 में स्वतंत्रता पाई। डचों ने ईस्टइंडीज अर्थात इंडोनेशिया को 1949 में स्वतंत्र किया ; बेल्जियम से कांगो (बाद में जायर) को 1960 में और रूआंडा–उरूंडी को 1962 में स्वतंत्रता मिली।

द्वितीय विश्व युद्ध ने इन देशों में काफी जागरूकता फैलाई। एशिया और अफ्रीकी देशों के उपनिवेशी सैनिक युद्ध में वीरता पूर्ण लड़ते हुए स्वतंत्रता एवं समानता जैसे अटलांटिक चार्टर के संदेशों से परिचित हुए। वे अपने देशों की गरीबी से यूरोप के देशों का जीवन स्तर की तुलना कर पाएं और साम्राज्यवादी शोषण को खत्म करने को आतुर हो गए।

युद्ध से पहले उपनिवेश के लोग समझते थे कि यूरोपियनों को सैन्य दृष्टि से पराजित करना असंभव है पर एशियाई जापान की सफलताओं ने उनका मनोबल ऊँचा कर दिया। बहादुरी से लड़ने वाले सिपाही अब किसी की गुलामी नहीं करना चाहते थे। इस तरह का संघर्ष हिन्दचीन, इंडोनेशिया, भारत एवं मलाया में दिखा। द्वितीय विश्व युद्ध के दौरान पश्चिमी देशों की घोषणा कि "लोगों को स्वशासन के निर्णय का अधिकार है" औपनिवेशिक लोगों में उत्साह का संचार कर गया। अतः साम्राज्यवाद का पतन द्वितीय विश्व यद्ध का एक महत्वपूर्ण परिणाम है।

शीत युद्ध

द्वितीय विश्व युद्ध से पहले फ्रांस, ब्रिटेन और अमेरिका; रूस की साम्यवादी क्रांति से प्रसन्न नहीं थे। वे साम्यवाद का अंत चाहते थे, इसीलिए उन्होंने हिटलर और मुसोलिनी जैसे उग्र तत्वों के प्रति तुष्टिकरण की नीति अपनाई थी परन्तु जब वे इनके ही आक्रमण का शिकार बन गए तो युद्ध के दौरान उन्होंने रूस का सहयोग लिया पर यह मित्रता जल्द ही टूट गई। पुराने संदेह और परस्पर घृणा का वातावरण फिर बन गया। द्वितीय विश्व युद्ध के पहले सिर्फ रूस एकमात्र साम्यवादी देश था पर, युद्ध के बाद साम्यवादी देशों की संख्या बढ़ने लगी, कुछ तो सोवियत रूस के प्रभाव के कारण और कुछ नए स्वतंत्र होने वाले देशों के स्वयं के स्वाभाविक झुकाव के कारण, तब पश्चिमी देश एक बार फिर भयभीत हो गए कि साम्यवादी पूरी दुनिया में क्रांति ला देंगे और पूँजीवादी तथा जनतांत्रिक व्यवस्था का अंत कर देंगे अतः द्वितीय विश्व युद्ध के बाद के काल को शीत युद्ध का काल कहा जाता है। जब विश्व मानो दो विपरीत विचारधारा वाले देशों के गुटों में बंट गया। एक तरफ अमेरिका के नेतृत्व में पूँजीवादी पश्चिमी यूरोपीय जनतांत्रिक देश तो दूसरी तरफ साम्यवादी सोवियत संघ के नेतृत्व में पूर्वी यूरोपीय देशों का गुट।

द्वितीय विश्व युद्ध के बाद के आधे दशक में दोनों गुटों के बीच एक होड़ प्रारंभ हो गई कि कौन श्रेष्ठ है; चाहे हथियार बनाने की बात हो, अंतरिक्ष के विभिन्न खोज हों अथवा नए स्वतंत्र हो रहे एशिया, अफ्रीका और दक्षिण अमेरिका के देशों

को अपने–अपने गुटों की तरफ खींचना हो। ऐसे में कई बार युद्ध जैसी स्थिति बन जाती थी पर कभी भी प्रत्यक्ष युद्ध लड़ा नहीं गया। युद्ध का खतरा विश्व पर मंडराता रहा।

इतिहासकारों के अनुसार शीतयुद्ध जैसी स्थिति बनने के अनेक कारण थे।

अमेरिका, कनाडा, ब्रिटेन, फ्रांस, पश्चिमी जर्मनी तथा अन्य पश्चिमी यूरोपीय देश साम्यवादी विचारधारा पसंद नहीं करते थे परन्तु द्वितीय विश्व युद्ध के बाद मानो साम्यवाद का तेजी से विस्तार होने लगा, सोवियत संघ के पश्चात पूर्वी यूरोपीय देश रोमानिया, बल्गारिया, चेकोस्लावेकिया, युगोस्लाविया, पोलैण्ड, पूर्वी जर्मनी इत्यादि साम्यवादी बन गए। चीन में साम्यवादी विजय मानो साम्यवाद के प्रसार की सबसे बडी जीत बन गई। तो पूँजीवादी पश्चिमी देशों को यह भय होने लगा कि कही यह विचारधारा फैलते–फैलते उनके देशों में भी न आ जाए अतः उन्होंने अपनी सारी राजनीतिक, कूटनीतिक एवं सैन्य ताकत साम्यवादी प्रसार रोकने में लगी दी और परस्पर घृणा का वातावरण फैल गया।

विश्व का दो गुटों में विभक्त होना भी शीत युद्ध का कारण बना। एक गुट का नेतृत्व अमेरिका के पास था तो दूसरे गुट का सोवियत संघ के पास। ये दोनों देश द्वितीय विश्वयुद्ध के बाद आर्थिक और सैनिक दृष्टि से दुनिया की सबसे बड़ी शक्तियाँ बन गए थे पर दोनों की व्यवस्थाएं अलग थीं। अमेरिका में पूँजीवादी और द्विदलीय लोकतांत्रिक व्यवस्था थी जबकि सोवियत संघ में समाजवादी और एकदलीय कम्युनिस्ट व्यवस्था थी। दोनों में राजनीतिक विचारधारा, शासन व्यवस्था, अंतर्राष्ट्रीय दृष्टिकोण इत्यादि में मतभेद होने के कारण बहुत मनमुटाव बढ़ा अतः शीत युद्ध जैसी स्थिति बनी।

विश्व राजनीति में दोनों महाशक्तियों का हस्तक्षेप भी शीत युद्ध का कारण बना। अपने निहित स्वार्थों की रक्षा करने के लिए दोनों ही देशों ने अनुचित ढंग से हस्तक्षेप किया। उदाहरणार्थ हिंदचीन में फ्रांस के हितों की रक्षा करने के लिए अनुचित ढंग से अमेरिका ने हस्तक्षेप किया। कोरिया का विभाजन करने में दोनों ही देशों का भूमिका रही। अतः अंतर्राष्ट्रीय तनावपूर्ण वातावरण बना।

शस्त्रों की होड़ शीत युद्ध के लिए एक बड़ा कारण बना। अमेरिका ने इस होड़ की शुरूआत की और फिर सभी देश एक से एक मारक हथियार विकसित करने और बनाने में जुट गए। हथियारों के निर्माण का औचित्य यह ठहराया गया कि इससे दूसरे पक्ष को आक्रमण करने से भय का अहसास होगा (Deterrance)।

संयुक्त राष्ट्र संघ का द्वितीय विश्व युद्ध के बाद निर्माण किया गया था कि आइंदा युद्ध न हो और विश्व में शांति बनी रहे। पर यह भी बड़े राष्ट्रो से संबंधित मामलों में निर्बल सिद्ध हुई और यह संस्था भी अंतर्राष्ट्रीय सहयोग, शांति तथा सुरक्षा स्थापित करने में बहुत सफल नहीं रही।

संयुक्त राष्ट्र संघ की स्थापना

प्रथम विश्व युद्ध के भयंकर परिणाम भोगने के बाद ही शांति एवं सुरक्षा तथा युद्ध न हो जैसे उद्देश्यों को ले कर राष्ट्रसंघ की स्थापना हुई थी पर यह निर्बल साबित हुआ और द्वितीय विश्व युद्ध छिड़ने के साथ ही यह भंग हो गया। अतः द्वितीय विश्व युद्ध के दौरान ही मित्र देश ऐसे विचार–विमर्श में लग गए कि अंतर्राष्ट्रीय सहयोग से एक शांतिपूर्ण विश्व का निर्माण हो। युद्ध कालीन अंतर्राष्ट्रीय सम्मेलनों में संयुक्त राष्ट्र संघ की नींव पड़ गई, लगभग 26 देशों के प्रतिनिधियों ने 1 जनवरी 1942 को संयुक्त राष्ट्र घोषणा पत्र को जारी किया जहाँ पहली बार मित्र राष्ट्रो के लिए "संयुक्त राष्ट्र" शब्द का उपयोग किया गया। फिर मास्को सम्मेलन 1943 ई॰, तेहरान सम्मेलन दिसम्बर 1943 ई, सैन फ्रांसिस्को सम्मेलन 1945 ई॰ में अंतर्राष्ट्रीय संगठन की स्थापना पर चर्चा करने के लिए की गई। 51 देशों के प्रतिनिधियों ने जून, 1945 ई॰ को सैन फ्रांसिस्को सम्मेलन में भाग ले कर संयुक्त राष्ट्र चार्टर पर दस्तखत किए और 24 अक्टूबर 1945 ई॰ को यह अस्तित्व में आ गया। संयुक्त राष्ट्रसंघ के उद्देश्यों तथा सिद्धांतों का वर्णन उसके चार्टर (घोषणा पत्र) के अनुच्छेद 1 में मिलता है– जैसे अंतर्राष्ट्रीय शांति तथा सुरक्षा बनाए रखना, राष्ट्रों के बीच बराबरी की बुनियाद पर अधिकारों के सिद्धांत तथा जनता के आत्मनिर्णय के प्रति आदर पर आधारित मित्रतापूर्ण संबंध विकसित करना तथा विश्व की आर्थिक तथा सामाजिक समस्याओं को सुलझाना। संयुक्त राष्ट्रसंघ का ढाँचा उसके छह अंगों पर खड़ा किया गया–महासभा, एक प्रकार की संयुक्त राष्ट्र संघ की संसद है जिसमें सभी देशों के प्रतिनिधि बैठते है। इसका वर्ष में एक बार अधिवेशन होता है, दूसरा अंग है सुरक्षा परिषद जो विभिन्न राष्ट्रों के झगड़ो को सुलझाने के तरीके पर निर्णय लेती है, इसके पाँच स्थाई सदस्य हैं अमेरिका, रूस, ब्रिटेन, फ्रांस तथा चीन और दस अस्थाई सदस्य जिन्हे दो वर्षों के लिए चुना जाता है। तीसरा अंग है आर्थिक तथा सामाजिक परिषद् जिसका उद्देश्य है विश्व से आर्थिक तथा सामाजिक विषमता मिटाना, चौथा अंग है संरक्षण समिति यह उन देशों के लिए गठित की गई थी जो तब तक स्वतंत्र नहीं हुए थे और उन्हें स्वतंत्र देश बनने में प्रशिक्षण देना, पाँचवा अंग है अंतर्राष्ट्रीय न्यायालय जिसमें पंद्रह न्यायाधीश उनकी विशिष्ट योग्यता के आधार पर चुने जाते हैं। यह हालैण्ड देश के हेग शहर में स्थित है और यह देशों के झगड़ों का न्यायपूर्ण निबटारा करती है, छठा अंग है सचिवालय जो संयुक्त राष्ट्रसंघ का प्रमुख कार्यालय है। विभिन्न विभागों से संबंधित सभी रिकार्ड इस सचिवालय में रहते है। संपूर्ण कार्यालय का कार्यभार महासचिव के अधीन होता है जिसकी नियुक्ति सुरक्षा परिषद की सिफारिश पर महासभा पाँच वर्षों के लिए करती है।

अपने गठन के बाद संयुक्त राष्ट्रसंघ ने बहुत ही अच्छा काम किया है परन्तु बड़े देशों के बीच की तनावपूर्ण स्थिति से निपटने में यह निर्बल साबित हुआ है।

आणविक शस्त्रों का निर्माण एवं होड़

द्वितीय विश्व युद्ध का एक दुष्परिणाम यह हुआ कि विश्व में आणविक शस्त्रों के निर्माण में तेजी आ गई। शीत युद्ध के कटुतापूर्ण काल में यह काम तेजी से और गुप्त रूप से हुआ। द्वितीय विश्व युद्ध में अमेरिका ने पहली बार ऐसे अणु बम का प्रयोग किया जो अत्यंत मारक था। 6 अगस्त 1945 ई॰ को हिरोशिमा तथा 9 अगस्त को नागासाकी पर जो बम गिराए गए उससे लाखों जापानी मारे गए और उसके बाद जो विकिरण पैदा हुए उससे कई तरह की बीमारियाँ फैली तथा विकलांग बच्चे पैदा हुए पर फिर भी सभी देश इस तरह के परमाणु शस्त्र बनाने में लग गए। उन्हें अपने देश की सुरक्षा के लिए यह आवश्यक लगता था। परमाणु बम (एटम बम) हाइड्रोजन बम, परमाणु पनडुब्बियाँ, नियंत्रित और दूरगामी मिसाइलें, विमान वाहक–जहाज, समुद्री अड्डे इत्यादि का निर्माण दिनोंदिन बढ़ता ही गया। एक परमाणु बम गिराने पर एक किलोमीटर के क्षेत्र के चारों ओर की इमारते गिर जाती हैं और लगभग तीन किलोमीटर के घेरे के सभी जीवित प्राणी मर जाते हैं। द्वितीय विश्वयुद्ध के बाद दोनों महाशक्तियों ने इस तरह के मारक हथियारों को ज्यादा से ज्यादा बनाना शुरू किया और सैनिक संगठनों के माध्यम से एक दूसरे के इर्द–गिर्द घेरा बनाना शुरू किया। अगर ये संसाधन गरीबी, बीमारी, पर्यावरण क्षय को बचाने के लिए किए गए होते तो निःसंदेह ये समस्याएँ खत्म हो जातीं और मानवता की भलाई हुई होती, परन्तु बड़े देशों के हथियार बनाने वाले सौदागरों के अलावा हथियार निर्माण से दुनिया का कुछ भी भला नहीं हुआ। इस तरह से द्वितीय विश्व युद्ध का एक दुष्परिणाम यह हुआ कि परमाणु युग की शुरूआत हुई जो हथियार बनाने में ज्यादा प्रयोग में लाई गई, बजाय कि ऊर्जा बना कर शांतिपूर्ण प्रयोग में लाई जाती।

द्वितीय विश्व युद्ध ने महत्वपूर्ण सामाजिक परिवर्तनों की परिस्थिति बनाई

युद्ध के बाद शांति स्थापित होते ही करोड़ों मनुष्यों को अपना घर छोड़कर दूसरी जगह बसना पड़ा। पोलैण्ड, हंगरी, रोमानिया और चेकोस्कोवेकिया में रहने वाले जर्मन भाषी लोगों को जर्मनी जाने पर विवश किया गया ताकि भविष्य में कोई जर्मन सरकार इन क्षेत्रों पर कब्जा न जमाए अतः राष्ट्रवाद एवं नस्ली जातीयता की भावना बलवती हुई।

सोवियत संघ और पश्चिमी जर्मनी जो युद्ध के दौरान अत्यंत क्षतिग्रस्त हुए थे में बड़े पैमाने पर शहरी विकास करना पड़ा परन्तु युद्ध के बाद इस कार्य को करने में समय लगा और लोगों को परेशानी हुई, परन्तु दुनिया भर में शहरीकरण का दौर तेजी से बढ़ा।

युद्ध के दौरान महिलाओं को घर से निकल कर कई तरह के कार्य करने पड़े चाहे कृषि क्षेत्र हो अथवा फैक्ट्ररियों, युद्ध उपयोगी सामान बनाना, विभिन्न सिग्नल

क्षेत्रों में कार्य करना अथवा जासूसी करना इत्यादि। अतः द्वितीय विश्वयुद्ध के बाद महिलाओं का सशक्तिकरण हुआ और वह पुरूषों के कंधे से कंधा मिला कर हर क्षेत्र में कार्य करने लगीं।

द्वितीय विश्व युद्ध के बाद कई देशों में उदार जनतांत्रिक शासन व्यवस्थाएँ स्थापित हुईं और जब उपनिवेश आजाद होने लगे तो इस तरह की शासन व्यवस्था की मांग वहाँ की जनता करने लगी। ब्रिटेन से स्वतंत्रता प्राप्त करने वाले देशों ने अपने देश की सरकारों को ब्रिटिश वेस्टमिंस्टर व्यवस्था जैसी संसदीय व्यवस्था के मॉडल के अनुरूप ढाला। भारत ने स्वतंत्रता पा कर संसदीय गणतांत्रिक व्यवस्था चुना जो लिखित संविधान की धाराओं के अनुसार चलाया जाना था। परन्तु नए स्वतंत्र होने वाले कई देश सैनिक तानाशाहों अथवा एकदलीय साम्यवादी व्यवस्था में भी फंस गये परन्तु मानक के तौर पर उदार जनतंत्र, जिसमें नागरिकों के अधिकार सुनिश्चित हों और जो निश्चित समय पर स्वतंत्र चुनाव कराएं, पूरी दुनिया में सबसे अच्छी राजनीतिक व्यवस्था के तौर पर जानी जाती है।

अतः द्वितीय विश्वयुद्ध के बड़े दूरगामी राजनीतिक परिणाम हुए। पहले विश्वयुद्ध के बाद जर्मनी पर अन्यायपूर्ण वर्साई संधि लाई गई थी पर द्वितीय विश्वयुद्ध के बाद तो उसका दो देशों में बंटवारा कर दिया गया जो बड़े संघर्षों के बाद 3 अक्टूबर 1990 ई॰ के मध्यरात्रि से पुनः एक राष्ट्र बन पाया। युद्ध के दौरान मित्र बने अमेरिका और सोवियत संघ, युद्ध समाप्त होते ही अलग–अलग खेमों में बंट गए और विश्व के अन्य देश भी अलग–अलग इनके साथी बन गए। अमेरिका तथा पश्चिगी देश साम्यवाद से भय खाते थे और इसका प्रसार रोकना चाहते थे जबकि सोवियत संघ और पूर्वी यूरोपीय देश संघर्ष कर के अपने अस्तित्व को बचाना चाहते थे। यह स्थिति सैनिक संगठनों के निर्माण, हथियारों, विशेषकर आणविक हथियारों की होड़ और अंतरिक्ष में प्रतियोगिता के चलते और खतरनाक बन गई जिसे शीत युद्ध का नाम दिया गया। द्वितीय विश्व युद्ध ने दुनिया पर यूरोप के प्रभुत्व को समाप्त किया और अमेरिका तथा सोवियत संघ महाशक्ति बन गए। युद्ध से निर्बल हुए यूरोपीय देश अपने औपनिवेशों पर अधिक दिनों तक कब्जा न रख पाए अतः साम्राज्यवाद का अंत होने लगा। नए आजाद होने वाले देश न पूँजीवादी अमेरिका और न ही साम्यवादी सोवियत संघ के गुटों में शामिल होना चाहते थे अतः एशिया, अफ्रीका और दक्षिण अमेरिका के नवस्वतंत्र देशों ने गुट–निरपेक्ष आंदोलन में शामिल होने में भलाई समझी। द्वितीय विश्व युद्ध के बाद संयुक्त राष्ट्र संघ का गठन एक बहुत ही सकारात्मक परिणाम थी जो कुछ कमजोरियों के बावजूद अच्छा काम करने लगी। द्वितीय विश्व युद्ध में अमेरिका के अश्वेत लोगों का शौर्यपूर्ण प्रदर्शन, उस देश की रंगभेद नीति का अंत ले कर आया। नागरिक अधिकारों को लेकर अमेरिकी अश्वेतों ने घनघोर संघर्ष किया। मार्टिन लूथर किंग के नेतृत्व में 1965 ई॰ में अमेरिकी अश्वेतों को मताधिकार मिला अतः द्वितीय विश्व युद्ध विश्व की राजनीति में एक बड़ा परिवर्तन लाने वाली घटना बन गया।

प्रश्नावली

प्रश्न 1 : द्वितीय विश्वयुद्ध के किन्ही चार परिणामों की व्याख्या कीजिए।

प्रश्न 2 : "जापान पर अमेरिका द्वारा परमाणु बम के प्रयोग को आप सही या गलत मानते है" तर्क सहित व्याख्या करें।

प्रश्न 3 : क्या दूसरा विश्व युद्ध टाला जा सकता था?

प्रश्न 4 : द्वितीय विश्व युद्ध का जर्मनी पर क्या प्रभाव पड़ा?

प्रश्न 5 : द्वितीय विश्व युद्ध साम्राज्यवाद के अंत का कारण कैसे बना?

२. संयुक्त राष्ट्र संगठन

द्वितीय विश्व युद्ध के आरंभ होते ही यह स्पष्ट हो गया कि राष्ट्रसंघ (League of Nations) अंतर्राष्ट्रीय शांति तथा सुरक्षा स्थापित करने में पूर्णतः असफल हो गया है। इसकी असफलता को देखकर ही अमेरिकी राष्ट्रपति रूजवेल्ट ने एक सबल और संगठित विश्व संगठन की आवश्यकता का अनुभव किया। संयुक्त राष्ट्रसंघ किसी एक दिन का निर्माण नहीं है वरन इसके निर्माण की दिशा में द्वितीय विश्व युद्ध का विस्फोट होते ही प्रयास आरंभ हो गए थे। गैर–सरकारी संगठन भी भावी अंतर्राष्ट्रीय संगठन की रूपरेखा के संबंध में अध्ययन कर विचार देने लगे। अमेरिका के जेम्स शटवैल की अध्यक्षता में नवम्बर 1939 में शांति के अध्ययन का आयोग बनाया गया जिसने चार वर्षों तक काम करने के बाद 1944 में अपना प्रतिवेदन दिया जिसमें अंतर्राष्ट्रीय संगठन के मौलिक सिद्धांत दिए गए थे –

(क) आक्रामक युद्ध मानवता के विरूद्ध पाप है, इसलिए प्रत्येक राष्ट्र का यह दायित्व है कि वह अपने विवादों का निपटारा करने के लिए शांतिपूर्ण तरीकों के अतिरिक्त अन्य किन्हीं का सहारा न ले।

(ख) आक्रमण के विरूद्ध सैनिक संरक्षण को प्रभावी बनाने के लिए एक अंतर्राष्ट्रीय सुरक्षा बल तथा वायु बल की स्थापना हो।

(ग) अंतर्राष्ट्रीय न्यायालय तथा मानवीय अधिकारों की सुरक्षा के लिए विशेष आयोग तथा निःशस्त्रीकरण आयोग की स्थापना के लिए प्रयास किए जाए।

(घ) भावी अंतर्राष्ट्रीय संगठन की एक आम सभा, एक सचिवालय तथा एक कार्यकारिणी परिषद हो जिसे आक्रमण की स्थिति में शीघ्र कार्यवाही करने का अधिकार हो।

(ड) गैर सरकारी राज्यों के लिए न्याय परिषद् तथा विभिन्न क्षेत्रीय अंतर्राष्ट्रीय संगठनों के बीच सहयोग के लिए किसी संस्था की स्थापना हो।

इनके अलावे सरकारों के स्तर पर भी ऐसे संगठन को बनाने की इच्छा बलवती होने लगी। जैसे–जैसे युद्ध की भीषणता बढ़ने लगी वैसे–वैसे भावी अंतर्राष्ट्रीय संगठन की रूपरेखा, उद्देश्यों, कार्यो को स्पष्ट करने के लिए समय–समय पर सम्मेलन बुलाए जाने लगे।

1. लंदन घोषणा (12 जून 1941) को ब्रिटेन, कनाडा ऑस्ट्रेलिया, न्यूजीलैण्ड, दक्षिणी अफ्रीका, निर्वासित बेल्जियम, चेकोस्लोवेकिया, ग्रीस, लग्जमबर्ग,

नीदरलैण्ड, नार्वे, पोलैण्ड, युगोस्लाविया तथा जनरल द गाल के फ्रांस ने मिलकर लंदन में एक घोषणा की, जिसमें भावी अंतर्राष्ट्रीय संगठन तथा कार्यों के प्रति संकेत किया गया। इन सभी राज्यों ने इस घोषणा पत्र पर हस्ताक्षर किए जिसमें दो बातों का जिक्र था –

i. स्थायी शांति का सही आधार है– विश्व के स्वतंत्र जनसमूहों में ऐच्छिक सहयोग, एक ऐसे विश्व में जो संघषों से रहित हो तथा जहां सभी आर्थिक और सामाजिक सुरक्षा का उपयोग कर सकें।

ii. घोषणा करने वाले राज्य आपस में तथा अन्य स्वतंत्र राज्यों के साथ युद्ध या शांति दोनों में मिलकर कार्य करें।

अतः स्थिर शांति का एकमात्र आधार स्वतंत्र राष्ट्रों के सहयोग को माना गया।

2. अटलांटिक चार्टर (14 अगस्त 1941) को प्रिंस ऑफ वेल्स नामक जहाज पर, समुद्र के किसी स्थान पर अमेरिकी राष्ट्रपति फ्रेंकलिन डी. रूजवेल्ट और ब्रिटिश प्रधानमंत्री विंस्टन चर्चिल मिले और आठ सिद्धांतों की घोषणा की जो वैसे तो स्पष्ट रूप से अंतर्राष्ट्रीय संगठन की स्थापना के बारे में नहीं है बल्कि इन दोनों तथा मित्र देशों का द्वितीय विश्व युद्ध संबंधी नीतिगत घोषणाएं है पर आठवें सूत्र में "सामान्य सुरक्षा के लिए स्थाई पद्धति" का वर्णन किया गया हैं।

3. संयुक्त राष्ट्र घोषणा (1 जनवरी 1942) छब्बीस मित्र देशों के प्रतिनिधियों ने इस घोषणा पत्र पर हस्ताक्षर किए जब वे वाशिंगटन में एकत्र हुए और प्रतिज्ञा की कि घोषणा पर हस्ताक्षर करने वाली सरकारें कभी भी धुरी देशों के साथ संधि नहीं करेगीं और उनके विरूद्ध अपनी सारी शक्ति लगा देंगी। इस घोषणापत्र में पहली बार "संयुक्त राष्ट्र" (Declaration by United Nation) पदबंध का प्रयोग हुआ जो सर्वप्रथम राष्ट्रपति रूज़वेल्ट के द्वारा किया गया था।

4. मास्को सम्मेलन (30 अक्टूबर 1943) सोवियत संघ के मास्को में मित्र देशों के विदेश मंत्रियों की बैठक हुई। अमेरिकी विदेश सचिव कार्डेल हल, ब्रिटिश विदेश मंत्री ईडेन, रूस के विदेशमंत्री मोलोतोव तथा चीन की ओर से फू पिंगशुंग ने हिस्सा लिया। इन सभी विदेशमंत्रियों द्वारा अटलांटिक चार्टर के सिद्धांतों के आधार पर विश्वशांति तथा सुरक्षा के लिए अंतर्राष्ट्रीय संगठन पर जोर दिया गया जिसमें छोटे–बड़े सभी राष्ट्र शामिल हो सकेंगे।

5. तेहरान सम्मेलन (नवंबर–दिसम्बर 1943) ईरान की राजधानी तेहरान में चर्चिल, रूजवेल्ट तथा स्टालिन एकत्र हुए। पहली बार अमेरिकी तथा सोवियत रूस के राष्ट्रपति एक दूसरे के संपर्क में आए और यह पहला सम्मेलन था जो दक्षिणी–पश्चिमी एशिया में बुलाया गया था जिसमें मास्को सम्मेलन के उद्देश्य को दोहराया गया और सहमति प्रदान की गई।

6. डम्बार्टन ओक्स सम्मेलन (12 अक्टूबर 1944) अमेरिकी शहर वाशिंगटन के डम्बार्टन ओक्स में अमेरिका, रूस, ब्रिटेन और चीन के प्रतिनिधियों ने हिस्सा

लिया और प्रस्तावित अंतर्राष्ट्रीय संगठन की रूपरेखा पर विचार-विमर्श किया। इस संगठन के अंगों और उनके कार्यों पर चर्चा हुई। इस सम्मेलन में सबसे अधिक मतभेद सुरक्षा परिषद् की वीटो शक्ति को ले कर था।

7. याल्टा सम्मेलन (11 फरवरी 1945) सोवियत रूस के क्रीमिया प्रदेश के याल्टा नगर में सम्मेलन हुआ जिसमें रूज़वेल्ट, स्टालिन और चर्चिल आए। यहाँ सुरक्षा परिषद् के पांच स्थाई सदस्यों को वीटो अर्थात निषेधाधिकार के अधिकार पर सहमति बन गई साथ ही न्यास प्रणाली के मुद्दों पर भी सहमति बनी।

8. सैन फ्रांसिस्को सम्मेलन (25 अप्रैल 1945) पचास देशों के प्रतिनिधि एकत्र हुए और उन्होंने 111 अनुच्छेद वाले चार्टर को तैयार किया जिसे 25 जून 1945 को एकमत से स्वीकार कर लिया गया।

9. 24 अक्टूबर 1945 को जब सुरक्षा परिषद् के पाँच स्थाई सदस्यों ने (ब्रिटेन, फ्रांस, अमेरिका, सोवियत रूस एवं चीन) चार्टर पर हस्ताक्षर कर दिए और अन्य 46 देशों ने भी, तो इस दिन संयुक्त राष्ट्रसंघ अस्तित्व में आ गया। इसलिए 24 अक्टूबर "यू.एन.डे." के नाम से मनाया जाता है।

10. 10 फरवरी 1946 को लंदन के वेस्टमिंस्टर हॉल में संयुक्त राष्ट्र की महासभा का पहला अधिवेशन बुलाया गया। इस सम्मेलन में पदाधिकारियों का चुनाव और विभिन्न समितियों का गठन किया गया। परन्तु तब तक राष्ट्रसंघ की (League of Nations) विधिवत समाप्ति की घोषणा नहीं की गई थी अतः 8 अप्रैल 1946 को अंतिम सम्मेलन बुलाकर राष्ट्रसंघ की समाप्ति की घोषणा कर दी गई।

संयुक्त राष्ट्रसंघ के उद्देश्य तथा सिद्धांत

संयुक्त राष्ट्रसंघ के उद्देश्यों तथा सिद्धांतों का वर्णन उसके घोषणापत्र की प्रस्तावना तथा प्रयोजनों का वर्णन अनुच्छेद 1 में मिलता है। इस चार्टर के अनुसार संयुक्त राष्ट्र के निर्धारित उद्देश्य हैं :

- अंतर्राष्ट्रीय शांति तथा सुरक्षा बनाए रखना।
- राष्ट्रों के बीच बराबरी के आधार पर, सिद्धांतों का पालन करते हुए, जनता के आत्मनिर्णय के अधिकार के प्रति आदर रखते हुए, उनके बीच मित्रतापूर्ण संबंध विकसित करना।
- इन साझा लक्ष्यों की प्राप्ति के लिए और राष्ट्रों के कार्यकलाप में सामंजस्य लाने के लिए एक केन्द्र बनाना।
- अंतर्राष्ट्रीय सहयोग के द्वारा सभी देशों को समान रूप से प्रभावित करने वाली आर्थिक, सामाजिक, सांस्कृतिक एवं मानवीय समस्याओं का समाधान करना।

संयुक्त राष्ट्रसंघ द्वारा जिन सिद्धांतों के आधार पर कार्य किया जाता है, उनका उल्लेख अनुच्छेद 2 में किया गया है। उसके अनुसार :–

1. सभी सदस्य देश बराबर हैं।
2. सभी सदस्य संयुक्त राष्ट्रसंघ द्वारा दिए गए दायित्व को ईमानदारी से निभाएंगे।
3. सभी सदस्य अपने अंतर्राष्ट्रीय झगड़ों को शांतिपूर्ण ढंग से सुलझाएंगे।
4. सभी सदस्य देश अपने अंतर्राष्ट्रीय संबंधों के लिए, दूसरे देशों को न धमकी देगें न बल का प्रयोग करेंगे।
5. सभी सदस्य देश संयुक्त राष्ट्र द्वारा की जा रही कार्यवाही में हर प्रकार की सहायता करेंगे।
6. जो देश संयुक्त राष्ट्रसंघ के सदस्य नहीं भी हो उन्हें संघ इन सिद्धांतों के अनुरूप आचरण करने के लिए बाध्य करे ताकि अंतर्राष्ट्रीय शांति तथा सुरक्षा कायम रखी जा सके।
7. कोई भी सदस्य देश किसी दूसरे देश के आंतरिक मामले में हस्तक्षेप नहीं करेंगे।

मोटे तौर पर संयुक्त राष्ट्रसंघ पुराने राष्ट्रसंघ की प्रतिकृति प्रतीत होता है। दोनों के बीच काफी समानता लगती है परन्तु फिर भी दोनों में काफी अंतर है।

दोनों का आधार एक है अर्थात अंतर्राष्ट्रीय शांति तथा सुरक्षा की स्थापना करना। संयुक्त राष्ट्रसंघ के प्रधान तथा सहायक अंगों का निर्माण राष्ट्रसंघों के अंगों की प्रेरणा के आधार पर किया गया। ऐसा प्रतीत होता है कि राष्ट्रसंघ के प्रमुख अंगों का केवल नाम बदल कर संयुक्त राष्ट्रसंघ के अंगों का निर्माण कर दिया गया है। जैसे संयुक्त राष्ट्रसंघ की महासभा, सुरक्षा परिषद, अंतर्राष्ट्रीय न्यायालय तथा सचिवालय और राष्ट्रसंघ की असेंबली (सभा) कौंसिल (परिषद्), स्थाई न्यायालय तथा सचिवालय में गहरी समानता मिलती है। दोनों के बीच एक विशिष्ट अभिकरण भी समान है, वह है अंतर्राष्ट्रीय श्रमसंगठन। जिसकी स्थापना राष्ट्रसंघ के एक स्वतंत्र संगठन के रूप में 1919 ई॰ की वर्साई की संधि के अनुसार की गई थी जो राष्ट्रसंघ के बाद भी कार्य करता रहा और संयुक्त राष्ट्रसंघ की स्थापना पर उसकी पहली विशिष्ट एजेंसी सन् 1946 में, (अपने संविधान में बिना किसी संशोधन के उसका अंग) बन गया और विश्व के देशों में श्रम तथा श्रमिक हितों के लिए काम करता रहा।

परन्तु दोनों के बीच काफी अंतर भी हैं। आर्थिक और सामाजिक परिषद् संयुक्त राष्ट्र का पूर्णतः नवीन अंग है जो इसके बढ़े हुए कार्य क्षेत्र को भी दर्शाता है। राष्ट्रसंघ का विधान पूर्णतः राजनीतिक व्यवस्था का विधान था। उसी तरह मैंडेट प्रणाली और न्यास धारिता प्रणाली में काफी अंतर है। राष्ट्रसंघ की असेंबली और कौंसिल के अधिवेशन बहुत कम समय के लिए होते थे जबकि संयुक्त राष्ट्रसंघ की सुरक्षा परिषद का चौदह दिनों के अंतर में एक अधिवेशन बुलाना अनिवार्य है। दोनों के सदस्य देशों की संख्या में भी अंतर है।

संयुक्त राष्ट्रसंघ का मुख्यालय अमेरिका के शहर न्यूयार्क के मैनहैटन क्षेत्र में है। इसके अलावा इसका कार्यालय जिनेवा, नैरोबी और वियेना में भी है। इसके कार्यालय में छह भाषाओं में काम होता है – अंग्रेजी, रूसी, फ्रांसीसी, चीनी, अरबी और स्पेनी। वर्तमान में इसके 193 सदस्य देश हैं।

सदस्यता

चार्टर के अनुसार संयुक्त राष्ट्रसंघ की सदस्यता उन सभी शांतिप्रिय राज्यों (देशों) के लिए खुली है जो चार्टर में निहित सिद्धांतों और दायित्वों को स्वीकार करते हैं और उनके दायित्वों को पूरा करने के लिए तत्पर एवं समर्थ हैं। केवल संप्रभु राज्य ही इसके सदस्य बन सकते है। सर्वप्रथम सदस्यता के इच्छुक राज्य की सुरक्षा परिषद सिफारिश करता है जिसमें पांच स्थाई सदस्यों की सहमति सहित नौ सदस्यों का एकमत होना आवश्यक है फिर महासभा इस पर दो–तिहाई वोट से निर्णय लेती है और सदस्यता प्राप्त हो जाती है।

वैसे तो केवल "संप्रभु" राज्यों को ही सदस्यता दी जाती है पर चार ऐसे गैर संप्रभु राज्य, संयुक्त राष्ट्रसंघ के मूल सदस्य बने जो 1945 में संप्रभु नहीं थे – भारत, फिलीपींस तथा सोवियत रूस की दो संघीभूत इकाई – यूक्रेन तथा बाइलोरूस। फिलीपींस को 1946 तथा भारत को 1947 में स्वंतत्रता प्राप्त हो गई। ब्रिटेन की समर्थन की वजह से भारत राष्ट्रसंघ का भी सदस्य था जब उपनिवेशों को भी सदस्य बनने का अधिकार था अतः भारत को सैन फ्रांसिस्को सम्मेलन में भी बुलाया गया था। रूसी संघीभूत इकाइगाँ अपवाद बनी रहीं।

सुरक्षा परिषद के अनुरोध पर महासभा द्वारा सदस्य देश को महासभा से निलंबित किया जा सकता है जबकि राष्ट्रसंघ के विपरीत, सदस्य देशों द्वारा संयुक्त राष्ट्र संघ की सदस्यता को त्याग देने के अधिकार का वर्णन नहीं है।

इंडोनेशिया एकमात्र ऐसा देश है जिसने 1965 में संयुक्त राष्ट्रसंघ की सदस्यता त्याग दी क्योंकि मलेशिया को सुरक्षा परिषद का अस्थायी सदस्य बनाया गया था और उस देश रो इंडोनेशिया का विरोध था परन्तु वहाँ 1966 में नई सरकार बनी जिसने फिर से संयुक्त राष्ट्रसंघ की सदस्यता ग्रहण कर ली। स्विट्जरलैण्ड एक तटस्थ देश रहा है अतः वह संयुक्त राष्ट्रसंघ का काफी दिनों तक सदस्य नहीं रहा परन्तु मार्च 2002 में स्विस लोगों की सहमति से देश संयुक्त राष्ट्र का 190वाँ सदस्य बन गया। तिमोर लिस्टे 191वाँ सदस्य, मांटेनेग्रो 192वाँ और जुलाई 2011 में साउथ सूडान 193वाँ सदस्य बने। फिलिस्तीन व कोसोवो इसके सदस्य नहीं है।

संयुक्त राष्ट्रसंघ के अंग और उनके कार्य

संयुक्त राष्ट्रसंघ की प्रसंविदा के तीसरे अध्याय के सातवें अनुच्छेद में इसके छह प्रमुख अंगों का वर्णन किया गया है – महासभा, सुरक्षा परिषद, आर्थिक तथा सामाजिक परिषद्, न्यासधारिता परिषद्, अंतर्राष्ट्रीय न्यायालय और सचिवालय।

महासभा

महासभा, संयुक्त राष्ट्रसंघ का एक महत्वपूर्ण अंग है जो कि सभी देशों के प्रतिनिधियों की सभा है। यह सभी राष्ट्रों की समानता के सिद्धांत पर संचालित होती है चाहे वे छोटे हों या बड़े। प्रत्येक राष्ट्र के पांच प्रतिनिधि इसकी बैठक में शामिल हो सकते हैं परन्तु प्रत्येक राष्ट्र के पास केवल एक वोट होता है। महासभा, संयुक्त राष्ट्रसंघ की एक प्रकार से संसद का कार्य करती है, किसी भी देश की संसद और महासभा में अंतर केवल इतना है कि महासभा के निर्णय बाध्यकारी नहीं होते। यह एक ऐसा मंच है जहाँ विश्व के नेतागण एकत्र होकर विचार–विमर्श कर सकते है और विश्व शांति तथा सुरक्षा के लिए अपने सुझाव दे सकते है।

महासभा का नियमित सत्र सामान्यतः प्रत्येक वर्ष सितम्बर में आरंभ होता है। प्रत्येक नियमित सत्र के प्रारंभ में महासभा एक नया अध्यक्ष, 21 उपाध्यक्ष और महासभा की छह मुख्य समितियों के लिए अध्यक्ष चुनती है। यह तय किया जाता है कि सभी महाद्वीप के देशों का प्रतिनिधित्व इनमें हो, न कि केवल विकसित देशों का।

कार्य तथा अधिकार

विश्व शांति एवं मानव कल्याण संबंधी सारे प्रश्न इसके कार्यक्षेत्र में आते है जिनपर महासभा विचार–विमर्श और सुझाव दे सकती है। इसके अलावे विश्व के समक्ष हर मुद्दा, महासभा में लाया जा सकता है। चार्टर में अनुच्छेद 10 से 17 में महासभा की शक्तियों के विषय में वर्णन किया गया है–

i. अंतर्राष्ट्रीय शांति तथा सुरक्षा से संबंधित किसी भी प्रश्न पर विचार करना और उस पर सिफारिश करना, सिवाय उस समय के, जबकि सुरक्षा परिषद द्वारा उस पर विचार किया जा रहा हो।

ii. अंतर्राष्ट्रीय राजनीतिक सहयोग के प्रोत्साहन, अंतर्राष्ट्रीय विधि के विकास एवं संहिताकरण, सभी के लिए मानव अधिकारों एवं बुनियादी स्वतंत्रताओं की प्राप्ति तथा आर्थिक, सामाजिक, सांस्कृतिक, शैक्षणिक तथा स्वास्थ्य के क्षेत्र में अंतर्राष्ट्रीय सहभागिता के लिए अध्ययनों की शुरूआत और सिफारिश करना।

iii. महासभा संयुक्त राष्ट्रसंघ के बजट पर विचार–विमर्श करती है जो दो वर्षों की अवधि के लिए होता है। बजट के लिए मुख्य स्त्रोत सदस्य राज्यों द्वारा दिया जाने वाला अंशदान है।

iv. चार्टर द्वारा महासभा को कुछ निरीक्षणात्मक कार्य दिए गए है। इसके अंतर्गत संयुक्त राष्ट्र के अन्य अंग अपने कार्यकलापों का रिपोर्ट महासभा को देते हैं। महासभा के सामने महासचिव वार्षिक प्रतिवेदन प्रस्तुत करते हैं जिसमें पूरे संघ की कार्यवाहियों एवं सामान्य हित के विषयों का वर्णन रहता है। महासभा द्वारा इन प्रतिवेदनों पर खुलकर विवाद भी होता है और आलोचना भी।

v. महासभा को कुछ संगठनात्मक कार्य भी करने पड़ते है जैसे सुरक्षा परिषद की सलाह पर नए सदस्य राष्ट्रों को सदस्यता प्रदान करना, सुरक्षा परिषद के दस अस्थाई सदस्यों का चुनाव महासभा के दो–तिहाई मतों से करना आर्थिक तथा सामाजिक परिषद के सदस्यों का निर्वाचन, न्यास परिषद के सदस्यों का चुनाव, महासचिव तथा अंतर्राष्ट्रीय न्यायालयों के जजों की नियुक्ति सुरक्षा परिषद के साथ मिलकर करना। सचिवालय की नियुक्तियाँ करना इत्यादि।

vi. महासभा चार्टर में संशोधन लाने की शक्ति रखती है। वर्तमान तक तीन अनुच्छेदों – अनुच्छेद 23, 27 एवं 62 में संशोधन किए जा चुके है जो सन् 1965 से लागू है। इसके लिए दो–तिहाई अनुमोदन और पांच स्थाई सदस्यों की स्वीकृति आवश्यक है।

vii. द्वितीय विश्वयुद्ध के पश्चात् की गई संधियों, अंतर्राज्य समझौतों इत्यादि में परिवर्तन या राज्यों के वर्तमान सीमांतों में परिवर्तन कराने की अनुशंसा महासभा से की जा सकती है।

शांति के लिए एकता प्रस्ताव (Uniting for peace, resolution) जिसके अनुसार अगर सुरक्षा परिषद में निषेधाधिकार की वजह से गतिरोध आने की स्थिति में, महासभा में महत्वपूर्ण शांति संबंधी मसलों को लाया जा सकता है तथा संकटकालीन स्थिति में जब महासभा की बैठक नहीं हो रही हो तो चौबीस घंटे के भीतर उसका आपातकालीन अधिवेशन बुलाया जा सकता है, प्रस्तुत प्रतिनिधियों के दो–तिहाई बहुमत से मसले का निर्णय लिया जा सकता है जैसे 1956 में मिस्र पर इजरायल ब्रिटेन एवं फ्रांस के संयुक्त हमले को रोकने के बारे में कार्यवाही पर निर्णय इसी प्रस्ताव के अंतर्गत लिया गया।

महासभा का मूल्यांकन

संयुक्त राष्ट्रसंघ का सबसे शक्तिशाली अंग सुरक्षा परिषद ही है परन्तु महासभा के महत्व को कम नहीं माना जा सकता। सुरक्षा परिषद एक कार्यकारी अंग है और महासभा वाद–विवाद एवं परामर्श का मंच, पर निषेधाधिकार की वजह से सुरक्षा परिषद के कार्यों में गतिरोध आया है और महासभा को और कार्य सौंपे गए जिसका उसने पूरी जिम्मेदारी से निर्वहन किया। शीत युद्ध के दौरान यह बात स्पष्ट रूप से पता चली। शांति के लिए एकता प्रस्ताव के चलते 1952 से 1953 जून तक महासभा द्वारा ग्यारह मामलों और सुरक्षा परिषद द्वारा केवल पांच मामलों पर विमर्श किया गया।

महासभा के सदस्यों की संख्या में निरंतर वृद्धि हुई है। 1945 के 51 सदस्य, बढ़कर 2011 में 193 सदस्य बन गए जो इसकी सफलता का द्योतक है। महासभा, अणु बम से लेकर, भोजन, कपड़ा, आवास तक की समस्याओं पर विचार–विमर्श एवं सिफारिश करती है। विकासशील देश इससे बड़ी आशाएँ रखते हैं।

शीत युद्ध के अंत के बाद महासभा की शक्तियां कुछ कम हो गई, आणविक शक्तियों के बीच गतिरोध के कारण एवं अन्य कारणों से महाराभा में दो–तिहाई

बहुमत लाना अमेरिका के लिए भी मुश्किल हो गया। परन्तु विश्व की समस्याएं भी बढ़ती जा रही हैं अतः वर्तमान काल में महासभा को चुनौतिपूर्ण कार्यों को करने के लिए तैयार रहना होगा।

सुरक्षा परिषद्

शांति की स्थापना एवं राष्ट्रों के बीच शांतिपूर्ण सहयोग का विकास संयुक्त राष्ट्रसंघ का प्रारंभ से ही परम उद्देश्य तथा लक्ष्य रहा है। जिसकी पूर्ति के लिए संयुक्त राष्ट्र के दूसरे अंग – सुरक्षा परिषद की स्थापना की गई। विश्व शांति और सुरक्षा बनाये रखने का मुख्य दायित्व सुरक्षा परिषद पर ही डाला गया है। महासभा की तुलना में सुरक्षा परिषद एक बहुत छोटा सदन है पर उसकी शक्ति बहुत व्यापक है जिसे विश्व के बड़े-बड़े देशों के भाग्य निर्णय कर लेने का अधिकार है। आपसी विवादों को युद्ध का रूप लेने से बचाने के लिए सुरक्षा परिषद निरंतर कार्य करती है।

अध्याय पांच में अनुच्छेद 23 से अनुच्छेद 54 तक सुरक्षा परिषद के बारे में वर्णन किया गया है। अनुच्छेद 24 द्वारा अंतर्राष्ट्रीय शांति और सुरक्षा बनाये रखने का प्राथमिक दायित्व सुरक्षा–परिषद को सौंपा गया है। संयुक्त राष्ट्रसंघ के अन्य अंग सरकारों को सिफारिशें कर सकते हैं जबकि सुरक्षा परिषद एक अकेला ऐसा अंग है जो निर्णय ले सकता है जो सभी देशों को मानना ही पड़ता है।

संगठन

डम्बार्टन ओक्स सम्मेलन में संयुक्त राष्ट्रसंघ का कार्यकारी ढांचा तैयार करते हुए यह विचार दिया गया कि इसकी सदस्यता सीमित हो सकती है पर इसी कार्यकारिणी पर अंतर्राष्ट्रीय शांति और सुरक्षा का दायित्व होना चाहिए। सैन फ्रांसिस्को सम्मेलन में ''सुरक्षा–परिषद'' (Security Council) के नाम को स्वीकारा गया। चार्टर की मूल व्यवस्था के अनुसार सुरक्षा परिषद एक ग्यारह सदस्यीय संस्था थी जिसमें पांच स्थाई तथा छह अस्थाई सदस्य थे। अमेरिका, सोवियत संघ, ब्रिटेन, फ्रांस तथा चीन को स्थाई सदस्यता दी गई 1963 में सुरक्षा परिषद के अस्थाई सदस्यों की संख्या छह से दस कर दी गई जो दो वर्षों चुने जाते हैं। निवर्तमान सदस्य पुनः चुनाव के लिए खड़े नहीं हो सकते हैं। 1971 में ताइवान जिसे राष्ट्रवादी चीन के रूप में जाना जाता था को हटा कर साम्यवादी मुख्य भूमि चीन को स्थाई सदस्य बनाया गया। पहले एशिया तथा अफ्रीकी देशों का उचित प्रतिनिधित्व नहीं था पर संशोधन के पश्चात, तय किया गया कि पांच सदस्य अफ्रीका तथा एशिया से, दो लैटिन अमेरिका से, दो पश्चिमी देशों से तथा एक पूर्वी यूरोपीय देशों से अस्थाई सदस्यों के रूप में चुने जाएंगे। 1977 में गुट निरपेक्ष राज्यों ने सुरक्षा परिषद में सदस्य संख्या 21 तक बढ़ाने का प्रस्ताव रखा था जो आज तक विचाराधीन है। सुरक्षा परिषद के अध्यक्ष एक वर्ष के लिए, सदस्य राष्ट्रों के बीच से ही चुने जाते है।

बैठक

सुरक्षा परिषद की बैठक प्रत्येक पखवाड़े में होती है। इसका संघटन इस प्रकार किया जाता है कि वह सदैव क्रियाशील रहे और सदस्य देशों का एक प्रतिनिधि हमेशा प्रधान कार्यलय में उपस्थित रहे है। सुरक्षा परिषद की पहली बैठक 17 जनवरी 1947 में लंदन में हुई थी। यहाँ सुरक्षा परिषद की प्रथम तेईस बैठकें हुईं थीं। बाद में संयुक्त राष्ट्र कार्यालय न्यूयार्क चला गया। अनुच्छेद 31 के अनुसार संयुक्त राष्ट्र का कोई सदस्य, जो सुरक्षा परिषद का सदस्य न हो पर उस देश के हित की चर्चा हो रही हो तो उस चर्चा में बिना मतदान के अधिकार के भाग ले सकता है।

मतदान

सामान्य या क्रियाविधि संबंधी मामलों पर सुरक्षा परिषद के निर्णय किन्ही नौ सदस्यों के स्वीकारात्मक मत से लिए जायेंगे। परन्तु महत्वपूर्ण विषयों पर सुरक्षा परिषद के निर्णय स्थाई सदस्यों के समर्थक मत सहित नौ सदस्यों के स्वीकारात्मक मत से किए जाएंगे। यह महाशक्तियों की सर्वानुमति (Affirmative vote of P5) का नियम है जिसे अक्सर वीटो पावर कहा जाता है। यदि कोई स्थाई सदस्य किसी निर्णय पर नकारात्मक मत (NO) दे दे तो वह निर्णय विफल हो जाता है, पर अगर वह निर्णय से सहमत नहीं पर उसे रोकना नहीं चाहता तो वह मतदान से अलग रह सकता है। चार्टर के अनुसार सदस्य राज्यों पर इन निर्णयों को पालन करने का दायित्व है।

सुरक्षा परिषद के कार्य

1. विवादों का शांतिपूर्ण समाधान – किसी ऐसे विवाद जिसके बने रहने से विश्व की शांति और सुरक्षा को खतरा उत्पन्न होने की संभावना हो तब सुरक्षा परिषद, संबंधित पक्षों को अपने विवाद – बातचीत, मध्यस्थता, समझौते, विवाचन या न्यायिक समझौते से निपटाने के लिए कहती है। सुरक्षा परिषद को यह अधिकार है कि वह किसी विवाद की जांच–पड़ताल करे। विवादों के समाधान के लिए जिसका सबसे अधिक प्रयोग होता है वह है ''कूटनीति''। ''वार्ता'' एक सामान्य कूटनीतिक प्रक्रिया है जिसमें किसी विवाद के विभिन्न पक्ष शामिल होते है और राजनयिक वार्तालाप द्वारा उसका समाधान करने का प्रयास करते हैं।
2. विवादों के आदेशात्मक समाधान – जब विवादों का समाधान शांतिपूर्ण कार्यवाही से न हो तब सुरक्षा परिषद दो प्रकार की दंड व्यवस्थाओं को लागू कर सकती है।

   पहला, आर्थिक संबंधों और रेल, समुद्र, वायु, डाक तार तथा अन्य संचार के साधनों का अवरोध तथा राजनीतिक संबंधों का विच्छेद। इन्हें प्रतिबंध (Sanctions) कहा जाता है।

दूसरा, शांति स्थापना के लिए सेना भेजना। पहले से चल रहे युद्ध में युद्ध विराम, युद्ध क्षेत्र से सेना की वापसी, आक्रमक कार्यवाही को बंद करना आदि उपाय के विफल हो जाने पर, सुरक्षा परिषद शांति रक्षक सेनाओं को युद्ध क्षेत्र में भेज सकती है। सदस्य देश शांतिरक्षक सेना के निर्माण के लिए संयुक्त राष्ट्र के आग्रह पर अपने देशों से सशस्त्र सेनाएं भेजते हैं। 1960–64 का कांगो मिशन, 1988–91 का अंगोला मिशन एवं 2006–12 का तिमोर लिस्टे मिशन इत्यादि।

3. नियुक्ति तथा संशोधन संबंधी कार्य–सुरक्षा परिषद की ही सिफारिश पर महासभा–महासचिव की नियुक्ति करती है, इसके लिए सभी स्थाई सदस्यों की सहमति होना चाहिए।

चार्टर में संशोधन लाने के लिए महासभा के दो तिहाई बहुमत तथा सुरक्षा परिषद के किन्ही 9 सदस्यों की स्वीकृति से प्रस्ताव लाया जा सकता है पर उसे स्वीकार करने के लिए संयुक्त राष्ट्र के सभी सदस्यों के 2/3 बहुमत, जिसमें पांच स्थाई सदस्यों की सहमति हो अत्यंत आवश्यक है। अभी तक अनुच्छेद 23, 27 ओर 62 में संशोधन किए जा चुके है।

महासचिव की नियुक्ति के साथ–साथ सुरक्षा परिषद महासभा के साथ मिलकर अंतर्राष्ट्रीय न्यायालय के न्यायाधीशों की नियुक्ति भी करती है। संघ के नये सदस्यों के प्रवेश पर सुरक्षा परिषद का कठोर नियंत्रण होता है। अनुच्छेद 5 तथा 6 के अंतर्गत सुरक्षा परिषद को महासभा के साथ मिलकर निष्कासन तथा निलंबन का अधिकार प्रदान किया जाता है।

मूल्यांकन

अपने स्थापना के बाद से ही सुरक्षा परिषद ने संयुक्त राष्ट्रसंघ के सबसे महत्वपूर्ण अंग के रूप में कार्य करना शुरू कर दिया है। 1945 के पश्चात् वर्तमान समय तक लगभग 200 युद्ध लड़े जा चुके है। इनमें से अधिकांश में सुरक्षा परिषद ने युद्ध रोकने, सेना हटवाने एवं नागरिकों के सुरक्षा हेतु कई कार्य किये हैं। परन्तु वीटो या निषेधाधिकार की शक्ति ने इसे शीत युद्ध के दौरान बड़ा निष्प्रभावी बना दिया था। परस्पर विरोधी अमेरिका और सोवियत संघ बार–बार इस शक्ति का प्रयोग कर सुरक्षा परिषद में निर्णय होने ही नहीं देते थे अतः शांति के लिए एकता प्रस्ताव लाया गया। निःशस्त्रीकरण के क्षेत्र में भी सुरक्षा परिषद उल्लेखनीय काम नहीं कर पाया है। 1996–97 में ड्राफ्ट रीजॉलयूशन (Resoluation) में महासभा अध्यक्ष राज़ाली इस्मेल ने कहा कि सुरक्षा परिषद की विश्वसनीयता को बढ़ाने के लिए प्रतिनिधित्व को बढ़ाना होगा। महासचिव बुतरस घाली ने भी अपने कार्यालय के दौरान पांच नये स्थाई सदस्यों की सुरक्षा परिषद में नियुक्ति का सुझाव दिया था। अतः सुरक्षा परिषद के गठन में सुधार ला कर इसे और भी प्रभावी बनाया जा सकता है।

आर्थिक तथा सामाजिक परिषद

1938 में जब राष्ट्रसंघ (League of Nations) के पतन का अहसास होने लगा था तो उसी समय अंतर्राष्ट्रीय विधिवेत्ताओं ने यह मान कि शांति सुरक्षा और आर्थिक स्थिति के प्रश्न एक–दूसरे से जुड़े हुए है। इसीलिए राजनीतिक, आर्थिक और सांस्कृतिक सभी क्षेत्रों में सहयोग आवश्यक है। चार्टर के अध्याय 9 तथा 10 के मध्य अंतर्राष्ट्रीय आर्थिक और सामाजिक सहयोग तथा आर्थिक और सामाजिक परिषद का वर्णन किया गया है। महासभा के अधिकार के अधीन आर्थिक और सामाजिक परिषद विभिन्न विशिष्ट एजेंसियों के माध्यम से कार्य करेगा।

इसके 54 सदस्य है जिन्हें महासभा चुनती है। पहले 18 सदस्य थे फिर 1963 में 27 सदस्य और फिर 1971 में 54 सदस्यों की व्यवस्था की गई। ये सदस्य तीन वर्षों के लिए चुने जाते हैं, इसके एक–तिहाई पदमुक्त होते हैं और उतने ही चुन लिए जाते हैं (प्रतिवर्ष) अतः यह एक स्थाई संस्था है। जुलाई में इसका चार सप्ताह का सत्र होता है, फिर अप्रैल में भी इसका सत्र होता है। प्रत्येक वर्ष अपनी प्रथम बैठक में परिषद अपने अध्यक्ष का चुनाव करती है और दो उपाध्यक्षों को भी चुनती है। बड़े राष्ट्रों से अध्यक्ष को नहीं चुना जाता।

कार्य

संक्षेप में परिषद के कार्य इस प्रकार है :–

1. अंतर्राष्ट्रीय आर्थिक तथा सामाजिक विषयों पर विचार विमर्श तथा सदस्य देशों तथा संयुक्त राष्ट्रसंघ प्रणाली के लिए नीतिगत सिफारिशें तैयार करने के लिए एक केन्द्रीय मंच के रूप में कार्य करना।
2. अंतर्राष्ट्रीय आर्थिक, सामाजिक, सांस्कृतिक, शैक्षणिक, स्वास्थ्य संबंधी विषयों पर अध्ययन तथा प्रतिवेदनों को तैयार करना या प्रारंभ करना तथा सिफारिश करना।
3. आर्थिक, सामाजिक एवं संबंधित क्षेत्रों के प्रमुख अंतर्राष्ट्रीय सम्मेलनों की तैयारी एवं आयोजन में सहायता देना और उनके सम्मेलनों के एक समन्वित ''फालो अप'' को प्रोत्साहित करना।
4. विशिष्ट एजेंसियों के कार्यों में समन्वय स्थापित करना। यह समन्वय उनके साथ परामर्श एवं उन्हें सिफारिशें प्रेषित करके करना। विशिष्ट एजेंसियां जैसे अंतर्राष्ट्रीय श्रम संगठन, अंतर्राष्ट्रीय स्वास्थ्य संगठन, यूरेस्को, यूनिवर्सल पोस्टल यूनियन, विश्व बैंक समूह इत्यादि।
5. मानव अधिकारों एवम् मूल स्वतंत्रताओं के लिए जाति, लिंग, भाषा अथवा धर्म के भेदभाव को छोड़कर सबके लिए आदर और प्रोत्साहन बढ़ाना।

मूल्यांकन

विचारकों का कहना है कि परिषद के कार्य महासभा में पुनरावृत्ति कार्यो के समान है। इसके निर्णय बाध्यकारी नहीं होते। वास्तव में इसकी स्थिति एक परामर्शदात्री संस्था मात्र की ही है। अपने उद्देश्यों की प्राप्ति के लिए इसे राष्ट्रीय सरकारों, महासभा, सुरक्षा परिषद तथा विभिन्न अभिकरणों पर निर्भर रहना पड़ता है। इसमें अभिकरणों तथा परिषद में वाद विवाद होता है। आलोचनाओं के बावजूद परिषद के महत्व को नकारा नहीं जा सकता है। इसके कार्य अनेक क्षेत्रों में प्रशंसनीय रहे हैं। मानव जाति के जीवन स्तर को ऊँचा उठाने तथा कल्याणकारी कार्यों के लिए इस परिषद द्वारा अथक प्रयास किए गए हैं। परिषद के विभिन्न आयोगों तथा समिति की सहायता से ही महिलाओं, बाल–कल्याण, शिक्षा कल्याण, श्रम, कृषि, शरणार्थी आदि क्षेत्रों में अभूतपूर्व कार्य किए गए हैं।

अंतर्राष्ट्रीय न्यायालय

19वीं शताब्दी के अंतिम दशक में अंतर्राष्ट्रीय स्तर पर पहली बार अंतर्राष्ट्रीय कानून के संबंध में विचार–विमर्श आरंभ हुआ। इसका मुख्य उद्देश्य एक औपचारिक मध्यस्थ के रूप में स्थायी मध्यस्थ न्यायालय स्थापित करना था। 1899 में "अंतर्राष्ट्रीय पंच फैसला न्यायालय" की स्थापना पर हेग (नीदरलैण्ड) में विमर्श हुआ। 1907 में हेग में ही पंच फैसला/विवाचन/मध्यस्थता के लिए स्थाई अंतर्राष्ट्रीय न्यायालय की स्थापना कर दी गई। 1907–1914 के मध्य इस विवाचन स्थायी न्यायालय (Permanent Court of arbitration) के समक्ष 15 विवादों को लाया गया। यह कहा जा सकता है कि राष्ट्रसंघ (League of Nations) के स्थाई न्यायालय की स्थापना का यह पहला कदम था। अतः 1921 में हेग में इसे विधिवत स्थापित किया गया जो 1940 तक लगातार चलती रही और अंतर्राष्ट्रीय कानून तथा परंपरा के अनुसार काम किया। द्वितीय विश्व युद्ध के बाद नया न्यायालय संयुक्त राष्ट्रसंघ के तत्वाधान में गठित किया गया। पहले यह स्थाई अंतर्राष्ट्रीय न्यायालय Permanent Court of Justice कहलाता था। अब यह अंतर्राष्ट्रीय न्यायालय International Court of Justice अथवा कहलाने लगा। चार्टर के अनुच्छेद 92 में इसे संयुक्त राष्ट्र के प्रमुख न्यायिक अंग के रूप में वर्णित किया गया है।

गठन

अंतर्राष्ट्रीय न्यायालय में महासभा तथा सुरक्षा परिषद द्वारा अलग–अलग मतदान से निर्वाचित 15 न्यायाधीश होते हैं जो नौ वर्षों के लिए चुने जाते है। वे पुनः भी निर्वाचित हो सकते है। उनकी योग्यता के अनुसार उन्हें चुना जाता है और चुने जाने के बाद बिना राष्ट्रीयता का ख्याल रखे, नैतिक चरित्र ऊँचा रखते हुए निष्पक्ष कर्तत्व पालन की अपेक्षा की जाती है। एक से अधिक न्यायाधीश किसी देश के नहीं होने चाहिये। न्यायालय को राजनीतिक प्रभाव से मुक्त रखने की

चेष्टा की गई है। उन्हें महासभा तथा परिषद के नेतृत्व से मुक्त रखा गया है ताकि वे अपने कार्यों का संपादन स्वतंत्रता एवं निष्पक्षतापूर्ण ढंग से कर सकें। न्यायालय अपने अध्यक्ष और उपाध्यक्ष का चुनाव करता है जिसका कार्यकाल तीन वर्ष का होता है। स्थाई विवाचन न्यायालय तथा स्थायी अंतर्राष्ट्रीय न्यायालय की भांति वर्तमान अंतर्राष्ट्रीय न्यायालय का स्थायी निवास नीदरलैंड के हेग नगर में स्थित है।

कार्य

अंतर्राष्ट्रीय न्यायालय में किसी व्यक्ति के मुकदमे की सुनवाई नहीं की जाती है। देशों, अंतर्राष्ट्रीय संस्थाओं और विशिष्ट एजेंसियों के विवाद, इस न्यायालय में लाए जा सकते है। न्यायालय को चार क्षेत्रों में क्षेत्राधिकार (Area of jurisdiction) प्राप्त हैं :–

1. अंतर्राष्ट्रीय विधि का कोई प्रश्न।
2. अंतर्राष्ट्रीय उत्तरदायित्व के उल्लंघन में हुई क्षति की पूर्ति की प्रकृति सीमा।
3. किसी संधि की व्याख्या।
4. ऐसा तथ्य जिसके स्थापित होने पर अंतर्राष्ट्रीय उत्तरदायित्व का उल्लंघन हो।

अंतर्राष्ट्रीय न्यायालय को परामर्शात्मक क्षेत्राधिकार भी है। संयुक्त राष्ट्र के अधिकृत किसी भी निकाय को न्यायालय किसी भी विधिक प्रश्न पर परामर्श दे सकता है।

1946 में इसकी स्थापना के बाद से राज्यों ने इसे 119 मामले सौंपे है और अंतर्राष्ट्रीय संगठनों ने 23 सलाहकारी राय देने का अनुरोध किया है। भू–सीमाओं और राज्य क्षेत्रीय अखंडता जैसे प्रश्नों पर शांति से समझौते करवा कर इस न्यायालय ने प्रायः विवादों को बढ़ने से रोकने में सहायता की है। जैसे बोत्सवाना और नामीबिया के बीच का 1999 का सीमा विवाद। 1986 में निकारागुआ ने न्यायालय में अमेरिका के खिलाफ यह मामला दायर किया कि अमेरिका निकारागुआ के कंट्रास को समर्थन दे रहा है मामले में अदालत ने पाया कि कंट्रास को समर्थन देकर और निकारागुआ के बंदरगाहों के बाहर सुरंगे बिछाकर, अमेरिका ने किसी अन्य राज्य के मामले में हस्तक्षेप न करने, किसी गैर राज्य के खिलाफ बल प्रयोग न करने और अन्य राज्य की प्रभुसत्ता का अतिक्रमण न करने के अपने अंतर्राष्ट्रीय कानूनी दायित्वों का उल्लंघन किया।

भाषा

अंतर्राष्ट्रीय न्यायालय की आधिकारिक भाषाएं अंग्रेजी और फ्रेंच दोंनो है।

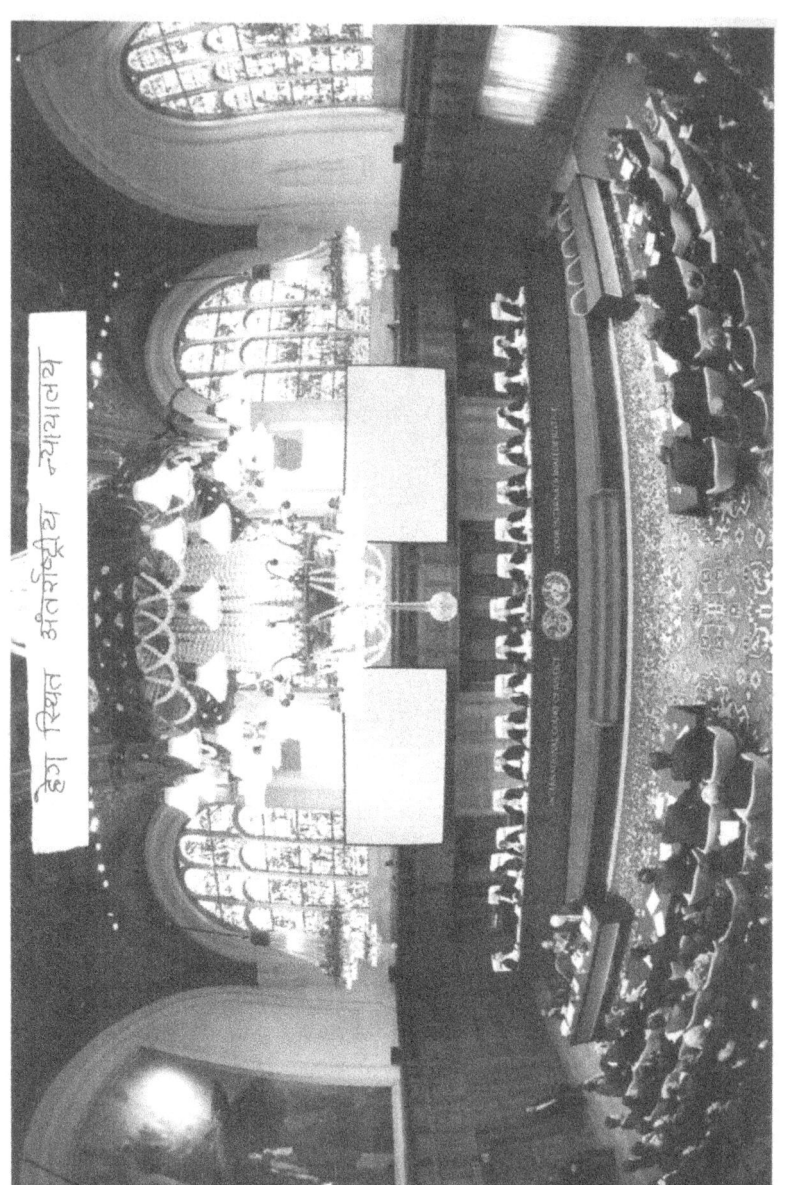

हेग स्थित अंतर्राष्ट्रीय न्यायालय

मूल्यांकन

अंतर्राष्ट्रीय न्यायालय का अंतर्राष्ट्रीय विधि के विकास में महत्वपूर्ण योगदान रहा है परन्तु एक विश्व न्यायालय के रूप में इसका कीर्तिमान अच्छा नहीं रहा है। राज्यों के ऊपर कोई बाध्यता नहीं है कि वे अपने कानूनी विवाद अंतर्राष्ट्रीय न्यायालय के समक्ष ले जाएं क्योंकि जब दोनों पक्ष सहमत हो तभी विवाद को अंतर्राष्ट्रीय न्यायालय में ले जाया जा सकता है। कई विवाद जैसे फिलिस्तीन विवाद, कश्मीर विवाद कभी भी न्यायालय के समक्ष नहीं ले जाए गए।

बल्कि अपने परामर्शात्मक क्षेत्राधिकार में इस न्यायालय द्वारा अनेक विवादों में महत्वपूर्ण सुझाव दिए गए है। जैसे नामीबिया में दक्षिण अफ्रीका की उपस्थिति को अवैध ठहराना फिर भी यह स्थति 1990 तक बनी रही।

अंतर्राष्ट्रीय न्यायालय की कई कमजोरियों में एक यह भी है कि न्यायाधीशों की नियुक्ति पूरी तरह से निष्पक्ष नहीं है। इसमें यूरोप तथा अमेरिका को अधिक प्रतिनिधित्व प्राप्त है।

एक और समस्या यह है कि इस न्यायालय में किसी संस्था, व्यक्ति या संगठन के विरूद्ध मुकदमा नहीं चलाया जा सकता। तीसरी बड़ी कमजोरी उसकी अनिवार्य क्षेत्राधिकार न होना है (Compulsory Jurisdiction)

अंतर्राष्ट्रीय न्यायालय के निर्णय लागू कराने के लिए कोई प्रभावकारी अंतर्राष्ट्रीय उपाय नहीं है। सुरक्षा परिषद, जिसे इसका दायित्व सौंपा गया था वह स्वयं निषेधाधिकार के कारण एक राजनीतिक अखाड़ा मात्र बनकर रह गई है।

परन्तु इन सब कमजोरियों के बावजूद अंतर्राष्ट्रीय न्यायालय एक ऐसा फोरम है जहाँ विवादों का शांतिपूर्ण कानूनी समाधान होने की पूरी संभावना होती है, कई सरकारों के अनुरोध पर जटिल मामले इसके द्वारा सुलझाए गए है जैसे कांगो पर युगांडा का सैनिक हमला (01.07.2015) नरसंहार के विरूद्ध बहस और सजा का प्रावधान (क्रोएशिया बनाम सर्बिया 03.02.2015) इत्यादि।

अंतर्राष्ट्रीय न्यायालय का सबसे बड़ा योगदान अंतर्राष्ट्रीय विधि के स्पष्टीकरण और विकास में सहायता के रूप में रहा है।

अंतर्राष्ट्रीय न्यासधारिता परिषद (Trusteeship Council)

1941 में एटलांटिक चार्टर के अंतर्गत उपनिवेश समापन के संबंध में विचार दिया गया परन्तु फ्रांस, हालैण्ड, दक्षिण अफ्रीका आदि देश उपनिवेशों पर अपना नियंत्रण छोड़ने के लिए तैयार नहीं थे। अमेरिका सामान्यतः उपनिवेश विरोधी था परन्तु फिर भी प्रशांत महासागर के द्वीपों पर अपना प्रभुत्व छोड़ना नहीं चाहता था। सैन फ्रांसिस्को सम्मेलन में न्यूजीलैण्ड, आस्ट्रेलिया, मध्यपूर्व दक्षिण अमेरिका के देश, सोवियत रूस तथा चीन उपनिवेश की समाप्ति चाहते थे अतः दो विचारधाराओं का संघर्ष शुरू हुआ। कुछ देश अपने उपनिवेशों पर पूर्ण प्रभुत्व रखते हुए कुछ बंधन

स्वीकार करने पर सहमत थे तो दूसरे, उपनिवेशों को पूरा स्वतंत्र करना या व्यापक स्तर पर अंतर्राष्ट्रीय नियंत्रण के अंदर रखना चाहते थे अंततः दोनों के बीच समझौते के आधार पर संरक्षण प्रणाली को अपनाया गया। अनुच्छेद 75 से 85 के बीच अंतर्राष्ट्रीय न्यासधारिता तंत्र का वर्णन किया गया है। जिसमें इसके उद्देश्य बताए गए कि अंतर्राष्ट्रीय शांति तथा सुरक्षा को बढ़ाना, न्यास भूभाग के लोगों को राजनीतिक, आर्थिक, सामाजिक और शैक्षणिक विकास में सहयोग देना, न्यास क्षेत्र के लोगों के इच्छानुसार स्वशासन और स्वाधीनता की दिशा में उनके क्रमिक विकास में सहायता देना, जाति लिंग, भाषा धर्म का भेद किए बिना सबके लिए मानव अधिकारों और मूल स्वंतत्रताओं के प्रति आदर की भावना को बढ़ावा देनो।

न्यासधारिता परिषद के सदस्यों में न्यास प्रदेशों पर शासन करने वाले राज्य, सुरक्षा परिषद के वे सदस्य जो न्यास प्रदेशों पर शासन न कर रहे हो और अन्य सदस्य जो महासभा द्वारा तीन वर्षों के लिए निर्वाचित किए गए हो, आते थे।

न्यास पद्धति के अंतर्गत 1949 में ग्यारह प्रदेश थे, जैसे न्युगिनी (शासक आस्ट्रेलिया), रूआंडा–उरूंडी (बेल्जियम), टंगानिका (ब्रिटेन), नौरू (आस्ट्रेलिया), ब्रिटिश टोगोलैण्ड (ब्रिटेन), फ्रेंच कैमरून (फ्रांस), प्रशांत महासागर के द्वीप मार्शेल, मारियान और कैरोलीन (संयुक्त राज्य अमेरिका), फ्रेंच टोगोलैण्ड (फ्रांस) पश्चिमी समोआ (न्यूजीलैण्ड), सोमाली लैण्ड (इटली)।

वर्तमान में यह सभी राज्य क्षेत्र या तो स्वतंत्र हो गए है या इन्होंने किसी राज्य के साथ स्वेच्छा से संबंध जोड़ लिए है। ऐसा करने वाला अंतिम ट्रस्ट राज्य क्षेत्र अमेरिका द्वारा प्रशासित प्रशांत द्वीप ''पलाऊ'' था जिसने 1993 में एक जनमत संग्रह के बाद अमेरिका के साथ मुक्त संबंध का चुनाव कर लिया तो सुरक्षा परिषद ने इसके साथ संयुक्त राष्ट्र ट्रस्टीशिप समझौता 1994 में समाप्त कर दिया। 1994 में पलाऊ स्वतंत्र होकर अमेरिका में शामिल हो गया और न्यासधारिता परिषद (Trusteeship Council) में किसी राज्य क्षेत्र के न रहने से ट्रस्टीशिप प्रणाली ने अपना ऐतिहासिक कार्य पूरा कर लिया।

परन्तु सन् 2000 तक 17 अस्वशासी राज्य क्षेत्र अभी भी मौजूद हैं, जिन्हें ट्रस्टीशिप काउंसिल में नहीं रखा गया था और उन पर फ्रांस, न्यूजीलैण्ड, ब्रिटेन तथा अमेरिका की प्रशासनिक सत्ता है। पुर्तगाल और इंडोनेशिया से मुक्ति पा कर तिमार–लिस्टे 2002 में संयुक्त राष्ट्र संघ का 191वां सदस्य बन गया परन्तु न्यूजीलैण्ड के लोकेआऊ, फ्रांस के न्यू कैलेडोनिया तथा ब्रिटिश अमरीकन क्षेत्र अभी भी अस्वशासी हैं

मूल्यांकन

यह संयुक्त राष्ट्रसंघ का ऐसा अंग है जिसनें 53 वर्ष के अपने कार्यकाल में बड़े उपयोगी कार्य किए और न्यास में डाले गए क्षेत्रों को स्वतंत्र बनाया परन्तु द्वितीय विश्व युद्ध के बाद सभी परतंत्र देशों के इसके अंतर्गत नहीं रखा गया था, केवल

राष्ट्रसंघ के अंतर्गत मैंडेट प्रदेश इसमें रखे गए और शत्रु राज्यों उपनिवेश रखे गए ; स्वेच्छा से इसमें अपने उपनिवेशों को शामिल करने की योजना को किसी बड़े देश ने नहीं माना और उपनिवेशों को स्वतंत्रता की लंबी और खूनी संघर्ष करनी ही पड़ी।

जो न्यास क्षेत्र में रखे भी गए थे उनके प्रशासनिक मालिक अगर अपने दायित्वों का ईमानदारी से निर्वहन नहीं करता था तो उसे दंडित करने की कोई व्यवस्था नहीं थी।

इसका कार्य पूरा हो जाने के बाद अब न्यासधारिता परिषद में सुरक्षा परिषद के पांच स्थाई सदस्य है :– अमेरिका, ब्रिटेन, रूस, फ्रांस एवं चीन।

सचिवालय तथा महासचिव

संयुक्त राष्ट्रसंघ के दो अंग ऐसे है जिनका राजनीतिक स्वरूप नहीं है, वे हैं अंतर्राष्ट्रीय न्यायालय तथा सचिवालय। सचिवालय के क्रियाकलाप पर्दे के पीछे संचालित होते हैं परंतु संयुक्त राष्ट्रसंघ की प्रतिदिन के कार्यों की ये ही संभव बनाता है।

राष्ट्रसंघ (League of Nations) की स्थापना से पूर्व अंतर्राष्ट्रीय कार्यों को संपन्न करने के लिए अधिकारियों की स्थायी या अस्थायी तौर पर व्यवस्था होती थी। अंतर्राष्ट्रीय सम्मेलनों के दौरान भी अस्थायी सचिवालय गठित कर दिए जाते थे। इसमें सम्मेलन का कार्य निर्धारण नीति, निर्माण में सहयोग, सम्मेलन के लेखों को तैयार करना तथा समाप्ति पर उसके परिणामों को व्यवस्थित रूप प्रदान करना जैसे कार्य किए जाते थे।

राष्ट्रसंघ के अंतर्गत अंतर्राष्ट्रीय सचिवालय की स्थापना की गई थी जिसमें विशेषज्ञों की नियुक्तियां की गई थी जो स्थायी रूप से कार्य करने लगे। राष्ट्र संघ में सचिवालय की उपयोगिता सिद्ध हो जाने पर संयुक्त राष्ट्रसंघ के निर्माण के समय सुसंगठित सचिवालय की स्थापना पर जोर दिया गया और नया महासचिव लीग के महासचिव से भी महत्वपूर्ण सक्रिय भूमिका निभाए ऐसी उम्मीद की गई।

संयुक्त राष्ट्र चार्टर के अध्याय 15 में अनुच्छेद 97 से 101 के मध्य सचिवालय में एक महासचिव के कार्य और शक्तियों का वर्णन किया गया है। इसके अनुसार सचिवालय में एक महासचिव और आवश्यकतानुसार अन्य कर्मचारी होंगे। सुरक्षा परिषद की सिफारिश पर महासचिव की नियुक्ति की जाएगी जो संघ का प्रथम प्रशासनिक अधिकारी होगा। महासचिव के अलावा सचिवालय के आठ विभागों के अध्यक्ष होगें इनका पद उपमहासचिव का होगा।

सचिवालय द्वारा किए जाने वाले कार्य उतने ही विविध है जितनी कि संयुक्त राष्ट्रसंघ द्वारा निपटाई जाने वाली समस्याएं। इसमें शांति अनुरक्षण कार्यवाहियों की व्यवस्था से ले कर अंतर्राष्ट्रीय विवादों में मध्यस्थता, आर्थिक तथा सामाजिक प्रवृत्तियों के सर्वेक्षण से लेकर मानवाधिकारों और टिकाऊ विकास के लिए अध्ययनों

को तैयार करना शामिल है। सचिवालय का स्टाफ संयुक्त राष्ट्रसंघ के कार्यों की विश्व की संचार मीडिया को भी सूचना देता है, विश्वव्यापी चिंता के विषयों पर अंतर्राष्ट्रीय सम्मेलन आयोजित करता है और संगठन की अधिकाधिक भाषाओं में भाषणों की व्याख्याएं करता एवं दस्तावेजों के अनुवाद करवाता है।

सचिवालय के स्टाफ में नियमित बजट के अधीन लगभग 188 देशों से लिए गए 41,426 कर्मचारी (30 जून 2014) कार्य करते हैं। एक अंतर्राष्ट्रीय नगर कर्मचारी के रूप में स्टाफ के सदस्य तथा महासचिव अपने कार्यकलाप के लिए केवल संयुक्त राष्ट्रसंघ को जवाबदेह है।

महासचिव

महासचिव संयुक्त राष्ट्रसंघ के आदर्शों के प्रतीक एवं विश्व जनसमुदाय के हितों के प्रवक्ता हैं। महासचिव की नियुक्ति के विषय में वर्णन अनुच्छेद 97 में मिलता है जिसके अनुसार सुरक्षा परिषद की सिफारिश पर महासभा द्वारा की जाती है। यदि महाशक्तियां किसी एक नाम पर एकमत नहीं हैं तो वह सुरक्षा परिषद द्वारा मनोनीत नहीं हो सकता। उसका कार्यकाल पांच वर्षों का होता है और वह पुन:निर्वाचित भी हो सकता है। नार्वे के ट्रिग्वेली (Trygve lie) फरवरी 1946 में संयुक्त राष्ट्र संघ के पहले महासचिव हुए। महासचिव सुरक्षा परिषद के पांच स्थाई सदस्य देश से नहीं हो सकते।

महासचिव की शक्तियां तथा कार्य

अनुच्छेद 97 महासचिव को संघ का मुख्य प्रशासनिक अधिकारी घोषित करता है। वह सचिववालय के संयुक्त राष्ट्र के विभिन्न अंगों को प्रशासनिक सहायता प्रदान करने के आदेश देता है। दस्तावेजों को तैयार तथा उपलबध करवाना, उसके दायित्व है।

सचिवालय के सदस्यों की नियुक्ति प्रशिक्षण, वेतन, पदोन्नति तथा अनुशासन सभी महासचिव के क्षेत्राधिकार में आते हैं। संबद्ध सरकारों से परामर्श का कार्य भी महासचिव के क्षेत्राधिकार में आता है।

महासचिव संयुक्त राष्ट्र के कार्यों के संबंध में महासभा को वार्षिक रिपोर्ट देते हैं। संयुक्त राष्ट्र के विभिन्न अंगों द्वारा जारी की गई नीतियों और योजनाओं को क्रियान्वित करने का कार्य महासचिव को सौंपा गया है। नए कार्यक्रमों की योजना बनाने एवं महासभा तथा सुरक्षापरिषद की अस्थायी एवं कार्यावलि तैयार करने का भी काम उन्हीं का है।

प्रशासनिक अध्यक्ष होने के नाते संगठन से संबद्ध सभी विशिष्ट अभिकरणों के कार्यों में समन्वय स्थापित करना महासचिव का कर्तव्य है, अतः एक दृढ एवं शक्तिशाली व्यक्ति ही इन सब पर नियंत्रण रख सकता है।

महासचिव कुछ प्रविधिक (Statistical) कार्य भी करवाते हैं जैसे समस्याओं का आवश्यक अध्ययन, स्मृतिपत्र, प्रतिवेदन, वैधानिक तथ्य में सुझाव तथा सर्वेक्षण इत्यादि।

महासचिव उन प्रस्तावों को जो महासभा तथा अन्य परिषदों द्वारा पारित किए जाते हैं को कार्यान्वित करवाते है।

महासचिव वित्तीय कार्यों का संपादन करते है।

संगठन के मुख्य वक्ता के रूप में, लिखित आधार पर तथा सूचनाओं व गतिविधियों द्वारा महासचिव एक बहुत महत्वपूर्ण भूमिका निभाते हैं। मीडिया के प्रश्नों के उत्तर, नीतियों का स्पष्टीकरण जैसे महत्वपूर्ण कार्य महासचिव द्वारा ही किया जाता है।

महासचिव ज्यादा से ज्यादा सदस्य राज्यों का भ्रमण करते हैं। महासचिव की आवश्यकता केवल संयुक्त राष्ट्रसंघ के महत्वपूर्ण बैठकों में ही नहीं बल्कि महत्वपूर्ण क्षेत्रीय या अंतर्राष्ट्रीय सम्मेलनों तथा राष्ट्रीय कार्यक्रमों में भी होती है।

राष्ट्रसंघ के दिनों में महासचिव, परिषद के सदस्यों की प्रार्थना पर बैठक बुलाने से ज्यादा भूमिका नहीं निभाते थे पर अनुच्छेद 99 के अनुसार, विश्व में कहीं भी ऐसी समस्या उत्पन्न होने पर जिससे अंतर्राष्ट्रीय शांति तथा सुरक्षा को खतरा उत्पन्न हो सकता है, महासचिव सुरक्षा परिषद का ध्यान उस ओर दिला सकते है।

शीत युद्ध के दौरान मतैक्यता के अभाव के कारण सुरक्षा परिषद महत्वपूर्ण निर्णय नहीं ले पाती थी ऐसी स्थिति में महासचिव द्वारा महत्वपर्ण भूमिकाएं निबाही गई थी।

मूल्यांकन

महासचिव की भूमिका में निरंतर वृद्धि हो रही है। शीत युद्ध के अंत और साम्राज्यवाद के अंत के बाद वर्तमान विश्व में सभी देश चेतन हो रहें हैं और संयुक्त राष्ट्रसंघ की तरफ अधिक उम्मीद से देख रहे हैं, ऐसे में दृढ निश्चयी महासचिव की पहले से भी ज्यादा जरूरत है।

संयुक्त राष्ट्रसंघ के विशिष्ट अभिकरण (The specialized Agencies of the United Nations)

चार्टर के अनुच्छेद 57 में वर्णन करते हुए कहा गया है कि अंतर सरकारी समझौतों द्वारा स्थापित वे विभिन्न अभिकरण जो विस्तृत अंतर्राष्ट्रीय उत्तरदायित्वों से युक्त हैं और धारा 63 के प्रावधानों के अनुसार संयुक्त राष्ट्रसंघ से जोड़े जाएंगे, उन्हें विशिष्ट अभिकरण कहा जाएगा।

ऐसे पंद्रह अभिकरण हैं जो आर्थिक और सामाजिक परिषद् के माध्यम से संयुक्त राष्ट्रसंघ के लिए काम करते हैं, वे है :–

i. अंतर्राष्ट्रीय श्रम संगठन (ILO) 1919, 1946, जिनेवा, स्वीट्जरलैण्ड।

ii. संयुक्त राष्ट्र खाद्य एवं कृषि संगठन (FAO) 1945, रोम, इटली।

iii. संयुक्त राष्ट्र शैक्षिक, वैज्ञानिक एवं सांस्कृतिक संगठन (UNESCO) 1946, पेरिस, फ्रांस

iv. विश्व स्वास्थ्य संगठन (WHO) 1948, जिनेवा, स्वीट्जरलैण्ड

v. विश्व बैंक समूह (World Bank Group) 1945–1966, वाशिंग्टन डी.सी., अमेरिका

vi. अंतर्राष्ट्रीय मुद्रा निधि (IMF) 1944, वाशिंग्टन डी.सी., अमेरिका

vii. अंतर्राष्ट्रीय नागर विमानन संगठन (ICAO) 1944, शिकागो, अमेरिका

viii. अंतर्राष्ट्रीय समुद्री संगठन (IMO) 1959, लंदन, ब्रिटेन

ix. अंतर्राष्ट्रीय दूरसंचार संघ (ITU) 1865, 1947, जिनेवा, स्वीट्जरलैण्ड

x. वैश्विक डाकसंघ (UPU) 1874, 1948, बर्न, स्वीट्जरलैण्ड

xi. विश्व मौसम विज्ञान संगठन (WMO) 1951, जिनेवा, स्वीट्जरलैण्ड

xii. विश्व बौद्धिक संपत्ति संगठन (WIPO) 1974, जिनेवा, स्वीट्जरलैण्ड

xiii. अंतर्राष्ट्रीय कृषि विकास निधि (IFAD) 1977, रोम, इटली

xiv. संयुक्त राष्ट्र औद्योगिक विकास संगठन (UNIDO) 1966, 1985, वियना, आस्ट्रिया

xv. संयुक्त राष्ट्र बाल निधि (UNICEF) 1946, न्यूयार्क, अमेरिका

इसके अलावे स्वतंत्र अभिकरण हैं, जो संयुक्त राष्ट्रसंघ के देख–रेख में कार्य करते है:–

1. अंतर्राष्ट्रीय आणविक ऊर्जा एजेंसी (IAEA) 1957, वियना, आस्ट्रिया
2. विश्व व्यापार संगठन (WTO) 1995, जिनेवा, स्वीट्जरलैण्ड
3. विश्व पर्यटन संगठन (WTO) 1974, मैड्रिड, स्पेन

संयुक्त राष्ट्रसंघ की उपलब्धियाँ

यह सच है कि 1945 के बाद भी लगभग सैंकड़ो क्षेत्रीय युद्ध लड़े गए और द्वितीय विश्व युद्ध के बाद भी पूरी तरह से शांति स्थापना नहीं हो पाई है। इससे लगता है कि संयुक्त राष्ट्र संघ अपने प्राथमिक उद्देश्य में पूरी तरह से सफल नहीं हो पाया है परन्तु यह भी सच है कि इन युद्धों में से कई में उसने मध्यस्थ की भूमिका प्रभावी ढंग से निभाई है और दुनिया के कई भागों में निहत्थी जनता को नरसंहार से बचाने में कामयाब हुआ है। द्वितीय विश्व युद्ध के पश्चात विश्व के औपनिवेशिक देशों को उनके स्वतंत्रता संग्राम में नैतिक समर्थन दे कर संयुक्त राष्ट्र ऐसे देशों का सरमाया बना। एशिया, अफ्रीका और दक्षिण अमेरिका के देश स्वतंत्र हो कर

संयुक्त राष्ट्र के सदस्य बनते गए और उसके सदस्य देशों की संख्या बढ़ते–बढ़ते जुलाई 2011 में दक्षिण सूडान के 193वें सदस्य के रूप में आ गई, जो इसके वर्तमान में भी प्रासंगिक होने का प्रमाण है।

परन्तु शांति स्थापना के क्षेत्र में इसके सफल उदाहरण कम ही हैं जिनमें से कुछ निम्नलिखित है :–

1. पश्चिमी न्यू गिनी 1946 – इन द्वीप समूह पर हालैण्ड का अधिकार था, 1946 में संयुक्त राष्ट्र ने हालैण्ड से इनकी स्वतंत्रता दिलवाने में मदद की और यह इंडोनेशिया नामक स्वतंत्र देश बन गया परन्तु पश्चिमी न्यू गिनी भाग पर आस्ट्रेलिया का कब्जा हो गया था और वह क्षेत्र पश्चिमी इरिअन कहलाने लगा। इंडोनेशिया इस भाग को अपना बता कर उस पर दबाव डालने लगा। अक्टूबर 1962 में संयुक्त राष्ट्र टेम्परेरी एक्जीक्यूटिव अथॉर्टी की मदद से, बात–चीत शुरू हुई और 1969 में एक जनमत संग्रह करवा कर पश्चिमी इरिअन, इंडोनेशिया में शामिल हुआ।
2. फिलिस्तीन 1947 – फिलिस्तीन से ब्रिटेन की वापसी के बाद यहूदियों ने वहाँ अपने देश इजरायल के निर्माण की घोषणा कर दी जिससे सैकड़ो फिलिस्तीनी अरब, रातों–रात बेघर हो गए। महासभा ने फिलिस्तीनी संयुक्त राष्ट्र विशेष समिति द्वारा तैयार योजना का समर्थन किया था जिसमें इस क्षेत्र को अरब और एक यहूदी देश में बांट कर येरूशलम को अंतर्राष्ट्रीय हैसियत वाला शहर बनाने का प्रावधान था पर इसे फिलिस्तीनी एवं अन्य अरबों ने अस्वीकार कर दिया तभी से यह क्षेत्र मध्य पूर्व का विस्फोटक प्रदेश बना हुआ है और संयुक्त राष्ट्र के लाख प्रयासों के बावजूद वहाँ शांति की स्थापना नहीं हो पा रही है।
3. कोरिया का युद्ध (1950–53) जब साम्यवादी उत्तरी कोरिया ने जून 1950 में दक्षिणी कोरिया पर आक्रमण कर दिया था तो, संयुक्त राष्ट्र सुरक्षा परिषद ने तुरन्त निंदा प्रस्ताव पास कर उत्तर कोरिया को फौजें हटाने को कहा। सदस्य देशों से सैनिक कार्यवाही पर भी सहमति करवाली क्योंकि सोवियत संघ उस समय सुरक्षा परिषद का बहिष्कार (साम्यवादी चीन को सदस्यता न देने के मसले पर) कर रहा था। 16 देशों के सैनिकों से बनी संयुक्त राष्ट्र सेना ने युद्ध विराम करवाया।
4. स्वेज संकट (1956) मिस्र के राष्ट्रपति नासर ने स्वेज नहर का 1956 में राष्ट्रीयकरण कर दिया पर इसमें फ्रांसीसी एवं ब्रिटिश शेयरधारकों के पैसे लगे थे अतः इन दोनों देशों की सेनाओं ने मिस्र पर आक्रमण कर दिया। इजरायल ने मौके का फायदा उठा कर अपनी सेना भी भेज दी। संयुक्त राष्ट्र सुरक्षा परिषद में तो फ्रांस व ब्रिटेन ने निषेधाधिकार का प्रयोग किया परन्तु महासभा में 64 मत आक्रमण के विरोध में और 5 मत पक्ष में पड़े। इतने बड़े अंतर्राष्ट्रीय जनमत के आगे आक्रमणकारी सेनाएं वापस चली गईं और संयुक्त राष्ट्र की शांति अनुरक्षण सेना ने कमान संभाली।

5. बेल्जियन कांगो का गृह युद्ध (1960–64) 1960 में अफ्रीका के देश कांगो को बेल्जियम से स्वतंत्रता मिली परन्तु कई जनजातियों वाले इस देश में घनघोर गृह–युद्ध शुरू हो गया। संयुक्त राष्ट्र की बीस हजार संख्या वाली शांति अनुरक्षण सेना ने बड़ी मुश्किल से व्यवस्था स्थापित की। एक विशेष संयुक्त राष्ट्र कांगो निधि की स्थापना की गई परन्तु चार सालों में इस युद्ध जर्जर देश को संभालने में संयुक्त राष्ट्र दीवालिया होने के कगार पर पहुंच गया।
6. लेबनान (1978) – लेबनान एवं फिलिस्तीन के सीमा विवाद को संयुक्त राष्ट्र की अंतरिम फौज ने हल करने में मदद की।
7. इरान–इराक युद्ध (1980–84) – संयुक्त राष्ट्रसंघ ने इन दोनों पड़ोसी देशों के लंबे खिंच गए युद्ध को समाप्त करवाने में मध्यस्थता की।
8. खाड़ी युद्ध (1991) – जब इराक ने अपने छोटे पड़ोसी देश कुवैत पर आक्रमण कर के कब्जा कर लिया तो संयुक्त राष्ट्र सुरक्षा परिषद ने इराक को चेतावनी दी और फिर भी न मानने पर संयुक्त राष्ट्र सेना भेजी गई और इराकी सेना को बाहर निकाला गया।
9. कंबोडिया पर पोल पोट नामक तानाशाह की पार्टी खमैर रूज ने आतंक मचा दिया था। वियतनाम ने 1978 में कंबोडिया में घुसकर उन्हें भगाया और एक नई सरकार की स्थापना की। संयुक्त राष्ट्र संघ ने वियतनामी सेना को वापस लौटने के लिए तैयार किया फिर कई तरह की मध्यस्थता कर 1993 में स्वतंत्र चुनाव करवाए जिसे फिर सभी पक्षों ने माना।
10. 1991 के सोमालिया के गृह युद्ध में संयुक्त राष्ट्र की कोई कार्यवाही काम न आई। उसकी सेना के काफी सिपाहियों को मारा जाने लगा तब संयुक्त राष्ट्र को अपनी सेना वापस बुलानी पड़ी। यह संयुक्त राष्ट्र संघ की बड़ी दुखदायी असफलता थी।
11. युगोस्लाविया का विखंडन – प्रथम विश्व युद्ध के बाद अस्तित्व में आए इस देश में कई नृजातीय समूह थे जो 1980 के बाद से ही स्वतंत्र होने में लग पड़े – सार्बिया सभी को अपने नियंत्रण में करना चाहता था परन्तु एक–एक भाग टूट कर अलग होने लगे। क्रोएशिया में संयुक्त राष्ट्र को तेरह हजार की संख्या वाली सेना भेजनी पड़ी। बोस्निया के मुसलमानों का नरसंहार रोकने में संयुक्त राष्ट्र की सेना को कड़ी मेहनत करनी पड़ी। सर्बिया ने संयुक्त राष्ट्र सेना के सैनिकों का अपहरण कर उन्हें मानव रक्षा–कवच बनाया ताकि नाटो आक्रमण से बच सकें। आखिरकार सुरक्षा परिषद ने बोस्निया–हरजेगोविना में एक संयुक्त राष्ट्र अंतर्राष्ट्रीय पुलिस कार्यालय स्थापित किया जो संयुक्त राष्ट्र पर्यवेक्षक मिशन के साथ मिलकर कार्य करने लगी। कोसोवो में सर्बो ने अल्बानियों को भगाने की कोशिश की। उनके आक्रमणों को रोकने के लिए नाटो सेना ने मार्च 1999 में सर्बिया के विरूद्ध हवाई हमले किए। अब सुरक्षा परिषद में गहरा विभाजन हो गया, कुछ राष्ट्रों ने हवाई हमलों को यू.एन. चार्टर का उल्लंघन करने वाला एकपक्षीय बल प्रयोग का उदाहरण बताते हुए निंदा

की जबकि दूसरे राष्ट्रों ने इसे कोसोवो-अल्बानियों के नरसंहार को रोकने के लिए जरूरी बताया। आखिरकर जी-8 के हस्तक्षेप से युगोस्लाव फौजों की वापसी हुई। युद्ध विराम के बाद मई 2000 में संयुक्त राष्ट्र ने शरणार्थियों को वापस लौटने में मदद की फिर अक्टूबर में चुनाव करवाए गए और अब कोसोवो संयुक्त राष्ट्र संघ में सदस्यता पाने और सभी देशों से अपनी स्वतंत्रता की स्वीकृति पाने की आशा में है।

युद्ध शांति के क्षेत्र में संयुक्त राष्ट्र संघ की उपलब्धियाँ भले ही प्रभावशाली न हों परन्तु उसकी अन्य क्षेत्रों में उपलब्धियाँ काफी महत्वपूर्ण हैं :—

i. **मानवाधिकार आयोग** – यह 'आर्थिक तथा सामाजिक परिषद' अंग के अंतर्गत काम करता है और प्रयत्न करना है कि सभी सरकारें अपने जनता के साथ सभ्य व्यवहार करें। 1948 में महासभा ने 30 सूत्रीय सार्वभौमिक मानव अधिकारों की घोषणा को स्वीकार किया। 1959 में बाल अधिकारों की घोषणा को स्वीकार किया गया अर्थात सभी सदस्य देश अपने अपने देश में इन अधिकारों को स्थापित करने का पूरा प्रयत्न करेंगे, हालांकि कई देश इन अधिकारों की उपेक्षा करते हैं, अतः संयुक्त राष्ट्र को इस दिशा में सत्त कार्य करना पड़ रहा है।

ii. **अंतर्राष्ट्रीय श्रम आयोग** – यह दुनिया भर के श्रमिक हितों के लिए काम कर रहा है।

विश्व स्वास्थ्य संगठन – यह संयुक्त राष्ट्र का सबसे सफल अभिकरण हैं जो द्वितीय विश्व युद्ध के बाद कई बीमारियों को खत्म करने में प्रभावी हुआ है 1947 में मिस्र से प्रारंभ हुए हैजा (Cholera) जो अफ्रीका तथा मध्यपूर्व में फैल गया था, को सफलतापूर्वक रोकने में कामयाब हुआ, उसी तरह मलेरिया, टी.बी., कुष्ठ रोग जैसी बीमारियों के रोकथाम में यह संस्था बड़ी प्रभावी रही है। 1980 के दशक में चेचक का उन्मूलन करने में यह कामयाब रहा, समकालीन समय में इबोला की रोकथाम में सफल हुआ है।

iii. **खाद्य तथा कृषि संगठन** – इसका उद्देश्य पौष्टिक भोजन और रहन-सहन के स्तर को ऊँचा करना, कृषि वन व मत्स्य उद्योग की क्षमता को बढ़ाना, ग्रामीण नागरिकों की अवस्था को सुधारना इत्यादि है। यह कृषि संबंधी समस्याओं का अध्ययन, अनुसंधान, परीक्षण, विभिन्न सरकारों को इन विषयों पर सुझाव, सूचना या आंकड़े दे कर खाद्यान्न आदि के उत्पादन बढ़ाने में महत्वपूर्ण भूमिका निभाता है।

iv. **संयुक्त राष्ट्र शैक्षणिक, वैज्ञानिक एवं सांस्कृतिक संगठन (यूनेस्को)** – यह भी संयुक्त राष्ट्र की सफल एजेंसियों में से एक है। यूनेस्को का मानना है कि ''युद्धों का प्रारंभ मनुष्यों के मन की ही उपज है अतः मनुष्य के मन में शांति की भावना को शिक्षा एवं सुसंस्कृति से जागृत करना होगा''। यह शिक्षा के प्रसार के अलावा, विज्ञानों, वैज्ञानिकों और कलाकारों को अंतर्राष्ट्रीय सहयोग के द्वारा मेल-मिलाप करवाता है।

v. संयुक्त राष्ट्र बाल आपात निधि (UNICEF) यह द्वितीय विश्व युद्ध के बाद अनाथ हुए बच्चों की मदद करने के लिए बनाया गया था पर इसके अच्छे काम और सतत जरूरत को देखते हुए इसे स्थाई एजेंसी बना दिया गया और इसके नाम से आपात कालीन शब्द हटा दिया गया। यह दुनिया भर के बच्चों के टीकाकरण के लिए बहुत अच्छा काम करता है।

vi. इसी तरह से संयुक्त राष्ट्र के मौद्रिक एवं वित्तीय संस्थान देशों की मदद के लिए अच्छा काम कर रहें हैं।

संयुक्त राष्ट्र एवं आणविक समस्या

द्वितीय विश्व युद्ध की समाप्ति अणु बम से हुई और उसके साथ ही आणविक हथियारों की होड़ शुरू हो गई। शीत युद्ध के दौरान दोनों पक्षों के देशों में एक से एक भयंकर मारक हथियारों को विकसित करने की मानो आवश्यकता पड़ गई। दोनों पक्षों में संदेह, घृणा और अविश्वास का भाव इतना था कि उनके सामने दूसरा चारा न था कि वे अपने संसाधन हथियार बनाने एवं आणविक शक्ति विकसित करने के में न लगाएं। इसे रक्षात्मक बाधा (Defensive deterrents) कहा गया। 1964 में अमेरिकी रक्षा सचिव मैकनमारा ने इसे MAD (Mutually Assured Destruction) भी कहा। पूँजीवादी देशों ने साम्यवादी देशों के चारों तरफ आणविक मिसाइलों की घेराबंदी कर दी। दुनिया हथियारों के एक खतरनाक जखीरे पर टिक गई जो किसी भी वक्त विस्फोट कर सकती थी। 1957 में अंतर्राष्ट्रीय आणविक ऊर्जा एजेंसी (IAEA) की एक स्वशासी परन्तु संयुक्त राष्ट्रसंघ के अंतर्गत स्थापना की गई। 1960 और 1970 के दशक में संयुक्त राष्ट्रसंघ के प्रयासों से अमेरिका एवं सोवियत संघ के बीच कई संधियाँ की गईं जिनका उद्देश्य आणविक हथियारों की होड़ को रोकना था। ऐसी पहली संधि 'आणविक परीक्षण प्रतिबंध संधि' 1963 में दोनों देशों द्वारा की गई जिसके अनुसार आणविक परीक्षणों का, वातावरण, अंतरिक्ष तथा समुद्र में परीक्षण पर प्रतिबंध लगाया गया। तब अमेरिका तथा सोवियत संघ आणविक हथियारों का भूमिगत परीक्षण करने लगे, जिससे वातावरण दूषित होने से बच गया। संयुक्त राष्ट्र संघ की मध्यस्थता से अन्य संधिया भी की गईं – 1967 की 'बाहरी आंतरिक्ष संधि' जिसके अनुसार आणविक हथियारों पर अंतरिक्ष और धरती की कक्षा में तैनाती पर प्रतिबंध लगाया गया, 1968 की 'आणविक अप्रसार संधि' जिसके अनुसार अमेरिका, सोवियत संघ, ब्रिटेन और तिरासी अन्य देशों ने आणविक हथियारों के प्रसार एवं तकनीक पर रोक लगाने की प्रतिज्ञा की। भारत ने इस संधि पर इसलिए सहमति नहीं दी है क्योंकि यह संधि भेदभाव पूर्ण है, एक तरफ तो सुरक्षा परिषद के पांच स्थाई देश आणविक हथियार रखे हुए हैं पर वे अन्य देशों को इसकी मनाही करते हैं, अगर भारत इस पर दस्तखत करता है तो उसे अपने पड़ोसियों से खतरा हो जाएगा अर्थात चीन तथा पाकिस्तान से जिनके पास इन हथियारों को बनाने की तकनीक है।

संयुक्त राष्ट्र संघ की अंतर्राष्ट्रीय आणविक ऊर्जा एजेंसी (IAEA) शांतिपूर्ण कार्यों में आणविक ऊर्जा के उपयोग के लिए वैज्ञानिक और तकनीकी सहयोग उपलब्ध कराती है। इसके मुख्यतः तीन कार्य है :–

i. शांतिपूर्ण ऊर्जा स्त्रोत के तौर पर आणविक शक्ति के प्रयोग के लिए सदस्य देशों को वैज्ञानिक जानकारी प्रदान करना जो बिजली बनाने, खाद्य एवं कृषि, स्वास्थ्य, उद्योग, जल विज्ञान, पर्यावरण प्रदूषण या समुद्री प्रदूषण के रोक–थाम के काम आए।

ii. आणविक सामग्री को सैन्य उद्देश्यों की ओर न मोड़ा जाए इस विषय में निहित अंतर्राष्ट्रीय संधियों के पालन के जांच पर काम करना।

iii. सुरक्षा हेतु आणविक रिएक्टरों को खतरनाक दुर्घटनाओं से बचाने हेतु सुझाव देना।

अतः देशों के साथ हुए समझौतों के अंतर्गत आई.ए.ई.ए. निरीक्षण दल नियमित रूप से आणविक सुविधा स्थलों पर जाते हैं और रक्षा कवच के कार्यान्वन की जाँच पड़ताल करते है। वर्ष में लगभग 2,500 रक्षा कवच निरीक्षण होते हैं जिनका उद्देश्य यह सुनिश्चित करना है कि लगभग 70 देशों के 900 आणविक केन्द्रों में रखी आणविक सामग्री उनके वैध शांतिपूर्ण उपयोग में ही काम में लाई जा रही है न कि सैन्य उद्देश्यों के लिए। अतः यह एजेंसी अंतर्राष्ट्रीय सुरक्षा में योगदान दे रहा है एवं आणविक शस्त्रों से मुक्त संसार की दिशा में कदम बढ़ा रहा है।

1996 में महासभा के सदस्यों के जर्बदस्त बहुमत ने व्यापक आणविक परीक्षण प्रतिबंध संधि (C.T.B.T.) स्वीकार की, जो किसी भी स्थान पर अणु परीक्षण विस्फोटों को प्रतिबंधित करती है। यह एक ऐसा लक्ष्य है जिसे मूल रूप से 1954 में प्रस्तावित किया गया था और चार दशकों से उसे प्राप्त करने की कोशिश की जा रही थी। इस तरह संधि ने सभी पर्यावरणों में आणविक परीक्षण विस्फोटों पर 1963 के आंशिक प्रतिबंध को बढ़ा दिया। वियना स्थित व्यापक आणविक परीक्षण प्रतिबंध संधि संगठन (CTBTO) के शुरूआती आयोग में 150 देशों ने भाग लिया। वर्ष 2000 में संयुक्त राष्ट्र एवं सी.टी.बी.टी.ओ. के बीच संबंधों की व्याख्या करते हुए समझौता किया गया अतः संयुक्त राष्ट्र संघ आणविक हथियारों की समस्या के समाधान के लिए हर संभव प्रयास कर राह है।

संयुक्त राष्ट्र संघ का मूल्यांकन

अपनी स्थापना के लगभग सत्तर वर्षों के बाद भी संयुक्त राष्ट्र संघ अपने उद्देश्यों की प्राप्ति नहीं कर पाया है – विश्व के देश कई आर्थिक और सामाजिक समस्याओं से घिरे हुए ही हैं और युद्ध शांति कल्पनातीत है। संयुक्त राष्ट्र संघ की कई कमजोरियाँ इसकी उद्देश्य प्राप्ति में बाधक है:–

i. एक स्थाई सेना का न होना – संयुक्त राष्ट्र को सदस्य देशों को सैनिकों के लिए आग्रह करना पड़ता है और उन्हें तुरन्त जुटाना एक मुश्किल काम है

अतः युद्ध छिड़ने पर त्वरित कार्यवाही करना मुश्किल है। बड़े देश उन युद्धों में कार्यवाही नहीं होने देते जो उनके पिछलग्गू देश हैं अथवा जहाँ इन देशों के अपने स्वयं के हितों की बात आती है।

ii. संसाधनों की कमी – संयुक्त राष्ट्र के काम इतने ज्यादा हैं कि इसे अत्याधिक बड़ी मात्रा में धन की आवश्यकता पड़ती रहती है। धन का स्त्रोत, सभी सदस्य देशों से मिलने वाला योगदान है जो देश अपनी हैसियत के अनुसार देते है अर्थात अमेरिका कुल बजट का 22%, जापान 10.8%, जर्मनी 7.1%, इत्यादि, जिसका निर्णय महासभा करती है। मगर कई सदस्य देश अपना सालाना योगदान देने में पिछड़ जाते है। ऐसा कभी वे अपने वित्तीय मजबूरियों के चलते करते हैं या फिर जब वे संयुक्त राष्ट्र की नीतियों का विरोध करना चाहते हैं। 1986 में लगभग 98 सदस्य देशों ने अपना योगदान नहीं दिया, जिसमें प्रमुख था अमेरिका जिसने दस लाख डालर के लगभग रकम रोक रखी थी तब संयुक्त राष्ट्र को अपने खर्चों को कम करना पड़ा था और अन्य वित्तीय सुधार करने पड़े थे। अमरीकियों का यह भी विचार है कि जो देश अधिक धन देते हैं उन्हें यह अधिकार मिलना चाहिए कि वे संयुक्त राष्ट्र के द्वारा धन खर्च पर अपनी राय रख सकें पर छोटे देश इसे अलोकतांत्रिक और गलत बताते हैं और तर्क देते हैं कि देशों के अंदर गरीब व अमीर, सभी को मात्र एक वोट (मत) का ही अधिकार होता है अतः अमीर देशों को कोई ज्यादा अधिकार पा लेने का हक नहीं है।

परन्तु 1987 में ऐसे परिवर्तन किए गए जिनसे प्रमुख वित्तदात्री देशों को खर्च के ऊपर नियंत्रण का अधिकार मिला मगर साथ ही साथ विश्व में ऐसी घटनाओं में भी वृद्धि हुई जिससे संयुक्त राष्ट्र का खर्च बहुत बढ़ गया जैसे मध्यपूर्व में खाड़ी युद्ध, युगोस्लाविया का गृह–युद्ध, सोमालिया का गृह–युद्ध इत्यादि। 1993 में तत्कालीन महासचिव डॉ॰ बुतरस घाली ने बताया कि कई देशों ने अपना योगदान नहीं दिया और अब संयुक्त राष्ट्र की मजबूर हो कर अपनी कई शांति अनुरक्षण कार्यवाही रोक देनी पड़ेगी। अमेरिका और यूरोप के देशों को लगता है कि उन्होंने पहले ही बहुत दे दिया है क्योंकि 2/3 खर्च उनसे ही मिल जाता है, परन्तु अन्य सभी सदस्य देशों को अपने हिस्से का योगदान समय पर देना चाहिए है वरना संयुक्त राष्ट्र के क्रियाकलाप और प्रभावित होंगे।

iii. संयुक्त राष्ट्र के अभिकरणों के बीच संसाधनों व कार्यों का अपव्यय – संयुक्त राष्ट्र के कई अभिकरण ऐसे है जो मिलता जुलता काम करते हैं, ऐसे में उनके अलग अलग कार्यालय और कर्मचारियों की फौज अनावश्यक धन अपव्यय करती है। जैसे खाद्य एवं कृषि संगठन अपने संसाधन, प्रशासन पर ज्यादा खर्च करता है कृषि सुधार पर कम और इसके काम विश्व स्वास्थ्य संगठन से मेल खाते है। व्यापार से संबंधित GATT और UNCTAD भी ऐसे ही अभिकरण हैं।

iv. स्थाई सदस्यों की निषेधाधिकार सुरक्षा परिषद के काम में रूकावट डालती हैं – अमेरिका, चीन, ब्रिटेन, फ्रांस एवं रूस के निषेधाधिकार (वीटो पावर) सुरक्षा

परिषद में युद्ध रोकने में आड़े आते हैं। ये सभी स्थाई देश अपने वीटो का इस्तेमाल करते रहते हैं अतः युद्धों को रोकने के लिए संयुक्त राष्ट्र काम ही नहीं कर पाता। जरूरत है स्थाई सदस्यों की संख्या बढ़ाने की और वीटों के प्रयोग में और विचार करने की।

मगर अपनी तमाम कमजोरियों के बावजूद इस बात में कोई शक नहीं कि संयुक्त राष्ट्र संघ जैसी संस्था की विश्व को अत्यधिक जरूरत है और इसके न होने पर विश्व एक बदतर जगह ही होगी।

यह एक वैश्विक सभा तो है जहाँ विश्व के 193 देशों के प्रतिनिधि आ कर समस्याओं के बारे में चर्चा कर सकते हैं। यहाँ पर क्षेत्रफल और ताकत में छोटे देश भी अपनी बात, विश्व मंच पर रख पाने का मौका पाते हैं।

हालांकि संयुक्त राष्ट्र युद्धों को पूरी तरह रोकने में विफल रहा है मगर यह भी सच है कि संयुक्त राष्ट्र ने कई युद्धों को बंद कराने में सफलता पाई है जो लंबे समय तक चल सकते थे। इसकी शांति अनुरक्षण कार्यवाहियों और शरणार्थी संबंधी कार्यवाहियों ने कितना ही खून–खराबा और पीड़ादायक घटनाओं से बचाया है।

संयुक्त राष्ट्र ने मानव अधिकारों से संबंधित कई पड़ताल किए हैं और उन्हें प्रचारित किया है ताकि विश्व का ध्यान उन दुःख पा रहे लोगों की तरफ जाए जिनके लिए कोई बोलने वाला नहीं है। कई देशों में मानव अधिकारों की बेहद कमी है पर शक्तिशाली सरकारें लोगों की आवाज उठने नहीं देतीं, ऐसे में तानाशाह देशों की जनता के लिए संयुक्त राष्ट्र आवाज बनता है और विश्व जनमत के दबाव से इन देशों में मानव अधिकारों की रक्षा होती है जैसे चिली और जायर के सैनिक शासन के दौरान होने वाले मानवाधिकार हनन के बारे में पड़ताल कर, विश्व के सामने उन्हें रखने का काम संयुक्त राष्ट्र ने किया, फलतः वहाँ की सरकारें बदलीं। इस बात में कोई संदेह नहीं कि संयुक्त राष्ट्र के विशिष्ट अभिकरण और एजेंसियाँ, आर्थिक, सामाजिक और सांस्कृतिक क्षेत्र में बहुत ही अच्छा काम कर रही हैं। विश्व स्वास्थ्य संगठन, यूनेस्को, आई.ए.ई.ए., विश्व बैंक समूह इत्यादि बहुत ही उपयोगी काम कर रहे हैं जिनसे विश्व की कई समस्याओं का निराकरण कुछ हद तक हुआ है। गरीब देशों को खासतौर से इन एजेंसियों से लाभ मिला है।

विश्व के कई नेताओं का अनुमान था कि शीत युद्ध की समाप्ति के बाद विश्व के झगड़ों का अंत हो जाएगा पर ऐसा नहीं हुआ बल्कि 1990 के दशक में झगड़ों की बाढ़ सी आ गई। विश्व पहले से भी ज्यादा अस्थिर प्रतीत होने लगा है। आतंकवाद के दानव ने सभी देशों को आक्रान्त कर रखा है, ऐसी पृष्ठभूमि में संयुक्त राष्ट्र संघ की अहमियत और बढ़ गई है। इसमें कोई शक नहीं कि भविष्य में भी संयुक्त राष्ट्र की अत्यधिक जरूरत रहेगी पर अगर इसमें कुछ सुधार लाए जाए तो यह और प्रभावी बन जाएगी।

संयुक्त राष्ट्र संघ को बड़े देशों की मदद ले कर एक खुफिया तंत्र का विकास करना चाहिए ताकि युद्ध छिड़ने से पहले ही इस संभावना का पता चल जाए और उसे रोकने के उपाय शुरू कर दिए जाए।

शांति अनुरक्षण सेना को भेजने में होने वाले विलंब को कम किया जाए जैसे वर्तमान में, युद्ध प्रारंभ होने के चार-पांच महीनों के बाद ही संयुक्त राष्ट्र संघ सेना भेज पाती है तब तक बहुत बरबादी हो चुकी होती है, सदस्य देशों को ऐसे तुरन्त भेजे जा सकने वाली सेना तैयार रखनी चाहिए।

शांति अनुरक्षण सेना को एक समान ट्रेनिंग दी जानी चाहिए, क्योंकि विकसित देशों की सेनाएँ विकासशील देशों की सेनाओं से बेहतर है, अतः एक विशेष प्रशिक्षण होना चाहिए कि सेना का स्तर एक समान ऊँचा हो।

संयुक्त राष्ट्र को अन्य क्षेत्रीय सैनिक गठन का सहयोग मिलना चाहिए जो निष्पक्ष होकर संयुक्त राष्ट्र के साथ मिलकर काम करे जैसे नाटो, अरब लीग इत्यादि जो अलग-अलग जिम्मेदारी उठा ले और संयुक्त राष्ट्र का बोझ कम हो।

संयुक्त राष्ट्रसंघ को अंतर्राष्ट्रीय आयुध बिक्री पर रोक लगाना चाहिए। यह एक ऐसा जरूरी पक्ष है जो कई तरह की समस्याओं पर लगाम लगा सकता है। खतरनाक हथियार गलत हाथों में पहुँच कर बड़ी घटनाओं के लिए जिम्मेदार बन जाते हैं। बड़े देशों के सहयोग से संयुक्त राष्ट्रसंघ को बड़े हथियार बनाने वाले निर्माताओं के लिए एक समान अंतर्राष्ट्रीय आचार-संहिता बनानी चाहिए और अमल करवाना चाहिए।

संयुक्त राष्ट्रसंघ के सुरक्षा परिषद में स्थाई सदस्यों की संख्या बढ़ानी चाहिए। इसके सदस्य देशों की संख्या कई गुणा बढ़ गई है परन्तु स्थाई सदस्यों की संख्या इसके स्थापना के समय से वही है जो इसे अलोकतांत्रिक बनाती है। कई देश ऐसे हैं जो इसके वित्त में अधिक योगदान कर रहें हैं और विश्व में अपने शांतिपूर्ण व्यवहार के लिए जाने जाते हैं, ऐसे देशों का भी प्रतिनिधित्व सुरक्षा परिषद में होना चाहिए। संयुक्त राज्य अमेरिका का संयुक्त राष्ट्र संघ में दबदबा, विश्व के दूसरे देशों को सही नहीं लगता अतः इस दिशा में भी बदलाव, संयुक्त राष्ट्रसंघ को और लोकप्रिय बनाएगा।

प्रश्नावली

प्रश्न 1 : संयुक्त राष्ट्र संघ की स्थापना की पृष्ठभूमि की चर्चा करें। संयुक्त राष्ट्र संघ के उद्देश्य और सिद्धांत क्या हैं ?

प्रश्न 2 : संयुक्त राष्ट्र संघ के अंगों का आलोचनात्मक वर्णन करें।

प्रश्न 3 : "संयुक्त राष्ट्र संघ की विशिष्ट एजेंसियाँ, तुलनात्मक रूप से अधिक सफल हैं" इस वक्तव्य का परीक्षण करें।

प्रश्न 4 : संयुक्त राष्ट्र संघ की उपलब्धियों की चर्चा करें।

प्रश्न 5 : संयुक्त राष्ट्र ने आणविक समस्या के समाधान के लिए क्या कदम उठाए हैं ?

प्रश्न 6 : संयुक्त राष्ट्र संघ का एक निष्पक्ष मूल्यांकन करें।

३. भारतीय संदर्भ में प्रवासी

प्रवासी का अर्थ है किसी देश की जनसंख्या का वह भाग जो किन्हीं कारणवश अपनी मातृभूमि से दूरकिन्ही दूसरे देशों में रहता है और जिसे वतन लौटने की आशा होती है। प्रवासी का अंग्रेजी शब्द डियासपोरा (Diaspora) ग्रीक क्रियासूचक शब्द से निकला है जिसका शाब्दिक अर्थ है – "फैल जाना" और प्राचीन ग्रीस में इस शब्द का प्रयोग उन नागरिकों का द्योतक था जो किसी नगर राज्य से, जीते हुए प्रदेश में जा कर बस जाते थे। प्राचीन बाइबल में डियासपोरा शब्द का प्रयोग यहूदियों के लिए होता है जिन्हें अपनी मातृभूमि को छोड़ना पड़ा था और जो दुनिया भर में फैल गए। अंग्रेजी भाषा में इस शब्द का प्रयोग पहले यहूदियों के छितराव या बिखराव के अर्थ में प्रयोग किया जाता था परन्तु उन्नीसवीं शताब्दी से ही इस शब्द का प्रयोग उन लोगों के लिए किया जाने लगा जिन्हें हिंसा, जबरदस्ती या औपनिवेशिक दबाव के चलते अपना देश छोड़ने पर मजबूर होना पड़ा और जो कभी न कभी अपने देश वापस जाने के इच्छुक रहते थे, वे दूसरे देश में रहते हुए अपने देश वाली सांस्कृतिक पहचान को बनाए रखते थे, और उसमें गर्व महसूस करते थे।

डियासपोरा शब्द प्रव्रजन (Migration) से भिन्न है, प्रव्रजन या देशान्तरण लोगों द्वारा अपनी इच्छा से, आर्थिक उन्नति या किसी अन्य कारण से किया जाता है और दुनिया भर में व्यक्तिगत रूप से प्रव्रजन की प्रक्रिया चलती रहती है, परंतु डियासपोरा का अर्थ है प्रवासियों का फैलाव।

यूरोप के प्रवासी (Diasporas)

यूरोप के इतिहास में डियासपोरा का जिक्र है, ग्रीस से प्राचीन काल में लोग इटली जा कर बसे। अमेरिका की खोज के बाद यूरोप के विभिन्न देशों के लोग धार्मिक अत्याचारों से बचने के लिए अमेरिका में बस गए। आयरलैण्ड के दुर्भिक्ष के समय वहाँ की 45% जनसंख्या दूसरे देशा में जाने को मजबूर हुई।

अफ्रीका से सैकड़ों लोग गुलाम व्यापार के दौरान पश्चिमी गोलार्ध के देशों में बेचे गए। लगभग एक करोड़ अफ्रीकी पश्चिमी तथा पूर्वी किनारों से पकड़कर या धोखे से बंदी बनाकर पुर्तगाली, स्पेनी व अंग्रेजी नाविकों द्वारा बेदर्दी से बेचे गए।

एशिया से सबसे ज्यादा चीनी और भारतीय लोग दूसरे देशों में भेजे गए।

वर्तमान में प्रवासी शब्द (Diaspora) का प्रयोग उन सभी लोगों के लिए होता है, जो अपने देश में नहीं रहते।

भारत के प्रवासियों का इतिहास काफी पुराना है, वैसे तो हिन्दु धर्म में सात समुद्र पार करने से धर्मच्युत होने का प्रावधान था परन्तु औपनिवेशिक काल में सैकड़ों भारतीयों को अनुबंधित श्रमिक के तौर (Indentured Labourer) पर दूसरे देशों में भेजा गया। इनके वंशज आज भी वहाँ रहते है अतः इन्हें भारत सरकार Persons of Indian Origin (PIO) अर्थात भारतीय मूल के व्यक्ति मानती है और यह पदबंध उन व्यक्तियों पर भी लागू होता है जिनके चार पीढ़ी पहले माता पिता भारतीय थे।

दूसरे किस्म के प्रवासी वे हैं जो अस्थाई प्रवास के लिए विदेशों में रह रहे हों जैसे नौकरी, व्यापार, शिक्षा या अन्य कारण के लिए, और उस देश में कर का भुगतान कर रहें हों, जबकि उनकी नागरिकता और पासपोर्ट भारतीय हों। इन्हे भारत में न रहने वाले भारतीय (Non-resident Indian) कहा जाता है जो भारतीय मूल के व्यक्ति (Person of Indian origin) से अलग होते हैं।

इन दोनों ही श्रेणी को मिलाकर वर्तमान में भारतीय प्रवासियों (Indian Diaspora) की संख्या लगभग 250 लाख या 2 करोड़ 50 लाख की है, जो विश्व के हर महत्वपूर्ण भाग में फैले हुए हैं। इनमें बीसवीं सदी के भारतीय प्रवासी उच्च स्तर के प्रोफेशनल हैं जो ब्रिटेन, अमेरिका और कनाडा जैसे देशों की राजनीति पर भी प्रभाव डालते हैं और अर्ध–कुशल अनुबंध श्रमिक भी हैं जो खाड़ी के देशों, पश्चिमी तथा दक्षिण पूर्वी एशियाई देशों में काम करते हैं।

भारतीय प्रवासियों की एतिहासिक पृष्टभूमि

भारत से सबसे पहला उत्प्रवास रोमानी लोगों का माना जाता है जो वर्तमान राजस्थान से पंजाब होते हुए उत्तर–पश्चिम के रास्ते ग्यारवीं सदी में प्रवास कर गए और बंजारों जैसा जीवन बिताते रहे।

सम्राट अशोक के कलिंग आक्रमण और समुद्रगुप्त के दक्षिण अभियान के बाद भी इतिहास में प्रवासियों का उल्लेख मिलता है। उत्तर के ब्राह्मण दक्षिण जा कर बसे और दक्षिण का वैदिक धर्म अनुसार सांस्कृतिकरण की प्रक्रिया प्रारंभ हुई। चोल शासन काल में दक्षिण से व्यापारी, ब्राह्मण एवं अन्य लोग दक्षिण–पूर्वी एशियाई देशों में जा बसे।

भारत में ईस्ट इंडिया कंपनी के और फिर अंग्रेजी सरकार की स्थापना के पश्चात भारत के लोगों को फ्रांसीसी एवं ब्रिटिश उपनिवेशों में ऋण–बंध श्रमिकों के तौर पर ले जाने की पट्टा या करार प्रथा प्रारंभ हुई, जो इन उपनिवेशों में जा कर बागानों, फैक्टरियों, सड़क निर्माण अथवा भवन निर्माण स्थलों पर मजदूरी करते थे। 1834 से ले कर 1920 के बीच लगभग पैंतीस लाख भारतीय विभिन्न उपनिवेशों जैसे मॉरिशश, रियुनियन (फ्रां), डेमेरारा (गुयाना), ट्रिनिडाड और टोबैगो जैसे कैरेबियाई देश, दक्षिण अफ्रीका के नटाल, मलेशिया व सिंगापुर, फिज़ी, दक्षिण अमेरिका के सूरीनाम (डच) इत्यादि जगहों पर ले जाए गए।

उन्नीसवीं सदी के प्रारंभ से ही वे भारतीय जो गरीबी और जाति–व्यवस्था से परेशान थे, ने विदेश जा कर एक अच्छे जीवन की आशा में, रोजगार प्राप्त करने की कोशिश प्रारंभ की। यूरोपीय व्यापारियों और कारिंदो ने इनका तुरंत फायदा उठाना शुरू किया और सस्ते श्रम के तौर पर उन्हें विदेश भेजना शुरू किया। भारत के गांवों में इनके एजेंट भोले–भाले लोगों को बहकाने लगे, अच्छे जीवन और बेहतर रोजगार का सब्ज बाग दिखा कर समुद्री रास्ते उन जगहों पर ले जाने लगे जहाँ श्रमिकों की कमी थी, या जहाँ स्थानीय लोग कमरतोड़ मेहनत नहीं करना चाहते थे। ज्यादातर लोग गंगा के दोआब क्षेत्र के थे, परन्तु दक्षिण के लोग भी जैसे वर्तमान के तमिलनाडु से भी लोगों को यूरोपीय जहाजों में लाद कर कैरिबियाई, दक्षिण अमेरिका या फिर दक्षिण–पूर्वी एशिया के देशों में ले जाया जाने लगा।

फ्रांसिसीयों ने बिना अंग्रेजों की अनुमति से अवैध ढंग से 1826 से 1830 के बीच लगभग तीन हजार भारतीयों को अपने उपनिवेश रियूनियन (मडागास्कर के नजदीक) द्वीप पर पहुंचा दिया जो अत्यंत कम वेतन पर, सांपो से भरे, गन्ने के खेतों में काम करने पर मजबूर कर दिए गए।

अंग्रेजों ने भी उनकी देखा–देखी, भारतीय महासागर में स्थित अपने उपनिवेश मॉरीशश में बिहार और उत्तर प्रदेश के गरीब और भोले लोगों को अनुबंधिक श्रमिक के रूप में पहुंचाना शुरू किया। 1834 में ब्रिटेन में गुलामी प्रथा पर कानूनी रोक लगा दी गई, तब अंग्रेज बागान मालिकों ने ईस्ट–इंडिया कंपनी पर दबाव डालना शुरू किया कि वे अधिक से अधिक भारतीयों को श्रमिक के तौर पर भेजने की अनुमति दें। 1834 से 1921 तक यानि जब तक इस व्यवस्था पर रोक नहीं लगी तब तक पाँच लाख अनुबंधित श्रमिक (Indentured Labourer) मॉरिशस पंहुचाए जा चुके थे जो, चीनी उत्पादन, फैक्टरियों, यातायात एवं निर्माण स्थलों पर अत्यधिक कम मेहनताने पर लगाए जा चुके थे।

हालांकि 1837 में कंपनी शासन ने श्रमिकों को ले जाए जाने के लिए कुछ नियमों की व्यवस्था की, जैसे हर श्रमिक को सरकार द्वारा नियुक्त अधिकारी द्वारा ही भेजे जाने के लिए स्वीकृति पाने के लिए व्यक्तिगत रूप से उपस्थित होना, प्रवास की अवधि को पाँच वर्षों के लिए तय कर देना, जो सिर्फ श्रमिक की इच्छानुसार ही बढ़ाया जा सकता था, जब अनुबंध की अवधि समाप्त हो तो ठीकादार को ही श्रमिक के वापस लौटने की जिम्मेदारी लेना और जो जहाज श्रमिकों के ले जाने का कार्य करते थे उन पर स्वास्थ्य के लिए आवश्यक सुविधाएँ होना इत्यादि। पर यह सब पालन किए ही जाएँ ऐसा वास्तव में नहीं होता था मसलन जहाज अपनी क्षमता से ज्यादा भरे हुए होते थे, बीमारियाँ तेजी से फैल जाती थी और अपौष्टिक आहार के चलते बहुत लोग बीमार या मर जाते थे। मरे हुए को समुद्र में फेंक दिया जाता था। गंतव्य पर पहुंच कर उनसे कठोर श्रम करवाया जाता था और बहुत ही कम पारिश्रमिक दिया जाता था। मारे–पीटे और कमरे में बंद किए जाने की बहुत सी घटनाएँ होती थीं और वापसी की संभावनाए

बहुत कम कर दी जाती थीं। दस प्रतिशत से भी कम लोग वापस पहुंच पाते थे। मॉरीशस में ऐसे श्रमिक भारतीयों को 'पास' रखना पड़ता था जो उनकी गतिविधियों और आजादी पर रोक लगाने का काम करती थी। फ्रांस के उपनिवेश रियुनियन, ग्वाडुलोप और मार्टिनीक में स्थिति और भी बुरी थी जहाँ श्रमिकों से बहुत ज्यादा काम करवाया जाता था और बुरा व्यवहार किया जाता था। यहाँ के खदानों में काम करने वाले लोगों की मृत्यु दर अत्यधिक थी।

ब्रिटिश उपनिवेशों में अनुबंध श्रमिकों की हालत और उनके लाने तथा ले जाने में होने वाले अत्याचारों की खबर ब्रिटेन पहुंची तो 1839 में इसे बंद कर दिया गया परन्तु बागान मालिकों ने इतना अधिक शोर शराबा मचाया और इसके आर्थिक फायदे गिनाए कि और ज्यादा नियमों के साथ फिर से 1842 में अनुबंधित श्रम (Indentured Labour) की व्यवस्था पुनः शुरू की गई। 1844 में यह व्यवस्था वेस्ट इंडीज, जमैका, ट्रिनिडाड, डेमेरारा जैसे कैरेबियाई प्रदेशों में जोर–शोर से प्रारंभ की गई जिससे कि यहाँ की जनसंख्या का स्वरूप ही बदल गया और बहुसंख्यक भारतीय यहाँ रहने लगे। बिहार के चंपारण, दरभंगा, गया, मुंगेर, मुजफ्फरपुर, पटना, सारण और शाहाबाद जिले के बहुत सारे लोग ट्रिनिडाड लाए गए थे। कैरिबियाई उपनिवेशों में रामायण का वाचन एक ऐसी व्यवस्था थी जो बहुत ही लंबे समय तक चलती रही। दूसरी ओर भारत में पालन किए जाने वाले रीति–रिवाज और जाति व्यवस्था के बंधन, इन दूर दराज देशों में रहने वाले लोगों के बीच शिथिल हो गए। कहीं–कहीं जरूरत के अनुसार बिल्कुल उल्टी व्यवस्था चल पड़ी जैसे 1845 से 1917 के बीच ट्रिनिडाड के भारतीय प्रवासियों में 69 प्रतिशत संख्या पुरूषों की थी और महिलाओं की मात्र 29 प्रतिशत, अतः वहाँ रहने वाले परिवारों में अपनी सुंदर, सुशील कन्याओं के लिए ''वधु–मूल्य'' मांगने की परंपरा चल पड़ी थी।

प्रवासी भारतीयों की स्थिति और संख्या पर गहरा प्रभाव डालने वाली घटना सन् 1857 का विद्रोह थी। भारत के उन क्षेत्रों से, जहाँ विद्रोह ज्यादा फैला था जैसे बिहार और अवध, वहाँ से कैरिबियाई उपनिवेश में जाने वालों की संख्या कई गुना बढ़ गई। हालांकि यह अत्यंत कठिन है कि दावे की साथ यह बताया जाए कि जाने वाले लोगों का संबंध विद्रोह से था क्योंकि विद्रोह में भाग लेने वालों के लिए सजा बड़ी कठोर थी, उन्हें तोप के मुँह पर बाँध कर उड़ा दिया जाता था या फिर गाँव के ही पेड़ों पर फांसी पर लटका दिया जाता था अतः कैरिबियाई उपनिवेश में जाने की इच्छा रखने वालों से उनकी सही पहचान पाना मुश्किल था। 20 जून 1857 की रूढ़की गैरिसन गजट में छपा था कि 54 रेजीमेंट के दस विद्रोहियों की अंबाला की कचहरी में पेशी हुई, उन्हें दोषी पाया गया और तोप के मुंह से उड़ा दिया गया। 1857 के विद्रोह से पहले भी कई विद्रोह भारत में हुए थे जैसे मालाबार के मोपलाओं का विद्रोह, बिहार के जनजातियों का संथाल विद्रोह, इत्यादि जिससे तंग आ कर लंदन टाइम्स ने सलाह दी थी कि ऐसी विद्रोहियों को

दूर के कैरिबियाई उपनिवेशों में भेज दिया जाए और यह 11 अक्टूबर 1857 के पोर्ट ऑफ स्पेन गजट में छपा था।

दूसरी तरफ उपनिवेशों के बागान मालिकों में मजदूरों की कमी को ले कर बड़ी चिंता थी। विद्रोह में लखनऊ जैसे बड़े शहरों को खाक कर दिया गया, हजारों निवासी बाद में डेमरारा, त्रिनिदाद, फिजी, मॉरिशस और नटाल के गन्ने के खेतों में काम करने को मजबूर हुए। बहुत सालों तक उनके 'खीसा' (गीत) में इस घटना का जिक्र होता रहा। बिहार के आरा जिले के बाबू कुंवर सिंह क़ी शहादत के बाद शाहाबाद, आरा और आज़मगढ़ के लोग बड़ी संख्या में कलकत्ता बंदरगाह से मॉरिशस जाने को राजी हुए थे, और खास बात यह थी कि इनमें ज्यादा संख्या अगड़ी जातियों की थी। बार–बार पड़ने वाले अकाल से त्रस्त हो कर भी लोग अपना गाँव घर छोड़कर अनुबंध मजदूर बनने को मजबूर हुए। न सिर्फ प्रवास बल्कि नए जगह का जीवन भी दुःखों से भरा था। अत्यंत कम मजदूरी, बुरा व्यवहार, कठोर जीवन, ऊपर से अपने साथ होने वाले अत्याचार के समाधान का कोई तरीका न होना, इन भारतीयों का जीवन कठिन बना देता था। चीनी के भाव गिरने पर, गन्ने के बागान मालिक, मजदूरों के काम के घंटे बढ़ा देते पर तनख्वाह नहीं, 1883 में त्रिनिदाद में एक अंग्रेज पादरी ने जो भारतीय श्रमिकों के गहने और बचाई हुई गाढ़ी कमाई जमा रखता था, खुद को दीवालिया बता कर, इंग्लैण्ड चला गया और रातोंरात कई परिवार बरबाद हो गए, जब लोगों ने इस घटना पर विरोध करना चाहा तो उन पर गोलियाँ चलवाई गई।

भारत में उपनिवेश स्थापित कर अंग्रेजों ने अपने आर्थिक हित साधे। औद्योगिक क्रांति की जुड़वां जरूरतों को भारत जैसा उपनिवेश पूरी तरह पूरा करता था – इंग्लैण्ड के उद्योगों के लिए कच्चे माल की आपूर्ती और मशीन से बने सामान को खपाने के लिए एक बड़ी जनसंख्या का होना। भारत में कंपनी ने पैर पसारे, फिर अंग्रेजी सरकार भारत की शासक बन गई, इस सरकार की नीतियों ने भारत का बड़ा नुकसान किया। भारतीय समाज और अर्थव्यवस्था की जड़े हिला दीं, देशी उद्योगों को नष्ट कर दिया और खाद्यान्न की जगह नील, अफीम और ऐसे ही उत्पाद उगाने पर मजबूर कर दिया जिससे भारत के किसानों में बेचारगी छा गई, फलस्वरूप जल्दी–जल्दी अकाल पड़ने लगे, जिसकी चिन्ता कठोर हृदय वाली विदेशी सरकार को नहीं थी। फिजी में लाए गए अनुबंध श्रमिक 'गिरमिटिया' कहलाते थे, असल में यह शब्द अंग्रेजी के शब्द एग्रीमेंट (Agreement) शब्द का अपभ्रंश था जो इन मजदूरों के साथ किया जाता था और कहने को इस अनुबंध में वापस लौटने का प्रावधान था पर वह कम ही पूरी किया जाता था। कलकत्ता और मद्रास के बंदरगाहों से लंबा समुद्री रास्ता तय कर के गिरमिटिया प्रशांत महासागर स्थित फिजी पहुंचते थे, कई तो रास्ते में ही मर जाते या फिर एक कठिन जीवन के लिए तैयार होते।

1945 के बाद प्रवासी भारतीयों का जीवन

द्वितीय विश्व युद्ध के बाद औपनिवेशिक साम्राज्य टूटने लगे। ब्रिटेन के विभिन्न उपनिवेशों में रहने वाला भारतीय डियासपोरा नई तरह की समस्याओं का सामना करने लगा। अब तक उनकी कई पीढ़ियाँ कैरोबियाई उपनिवेशों, अफ्रीकी देशों, मध्यपूर्व और दक्षिण एशियाई देशों में रह चुकी थी। अपने परिश्रम के बल पर वे इन जगहों की अर्थव्यवस्था में पहले तो श्रमिक बाद में अपना स्वयं का रोजगार या व्यवसाय जमा कर सफल पूँजीपति बनते जा रहे थे। अन्य स्थानीय लोग इनसे जलते और नुकसान पहुंचाने की कोशिश करते। द्वितीय विश्व युद्ध के बाद प्रवासी भारतीय राजनीतिक रूप से भी जाग्रत हो गए थे और अपने–अपने प्रवास के देशों में स्वतंत्रता संग्राम तथा स्वतंत्रता प्राप्ति पश्चात की सरकार की परिकल्पना में लग गए। अर्थव्यवस्था व राजनीति के अलावा, प्रवासी भारतीय, मजदूर संगठनों में महत्वपूर्ण भूमिका निभाने लगे थे।

मेहनती माँ–बाप के मेहनती बच्चे पढ़ लिख कर डॉक्टर, इंजीनियर, बड़े व्यापारी, नए उद्योग स्थापित करने वाले या बागानों के मालिक बनने लगे। कला तथा संगीत के क्षेत्र में भी नाम कमाने लगे। हर भारतीय प्रवास के देश में हिन्दु मंदिर, सिक्ख गुरूद्वारा या इस्लामी मस्जिद जरूर बना लिए जाते थे, जो इन भारतीयों के मिलने–जुलने की, शादी के रिश्ते प्राप्त करने की या भारतीय भोजन प्राप्ति की जगह बन जाते थे।

लगभग सभी ब्रिटिश उपनिवेशों को डोमिनियन (अधिराज) स्थिति में स्वतंत्रता मिली फिर कई वर्ष बाद वे गणतंत्र हो पाए। जहाँ भी भारतीय आबादी की बड़ी संख्या में थे, वहाँ वे राजनीति में प्रभावी रहे, तीन देशों की स्थिति की चर्चा यहॉ पर की गई है–

मॉरिशश–मॉरिशश, अफ्रीका महाद्वीप के दक्षिण–पूर्व में, भारतीय महासागर में स्थित एक द्वीप है। इस देश के समूह में रोडरिग्स, अजालिया और संत ब्रांडन द्वीप भी आते हैं और पोर्टलुई इसकी राजधानी है। 1810 से यह अंग्रेजों के कब्जे में था। यहॉ के गन्ने के बागानों, फैक्ट्रियों, यातायात एवं भवन निर्माण में काम करने के लिए 1834 से 1921 के बीच लगभग पाँच लाख भारतीय अनुबंध मजदूरों को लाया गया। अंग्रेजों ने स्वतंत्रता देने के लिए 9 मार्च 1959 को सार्वभौमिक मताधिकार के साथ आम चुनाव करवाए। यहाँ की लेबर पार्टी ने चुनाव जीता जिसके नेता भारतीय मूल के सर शिवसागर रामगुलाम थे। वे मॉरिशश के पहले प्रधानमंत्री बने और ब्रिटेन की महारानी एलिज़ाबेथ द्वितीय, शासन प्रमुख की तौर पर मॉरिशश की भी महारानी रहीं। 1982 में दूसरे भारतीय मूल के प्रधानमंत्री बने श्री अनिरूद्ध जगन्नाथ। ऐसा कहा जाता है कि जब वे गुट–निरपेक्ष आंदोलन सम्मेलन में भाग लेने 1983 में नई दिल्ली पहुंचे तो विरोधियों ने संविधान परिवर्तन कर उन्हें अपदस्थ करने की योजना बनाई, जिस पर उन्होंने तत्कालीन प्रधानमंत्री श्रीमति इंदिरा गांधी से मदद गांगी। उन्होंने

वे देश जहाँ 19वीं सदी में भारतीय अनुबंधित मजदूर ले जाए गए
गुयाना
सूरीनाम
ट्रिनीडाड एवं टोबैगो
मॉरिशश
रियुनियन
दक्षिण अफ्रीका (नटाल)
फिजी

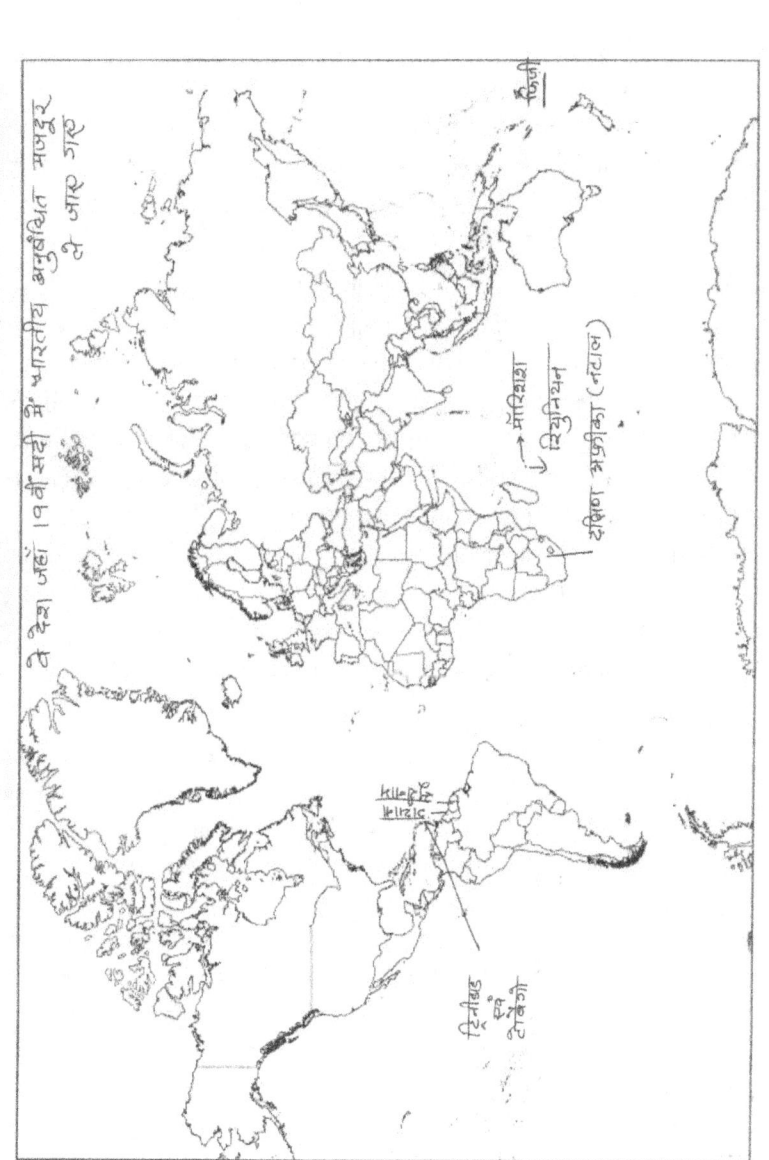

''ऑपरेशन लाल डोरा'' नामक सैन्य हस्तक्षेप की योजना बनाई, परन्तु भाग्य से उसकी जरूरत नहीं पड़ी। 12 मार्च 1992 को स्वतंत्रता प्राप्ति के 24 वर्षों के पश्चात, मॉरिशश पर ब्रिटेन की पकड़ छूटी और वह गणतंत्र बना। वीरसामी रिंगादू प्रथम राष्ट्रपति बने।

1995, 2005 और 2010 के चुनावों में नवीन चन्द्र रामगुलाम प्रधानमंत्री बने थे। 10 दिसम्बर 2014 के हुए आम चुनाव के बाद अनिरूद्ध जगन्नाथ छठीं बार प्रधानमंत्री बने, अतः यह स्पष्ट है कि भारतीय मूल के लोग मॉरिशश में प्रभावी हैं। वर्तमान में यह देश पर्यटन के लिए मशहूर है इसके अलावा, कपड़ा उद्योग, चीनी, समुद्री उत्पाद, स्वास्थ्य सेवा, सूचना एवं संचार उद्योग, पूंजी निवेश इत्यादि के चलते मजबूत आर्थिक स्थिति के लिए जाना जाता है।

ट्रिनिडाड एवं टोबैगो —गुयाना, सूरीनाम और ट्रिनिडाड एवं टोबैगो ; कैरेबियन के वे उपनिवेश हैं जहाँ भारत से बड़ी संख्या में अनुबंध श्रमिकों को लाकर बसाया गया था। इन देशों में बीसवीं सदी के प्रारंभ में 'दोगला' शब्द का प्रचलन भारतीय तौर–तरीकों को बिंब के रूप में दर्शाता है। विकिपीडिया पर इसका मतलब बताया गया है वह मिश्रित जाति जो भारतीय और अफ्रीकी मिश्रण से बनी। वर्णसंकर को भारतीय बोलचाल की भाषा में दोगला कहा जाता था। ट्रिनिडाड एवं टोबैगो की आबादी का लगभग 35% भारतीय मूल का है जो हर क्षेत्र में महत्वपूर्ण है, कई राजनीतिज्ञ भारतीय मूल के थे जैसे युनाइटेड नेशनल कांग्रेस के बासुदेव पांडे, डॉ॰रूद्रनाथ कपिलदेव और कमला प्रसाद बिसेसर इत्यादि, जिन्होंने 1962 में देश के स्वतंत्र होने के पश्चात और 1976 में गणतंत्र होने के बाद राजनीति में भूमिका निभाई।

फिज़ी — फिज़ी लगभग 332 द्वीपों का द्वीपसमूह है जो दक्षिणी प्रशांत महासागर में स्थित है। सुवा इसकी राजधानी है। प्राचीन काल में यहाँ की जनजातियॉ नरभक्षी थी और किसी भी निर्माण से पहले मानव–बलि दिया करती थीं। 1874 में यहाँ अंग्रेजों ने कब्जा किया और भारतीय मजदूरों को गन्ना बागान के काम करने के लिए अनुबंध श्रमिक या 'गिरमिटिया' मजदूर बना कर लाया। 1942 में जनसंख्या दो लाख दस हजार थी जिसमें चौरानब्बे हजार भारतीय, एक लाख दो हजार स्थानीय फिज़ी, दो हजार चीनी और पांच हजार यूरोपीय थे। 1970 में देश को अंग्रेजों से स्वतंत्रता मिली और 1987 में गणतंत्र बना। परंतु प्रारंभ से ही फिज़ी अशांत रहा, बड़ी संख्या में होने के बावजूद वे भारतीयों को राजनीतिक अधिकार नहीं देना चाहते। बार–बार के सैन्य तख्ता–पलट के बाद अब काफी भारतीय मूल के लोग फिज़ी छोड़ चुके है। भारतीय सरकार के विरोध के बाद भी कोई सुधार नहीं हो पाया है, फिज़ी विश्व में आधुनिक काल का ऐसा एकमात्र देश है जो अपने अल्पसंख्यकों के अधिकार का हनन करता है।

भारत की स्वतंत्रता प्राप्ति के पश्चात

भारत को ब्रिटेन से 1947 में स्वतंत्रता मिली और 26 जनवरी 1950 से यह गणतंत्र बना। आजादी के पश्चात भी सैकड़ो की संख्या में भारतवासी दूसरे देशों में जा कर बसते रहे ताकि उनकी आर्थिक स्थिति अच्छी हो सके। आजादी के बाद का समय आर्थिक कठिनाइयों का था, पाकिस्तान से भाग कर आए शरणार्थियों को बसाने की समस्या थी फिर 1970 के दशक में बंग्लादेशी शरणार्थी आए अतः इस दौरान अपनी मर्जी से लोग इंग्लैण्ड, मध्यपूर्व अफ्रीकी देशों इत्यादि में बसने लगे। पर इन्हें इज्जत की दृष्टि से नहीं देखा जाता था और निचले दर्जे के काम दिए जाते थे। गुजरात के पटेल, पंजाब के सिक्ख बड़ी संख्या में कनाडा या इंग्लैण्ड में बसे। पर इन्हें जातीय हिंसा झेलनी पड़ी।

विदेशों में प्रवासी भारतीय कितने असुरक्षित जीवन जीते थे, इसका पता यूगांडा के इदी अमीन के उस तुगलकी फरमान से चलता है जब उसने 4 अगस्त 1972 को अचानक घोषणा की, कि उसके देश से सभी एशियाई नब्बे दिनों के अंदर यूगांडा से चले जाएं। वह एक बद–दिमाग तानाशाह था जिसने लाखों भारतीय मूल के यूगांडा प्रवासियों को लूट लिया। ये भारतीय, अनुबंध श्रमिकों के तौर पर भारत से लाए गए थे, फिर अपनी इच्छा से भी भारतीय यहाँ व्यापार आदि के लिए बसे थे जो 1970 के दशक में आबादी का एक प्रतिशत थे पर उनकी आय राष्ट्रीय आय का एक बटे पाचँवा हिस्सा थी जो इनकी श्रम और उद्यमशील होने की वजह से था। हालांकि भारत सरकार ने इस फरमान का पूरे जोर से विरोध किया और यूगांडा से राजनीतिक संबंध तोड़ लिए पर वहाँ के भारतीयों को भागना ही पड़ा। 27,200 शरणार्थी ब्रिटेन चले गए, छह हजार कनाडा पहुंचे, साढ़े चार हजार भारत वापस लौटे और अढ़ाई हजार लोग अड़ोस–पड़ोस के कीनिया, मलावी या अमेरिका आदि को जाने पर मजबूर हुए। इन सबके आजीविका के स्त्रोत इदी अमीन के गुर्गों को प्राप्त हो गए। बड़े व्यापार को चलाना मुश्किल था, अतः वे बंद हो गए, पर जमीन, कारें, घर, घरेलू सामान इत्यादि सारी चीजें बिना किसी क्षतिपूर्ति के छीन ली गईं।

मध्यपूर्व में जाने वाले भारतीयों की संख्या भी अत्यंत ऊँची है। 1972 से 1983 के बीच संयुक्त अरब अमीरात, साउदी अरब, कुवैत, ओमान, कतर, बहरीन जैसे तेल वाले देशों में भारत के दक्षिणी भाग से विशेष कर केरल से बड़ी मात्रा में नौजवान पहुंचे। इन देशों के कड़े कानून थे और जो कानूनी पचड़ों में पड़ते उन्हें वहाँ की पुलिस पकड़ लेती जिसके बाद उनका पता ही नहीं चल पाता था, पर फिर भी वहाँ जाने के लिए लोग बहुत उत्सुक रहते क्योंकि भारत के मुकाबले ये अकुशल अथवा कुशल श्रमिक बहुत अच्छी तनख्वाह पाते थे और साल दर साल इन देशों को जाने वालों की संख्या बढ़ती ही जाती थी। वे करोड़ो डालर अपने घर अर्थात भारत में भेजते थे जो भारत के लिए विदेशी मुद्रा का बढ़िया स्त्रोत था।

(2013 के आकलन में 60,000 करोड़ रूपये) परन्तु यह आर्थिक कामधेनु भी कम संकटों से घिरा न था। 1990 में जब इराक ने कुवैत पर आक्रमण किया तब लाखों भारतीयों की जान इस आफत में फंस गई। भारतीय सरकार की इराक से अच्छे संबंधों की वजह से उन्होंने भारतीयों को वहाँ से निकालने की अनुमति दे दी। अतः 13 अगस्त से 11 अक्टूबर 1990 के उनसठ दिनों के बीच भारतीय वायु सेना एवं एयर इंडिया के द्वारा एक लाख ग्यारह हजार भारतीयों को वापस भारत लाया गया। इतने बड़े पैमाने पर आजतक किसी देश ने अपने नागरिकों को इस तरह से युद्ध क्षेत्र से नहीं निकाला है।

1980 के दशक से नए तरह का प्रवास प्रारंभ हुआ। भारत के बुद्धिमान, पढे–लिखे, ऊँची डिग्री वाले डॉक्टर, इंजीनियर, वैज्ञानिक इत्यादि पश्चिमी देशों में जा कर अपनी सेवा देने लेगे हैं। संसाधन की कमी से जूझता भारत, ऐसे डिग्रीध ारकों को तैयार करने में अपनी ऊर्जा और संसाधन लगाता, पर वे काम आतीं पश्चिमी देशों की बढ़ोत्तरी के लिए। 1990 का दशक कम्प्यूटर पर काम करने की योग्यता रखने वाले भारतीयों का रहा जिन्होंने विश्व में अपने कम्प्यूटर के कौशल का लोहा मनवाया। परन्तु साथ ही साथ कई तरह की परेशानियॉ भी आड़े आती रहीं। 1985 से 1993 के बीच न्यूयार्क के न्यूजर्सी शहर में डॉटबर्स्टर्स (Dot busters) का आंतक कायम हो गया था। ये उन बद–दिमाग अमेरिकी नवयुवकों का दल था जो भारतीयों से नस्ली घृणा करता था, उनके आर्थिक उन्नति एवं शिक्षा से जलन करता था अतः वे भारतीय लड़कियों या महिलाओं, जो बिंदी लगाती थीं, को अपना शिकार बनाते थे और राहचलते बदसलूकी करते थे। भारतीय पुरूषों की पहचान कर उनके साथ भी मारपीट करते थे। पुलिस भी उनके विरूद्ध कदम उठाने से हिचकिचाती थी। ऑस्ट्रेलिया जैसे खुले विचारों वाले देशों में भी भारतीय छात्रों को जातीय हिंसा का प्रकोप झेलना पड़ता है।

अदन की खाड़ी में 2006 से लेकर 2012 तक सोमाली समुद्री डाकुओं ने बहुत आंतक मचाया। 2006 में 16 भारतीयों को इन समुद्री डाकुओं ने अपहृत कर लिया था जिन्हें बड़ी मुश्किलों के बाद छुड़ाया गया। 2010 में एक ईरानी व्यापारी के जहाज जिसमें ईरानी, पाकिस्तानी, बांग्लादेशी, भारतीय और श्रीलंका के नाविकों द्वारा काम कराया जाता था, को सोमाली डाकुओं ने अपहरण कर लिया और लगभग चार वर्षो तक यातनादायक कब्जे में रखा। पाकिस्तानी नाविकों को पाकिस्तान के एक व्यापारी ने फिरौती के लाखों रूपये देकर छुड़ा लिया परन्तु बाकी लगभग चार वर्षो तक उनके कब्जे में रहे। जहाज का ईरानी मालिक गायब हो गया। जब समुद्री डाकुओं से निपटने की एक अंतर्राष्ट्रीय नौकादल बनी तब जा कर इस समस्या का समाधान हुआ।

प्रवासी भारतीयों के बारे में अगला पड़ाव 1990 के दशक में आया जब सूचना प्रौद्योगिकी क्रांति हुई और भारतीय कम्प्यूटर एवं बैंकिंग से जुड़े लोग अमेरिका में बड़ी संख्या में नौकरी पाने लगे। यूरोप के देशों में भी भारतीय युवाओं की मांग

बढ़ी जो तकनीकी विशेषज्ञ थे। 2010 में ऐसे भारतीयों की संख्या, अमेरिका मे करीब पाँच लाख थी। इनके द्वारा भारत को भेजे गए धन से देश को बहुमूल्य विदेशी मुद्रा मिलती है। भारतीय प्रवासी चाहें विश्व में जहाँ भी रह रहे हों भारत में यह माना जाता है कि वे अपनी मातृभूमि के लिए अच्छी भावना रखते हैं। देश के विकास में अपने ढंग से भूमिका निभाते हैं और उनका देश में आवागमन सुगम करने का प्रयास होना चाहिए। अतः भारत सरकार ने प्रवासी भारतीयों से संबंधित एक विभाग की स्थापना की, जिसके विभिन्न कामों में एक काम जो सन् 2003 से प्रारंभ किया गया, वह है प्रत्येक वर्ष नौ जनवरी, जिस दिन महात्मा गांधी अपने अफ्रीका प्रवास से भारत वापस लौटे थे, को "प्रवासी भारतीय दिवस" (Overseas Indian's day) के तौर पर मनाना, जिसमें उन सभी महत्त्वपूर्ण लोगों को सम्मानित करना, जो दूर रह कर भी देश के लिए कुछ भलाई के काम करते हैं। विभिन्न राज्य सरकारें भी ऐसे प्रवासी दिवस मनाने लगी हैं क्योंकि यह देखा जा रहा है कि दूसरे देशों में अपार धन और सम्मान कमा कर, प्रवासी वापस अपने देश, अपने शहर या गांव के लिए कुछ काम करना चाहते हैं। राज्य या केन्द्र सरकार उन्हें प्रोत्साहन देती है क्योंकि उनके विचार, तकनीक एवं पूँजी बिलकुल नयी होती है जो भारत जैसे विशाल देश के काम आती है।

भारत की सरकार विश्व के हर देश में अपना दूतावास रखती है जिसके अनेक कार्यों में एक कार्य यह भी है कि वहाँ रह रहे भारतीय मूल के लोगों के हितों के लिए कार्य करे। विदेश में रह रहे भारतीय किसी मुसीबत में आने पर अपने देश के दूतावास से मदद की उम्मीद करते हैं। वे बार–बार भारत आ पाएं इसके लिए भारत सरकार ने जनवरी 2006 से Overseas citizenship of India (OCI) की शुरूआत की है जो द्वैध (Duel) नागरिकता तो नहीं है पर बार बार वीसा प्राप्त करने में होने वाले संकट से भारतीय मूल के व्यक्तियों को छुटकारा दिलाने के लिए है।

वर्तमान में आलोचक उन भारतीयों की कठोर आलोचना करते हैं जो पढ़–लिख कर दूसरे देशों को चले जाते हैं, इसे ब्रेन ड्रेन कह कर परिभाषित करते हैं पर सच्चाई यह भी है कि अत्यंत मेहनत से प्राप्त किया ज्ञान पूरा पारितोषिक चाहता है, देश के अंदर नौकरियों की कमी है, विदेशों में रोजगार प्राप्त कर लोग बेरोजगारी से बच जाते हैं, उनसे प्रेषित धन से देश का भला ही होता है। तकनीक, व्यापार और उद्यमितता को बढ़ावा मिलता है। दूसरे देशों में रहते हुए ये लोग राष्ट्रीयता की भावना से ओत–प्रोत रहते हैं और देश की राजनीतिक उथल–पुथल में रूचि रखते है। दिनोंदिन प्रवासी भारतीयों की इच्छा भारतीय राजनीति में स्पष्ट हो कर दिख रही है। परन्तु आलोचक इसे सही नहीं मानते, उनके अनुसार दूर बैठे प्रवासी देश में फिरका परस्त राजनीतिक पार्टियों को धन भेजते हैं और धार्मिक उन्मादों को प्रश्रय देते है। परन्तु तथ्यों पर विचार करने से ऐसा नहीं लगता, कुछ धार्मिक दलों को प्राप्त पैसे से देश की राजनीति पर कोई प्रभाव नहीं डाला जा

सकता। यह बात अलग है कि अति उच्च शिक्षा प्राप्त लोगों के चले जाने से देश की उच्च शिक्षा की गुणवत्ता पर असर पड़ा है, कई वैज्ञानिक संस्थानों के व्यवसायिक स्तर पर असर पड़ा है और कई विशिष्ट खोजों के लिए योग्य व्यक्तियों की उपलब्धिता में कमी आई है। पर यह भी सच है प्रवासियों का देश लौटने की तरफ रूझान बढ़ रहा है।

निष्कर्ष

अपने दक्षिण अफ्रीका प्रवास के बाद महात्मा गांधी 9 जनवरी 1915 को भारत वापस आए थे। वे वहाँ की नस्लभेद और अत्याचार करने वाली अल्पसंख्यक श्वेत सरकार के विरूद्ध सत्याग्रह रूपी हथियार से लोहा ले कर आए थे, उसके पश्चात भारत में भी अहिंसक आंदोलन के द्वारा स्वतंत्रता दिलवाने में सफल हुए थे।

कृतज्ञ राष्ट्र और नेश्नल डेमोक्रेटिक अलाएंस (NDA) सरकार ने 9 जनवरी 2003 से प्रवासी दिवस मनाने की परंपरा शुरू की ताकि महात्मा गांधी जैसे अन्य प्रवासी सपूतों को हर साल सम्मानित किया जा सके, कई तरह के कार्यक्रम आयोजित किए जा सके जिससे प्रवासी अपने देश के निर्माण में और भूमिका निबाह सकें।

भारत का 'डियासपोरा' (Diaspora)अर्थात भारतीय मूल के लोगों का अन्य देशों में बसे होना, काफी व्यापक है। पश्चिमी देशों में जिसमें आस्ट्रेलिया एवं न्यूजीलैण्ड को जोड़ दिया जाए तो , उच्च शिक्षित, कुशल और अपनी मेहनत के बल पर हुये समृद्ध प्रवासी बसे हुए हैं, कैरेबियन द्वीपों, मॉरिशश, फिजी इत्यादि में ब्रिटिश काल में ला जाए गए गिरमिटिया अर्थात अनुबंध श्रमिकों की अगली पीढ़ियां रहती हैं, जो इन देशों की राजनीति में प्रमुख स्थान रखती हैं और मध्य तथा पश्चिमी एशिया के देशों में कुशल तथा अकुशल श्रेणी के सैंकड़ों कामगर रहते हैं, जो कई बार मुसीबतों के शिकार हो जाते हैं।

मात्र अमेरिका में चालीस लाख भारतीय मूल के लोग रहते हैं जो अपने ज्ञान एवं कौशल के बल पर समृद्ध और प्रभावशाली हैं। वे भारत के हितों के लिए एक लॉबी के रूप में भी काम करते हैं जैसे 2006 का अमेरिकी–भारत अणु–समझौते को मनवाने और अमेरिकी कांग्रेस के वोट को भारतीय पक्ष में करवाने में इन भारतीय–अमेरिकी लोगों का बड़ा हाथ था। जब अमेरिकी सरकार बदलती है तो, भारतीयों द्वारा अमेरिकी नौकरियां छिन जाने का मुद्दा उठता है, राजनेता घोषण ाएँ करते हैं कि वे भारतीयों का अमेरिका में नौकरी के लिए आना कठिन बनाएंगें पर सच्चाई तो यह है कि कम्प्यूटर शिक्षित भारतीय, अमेरिकी अर्थव्यवस्था के लिए बड़े महत्वपूर्ण हैं। इस एवं अन्य क्षेत्र में भारतीय नवयुवकों को अपना कौशल बढ़ाते जाना चाहिए। भारत की सरकार को भी पश्चिमी देशों में रह रहे भारतीयों की समस्याओं को तुरन्त हल करने की दिशा में लगातार काम करना चाहिए। कनाडा जैसे उदार देश में भारतीय मूल के लोगों को कम समस्याएँ हैं परन्तु आस्ट्रेलिया

में बारम्बार लूट–मार, हिंसा एवं हत्या जैसी घटनाओं को जिक्र आता है। ब्रिटेन भी भारतीय विद्यार्थियों एवं नौकरी करने के इच्छुक नवयुवकों के लिए आगमन कठिन करता जा रहा है। भारतीय सरकार को अपने कूटनीतिक कौशल का उपयोग करते हुए ब्रिटिश सरकार से हितकारी समझौते करने चाहिए।

कैरेबियन देशों में रहने वाले भारतीय मूल के लोग वहाँ की राजनीति में भी बड़े प्रभावी हैं। गुयाना तथा ट्रिनीडाड एवं टोबैगो में भारतीय मूल के लोग आबादी में बड़ी हिस्सेदारी वाले हैं। भारतीय सरकार इन देशों के मामलों में तटस्थ रहती है परन्तु वर्तमान समय में अगर वह व्यापार और निवेश के लिए इन्हें आकर्षित करे तो यह दोनों पक्षों के लिए अच्छा हो सकता है।

भारतीय महासागर में स्थित मॉरिशश इसका अच्छा उदाहरण है। मॉरिशश में भी कैरेबियन देशों के समान ब्रिटिश काल में अनुबंध श्रमिक ले जाए गए थे। उनके वंशज इस देश के हर क्षेत्र में प्रभावशाली स्थान बनाने में सफल हुए और भारत से भी अच्छे संबंध बनाए रखने में भी सफल हुए। वर्तमान में भारत और मॉरिशश के बीच अच्छे व्यापारिक एवं आर्थिक संबंध है। परन्तु फिजी में भारतीय मूल के लोगों को बहुत तंग किया गया अतः वे वहाँ से बड़ी संख्या में दूसरे देशों को चले गए हैं। भारत की सरकार ने विरोध तो प्रकट किया पर वे विशेष कुछ न कर पाए, किसी और किस्म के प्रतिरोध करने से वहाँ रहने वाले भारतीय मूल की जनता पर अत्याचार होने का खतरा था अतः भारत की सरकार को भी अपनी "डियासपोरा" के लिए फूंक–फूंक कर कदम रखना पड़ता है।

खाड़ी देशों में जाने वाले अकुशल एवं अर्धशिक्षित भारतीयों की भी समस्याओं की कमी नहीं है। कई खाड़ी देश प्रजातंत्र नहीं है, वहाँ पहुँचते ही इन कामगारों के पासपोर्ट एवं अन्य कागजात इनके स्थानीय नियोजक जब्त कर लेते हैं और इनके लौटने के समय या कोई अनहोनी होने पर भी नहीं वापस करते। इनको अनेकों बार पूरी तनख्वाह नहीं दी जाती और अनुबंध की शर्तों को भी पूरा नहीं किया जाता। भारतीय सरकार इन समस्याओं को ले कर जागरूक है और अपने नागरिकों को इनके प्रति आगाह भी करती है पर फिर भी भोले लोग बेईमान मानव–तस्करों के चंगुल में आ जाते हैं और बहुत परेशानी उठाते हैं। खाड़ी देश विद्व के सबसे खतरनाक क्षेत्र हैं जहाँ डाएश या आई.एस. का भी आतंक है। शिया–सुन्नी वाले युद्ध लगातार चलते रहते हैं अतः भारतीयों को बहुत सोच समझ कर इन देशों का रूख करना चाहिए।

भारतीय डियासपोरा अर्थात दूसरे देशों में बसे भारतीय या भारतीय मूल के लोग अपने देश के लिए अच्छी भावना रखते हैं परन्तु इसका अर्थ यह नहीं कि भारत इनसे हमेशा भारत के लिए ही काम करने की उम्मीद रखे। उन्हें अपने "अपनाए गए देश" के प्रति निष्ठा रखनी चाहिए, वहाँ के जीवन मूल्यों को हरसंभव अपनाना चाहिए और वहाँ के कानूनों का पूरा पालन करना चाहिए। अगर यह संभव न हो तो उन्हें अपने ही देश में बसना चाहिए।

प्रश्नावली

प्रश्न 1 : 'डियासपोरा' किसे कहा जाता है ?

प्रश्न 2 : अनुबंध श्रमिक की प्रथा किसने प्रारंभ की ? भारतीय अनुबंध श्रमिकों पर एक लेख लिखें।

प्रश्न 3 : भारत की आजादी के बाद, विदेशों में रह रहे भारतीय मूल के लोगों को किस तरह की परेशानियाँ झेलनी पड़ी थी, विस्तार से चर्चा करें।

प्रश्न 4 : समकालीन समय में प्रवासी भारतीयों से भारत के कैसे संबंध हैं ?

प्रश्न 5 : 'ब्रेन–ड्रेन (विद्वता का पलायन) से आप क्या समझते हैं ? पक्ष एवं विपक्ष में तर्क दें।

४. औपनिवेशिक मुक्ति का दौर : ब्रिटिश, फ्रांसीसी एवं डच साम्राज्य का अंत

द्वितीय विश्वयुद्ध के बाद एशिया और अफ्रीका के देशों में राष्ट्रवाद की लहर दौड़ने लगी, जिसकी वजह से द्वितीय विश्वयुद्ध समाप्त होने के दो दशकों के भीतर ही इन महाद्वीपों की अधिसंख्य जनसंख्या स्वतंत्रता प्राप्त करने में सफल हो गई। औपनिवेशिक शासन के अंत के कई कारण थे।

राष्ट्रवादी आंदोलन

दुनिया भर के देशों में बींसवी शताब्दी का काल राष्ट्रवाद का काल था। यूरोप के देश राष्ट्रवाद के प्रभाव में अपने–अपने देश को आर्थिक और सैनिक दृष्टि से महान बनाने में लगे थे, तो एशिया और अफ्रीका के कुछ देशों में भी राष्ट्रीय चेतना अंगड़ाई लेने लगी थी। अपने औपनिवेशिक मालिकों द्वारा शुरू की गई शिक्षा की व्यवस्था से उपनिवेशों में जागरुकता आने लगी। वे भी समझने लगे कि विदेशी अपना घर–बार छोड़कर उनके देशों में शासन कर रहे हैं तो कोई उनकी भलाई या सभ्य बनाने के लिए नहीं आए ; जो यूरोपीय देशों का कहना था, बल्कि औद्योगिक क्रांति के पश्चात कच्चे माल और बड़े बाजारों की खोज में आ बैठे हैं और उनका अब शोषण किए जा रहे हैं। पढ़े–लिखे भारतीय ने वैज्ञानिक ठोस परक तथ्यों के जरिए बताया कि अंग्रेज भारत के धन को अपने देश की तरफ बहा रहे हैं, और उनकी नीतियाँ भारत के उद्योग धंधों को बरबाद कर रहीं हैं। इस काल में समाजवाद भी अत्यंत लोकप्रिय होने लगा समाजवाद की बढ़ती लोकप्रियता इस लिए भी थी क्योंकि यह पूँजीवादी पश्चिमी देशों के औपनिवेशिक शोषण की पोल खोलता था। सभी उपनिवेशों में अपने–अपने देश को विदेशी चंगुल से मुक्त कराने का विचार तेजी से फैल रहा था। द्वितीय विश्व युद्ध ने इस विचार को और बल दिया।

द्वितीय विश्व युद्ध का प्रभाव

राष्ट्रवादी आंदोलनों को द्वितीय विश्व युद्ध ने कई तरीके से हवा दी –

युद्ध के पहले उपनिवेशों की जनता यह समझती थी कि सैन्य तरीके से यूरोपीय मालिकों को हराना असंभव है परन्तु युद्ध के दौरान नाज़ी जर्मनी ने फ्रांस और हॉलैण्ड का जैसा बुरा हाल किया, ब्रिटेन के नाको चने चबवाया, उसी तरह जापान ने जब युद्ध में शामिल हो कर मित्र देशों के एक के बाद एक उपनिवेश छीनना शुरू किया तो मानो पूरे एशिया में बिजली दौड़ गई। एक छोटे से एशियाई देश ने देखते ही देखते पूरे प्रशांत के क्षेत्र पर कब्जा जमा लिया और अमेरिका जैसे शक्तिशाली देश को चुनौती दे डाली। हालाँकि जापान अंत में पराजित हुआ पर यूरोपीय देशों की शक्ति का मिथक चूर हो चुका था। उपनिवेश के लोगों ने युद्ध में लड़कर अनुभव प्राप्त किया था, वे ही सैनिक अपने घरों को लौटकर गुरिल्ला छापामारों के नेता बन गए जो अब विदेशी शासन को स्वीकार करने के लिए तैयार न थे।

एशिया और अफ्रीका के लोग तथा सैनिक, सामाजिक एवं राजनैतिक मुद्दों पर अधिक जागरुक हो गए। द्वितीय विश्व युद्ध इतना लंबा चला और इतने देशों ने इसमें भाग लिया कि एक तरह से दुनिया सिमट कर नजदीक आ गई। अफ्रीका के लोग अपने देशों की गरीबी की तुलना दूसरे देशों से कर पाए। एशिया के सैनिक यूरोप तक लड़ते हुए चले गए जिन्होंने न सिर्फ युद्ध का नया तरीका बल्कि शासन और प्रबंधन के गुण सीखे। जैसे डच ईस्ट इंडिज में डॉ. सुकर्णो ने जापानी कब्जे के क्षेत्र में प्रशासन करने में मदद की और बाद में इंडोनेशिया के राष्ट्रपति (1949) बने।

युद्ध के दौरान मित्र देशों की घोषणाओं ने उपनिवेश के लोगों का मनोबल खूब बढ़ाया था। उन्हें ऐसा लगने लगा था कि द्वितीय विश्व युद्ध समाप्त होते ही उन्हें स्वतंत्रता मिल जाएगी। 1941 के ब्रिटिश–अमेरिकी अटलांटिक चार्टर जिसके दो बिन्दु कि राष्ट्र दूसरे राष्ट्रों के क्षेत्रों पर विस्तार नहीं करेंगें और सभी लोगों को अधिकार होगा कि वे स्वशासन का आत्मनिर्णय करें – ने सभी उपनिवेशी लोगों को स्पंदित कर दिया था। यह बात अलग है कि चर्चिल ने इन बिन्दुओं को सिर्फ नाज़ी प्रभावित क्षेत्र के लिए बताया पर फिर भी लोग अब इन्हीं बातों पर संगठित होने लगे।

द्वितीय विश्व युद्ध के लंबे चलने से पश्चिमी यूरोपीय देशों की अर्थव्यवस्थाएँ डगमगा गई। उनकी सेनाएँ भी नाज़ियों से बुरी तरह पिट चुकी थीं अतः वे अपने उपनिवेशों पर सैनिक दृष्टि से लंबे समय तक कब्जा कर रखने के काबिल न थे। अंग्रेजों ने सबसे पहले यह बात समझ ली और अपने उपनिवेशों को आज़ाद करना शुरू कर दिया परन्तु फ्रांसीसी, डच, स्पेनी, पुर्तगाली इतनी आसानी से अपने उपनिवेश छोड़ना नहीं चाहते थे। खासतौर से फ्रांसीसी, जो दूसरे विश्व युद्ध के दौरान न सिर्फ नाज़ियों से बुरी तरह पराजित हुए थे बल्कि उन्हें नाज़ी कब्जे में रहना पड़ा था, अब अपने देश की प्रतिष्ठा को उपनिवेशों पर ताकत आजमा कर पाना चाहते थे इसीलिए इन बाकी यूरोपीय देशों की उपनिवेशी जनता को स्वतंत्रता के लिए और लंबा और खूनी संघर्ष करना पड़ा।

बाहरी दबाव –

औपनिवेशीकरण के पतन का एक और कारण वे बाहरी दबाव थे जो यूरोपीय मालिकों पर डाले जा रहे थे।

अमेरिका एक ऐसा देश था जो औपनिवेशिकरण के विरूद्ध था। उसके राष्ट्रपति समय–समय पर इस व्यवस्था के विरूद्ध बोलते थे जैसे राष्ट्रपति रूज़वेल्ट का कहना था कि अटलांटिक चार्टर की धारा सभी के लिए है न कि नाज़ी प्रभावित क्षेत्र के लिए। राष्ट्रपति ट्रूमेन के भी ऐसे ही विचार थे। एशिया और अफ्रीका के देशों को स्वतंत्रता दिलाने के पीछे अमेरिका के दो मकसद थे, पहला कि इन देशों में समाजवाद जड़े न जमा ले जिसकी प्रवृत्ति उस समय दिखती थी और दूसरे स्वतंत्र हो जाने के बाद इन देशों के साथ खुले द्वार की नीति की तहत व्यापार करना और उनके राजनीतिक व आर्थिक जीवन पर प्रभाव डालना।

संयुक्त राष्ट्र संघ की स्थापना के बाद इस संगठन ने भी यूरोपीय देशों पर दबाव डालने का काम किया कि वे अपने उपनिवेशों को मुक्त कर दें।

सोवियत संघ जो उस काल में एक साम्यवादी (1917 से) देश था, ने पूंजीवाद, साम्राज्यवाद एवं शोषण के खिलाफ प्रचार किया और स्वयं को मुक्तिदाता के रूप में प्रस्तुत किया।

उपनिवेशों की स्वतंत्रता का प्रश्न और भी जटिल इसलिए हो गया था कि लंबे उपनिवेशी कब्जे के दौरान यूरोपीय इन उपनिवेशों में स्थाई तौर पर बस गए थे। वे सबसे अच्छी जमीनों के मालिक या सोने के खदानों के, चाय बागानों के या ऐसे ही किन्ही बहुमूल्य स्थानीय संपत्ति के मालिक बन गए थे, वे किसी भी सूरत में इन उपनिवेशों से जाना नहीं चाहते थे और अपने देश की सरकारों को स्वतंत्रता देने से मना करते थे जैसे – कीनिया, अल्जीरिया, टंगाइका, यूगांडा एवं रोडेशिया इत्यादि। दक्षिण अफ्रीका भी इन्हीं देशों की श्रेणी में रखा जा सकता है।

उपनिवेशों की सबसे बड़ी संख्या ब्रिटेन के कब्जे में थी, फिर फ्रांस के पास, तब पुर्तगाल, स्पेन, बेल्जियम, इटली और डच देश आते थे। इन देशों के उपनिवेश व उनकी स्वतंत्रता प्राप्ति का वर्ष निम्नलिखित है, उनके नए नाम कोष्ठक के अंदर है।

ब्रिटेन के अधीनस्थ

भारत तथा पाकिस्तान – 1947

बर्मा (म्यांमार) तथा सीलोन (श्रीलंका) – 1948

ट्रांसजोर्डन (जार्डन) – 1946

फिलिस्तीन (इजरायल) – 1948

मलेशिया तथा गोल्ड कोस्ट (घाना) – 1957

नाइजीरिया, सोमालीलैण्ड (सोमालिया) व साइप्रस – 1960

टंगाइका व जंजीबार (मिलकर तंजानिया) – 1962

कीनिया – 1963

न्यासालैण्ड (मालावी), उत्तर रोडेशिया (जांबिया), माल्टा – 1964

ब्रिटिश गुआना (गुयाना), बारबाडोस व बेचुआनालैण्ड (बोट्स्वाना) – 1966

अदन (दक्षिण यमन) – 1967

दक्षिणी रोडेशिया (जिंबाब्वे) – 1980

ब्रिटिश होंडुराज़ (बेलिज़) – 1981

फ्रांस के अधीनस्थ

सीरिया – 1946

हिन्दचीन (कंबोडिया, लाओस, वियतनाम) – 1954

मोरक्को एवं ट्यूनीशिया – 1956

गिनी – 1958

सेनेगल, आइवरी–कोस्ट, मारूतानिया, नाइजर, अपर वोल्टा (बुरकीना फासो), चाड, मडागास्कर (मलागासे), गैबोन, फ्रेंच सूडान (माली), कैमेरून, कांगो ब्राज़विल, सेन्ट्रल अफ्रीका, टोगो एवं डाहोमे (बेनिन) – 1960

डच के अधीनस्थ

ईस्ट इंडीज़ (इंडोनेशिया) – 1949

सूरीनाम – 1975

इटली के अधीनस्थ

इथोपिया – 1947

लीबिया – 1951

इरिट्रिया (जो इथोपिया का भाग बन गया था) – 1952 (परन्तु 1993 से स्वतंत्र देश)

इटली सोमालीलैण्ड (सो सोमालिया का भाग बन गया) – 1960

पुर्तगाल के अधीनस्थ

गिनी (गिनी बिसाऊ) – 1974

अंगोला एवं मोजाम्बिक – 1975

ईस्ट तिमोर – 1975

स्पेन के अधीनस्थ

स्पेनी मोरक्को – 1956

गिनी (इक्वेटोरियल गिनी) – 1968

इफनी (मोरक्को का भाग) – 1969

बेल्जियम के अधीनस्थ

बेल्जियन 1908–1976

कांगो (ज़ायर 1971–1997 से) – 1960

रूआंडा–उरूंडी (दो अलग देश बने, रवांडा और बुरूंडी)– 1962

उपरोक्त उपनिवेशों के स्वतंत्रता संघर्ष आसान नहीं थे, हर उपनिवेश की अपनी अलग समस्या थी, कही श्वेत आबादी स्वतंत्रता का विरोध कर रही थी तो कहीं जनता के बीच धार्मिक मुद्दों ने उन्हें बाँट रखा था, कहीं नृजातीय मसले इतने कठिन थे कि राष्ट्र के रूप में उनकी पहचान को ठोस रूप मिल ही नहीं पा रहा था। अंग्रेजों ने अपने उपनिवेशों में स्थानीय लोगों को लेकर प्रशासन का कुछ प्रशिक्षण भी दिया और ब्रिटिश डोमिनियन के तहत स्वतंत्रता दी। प्रारंभिक दौर में सब नव–स्वतंत्र ब्रिटिश उपनिवेश, कॉमनवेल्थ के अंतर्गत रहे जिससे उन्हें कई वर्षो तक ब्रिटिश मार्गदर्शन मिला परन्तु अन्य यूरोपीय देशों ने ऐसा नहीं किया बल्कि अपने शासन के दौरान स्थानीय लोगों की जातीय या धार्मिक भावनाओं को भड़काते रहे ताकि उनके उपनिवेशों में फूट पड़ी रही और लोग उन्हें देश से बाहर भगाने में एक न हो जाएँ। उन्होंने स्थानीय लोगों के प्रशासन प्रशिक्षण में कोई रूचि नहीं कि दिखाई अतः गैर ब्रिटिश क्षेत्रों में उपनिवेशी मालिकों के हटते ही एक बड़ा खालीपन आ गया, जिसे भरने के लिए स्थानीय लोगों की तैयारी न थी अतः कई गैर ब्रिटिश उपनिवेशों में सैन्य तानाशाही या नृजातीय मार–काट प्रारंभ हो गई। उन ब्रिटिश क्षेत्रों में जहाँ धार्मिक उन्माद ज्यादा था वहाँ भी स्वतंत्रता प्राप्ति के समय ऐसा ही हुआ। अंग्रेजों के सबसे बहुमूल्य एशियाई उपनिवेश भारत में ऐसा ही हुआ।

ब्रिटेन के उपनिवेशों की स्वतंत्रता

भारत की स्वतंत्रता एवं बंटवारा

भारत में उन्नीसवीं सदी में राष्ट्रीय चेतना और पुनर्जागरण के फैलने के साथ ही साथ विदेशी शासन के विरूद्ध आंदोलन शुरू हो गए थे। द्वितीय विश्व युद्ध के दौरान बिना भारतीयों की रज़ामंदी लिए अंग्रेजी शासन ने भारत को युद्ध में धकेल दिया अतः 1942 में महात्मा गाँधी जो देश के सबसे बड़े राजनीतिक और नैतिक नेता थे, ने तीसरा और सबसे बड़ा जनआंदोलन छेड दिया था "भारत छोड़ो आंदोलन"। युद्ध समाप्ति के पश्चात अंग्रेजों के सामर्थ्य में कमी आ गई थी, वे सैनिक रूप से भारत पर कब्जा बनाए नहीं रख सकते थे। ब्रिटेन की नई चुनी लेबर सरकार ने भारत को

आजादी देने की घोषणा कर दी। समस्या यह थी कि भारत में 1937 में चुनाव हुए थे जिसमें भारतीय नेशनल कांग्रेस ने ग्यारह में से आठ राज्यों में बहुमत प्राप्त कर लिया था, दूसरी पार्टी मुस्लिम लीग, जो 1916 में अस्तित्व में आई थी, को लगने लगा कि आजादी के बाद अल्पसंख्यक मुसलमानों को बहुसंख्य हिन्दुओं से दब कर रहना पड़ेगा इसलिए 1940 से जो उनकी अलग मुस्लिम देश की मांग थी, उसको तेज कर दिया। अंतरिम सरकार बनाने में भी सहयोग नहीं दिया। अपनी मांग पर बल देने के लिए उनके नेता मुहम्मद अली जिन्ना ने 16 अगस्त 1946 को "डायरेक्ट एक्शन" (Direct Action) अर्थात हिंसक प्रतिरोध के रूप में मनाने का निर्देश दिया और मात्र कलकत्ता में ही पाँच हजार लोग मारे गए। यह देश भर में फैल गया और कांग्रेस के वे नेता जो पहले अलग–अलग राष्ट्र के विचार के विरोधी थे, देश के बँटवारे के लिए सहमत हो गए। 1947 के शुरूआत में अंग्रेजों ने घोषणा की कि वे जून 1948 तक भारत से चले जाएँगे, उन्होंने सोचा शायद यह घोषणा भारतीयों में समझ पैदा करेगी और एक दूसरे के खून से हाथ रंगने के बजाए हिंदु एवं मुसलमान ठंडे दिमाग से भारत के राजनीतिक भविष्य का निर्माण करेंगें। लुई माउंटबैटन को नए वायसराय के तौर पर भेजा गया जो दोनों पक्षों के नेताओं से मिलकर एक सहमति पर पहुँचने की कोशिश करने लगे। एक ढ़ीले राज्यों का संघ जिसमें प्रांतीय राज्यों के ज्यादा अधिकार हो वाली योजना भी आम सहमति नहीं बन पाई। मांउटबैटन ने समझ लिया कि देश के बँटवारे के अलावा कोई चारा नहीं है तो यह निश्चित हो गया कि भारत का दो भागों में बँटवारा होगा – भारत एवं पाकिस्तान और यह 15 अगस्त 1947 को ही हो जाएगा। लंदन के एक जज सीरिल रेडक्लिफ से दोनों देशों के नक्शे बनवाए गए जो एक निहायत मुश्किल काम था क्योंकि मुसलमानों की घनी आबादी भारत के उत्तर पश्चिम एवं पूर्व में रहती थी अतः जो पाकिस्तान अस्तित्व में आया वो पश्चिमी जोड़ पूर्व पाकिस्तान था जिनके बीच 1,000 मील की दूरी थी।

सबसे दुखद बात यह थी कि इस घोषणा के साथ ही मानव इतिहास का सबसे बड़ा और सबसे हिंसक पलायन शुरू हुआ। पश्चिमी पाकिस्तान के हिंदु भारत की तरफ आने लगे, उसी तरह मुसलमान पाकिस्तान जाने लगे, घर–बार, जमीन–जायदाद छोड़कर जाने का दुःख कम नहीं था कि दंगों ने एक दूसरे को एक से बढ़कर एक दुःख दिए। आजादी प्राप्त करने की खुशी खूनी रंगरेजी में बदल गई। यह क्रीड़ा तब समाप्त हुई जब महात्मा गाँधी को एक हिंदु उग्रवादी ने मार दिया क्योंकि वह उनकी मुसलमानों के प्रति नीति से प्रसन्न नहीं था। इस दुखद घटना (30 जनवरी 1948) ने दंगों पर मानो रोक लगा दी। दस लाख लोगों के मारे जाने के बाद देश में शांति स्थापित हुई। पूर्व पाकिस्तान जो भाषा एवं संस्कृति में पश्चिमी पाकिस्तान से बिलकुल अलग था, अपनी अलग पहचान बनाने को आतुर हो गया और 1971 की लड़ाई के पश्चात बांग्लादेश बन कर उभरा। अतः भारत के दो से तीन टुकड़े हो गए।

ब्रिटिश औपनिवेशिक साम्राज्य (1945)
ब्रिटेन

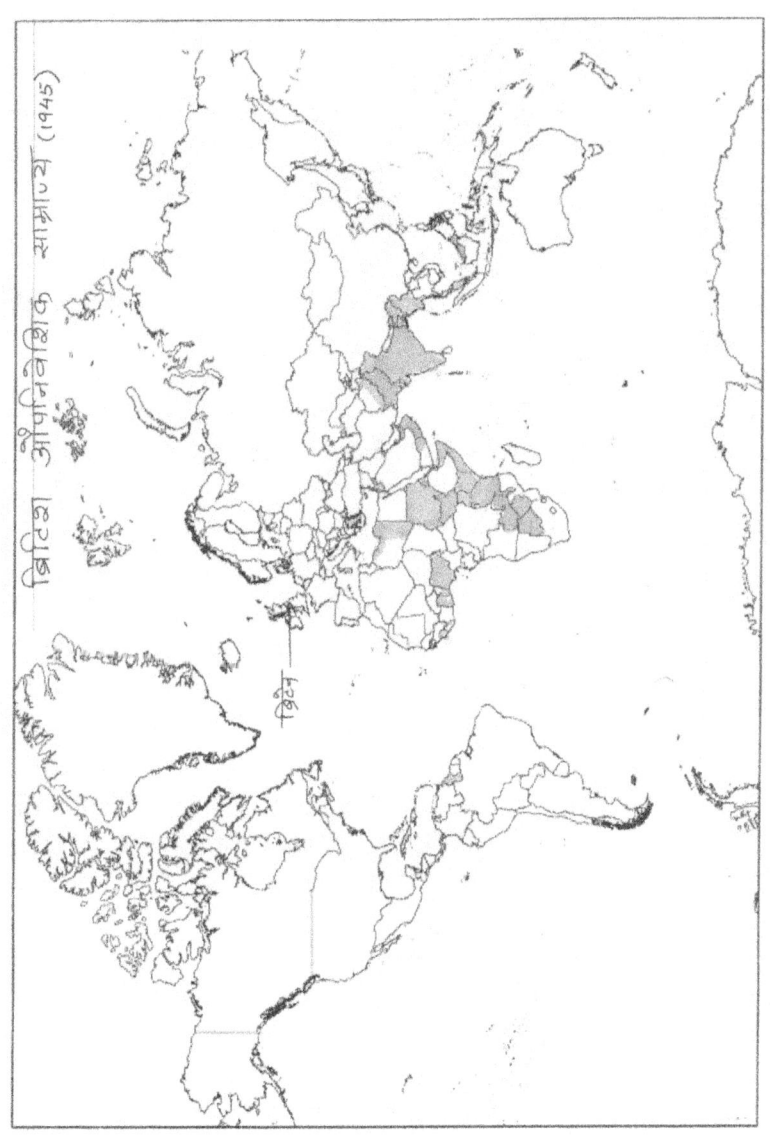

वेस्ट इंडीज, साइप्रस एवं मलाया की स्वतंत्रता

ब्रिटेन के कैरिबियन सागर के क्षेत्र में अनेकों उपनिवेश थे – बरमुडा, ब्रिटिश होन्डुराज़ (बेलिज़) ब्रिटिश लीवार्ड में अन्गुइला, अन्टीगुआ, बारबूडा, वर्जिन आइलैण्ड, डोमिनिका, मोन्टेसरात, सेंट किट, केमैन आइलैण्ड, ब्रिट्रिश गुआना (गुयाना), जमैका, ट्रिनिडाड एवं टोबैगो इत्यादि। इनमें से कुछ बड़े थे जैसे जमैका, ट्रिनिडाड, मध्य अमेरिका का होन्डुराज़ और गुआना जो दक्षिण अमेरिका के उत्तर–पूर्व में था ; बाकी सब छोटे–छोटे द्वीप थे। इनकी स्वतंत्रता को ले कर ब्रिटिश सरकार के सामने कुछ चुनौतियाँ थीं जैसे कुछ द्वीप तो इतने छोटे और कम आबादी वाले थे वे स्वतंत्र देश के रूप में खड़े ही नहीं हो सकते थे।

ब्रिटेन की लेबर सरकार को लगा कि इन सबका एक संघ बनाना उचित रहेगा जिससे कैरिबियन में छितराए इन देशों को एक सूत्र में बाँधा जा सकेगा मगर होन्डुराज़ और गुआना संघ में सम्मिलित नहीं होना चाहते थें। जमैका और त्रिनिडाड को छोटे उपनिवेशों के साथ संघ में शामिल होने में संदेह था कि छोटे उपनिवेशों की अनेक समस्याएँ होंगी। तो कुछ द्वीप जमैका और ट्रिनिडाड के प्रभुत्व में नहीं रहना चाहते थे। और कई छोटे द्वीप स्वतंत्रता चाहते ही नहीं थे, वे ब्रिटिश सुरक्षा और नेतृत्व में रहना चाहते थे।

1958 में लेबर सरकार ने ब्रिटिश होन्डुराज और ब्रिटिश गुआना को छोड़कर बाकियों को मिलाकर वेस्ट इंडिज फेडरेशन बनाया, परन्तु इसके सदस्य आपस में लड़ते भिड़ते रहे जैसे किसी द्वीप को संघ में (फेडरेशन) कितना पैसा, बजट में देना चाहिए या कितने प्रतिनिधि संघीय संसद में भेजने चाहिए इत्यादि। जमैका व ट्रिनिडाड भी संघ से 1961 में निकल गए।

1962 में ब्रिटेन ने फेडरेशन को भंग कर दिया और उन सभी को जो स्वतंत्रता चाहते थे, को स्वतंत्र कर दिया। 1983 तक वेस्ट इंडीज के सभी भाग स्वतंत्र हो गए, मात्र काफी छोटे द्वीपों को छोड़कर ट्रिनिडाड एवं टोबैगो 1962 में, गुयाना 1966 में, होंडुराज नए नाम बेलिज़ के रूप में 1981 में और सेंट किट इत्यादि 1983 में।

आश्चर्यजनक रूप से जो द्वीप संघ में शामिल नहीं होना चाहते थे उन्हें जल्दी ही इस बात का पता चल गया कि आर्थिक एकीकरण में उनकी ही भलाई है और 1968 के कैरिबियन फ्री ट्रेड एसोशिएशन के सदस्य बनने में उन्हें आपत्ति नहीं थी जो 1973 में कैरिबियन कम्युनिटी एंड कॉमन मार्केट (CARICOM) कहलाई। केवल अत्यंत छोटे द्वीप जैसे वर्जिन आइलैण्ड, केमैन आइलैण्ड, बारबूडा, अन्गुइला इत्यादि अभी भी ब्रिटेन के शासन के अंतर्गत हैं।

साइप्रस – भूमध्यसागर में स्थित यह द्वीप ब्रिटेन के शासन के अंतर्गत था। द्वितीय विश्व युद्ध के बाद इसे स्वतंत्रता देने के मसले पर ब्रिटिश सरकार बड़े पसोपेश में थी क्योंकि युद्ध के दौरान यह द्वीप ब्रिटिश नौसेना का एक महत्वपूर्ण ठिकाना था और युद्ध के बाद भी मध्यपूर्व में ब्रिटिश हितों की रक्षा के लिए इस ठिकाने की

जरूरत थी। समस्या और बड़ी इसलिए हो गई क्योंकि इस द्वीप पर ग्रीक एवं तुर्क दोनों ही मूल के लोग बसे थे। जहाँ ग्रीक–साइप्रोट 80% थे, तुर्क–साइप्रोट मात्र 20% ऐसे में ग्रीक साइप्रोट की इच्छा कि साइप्रस स्वतंत्र हो कर ग्रीस में मिल जाए जिसे उन्होंने इनोसिस {(Enosis)ग्रीस के बाहर रहने वाले ग्रीक समुदाय जो ग्रीक देश में सम्मिलित होने की इच्छा रखते हैं।} आंदोलन कहा। दूसरी तरफ तुर्क – साइप्रोट ऐसा हरगिज नहीं चाहते थे। ग्रीक–साइप्रोट लोगों के नेता आर्चबिशप माकारिओस थे और साथ ही एक ''इओका'' (Eoka) नामक गुरिल्ला दल भी बन गया जो ब्रिटिश शासन पर छापामार तरीके या आतंकवादी तरीके से आज़ादी के लिए दबाव डालने लगा। 1956 में ग्रीक इओका द्वारा बम लगा कर ब्रिटिश सिपाहियों साथ, निरपराध तुर्क पुरूष, महिला और बच्चों की हत्या की जाने लगी जिसे माकारिओस ने बहादुर क्रांतिकारी कारनामा बताया तो हालात और बिगड़ने लगे। ब्रिटेन को साइप्रस में आपातकाल लगाना पड़ा और बड़ी संख्या में सिपाही भेजने पड़े, माकारिओस को साइप्रस से हटा कर सेशेल्स भेज दिया गया और आतंकवादियों को पकड़कर कड़ी सजा दी गई। 1958 में तत्कालीन ब्रिटिश शासन ने दोनों दलों को गृह युद्ध में पड़ने से बचाने के लिए दीर्घ वार्ताएँ की और निम्नलिखित निर्णय लिए :–

— ग्रीक साइप्रोट के नेता माकारिओस ने इनोसिस की मांग छोड़ी और साइप्रस को पूर्ण स्वतंत्रता 16 अगस्त 1960 से मिली।
— तुर्क साइप्रोट के हितों की रक्षा हुई, उनका देश ग्रीस में मिलने से बच गया।
— ब्रिटेन को दो सैन्य अड्डा बनाए रखने का अधिकार मिला।
— ग्रीस एवं तुर्की देश ने साइप्रस की आजादी को बनाए रखने की गारंटी दी।
— माकारिओस साइप्रस का पहला राष्ट्रपति बना और उप राष्ट्रपति एक तुर्क साइप्रोट जिनका नाम फ़जिल कुचुक था, बने जो दोनों नृजातीय समूह को संतुष्ट करने वाला कदम था।

परन्तु यह स्थिति केवल 1963 तक चल पाई, करों को ले कर विवाद शुरू हो गया और दोनों जातियों के लोग निकोशिया में लड़ पड़े, जल्दी ही पूरे साइप्रस में लड़ाई फैल गई। संयुक्त राष्ट्र संघ को एक शांति स्थापना बल भेजना पड़ा। उसके बाद लंबे समय तक बातचीत द्वारा समाधान खोजने की कोशिश की गई पर जब 1974 में तुर्की देश को पता चला कि अंदर ही अंदर ग्रीक साइप्रोट, ग्रीस देश में साइप्रस को मिलाने की तैयारी कर रहे हैं तो तुर्की सेना ने साइप्रस में प्रवेश कर उत्तरी भाग अपने कब्जे में कर लिया। और तब से ही साइप्रस का 36% उत्तरी हिस्सा तुर्क–साइप्रोट के हिस्से में आ गया और बाकी हिस्सा ग्रीक साइप्रोट के हाथ में रहा। संयुक्त राष्ट्र संघ ने शांति स्थापना के लिए बीच में 'बफर जोन' (Buffer Zone) बनवाया जिसे ग्रीन लाइन कहते हैं। ग्रीस देश ग्रीक साइप्रोट की तरफ से लड़ने को नहीं आया अतः अभी तक वही स्थिति है। परन्तु 1974 के इस बंटवारे के बाद हजारों ग्रीक और तुर्क–साइप्रोट मारे गए, घायल हुए या गायब हो

गए। दो लाख लोग विस्थापित हुए। उत्तरी भाग में बसे ग्रीक–साइप्रोट अपने ही देश में शरणार्थी बन कर विस्थापित होने को मजबूर हुए। दक्षिण के तुर्क–साइप्रोटो का भी वही हाल रहा। यूरोपियन यूनियन में शामिल होने के बाद दोनों हिस्सों में बातचीत प्रारंभ हुई है जो भविष्य में एक संघीय व्यवस्था का रूप ले सकती है।

मलाया– मलाया, बोर्नियो और सिंगापुर ब्रिटिश उपनिवेश थे जबकि जावा, सुमात्रा एवं कालीमानतान इत्यादि समूह को डच ईस्ट इंडिज कहते थे जिसे बाद में इंडोनेशिया कहा गया। दक्षिण–पूर्वी एशिया में ऐसे छोटे बड़े अनेको द्वीप थे। मध्य उन्नीसवीं सदी से ब्रिटिश ने यहाँ के स्थानीय मलय लोगों के अलावे चीन एवं भारत से सैकड़ो की संख्या में अनुबंध मजदूर इन द्वीपों पर बसा रखे थे। द्वितीय विश्व युद्ध के पश्चात यहाँ पर भी स्वतंत्रता की मांग उठी। चीनी मूल के मलय निवासी एक कम्यूनिस्ट दल के अंतर्गत अंग्रेजों के खिलाफ हड़ताल एवं हिंसा के द्वारा दबाव बनाने की कोशिश करने लगे। 31 अगस्त 1957 को एक मलय संगठन के निर्माण की घोषणा की गई और 1963 में सबाह, सिंगापुर, सारावाक के साथ मलय संघ बना। दो वर्षो के पश्चात सिंगापुर, जिसमें चीनी मूल के निवासी अधिक थे 1965 में संघ से अलग हो कर स्वतंत्र देश बन गया। मलेशिया के नेता टुनुक अब्दुल रहमान सभी जातियों के नाजुक संबंध को संभालते हुए, देश को चलाने में सफल रहे, परन्तु 1969 में चीनी मूल के मलय नागरिकों के विरूद्ध मलय स्थानीय जनता का क्रोध भड़क उठा और दंगों में हजारों चीनी मूल के मलय मार दिए गए, उनकी दुकानें व व्यापार जला दिए गए, तब से मलेशिया में मलय मूल के लोगों का वर्चस्व है। दूसरे देशों की तुलना में तेज आर्थिक विकास ने सभी जातियों के बीच संतुलन स्थापित किया। 1971 में मुहम्मद मताहिर की नई आर्थिक नीति ने मलय मूल के लोगों का अधिक आर्थिक व शैक्षणिक अधिकार दिए वर्तमान में यह दक्षिण पूर्व एशिया का आर्थिक क्षेत्र में तीसरा सबसे समृद्ध देश है।

अफ्रीका में ब्रिटिश उपनिवेशों की मुक्ति

1945 के बाद राष्ट्रवाद की भावना का अफ्रीका के देशों में खूब प्रसार होने लगा। यहाँ के लोग ब्रिटेन व अमेरिका जा कर पढ़ने–लिखने लगे। वहाँ की पढ़ाई से उन्हें यह बात स्पष्ट होने लगी कि वे जातिगत भेद–भाव से गुजरते हैं। औपनिवेशिक गुलामी कितनी अपमानजनक और शोषक है और कैसे श्वेत लोग, काले अफ्रीकी लोगों के हितों का अपहरण कर लेते हैं। औपनिवेशिक शासन के दौरान श्वेत मालिकों को कुछ शिक्षा का प्रबंध करना पड़ा था जिससे पढ़े लिखे अफ्रीकियों की संख्या बढ़ रही थी और जो विदेशी शासन के अंत का सपना देखने लगे थे। उधर ब्रिटेन की लेबर सरकार द्वितीय विश्व युद्ध के बाद की ऐसी सरकार थी जो उपनिवेशों की आजादी को सहानुभूतिपूर्वक देखती थी। नए दौर में उन्हें लगता था कि वे अपने उपनिवेशों को आजाद कर के भी व्यापारिक संबंधों के जरिए उन पर प्रभुत्व कायम रख पाएंगें इसीलिए वे आजादी के बाद इन उपनिवेशों को राष्ट्रमंडल देशों का सदस्य बना देते थे जो ब्रिटिश राज के अंतर्गत स्वायत्त देशों का समूह

औपनिवेशिक मुक्ति का दौर : ब्रिटिश, फ्रांसिसी एवं डच साम्राज्य का अंत • 71

था। अपने पुराने उपनिवेशों पर आर्थिक संबंधों के जरिए प्रभाव डालना, वह भी उनकी आजादी के बाद, नव–उपनिवेशवाद कहलाता है। यह तीसरी दुनिया के देशों के साथ व्यापक रूप से अपनाई गई। एशिया के मुकाबले ब्रिटेन ने अफ्रीका के अपने देशों को हौले–हौले आजादी दी जिसके लिए अफ्रीका के देशों को लंबा और हिंसक आंदोलन करना पड़ा। अफ्रीका के पश्चिमी हिस्से में स्थित ब्रिटिश उपनिवेशों में कठिन समस्याएँ नहीं थी अतः वे शीघ्र आजाद हुए। पूर्वी अफ्रीका में बड़ी सख्ंया में यूरोपीय लोग बस गए जो अफ्रीकी आजादी और शासन से भय खाते थे और उन्होंने ब्रिटेन पर पूरा दबाव डाला कि उनके क्षेत्र को अफ्रीकी बहुसंख्यक शासन के अंतर्गत न लाया जाए, वैसे ही मध्य दक्षिण अफ्रीका में सबसे अच्छी जमीनों, सोने–चाँदी के खदानों के मालिक श्वेत बासिंदे थे जो इन जगहों को छोड़कर जाना नहीं चाहते थे अतः इन जगहों पर बहुत हिंसा हुई।

(अ) पश्चिमी अफ्रीका

1. गोल्ड कोस्ट

सहारा क्षेत्र में गोल्ड कोस्ट नामक देश अफ्रीका का पहला देश बना जिसे द्वितीय विश्व युद्ध के पश्चात सबसे पहले आजादी मिली। क्वामे नुरूमा यहाँ के नेता थे जिनकी शिक्षा अमेरिका तथा ब्रिटेन में हुई थी जहाँ वे नागरिक अधिकार, स्वायत्तता, स्वतंत्रता, कानून का शासन जैसे विचारों को सीख पाए। अपने देश में उन्होंने ने 1949 में कन्वेंशन पीपल्स पार्टी (CPP) की स्थापना की जो गोल्ड–कोस्ट की स्वतंत्रता के लिए संघर्ष करने लगा। विदेशी चीजों का बहिष्कार जैसी शांत प्रतिरोध आंदोलनों के अलावा बड़े हड़ताल और हिंसात्मक प्रदर्शनों का दौर चल पड़ा। नुरूमा सहित कई नेता बंदी बना लिए गए। परन्तु अंग्रेज समझ रहे थे कि जबरदस्ती नहीं चल पाएगी अतः नुरूमा को छोड़ दिया और एक संविधान निर्माण की इज़ाजत दे दी जिसमें सभी व्यस्कों को मताधिकार मिला, चुनाव द्वारा निर्मित संसद का प्रावधान किया गया और ग्यारह सदस्य वाले कार्यकारी परिषद का निर्माण किया गया जिनमें से आठ संसद द्वारा चुने गए हों। 1951 में चुनाव हुए और CPP द्वारा बहुमत प्राप्त किया गया। नुरूमा प्रथम प्रधानमंत्री बने और सरकार 1952 में बनाई। पाँच वर्ष के स्वायत्त शासन के पश्चात देश पूर्ण रूप से आजाद 6 मार्च 1957 में हुआ और अपने नए नाम 'घाना' के रूप में जाना जाने लगा। एक जुलाई 1960 से यह गणतंत्र बन गया।

2. नाइजीरिया –

अंग्रेजों के अफ्रीकी उपनिवेशों में सबसे बड़ा उपनिवेश नाइजीरिया था जिसकी जनसंख्या छह करोड़ के लगभग थी। देश में राष्ट्रीयता की भावना कम थी क्योंकि विभिन्न नृजातीय समूह अलग–अलग भागों में प्रभावी थे। उत्तर पूर्णतया इस्लामी था जहाँ 'हाउसा' और 'फुलानी' जनजाति प्रमुख थी, पश्चिम में 'योरूबा' और पूर्व

में 'इबो' जनजाति का बोलबाला था। इबो मूल के 'नमदि अजीकिवे (Nnamdi Azikiwe) अमेरिका से पढ़ लिख कर आए और अखबार में संपादक की नौकरी करने लगे। उनके राष्ट्रवादी क्रांतिकारी लेखों ने उन्हें खूब प्रसिद्धि दिलाई और वे 'ज़िक' (Zik) नाम से जाने जाने लगे। उन्होंने नाइजीरिया में एक राजनीतिक पार्टी बनाई और 1945 में एक बहुत बड़ी हड़ताल करवाई। अंग्रेजों को लगा कि इस उपनिवेश की आजादी का समय आ गया है परन्तु इसके राजनीतिक स्वरूप के बारे में संदेह था, तब एक संघीय व्यवस्था पर बात होने लगी, और 1954 का संविधान तैयार हुआ जिसके अनुसार उत्तर पश्चिम एवं पूर्व के क्षेत्रों में स्थानीय परिषदों का गठन किया जाए और एक केन्द्रीय संघ सरकार की स्थापना राजधानी लागोस में की जाए। प्रांतों ने स्वायत्त शासन पहले प्राप्त किया तब देश को पूर्ण स्वतंत्रता 1960 में मिली। नमदी अजीकिवे प्रथम राष्ट्रपति बने।

परन्तु 1967 से 1970 के बीच यहाँ एक गृह युद्ध शुरू हो गया, जिसका परिणाम बड़ा दुखदायी था। नाइजीरिया के दक्षिण–पूर्व में 'इबो' लोगों को संघीय व्यवस्था में अपने हितों की अवहेलना दिखती थी। 1964 के चुनाव के बाद सैन्य अधिकारियों ने उत्तर के राजनेताओं की हत्या कर दी और आतंक का दौर शुरू हो गया। चूंकि सैन्य अधिकारी 'इबो' थे उत्तर से इबो जनता का नरसंहार प्रारंभ हो गया। इबो बहुल दक्षिण–पूर्व क्षेत्र ने स्वयं को स्वतंत्र गणतंत्र घोषित कर 'बायफ्रा' (Biafra)नाम रख लिया पर ब्रिटिश, अमेरिकी, सूडान आदि से हथियार प्राप्त कर उत्तरी प्रभुत्व वाले नाइजीरियाई संघीय सरकार ने 'बायफ्रा' की घेराबंदी कर दी 'इबो' लोग भूख और बीमारी से मरने लगे आखिरकार ब्रिटिश सहयोग से दिसम्बर 1969 में संघीय सरकार को 'बायफ्रा' सेना ने आत्मसमर्पण कर दिया और गृहयुद्ध 1970 में समाप्त हो गया देश पुनः एक हो गया परन्तु धार्मिक और नृजातीय भेद बने रहे।

3. सियरालियोन और गाम्बिया

पश्चिम अफ्रीका के दो और ब्रिटिश उपनिवेश बिना अधिक खून–खराबे के आज़ाद हो गए 1961 में सियरालियोन और 1965 में गाम्बिया।

(ब) पूर्व अफ्रीका

अंग्रेजो ने सोचा था कि अफ्रीका के पूर्वी हिस्सों में आजादी देने की जरूरत नहीं क्योंकि इन भागों पर बड़ी संख्या में यूरोपीय श्वेत लोग आकर बस चुके थे और ये लोग इन भागों की आज़ादी के बिल्कुल खिलाफ थे। अंग्रेजों ने यह भी सोचा था कि अगर कभी स्वतंत्रता देनी पड़ेगी तो इन जगहों में भिन्न नृजातियों के मिलाप से सरकारें गठन करवाएँगे जिसमें यूरोपीय एवं एशियाई मूल के लोगों को अश्वेतों से ज्यादा महत्व मिलेगा। परन्तु ब्रिटेन में प्रधानमंत्री हैराल्ड मैकमिलन (1957–63) के कार्यकाल के दौरान पूर्वी एवं मध्य अफ्रीका को ले कर ब्रिटिश नीति बदल गई।

अश्वेत अफ्रीकियों के सघन होते राष्ट्रवाद का परिचय उन्हें मिल गया। दक्षिण अफ्रीका के केप टाउन में अपने प्रसिद्ध भाषण में उन्होंने कहा – "महाद्वीप में बदलाव की बयार बह रही है, इसे हम पसंद करें अथवा नहीं, पर राष्ट्रवादी जागरूकता का फैलाव एक राजनीतिक सच्चाई है और हमें अपनी राष्ट्रीय नीतियों में इसका ध्यान रखना ही होगा"।

1. टंगाइका –

यहाँ के राष्ट्रवादी आंदोलन का संचालन टंगाइका अफ्रीकन नेशनल यूनियन (TANU)द्वारा किया जा रहा था जिसके नेता डॉ॰ जूलियस न्यरेरे ने एडिनबर्ग यूनिवर्सिटी में शिक्षा प्राप्त की थी। न्यरेरे जातिगत भेदभाव और शोषण के खिलाफ थे अतः वे अश्वेत सरकार के लिए दृढ़निश्चयी थे परन्तु साथ ही साथ इस बात को भी स्पष्टता से कहते कि अश्वेत शासन में श्वेतों को डरने की कोई जरूरत नहीं। हैरोल्ड मैकमिलन की सरकार को न्यरेरे की काबिलियत और सच्चाई पर भरोसा हो गया और 1961 से अश्वेत सरकार की गठन की इजाजत मिल गई। जंजीबार द्वीप को टंगाइका में शामिल कर दिया गया और 1964 से यह तंजानिया के नाम से स्वतंत्र गणतंत्र बन गया। न्यरेरे तब से ले कर 1985 तक यहाँ के राष्ट्रपति बने रहे।

2. यूगांडा –

सभी अफ्रीकी देशों की तरह यूगांडा में भी कई जन–जातियां थी, साथ ही साथ बड़ी संख्या में भारतीय मूल के (जो 32,000 अनुबंध श्रमिक उन्नीसवीं शताब्दी के आखिरी दशक में 'यूगांडा रेलवे' का निर्माण करने के लिए लाए गए थे) उनके वंशज भी रहते थे अतः कबीलाई झंझटों के चलते स्वतंत्रता की प्राप्ति में समय लग रहा था। बुगांडा क्षेत्र के शासक कबाका को जनतंत्र स्थापना का विचार स्वीकार नहीं था। आखिरकार एक संघीय व्यवस्था लागू की गई जिसमें काबाका को बुगांडा में विशेष अधिकार दिए गए। 1962 में देश आजाद हुआ और मिल्टन ओबोटे प्रधानमंत्री बने।

3. कीनिया –

पूर्वी क्षेत्र में कीनिया की स्वतंत्रता एक कठिन मामला इसलिए थी क्योंकि द्वितीय विश्व युद्ध के बाद तक यहाँ 66,000 श्वेत बासिंदे रहने लगे थे जो अश्वेत शासन में रहने के लिए बिल्कुल भी तैयार नहीं थे। जोमो केन्याटा लंदन में पढ़े थे और उन्होंने अपनी केनिया अफ्रीकन यूनिटी पार्टी (KAU)के द्वारा देश की स्वतंत्रता एवं समानता की मांग अंग्रेजों के सामने रखी। मगर कीनिया के श्वेत प्रवासी ऐसी किसी मांग को न मानने के लिए अंग्रेजो पर दबाव डालने लगे। उन्होंने हिंसा का सहारा लिया ताकि यह पार्टी अपनी पैठ ही न बना पाए। अंग्रेजों को दोनों पक्षों के दबाव

से यही समझ में आया कि उपनिवेशी विधायिका के चौवन सीटों में से छह सीटे कीनियाई अश्वेतों के लिए आरक्षित कर दी जाए।

अश्वेतों के सब्र का बांध टूट गया और ''माऊ–माऊ'' नामक गुप्त दल (Secret Society)जिसके ज्यादातर सदस्य कीकूयू जनजाति के थे, ने श्वेतों पर आतंकवादी हमले शुरू कर दिए। श्वेत प्रवासियों ने इन्हीं की जमीन सबसे ज्यादा छीनी थी और इन्हें इन्ही के घर में मुहताज़ बना दिया था। 1952 में यह घटनाएँ इतनी बढ़ गयीं कि आपातस्थिति की घोषणा की गई, अंग्रेजों ने एक लाख सैनिकों को हिंसक अश्वेतों के विरूद्ध लगा दिया। जोमो केन्याटा को जेल में ठूँस दिया गया, हालाकिं उन्होंने आतंकी गतिविधियों को गलत ठहराया था। 1953–1959 तक वे जेल में रहे और इस दौरान नब्बे हजार कीकूयू पुरूषों को अमानवीय ढंग से बंदी बना कर रखा गया, तकरीबन दस हजार को आतंकी मान गोलियों से भून दिया गया अतः कीनिया का संघर्ष बड़ा ही लोमहर्षक था।

1960 आते–आते बदलाव की बयार कीनिया के लिए भी आई। जोमो केन्याटा को छोड़ दिया गया, राष्ट्रसंघ में रखते हुए कीनिया को 1963 में स्वतंत्रता दे दी गयी और केन्याटा प्रधानमंत्री बने। अपने साथ बुरा व्यवहार होने के बावजूद केन्याटा श्वेतों के साथ न्यायपूर्ण व्यवहार के लिए सम्मानित हुए। साल भर बाद देश गणतंत्र बना तो केन्याटा प्रथम राष्ट्रपति बने।

(स) मध्य अफ्रीका

मध्य–दक्षिण में स्थित ब्रिटिश उपनिवेशों की गाथा और भी करूणा भरी है क्योंकि सबसे ज्यादा श्वेत लोग इन्हीं जगहों पर बसे हुए थे और यहाँ के सभी बेहतरीन आर्थिक संसाधनों पर उनका कब्जा था। दूसरी समस्या यहाँ की जनता का निरक्षर होना था, पश्चिमी अफ्रीका के मुकाबले यहाँ के लोग बहुत कम ही शिक्षित थे और श्वेत मालिकों ने शिक्षा के प्रसार के लिए कुछ भी नहीं किया था परन्तु द्वितीय विश्व युद्ध के बाद के काल में यहाँ भी राष्ट्रवाद की लहर दौड़ पड़ी तो चिन्तित होकर श्वेत लोगों ने चर्चिल सरकार से तीन स्थानीय उपनिवेशों के संघीय एकीकरण का प्रस्ताव 1953 में रखा जो मान लिया गया अतः न्यासालैण्ड, उत्तरी रोडेशिया और दक्षिणी रोडेशिया के श्वेत लोगों ने एक मध्य–अफ्रीकी संघ (Central African Federation) बनायी ताकि उनकी संख्या में बढ़ोत्तरी हो और अश्वेतों को राजनीति और प्रशासन से अलग रखा जा सके। अश्वेत 85 लाख थे और श्वेत 3 लाख फिर भी अंग्रेजों ने उन्हें दक्षिण रोडेशिया की राजधानी सेलिसबरी में संघीय संसद बनाने की इजाजत दे दी। अफ्रीकी अश्वेत अपने साथ हो रहे अन्याय को समझ रहे थे। तीन लोकप्रिय नेताओं के मार्गदर्शन में – उत्तरी रोडेशिया के केन्नथ कौउंडा, दक्षिणी रोडेशिया के जोशुआ नकोमो और न्यासालैण्ड के हेस्टिंग्स बांडा – अश्वेतों ने बहुसंख्यक सरकार की मांग को ले कर आंदोलन किया। 1960 में अंग्रेज सरकार ने मोन्कटन कमीशन (Monckton Commission) का गठन कर दिया

क्योंकि हिंसा और आतंकी गतिविधियां बहुत ज्यादा बढ़ गई थीं। कमीशन ने जातीय भेदभाव का अंत करने, सार्वभौमिक मताधिकार देने और क्षेत्रों को संघ का त्याग करने का अधिकार देने की सिफारिश की।

1. न्यासालैण्ड एवं उत्तरी रोडेशिया –

अंगेजों को इन दोनों स्थानों पर नए संविधान की स्थापना करनी पड़ी जिसके अनुसार उनके अपने संसद अस्तित्व में आए (1961–62)। दोनों ही पुराने संघ का त्याग करना चाहते थे अतः 1963 में संघ में अलग हो कर न्यासालैण्ड, मालावी नाम से और उत्तर रोडेशिया, जाम्बिया के नाम से स्वतंत्र देश बने।

2. दक्षिणी रोडेशिया –

औपनिवेशिक जातिगत नस्ली भेदभाव का सबसे बुरा स्वरूप दक्षिणी रोडेशिया के संघर्ष में दिखा जहाँ श्वेत लोग अपने विशेष अधिकारों के लिए क्रूरतम लड़ाई लड़ने को राजी थे वहाँ चालीस लाख अश्वेतों को नागरिक अधिकारों से वंचित रख कर मात्र दो लाख श्वेत लोग अपनी रोडेशिया फ्रंट (Rhodesia Front) नामक श्वेत नस्ली पार्टी के जरिए, देश की बागडोर अपने हाथों नियंत्रित रखने को कटिबद्ध थे और अश्वेत राजनीतिक पार्टियाँ बिल्कुल ही बैन थीं।

मालावी और जाम्बिया की आजादी के बाद दक्षिणी रोडेशिया के श्वेतों को लगा कि अब ऐसा वहाँ भी होगा तो उन्होंने ही आजादी की मांग रखी। ब्रिटिश कन्जवेटिव सरकार ने उन्हें अश्वेतों के लिए संसद में एक तिहाई सीटों के आरक्षण के लिए बात की। हालांकि यह बात भी बड़ी हास्यास्पद थी कि दो लाख श्वेतों को दो–तिहाई सीटें मिले और चालीस लाख अश्वेतों को एक–तिहाई ; पर यह भी दक्षिणी रोडेशिया के श्वेत प्रधानमंत्री इयान स्मिथ को मंजूर न था। उसने बल्कि और दलीलें दीं कि जिन अफ्रीकी देशों में अश्वेत बहुल सरकारें बनी हैं वहाँ अनेक परेशानियाँ या फिर सेना का राजनीति में अनावश्यक दखल हो गया है, जो किसी हद तक सही भी थी और दक्षिणी रोडेशिया के राष्ट्रवादी नेता भी एक दूसरे के विरोधी थे यह भी सच था। पर ब्रिटिश सरकार ने स्वतंत्रता की मांग को ठुकरा दिया। अश्वेतों के लिए संसद में सीट आरक्षित करने के मुद्दे पर गतिरोध बन गया। इयान स्मिथ ने तब रोडेशिया की स्वतंत्रता की घोषणा नवम्बर 1965 को कर दिया जिसे (Unilateral declaration of independence) स्वघोषणा भी कहा जाता है।

ब्रिटिश सरकार बल का प्रयोग नहीं करना चाहती थी अतः उसके सामने इस परिस्थिति से निपटने के कुछ ही विकल्प थे :–

उन्होंने दक्षिणी रोडेशिया की सरकार पर आर्थिक प्रतिबंध लगाए और वहाँ से शक्कर तथा तम्बाकू खरीदना बंद कर दिया।

संयुक्त राष्ट्र संघ ने भी UDIको गलत कहा और सभी सदस्य देशों को इसका व्यापारिक बहिष्कार करने को कहा।

पड़ोसी देश मुजाम्बिक जो अभी भी पुर्तगाली उपनिवेश था तथा सुदूर देश दक्षिण अफ्रीका जहाँ श्वेत अल्पसंख्यक सरकार थी, दक्षिणी रोडेशिया के हिमायती थे और उन्होंने संयुक्त राष्ट्र सुरक्षा परिषद की व्यापारिक प्रतिबंध वाली बात नहीं मानी। अतः रोडेशिया का व्यापार चलता रहा। कई देश ऊपरी तौर पर प्रतिबंध का समर्थन करते रहे पर छुपे तौर पर प्रतिबंध का पालन नहीं करते, जैसे अमेरिका दक्षिणी रोडेशिया के सस्ते और बढ़िया श्रेणी के क्रोम का मोह न छोड़ सका और इसका आयात करता रहा। ब्रिटेन के भी तेल कंपनिया चोरी छुपे यहाँ से व्यापार करती रहीं अतः आर्थिक प्रतिबंधों से कुछ फर्क तो पड़ा पर इतना नहीं कि इयान स्मिथ की सरकार गिर जाए।

राष्ट्रमंडल देशों में मगर बहुत खलबली मची जहाँ घाना और नाइजीरिया ब्रिटिश सरकार को बल प्रयोग करने का दबाव डालने लगीं और सैनिक मुहैया करने पर राज़ी हो गईं वहीं जाम्बिया तथा तन्जानिया आर्थिक प्रतिबंधों से ही संतुष्ट थे, ब्रिटेन से ज्यादातर नव आज़ाद अफ्रीकी देशों के संबंध तनावपूर्ण हो गए।

1970 में रोडेशिया ने स्वयं को गणतंत्र घोषित किया और अश्वेतों के अधिकार और भी कम हो गए। परन्तु 1976 में परिस्थितियाँ बदल गई ऐसा निम्नलिखित कारणों से हुआ –

I. पुर्तगाल ने मोजाम्बिक को जून 1975 में स्वतंत्रता दे दी। यह दक्षिणी रोडेशिया के लिए बड़ा झटका था। मोजाम्बिक के नए राष्ट्रपति सामोरा मशेल ने रोडेशिया पर आर्थिक प्रतिबंध लगा दिए और रोडेशियाई गुरिल्लों को अपने देश से प्रतिरोध आंदोलन चलाने की अनुमति दे दी। अब हजारों गुरिल्ला रोडेशिया में हिंसक गतिविधियां करने लगे जिसे नियंत्रित करना स्मिथ सरकार के लिए बहुत मुश्किल हो गया।

II. दक्षिण अफ्रीका के लिए भी रोडेशिया को मदद जारी रखना कठिन हो गया क्योंकि उसे अपने अंगोला आक्रमण को अमेरिका के कहने पर अक्टूबर 1975 को खत्म करना पड़ा था। अमेरिका को यह डर हो गया कि अंगोला की तरह, रोडेशिया में भी कम्युनिस्ट रूस और क्यूबा मदद करने को न आ जाएँ अतः अमेरिका ने स्मिथ को भी अश्वेतों के लिए कुछ राजनीतिक सुधार करने को कहा।

III. 1978 तक राष्ट्रवादी गुरिल्ले, रोडेशिया के बड़े भाग पर कब्जा करने में सफल हो गए और श्वेत हार के कगार पर पहुंच गए।

स्मिथ ने राष्ट्रवादियों के बीच के विरोध का फायदा उठाते हुए राजनीतिक सुधार लाने में ज्यादा से ज्यादा देर की। अब तक राष्ट्रवादियों के कई दल बन गए थे जिम्बाब्वे अफ्रीकन पीपल्स यूनियन (ZAPU), जिम्बाब्वे अफ्रीकन नेश्नल यूनियन (ZANU), युनाइटेड अफ्रीकन नेश्नल कांउसिल (UANC), इत्यादि। ZANUके गुरिल्ला दल के नेता रॉबर्ट मुगाबे बड़े लोकप्रिय बन कर उभरे। स्मिथ ने अपनी दूसरी चाल चली और एक नई व्यवस्था की रूप–रेखा बताई जिसके

औपनिवेशिक मुक्ति का दौर : ब्रिटिश, फ्रांसिसी एवं डच साम्राज्य का अंत • 77

अनुसार श्वेतों और सभी अफ्रीकी दलों में सबसे नरम दल UNACकी मिली जुली सरकार बने और राष्ट्रपति स्मिथ के साथ विशप मुज़ोरेवा प्रधानमंत्री बने। ऐसा अप्रैल 1979 में हुआ। परन्तु ZANU और ZAPU को ही जनता का समर्थन था अतः गुरिल्ला लड़ाई चलती रही। तब ब्रिटिश सरकार ने मध्यस्थता करते हुए दिसम्बर 1979 में लंदन में एक सम्मेलन बुलवाया जहाँ यह निर्णय लिए गए कि एक नया संविधान बनाया जाएगा जिसमें बहुसंख्य अश्वेतों का शासन होगा, जिम्बाब्वे नाम से यह नया गणतंत्र, सौ सीटों वाली संसद की स्थापना करेगा जिसमें अस्सी सीटें अश्वेतों के लिए आरक्षित होंगी। मुज़ोरेवा अपने पद का त्याग करेंगे और गुरिल्ला युद्ध बंद होगा।

तब चुनाव हुए और मुगाबे की पार्टी ने 80 अश्वेत सीटों में 57 सीटों पर जीत हासिल की। बहुमत के साथ मुगाबे प्रधानमंत्री बने और अप्रैल 1980 में जिम्बाब्वे आज़ाद हुआ। सभी अफ्रीकी देशों ने इस परिणाम का स्वागत किया जो प्राकृतिक न्याय और समरसता का प्रतीक बना। श्वेतों को लगा था कि ZAPU और ZANU के बीच गृह युद्ध छिड़ जाएगा पर वैसा नहीं हुआ बल्कि दोनों पार्टियों का 1987 में विलय हो गया, देश गणतंत्र बना और रॉबर्टमुगाबे देश के प्रथम राष्ट्रपति बने।

फ्रांस के औपनिवेशिक साम्राज्य का अंत

द्वितीय विश्व युद्ध के पश्चात फ्रांस के मुख्य उपनिवेश निम्नलिखित थे–

I. मध्य–पूर्व में सीरिया जहाँ से वह 1946 में हट गए।

II. ग्वाड्लेलूप एवं मार्टिनीक जो वेस्ट इंडीज स्थित द्वीप हैं।

III. फ्रेंच गुयाना जो दक्षिण–अमेरिका के उत्तरी हिस्से में स्थित है।

अफ्रीका के उत्तर तथा पश्चिम में स्थित उपनिवेश

(अ) ट्यूनीशिया, मोरक्को एवं अल्जीरिया जिन्हें एक साथ 'मघरिब' (Maghrib) भी कहा जाता है।

(ब) फ्रांसीसी पश्चिमी अफ्रीका।

(स) फ्रांसीसी विषुवतीय (Equatorial) अफ्रीका

(द) अफ्रीका महाद्वीप के दक्षिण–पूर्व में स्थित बड़ा द्वीप मडागास्कर।

द्वितीय विश्व युद्ध के दौरान नाज़ी सेना ने उत्तरी फ्रांस पर कब्जा कर लिया था और बाद में विश्व युद्ध समाप्त होने पर बनी सरकार अपने उपनिवेशों पर और कड़ा नियंत्रण करना चाहती थी, वे किसी भी तरह की राष्ट्रवादी हलचल को प्रश्रय नहीं देना चाहते थे। 1944 में ब्राज़विल घोषणा (Brazzaville Declaration) ने यह मंशा स्पष्ट की जिसमें कहा गया था, "फ्रांस के औपनिवेशिक दायित्व इस बात को असंभव बनाते हैं कि उपनिवेश स्वयत्तता या फ्रांसीसी साम्राज्य के बाहर होने की किसी विचार को प्रकट करें। किसी सुदूर समय में भी फ्रांसीसी उपनिवेशों के लिए स्व–शासन नहीं होगा"।

ऐसी कठोर घोषणा के बावजूद फ्रांस को भी अपने उपनिवेशों को धीरे–धीरे स्वतंत्रता देनी पड़ी। इस परिवर्तन का कारण ब्रिटेन का अपने उपनिवेशों को स्वतंत्रता देना था और उससे भी बढ़कर, 1954 में फ्रांस की हिन्द–चीन में पराजय ने उसे ''बदलाव की बयार'' को मानने पर मजबूर बना दिया।

(क) हिन्द–चीन

द्वितीय विश्व युद्ध के पहले फ्रांस ने एशिया में स्थित वियतनाम को अपना उपनिवेश बना लिया था और हिन्द–चीन के बाकी दोनों देशों – लाओस व कंपूचिया पर भी उसका प्रभुत्व कायम हो गया था। पर द्वितीय विश्व युद्ध के दौरान जापान की सेना का यहाँ कब्जा हो गया। गुयेन आई कोक जो बाद में हो–ची–मिन्ह के नाम से प्रसिद्ध हुए, हिन्द–चीन के बड़े नेता थे। प्रथम विश्व युद्ध के दौरान लगभग एक लाख वियतनामी फ्रांस भेजे गए थे, कुछ सैनिक के तौर पर और बाकी श्रमिक का काम करने के लिए। वहाँ उनका संपर्क कुछ समाजवादी तथा आमूल परिवर्तन कारी आंदोलनों से हुआ। उन्हीं के प्रभाव से विभिन्न साम्यवादी गुटों ने मिलकर साम्यवादी दल का गठन किया। हो–ची–मिन्ह की ''क्रांतिकारी युवा लीग (League for Vietnanese independence) वियतमिन (Vietminh)भी इसी का भाग थी। जब 1945 में जापानी यहाँ से चले गए तब हो–ची–मिन्ह ने वियतनाम के स्वतंत्र हो जाने की घोषणा की पर यह फ्रांस को स्वीकार नहीं था और वे पुनः अपना शासन स्थापित करने की कोशिश में लग गए। इसमें ब्रिटेन और बाद में अमेरिका उसकी सहायता करने लगे। क्योंकि वियतनाम में राष्ट्रवादी शक्तियों का नेतृत्व साम्यवादी दलों द्वारा किया जा रहा था, अतः अमेरिका प्रसन्न नहीं था, वह फ्रांस पर युद्ध करने के लिए न सिर्फ दबाव डालने लगा बल्कि फ्रांस को आर्थिक सहायता भी देने लगा। वियतनामी सेना हो–ची–मिन्ह के नेतृत्व में लड़ रही थी जिसके लिए उसे सोवियत संघ और चीन से सहायता मिलने लगी। उन्हें अपार जन–समर्थन भी प्राप्त था। 1954 में वियतनामियों ने फ्रांसीसी सेना को दीयन बियन फू नामक स्थान पर करारी हार दी। यह फ्रांस की जनता के लिए बहुत अपमानजनक था और वहाँ की सरकार को त्यागपत्र देना पड़ा, एक उदार राष्ट्रपति पियरे मेंडिस सत्ता में आए और फ्रांस ने वियतनाम से हटने का निर्णय लिया।

जिनेवा में जुलाई, 1954 को एक समझौता हुआ जहाँ इस बात पर सहमति हुई कि वियतनाम लाओस और कम्पूचिया (कंबोडिया) स्वतंत्र होंगे, वियतनाम को अस्थाई तौर पर दो हिस्सों – उत्तर वियतनाम और दक्षिण वियतनाम में विभाजित कर दिया जाएगा। देश को चुनावों के बाद एक कर दिया जाना था। 1956 में चुनाव कराने का निर्णय लिया गया।

(ख) ट्यूनीशिया और मोरक्को–

ये दोनों उत्तरी अफ्रीकी देश फ्रांस के संरक्षित राज्य (Protectorate) थे जहाँ द्वितीय विश्व युद्ध के पहले से ही राष्ट्रवादी आंदोलन चल रहे थे। यह परिस्थिति इसलिए

फ्रांसीसी औपनिवेशिक साम्राज्य (1945)
फ्रांस

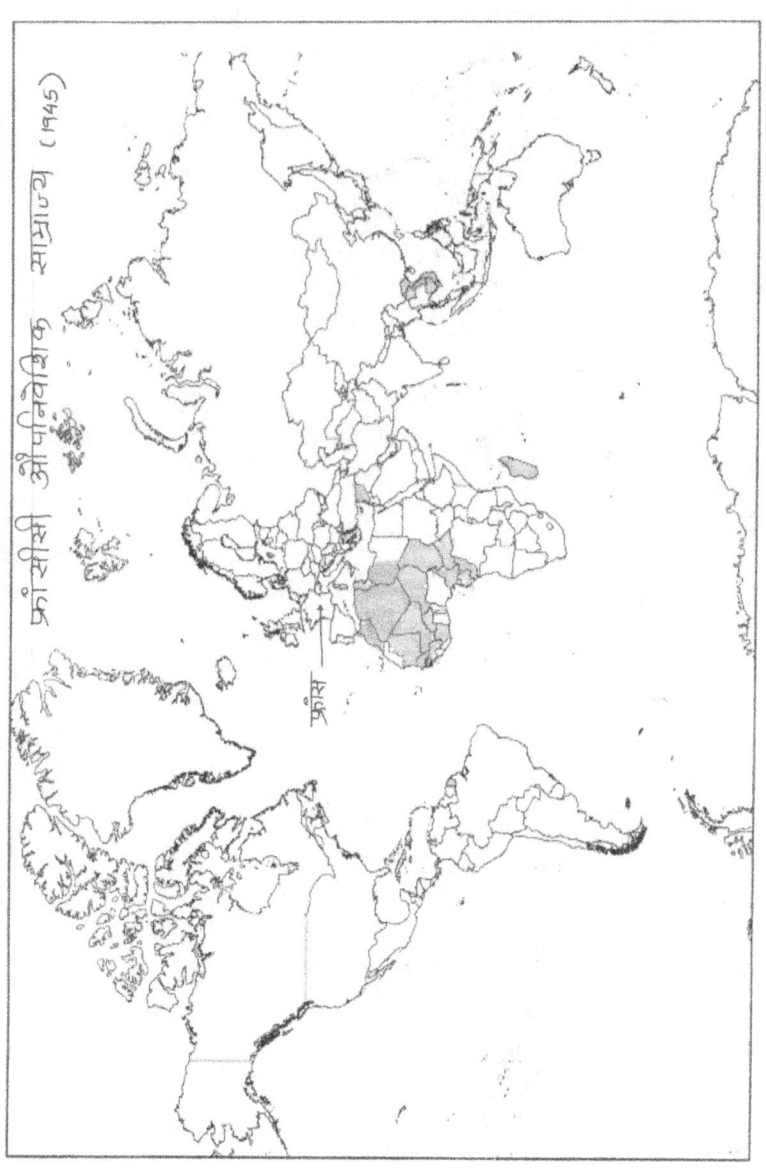

कठिन थी कि दोनों में यूरोपीय बासिंदे बड़ी संख्या में बसे हुए थे जो कीनिया और रोडेशिया की तुलना में भी अधिक थे। ट्यूनीशिया में अढ़ाई लाख श्वेत यूरोपीय तथा मोरक्को में तीन लाख श्वेत, द्वितीय विश्व की समाप्ति के समय रहते थे। ये फ्रांस से संबंध तोड़ना और देश की स्वतंत्रता नहीं चाहते थे ताकि उनकी विशेष अधिकारों की स्थिति, फ्रांस के सहयोग से हमेशा बनी रहे।

ट्यूनीशिया– यहाँ का प्रमुख राष्ट्रवादी दल 'नव–दस्तूर' (New Destour)था जिसके नेता हबीब बुरघिबा (Habib Bourghiba) थे। इस दल को शहरी तथा गाँव के सभी लोगों का समर्थन प्राप्त था और उन्हें लगता था कि फ्रांस से स्वतंत्र हो कर उनके जीवन का स्तर सुधर जाएगा। एक छापामार दल की भी स्थापना की गई जो फ्रांसीसी सैनिकों को कड़ी चुनौती देने लगी, फ्रांसीसी शासन ने नव दस्तूर को बैन कर दिया और बुरघिबा को 1952 में जेल में डाल दिया। 70,000 फ्रांसीसी सैनिक भी छापामारों पर नियंत्रण नहीं कर पाए। ये छापामार साम्यवादी प्रवृत्तियों की तरफ झुके जा रहे थे और वार्ता के लिए तैयार नहीं हो रहे थे। मोरक्को और हिंद–चीन में भी इसी वक्त फ्रांस की बुरी हालत थी अतः उन्हें बुरघिबा के मध्यमार्गी गुण नजर आने लगे। उन्हें जेल से छोड़ा गया और मार्च 1956 में ट्यूनीशिया पूर्ण स्वतंत्र हुआ और बुरघिबा ने सरकार बनाई।

मोरक्को – मोरक्को की स्थिति भी इसी समान थी। वहाँ की राष्ट्रवादी पार्टी का नाम 'इश्तकलाल' (Istiqlal– स्वतंत्रता) था और शासक मुहम्मद (पाँचवे) खुद भी फ्रांस का विरोधी था। 1945 के बाद बने नए मजदूर संघ ने आंदोलनों में महत्वपूर्ण भूमिका निभाई। जब 1953 में फ्रांसिसियों ने राजा मुहम्मद को जेल में बंद कर दिया तो पूरे देश में हिंसात्मक प्रतिरोध और छापामारी गतिविधियाँ बढ़ गई। एक बड़े और खूनी प्रतिरोध को सामने देख फ्रांसीसी शासन ने राजा को छोड़ दिया और 1956 में मोरक्को भी स्वतंत्र हो गया।

(ग) अल्जीरिया –

फ्रांसीसियों ने अल्जीरिया पर 1830 में कब्जा कर लिया था। अन्य फ्रांसीसी उपनिवेशों के विपरीत, अल्जीरिया में फ्रांसीसी उपनिवेशी बासिंदे (Settlers)बहुत बड़ी संख्या में बस गए थे। 1960 में उनकी संख्या लगभग दस लाख थी – (उन्हें 'कोलोन' {Colons}कहा जाता था) वे अल्जीरिया की एक तिहाई सर्वाधिक उपजाऊ भूमि पर कब्जा कर के बैठे थे। इस भूमि पर उगने वाली फसल को कोलोन निर्यात कर देते थे और बहुत सारी जमीन का प्रयोग अंगूर लगाने और वाइन बनाने में खपा देते थे। दिन प्रतिदिन अल्जीरिया के स्थानीय अफ्रीकी लोगों के लिए खाद्यान्न की कमी होती जा रही थी। एक जनआंदोलन जो शांतिप्रिय व अनुशासनबद्ध था वह मेसाली हज़ (Messali Hadj)के नेतृत्व में द्वितीय विश्व युद्ध के बाद से ही चल रहा था परन्तु उसकी एक भी मांग पूरी नहीं की गई।

– कोलोन स्थानीय लोगों की कुछ भी बात मानने को तैयार न थे,

औपनिवेशिक मुक्ति का दौर : ब्रिटिश, फ्रांसिसी एवं डच साम्राज्य का अंत • 81

– अल्जीरियाई लोगों को अपने देश के शासन में कुछ भी बोलने का अधिकार न था।

– अल्जीरिया को एक संरक्षित देश या उपनिवेश के तौर पर नहीं जाना जाता था बल्कि उसे फ्रांस का ही दूर–दराज स्थित प्रांत के तौर पर माना जाता था।

– फ्रांस की हिंद–चीन, ट्यूनिशिया एवं मोरक्को में दुदर्शा के बावजूद, कोई फ्रांसीसी सरकार अल्जीरिया की स्वतंत्रता की बात नहीं कर सकती थी क्योंकि कोलोन और उनके समर्थक बड़ी संख्या में अल्जीरिया और फ्रांस में उग्र थे।

1954 के अंत में बेन बेल्ला (Ben Bella) नामक अल्जीरियाई ने एक आक्रामक राष्ट्रवादी दल की स्थापना की जिसका नाम था नेशनल लिबरेशन फ्रंट – एन एल एफ (NLF) जिसने अब गुरिल्ला छापामारी गतिविधियाँ प्रारंभ कीं। देखते ही देखते एन एल एफ के कार्य पूरे देश में फैल गए। 1960 तक फ्रांस को आतंकवादी गतिविधियों पर अंकुश लगाने के लिए सात लाख सेना नियुक्त करनी पड़ी। उन्होंने व्यापक क्रूरता और अत्याचार का दौर शुरू किया। मोर्चे ने अपनी कामचलाऊ सरकार स्थापित कर ली, जिसे कई देशों ने मान्यता दे दी।

एन एल एफ तथा फ्रांसीसी सेना के बीच अल्जीरिया के युद्ध का फ्रांस पर भी प्रभाव पड़ा। फ्रांस के कई नेता यह कहने लगे कि फ्रांसीसी सेना अगर एन एल एफ को हरा भी दे तो भी स्थाई शांति कायम नहीं होगी। फ्रांस में लोगों के दो दल हो गए एक जो कोलोन का समर्थक था, दूसरा जो पूरे खून–खराबे को निरर्थक मानता था। मगर अल्जीरिया में विद्रोहियों से लड़ रही फ्रांसीसी सेना ने इसे अपनी प्रतिष्ठा का मामला बना लिया, द्वितीय विश्व युद्ध और हिन्द–चीन में हुई अपनी पराजय के अपमान को, अल्जीरिया पर संपूर्ण विजय द्वारा धो देना, उनका मकसद बन गया था। फ्रांसीसी जनरल, फ्रांस की सरकार से भी विद्रोह करने को तैयार थे जो अगर अल्जीरिया की स्वतंत्रता देना चाहे।

1958 में अल्जीरिया के फ्रांसीसी बासिंदो (Settlers called Colons)और फ्रांसीसी सेना ने विद्रोह कर दिया जिससे चौथा गणतंत्र (1944 में जब फ्रांस को मुक्त कराया गया तब से फ्रांसीसी सरकार को चौथा गणतंत्र (Fourth republic)कहा जाता था) समाप्त हो गया क्योंकि अल्जीरिया में 1958 में फ्रांसीसी सेना के साथ कोलोने ने भीषण प्रदर्शन किए और जनरल डी गॉल (De Gaulle) से सत्ता संभालने की मांग की। डी गॉल फ्रांस के नाज़ी कब्जे के दौरान देश से बाहर रह कर प्रतिरोध आंदोलन चलाने वाले सेना के जनरल थे और फ्रांस में उनकी बड़ी प्रतिष्ठा थी।

डी. गॉल ने सत्ता संभाली और एक नया संविधान तैयार करवाया। इस नए संविधान के अनुसार वे राष्ट्रपति निर्वाचित हुए और पाँचवां गणत्रंत, दिसम्बर 1958 से अस्तित्व में आया। वे अप्रैल 1969 तक राष्ट्रपति रहे।

उधर अल्जीरिया में दोनों पक्षों (कोलोन तथा एन.एल.एफ.) के बीच खूनी संघर्ष चलता रहा। डी.गॉल, एन.एल.एफ से वार्ता के लिए तैयार हो गए जिससे नाराज

हो कर कोलोन दल ने एक गुप्त दल बनाया (1961) जिसने डी गॉल को मारने का प्रयास किया, पर उन्हें ज्यादा जन समर्थन नहीं मिला। मार्च 1962 में डी गॉल सरकार ने एन.एल.एफ. से वार्ता आरंभ की जिसके बाद अल्जीरिया में लड़ाई बंद हो गई। अल्जीरिया की स्वतंत्रता के प्रश्न पर अप्रैल 1962 में फ्रांस में जनमत संग्रह हुआ जिसमें फ्रांसीसी जनता ने भारी बहुमत से अल्जीरिया की आज़ादी के पक्ष में फैसला दिया। अल्जीरिया में एक जुलाई 1962 को ऐसा ही जनमत संग्रह हुआ जिसमें 99% जनता ने पूर्ण स्वतंत्रता के पक्ष में फैसला दिया। इसके बाद तीन जुलाई 1962 को फ्रांस ने अल्जीरिया की स्वतंत्रता को मान्यता दे दी। इस स्वतंत्रता संग्राम में लगभग डेढ़ लाख अल्जीरियाई फ्रांसीसियों के हाथों मारे गए।

(घ) फ्रांसीसी साम्राज्य के अन्य हिस्से

अफ्रीका के सहारा के दक्षिणी भाग में फ्रांस के कई छोटे–बड़े उपनिवेश थे –

I. फ्रांसीसी पश्चिमी अफ्रीका में आठ उपनिवेश थे डाहोमी, गिनी, आइवरी कोस्ट, मौरितानिया, नाइजर, सेनेगल, सूडान और उपर वोल्टा।

II. विषुवत–क्षेत्र अफ्रीका में फ्रांस के चार उपनिवेश थे – चाड, गैबोन, मध्य कांगों, ओबांगुई शारी।

III. 1919 में जर्मनी के उपनिवेशों कैमरून और टोगो फ्रांस को मैंडेट के तौर पर दिए गए थे ; व मैडागास्कर का विशाल द्वीप।

इन क्षेत्रों के लिए फ्रांसीसी सरकार की नीति सख्त थी। द्वितीय विश्व युद्ध के बाद इन पर पूरा नियंत्रण रखना और स्वतंत्रता की मांग को पूरे तौर पर खारिज कर देना ही उनकी नीति थी। 1949 से कई स्थानों पर स्वतंत्रता की मांग को, कम्युनिस्ट षड़यंत्र बता कर दबा देना फ्रांसीसी सरकार का सामान्य काम था। परन्तु 1950 के दशक के अर्ध भाग में उन्हें कई सच्चाइयों का सामना करना पड़ा – गोल्ड कोस्ट और नाइजीरिया को स्वतंत्र करने की ब्रिटिश तैयारियाँ, हिन्द–चीन में फ्रांसीसी सैनिकों की पराजय, मघरिब में स्वतंत्रता देने पर मजबूर हो जाना अतः 1956 में पश्चिमी एवं विषुवत क्षेत्र के बारह उपनिवेशों को आंतरिक मामलों में स्वायत्तता दे दी गई। परन्तु यहाँ के लोग पूर्ण आजादी की मांग करते रहे। जब डी गाल 1958 में सत्ता में आए तो उन्होंने एक नई योजना प्रस्तुत की जिसके अनुसार बारहों उपनिवेशों को ये कार्य करने थे –

– स्वायत्तता और देश के भीतरी मामलों के लिए संसद की स्थापना करना।
– ये सभी फ्रांस के संघ के सदस्य होगों और इनके कर तथा अंतर्राष्ट्रीय संबंधों जैसे महत्वपूर्ण मामलों पर फ्रांसीसी सरकार का नियंत्रण होगा।
– सभी संघ–सदस्यों को फ्रांस से वित्तीय सहयोग मिलेगा।
– सभी उपनिवेशों में जनमत संग्रह होगा कि वे इस योजना में शामिल होंगे अथवा नहीं।

– जो उपनिवेश आजाद होना चाहेंगें उन्हें फ्रांस से आर्थिक मदद नहीं मिलेगी।

डी गॉल को लगा था कि इनमें से कोई भी फ्रांस से अलग हो कर स्वतंत्र नहीं होना चाहेगा परन्तु गिनी ने स्वतंत्रता के पक्ष में मतदान दिया और 1958 से ही स्वतंत्र हो गया। टोगो, कैमरून और मडागास्कर ने भी स्वतंत्र होना चाहा और 1960 में हो गए। धीरे–धीरे सब स्वतंत्र हो गए परन्तु नव उपनिवेशवाद के जरिए लम्बे समय तक फ्रांस इनके आर्थिक और विदेशी मामलों में दखल–अंदाजी करता रहा।

अफ्रीका के अलावे कैरिबियाई द्वीप मार्टिनीक और ग्वाडेलूप तथा दक्षिण अमेरिका स्थित फ्रेंच गुयाना को स्वतंत्रता नहीं दी गई। वे आज भी फ्रांस के भाग है। वहाँ के लोग फ्रांस के चुनावों में मतदान करते हैं और उनके प्रतिनिधि फ्रांस की राष्ट्रीय सभा, पेरिस में बैठते हैं साथ ही अपने देश या द्वीप पर फ्रांस की तरफ से नियुक्त शासनाध्यक्ष को स्वीकार करते हैं।

डच साम्राज्य का अंत

डचों ने सतरहवीं शताब्दी से ही ईस्ट इंडीज पर कब्जा कर रखा था जिसमें सुमात्रा, जावा, सेलेब के द्वीप, पश्चिमी इरियान और बोर्नियो द्वीप का दो–तिहाई भाग आता था। इनके अलावा डचों का पश्चिमी या वेस्ट–इंडीज के भी कई छोटे बड़े द्वीपों पर कब्जा था। दक्षिण अमेरिका के उत्तर में स्थित सूरीनाम जो ब्रिटिश तथा फ्रेंच गुआना के बीच का देश था, वह भी डचों का उपनिवेश था।

ईस्ट इंडीज से डचों के औपनिवेशिक साम्राज्य को सबसे पहली चुनौती मिली, वह भी द्वितीय विश्व युद्ध से पहले ही। डच भी फ्रांसीसियों ने जैसा अल्जीरिया में किया वैसा ही काम ईस्ट–इंडीज़ में करते थे यानि फसल उगा कर उसे निर्यात कर देना और स्थानीय लोगों की भलाई के लिए कुछ नहीं करना। 1930 के दशक में कई राष्ट्रवादी दलों का उद्‌भव हुआ जोअन्याय और शोषण के विरूद्ध आवाज उठाने लगे। इन दलों के सभी नेताओं को पकड़कर जेल में डाल दिया गया, उन्हीं में थे अहमद सुकर्णो।

जब द्वितीय विश्व युद्ध के दौरान जापानियों ने यहाँ 1942 में कब्जा कर लिया, तब उन्होंने सुकर्णो एवं अन्य नेताओं को छोड़ दिया और प्रशासन में उनकी मदद लेना प्रारंभ कर दिया। साथ ही उन्होंने युद्ध खत्म होते ही देश को आज़ादी देने का वादा भी किया। जब 1945 में जापान की पराजय हो गई तो सुकर्णो ने आज़ादी की घोषणा कर दी और देश को 'इंडोनेशिया गणतंत्र' नाम दिया गया। उन्होंने पुराने डच उपनिवेशी मालिकों से किसी प्रतिरोध की आशा ही नहीं की थी क्योंकि डच युद्ध की शुरूआत में ही पराजित हो गये थे और उनका देश पूरे द्वितीय विश्व युद्ध के दौरान नाज़ी कब्जे में रहा था। मगर यह उनकी भूल थी। डच सैनिकों ने आ कर पुनः नियंत्रण पाने का पूरा प्रयास प्रारंभ कर दिया। परन्तु अब इंडोनेशियाई भी जागृत हो चुके थे अतः यह काम इतना भी आसान नहीं था। डचों को प्रारंभ

में कुछ सफलता मिली पर युद्ध खिंचता चला गया। सुकर्णों के सैनिक डच सैनिकों पर भारी पड़ने लगे और 1949 के आते–आते डच बातचीत करने को तैयार हो गये। उनके ऐसा करने के निम्नलिखित कारण थे –

- इंडोनेशिया में डच सैनिकों द्वारा युद्ध जारी रखना, छोटे से देश हॉलैण्ड के लिए भारी पड़ रहा था। युद्ध का आर्थिक बोझ बहुत ज्यादा था।
- डचों को विजय की उम्मीद बहुत दूर दिख रही थी।
- संयुक्त राष्ट्र संघ की स्थापना हो चुकी थी, और यह संस्था उपनिवेशवाद को समाप्त करने के लिए दबाव डाल रही थी।
- अमेरिका जैसे दूसरे देश भी डचों पर इंडोनेशिया को मुक्त करने का दबाव डाल रहे थे ताकि वे भी इस क्षेत्र में अपना प्रभाव और आर्थिक गतिविधियाँ बढ़ा सकें। ऐसे देशों में आस्ट्रेलिया भी था।
- उधर डचों को लगा अगर अभी वे मान जाएँ तो भविष्य के अच्छे हॉलैण्ड – इंडोनेशिया संबंध बने रहेंगे और यह दोनों ही देशों के हित में होगा।

अतः हालैण्ड 1949 में संयुक्त राज्य इंडोनेशिया की आज़ादी के लिए राजी हो गया जिसके प्रथम राष्ट्रपति अहमद सुकर्णों बने परन्तु पश्चिमी इरियान इसमें शामिल नहीं था। सुकर्णों भी एक नीदरलैण्ड (हॉलैण्ड) – इंडोनेशिया संघ जो डच मुकुट के अंतर्गत होगा, के लिए राजी हो गया और डच सेना इंडोनेशिया से वापस चली गई। बस अगले ही साल सुकर्णों ने संघ से नाता तोड़ लिया, इंडोनेशिया में स्थित डच संपत्ति जब्त कर ली और डचों पर पश्चिमी इरियान को वापस करने का दबाव डालने लगे। वे अपने देश से यूरोपियनों को निकल जाने का भी दबाव बनाने लगे। आखिरकार डचों ने पश्चिमी इरियान जिसे पापुआ गिनी भी कहा जाता था को 1963 में इंडोनेशिया का हिस्सा बनने की इजाजत दे दी। परन्तु तब तक वहाँ के लोग अपने को इंडोनेशिया से अलग मानने लगे थे क्योंकि वे इसाई थे और मुस्लिम बहुल इंडोनेशिया में रहना नहीं चाहते थे, अतः वे अपना प्रतिरोध आंदोलन चलाने लगे जो आज भी इंडोनेशिया के इस क्षेत्र को अशांत बनाता है।

इंडोनेशिया में खुद भी सब अच्छा और शांतिपूर्ण न रहा। 1965 में सुकर्णों को एक सैन्य तख्ता पलट के जरिए हटा दिया गया क्योंकि सेना के जनरल यह सोचने लगे थे कि सुकर्णों कम्युनिस्ट चीन और इंडोनेशियाई कम्युनिस्ट पार्टी के ज्यादा ही करीब जा रहे हैं। अमेरिका अपनी साम्यवादी घृणा के कारण इस तख्ता पलट के पीछे था और उसने तख्ता पलट करने वाले जनरल सुहार्तो का बड़ा स्वागत किया। सुहार्तो ने अपनी ''नई व्यवस्था'' (New Order) का शुभारंभ किया, जो और कुछ नहीं बल्कि कम्युनिस्टों का कत्ले–आम था और करीब पाँच लाख इंडोनेशियाई मौत के घाट उतार दिए गए। सुहार्तो के सैन्य शासन में सब कुछ नृशंस था परन्तु पश्चिमी देशों ने इस पर कुछ भी नहीं कहा क्योंकि सुहार्तो कम्युनिस्ट विरोधी था।

डच औपनिवेशिक साम्राज्य (1945)
नीदरलैंड
(डच)

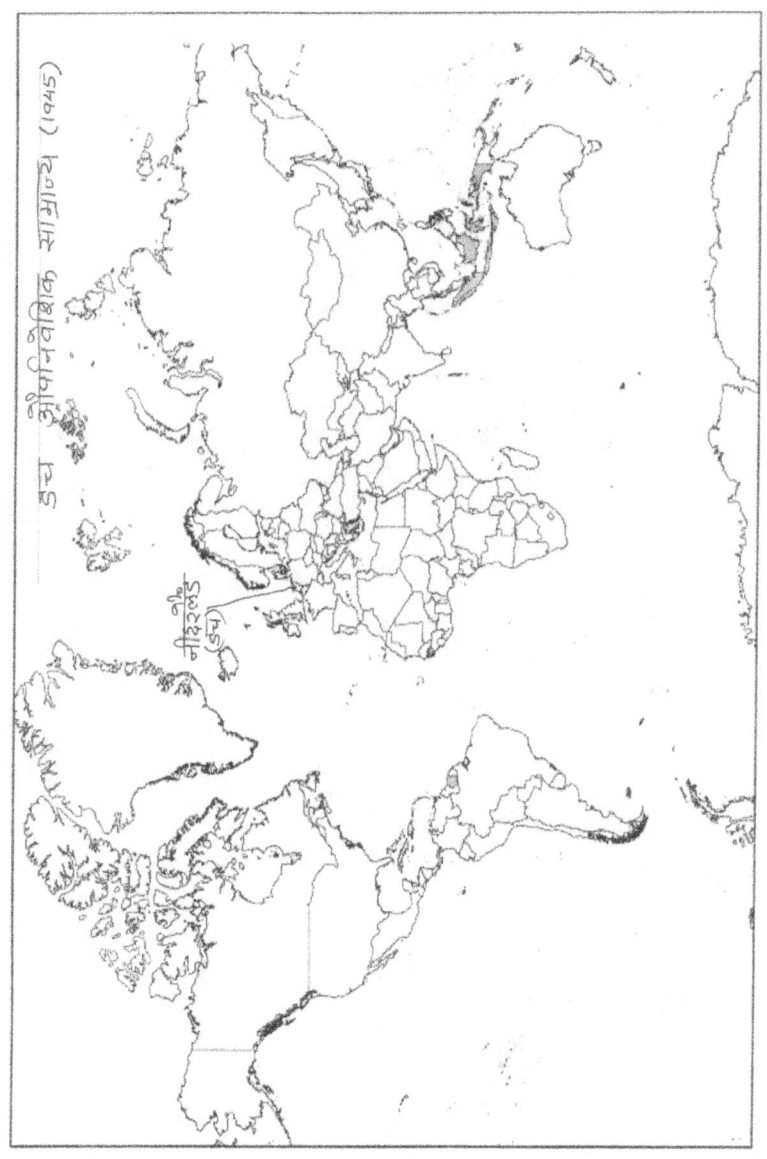

सूरीनाम – दक्षिण अमेरिका के उत्तर–पूर्व में स्थित यह देश भी सतरहवीं सदी में ही डचों के हाथ में आ गया था परन्तु अंग्रेजों ने भी इस पर अधिकार जमाना चाहा। दोनों ही देशों के बागान व्यवसायी (Planters)नदियों के क्षेत्र में बागान कालोनी स्थापित करना चाहते थे। 1667 में ब्रेडा की संधि (Treaty of Breda) के जरिए डचों ने अंग्रेजों से समझौता कर लिया और सूरीनाम उन्हें प्राप्त हुआ। डच वेस्ट–इंडिया कंपनी ने कॉफी, कोको, गन्ना और कपास के बागान लगाए जो नदियों के किनारे की उपजाऊ भूमि पर थे। ये सारे खेत गुलामों के श्रम पर आधारित थे जिनके साथ डच मालिक बहुत बुरा व्यवहार करते थे। बुरे व्यवहार से तंग आ कर स्थानीय लोग बगल के वर्षा–वनों में पलायन कर जाते जिन्हें "मरून" (Maroons) कहा जाता था।

वे बागान मालिकों के घरों, परिवारों और खेतों पर आक्रमण कर काफी आतंक मचाते थे। उन्नीसवीं सदी में डचों ने काफी भारतीयों को यहाँ के बागानों में काम करने के लिए अनुबंध श्रमिक के तौर पर लाया।

द्वितीय विश्व युद्ध के दौरान नवम्बर 1941 में संयुक्त राज्य अमेरिका ने निर्वासित डच सरकार के साथ हुए एक समझौते के अनुसार सूरीनाम पर कब्जा कर लिया ताकि वहाँ की बाक्साइट खानों की सुरक्षा की जा सके। युद्ध के पश्चात 1954 को किंगडम ऑफ नीदरलैण्ड के एक स्वायत्त भाग के रूप में सूरीनाम को मान्यता दी गईं जिसमें अन्य वेस्ट इंडीज के द्वीप जैसे एंटाइल (Antilles)भी शामिल था। इस व्यवस्था के अंतर्गत अंदरूनी मामलों में सूरीनाम स्वतंत्र था पर उसके अंतर्राष्ट्रीय संबंध एवं रक्षा, हॉलैण्ड के अधीन थी। 1973 में स्थानीय शासन जो नैशनल पार्टी ऑफ सूरीनाम के नेतृत्व में थी ने डच सरकार से पूर्ण स्वतंत्रता की मांग रखी। 25 नवम्बर 1975 को डचों ने सूरीनाम को स्वतंत्र तो कर दिया परन्तु डच व्यवसाइयों को जो सूरीनाम में व्यवसाय करते थे, सूरीनाम सरकार को भारी क्षतिपूर्ति देनी पड़ी।

निष्कर्ष –

एशिया, अफ्रीका और लैटिन अमेरिका में द्वितीय विश्व युद्ध की समाप्ति के बाद 25 वर्षों के अंदर साम्राज्यवादी शासन समाप्त हो गया। प्रत्येक देश दूसरे देश के सीधे राजनीतिक नियंत्रण से मुक्त होने लगा। बींसवी शताब्दी के दौरान एशिया और अफ्रीका दोनों महाद्वीपों में राष्ट्रवाद की भावना का उदय हुआ क्योंकि मित्र देशों ने दोनों विश्व युद्धों के दौरान स्वतंत्रता और लोकतंत्र की सुरक्षा को लड़ाइयों का उद्देश्य प्रचारित किया था अतः उपनिवेश भी इन्हीं मूलभूत अधिकारों की मांग करने लगे। युद्ध के पश्चात साम्राज्यवादी देश अपने उपनिवेशों पर फिर अपना साम्राज्य स्थापित करने में लग पड़े परन्तु "परिवर्तन की बयार" बहने लगी थी और सभी उपनिवेशों ने साम्राज्यवादी देशों का प्रबल प्रतिरोध करना शुरू कर दिया। कई जगह सशस्त्र आंदोलन करना पड़ा। साम्राज्यवादी देशों और राष्ट्रवादी

आंदोलनों के बीच चल रहे कुछ संघर्ष शीतयुद्ध के संघर्ष में बदल गए, जिनमें अमेरिका साम्राज्यवादी देशों के साथ खड़ा हो गया। एशिया के मुकाबले अफ्रीकी देशों की स्वतंत्रता दो दशकों के बाद प्राप्त होनी प्रारंभ हुई।

युद्ध के बाद साम्राज्यवाद के विध्वंश की गति को तेज़ करने में कई कारणों ने मदद की – द्वितीय विश्व युद्ध ने साम्राज्यवादी देशों को कमजोर कर दिया। फ्रांस, बेल्जियम और हॉलैण्ड स्वयं युद्ध के दौरान जर्मनी के कब्जे में चले गए। उनकी सेना और अर्थव्यवस्था छिन्न–भिन्न हो गईं। युद्ध के बाद साम्यवाद के प्रसार के कारण उपनिवेशवाद को यूरोप में भी अच्छी नजरों से नहीं देखा जाने लगा। जो देश अपने उपनिवेशों पर युद्ध के बाद सैन्य कब्जे करने के लिए लड़ाइयाँ लड़ने लगे, उसने उन देशों को बरबाद कर दिया जैसे हिन्द–चीन और अल्जीरियाई युद्ध ने फ्रांस को गंभीर संकट और पुर्तगाली सेना ने अफ्रीका में बहुत मार खाई जिससे पुर्तगाल के तानाशाह का अंत हो गया।

1945 के बाद विश्व में आत्म निर्णय, राष्ट्रीय संप्रभुता और समानता तथा राष्ट्रों के बीच सहयोग जैसे विचार लोकप्रिय होने लगे जबकि साम्राज्यवाद को पशुता, शोषण और अन्याय का प्रतीक माना जाने लगा। फ्रांस की जनता अल्जीरिया की स्वतंत्रता के पक्ष में मतदान करने वाली प्रबुद्ध जनता बन गयी।

उपनिवेशों की जनता के बीच चेतना फैलना भी साम्राज्यवाद के अंत का कारण बनी थी। सभी देश अपने आर्थिक शोषण और राजनीतिक गुलामी के कारणों को समझने लगे थे अतः उनके प्रतिरोध आंदोलन दिन प्रतिदिन उग्र होने लगे थे और उपनिवेशों पर कब्जा बनाए रखना साम्राज्यवादियों के लिए आर्थिक बोझ बन रहा था साथ ही आर्थिक शोषण के तकनीकी उन्नति के साथ किसी साम्राज्यवादी देश को सीधे राजनीतिक नियंत्रण करने की जरूरत भी नहीं रह गई थी।

विभिन्न देश एक दूसरे को साम्राज्यवादी विरोधी आंदोलनों में समर्थन देने लगे। भारत की जनता ने इंडोनेशिया और हिंद–चीन के स्वतंत्रता संघर्षों के दौरान भारी प्रदर्शन किए और उनका समर्थन किया। जब कोई देश स्वतंत्र हो जाता, वह दूसरे देशों के स्वतंत्रता आंदोलनों में सक्रिय सहायता देने लगता था। नए स्वतंत्र हुए देश संयुक्त राष्ट्र संघ या राष्ट्रमंडल के जरिये उन देशों की आवाज उठाते जो बाद तक विदेशी शासन के अधीन थे। जैसे 1963 में अफ्रीका के स्वतंत्र देश ने अफ्रीका एकता संगठन (Organization of African unity)की स्थापना की जो दूसरे अफ्रीकी देशों के संघर्ष को समर्थन देते थे। सोवियत संघ व अन्य साम्यवादी देश भी समर्थन करने वाले देश थे। गुटनिरपेक्ष आंदोलन के देश भी स्वतंत्रता संघर्षों को समर्थन देते थे।

संयुक्त राष्ट्र संघ भी अपनी स्थापना के बाद साम्राज्यवाद को समाप्त करने के लिए दबाव डालने वाली संस्था बन गया। उसका घोषणापत्र ही मानवाधिकारों की स्थापना पर बल देता है जो उपनिवेशों को स्वतंत्रता प्राप्ति के लिए प्रोत्साहित करने वाला बन गया।

1994 में दक्षिण अफ्रीका की नस्ली भेद–भाव की सरकार के अंत के साथ विश्व में साम्राज्यवाद और राजनीतिक जोर जबरदस्ती के युग का अंत हुआ परन्तु अभी भी बड़े देशों द्वारा छोटे देशों के शोषण का अंत नहीं हुआ है। नव–उपनिवेशवाद, साम्यवाद विरोध, वर्चस्व की स्थापना की इच्छा के कारण विश्व अन्याय से मुक्त नहीं हो पाया हैं।

प्रश्नावली

प्रश्न 1 : द्वितीय विश्व युद्ध किस हद तक औपनिवेशिक मुक्ति का कारण बना? व्याख्या करें।

प्रश्न 2 : ब्रिटिश उपनिवेशों की स्वतंत्रता पर एक लेख लिखें।

प्रश्न 3 : फ्रांस के औपनिवेशिक साम्राज्य के अंत पर अपने विचार दें।

प्रश्न 4 : डच साम्राज्य के पतन का वर्णन करें।

प्रश्न 5 : उन सभी कारणों की व्याख्या करें जिनकी वजह से द्वितीय विश्व युद्ध के बीस वर्षों के भीतर साम्राज्यवाद का अंत हो गया।

५ . शीतयुद्ध

शीत युद्ध 1945 से 1991 के बीच के उस तनाव भरे काल को कहा जाता है जब विश्व की दो महाशक्तियाँ – अमेरिका तथा सोवियत संघ एक दूसरे के साथ शक्ति–संघर्ष में लग गए थे क्योंकि दोनों ही अपने को श्रेष्ठ समझते थे और विश्व पर अपना प्रभुत्व जमाना चाहते थे।

द्वितीय विश्व युद्ध ने साम्राज्यवादी देशों के प्रभुत्व के काल को समाप्त कर दिया। ब्रिटेन, फ्रांस, हॉलैण्ड, बेल्जियम जैसे देश हाशिए पर चले गये, जर्मनी और इटली तो बुरी तरह पराजित ही हो गए। अमेरिका तथा सोवियत संघ महाशक्तियाँ बन कर उभरे परन्तु ये दोनों बिलकुल विपरीत विचार–धारा वाले देश थे, अमेरिका धुर पूँजीपति देश जो साम्यवाद को पंसद नहीं करता था और सोवियत संघ जो साम्यवादी स्वप्न को धरती पर प्रतिष्ठित करने वाला पहला देश था। द्वितीय विश्व युद्ध के पश्चात् इन महाशक्तियों के नेतृत्व में दो शक्ति गुट उभरे। पहले गुट का नेता अमेरिका था जो स्वयं को लोकतांत्रिक गुट मानते हुए पश्चिमी यूरोपीय देशों जैसे ब्रिटेन, फ्रांस पर पकड़ बनाए हुए था, दूसरा गुट साम्यवादी गुट कहलाया जिसका नेता सोवियत संघ था और जिसकी सेना ने पूर्वी यूरोपीय देशों – पोलैण्ड, चेकोस्लोवेकिया, हंगरी, बुल्गारिया, रोमानिया और अल्बानिया को नाज़ी मुक्त कराया था और ये देश साम्यवादी बन गए थे।

इन दो गुटों के बीच गहरी प्रतिद्वंदिता, अविश्वास और वैमनस्य की भावना पैदा हो गई, जो पूरे विश्व में फैल गई। इसी तनाव भरे काल को शीत–युद्ध कहा जाता हैं जब ये दोनों महाशक्ति प्रत्यक्ष में तो आपस में नहीं लड़े पर अप्रत्यक्ष रूप से युद्ध जैसी स्थिति हमेशा बनी रही।

बनार्ड बारोक ने शीत युद्ध पदबंध की रचना की तत्पश्चात 1947 में एक अमरीकन पत्रकार वाल्टर लिपमैन ने सबसे पहले "शीत युद्ध" शब्द का प्रयोग अपनी पुस्तक के शीर्षक के रूप में किया, फिर उसके पश्चात तो इस शब्द का बारम्बार प्रयोग होने लगा।

उद्‌भव

कई इतिहासकार मानते हैं कि शीत युद्ध का उद्‌भव 1917 में रूस में बोल्शेविक क्रांति के साथ हो गया था। पश्चिमी देश प्रथम विश्व युद्ध के पश्चात अपनी सेनाएँ भेज कर नई सोवियत सरकार को खत्म कर देना चाहते थे पर ऐसा हो न सका

और विदेशी हस्तक्षेप विफल हो गया। पश्चिमी देशों ने सोवियत संघ का बहिष्कार कर दिया और जब नाज़ी और फासी ताकतें उभरी तो उन्हें तुष्टीकरण की नीति के तहत बढ़ावा दिया कि वे साम्यवादी रूस को नष्ट कर दें। पर जब उल्टा हुआ और पश्चिमी देश नाज़ी आक्रमण में पिट गए तो सोवियत–ब्रिटिश–अमेरिकी गठबंधन स्थापित हुआ जिससे नाज़ी और अन्य धुरी देश पराजित हुए पर युद्ध के दौरान भी सोवियत संघ के स्टालिन को लगता रहा कि गठबंधन देश जानबूझ कर रूस को नाज़ी आक्रमण का जोरदार प्रहार झेलने दे रहे हैं और दूसरा मोर्चा खोलने में जानबूझ कर देरी कर रहे हैं। फिर भी युद्ध मिलकर लड़ा गया अतः शीत युद्ध द्वितीय विश्व युद्ध के बाद ही प्रारंभ हुआ।

युद्ध जब अंतिम चरण में था तब जुलाई 1945 में पोट्सडैम (जर्मनी की पराजय के बाद) में गठबंधन देशों के नेताओं का सम्मेलन हुआ जिसमें अमेरिकी राष्ट्रपति ट्रूमैन ने जापान पर परमाणु बम गिराने के फैसले के बारे में स्टालिन को नहीं बताया पर ब्रिटिश प्रधानमंत्री को बताया क्योंकि अमेरिका न केवल जापान से आत्मसमर्पण चाहता था बल्कि साम्यवादी रूस को भयभीत करना चाहता था अतः कुछ इतिहासकारों के अनुसार जापान पर बम गिराए जाने को शीत युद्ध का आरंभ माना जाना चाहिए।

कुछ विशेषज्ञ शीत युद्ध का प्रारंभ स्टालिन और चर्चिल के भाषणों को मानते हैं ; जब फरवरी 1946 में स्टालिन ने खुले तौर पर कहा था कि साम्यवाद तथा पूँजीवाद शांतिपूर्वक कभी भी एक साथ नहीं रह सकते, इन दोनों में युद्ध उस समय तक अवश्यंभावी था जब तक साम्यवाद की पूर्ण विजय नहीं हो जाती। मार्च 1946 में, चर्चिल जब वह प्रधानमंत्री भी नहीं था तब अमेरिका के मिसौरी राज्य में स्थित फुल्टन विश्वविद्यालय में राष्ट्रपति ट्रूमैन की उपस्थिति में कहा – ''बाल्टिक क्षेत्र में स्टेटिन से ले कर एड्रियाटिक में ट्रीस्ट तक एक फौलादी दीवार खड़ी कर दी गई है''। अर्थात फैलादी दीवार के पीछे साम्यवादी देश के लोग कठोर सेंसर और नियंत्रण में रह रहे हैं और सोवियत संघ का मुकाबला करने के लिए अमेरिका को ब्रिटेन के साथ आर्थिक तथा राजनीतिक गठबंधन करना चाहिए। ट्रूमैन के सिद्धांत वाले भाषण को भी शीतयुद्ध की शुरूआत माना जाता है जिसमें साम्यवाद को ''स्वतंत्र दुनिया'' के लिए खतरा बताया गया था। (मार्च 1947)

शीत युद्ध की स्थिति बनने के लिए जिम्मेदार कारण

पूर्वी यूरोप में साम्यवादी सरकारें

1947 तक पूर्वी यूरोपीय देशों में साम्यवादी सरकारों की स्थापना हो गई जिससे पश्चिमी देशों में साम्यवाद के प्रति पहले से मौजूद भय पुनः जाग्रत हो गया जिससे वे युद्ध के पहले से ही ग्रस्त थे। याल्टा सम्मेलन में अमेरिका, सोवियत संघ और ब्रिटेन ने एक घोषणा की थी कि यूरोप के मुक्त कराए गए देशों को स्वतंत्र चुनावों के माध्यम से लोकतांत्रिक सरकार की स्थापना में सहायता देंगे। हालांकि पूर्वी

यूरोपीय देशों में संविद सरकारों की स्थापना द्वितीय विश्व युद्ध के बाद हुई पर तीन वर्ष के अंदर चुनावों में धांधली कर, गैर–साम्यवादी नेताओं की हत्या करवा, गैर–साम्यवादी दलों को भंग कर, सोवियत सरकार के इशारे पर इन देशों में साम्यवादी सरकारों की स्थापना हो गई जिसे पश्चिमी देश नहीं चाहते थे जबकि 1944 में ही चर्चिल स्टालिन के उस विचार से सहमत थे कि पूर्वी यूरोप को रूस के ''प्रभाव क्षेत्र'' में रहना चाहिए अतः इन देशों में साम्यवादी सरकारों की स्थापना रूस की सुरक्षात्मक जरूरतों को पूरा करने के लिए जरूरी थी। पोलैण्ड, बुल्गारिया, रोमानिया हंगरी, युगोस्लाविया, अल्बानिया और चेकोस्लोवेकिया जैसे सात पूर्वी यूरोपीय देशों जिन्हें सोवियत संघ का उपग्रह कहा गया में साम्यवादी सरकारें सत्ता में आईं जिनमें से कई युद्ध के दौरान राष्ट्रीय प्रतिरोध में शामिल लोग थे अतः वे लोकप्रिय थे पर पश्चिमी देशों लगता था कि वे गैर जनतांत्रिक है क्योंकि उनके पसंदीदा उम्मीदवारों को साम्यवादियों द्वारा पीटा गया था। अब सोवियत संघ साम्यवादी शासन वाला एक मात्र देश नहीं रह गया था। दिनोंदिन साम्यवादी देशों की संख्या बढ़ने लगी, जिससे पश्चिमी देशों में और तनाव बढ़ा।

जर्मनी की स्थिति

द्वितीय विश्व युद्ध में पराजित जर्मनी को चार अधिकृत क्षेत्रों में बांट कर ब्रिटेन, फ्रांस, अमेरिका तथा सोवियत संघ ने नियंत्रण में ले लिया था ताकि नाज़ी प्रभाव से जर्मनी को मुक्त कराया जा सके। पर धीरे–धीरे जर्मनी दो हिस्सों में बंट गया जिसमें ब्रिटेन, फ्रांसीसी और अमेरिकी क्षेत्र मिलकर पश्चिमी भाग बन गए और सोवियत संघ अधिकृत क्षेत्र पूर्वी भाग बना। दोनों क्षेत्रों गें भिन्न आर्थिक और राजनीतिक नीतियाँ पाई जाने लगीं। पूर्वी भाग में बड़ी जागीरों को छीनकर किसानों में बांट दिया गया और उद्योगों तथा खानों का राष्ट्रीयकरण कर दिया गया ; फासीवाद के काल के जर्मन साम्यवादियों को पुनः प्रतिष्ठित किया गया दूसरी ओर पश्चिमी भाग को अमेरिकी आर्थिक सहायता मिलने लगी व एक पूंजीवादी प्रकार की अर्थव्यवस्था विकसित होने लगी। यहाँ साम्यवाद विरोधी राजनीति प्रबल थी। आखिरकार मई 1949 में पश्चिमी भाग को जर्मन संघीय गणराज्य (फेडरल रिपब्लिक ऑफ जर्मनी) के नाम से स्थापित किया गया जिसकी राजधानी बॉन तय की गई। सोवियत अधिकृत क्षेत्र भी एक पृथक राज्य बन गया जो जर्मन जनवादी गणराज्य (जर्मन डेमोक्रेटिक रिपब्लिक) कहलाया अतः 1949 के अंत तक जर्मनी का विभाजन हो गया और दो अलग–अलग तरह के राज्य (देश) अस्तित्व में आए। पूर्वी जर्मनी का साम्यवादी बन जाना, पश्चिमी देशों को बहुत बुरा लगा।

यूनान का गृहयुद्ध एवं ट्रूमैन सिद्धांत

शीतयुद्ध को जन्म देने वाली एक अन्य घटना यूनान (ग्रीस) का गृहयुद्ध था। द्वितीय विश्व युद्ध के दौरान यहाँ के साम्यवादियों ने नाज़ी कब्जे के विरूद्ध प्रतिरोध आंदोलन चलाया था और वे युद्ध के बाद राजतंत्र का अंत कर देना चाहते थे।

ब्रिटिश सेना ने राजतंत्र की रक्षा की परन्तु साम्यवादियों के लगातार प्रतिरोध के आगे उन्होंने अमेरिका से मदद मांगी। मार्च 1947 में अमेरिकी राष्ट्रपति ट्रूमैन ने कांग्रेस से यूनान की आर्थिक और सैनिक सहायता के लिए 40 करोड़ की मांग करते हुए एक नीति की घोषणा की, जिसे 'ट्रूमैन सिद्धांत' कहा गया। उन्होंने कहा ''मैं समझता हूँ कि जिन स्वतंत्र जनसमाजों की सशस्त्र अल्पसंख्यक समूहों या बाहरी दबाव के द्वारा गुलाम बनाने की कोशिश की जा रही है उनके प्रतिरोध को समर्थन देना संयुक्त राज्य अमेरिका की नीति होनी चाहिए''।

ट्रूमैन के सिद्धांत के अनुसार साम्यवाद से 'स्वतंत्र दुनिया' को खतरा था जिसे अमेरिका को, जो 'स्वतंत्र दुनिया' का मुखिया था, रोकना चाहिए। साम्यवाद के प्रसार पर रोक लगा देनी चाहिए और सोवियत विस्तारवाद को नियंत्रित (Containment) कर देना चाहिए। यह सिद्धांत लगभग तीस वर्षों तक अमेरिकी विदेश नीति का आधार बनी रही और विश्व में होने वाली हर लड़ाई को इसी चश्मे से देखा गया।

मार्शल योजना

इसकी घोषणा जून 1947 में की गई थी और यह एक तरह की ट्रूमैन सिद्धांत का आर्थिक स्वरूप थी। जॉर्ज मार्शल नामक अमेरिकी मंत्री ने ''यूरोपीय पुनरूद्धार कार्यक्रम'' (European Recovery Programme - ERP) प्रस्तुत किया, जिसमें आर्थिक और वित्तीय मदद का प्रस्ताव उन यूरोपीय देशों के लिए किया गया था जिनकी अर्थव्यवस्थाएँ द्वितीय विश्व युद्ध के बाद चौपट हो गई थीं। इसके अंतर्गत समस्त पश्चिमी यूरोपीय देशों को सहायता मिली और वहाँ अमेरिकी सामान का बाजार विस्तृत हुआ। इसका असली स्वरूप 1948 के इटली के चुनावों में दिखा जब गैर-साम्यवादी दलो को इटली में वित्तीय सहायता मिली ताकि वे समाजवादी उम्मीदवारों को जीतने से रोक सकें। रूसी विदेश मंत्री मोलोतोव ने मार्शल योजना को 'डालर साम्राज्यवाद' कहा और किसी भी साम्यवादी पूर्वी यूरोपीय देशों को और न ही रूस को, इसे लेने दिया।

कॉमिनफार्म

सितम्बर 1947 में स्तालिन ने सभी साम्यवादी देशों की कम्युनिस्ट पार्टियों को एक मंच पर लाने के लिए इस संस्था की स्थापना की। सोवियत संघ के सभी पूर्वी यूरोपीय उपग्रह देश इसके सदस्य बने साथ ही फ्रांस तथा इटली के साम्यवादी दलों के प्रतिनिधियों ने भी इसमें भाग लिया। सभी के औद्योगिकरण, कृषि विकास और व्यापारिक क्षेत्र में सहयोग की योजना बनाई गई और 1949 से मोलोतोव योजना के तहत रूसी वित्तीय मदद इन उपग्रह देशों को दी गई। कोमेकॉन (Council of Mutual Economic Assistance – Comecon) के जरिए सबकी आर्थिक नीतियों में समन्वय लाने की कोशिश की गई।

बर्लिन संकट (1948—49)

बर्लिन संकट सोवियत संघ और पश्चिमी देशों के बीच के शक्ति संघर्ष का पहला उदाहरण था जिसने शीत युद्ध की कड़वाहट और दोनों पक्षों के कड़े रूख को स्पष्ट किया।

द्वितीय विश्व युद्ध के बाद याल्टा एवं पोट्सडैम सम्मेलन में जर्मनी को चार क्षेत्रों में बाँटकर मित्र देशों ने उन पर अधिकार कर, नाज़ी मुक्त करने का निर्णय लिया था। बर्लिन शहर को भी इसी तरह चार क्षेत्रों में बाँटा गया था हालांकि यह शहर सोवियत संघ अधिकृत भू-भाग में पड़ता था। तीन पश्चिमी देशों ने अपने भू-भाग को जोड़कर पश्चिमी जर्मनी क्षेत्र बना दिया और उसकी आर्थिक एवं राजनीतिक पुनरूद्धार में लग गए उसी तरह बर्लिन शहर के भी अपने तीन हिस्सों को मिला कर पश्चिमी बर्लिन बना दिया और वैसा ही आर्थिक सुधार लाने लगे।

दूसरी तरफ सोवियत संघ जिसने युद्ध के दौरान सबसे ज्यादा जान-माल का नुकसान झेला था, ने पोट्सडैम सम्मेलन में मित्र देशों को इस बात पर राज़ी करा लिया था कि उसके अधिकार वाले जर्मन क्षेत्र के संसाधन का प्रयोग वह युद्ध क्षतिपूर्ती की तौर पर करेगा, अतः सोवियत हिस्से वाले पूर्वी जर्मनी में जल्दी ही गरीबी छा गई जो पूर्वी बर्लिन में और स्पष्ट दिखने लगी।

जून 1948 में पश्चिमी देशों ने पश्चिमी जर्मनी और पश्चिम बर्लिन में एक नई मुद्रा "ड्यूश मार्क" चलाई और मूल्य-नियंत्रण खत्म किया। यह रूसी शासन के लिए चिढ़ का कारण बन गई क्योंकि उनके कम्यूनिस्ट प्रदेश के भीतर घुसकर एक पूंजीवादी द्वीपनुमा पश्चिमी बर्लिन आर्थिक समृद्धि के मजे ले रहा था। दूसरी तरफ पूर्वी बर्लिन की गरीबी स्पष्ट थी।

अतः स्टालिन ने उस सड़क मार्ग को बंद कर दिया जो पश्चिमी जर्मनी से, सोवियत क्षेत्र में होती हुई, पश्चिमी बर्लिन को जाती थी। इसी सड़क के द्वारा पश्चिमी बर्लिन को खाद्य, ईंधन, दवाएँ इत्यादि मिलती थी। सोवियत नाकेबंदी से संकट पैदा हो गया जिसका उपाय पश्चिमी देशों ने हवाई-रास्ते से रसद पहुँचा कर किया। वायुयानों द्वारा सामान भेजना आपूर्ति का एक नियमित साधन बन गया, ब्रिटिश तथा फ्रांस के वायुयानों ने अमेरिका के सहयोग से ग्यारह माह की अवधि में ईंधन और खाद्य सामग्री से भरे लगभग 2,75,000 विमान खेप पश्चिम बर्लिन भेजे और बर्लिन वासियों को भुखमरी से बचा लिया। यह महीने अत्यंत तनाव भरे थे। दोनों पक्ष युद्ध के कगार पर खड़े प्रतीत होते थे। पर किसी ने युद्ध की पहल न की। अमरीकियों ने सड़क का प्रयोग नहीं किया व रूसियों ने किसी विमान को नहीं गिराया। सोवियत संघ ने मई 1949 में नाकेबंदी हटा दी।

नाटो की स्थापना

शीत युद्ध के उत्तरदायी कारणों में से एक प्रमुख कारण था पश्चिमी देशों द्वारा बनाया गया सैनिक संगठन जो अप्रैल 1949 में अस्तित्व में आया। बर्लिन नाकेबंदी

से पश्चिमी यूरोपीय देश भयभीत हो गए और उन्हें लगा कि अगर अचानक युद्ध छिड़ जाए तो वे बिना तैयारी के मारे जाएँगें। पहले ही मार्च 1948 से ब्रिटेन, फ्रांस, हॉलैण्ड, बेल्जियम और लक्ज़मबर्ग ने 'ब्रसल्स सुरक्षा संधि' बना रखी थी जिसके अनुसार युद्ध की स्थिति में ये देश एक दूसरे का सहयोग करेंगे। उसी को आगे बढ़ाकर अमेरिका, कनाडा, नार्वे, डेनमार्क, आयर, इटली और पुर्तगाल ने भी संधि की जिसे नाटो अर्थात (North Atlantic treaty organization)कहा गया। इसके अनुसार इनमें से किसी एक पर आक्रमण, सभी पर आक्रमण माना जाएगा और उनकी सुरक्षा एक संयुक्त नाटो कमान से चलाई जाएगी जो इन सभी देशों की सुरक्षा जरूरतों के बीच समन्वय करेगी।

यह संधि बड़ी महत्वपूर्ण थी, अमेरिका भी अपनी 'अलग रहने की नीति' को त्याग कर यूरोपीय देशों की संधि में शामिल हो गया था और सैनिक सहयोग का अग्रिम वचन दे कर अपने पुराने रिवाजों को छोड़ दिया था। इस संगठन से सोवियत संघ में संदेह और विरोध की भावना प्रबल हुई। वे भी अपने सशस्त्रीकरण में लग गए। इधर अमेरिका ने यूरोप के नाटो देशों को बड़े पैमाने पर सैनिक सहायता दी। 1952 में यूनान और तुर्की को भी नाटो का सदस्य बना लिया गया। इस गुट द्वारा एक नाटो सेना का निर्माण किया गया जिसमें इसके सदस्य देशों ने अपने अपने देश के कई सैनिक अड्डों पर इसमें शामिल कर दिया। सन् 1954 में दक्षिण–पूर्वी एशिया संगठन (सिएटो **SEATO**) का निर्माण किया गया जिसके सदस्य थे – अमेरिका, ब्रिटेन, फ्रांस, न्यूजीलैण्ड, थाइलैण्ड, फिलीपींस एवं पाकिस्तान। सन् 1955 में तीसरा महत्वपूर्ण सैनिक गुट बना जिसे पहले बगदाद समझौता और बाद में मध्य एशियाई समझौता कहा गया जिसमें इराक, ईरान, तुर्की, पाकिस्तान एवं ब्रिटेन सदस्य बने। (सेन्टो **CENTO**)

इन सैनिक गुटों ने विश्व में तनाव को बहुत बढ़ाया और शीत युद्ध का कारण बन गए। संयुक्त राज्य अमेरिका पूरी दुनिया के कई स्थानों पर अपने सैनिक अड्डे बनाने में लग गया। इन सैनिक अड्डों का प्रयोग तथाकथित साम्यवादी हमले के विरूद्ध किया जाना था।

सोवियत संघ का परमाणु शक्ति के रूप में उदय

द्वितीय विश्व युद्ध का समापन अमेरिका ने जापान पर महाविद्धंशक अणुबम गिरा कर किया था। युद्ध के बाद अमेरिका प्रबल सैन्य शक्ति बन कर उभरा। चार वर्षों तक वह दुनिया का अकेला देश था जिसके पास परमाणु अस्त्र थे और सैनिक दृष्टि से सर्वोच्च होने का अहसास देश में गहरा था। परन्तु सितम्बर 1949 में सोवियत संघ ने सफलतापूर्वक परमाणु परीक्षण कर अमेरिका का एकाधिकार समाप्त कर दिया। तत्कालीन राष्ट्रपति ट्रूमैन ने तुरन्त अपने देश में हाइड्रोजन बम बनाने का आदेश दे दिया जो अणु बम से कहीं ज्यादा विनाशकारी था। अतः दोनों महाशक्तियों में एक से एक मारक हथियार बनाने की दौड़ शुरू हो गई जिसने शीत युद्ध को और बढ़ाया।

जर्मनी का बंटवारा : बर्लिन संकट
(1948)

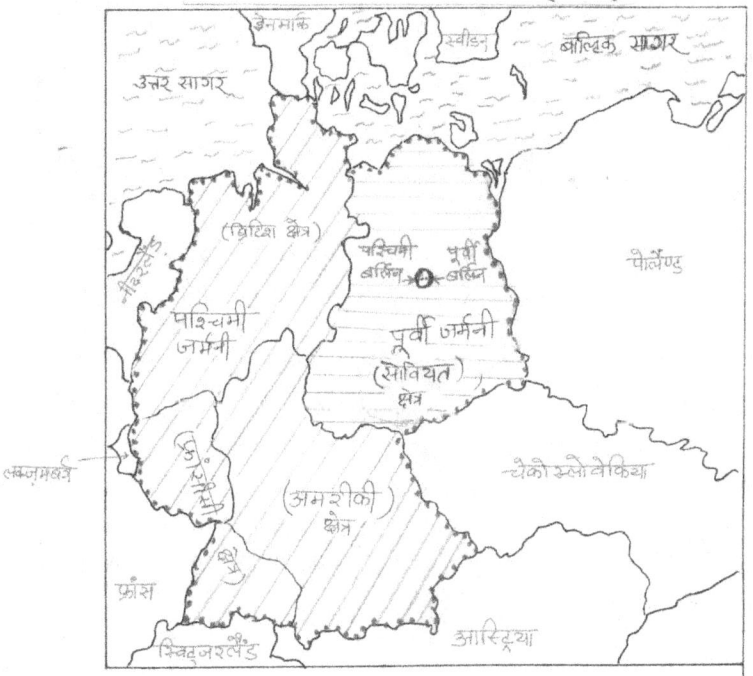

सोवियत संघ द्वारा वारसा संधि का निर्माण

सोवियत संघ तथा अन्य साम्यवादी यूरोपीय देश इन सैनिक अड्डों और गुटों की लगातार स्थापना से तनाव में आने लगे। एक परस्पर संदेह और भय का वातावरण बढ़ने लगा। वे इन गठबंधनों में शामिल नहीं थे तो उन्हें इनकी स्थापना अपनी आजादी और शांति के लिए खतरा लगने लगी। हालांकि सोवियत संघ ने जर्मनी के पुनः एकीकरण और नाटो में शामिल होने की इच्छा 1954 के बर्लिन सम्मेलन में जाहिर कर दी थी परन्तु ब्रिटेन, फ्रांस और अमेरिका ने इसे खारिज कर दिया था। अतः जब पश्चिमी जर्मनी जो द्वितीय विश्व युद्ध के दौरान आक्रमणकारी था, को भी नाटो में शामिल (अक्टूबर 1954) कर लिया गया तब सोवियत संघ ने 14 मई 1955 को सात अन्य पूर्वी यूरोपीय देशों के साथ मिलकर वारसा (पोलैण्ड की राजधानी) समझौता किया। इसके सदस्य थे – अल्बानिया, बुल्गारिया, चेकोस्लोवेकिया, पूर्वी जर्मनी, हंगरी, पोलैण्ड, रोमानिया एवं सोवियत संघ। इस सैनिक संगठन में भी हमले की स्थिति में सैनिक मदद पहुँचाने पर सहमति बनी या एक सदस्य पर हमला, सभी सदस्यों पर आक्रमण समझा जाएगा जैसे सिद्धांत पर सहमति हुई।

इस समझौते के निर्माण पर पश्चिमी देशों ने गहरी प्रतिक्रिया दी परन्तु पूरी दुनिया ने देखा कि नाटो एवं अन्य सैनिक समझौतों के सैनिक अड्डे दुनिया भर में फैलते जा रहे थे, विशेष कर साम्यवादी देशों का घेरा बनाने की कोशिश की जा रही थी, वहीं वारसा समझौते के देशों के विश्व के अन्य भागों में कोई सैनिक अड्डा न था।

सोवियत राष्ट्रपति ब्रेझनेव ने अगस्त 1968 को घोषणा की कि सोवियत संघ किसी साम्यवादी पूर्वी यूरोपीय देश में हस्तक्षेप का अधिकार रखता है जो साम्यवादी सिद्धांतों और संस्थानों को आघात पहुचाएँगें। इसी के तहत उसी वर्ष वारसा समझौते की सेनाओं ने चेकोस्लोवेकिया पर आक्रमण कर साम्यवादी सिद्धांत से हट रही सरकार का तख्ता पलट कर दिया।

पश्चिमी देशों के अनुसार यह सोवियत संघ की ज्यादती थी और वे और ज्यादा रूस विरोधी हो गए।

अमेरिका में जासूसी का आतंक

शीत युद्ध का संदेह, घृणा और भय से भरा माहौल अमेरिका में तब देखने को मिला जब नाटो के गठन के पाँच महीनों के बाद सितम्बर 1949 में सोवियत संघ ने परमाणु बम का सफल परीक्षण करने की घोषणा की। यह समाचार अमेरिका को बहुत परेशान करने वाला था। अगले कुछ वर्षों के दौरान अमेरिका में जो स्थिति उत्पन्न हुई उसे "साम्यवाद के प्रति अमेरिकी भय का अतिरेक" कहा जा सकता है। जोसफ मैकार्थी नामक अमेरिका रिपब्लिकन सीनेटर ने 1950 में सनसनी फैला दी जब उसने कहा कि अमेरिकी प्रशासन में कम्युनिस्ट गहरे पैठ चुके हैं। उसने

205 व्यक्तियों की सूची की चर्चा की जो प्रशासन में काम कर रहे थे परन्तु साम्यवादी विचारधारा में विश्वास करते थे। परन्तु उसने कोई भी पुख्ता सबूत नहीं दिया परन्तु फिर भी संचार माध्यमों में यह बात तेजी से चर्चा में आ गई कि अमेरिकी सुरक्षा में सेंध लग गई है। यह भी कहा जाने लगा कि परमाणु बम विकसित करने में सोवियत संघ को सफलता केवल इसलिए मिली क्योंकि उसके जासूसों ने ब्रिटेन और अमेरिका के परमाणु तकनीक की खुफिया जानकारी को हासिल कर लिया था। अतः अमेरिका में जासूसी के आतंक का दौर शुरू हो गया। अनेक वैज्ञानिकों तथा परमाणु बम परियोजना से संबंध लोगों की वफादारी को संदेह से देखा जाने लगा। कइयों की अपमानजनक और गलत पड़ताल कराई गई, कुछ पर मुकदमें चला कर उन्हें लम्बे कारावास देने के अलावा, मृत्युदंड भी दिया गया। पर उस समय के विद्वान वैज्ञानिकों की राय थी यदि जासूसी से भी सोवियत संघ को कुछ मिल गया था तो वह रूसी क्षमता में अंतर लाने वाला नहीं था, क्योंकि सोवियत वैज्ञानिकों ने बम बनाने का काम लगभग उसी समय शुरू कर दिया था जब अमेरिका के वैज्ञानिक इस काम में जुटे हुए थे। कई प्रतिष्ठित लोगों ने यह भी कहा कि विनाशक द्वितीय विश्व युद्ध में अमेरिका, ब्रिटेन और सोवियत संघ एक दूसरे के मित्र थे और मित्र देशों के बीच रहस्यों के आदान–प्रदान को देशद्रोह नहीं कहा जा सकता। पर सच्चाई यह है कि जासूसी के भय को खूब बढ़ा–चढ़ा कर पेश किया गया और मैकार्थी जैसे लोगों ने इसका प्रयोग सोवियत संघ के प्रति भय और शत्रुता का वातावरण बढ़ाने के लिए किया जिससे शीत युद्ध को और बल मिला।

चीन में साम्यवाद की स्थापना

शीत युद्ध के लिए उत्तरदायी कारणों में चीन में साम्यवादी व्यवस्था की स्थापना एक बड़ा कारण थी। एक अक्टूबर, 1949 को चीनी जनवादी गणतंत्र की स्थापना हुई जो अमेरिका और अन्य पश्चिमी देशों के लिए एक बड़ी चोट थी। द्वितीय विश्व युद्ध के दौरान अमेरिका ने चीन को जापान के कब्जे के विरूद्ध लड़ने के लिए च्यांग काई शेक की सरकार को अत्यधिक अस्त्र शस्त्र दिये थे। चीन में गृहयुद्ध चल रहा था। वहाँ दूसरा दल साम्यवादी माओ त्से तुंग का दल था। युद्ध के दौरान जनता दोनों पक्षों से एक हो कर जापान के विरूद्ध लड़ने के पक्ष में थी पर युद्ध के दौरान च्यांग की सेना और साम्यवादी सिर्फ दिखावा करते रहे कि वे एक दूसरे के खिलाफ नहीं लड़ रहे। जुलाई 1946 में गृहयुद्ध फिर शुरू हो गया। तीन साल से कुछ अधिक समय के अंदर च्यांग काई–शेक की सेना हार गई हालांकि अमेरिका ने उसे बराबर आधुनिक हथियार दिया पर साधारण जनता साम्यवादियों के पक्ष में थी अतः च्यांग अपनी बची–खुची सेना को ले कर ताइवान (फार्मोसा द्वीप) भाग गया जिसे द्वितीय विश्व युद्ध के बाद जापान से मुक्त कराया गया था और मुख्य भूमि चीन पर साम्यवादी माओ. त्से तुंग की सरकार बनी।

दुनिया की सबसे बड़ी आबादी वाले देश चीन के साम्यवादी बनते ही साम्यवाद का विस्तार अत्यधिक लगने लगा। पश्चिमी देशों में साम्यवाद का भय और बढ़ गया। उन्होंने चीन के जनवादी गणतंत्र को मान्यता नहीं दी परन्तु सोवियत संघ ने तुरन्त दे दी और मदद व मित्रता का वादा भी कर दिया। अमेरिका का सबसे बड़ा दुःस्वप्न सच हो गया और लगने लगा कि साम्यवाद का दुनिया में तेजी से विस्तार होने लगा है। चीन से साम्यवादी शासन को उखाड़ फेंकना और चीन के प्रमुख भू–भाग में च्यांग काई–शेक की सरकार को पुनः प्रतिष्ठिता करना अमेरिका की नीति का ध्येय बन गया। लगभग बीस वर्षों तक अमेरिका चीनी जनवादी गणतंत्र को मान्यता देने से इंकार करता रहा। अपने मित्र देशों के समर्थन से उसने चीन को संयुक्त राष्ट्र संघ से भी बाहर रखा। हालांकि छोटे से द्वीप फारमोसा के च्यांग सरकार को असली चीन मानते हुए न सिर्फ उसे संयुक्त राष्ट्र संघ का संस्थापक सदस्य माना बल्कि सुरक्षा परिषद के स्थाई सदस्य के तौर पर भी माना गया। अमेरिका ने च्यांग काई–शेक को शस्त्र दे कर मुख्य भूमि चीन पर आक्रमण करने की तैयारी का सिलसिला बनाए रखा।

शीतयुद्ध के लिए जिम्मेदार कारणों की चर्चा करते हुए सबसे आधारभूत कारण के रूप में यह बात स्पष्ट होती है कि द्वितीय विश्व युद्ध के बाद यूरोप के वर्चस्व का अंत हो गया था और उस शून्यता को भरने वाले एक नहीं बल्कि दो विरोधी विचारधाराओं वाले देश उभर कर सामने आ गए, दोनों ही स्वयं को विजेता एवं रक्षक समझने लगे। अमेरिका अपने को श्रेष्ठ मानता था क्योंकि उसे लगता था कि उसके मूल्य – समानता, स्वतंत्रता, मुक्त व्यापार, शांति और अभिव्यक्ति की स्वतंत्रता बड़े श्रेष्ठ गुण हैं। अमेरिका को इन विचारों को विश्व में फैलाना अपना ध्येय लगता था। राष्ट्रपति विल्सन के चौदह सूत्र, अगस्त 1941 की अटलांटिक चार्टर, इत्यादि जैसे सिद्धांतो की घोषणा से उसे लगता था कि वह ही स्वतंत्र देशों का सच्चा मुखिया है और अमेरिका के अनुसार साम्यवाद एक तानाशाह राजनीतिक व्यवस्था थी जिसे मास्को से नियंत्रित किया जाता था, जहाँ अभिव्यक्ति या असहमति की अभिव्यक्ति की कोई स्वतंत्रता नहीं थी। उसके अनुसार सोवियत संघ कमजोर देशों पर समाजवाद थोपने का प्रयास कर रहा है जो अपने आप इसे स्वीकार नहीं करते।

दूसरी तरफ सोवियत संघ साम्यवादी विचारधारा को ही असली 'जनता का लोकतंत्र' मानता था। उसके अनुसार यह वंचित और शोषित वर्गों की विचारधारा है और अमेरिकी लोकतंत्र के 'बुर्जवावादी' स्वरूप से बेहतर है। साम्यवादियों का तर्क था कि पश्चिमी देशों के लोकतंत्र पूंजीवाद की पोषक है और उनकी प्रवृति ही आक्रामक है।

शीत युद्ध का यही आधारभूत कारण था कि पूंजीवादी अमेरिकी एवं पश्चिमी यूरोपीय देश साम्यवाद से घबराते थे जो द्वितीय विश्व युद्ध के बाद एक लोकप्रिय विचारधारा बनती ही जा रही थी। सोवियत संघ, पूर्वी यूरोपीय देश, चीन, नए स्वतंत्र होने वाले देश, एक–एक कर साम्यवादी बनते जा रहे थे और तो और पश्चिम के बुद्धिजीवियों में भी यह धारणा बनती जा रही थी कि साम्यवाद एक सौहार्दपूर्ण

समाज की परिकल्पना है जिसका अनुकरण किया जा सकता है। 1945 में ब्रिटेन में लेबर पार्टी सत्ता में आई, फ्रांस तथा इटली में चुनावों में वामपंथी दलों ने काफी संख्या में सीटें जीतीं जो इस विचारधारा की लोकप्रियता का प्रमाण थीं। युद्ध की तबाही और गरीबी के बाद श्रमिकों के बीच 'दुनिया के श्रमिक एक हो' का नारा अत्यंत लोकप्रिय हुआ। उपनिवेशवाद झेल रहे लोगों के लिए भी सोवियत संघ आशा की किरण था अतः अमेरिका और सोवियत संघ दोनों ही अपनी विचारधारा की श्रेष्ठता का गुण गाते थे और मानते थे कि एक दिन सारा विश्व उनकी प्रणाली को मान लेगा और विश्व एक सुखी स्थान बन जाएगा।

प्रकृति

शीत युद्ध विचारधाराओं का द्वंद था। यह कोइ वास्तविक युद्ध नहीं था। पूँजीवादी एवं साम्यवादी विचारधाराओं का परस्पर संघर्ष ही शीत युद्ध कहलाता है। इस काल को तप्त शांति (Hot - peace) का काल भी कहा जाता है क्योंकि दोनों महाशक्तियों के बीच भयंकर तनाव होने के वावजूद, उनमें युद्ध नहीं हुआ। 1950 के दशक में लगभग सभी पश्चिमी इतिहासकारों जैसे अमेरिका के जॉर्ज कीनन, इत्यादि का मानना था कि स्टालिन शीत युद्ध के लिए जिम्मेदार था। स्टालिन के इरादे खतरनाक थे और वह सचमुच पूरे यूरोप और एशिया में कम्युनिस्ट शासन तंत्र स्थापित कर पूंजीवाद को पूरी तरह से विनष्ट करना चाहता था। वे अमेरिकी शासन का दूसरे देशों में हस्तक्षेप सही ठहराते थे जो उनके अनुसार पश्चिमी देशों की साम्यवाद से अपनी रक्षा करने का प्रयास था।

दूसरी तरफ 1960 और 1970 के दशक में कुछ अमेरिकी इतिहाकारों ने कहना शुरू किया कि शीत युद्ध के लिए स्टालिन को जिम्मेदार नहीं माना जाना चाहिए। उनके अनुसार रूस ने विश्व युद्ध के दौरान सबसे ज्यादा बर्बादी झेली थी अतः यह तो अवश्यंभावी था कि रूस अपनी सुरक्षा का इंतजाम करे और अपने आस–पास के देशों में मित्रवत शासन व्यवस्था की उम्मीद करे। इन इतिहाकारों के अनुसार स्टालिन के क्रिया–कलाप पूरी तरह आत्म रक्षात्मक थे और पश्चिमी देशों को रूस की तरफ से कोई वास्तविक खतरा न था, इसीलिए अमेरिका को इस तथ्य की तरफ संवेदनशील होना चाहिए था और पूर्वी यूरोप में सोवियत संघ के 'प्रभाव क्षेत्र' को चुनौती नहीं देना चाहिए था। अमेरिकी प्रशासन के उद्घोषों या राजनीतिज्ञों के भाषणों ने नाहक सोवियत संघ को उद्द्वेलित किया और शंका का वातावरण बनाया। यह सोच ''संशोधनवादी विचार'' (Revisionist View) कहलाती है।

इस विचार के प्रचलित होने के पीछे कई कारण थे। 1960 के अंत के करीब, अमेरिका के ही लोग अमेरिकी विदेश नीति के आलोचक हो गए विशेष कर वियतनाम युद्ध के संदर्भ में। इस स्थिति ने इतिहासकोरों को सोवियत संघ के प्रति अमेरिका की सोच पर विचार करने के लिए मजबूर कर दिया। उन्हें लगा अमेरिकी शासन साम्यवाद और सोवियत संघ के प्रति ज्यादा ही कठोर है अतः वे स्टालिन के युद्धोतर परेशानियों के प्रति सहानुभूतिपूर्ण विचार रखने लगे।

बाद में एक तीसरी व्याख्या जिसे उत्तर–संशोधनवादी (Post revisionist interpretation)कहा जाता है, वह कुछ अमेरिकी इतिहासकारों द्वारा प्रस्तुत की गई। 1980 में यह व्याख्या प्रचलित होने लगी। इस दशक में इतिहासकारों को नए दस्तावेज उपलब्ध हुए और वे अभिलेखागार खोल दिए गए जो पहले उपलब्ध नहीं थे। नए साक्ष्यों के आधार पर इतिहासकार इस नतीजे पर पहुँचे कि द्वितीय विश्व युद्ध की समाप्ति पर हालात जितने उलझे हुए थे वह उस समय पता न चल पाया था। अब इतिहासकारों ने एक मध्यमार्ग अपनाया और इस नतीजे पर पहुँचे कि "दोनों पक्षों को शीतयुद्ध की स्थिति बनने की जिम्मेदारी लेनी चाहिए"। उनके अनुसार अमेरिका की 'मार्शल योजना' इस तरीके से बनाई गई थी कि उसके द्वारा अमेरिकी राजनीतिक प्रभाव यूरोप के देशों में फैले। साथ ही वे ये भी मानने लगे कि हालांकि स्टालिन का साम्यवाद फैलाने का कोई दीर्घ कालीन इरादा नहीं था फिर भी वह एक मौकापरस्त इंसान था जो पश्चिमी देशों की किसी भी कमजोरी का फायदा उठाकर सोवियत प्रभाव को बढ़ाना चाहता था। दोनों महाशक्तियाँ अपनी–अपनी सोच में इस कदर डूबी हुईं थीं कि एक दूसरे के प्रति उन्हें गहरा संदेह था और इसलिए ऐसा वातावरण तैयार हो गया जिसमें विश्व की किसी भी घटना को दो तरह से देखा जा सकता था। पूँजीवादी गणतंत्र की नजर से या साम्राज्यवाद विरोधी साम्यवाद की नजर से। एक पक्ष का आत्मरक्षा में लिया कदम दूसरे पक्ष के लिए आक्रामक विस्तार की योजना बन जाती थी। परन्तु फिर भी खुले तौर पर युद्ध कभी नहीं शुरू हुआ क्योंकि अमरीकन सरकार परमाणु बम का फिर से प्रयोग करने से बचना चाहती थी जब तक कि बिलकुल आमने–सामने की लड़ाई न हो जाए और दूसरी तरफ सोवियत संघ परमाणु युद्ध प्रारंभ नहीं करना चाहता था।

प्रभाव

शीत युद्ध का विश्व की राजनीति पर गहरा प्रभाव पड़ा। सोवियत संघ व अमेरिका दोनों द्वितीय विश्व युद्ध के बाद स्वयं को श्रेष्ठ समझने लगे थे और विश्व राजनीति पर नियंत्रण जमाने की महत्वकांक्षा पालने लगे। 1946 में सोवियत संघ के वित मंत्री मोलोतोव ने वक्तव्य दिया :"सोवियत समाजवादी गणराज्य संघ आज विश्व का सर्वाधिक शक्तिशाली देश है। आज कोई भी देश यू. एस. एस. आर. के बिना अंतर्राष्ट्रीय संबंधों की किसी समस्या पर निर्णय नहीं ले सकता है"। अतः यह स्पष्ट है कि दोनों ही देश यह मानने लगे थे कि विश्व का नेतृत्व करना उनकी नियति है इसलिए उनके बीच की होड़ सभी घटनाओं पर प्रभाव डालने लगीं जैसे

कोरिया का युद्ध (1950–1953)

कोरिया पर 1910 से ही जापान का कब्जा था अतः द्वितीय विश्व युद्ध के पश्चात जापानियों को कोरिया से निकालने के लिए उसके उत्तरी भाग पर रूसी सेना ने और दक्षिणी भाग पर अमेरिकी सेना ने कब्जा कर लिया और 38° समानान्तर उनके विभाजन का आधार बनी। रूस ने अपने क्षेत्र में एक मजबूत साम्यवादी शासन

स्थापित किया जबकि अमेरिका के देखरेख में दक्षिण में एक कठपुतली सरकार की स्थापना की गई। अगस्त, 1948 में दक्षिणी कोरिया ने स्वयं को कोरियाई गणतंत्र और सितम्बर, 1948 में उत्तर कोरिया ने स्वयं को कोरिया का जनवादी गणतंत्र होने की घोषणा कर दी। सोवियत सेना ने उत्तर कोरिया को सितम्बर, 1948 में और अमेरिकी सेना ने दक्षिण कोरिया को जून 1949 में छोड़ दिया। उत्तरी कोरिया के कोरियाई साम्यवादी दल का नेता किम इल सुंग सरकार का प्रमुख था और दक्षिणी कोरिया का प्रधान एक दक्षिणपंथी राजनीतिज्ञ सिंगमन री था। दोनों ही अपने नेतृत्व में कोरिया के विभाजन को समाप्त करना चाहते थे। विभाजन के दोनों तरफ की जनता अपनों से बिछड़ कर परेशान थी और अपने नेताओं तथा दोनों महाशक्तियों को इसका जिम्मेदार मानने लगी थी।

जून 1950 में दोनों हिस्सों के बीच लड़ाई छिड़ गई और दोनों ने एक दूसरे को लड़ाई के लिए जिम्मेदार बताया। लेकिन समान्यतया यह माना जाता है कि लड़ाई उत्तर कोरिया ने शुरू की। शीघ्र ही उनकी सेना ने दक्षिण कोरिया की राजधानी सोल पर कब्जा कर लिया। अमेरिकी राष्ट्रपति को यह रूसी षडयंत्र लगा। उसने संयुक्त राष्ट्रसंघ की सुरक्षा परिषद में यह मामला उठाया। जिसमें उत्तर कोरिया के विरूद्ध प्रस्ताव पास हो गया क्योंकि रूस उस समय सुरक्षा परिषद का बहिष्कार कर रहा था, ताकि साम्यवादी चीन को राष्ट्रसंघ का सदस्य बनने दिया जाए। सुरक्षा परिषद ने सभी सोलह सदस्यों से उत्तर कोरिया के विरूद्ध टुकड़िया भेजने को कहा और अमेरिकी जनरल मैकआर्थर को संयुक्त कमान का नेता बनाया।

अब अमेरिकी बहुल सेना दक्षिण कोरिया को मुक्त करा उत्तर कोरिया में बढ़ती चली गई। राजधानी प्योंगयांग पर अधिकार कर लिया गया उधर साम्यवादी चीन, साम्यवादी उत्तर कोरिया के पक्ष में तो था ही परन्तु उससे भी बड़ा कारण यह था कि वह अमेरिकी नेतृत्व वाली संयुक्त राष्ट्र संघ की सेना को यालू नदी पार कर अपने देश के नजदीक नहीं आने देना चाहता था अतः स्वयंसेवकों के वेश में चीन की सेना उत्तर कोरिया में प्रवेश कर युद्ध रत हो गई। एक लंबा विनाशकारी युद्ध प्रारंभ हो गया और सेनाएँ आगे पीछे होती रहीं। मैकआर्थर को वापस बुला लिया गया, हजारों कोरियाई, संयुक्त सेना के सैनिक, जान गवां बैठे। आखिर जुलाई 27, 1953 में युद्ध विराम हुआ जो 38° समानान्तर पर ही टिक गया। अतः कोरिया के युद्ध का कोई भी फायदा किसी भी पक्ष को नहीं हुआ। यह महाशक्तियों पर शीत युद्ध का प्रभाव था जो उन्हें कोरिया में लपेट गया।

अमेरिका की 'कगारवाद' और 'भयोत्पादन' के सिद्धांत

शीत युद्ध का प्रभाव अमेरिकी प्रशासन की नीतियों पर स्पष्ट रूप से दिखने लगा था। जॉन फॉस्टर डूलेस जो 1953 से 1959 तक अमेरिका का विदेश मंत्री था, ने कई खतरनाक और आक्रामक सिद्धांत प्रस्तुत किए। उसके अनुसार साम्यवाद के परिसीमन जो उस समय प्रचलित थी की नीति (Containment of Communism) अपर्याप्त थी बल्कि वह (Roll back of communism) अर्थात साम्यवाद को पीछे

धकेलने की नीति का प्रतिपादन करना चाहता था जिसके लिए वह परमाणु अस्त्रों का प्रयोग की धमकी का सहारा लेना चाहता था। उसने ''कगारवाद'' (Brinkmanship) की नीति प्रचलित की जिसके अनुसार सोवियत संघ को धकेल कर (वास्तविक रूप में नहीं बल्कि धमकियों और संवादों के माध्यम से) युद्ध के कगार तक ले जाना ताकि उससे रियायतें हासिल की जा सके। उसका कहना था कि 'लड़ाई में पड़े बिना लड़ाई के कगार पर ले जाने की क्षमता, नेता के जरूरी गुण हैं'।

1952 में अमेरिका ने ताप परमाणु (थर्मोन्युक्लियर) बम जिसे हाइड्रोजन बम कहा जाता है का परीक्षण किया, 1953 में सोवियत संघ ने भी इसे बना लिया। ये बम पहले के अणु बम से कई गुणा संहारक थे। अब तो दोनों महाशक्तियों के बीच हथियारों की होड़ शुरू हो गई जिसे 'परमाणु भयोत्पादन' का सिद्धांत कहा गया (Atomic Deterrence)जिसका मतलब था कि यदि देश स्वयं को भयंकर मारक हथियारों से सज्जित कर लें तो दुश्मन उन पर आक्रमण नहीं कर पाएगा क्योंकि वह भी इन हथियारों के चलते मारा जाएगा। यह 'सुनिश्चित पारस्परिक विनाश' (Mutually Assured destruction or MAD) पर आधारित था अत: हथियारों की होड़ शुरू हुई जिसे ब्रिटेन, फ्रांस और चीन ने भी अपनाया।

अमेरिका द्वारा एशिया में सैनिक संधियाँ

शीत युद्ध का अमेरिका पर ऐसा गहरा प्रभाव था कि वह दुनिया के हर हिस्से में सैनिक संधियाँ स्थापित करने लगा जिससे कि चीन और सोवियत संघ जैसे साम्यवादी देशों पर सैनिक अड्डों का घेरा डाला जा सके।

1954 में दक्षिण–पूर्व एशिया संधि संगठन (South-East Asian treaty organization SEATO) स्थापित किया गया जिसमें आस्ट्रेलिया, ब्रिटेन, फ्रांस, न्यूजीलैण्ड, पाकिस्तान, थाइलैण्ड, फिलीपींस तथा अमेरिका शामिल थे। फिर बगदाद समझौते जिसे बाद में केन्द्रीय संधि संगठन (Central treaty organization CENTO) रखा गया जिसमें ईरान, इराक, तुर्की और पाकिस्तान के साथ अमेरिका ने संधि की।

इसके माध्यम से अमेरिका ने इन देशों को धन तथा शस्त्र दिये। इन संधियों के जरिए एशिया के कई देशों में अमेरिका की पसंद के सरकारों की स्थापना की गई। इन शस्त्र प्राप्त करने वाले देशों के पड़ोसी देश तनाव में आ गए, उन्हें भी अपनी रक्षा के लिए धन व्यय करना पड़ा, इसी संदर्भ में गुट निरपेक्ष आंदोलन का जन्म हुआ। जिसे डुलेस जैसे व्यक्ति ने ''अनैतिक'' माना।

अमेरिका के सी.आई.ए. के क्रिया कलाप

1947 में अमेरिका में केन्द्रीय गुप्तचर संगठन (Central Intelligence Agency CIA) की स्थापना हुई जिसके पास अतुलनीय धन था जिस पर कोई नियंत्रण न था और जो अपने गुप्तचरों के विशाल तंत्र के माध्यम से न केवल गोपनीय जानकारियाँ

हासिल करता था बल्कि अन्य देशों की सरकारों के खिलाफ गुप्त रूप से अर्धसैनिक कार्रवाइयाँ भी करता था।

जैसे, 1951 में ईरान की मजलिस (संसद) ने ब्रिटिश नियंत्रित कंपनी एंग्लो–ईरानियन ऑयल कंपनी के राष्ट्रीयकरण का आदेश जारी कर दिया। मुहम्मद मुस्सदिक को ईरान का प्रधानमंत्री बनाया गया। अमेरिका को लगा यह सब रूसी इशारे पर हो रहा है अतः सी.आई.ए. के गुप्त षड़यंत्र से मुस्सदिक सरकार का तख्ता पलट दिया गया और शाह मुहम्मद रज़ा पहलवी को ईरान का शासक बना दिया। शाह ने बदले में अमेरिकी तेल कंपनियों को अनेक रियायत दिए। परन्तु ईरान की जनता अत्यंत नाराज़ हुई।

वैसे ही दक्षिण अमेरिका के देश ग्वाटेमाला में एक लोकतंत्रिक चुनी हुई सरकार 1944 में स्थापित हुई। उसने 1950 में अमेरिका की यूनाइटेड फ्रूट कंपनी जो अपने अकेले दम पर ग्वाटेमाला की अर्थव्यवस्था को प्रभावित करती थी को अपने अधिकार में ले लिया, यह कदम अमेरिका के लिए असहनीय था जिसके अनुसार देश साम्यवादी प्रभाव में आता जा रहा था अतः सी.आई.ए. के जरिए, चुनी हुई सरकार का सैनिक कार्रवाई द्वारा 1954 में तख्ता पलट कर दिया गया। ग्वाटेमाला के लोग अमेरिका के प्रति आक्रोश से भर गए।

महाशक्तियों के बीच परमाणु हथियारों की होड़

शीत युद्ध का एक सबसे खतरनाक प्रभाव था दोनों महाशक्तियों के बीच परमाणु हथियारों की होड़। जैसे ही सोवियत संघ ने परमाणु बम बनाया जब से ही यह होड़ प्रारंभ हो गई। अपनी मारक क्षमता को सर्वोच्च बनाए रखने के लिए अमेरिका ने 1952 में हाइड्रोजन बम बनाया, उसके कुछ ही समय बाद 1953 में सोवियत संघ ने भी इसे बना लिया। इन बमों की संहार शक्ति हिरोशिमा और नागासाकी पर गिराए गए परमाणु बमों से लाखों गुना विकराल थी। 'परमाणु भयोत्पादन' सिद्धांत के तहत दोनों महाशक्तियाँ यह समझने लगी कि वे अगर सबसे आधुनिक और सबसे विनाशक हथियारों से लैस होंगीं तो दुश्मन उनपर आक्रमण करने से बचेगा क्योंकि उसके पास जो हथियार होंगे उनमें विस्फोट से सभी मारे जाएंगे।

अतः दोनों देश अपने संसाधनों को हथियार बनाने में लगाने लगे जो अमेरिका के लिए तो नहीं परन्तु सोवियत संघ की अर्थव्यवस्था पर भारी बोझ सिद्ध हुए। अमरीकियों ने बड़ी संख्या में बमों को बना डाला परन्तु अगस्त 1957 में सोवियत रक्षा वैज्ञानिक एक नए तरह के हथियार को विकसित करने में सफल हुए जिसे 'अंतर महाद्वीपीय प्रक्षेपास्त्र' (Inter-continental ballistic missile – ICBM)कहा गया। यह तेज गति के रॉकेट के शीर्ष पर लगाया हुआ परमाणु बम था जो सोवियत संघ से भी दागा जाए तो अमेरिका पर गिराया जा सकता था। तुरन्त ही अमेरिका ने भी इस तरह के प्रक्षेपास्त्र विकसित कर लिए। उसने कम दूरी वाले प्रक्षेपास्त्र विकसित किए जिन्हें यूरोप के नाटो सैनिक अड्डों और तुर्की में लगाया गया जिससे वे सोवियत संघ पर अचूक वार कर सकें। अतः यह काल शीत युद्ध में परस्पर संदेह

का सर्वोच्च काल था जब विश्व दम साधे दोनों विश्व शक्तियों की हथियार बंदी को देख रहा था, जब किसी भी पल परमाणु युद्ध प्रारंभ होने की प्रबल संभावना थी।

1958 में सोवियत संघ ने अमेरिका को एक और बड़ा झटका दिया जब उन्होंने दुनिया का पहला उपग्रह "स्पूतनिक 1" अंतरिक्ष में छोड़ा। अमेरिका की प्रतिष्ठा को यह एक बड़ा धक्का था, वह किसी भी क्षेत्र में सोवियत संघ से पीछे नहीं रह सकते थे, कुछ ही महीनों में उन्होंने भी अंतरिक्ष में अपना उपग्रह भेजा। अंतरिक्ष में भी इनके बीच होड़ शुरू हो गई।

क्यूबा संकट 1962

1955 में जब पश्चिमी जर्मनी को नाटो का सदस्य बनाया गया तो सोवियत संघ तथा अन्य यूरोपीय साम्यवादी देशों ने एक सैनिक गठबंधन बनाया जिसे वार्सा संधि (Warsaw pact)कहा गया।

क्यूबा में जनवरी 1959 में फिदेल कास्त्रो के नेतृत्व में वहाँ के तानाशाह बतिस्ता जो अमेरिकी कठपुतली था एवं अत्यंत भ्रष्ट था, के विरूद्ध एक क्रांति हुई और तख्ता पलट दिया गया। कास्त्रो की नई सरकार ने सामाजिक एवं आर्थिक क्षेत्र में सुधार शुरू किए और अमेरिकी स्वामित्व वाले उद्योगों (चीनी, तम्बाकू, कपड़ा, लोहा, तांबा) का राष्ट्रीयकरण करना प्रारंभ किया। अमेरिका के लिए यह असहनीय था और जनवरी 1961 में उसने क्यूबा से कूटनीतिक संबंध तोड़ दिए। क्यूबा सरकार को कम्युनिस्ट मान कर उसे अपदस्थ करने के लिए, उसने अप्रैल 1961 में अमेरिकी सैनिकों और देश निकाले क्यूबाई लोगों की मिली जुली सेना को पिग्स की खाड़ी के तट पर उतार दिया। लेकिन यह आक्रमण विफल हो गया और दो दिनों में कुचल दिया गया। पूरी दुनिया ने इस आक्रमण की निंदा की।

अक्टूबर 1962 में अमेरिका को अपने जासूसी विमानों के चित्रों से पता चला कि सोवियत संघ क्यूबा में, जो अमेरिका के दक्षिणी छोर से केवल 150 किलोमीटर की दूरी पर हैं, प्रक्षेपास्त्र ठिकानों का निर्माण कर रहा था। अमेरिका को अपनी सुरक्षा में गंभीर खतरा लगा।

हालांकि सोवियत संघ ने पहली बार वही किया था जो अमेरिका काफी समय से करता आ रहा था अर्थात समर्थक देश में सैनिक अड्डे स्थापित करना, परन्तु इससे दोनों देशों के बीच युद्ध का खतरा पैदा हो गया। 22 अक्टूबर 1962 को अमेरिकी राष्ट्रपति केनेडी ने क्यूबा की नौसैनिक और हवाई नाकेबंदी की घोषणा कर दी ; लेकिन दुनिया में परमाणु युद्ध प्रारंभ कर देने की क्षमता रखने वाला यह संकट 26 अक्टूबर को समाप्त हो गया जब रूसी राष्ट्रपति ख्रुश्चेव ने अमेरिकी राष्ट्रपति को यह संदेश भेजा कि यदि अमेरिका क्यूबा पर आक्रमण न करने का वचन दे तो सोवियत संघ वहाँ से अपने प्रक्षेपास्त्र हटा लेगा। इस बात पर सहमति हुई और यह संकट समाप्त हो गया। अमेरिका भी सोवियत संघ के निकट तुर्की में लगाए गए अपने प्रक्षेपास्त्र हटाने को राज़ी हो गया।

आइज़नहावर एवं डोमिनो सिद्धांत

शीत युद्ध की कटुता को बढ़ाने वाले अमेरिकी राष्ट्रपतियों के सिद्धांत, उन्हें दूसरे देशों में हस्तक्षेप करने के लिए बाध्य करते थे। मिस्र में गमाल अब्दुल नासिर की सरकार द्वारा स्वेज नहर के राष्ट्रीयकरण के बाद ब्रिटिश, फ्रांस और इजराइल ने उस पर आक्रमण कर दिया। अंतर्राष्ट्रीय निंदा के पश्चात इन देशों की सेनाएँ लौट गईं। मिस्र सोवियत संघ की तरफ झुकने लगा, नासिर विभिन्न अरब देशों को संगठित कर अरब राष्ट्रवाद में प्राण फूंकने लगे जिससे चिंतित हो अमेरिका ने एक सिद्धांत की घोषणा की जिसे अमेरिकी राष्ट्रपति के नाम पर ''आइज़नहावर सिद्धांत'' कहा गया, जिसके अनुसार ''अमेरिका इस क्षेत्र (Middle East) को अंतर्राष्ट्रीय साम्यवाद कहे जाने वाले खतरे से बचाने के लिए आर्थिक और सैनिक सहायता देगा''। परन्तु यह सिद्धांत इस क्षेत्र में सफल नहीं हुआ।

फ्रांसीसी द्वितीय विश्व युद्ध के बाद अपने पुराने उपनिवेश वियतनाम पर फिर कब्जा करने आ गए पर उन्हें राष्ट्रवादी वियतनामी गुरिल्ला सेना ने 1954 में दीयन बियन फू नामक स्थान पर करारी हार दी। जुलाई 1954 में जेनेवा में एक समझौते पर हस्ताक्षर हुए जिसके अनुसार वियतनाम पर फ्रांसीसी शासन समाप्त हो गया। वियतनाम को अस्थाई तौर पर दो हिस्सों – उत्तर वियतनाम और दक्षिण वियतनाम में विभाजित कर दिया गया, लेकिन देश को चुनावों के बाद एकीकृत कर दिया जाना था। उत्तरी वियतनाम में साम्यवादी 'हो ची मिन्ह' का गहरा प्रभाव था, दक्षिणी वियतनाम में अमेरिका हस्तक्षेप करने लगा और भष्ट नगो दिन दीम की तानाशाही स्थापित की। यह स्पष्ट हो गया कि चुनाव होने पर साम्यवादी 'हो' की ही सरकार बनेगी, अमेरिका ने ''डोमिनो'' सिद्धांत प्रतिपादित किया जिसके अनुसार यदि दक्षिण वियतनाम साम्यवादियों के हाथ आ जाएगा तो अन्य दक्षिण–पूर्वी एशियाई देशों का भी वही हाल होगा और पूरे एशिया में साम्यवाद फैल जाएगा''। अतः अमेरिका ने अपने सैनिक, वियतनामी सेना ''वियत मिन्ह'' से लड़ने के लिए भेजना शुरू किया। 1967 से 1973 के बीच पाँच लाख अमेरिकी सैनिक वहाँ लड़ते रहे पर गरीब दबीकुचली, संसाधन विहीन वियतनामी जनता और वियत मिन्ह ने हार नहीं मानी। समूचे विश्व ने अमेरिका की आलोचना की तब जा कर अमेरिका अपनी सेना हटाने पर राजी हुआ और 1975 तक देश खाली हुआ, हो ची मिन्ह के साम्यवादी दल के हाथ में शासन आया, एशिया के एक गरीब देश के हाथों विश्व के सबसे अमीर और महान सैन्य शक्ति की पराजय, समकालीन विश्व के इतिहास की अत्यंत महत्वपूर्ण घटना थी।

शीत युद्ध का अंत

1991 में सोवियत संघ ने विखंडन के साथ ही शीत युद्ध समाप्त हो गया। ऐसा कई अन्य कारणों के चलते भी हुआ। वैसे तो 1950 के उत्तरार्ध से ही शीत युद्ध जनित तनाव को कम करने की कोशिश की जाने लगी थी। 1953 में सोवियत संघ के राष्ट्रपति स्टालिन की मृत्यु के कुछ वर्षों बाद रूसी नेता जैसे निकिता ख्रुश्चेव

ने 'शांतिपूर्ण सहअस्तित्व' की बात प्रारंभ की। पश्चिमी देश साम्यवाद के उस सिद्धांत से घबराते थे जिसके अनुसार साम्यवादियों को सशस्त्र क्रांति द्वारा पूरे विश्व पर साम्यवाद की स्थापना करना चाहिए। रूसी नेता अब यह कहने लगे कि युद्ध की अवश्यंभाविता जरूरी नहीं है। उस काल की परिस्थिति में युद्ध समूचे विश्व को मिटा देने की ताकत रखता था। दोनों महाशक्तियों के पास ही इतने परमाणु अस्त्र थे कि उनके बीच अगर युद्ध होता तो दुनिया एक बार नहीं, कई बार विनष्ट हो जाती। अतः रूसी नेताओं ने कहा कि युद्ध के स्थान पर शांतिपूर्ण सहअस्तित्व की नीति और अलग–अलग सामाजिक, आर्थिक और राजनीतिक व्यवस्थओं के बीच स्वस्थ प्रतिस्पर्धा की नीति अपनाई जानी चाहिए। अमेरिका में भी कई विद्वानों ने बताया कि परमाणु युद्ध के प्रभाव कितने भयानक हो सकते हैं। वहाँ की जनता और यूरोप के आम लोग शस्त्रीकरण की होड़, सुनिश्चित पारस्परिक विनाश एवं परमाणु भयोत्पादन के सिद्धांतों के खिलाफ आवाज उठाने लगे। विश्व भर में युद्ध विरोधी आंदोलन शुरू हुए जिन्होंने राजनीतिज्ञों को इस पहलू पर ध्यान देने के लिए बाध्य किया।

गुट–निरपेक्ष आंदोलन भी शीत युद्ध के वातावरण को कम करने में सहायक हुआ। औपचारिक रूप से इसकी शुरूआत 1961 में हुई और यह दो गुटों के बीच बंटे विश्व में एक तीसरे गुट के रूप में खड़ा हुआ। वे सारे एशियाई, अफ्रीकी और दक्षिण–अमेरिकी देश जो नए नए आजाद हुए, या हो रहे थे और प्रमुख गुटों – अमेरिकी नेतृत्व वाले पूंजीवादी देशों या सोवियत संघ के नेतृत्व वाले साम्यवादी देशों – के साथ नहीं होना चाहते थे, ने न केवल एक नई राह चुनी बल्कि शीत युद्ध की कटु परिस्थिति को कम किया। ये देश अपने संसाधनों का उपयोग अपने गरीब जनता के हित में करना चाहते थे न कि शस्त्र खरीदने में। हालांकि अमेरिका के कई नेता इन देशों को संदेह और हिकारत की नजर से देखते थे और मानते थे कि जो उनके साथ नहीं वह उनके दुश्मन अर्थात साम्यवादियों के साथ है, पर ऐसा नहीं था, तीसरे और स्वतंत्र विदेश नीति वाले गुट ने दुनिया को शांति की राह दिखाई।

1950 के दशक के अंतिम वर्षों में साम्यवादी आंदोलन में दरारें दिखने लगीं जिससे साम्यवादी विस्तार का डर कम होने लगा। जब सोवियत संघ और चीन की मित्रता टूट गई तो पश्चिमी देशों ने राहत की सांस ली। चीन और सोवियत संघ दोनों ही भौगोलिक दृष्टि और जनसंख्या की दृष्टि से विशाल देश थे और उनकी एकता, पश्चिम को भयभीत करती थी, पर जब ये अलग हो गये तो भय कम हो गया। युगोस्लाविया भी सोवियत संघ के नियंत्रण से बाहर रहा। 1961 में अल्बानिया वार्सा समझौते से अलग हो गया, रोमानिया भी स्वतंत्र विदेश नीति का पालन करने लगा। उधर अमेरिकी सैनिक संगठनों में भी परिवर्तन आए। 1966 में फ्रांस ने नाटो से अपनी सैन्य टुकडियाँ हटा लीं और फ्रांस की धरती से नाटो की सेना और सैनिक अड्डे हटा लिए गए। 1970 में दक्षिण–पूर्व संधि संगठन भी बिखरने लगा जिससे पाकिस्तान अलग हो गया।

शीत युद्ध काल में कई बार परमाणु युद्ध हो जाने की स्थिति बनी जैसे 1956 में हंगरी में एक विद्रोह हुआ और 1968 में चेकोस्लोवेकिया में सरकार बदली अर्थात ये सोवियत संघ के प्रभाव क्षेत्र से निकलने की कोशिश कर रहे थे तब रूसी सेना ने इन पर आक्रमण कर, जिसमें अन्य साम्यवादी पूर्वी यूरोपीय देशों ने सोवियत संघ का साथ दिया ; सोवियत समर्थक सरकार खड़ी कर दी। 1961 में पूर्वी जर्मनी ने पश्चिमी जर्मनी की तरफ बिजली दौड़ने वाले बाड़ खड़ी कर दी, ऐसा ही बर्लिन शहर में किया गया ताकि पूर्व से जर्मन लोग पश्चिम न भाग सकें जिसका पश्चिमी देशों ने विरोध किया। अमेरिका ने भी साम्यवाद के डर के नाम पर दक्षिण अमेरिकी देशों में हस्तक्षेप कर सरकारें पलटीं। परन्तु एक–दो अपवाद को छोड़कर दोनों महाशक्तियाँ आमने–सामने युद्ध तक नहीं आई और शीत युद्ध तीसरा विश्व युद्ध बनने से बच गया।

अमेरिका में ऐसी शक्तियाँ मौजूद थीं जो शीत–युद्ध की परिस्थितियां बनी रहने देना चाहती थीं। राष्ट्रपति आइज़नहावर ने इन्हें 'सेना–उद्योग संगठन' कहा था अर्थात वैसी स्थिति जिसमें अमेरिकी सेना के मुखिया हथियार निर्माताओं के साथ मिल–जुल कर काम कर रहे थे। सेना के मुख्य अधिकारी इस बात का निर्णय लेते थे कि उन्हें कैसे और कितने हथियारों की जरूरत पड़ेगी और हथियार निर्माता उतने ही बमों, मिसाइलों और अन्य सैन्य सामग्रियों के ऑर्डर लेते जाते। हथियार निर्माता खूब मुनाफा कमाते और राजनीतिक दलों को चंदा तथा सैन्य अधिकारियों की खातिरें करते और इसीलिए वे शीत युद्ध के घनीभूत होने से प्रसन्न थे।

जब रूसी नेतृत्व ने 'शांतिपूर्ण सहअस्तित्व' की बात करनी शुरू की तो हथियार निर्माता लॉबी को यह बात बिलकुल पसंद नहीं आई। वे शांति सम्मेलनों को भंग करने की तरकीबें लगाते रहते। अमेरिकी विदेश नीति को भी वे प्रभावित करने की क्षमता रखते थे। अमेरिकी संसद की एक खोजी रिपोर्ट के अनुसार 1960 में 2000 निवर्तमान सैन्य उच्च अधिकारी रक्षा संबंधी ठेकेदारों के यहाँ काम करते थे और सभी लोग अत्यधिक लाभ कमाते थे। पर आम जनता जब मारक हथियारों के विरूद्ध आवाज उठाने लगी तब निशस्त्रीकरण की दिशा में काम होने लगे। 1963 में अमेरिका, सोवियत संघ और ब्रिटेन ने एक 'परीक्षण निषेध संधिपत्र' (Test ban treaty)पर हस्ताक्षर किए जिससे वायुमण्डल, अंतरिक्ष तथा जल–थल में परमाणु परीक्षणों पर रोक लगा दी गई, लेकिन फ्रांस चीन और जर्मनी ने इस संधि पर हस्ताक्षर नहीं किया और वायुमण्डल में परमाणु परीक्षण करना जारी रखा। 1969 में अमेरिका और सोवियत संघ के बीच शस्त्रों में कमी करने के लिए वार्ताएँ आरंभ हुई। 1972 में कुछ खास वर्गों के प्रक्षेपास्त्रों पर पाबंदी लगाई गई। ये वार्ताएँ ''युद्ध नीतिक शस्त्र परिसीमा वार्ता'' (Strategic arms limitation talks – SALT talks)के नाम से प्रसिद्ध हुईं। परन्तु 1980 में अमेरिका ने एक महत्वाकांक्षी योजना शुरू की जिसके अंतर्गत 'नभमंडलीय युद्ध' (Star War) अर्थात अंतरिक्ष में हथियारों को लगाने की शुरूआत की कोशिश की जिससे माहौल फिर संदेहपूर्ण हो गया। कई देशों ने ''परमाणु अप्रसार संधि'' (Nuclear Non-proliferation treaty)पर भी हस्ताक्षर किये।

इसका ध्येय उन देशों को परमाणु अस्त्र प्राप्त करने से रोकना है जिनके पास परमाणु अस्त्र नहीं है पर जिन देशों के पास पहले से ही परमाणु अस्त्र है उन पर परमाणु अस्त्रों को समाप्त कर देने की बाध्यता नहीं है अतः भारत सहित कई देश इसे भेद–भाव पूर्ण मानते हैं।

अस्त्रों पर रोक लगाने की वार्ताओं ने भी शीतयुद्ध के महौल को नर्म बनाया। परन्तु शीत युद्ध के अंत के लिए जिम्मेदार जो सबसे बड़ा कारण है वो है 1989 के बाद यूरोपीय साम्यवाद का अंत। सोवियत संघ में मिखाइल गोर्बाचेव के नेतृत्व में जो सरकार आई, उस दौरान पूर्वी यूरोप के देशों की सरकारों पर सोवियत नियंत्रण ढ़ीला होने लगा। इन देशों में स्वतंत्र चुनावों के बाद नई सरकारों का गठन हुआ। अक्टूबर 1990 में जर्मनी फिर से एक देश हो गया। सबसे बड़ी घटना सोवियत संघ का विखंडन है। 1991 के अंत तक सोवियत संघ 15 स्वतंत्र गणराज्यों में बंट गया। एक महाशक्ति के बिखर जाने से शीत युद्ध भी हमेशा के लिए समाप्त हो गया। संयुक्त राज्य अमेरिका दुनिया की ''एकमात्र महाशक्ति'' बन गया और उसी भावना से विश्व में काम करने लगा। शीत युद्ध की समाप्ति का अर्थ है कि दो सैनिक गुटों के बीच तनातनी और संघर्ष समाप्त हो गया पर इसका यह प्रभाव नहीं हुआ कि दुनिया में तनाव, संघर्ष और युद्ध हमेशा के लिए खत्म हो गए हैं बल्कि वर्तमान की दुनिया में जितना खून–खराबा है वह पहले के किसी काल में नहीं रहा।

प्रश्नावली

प्रश्न 1 : 'शीत युद्ध' का क्या अर्थ है? इसके उद्‌भव संबंधी धारणाओं की व्याख्या करें।

प्रश्न 2 : 'शीत युद्ध' के लिए किन कारणों को जिम्मेदार ठहराया जाता है?

प्रश्न 3 : 'शीत युद्ध' को ले कर ''संशोधनवादी विचारधारा'' क्या है? आप के अनुसार सही क्या है? तर्क सहित समझाएँ।

प्रश्न 4 : 'शीत युद्ध' का विश्व पर क्या प्रभाव पड़ा?

प्रश्न 5 : 'शीत युद्ध' के अंत के बारे में आलोचनात्मक वर्णन दें।

६. लैटिन अमेरिका

साइमन बोलीवार (सीमोन बोलीवार) उन्नीसवीं सदी का एक योद्धा तथा राजनेता था जिसने स्पेनी औपनिवेशिक शासन से लैटिन अमेरिका के वेनेजुएला, इक्वेटर, बोलिविया, पेरु तथा कोलंबिया, देशों को मुक्त कराया था इसीलिए उसे 'मुक्तिदाता' (Spn. El libertador) भी कहा जाता है।

बोलीवर का जन्म 24 जुलाई 1783 में वर्तमान वेनेजुएला के कराकास नगर में स्पेनी मूल के संभ्रात परिवार में हुआ था। बचपन में ही उसके माता–पिता का देहांत हो गया था और उसके चाचा ने उसकी शिक्षा–दीक्षा का प्रबंध किया। उस पर अपने शिक्षक सीमोन रोडरिग्स का काफी प्रभाव पड़ा जो स्वयं फ्रांसीसी दार्शनिक रुसो का भक्त था। बोलीवर को यूरोप भेजा गया ताकि वह अपनी पढ़ाई पूरी कर सके वहाँ उसने यूरोप के तमाम उदारवादी दार्शनिकों की कृतियों को पढ़ा जैसे जॉन लॉक, थॉमस हाब्स, जार्ज लुई लेक्लेरक, वोल्टायर, मॉन्टेस्क्यू और रुसो इत्यादि। वह पेरिस में एक जर्मन विद्वान अलेक्ज़ेंडर वॉन हमबोल्ट से मिला जो लैटिन अमेरिका में स्पेनी उपनिवेशों का दौरा कर के लौटा था, उसने बताया कि ये क्षेत्र स्पेन से आजादी के लिए तैयार हैं। यह विचार बोलीवार के जीवन का ध्येय बन गया और उसने अपने देश को स्पेन के शासन से मुक्त करने का प्रण लिया।

जब पेरिस में नेपोलियन बोनापार्ट का 1804 में राज्याभिषेक हो रहा था तो बोलीवर वहीं था। वह संयुक्त राज्य अमेरिका होते हुए 1807 में वापस वेनेजुएला पहुँचा। एक वर्ष पश्चात उसने स्वतंत्रता आंदोलन छेड़ा। नेपोलियन ने स्पेन पर आक्रमण कर स्पेनी शासक को बंदी बना लिया था, इसी मौके का फायदा उठा कर लैटिन अमेरिका के स्पेनी उपनिवेश मुक्त होने को छटपटा उठे। वेनेजुएला के स्पेनी गर्वनर को 1810 में भगा दिया गया और कुछ लोगों के एक दल ने शासन संभाला। बोलीवर को इंग्लैण्ड भेजा गया ताकि उस देश का समर्थन, गोला–बारूद और मदद मिल सके, वहाँ वह फ्रांस्सिको मिरांडा से मिला जो 1806 में ही देश की आज़ादी के लिए लड़ चुका था। इंग्लैण्ड से तो मदद नहीं मिली पर बोलीवर मिरांडा को देश वापसी के लिए मना पाया। देश में बहस छिड़ी थी, एक नए संविधान की तैयारी हो रही थी, राष्ट्रीय कांग्रेस के समक्ष बोलीवर ने ओजस्वी भाषण दिया जिसका सार था कि इस वक्त ठिठकने या भय पाने से, हमारा अंत हो जाएगा अतः राष्ट्रीय कांग्रेस ने 5 जुलाई 1811 को वेनेजुएला की स्पेन से आजादी की घोषणा कर दी। परन्तु स्पेन से एक बड़ी फौज आ गई और यह पहला गणतंत्र समाप्त हो गया।

बोलीवर कार्टाजीना चला गया और वहाँ उसने अपना प्रसिद्ध 'कार्टाजीना घोषणा' (Cartagena Mainfesto) लिखा जिसमें उसने वेनेजुएला के प्रथम गणतंत्र के अंत के लिए कमजोर शासन को जिम्मेदार ठहराया। उसने सभी क्रांतिकारियों को एकबद्ध होकर स्पेनियों को हराने की वकालत की। अगस्त 6, 1813 तक बोलीवर ने छह घनघोर लड़ाइयों के बाद, कराकास को फिर से जीता और वेनेजुएला के 'मुक्तिदाता' के रूप में प्रतिष्ठित हुआ। परन्तु 1814 में फिर से स्पेनियों ने उसे हराया और दूसरा गणतंत्र भी समाप्त हो गया। बोलीवर को जमैका जाना पड़ा वहाँ उसने अपनी सबसे प्रसिद्ध रचना की 'ला कार्टा डि जमैका' 'जमैका से एक पत्र' जिसमें उसने अपनी योजना को दुनिया के सामने रखा। उसका इरादा था कि लैटिन अमेरिका की स्पेनी भाषा बोलने वाली सारी जनता को एकसूत्र में बाँधकर स्वतंत्र शासन की स्थापना की जाए जिसे उसने 'ग्रान कोलंबिया' (Gran Columbia) का नाम दिया। उसने ब्रिटेन के राजनीतिक व्यवस्था पर आधारित एक रूपरेखा खींची जिसमें एक वंशानुगत उपरी सदन, एक चुनी हुई निचली सदन और एक ताउम्र चुने गये राष्ट्रपति का प्रावधान था। परन्तु यह आखिरी बात लोगों को पसंद नहीं आई।

ब्रिटेन व संयुक्त राज्य अमेरिका से मदद मांगने पर कोई फायदा न हुआ तो बोलीवन हैती चला गया। वहाँ उसका मित्रवत स्वागत भी हुआ और धन तथा अस्त्र–शस्त्र भी मिले। इधर स्पेन ने पाब्लो मोरिल्लो के नेतृत्व में बड़ी सेना भेज कर सारे उपद्रव को दबाने की सोची। बोलीवर ने 2500 लड़ाकू योद्धाओं के साथ एक बड़ी ही साहसिक योजना बनाई और असंभव से पहाड़ी रास्ते को पार कर 7 अगस्त 1819 में स्पेनियों और उनके समर्थकों पर धावा बोला। बोलीवर की जीत हुई और तीन दिनों के बाद नए राज्य कोलंबिया की स्थापना हुई जिसे ग्रान कोलंबिया कहा गया क्योंकि इसमें वर्तमान कोलंबिया, पनामा, वेनेजुएला और इक्वेडोर भी थे।

जून 1821 को काराबोबो की लड़ाई निर्णायक साबित हुई और आखीरकार वेनेजुएला पर बोलीवन का नियंत्रण स्थापित हुआ। 1822 में इक्वेटर के बचे क्षेत्र को स्पेनियों से मुक्त करा लिया गया।

ग्रान कोलंबिया के क्षेत्र स्पेनियों से मुक्त करा लिया गए थे, केवल पेरु और ऊपरी पेरु स्पेनी कब्जे में था। बोलीवर ने पेरु पहुँच कर घोड़े, टट्टू हथियार व सैनिकों को एकत्र किया। एक लड़ाई में जीत हासिल कर, ऊपरी पेरु का अभियान अपने साथी सूकरे पर छोड़ दिया जिसने 1825 में उसे भी जीत लिया।

इस क्षेत्र को बोलीवर के नाम पर नया नाम दिया गया – बोलीविया, अब बोलीवर अपने जीवन के सर्वोच्च शिखर पर था। उसकी शक्ति कैरिबियन से लेकर अर्जेंटीना की सीमा तक फैल गई। 1826 में बोलीवर ने पनामा में सभी दक्षिणी अमेरिकी देशों का सम्मेलन बुलाया जहाँ सारे विवादों की बातचीत के जरिये समाधान की बात की गई। एक मिलीजुली सेना व नौसेना की योजना बनाई गई पर यह ज्यादा सफल नहीं हुई।

बोलीवर का ग्रान कोलंबिया भी दरकने लगा। वेनेजुएला और दूसरे क्षेत्र संघ से अलग होने के लिए गृह-युद्ध छेड़ बैठे। बोलीवर ने सभी शक्तियाँ अपने हाथों में लेकर ग्रान कोलंबिया संघ को बचाने की कोशिश की, जिससे नाराज़ होकर उसके ही साथी उसकी हत्या करने को आए। मैनुएला सांएज की मदद से उसकी जान बची। पेरु और इक्वेटर के बीच लड़ाई शुरू हो गयी। सूकर ने शांति स्थापित की। बोलीवर के एक बड़े ही विश्वास पात्र सेनापति कारडोबा ने एक विद्रोह छेड़ दिया इन सब से बोलीवर हतोत्साहित हो गया और उसकी तबियत खराब हो गई। आखीरकार दिसम्बर 1830 में उसकी मृत्यु हो गई। साइमन या सीमोन बोलीवर को लैटिन अमेरिका का महान नायक माना जाता है। अपने समय में उसने अंतर्राष्ट्रीय प्रसिद्धि पाई। मृत्यु के पश्चात उसकी लोकप्रियता बढ़ती ही गई और वह दक्षिण अमेरिका के उत्तर में स्थित देशों का सबसे चमत्कारी मुक्तिदाता के रूप में प्रख्यात हो गया। वह न केवल एक बहादुर प्रतिभाशाली राष्ट्रनिर्माता था, बल्कि एक उदार राजनीतिज्ञ भी था।

यांकी साम्राज्यवाद

यांकी (Yankee / Yanqui) शब्द अमेरिकी गृह-युद्ध (1860–1865) के दौरान उत्तर राज्यों के अमरीकियों के लिए दक्षिण राज्यों के विद्रोही अमेरिकी प्रयोग में लाते थे। यह अपमान बोधक शब्द था।

लैटिन अमेरिका के देश और वहाँ की जनता संयुक्त राज्य अमेरिका की उनके देशों के प्रति नीति का विरोध जताने के लिए 'यांकी साम्राज्यवाद' का नारा बुलंद करते हैं। लैटिन अमेरिका, स्पेन और पुर्तगाल के उपनिवेशी कब्जे से उन्नीसवीं सदी के प्रारंभिक वर्षों में ही स्वतंत्र हो गया था परन्तु 1820 के दशक से ही उस पर अपने महाकाय पड़ोसी – संयुक्त राज्य अमेरिकी की छाया पड़ गई थी। 1823 में अमेरिकी राष्ट्रपति जेम्स मुनरो ने दिसम्बर के महीने में अमेरिकी संसद में इस सिद्धांत की घोषणा की थी जिसका सार यह था कि पश्चिमी गोलार्ध में अमेरिका का प्रभाव क्षेत्र रहेगा नए स्वतंत्र हुए लैटिन अमेरिकी देशों पर यूरोप के देश उपनिवेश स्थापित करने की नीयत से नजर न डालें।

1940 में इसमें थियोडोर रूज़वेल्ट ने और एक बात जोड़ी कि यूरोप के देशों और लैटिन अमेरिकी देशों के झगड़ो में अमेरिका को हस्तक्षेप करने का अधिकार है जिससे कि इस क्षेत्र में अनावश्यक युद्ध न हो और शांति बनाई रखी जा सके। यह मानो अमेरिका द्वारा अंतर्राष्ट्रीय पुलिस कर्तव्य था। और इसके बाद से ही लैटिन अमेरिकी देशों के प्रति अमेरिका की यह तयशुदा विदेश नीति बन गई। लैटिन अमेरिकी देश अमेरिका के हस्तक्षेप और अनावश्यक दबदबे से तंग आ गये।

इस नीति के तहत अमेरिका लैटिन अमेरिकी देशों में अपने मनमाफिक सरकार का गठन चाहने लगा, अगर वैसा न हो तो सेना भेज कर या अपनी गुप्तचर एजेंसी सी.आई.ए. के द्वारा सैनिक तख्ता पलट करवा कर, ऐसा करने के पीछे उसका

प्रचार होता कि इस क्षेत्र में साम्यवाद के प्रसार को रोकना साथ ही साथ इस देशों में अमेरिकी पूँजी की रक्षा करना, रहता था।

स्वतंत्रता के पश्चात लैटिन अमेरिकी देशों में ''काउडिलोस''(Caudillos) अर्थात वे करिश्माई शासक जो किन्हीं शक्तिप्रर्दशन की घटना से प्रसिद्ध हो गए थे, का शासन स्थापित हो गया था। वे बड़े ही भ्रष्ट और मूर्ख थे। अमेरिकी कंपनिया इन्हें घूस दे कर, इनके बहुमूल्य संसाधनों पर लंबे समय के लिए अधिकार कर लेती थीं और देश का संसाधन देशवासियों के बजाय अमेरिकी पूँजीपतियों की पॉकेट भरता रहता था। ऐसे शासक अत्याचारी भी होते थे और गरीब जनता इनकी क्रूर सेना से पिसती रहती थी। इन देशों में जनसंख्या का एक छोटा भाग यूरोपीय मूल के धनिक वर्ग का था जो बड़ी–बड़ी जमीनों के मालिक थे और देश की राजनीतिक, आर्थिक और सैन्य जीवन में प्रमुख भूमिका निभाते थे। ज्यादा जनसंख्या यहाँ के मूल निवासियों, मिश्रित जातियों और अफ्रीकी गुलामों के वंशजों की थी जिनके पास बहुत कम भूमि थी अतः इन देशों में खाद्यान्न की कमी बनी रहती थी।

द्वितीय विश्व युद्ध के बाद भी लैटिन अमेरिकी देशों में संयुक्त राज्य अमेरिका की कंपनियाँ छाई रहीं, कई देश सिर्फ एक फसल पर आधारित अर्थव्यवस्था बने रहे जिसका एकमात्र खरीदार अमेरिका होता और वह फसल के दाम तय करता। अपने प्रभुत्व को बनाए रखने के लिए अमेरिकी कंपनियाँ अपने देश की सहायता से भ्रष्ट शासनों को बढ़ावा देती थीं जो अलोकतांत्रिक और सेना–प्रभावित होते। अगर लोकतांत्रिक चुनाव प्रणाली से चुन कर कोई सरकार बनती और वह आर्थिक व सामाजिक सुधार के कदम उठाती तो अमेरिका तुरन्त उसे साम्यवादी ठहरा देता ; ऐसी शासन को संयुक्त राज्य अमेरिका के लिए हमेशा खतरा माना जाता जो आमूल आर्थिक और सामाजिक परिवर्तन लाने की कोशिश करता। वे कदम जिनसे आम जनता या गरीबों को राहत मिले, अमेरिका द्वारा खतरनाक माने जाते। ऐसे शासकों को साम्यवाद से प्रेरित या साम्यवाद द्वारा नियंत्रित मान कर अमेरिका की सुरक्षा में खतरा करार कर दिया जाता और फिर इन देशों में सही या गलत ढ़ंग से हस्तक्षेप कर अमेरिका अपनी मनमानी चाहता। फलस्वरूप लैटिन अमेरिका के देश भी पिछड़े रह गए और औपनिवेशिक स्वतंत्रता के पश्चात जितना विकास होना चाहिए था नहीं हो पाया।

द्वितीय विश्व युद्ध के बाद शीत युद्ध के काल में संयुक्त राज्य अमेरिका ने सैनिक और आर्थिक मदद दे कर पश्चिमी गोलार्ध से साम्यवाद को दूर रखना चाहा। उसने लैटिन अमेरिकी देशों को दबाव डाला कि वे अपने यहाँ के साम्यवादी दलों को दबा दें और सोवियत संघ से संबंध रखने की कोशिश न करे, न ही कोई आर्थिक मदद लें। पर यह असंभव बात थी क्योंकि लैटिन अमेरिकी जनता गरीब थी अतः वह साम्यवाद की तरफ अपने–आप ही आर्कषित थी, ऐसे में जब चुनाव होते तो साम्यवादी विचार वाले नेता और दल ही बहुमत पाते, तब अमेरिका ऐसे जनतांत्रिक

बहुमत प्राप्त लोकप्रिय सरकारों को, जो अपने–अपने देश में आमूल परिवर्तनकारी सुधार लाने की कोशिश करते थे को सैन्य तख्ता पलट से गिरवा देता (1962–1964) के बीच कई लैटिन अमेरिकी देश ऐसे सैन्य तख्ता पलट के शिकार हुए जैसे चिली, होंडुरास, अर्जेटीना, ब्राजील, बोलिविया इत्यादि। अमरीकन मदद सैनिक क्षेत्र में अधिक होता तथा आर्थिक क्षेत्र में कम। आर्थिक मदद कर्ज के रूप में होते थे अतः उन्हें चुकाना इन देशों के लिए बहुत ही मुश्किल होता। सरकारों को कल्याणकारी कार्यों में सरकारी खर्चें में कटौती करनी पड़ती जैसे स्वास्थ्य सेवा, शिक्षा, पेंशन इत्यादि जिससे सरकार के प्रति जनता नाराज हो जाती, उधर कर्ज न चुका पाने की स्थिति में अमेरिका सारी मौद्रिक मदद बन्द कर देता अतः अपने इस अमीर पड़ोसी से लैटिन अमेरिकी देशों का बड़ा ही विचित्र संबंध था।

अमेरिकी राष्ट्रपति जॉन कैनेडी ने 1961 में एक महत्वाकांक्षी योजना बनाई जिसे ''विकास के लिए संबंध'' (Alliance for progress program) कहा गया, जिसके दो पहलू थे पहला था दस वर्षों में बीस बिलियन डालर का आर्थिक पूँजी निवेश किया जाएगा ताकि साम्यवादीं आंदोलनों की हवा निकल जाए और दूसरा, लैटिन अमेरिकी देशों में जनतांत्रिक सरकारों की स्थापना हो। पर यह केवल दिखाने के दांत थे। सच्चाई यह थी कि इसी दौरान अमेरिका ने सेना और स्थानीय पुलिस के लिए ज्यादा धन दिया जिससे कि अमेरिका के पसंदीदा तानाशाह अपनी गद्दी पर कायम रह सकें। कैनेडी ने ही क्यूबा के बतिस्ता जैसे क्रूर और भ्रष्ट तानाशाह को बनाए रखना चाहा।

अमेरिकी मदद ने लैटिन अमेरिकी देशों का जरा भी भला न किया बल्कि उनके विदेशी कर्ज़ में भारी इज़ाफा कर दिया। वहाँ की सरकारें यह तय नहीं कर पाती थीं कि वे मदद के धन को औद्योगिक विकास में खर्च करें या साम्यवादी दलों को दबाने के लिए सेना और पुलिस को सज्जित करने में, या सामाजिक सुधार जैसे शिक्षा व स्वास्थ्य पर खर्च करें या गरीबी की मार झेल रही बहुसंख्य जनता पर।

संयुक्त राज्य अमेरिका के कॉरपोरेट व्यवसायी चाहते थे कि अमेरिकी झंडा, अमेरिकी डालर की मदद को हमेशा आगे आए। वे मुफ्त व्यापार के हिमायती थे और उन्होंने भारी मात्रा में लैटिन अमेरिकी देशों में भूमि, खदान और तेल–क्षेत्र खरीद रखे थे। यहाँ की निम्न मजदूरी का फायदा उठाने के लिए उन्होंने कारखाने लगा लिये और यहाँ मशीनें, वाहन और हथियार बनाना शुरू किया। उदाहरण के लिए 1960 के दशक में ब्राज़ील के पचपन बड़े फर्मों में से इक्तीस ज्यादातर अमेरिकी फर्म थे। 1970 में दशक में अर्जेंटीना के दस में से आठ बड़े फर्म और पचास प्रतिशत बैंक विदेशी थे। अमेरिकी व्यवसायी अपनी सरकार पर दबाव डालते कि वे उनके पूँजी निवेशों की रक्षा करें। चुनाव के समय वे उसी प्रत्याशी के दल के लिए धन–दान करते जो उनकी पूँजी की रक्षा का वादा करते।

अर्जेंटीना, ब्राजील और मैक्सिको जैसे देश औद्योगीकरण के रास्ते पर चल निकले जिससे एक मध्यमवर्गीय जनता का वर्ग तैयार हुआ पर यह राजनीतिक

निराशा भी लाया क्योंकि वे राजनीति और देश के संसाधनों में और हिस्सेदारी चाहने लगे परन्तु पुराने जमीन के मालिकाना हक रखने वाले श्वेतों के वंशजों के सामने वे टिक नहीं पाए। अतः सामाजिक और आर्थिक विभेद बने रहे।

जब मजदूर दल पारिश्रमिक बढ़ाने की मांग पर एक जुट होने लगे तो उनका आंदोलन उग्र होने लगा, जिससे घबरा कर मध्य वर्ग पुरातनपंथी तत्वों जैसे भूपति कुलीन वर्ग और सेना की तरफ हो गया अतः जनतांत्रिक सरकारों के गठन में बाधा पहुँची। गरीब ग्रामीण जनता राजनीति से उदासीन रही और उग्र मजदूर दल, कुलीन के हाथों से सत्ता लेने में सफल नहीं हुआ।

सेना और राजनीति का लैटिन अमेरिकी देशों में नजदीक का संबंध रहा। सेना को कोई रक्षात्मक या विदेशी आक्रमण जनित युद्ध लड़ना नहीं पड़ा था अतः वह देश की राजनीति की तरफ झुकी रहती थी। सेना के अधिकारी पुरानी व्यवस्था को बनाए रखने में देशहित समझते थे। दक्षिण अमेरिकी देशों के सैन्य नायक जनता को अभीभूत कर लेते थे और जब तक वे लोकप्रिय रहते, उनका व्यक्तित्व चमत्कारी प्रभाव डालता था जैसे अर्जेटीना के जुआन पेरों, चिली के अगस्तो पिनोशे, डोमिनिकन रिपब्लिक के राफेल ट्रूजिलो और क्यूबा के फिदेल कास्त्रो।

लैटिन अमेरिका : सैनिक एवं असैनिक शासन के बीच डाँवाडोल

लैटिन अमेरिका का बींसवी सदी का इतिहास सैन्य तानाशाही, दमन, अमेरिकी हस्तक्षेप एवं जनतंत्र की शुरूआत की कोशिशों का इतिहास है। कुछ उदाहरण निम्नलिखित हैं।

ग्वाटेमाला

उत्तरी एवं दक्षिणी अमेरिका के बीच जो संकरी भूमि है, वहीं का एक देश है ग्वाटेमाला जिसका इतिहास अत्यंत हिंसा और अमेरिकी हस्तक्षेप से भरा हुआ है। प्राचीन समय में यह देश माया सभ्यता का केन्द्र था जो पूरे मध्य अमेरिका में फैला हुआ था पर सोलहवीं शताब्दी में इस भाग पर स्पेन का औपनिवेशिक अधिकार हो गया। 1821 में इसे अन्य लैटिन अमेरिकी देशों के साथ, स्पेन से स्वतंत्रता मिली और 1841 तक यह मध्य अमेरिका संघीय गणतंत्र का भाग रहा। मध्य उन्नीसवीं शताब्दी से अंत तक यहाँ अत्यंत राजनीतिक अस्थिरता रही जिसमें पड़ोसी देश अल–सल्वाडोर और होन्डुरास से युद्ध भी शामिल है (1851, 1863)।

1898 में इस्ट्राडा काबरेरा नामक तानाशाह ने सत्ता हथियाई। उसके द्वारा कई नृशंस कार्य किए गए जैसे विरोधियों की हत्या, मजदूरों के साथ अमानवीय बर्ताव इत्यादि पर यह वह ही व्यक्ति था जिसने ग्वाटेमाला में अमेरिकी कंपनी यूनाइटेड फ्रूट कंपनी को केले के व्यापार की इजाजत 1904 में दी। इस कंपनी को राजधानी ग्वाटेमाला सिटी से प्योर्तो बैरियोज़ बंदरगाह तक की रेलमार्ग कोपूरा करने का अधिकार मिला, केले के बागान लगाने के लिए बड़ी–बड़ी भूमि मिली और व्यापारिक करों में बड़ी छूट मिली।

द्वितीय विश्व युद्ध के दौरान तत्कालीन तानाशाह उबीको ने अमेरिका के प्रति स्वामीभक्ति दिखाते हुए जर्मन मूल के सारे ग्वाटेमाला निवासियों को कैद कर लिया था क्योंकि वह अमेरिका के समर्थन से ही सत्ता पा सका था। उबीको के विरूद्ध सैनिक विप्लव हुआ और तीन जनरलों का दल शासन में आया, उन्होंने देश का पहला स्वतंत्र चुनाव करवाया। 20 अक्टूबर 1944 को हुई सत्ता परिवर्तन को ग्वाटेमाला क्रांति दिवस कहा जाता है। सैनिक जनरल और विश्वविद्यालय के छात्रों के सम्मिलित विरोध पर तानाशाह जोर्ज उबीको को सत्ता छोड़नी पड़ी थी और जोस अरइवलो राष्ट्रपति बना। वह उसका उत्तराधिकारी जैकोबो अरबेंज़ गुज़मान के दस वर्ष का शासन काल राजनैतिक स्वाधीनता का ''वसंत काल'' माना जाता है। इस नए शासन ने स्वास्थ्य सेवा के केन्द्र खोले, शिक्षा का विस्तार किया, उदार श्रमिक कानून बनाए। उसके बाद 1950 में चुनाव हुए जिसमें आर्बेज गुज़मान राष्ट्रपति बना जिसकी सबसे बड़ी उपलब्धि 1952 की कृषि न की जा रही भूमि को भूमिहीन किसानों में बाँट दिया गया जिससे पाँच लाख व्यक्ति लाभान्वित हुए, उसने अन्य कई सामाजिक और आर्थिक सुधार लागू किए और संयुक्त राज्य अमेरिका की यूनाइटेड फ्रूट कंपनी को अपने अधिकार में ले लिया जिसने देश की अर्थव्यवस्था को अपने प्रभुत्व से दबा रखा था। कंपनी का रेलमार्ग पर अधिकार था, बंदरगाह प्योर्तो बैरियोज़ पर अधिकार था और बिजली निर्माण का एकाधिकार था और यह अमरिकी कम्पनी दूसरे देशों से आने वाले सामान पर चुंगी लगाती थी।

यह एक ऐसा कदम था जिसने अमेरिकी राक्षस को जगा डाला। अमेरिकी राष्ट्रपति ट्रूमैन से ले कर आइज़नहावर ग्वाटेमाला के साम्यवाद से भयभीत हो उठे और सी.आई.ए. को गुज़मान को हटाने की जिम्मेदारी दी जो 1954 में पूरी हुई। फिर अमेरिकी पसंद के व्यक्ति राष्ट्रपति बनते गए, जैसे डिगोरास–जिसने ग्वाटेमाला में क्यूबा तख्तापलट के लिए ट्रेनिंग देने की जगह दी, हवाईपट्टियां दी जहाँ से पिग्स खाड़ी पर आक्रमण किया जा सके। उसी के समय से गुरिल्ला दलों की स्थापना हुई जो भ्रष्ट एवं अमेरिका समर्थित सरकारों के विरूद्ध उठ खड़ी हुईं। अमेरिका ने सैन्य सलाहकारों की ग्वाटेमाला भेजा जो सैनिकों को आधुनिक हथियार व युद्ध के तरीके सिखाने लगे। 1976 में एक भयानक भूकंप ने ग्वाटेमाला को हिला डाला, 25,000 से भी ज्यादा लोग मर गए पर सरकार राहत नहीं पहुंचा पाई। गुरिल्ला दलों में वृद्धि होने लगी। 1960–1996 तक ऐसी स्थिति बनी रही। सरकार गुरिल्लो को दबाने गाँवो की जनता को भी मारने से नहीं हिचकती। 1982 में रियोस मोंट की सैनिक सत्ता स्थापित हुई उसने भीषण दमन चक्र चलाया, पूरी दुनिया उसकी आलोचना करने लगी पर अमेरिकी राष्ट्रपति रोनाल्ड रीगन ने उसका समर्थन किया और कहा कि ''वह अनुकरणीय चरित्र का व्यक्ति है''। सरकार के ऐसे दमन चक्र से बचने के लिए ग्वाटेमाला के 45,000 लोग मैक्सिको में भाग कर शरण लेने पर मजबूर हुए। 1992 में रिगोबेर्टा मेन्चू नामक लेखिका को नोबल पुरस्कार मिला क्योंकि उसने अमेरिका समर्थित ग्वाटेमाला सरकार के नरसंहार को तथ्यों के साथ दुनिया के सामने रखा। 1999 में तत्कालीन राष्ट्रपति बिल क्लिंटन

ने भी माना कि अमेरिका का ग्वाटेमाला की सेना को समर्थन देना गलत था, जिसने इतनी बड़ी संख्या में अपने ही देश के नागरिकों को मारा।

1996 के बाद संयुक्त राष्ट्र संघ द्वारा कराई शांति वार्ता के बाद गुरिल्लों ने हथियार डाल दिये है। जनवरी 2012 में सैनिक शासक रियोस मोंट पर ग्वाटेमाला की अदालत में मुकदमा चलाया गया और उस पर हत्या, बलात्कार और नरसंहार जैसे आरोप लगाये गये। 2013 में उसे दोषी पाया गया और 80 वर्ष के कैद की सजा हुई हालांकि बाद में उसके उम्र को देखते हुए उसे छोड़ दिया गया पर पहली बार किसी देश के शासन प्रमुख को नरसंहार का दोषी करार दिया गया। 2015 में स्वतंत्र चुनाव हुये और जिम्मी मोरालेस ने राष्ट्रपति पद संभाला पर भ्रष्टाचार और गरीबी देश की बड़ी समस्या बनी हुई है।

पनामा

वर्तमान में पनामा एक छोटा स्वतंत्र गणतंत्र है जो उत्तर और दक्षिण अमेरिका के मध्य स्थित है। इस पर स्पेन का औपनिवेशिक अधिकार सोलहवीं में हुआ था जिससे 1821 में इसे अन्य लैटिन अमेरिकी देशों के समान मुक्ति मिली थी, पर तब यह नोवा ग्रनाडा, इक्वेडर और वेनेजुएला के साथ मिलकर ग्रान कोलंबिया का भाग था। 1831 में ग्रान कोलंबिया भंग हो गया और पनामा तथा नोवा ग्रनाडा मिलकर कोलंबिया देश बने। उन्नीसवीं सदी में पनामा के लोग स्वयं को कोलंबिया से अलग समझने लगे और उससे अलग हो जाने का प्रयत्न करने लगे। 1846 में कोलंबिया और संयुक्त राज्य अमेरिका में एक संधि हुई जिसके अनुसार अमेरिका ने कोलंबिया की सर्वाधिकार–सम्पन्नता (Paramountcy) का आश्वासन दिया और पनामा के विद्रोहों को कुचलने में मदद की।

स्पेन से युद्ध के बाद अमेरिका को प्रशांत में उपनिवेश जैसे क्षेत्र मिले अतः अमेरिका को मध्य अमेरिका के किसी देश कोलंबिया के पनामा या निकरागुआ को काट कर नहर बनाने की इच्छा हुई। जिससे अमेरिकी पूर्वी तट से अर्थात अटलांटिक से जहाज पश्चिमी तट या प्रशांत तक पहुँच सके। 1850 में ही ब्रिटेन के साथ अमेरिका की एक संधि की गई थी कि पनामा नहर बनाने की स्थिति में कोई भी देश इस पर पूरा अधिकार नहीं रखेगा परन्तु 1901 में ब्रिटिश सरकार को मना लिया गया कि अमेरिका नहर बनाए और सुरक्षा का एकाधिकार रखे। अमेरिका सचिव हे (Hay) ने कोलंबिया को दो करोड़ पचास लाख डालर एक बार तथा मार्ग अधिकार के किराये के रूप में पच्चीस लाख डालर प्रतिवर्ष देने का प्रस्ताव रखा। पनामा के लोग इससे हर्षित हुए, उन्हें लगा अब उनके दिन भी बदलेंगे पर कोलंबिया की संसद ने इसे मंजूरी नहीं दी। थियोडोर रूज़वेल्ट अमेरिकी राष्ट्रपति होते हुए भी बड़ा साम्राज्यवादी था उसने पनामा के विद्रोहियों को उकसाया। अमेरिकी जंगी जहाज के देख–रेख में पनामा की विद्रोही सेना कोलंबिया से भिड़ी और तीन दिन के अंदर पनामा राज्य कोलंबिया से अगल हो गया जिसे संयुक्त राज्य अमेरिका ने मान्यता भी दे दी। 1903 में पनामा नामक देश अस्तित्व में आया

दक्षिण (लैटिन) अमरीकी देश

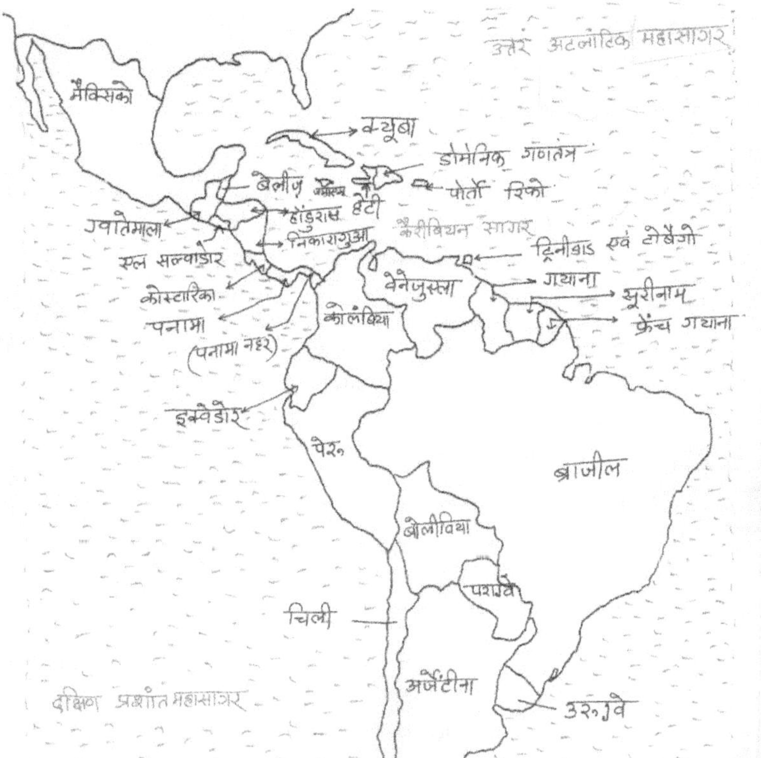

और नई सरकार ने अमेरिका को न सिर्फ नहर बनाने की मंजूरी बल्कि कई रियायते दीं जैसे नहर के दोनों तरफ 16 कि.मी. तक अमेरिकी ज़ोन या अमेरिकी कानूनी प्रभुत्व रहेगा, और नहर को बनाने, किलेबंदी करने और उसकी सुरक्षा करने का पूरा अधिकार होगा। इस क्षेत्र का प्रशासन भी अमेरिकी होगा और पनामा को मात्र किराया मिलेगा। अतः देश बनने में सफल होने के बावजूद पनामा, 1914 में बनकर तैयार हो जाने वाली पनामा नहर का लाभ उठा न पाया। महाकाय अमेरिका की दबंगई चलती रहीं।

पनामा का शासन वैसे तो संवैधानिक गणतंत्र था पर यह एक छोटे व्यापारिक हित वाले कुलीन तंत्र के हाथ में था। 1950 के दशक से पनामा की सेना इस कुलीन तंत्र के राजनैतिक एकाधिकार को चुनौती देने लगी। 1968 के चुनाव में एरीयास मैड्रिड नामक व्यक्ति बहुमत से चुने गये पर एक हफ्ते के अंदर 11 अक्टूबर, 1968 को उन्हें नेशनल गार्ड (पनामा की सेना) ने हटा दिया और उसके बाद से ही पनामा के दुर्दिन प्रारंभ हुए जो देश को पतन के गर्त में गिराने वाले हुए। इस पतन का अंत अमेरिका द्वारा 1989 में पनामा पर आक्रमण के रूप में हुआ।

एरीयास को हटाने का कारण था कि चुनाव के पहले उसने नेशनल गार्ड की व्यवस्था में हस्तक्षेप न करने का वचन दिया था पर पद संभालते ही उसने इसमें परिवर्तन करना चाहा अतः पनामा के इतिहास का प्रथम सैन्य तख्ता पलट एक चुनी हुई सरकार के विरूद्ध हुआ।

उधर सत्ता संभालते ही नेशनल गार्ड ने जनप्रिय कदम उठाने शुरू किए जैसे खाने की चीजों, दवाओं और अन्य जरूरी सामानों के दामों को स्थिर कर देना। गरीब परिवारों के अवैध झुग्गी को वैध करना, इत्यादि। साथ ही नेशनल गार्ड ने विरोधियों और साम्यवादियों का दमन करना शुरू किया।

उमर टोरिज़ो के नियंत्रण वाली सैन्य सरकार देश के आर्थिक और सामाजिक स्वरूप को बदलने में लग गई। 1972 में संविधान भी बदल दिया गया जिसमें टोरिज़ो को छह वर्षों के लिए असीमित अधिकार दे दिए गये। 1981 में टोरिज़ो हवाई दुर्घटना में मारा गया अब जनरल मैनुएल नोरेगा के हाथों, सत्ता आ गई जिसने 'पनामा डिफेंस फोरसेस' के जरिए देश की राजनीति पर नियंत्रण रखा।

1984 में चुनाव हुए फिर से एरीयास मैड्रिड को बहुमत मिला पर नोरेगा ने बारलेट्टा नामक सैन्य अधिकारी को विजेता घोषित किया। देश विश्व बैंक और आई.एम.एफ. का कर्जदार था अतः सामाजिक सुधार के कार्यक्रम कम करने पड़े जिससे लोगों में क्रोध बढ़ा, पर सैन्य दमन चक्र के जरिए उसे दबा दिया गया।

नोरेगा के नियंत्रण वाली सरकार ने एक समानांतर आपराधिक अर्थव्यवस्था तैयार की जो छुपे हुए ढ़ंग से नशीले पदार्थों की तस्करी व काले धन को वैध बनाने से होने वाली आय से सेना व उनके समर्थकों के लिए धन का स्त्रोत बन गई। इन लोगों ने मानव तस्करी से भी खूब धन कमाया।

ऐसी सरकार को संयुक्त राज्य अमेरिका की सरकार ने पूरा समर्थन दिया। इस सरकार के जरिये वे पनामा के साम्यवादियों को समाप्त कर देना चाहते थे, सैकड़ो विरोधियों को शारीरिक प्रताड़ना दी गई, मुखर लोगों की हत्या करवाई और कइयों को देश से बाहर निकलवा दिया। अमेरिकी गुप्तचर संस्था सी.आई.ए. के देख–रेख में नोरेगा ने निकरागुआ के कोन्ट्रास विद्रोहियों को हथियार की खेप पहुँचाई। आस–पास के देशों को अशांत करने में मदद भी दी।

सैन्य दमन के विरोध में नागरिकों के दल बनने लगे। ऐसे ही ऐसे दल (Civic Crusade) ने 10 जुलाई 1987 में लोगों से विरोध प्रदर्शन का आह्वान किया। पनामा सेना की दंगारोधी दल – ''डोबरमैन्स'' – ने दमन का भयंकर चक्र चलाया। इस काले शुक्रवार को छह सौ लोग घायल हुए, उतने ही जेल में ठूंसे गए जिनके साथ बलात्कार या अत्याचार की पराकाष्ठा की गई।

अमेरिकी दूतावास पर पत्थर फेंके गए तो अमेरिका ने विश्व को दिखाने के लिए पनामा पर आर्थिक प्रतिबंध लगा दिए जिससे नोरेगा का तो कुछ नहीं बिगड़ा पर आम जनता की मुसीबतें बढ़ गयीं। अमेरिका की एक अदालत ने 1988 में नोरेगा को नशीले पदार्थों की तस्करी के जुर्म का अपराधी घोषित किया।

लंबे समय तक नोरेगा का साथ देने वाली अमेरिकी सरकार ने अब अपना रूख बदल दिया। 20 दिसम्बर, 1989 को अमेरिकी अभियान 'न्यायप्रिय कारण' (Just Cause) की शुरूआत की। अमेरिका ने घोषणा की कि पनामा में रह रहें अमेरिकी नागरिकों की सुरक्षा के लिए, मानव अधिकारों की रक्षा के लिए, मादक पदार्थों की तस्करी रोकने के लिए और नहर की निष्पक्षता बनाए रखने के लिए, अमेरिकी पनामा पर आक्रमण कर रहा है हांलाकि अभी तक नोरेगा के बारे में जानते हुए भी अमेरिका ने आंख मूंद रखी थी। आक्रमण में भयंकर बरबादी हुई। अमेरिकी हमले और बमबारी से सैकड़ों पनामाई मारे गए, जिनमें ज्यादा संख्या गैर सैनिकों की थी। 23 अमेरिकी जवानों की जान गई। धन संपदा और व्यवसायों की भरपूर बरबादी हुई। दिसम्बर 29, 1989 को संयुक्त राष्ट्र संघ की महासभा में एक प्रस्ताव रखा गया जिसमें अमेरिका को पनामा देश के सार्वभौमिकता, स्वतंत्रता एवं क्षेत्रीय अखंडता पर हमले के लिए दोषी माना गया पर इसे अमेरिका, ब्रिटेन और फ्रांस ने वीटो कर दिया।

1 सितम्बर 1999 को एरियास मैड्रिड की विधवा मिरेया मोस्कोसो राष्ट्रपति चुनी गईं और अमेरिका से पनामा नहर का स्वामित्व वापस पनामा को दिलवाने में सफल हुईं।

निकरागुआ

मध्य अमेरिका के स्थलडमरूमध्य का यह देश अपने पड़ोसी देशों की अपेक्षाकृत क्षेत्रफल में बड़ा और घनी आबादी वाला है। सोलहवीं सदी से स्पेन का इस पर

भी कब्जा था जो 1821 में समाप्त हुआ। यह भी मध्य अमेरिका संघीय गणतंत्र का भाग रहा फिर 1838 में अलग होकर स्वतंत्र गणतंत्र बन गया। रुढ़िवादी कुलीन वर्ग के शासन काल के दौरान राजनीतिक उथल पुथल बनी रही। यह देश भी संयुक्त राज्य अमेरिका की "मुनरो सिद्धांत" की परछाई तले रहने पर मजबूर था। उन्नीसवीं सदी के उत्तरार्ध में अमेरिका और कई पश्चिमी यूरोपीय देश, निकरागुआ के मध्य से नहर काट कर अटलांटिक और प्रशांत महासागर को जोड़ने की योजना बनाते रहे।

अमेरिकी हस्तक्षेप का प्रारंभ

1909 में निकरागुआ का राष्ट्रपति जोस सांतोस जेलाया था जिसे नहर काटने का प्रस्ताव पसंद नहीं था अतः अमेरिका ने रुढ़िवादी ताकतों को राजनैतिक सहयोग देकर जेलाया के विरूद्ध विद्रोह करने को उकसाया। जेलाया के हुक्म से पाँच सौ विद्रोहियों जिसमें दो अमरीकन भी थे, को मौत के घाट उतार दिया गया अतः नवम्बर 1909 को अमेरिकी युद्ध पोत निकरागुआ के नजदीक तैनात कर दिए गए। जेलाया को त्यागपत्र देना पड़ा। 1912 का राष्ट्रपति एडोल्फो डियाज़ ने अपने युद्ध मंत्री और पुलिस प्रमुख को पद से हटने को कहा वे हट तो गए पर एक बड़े विद्रोह की तैयारी करने लगे। जब अमेरिका ने निकरागुआ में बसे अपने नागरिकों की सुरक्षा के बारे में डियाज़ से गारंटी मांगी तो उसने अमेरिकी मदद की गुहार लगा दी अतः अमेरिका ने अपने विशिष्ट लड़ाकू सेना "मरीन" भेज दिए जिन्होंने एक छोटे समय को छोड़कर 1912 से लेकर 1933 तक निकरागुआ पर कब्जा बनाए रखा।

अमेरिकी हरकतों के पीछे उनकी प्रस्तावित नहर में रुचि थी, उन्होंने तत्कालीन निकरागुआ राष्ट्रपति से अत्यंत फायदेमंद संधियां कर लीं जिनसे बनने वाली नहर पर उनका नियंत्रण हो जाता, पर नहर आखिर पनामा में बनी।

निकरागुआ की सेना के जनरल अगस्तो सारडीनो को अपने देश का यों झुक जाना पसंद नहीं आया और उसने रुढ़िवादियों और अमेरिकी कब्जे के विरूद्ध गुरिल्ला युद्ध छेड़ दिया जो 1927 में 1933 तक चला। अमेरिकी मरीन 1933 में लौट तो गए पर वे "गार्डिया नेशनल" नामक एक सैन्य सह पुलिस दस्ता बना गए जो अमेरिकी हितों का रक्षक थी।

जनवरी 1933 में निकरागुआ में चुनाव हुए, नई सरकार में अनास्तासियो सोमोज़ा गार्सिया था जिसे अमेरिका का पूरा समर्थन था। उसने सारडीनो को मरवा डाला और बड़ी संख्या में उसके समर्थक स्त्री, पुरूष और बच्चों को भी मरवा डाला। इसके बाद सोमोजा तानाशाह बन गया और उसके परिवार का मानो निकरागुआ पर पुश्तैनी शासन हो गया। सितम्बर 1956 को सोमोज़ा राष्ट्रपति को लोपेज़ पेरेज़ नामक कवि ने गोली मार दी तब उसका बेटा लुई सोमाज़ राष्ट्रपति बन गया। यह हृदय आघात से कुछ समय बाद मर गया। अब सत्ता तीसरे सोमोज़ा के हाथ थी,

जो सबसे निर्दयी और लालची सोमोज़ा डिबायल था जिसने हर सही–गलत ढ़ंग से पैसे बनाने की कोशिश की। जैसे अच्छी भूमि पर कब्जा, निर्माण कार्यों में घूस लेना, वेश्यावृत्ति और जुआ से धन उगाहना, तरह–तरह के कर लगाना इत्यादि। 1972 में एक भयंकर भूकंप आया जिसके बाद वह और उसकी हुक्म की ताबेदार नेशनल गार्डिया ने अतिरेक कर दिया। गार्डिया ने खुले तौर पर लूट मचाई तो सोमोजा ने विदेशी मदद राशि अपने नाम कर ली और राहत सामग्री बेच डाली।

पूरे देश में त्राहि त्राहि मच गई और जब जनवरी 1978 में सोमोज़ा ने पेड्रो ओकिन चामोरो को मरवा डाला, जो उसका आलोचक था तो लोग उसके विरूद्ध उठ खड़े हुए। गार्डिया ने हजारों लोगों को मार डाला पर लोग अब सोमोज़ा को बर्दाश्त करने को तैयार न थे।

अमेरिकी लोगों ने भी एक हैरत अंगेज घटना देखी। अमेरिकी चैनल के पत्रकार बिल स्टेवार्ट को गार्डिया ने पकड़ लिया क्योंकि वह निष्पक्ष खबरें जो सोमोज़ा और गार्डिया की आलोचना थी, दिखा रहा था ; उसे घुटने पर झुका कर मार डाला गया जबकि कैमरा सारी फिल्म ले रहा था और कुछ ही घंटो में यह अमेरिका में प्रसारित हो गया। जिमी कार्टर की सरकार ने सोमोजा को हथियार देना बंद कर दिया। एक महीने बाद सोमोजा बहुत सारा धन ले कर, हजारों को मरवा कर, बच्चों को यतीम कर, देश को विदेशी कर्ज में डुबा कर भाग गया।

अब एक क्रांतिकारी दल सत्ता में आया जो अपने दल का नाम 1933 के अत्यंत लोकप्रिय गुरिल्ला शहीद नेता सैनडीनो के नाम पर सैंडीनिस्टा रख लिया। अतः जुलाई 1979 में सैंडेनिस्टा क्रांति सफल हुई यह दल प्राकृतिक रूप से वाममार्गी था। इन्होंने कई वामपंथी सुधार शुरू किए जिससे अमेरिका के निगाहों में खटकने लगे। उन्होंने कृषि भूमि का राष्ट्रीयकरण, आधारभूत उद्योगों का राष्ट्रीयकरण और चुनाव प्रक्रिया में सुधार जैसे कदम उठाए। उन्होंने स्वास्थ्य सेवा, कुछ हद तक अभिव्यक्ति की आजादी, साक्षरता अभियान जैसे सामाजिक सुधारों की भी कोशिश की। राष्ट्रपति कार्टर ने शुरूआत में कुछ अमेरिकी मदद दी थी परन्तु वामपंथी सुधारों की तरफ झुकाव के कारण ये मदद बंद कर दी।

रोनाल्ड रीगन के काल में निकरागुआ के प्रति कठोर रूख अपनाया गया। जब यहाँ की सरकार पूर्वी यूरोपीय कम्यूनिस्ट देशों से मदद पाने लगी और सोवियत संघ का भी दौरा किया (हालांकि फ्रांस और पश्चिमी जर्मनी की भी मदद मिली थी) तब रीगन ने सारी अमेरिकी आर्थिक मदद बन्द कर दी और जब उन्हें यह पता चला कि निगरागुआ ने पड़ोसी देश अल सल्वाडोर के वामपंथी विद्रोहियों को हथियारों की मदद भेजी है तो ; सी.आई.ए. को हुक्म दिया कि छुपे ढ़ंग से सेडिनिस्टाओं को अपदस्त करने की कोशिश करे यह मार्च 1981 का समय था।

सी.आई.ए. ने निकरागुआ में एक विद्रोही दस्ता तैयार किया जिसे "कोन्ट्रा" कहा गया। यह उन तमाम विद्रोही दलों का समूह था जिसे अमेरिका और सी. आई.ए. ट्रेनिंग और सहयोग दे रहा था, इसके मुखिया नेशनल गार्डिया के पुराने

सदस्य थे और यह सारे दल सैंडिनिस्टा सरकार के विरोधी थे और पुराने तानाशाह सोमोज़ा की निजी सेना में थे। परन्तु रोनाल्ड रीगन को कोन्ट्रा की आर्थिक मदद करने के लिए कांग्रेस से धन की मंजूरी मिलने में बड़ी दिक्कत होने लगी। परन्तु जब सैंडिनिस्टा प्रमुख नेता डेनियल ओरटेगा मास्को के दौरे पर आर्थिक मदद मांगने गया तो अमेरिकी कांग्रेस ने "कान्ट्रा" को आर्थिक मदद देने की मंजूरी दे दी। रीगन जैसे व्यक्ति ने सैंडिनिस्टा पर दबाव बनाने की आज्ञा सी.आई.ए. को दी। दक्षिण अमेरिका के कुछ देशों का दल जैसे मैक्सिको, पनामा, कोलंबिया और वेनेजुएला जिन्हें कोन्टाडोरा भी कहा जाता था ने अमेरिका और निकरागुआ सैंडिनिस्टा सरकार के बीच शांति स्थापित करना चाहा और यह रास्ता सुझाया कि निकरागुआ से सभी तरह के सलाहकार चाहे वे अमेरिकी हों या रूसी और सभी विदेशी सैनिक चले जाएं तो शांति की स्थापना होगी पर अमेरिकी जैसी सैनिक ताकत को यह नहीं सुहाया। रीगन ने सी.आई.ए. को कोन्ट्रा विद्रोहियों को हथियार देने और बगल के देश होन्डुरास में प्रशिक्षण देने को कहा।

कोन्ट्रा हर मदद के बावजूद कुछ हासिल नहीं कर पाए क्योंकि आम जनता उन्हें पसंद नहीं करती थी। अमेरिका की जनता भी उनके देश की सरकार का विद्रोही दल को मदद देना नहीं भा रहा था, अतः कांग्रेस ने कोन्ट्राओं को मदद बंद कर दी। रीगन इसे जारी रखने पर आमादा था अतः शुरू हुआ वह विचित्र किस्सा जिसे ''ईरान—कोन्ट्रा मामला'' कहा जाता है अमेरिकी कर्नल ओलिवर नार्थ जो अपना काम वाइट हाउस के एक तहखाने—कमरे से चला रहा था, ने अमेरिका के पूँजीपतियों से व्यक्तिगत धन का दान एकत्र किया, और ईरान को इजराइलियों की मध्यस्थता से मिसाइलें और हथियार बेचे, जिससे प्राप्त मुनाफे को कोन्ट्रा विद्रोहियों को भेजने लगा। यह सब कुछ संसदीय कानूनों के विपरीत था। ईरान से अमेरिका का व्यापार प्रतिबंधित था उसकी भी परवाह नहीं की गई। इस बात का पता नवम्बर 1986 में चला और यह एक बड़ा स्कैंडल बन गया। अमेरिकी कांग्रेस ने इस पर कडा ऐतराज जताया। बाद में हेग स्थित अंतर्राष्ट्रीय न्यायालय ने पहली बार अमेरिका के खिलाफ कानूनी फैसला दिया कि 1984 में अमेरिका द्वारा निकरागुआ की चुनी हुई सरकार को अपदस्थ करने की कोशिश अंतर्राष्ट्रीय कानून का उल्लंघन है।

हालांकि धीरे—धीरे सैंडिनिस्टा सरकार की लोकप्रियता घटने लगी। देश आर्थिक संकटों से पहले ही घिरा था जिसमें कोन्ट्रा से लड़ाई, विदेशी ऋण और अमेरिकी व्यापारिक प्रतिबंधों ने और मुश्किलें बढ़ाई। फरवरी 1990 में चुनाव हुए जिसमें अमेरिकी समर्थन प्राप्त वायलेटा चामोरो जो सोमोजा आलोचक व अखबार संपादक पेड्रो चामोरो की विधवा थीं के दल को बहुमत मिला। सैंडिनिस्टा दल की हार हुई। 1996 के आम चुनावों में सैंडिनिस्टा की फिर हार हुई। परन्तु नवम्बर 2006 के चुनावों में सैंडिनिस्टा की जीत हुई और डेनियल ओरटेगा राष्ट्रपति बने। पुनः 2011 में उन्हें जीत मिली, 2014 में वहाँ की राष्ट्रीय सभा ने संविधान में संशोधन कर उन्हें तीसरे सत्र के राष्ट्रपति चुनाव के लिए भी इजाजत दी है अतः 2007 से डेनियल ओरटेगा

ही निकरागुआ के सैंडिनिस्टा राष्ट्रपति है। उन्होंने वेनेजुएला के राष्ट्रपति ह्यूगो शावेज़ से हाथ मिला कर लैटिन अमेरिकी साम्यवादियों का दल बनाने की कोशिश की और उसे "लैटिन अमेरिकी देशों की बोलिवार संधि" का नाम दिया अतः हाल के वर्षों में संयुक्त राज्य अमेरिका का प्रभाव इस क्षेत्र में घटा है।

क्यूबा

कैरेबियन सागर में स्थित क्यूबा जो संयुक्त राज्य अमेरिका से मात्र 365 कि.मी. दूर है वह समकालीन विश्व का अद्भुत उदाहरण है। अमेरिकी हस्तक्षेप के उदाहरण देशों में क्यूबा का नाम आना तो अवश्यंभावी है परन्तु पूँजीवादी अमेरिका के नाक के नीचे यह साम्यवादी द्वीप–देश यहाँ के लोगों के अदम्य साहस का मूर्त रूप है।

अन्य लैटिन अमेरिकी देशों के समान यहाँ भी स्पेनी औपनिवेशिक शासन की स्थापना सोलहवीं सदी में हो गई थी। उन्नीसवीं सदी से ही स्पेन से मुक्ति का आंदोलन यहाँ प्रचलित होने लगा था। यहाँ गन्ने और तंबाकू की खेती खूब होती थी जिसके बागानों और खेतों में काम करने के लिए स्पेनी मालिक गुलाम लाया करते थे। 1892 में क्यूबा से निवार्सित देशभक्त जोस मार्टी ने न्यूयार्क में क्यूबा क्रांतिकारी दल का गठन किया ताकि स्पेन के विरूद्ध क्यूबा की स्वतंत्रता की लड़ाई लड़ी जा सके। उसने सीमोन बोलीवर की तरह अपने राजनीतिक विचार मोंटेक्रिस्टी में रहते हुए लिखे जिसे "मैनिफेस्टो ऑफ मोंटेक्रिस्टी" कहा गया। अपने साथियों के साथ लड़ता हुआ मार्टी "दोस रियोस" की लड़ाई में मारा गया (मई, 1895) परन्तु अपने देश के जनमानस में वह मातृभूमि पर शहीद के रूप में अमर हो गया।

विद्रोही दल स्पेन की सेना के सामने कुछ भी नहीं थे, इस छोटे से देश में दो लाख स्पेनी सैनिक विद्रोहों को कुचलने के लिए कटिबद्ध थे। उनका दमन चक्र चलने लगा। क्यूबा का स्पेनी सैन्य गर्वनर गांव तक के लोगों को घेरेबंदी में रख कर यातना देने लगा। ऐसे घेरेबंदी वाली जगहों की तुलना इतिहासकारों ने बाद में नाज़ी यातना शिविरों से की है। यह अनुमान है कि दो लाख से चार लाख के बीच क्यूबाई जनता ऐसे "रिकोसेनट्राडोस" (Reconcentrados) या घेरेबंदी वाले शिविर में भुखमरी और बिमारियों से मर गई। इस बात की खबर अमेरिकी संसद तक भी पहुँची। अमेरिका और यूरोप के देशों ने स्पेन से कड़ा ऐतराज जताया।

कई अमेरिकी क्यूबा से चीनी और सिगार का व्यापार करते थे अतः अमेरिकी युद्धपोत "मेन" (Maine) क्यूबा भेजा गया ताकि अमेरिकी हितों की रक्षा की जा सके पर हवाना (क्यूबा की राजधानी) के बंदरगाह पर खड़े रहते हुए उस जहाज में एक भयंकर विस्फोट हुआ जिसमें एक–तिहाई नाविक दल मौत के मुँह में चला गया। उस विस्फोट का कारण नहीं पता चला पर अमेरिकी प्रेस के दबाव के आगे, अमेरिकी जनता सरकार से कड़ा कदम उठाने की मांग करने लगी अतः अप्रैल 1898 में स्पेन व अमेरिका के बीच युद्ध छिड़ गया।

स्पेन पराजित हुआ और पेरिस की संधि (1898) के अनुसार स्पेन ने पोर्तोरिको, फिलीपींस, गुआम और क्यूबा अमेरिका को बीस मीलियन डॉलर के बदले दे दिए। मई, 1902 में अमेरिका ने क्यूबा को स्वतंत्र घोषित तो किया पर तत्कालीन संविधान के अनुसार क्यूबा के वित्तीय मामलों और अंतर्राट्रीय संबंधों में हस्तक्षेप करने का अधिकार स्वयं ले लिया। ''प्लाट संशोधन'' के द्वारा क्यूबा के ग्वानटानामो खाड़ी में नौसैनिक अड्डे को लीज़ पर ले लिया।

1906 के चुनाव के बाद टोमास पालमा ने शासन संभाला पर वरिष्ठ सैनिकों ने विप्लव कर दिया जिसे दबाने अमेरिकी सेना आ गई और एक अमेरिकी को तीन वर्षों के लिए गवर्नर बना दिया। राजनीतिक अस्थिरता चलती रही।

सितम्बर 1933 में सार्जेंट विद्रोह हुआ जिसका नेता सार्जेंट बतिस्ता देखते ही देखते क्यूबा का सैनिक तानाशाह बन गया और अगले 25 वर्षों तक क्यूबा पर नियंत्रण बनाए रखा। वह अमेरिका का पसंदीदा व्यक्ति था जिसने अपने विरोधियों को मरवाया। बीच के कुछ काल को छोड़कर 1952 में जब बतिस्ता राष्ट्रपति चुनाव के लिए खड़ा हुआ तो वह हार गया पर उसने जबरदस्ती सत्ता हथिया ली शासन संभालते ही उसने क्यूबा कम्यूनिस्ट पार्टी को बैन कर दिया। परन्तु क्यूबा में वाममार्गी विचारधारा पहले से ही प्रचलित थी, लैटिन अमेरिकी देशों में क्यूबा ही ऐसा देश था जहाँ मजदूर हितों के कई कानून थे जैसे उन्हे नौकरी से न हटाने के और मशीनीकरण रोकने संबंधी कानून। परन्तु बेरोजगारी बढ़ती जा रही थीं, और मध्यवर्ग राजनीतिक प्रक्रिया में हिस्सेदारी के लिए व्याकुल था।

क्यूबा की क्रांति – 1959

1950 के दशक में कई दल उभर कर सामने आए, कोई सरकार के विरूद्ध सशक्त क्रांति की बात करता, तो कोई और तरीके से जनमत को अपने पक्ष में करना चाहते उन्हीं में से एक था फिदेल कास्त्रो जो अपने अर्जेन्टीनियाई मित्र चे ग्वेवारा के साथ बतिस्ता शासन के विरूद्ध सशस्त्र संघर्ष करने आ गया। 1956–1958 तक दोनों मित्रों ने सघन संघर्ष में समय बिताया फिर आठ जनवरी 1959 को उसकी सेना, जो संघर्ष के दिनों में लगातार बढ़ती जा रही थी, के साथ उन्होंने हवाना में महानायको की तरह प्रवेश किया। बतिस्ता देश छोड़कर भाग गया। चे वापस चला गया।

परन्तु शुरूआती दिन मुश्किलों से भरे थे 1959 से 1966 के बीच अन्य विद्रोही कास्त्रो सरकार से लड़ते रहे। इस दौरान हजारों लोग मारे गए। शुरू में अमेरिका कास्त्रो के पक्ष में दिखा परन्तु जब उसने क्यूबा कम्युनिस्ट पार्टी को फिर से बहाल किया और आर्थिक सुधार की नीतियाँ प्रारंभ कीं तो, उसका विरोधी बन गया। संबंध अत्यंत खराब तब हुए जब कास्त्रो ने अमेरिकी परिसंपत्तियों का राष्ट्रीयकरण कर दिया, कृषि सुधार कानून पास कर जमीनों को आम जनता में बांट दिया जो कि पहले अमेरिकी स्वामित्व में थीं, इत्यादि और सबसे बड़ा झटका था कास्त्रो द्वारा

सोवियत संघ के साथ वाणिज्यिक संधि जो फरवरी 1960 में की गई जिसके द्वारा क्यूबा की चीनी के बदले रूसी तेल, मशीनें और अन्य सामानों का व्यापार शुरू हुआ।

अमेरिकी प्रतिक्रिया

मार्च 1960 में अमेरिकी राष्ट्रपति आइज़नहावर ने सी.आई.ए. को आज्ञा दी कि वह कास्त्रो सरकार के विरूद्ध योजना तैयार करे और क्यूबाई रिफ्युजियों को प्रशिक्षण एवं हथियार दे कर तख्ता पलट करवाए। जनवरी 1961 में संयुक्त राज्य अमेरिका ने क्यूबा के साथ अपने कूटनीतिक संबंध तोड़ लिए और आर्थिक संबंध भी समाप्त कर लिए। सी.आई.ए. के प्रशिक्षण के बाद अप्रैल 1961 में 2000 क्यूबाई विद्रोही को पिग्स की खाड़ी के तट पर उतार दिया गया। परन्तु वे कास्त्रो को अपदस्थ नहीं कर सके। दो दिन में इस आक्रमण को कुचल दिया गया। पूरी दुनिया ने इस घटना की निंदा की अमेरिका के तत्कालीन राष्ट्रपति केनेडी ने पिग्स की खाड़ी के आक्रमण की विफलता के बाद खुली घोषणा की कि ''हम क्यूबा को साम्यवादियों के हाथों में छोड़ने को तैयार नहीं हैं''।

मिसाइल संकट

अक्टूबर 1962 को अमेरिका को अपने जासूसी विमानों के चित्रों से पता चला कि सोवियत संघ क्यूबा में प्रक्षेपास्त्र ठिकानों का निर्माण कर रहा है। पूरे अमेरिका में सनसनी फैल गई क्योंकि क्यूबा से अमेरिका के सभी शहरों को ठिकाना बनाया जा सकता था। 22 अक्टूबर 1962 को राष्ट्रपति केनेडी ने क्यूबा की नौसैनिक और हवाई नाकेबंदी की घोषणा कर दी अर्थात क्यूबा की तरफ जाने वाले हर विमान या जहाज को अमेरिका रोक लेगा। उसने तुरंत ही क्यूबा के प्रक्षेपास्त्र ठिकानों पर हमला करने की तैयारी कर ली। परन्तु रूसी राष्ट्रपति ख्रुश्चेव ने केनेडी से बात की और वादा किया कि अगर अमेरिका क्यूबा पर आक्रमण न करने का वचन दे तो सोवियत संघ वहाँ से अपने प्रक्षेपास्त्र हटा लेगा। आखिर इस बात पर सहमति हो गई और 26 अक्टूबर को यह संकट समाप्त हो गया। अमेरिका ने भी सोवियत संघ के निकट तुर्की में लगाए गए अपने प्रक्षेपास्त्र हटाने की कार्यवाही शुरू कर दी।

परन्तु अक्टूबर 1962 में दो महाशक्तियाँ युद्ध की संभावना भरे वातावरण में प्रवेश कर गई थीं, पर संकट टलने पर सभी देशों ने राहत की साँस ली।

सी.आई.ए. ने कई बार कास्त्रो की हत्या के प्रयास किए – अमेरिका की कांग्रेस के एक सदस्य ने कुछ साल पहले किए गए ऐसे पंद्रह प्रयासों की सूची बनाई थी। फिर भी उसका बाल भी बांका न हुआ।

1989 के पश्चात अन्य पूर्वी यूरोपीय देश सोवियत संघ और साम्यवादी व्यवस्था से दूर हो गए पर क्यूबा में कोई परिवर्तन न हुआ। भारी मुसीबतों, पूरे पश्चिमी पूँजीपति देशों द्वारा लगाए आर्थिक प्रतिबंधों के बावजूद वर्तमान तक क्यूबा एक साम्यवादी देश बना हुआ है। अमेरिकी राष्ट्रपति बराक ओबामा ने क्यूबा के प्रति

अमेरिकी नजरिया बदलते हुए, फिर से संबंध स्थापित करने का प्रयास करना शुरू किया है जो कि 1959 के क्यूबा की क्रांति के बाद से ही टूट गया था।

लंबे समय तक क्यूबा के राष्ट्रपति बने रहने के बाद फरवरी 2008 को फिदेल कास्त्रो ने त्यागपत्र दे दिया और तब से ही उनके भाई राओल कास्त्रो राष्ट्रपति हैं। क्यूबा में भी धीरे–धीरे परिवर्तन आ रहे हैं, सरकार ने आर्थिक नीतियों की विफलता की जिम्मेदारी ली है, व क्यूबा वासियों को देश छोड़ने की इजाजत भी मिल रही है जो पहले बिलकुल नहीं थी।

चिली

चिली लैटिन अमेरिका का ऐसा एक देश है जो महाद्वीप के पश्चिमी किनारे पर लंबाई में स्थित है। इसके पूर्व में एंडीज़ पर्वतमाला और पश्चिम में प्रशांत महासागर हैं इसके उत्तर में अटाकामा मरूस्थल कई तरह के खनिजों का भंडार है जिसमें प्रमुख है तांबा। मध्य में घनी आबादी बसती है और कृषि की जाती है, दक्षिण चिली में वन और चरागाह हैं।

यह देश भी सोलहवीं सदी में स्पेन का उपनिवेश बना जिन्होंने उत्तर में इंका शासन को पराजित किया परन्तु अन्य लैटिन अमेरिकी देशों के समान इसे भी स्पेनी प्रभुत्व से 1818 में मुक्ति मिल गई। उसके बाद चिली की आर्थिक प्रगति भी हुई और उसने अपने पड़ोसियों पेरु तथा बोलिविया से युद्ध करके क्षेत्र भी जीते।

अन्य लैटिन अमेरिकी देशों की अपेक्षा चिली में राजनीतिक अराजकता नहीं थी, सैनिक तख्ता पलट की बारंबार कोशिश नहीं की जाती थी और गणतांत्रिक चुनावों की परंपरा थी। पर महाकाय पड़ोसी अमेरिका चिली की अर्थव्यवस्था में पूरी दखल रखता था, तांबा के खदान, नाइट्रेट की खदानें, कई तरह के व्यवसाय और व्यापार अमेरिकी कंपनियों के हाथों में थे।

1945 से 1973 के बीच दिखने वाली राजनैतिक शांति जल्दी ही ववंडर में बदलने वाली थी और फिर खूनी हिंसा का लंबा दौर प्रारंभ हुआ जिसके पीछे संयुक्त राज्य अमेरिका का भी हाथ था जो अपने देश में "मूल्य आधारित राजनीतिक जीवन" का नारा लगाता रहता है।

चिली को उदारतापूर्वक "यू.एस. एलाएंस फॉर प्रोग्रेस" ऋण औद्योगिक विकास के लिए दिए गए थे पर वे थे तो ऋण ही, दान तो नहीं थे अतः उनसे देश का ऋणभार काफी बढ़ा।

1960 के दशक में अमेरिका ने चिली के रुढ़िवादी राजनीतिक दल को ही समर्थन दिया जैसे एडुवर्डो फ्राई जब राष्ट्रपति बना तो उसे सभी का समर्थन मिला पर जब उसने आर्थिक और सामाजिक सुधार प्रारंभ किए तो रुढ़िवादी तत्वों के अलावे अमेरिका का नजरिया कठोर हो गया, उसने शिक्षा पर, सामाजिक सुविधाओं और कृषि सुधार पर धन खर्च करना शुरू किया ; पर यह सुधार देश की आम जनता और साम्यवादियों को बहुत मामूली लगे।

1970 के चुनावों में जनमत के रूझान का पता चला, साम्यवादी गठबंधन दलों का एक मार्क्सवादी नेता – सल्वाडोर एआंदे विजयी हुआ। वह दुनिया का पहला साम्यवादी नेता था जो किसी स्वतंत्र एवं निष्पक्ष चुनावी प्रक्रिया से गुजर कर सत्ता में आया था। उसका मंत्रिमण्डल साम्यवादियों और कम्युनिस्टों से भरा हुआ था जिन्होंने देश का शांतिपूर्ण साम्यवाद में परिवर्तन का आह्वान किया। एआंदे ने अमेरिकी तांबे और नाइट्रेट कंपनियों का राष्ट्रीयकरण कर दिया और उन कंपनियों को मुआवजा दिया, बैंको का भी राष्ट्रीयकरण किया, चीजों की कीमत पर रोक लगाई और पिछले राष्ट्रपति के भूमि सुधार कार्यक्रम को और बढ़ाया। मजदूरों की तनख्वाह बढ़ाई गई ताकि वे मांग में आने वाली कमी को पूरा करें। इन कदमों से लोग प्रसन्न हुए पर एआंदे के विरोधी अत्यंत नाराज हो गए।

एक साल बीतते, देश कई तरह के आर्थिक संकटों से घिर गया, मुद्रास्फीति बढ़ गई और मंदी से अर्थव्यवस्था डावांडोल हो गई। 1972 के मध्य में तांबे के अंतर्राष्ट्रीय मूल्य में भारी गिरावट आई जिससे चिली आर्थिक संकटो से घिर गया।

सी.आई.ए. की गतिविधियाँ बढ़ गई, उनके शह पर देश की सेना और रुढ़िवादी संपन्न वर्ग सरकार विरोधी कार्य करने लगे। बड़े–बड़े हड़ताल करवाए गए जिससे देश की कमर टूटने लगी। ऐसा लगने लगा कि सरकार और साम्यवादियों के साथ सेना और रुढ़िवादी हिंसक झड़प में लड़ पड़ेगें।

अमेरिका, एआंदे को सत्ता में आने ही नहीं देना चाहते थे पर उसमें सफल न होने पर उसके शासन के विरूद्ध षड़यंत्र में लग गया। तत्कालीन राष्ट्रपति निक्सन ने आठ मिलियन डालर, सी.आई.ए. को दिलवाए ताकि वह एआंदे के विरोधियों को प्रशिक्षण दे कर तैयार कर सके। दूसरी तरफ चिली को अमेरिका से जो भी ऋण या आर्थिक मदद मिलती थी उसे पूरी तरह से बंद कर दिया। चिली की सेना के कुछ असंतुष्ट और भ्रष्ट अधिकारी सी.आई.ए. से जा मिल। उन्हें पनामा स्थित "स्कूल फॉर अमेरिका" नामक संस्थान से बाकायदा प्रशिक्षण मिला और वे सैनिक तख्ता पलट को तैयार हुए।

सितम्बर 1973 में वायु सेना ने राष्ट्रपति भवन पर बमबारी कर उसे ध्वस्त कर दिया, विद्रोहियों के हाथ पड़ने के बजाय एआंदे ने जान दे दी और सेना का शासन स्थापित हो गया।

जनरल अगस्तो पिनोशे नया राष्ट्रपति बना और एक नृशंस सैनिक शासन का दौर प्रारंभ हुआ। उसने न केवल साम्यवादियों को बल्कि उन सभी को खोज कर मरवा डाला जो कभी एआंदे के साथी थे। उसके कार्यकाल में जेलें भर गईं और एक बार तो एक बड़ा स्टेडियम राजनीतिक कैदियों से भर गया। उस के काल में लोग बस "गायब" हो जाते थे, अर्थात उसके सैनिक विरोधियों को ले जा कर कहाँ मार देते थे, कुछ पता न चलता था। अमेरिका उसके साम्यवाद विरोध से प्रसन्न था। पिनोशे ने अमेरिकी तांबा कंपनियों को फिर से देश में बुला लिया, भूमि सुधार कार्यक्रम बंद कर दिया, कांग्रेस को भंग कर दिया और मजदूर संघ को समाप्त

कर दिया। पिनोशे के काम अमेरिका के मनलायक थे, अब बिना किसी अस्थिरता के अमेरिकी निवेशक चिली में धन लगा सकते थे, साम्यवाद को चिली में कुचलने के बाद यह देश अमेरिकी पूँजी के लिए पसंदीदा जगह बन गई।

अमेरिकी शह पर पिनोशे 1973 से 1990 तक चिली का तानाशाह बना रहा। अक्टूबर 1998 में लंदन में उसे गिरफ्तार कर लिया गया क्योंकि स्पेनी नागरिकों की चिली में हत्या करवाने के आरोप में स्पेनी सरकार ने ब्रिटेन से उसे पकड़ने का आग्रह किया था। फिर वह मुकदमा चलने के दौरान 2006 में मर गया। उसकी मृत्यु के बाद इस भयानक व्यक्ति द्वारा करवाए नरसंहारों की जानकारी चिली के लोगों और विश्व को मिली।

वेनेजुएला

वेनेजुएला लैटिन अमेरिका के सबसे उत्तर में स्थित है जिस पर 1522 ई. में स्पेन का औपनिवेशिक अधिकार स्थापित हो गया था। वेनेजुएला का महान योद्धा और स्वतंत्रता सेनानी सीमोन बोलीवर ने स्पेन से न केवल अपने देश को बल्कि इक्वाडोर, पेरु, कोलंबिया एवं बोलीविया को मुक्त कराया और उन्हें एक सूत्र कर "ग्रान कोलंबिया" नाम से शासन करना चाहा। 1811 ई. में वेनेजुएला स्पेन के शासन से मुक्त हुआ और 1830 ई. में यह ग्रान कोलंबिया संघ से भी हट गया। उन्नीसवीं सदी में वेनेजुएला राजनीतिक अस्थिरता और निरंकुश एकतंत्रीय शासन से ग्रसित रहा। इसके भिन्न क्षेत्र पर सैन्य दबंगों का प्रभुत्व जिन्हें 'काउडिलोस' (Caudillos – military strongman) कहा जाता है, रहा। 1958 के पश्चात देश में जनतांत्रिक सरकारों की स्थापना हुई। बीसवीं सदी के प्रारंभ में ही यहाँ के माराकाइबो झील में तेल के विशाल भण्डार का पता चल गया था परन्तु भ्रष्ट राजनेताओं के चलते इस प्राकृतिक संपदा का बराबरी से लाभ जनता को न मिल सका था।

मुनरो सिद्धांत के काल से ही संयुक्त राज्य अमेरिका वेनेजुएला एवं अन्य लैटिन अमेरिकी देशों में हस्तक्षेप करना अपना जन्मसिद्ध अधिकार समझता था। जैसे 1895 ई. में वेनेजुएला का ब्रिटेन से गुयाना को ले कर विवाद हुआ जो इसके पूर्व में है और ब्रिटेन का उपनिवेश था। वेनेजुएला इसके एक भाग पर अपना दावा ठोंक रहा था और अमेरिका ने बीच में कूदते हुए दोनों को पंच के द्वारा फैसला करने को कहा, जहाँ वेनेजुएला के पक्ष में फैसला नहीं आया अतः वेनेजुएला के लोग न केवल ब्रिटिश परन्तु अमेरिका से भी खिन्न हो गए। वेनेजुएला पर दूसरा संकट तब आया जब अपने गृह–युद्ध (1859–1863) के दौरान वेनेजुएला की सरकार ने विदेशियों से बहुत सारा ऋण ले लिया, जो चुकाना भारी पड़ रहा था और उस दौरान मारे गए विदेशियों के परिवारों को क्षतिपूर्ति देना भी संभव नहीं हो रहा था अतः 1902–1903 का वेनेजुएला संकट पैदा हो गया जिसमें ब्रिटेन, जर्मनी और इटली ने वेनेजुएला के बंदरगाहों की घेराबंदी कर दी। यह घेराबंदी कई महीनों चली। अमेरिका ने इसमें भी हस्तक्षेप किया और तत्कालीन नए निर्मित "स्थाई मध्यस्थता न्यायालय" जो हेग में स्थापित किया गया था, के पास मामला

भेज दिया जिसके फैसले के अनुसार वेनेजुएला को इन देशों को भुगतान करना ही पड़ा। अर्थात अमेरिका ''दक्षिणी गोलार्ध'' में अपने हितो की रक्षा करने के लिए हस्तक्षेप तो करता था पर उससे लैटिन अमेरिकी देशों को कोई लाभ न होता। अमेरिकी कंपनियाँ भ्रष्ट राजनेताओं का पूरा फायदा उठातीं और कॉफी, कोको जैसे कृषि उत्पादों के साथ तेल की सबसे बड़ी खरीददार बन गईं जो इन उत्पादो का कम मूल्य दिया करतीं।

1947 में वेनेजुएला का आम चुनाव, पहला भ्रष्टाचार मुक्त स्वतंत्र चुनाव था और रोमुलो बेटानकोर्ट जनता की पसंद के राष्ट्रपति बने। परन्तु तुरन्त ही सैन्य तख्ता पलट हो गया और सैन्य तानाशाहों का शासन लौट आया। 1958 में पेरेज़ जिमेनेज़ नामक तानाशाह को हटाया गया और उस काल की राजनीतिक पार्टियों ने ''पुन्टो फिज़ो'' संधि की तथा प्रतिज्ञा की वे जनतंत्र को बहाल रखेगें और चुनावों के नतीज़ों को मानेगें और अगले चालीस वर्षों तक डेमोक्रेटिक एक्शन और COPEI जैसी पार्टियाँ वेनेजुएला की राजनीति पर छाई रहीं।

1968 के चुनाव में COPEI पार्टी के राफेल कालडेरा निर्वाचित हुए, उसी दौरान वामदली पंथों का उदय होने लगा। गुरिल्ला आंदोलन प्रारंभ होने लगे। 1973 के चुनाव में आंद्रे पेरेज़ राष्ट्रपति बने पर उसी समय विश्व तेल संकट प्रारंभ हो गया। जब तेल के दाम उफान पर थे तो वेनेजुएला की अर्थव्यवस्थ चमक उठी परन्तु 1980 के दशक में दाम फिर गिर गए और सरकारी खर्चों में कटौती करनी पड़ी। विदेशी ऋण बहुत बढ़ गया जनता निराशा से घिर गई आखीरकार 1989 का भयंकर काराकाजो दंगा छिड़ गया। फरवरी–मार्च 1989 में वेनेजुएला की राजधानी काराकास और अगल–बगल के नगरों में दंगा भड़क उठा था जिसमें सैंकड़ों लोग मारे गए। दंगे भड़कने का तात्कालिक कारण घरों में आपूर्ती की जाने वाली गैस पर सरकारी सब्सिडी समाप्त होना जिससे गैस मंहगी हो गई थी। यातायात के साधनों का किराया बढ़ना जिससे सभी लोग प्रभावित हुए थे, भी एक कारण था।

1992 में सेना ने दो बार तख्ता पलट करने की कोशिश की जिसका नेता था ह्यूगो शावेज़, जिसे पकड़ लिया गया और जेल में डाल दिया गया। 1994 में राफेल कालडेरा चुनाव जीत कर राष्ट्रपति बने और उन्होंने शावेज़ व उसके दल को माफी दे दी।

जुलाई 1997 में शावेज़ और उसके समर्थकों ने एक राजनीतिक पार्टी बनाई जिसे कहा गया – ''द फिफ्थ रिपब्लिक मूवमेंट'' (MVR) और पूरे देश में घूम–घूम कर शावेज़ ने अपने विचार रखना शुरू किया। वह वेनेजुएला के तीन महान लोगों से प्रभावित था – इज़किल ज़ामोरा जो एक क्रांतिकारी नायक था, सीमोन बोलिवर जो स्वतंत्रता सेनानी एवं राष्ट्र निर्माता था और सीमोन रोडरिग्स जो बोलिवर का गुरू एवं मार्गदर्शक दार्शनिक था। वह इनके मार्गदर्शन के अलावे सामाजिक और आर्थिक सुधारों का भी वादा करता अतः उसके समर्थकों की संख्या बढ़ने लगी।

1998 में वेनेजुएला में राष्ट्रपति चुनाव हुए जिसमे ह्यूगो शावेज़ को सबसे ज्यादा मत मिले और उसने अपनी बोलिवार क्रांति की शुरूआत की।

बोलिवार क्रांति (1999) एवं ह्यूगो शावेज़

सीमोन बोलिवर जो वेनेजुएला को स्पेन के औपनिवेशिक गुलामी से स्वतंत्र कराने वाला ''मुक्तिदाता' योद्धा था, के नाम पर ह्यूगो शावेज़ ने सुधारों की एक श्रृंखला प्रारंभ की जिसे बोलिवार क्रांति कहा गया। समय के साथ शावेज़ स्वयं भी अत्यंत लोकप्रिय हो गया क्योंकि उसने अमेरिका की न केवल अनदेखी की बल्कि खुले तौर पर साम्यवादी क्यूबा व सोवियत संघ से दोस्ती बढ़ाई।

जब उसने फरवरी 1992 में अपने 200 सैनिक साथियों के साथ तख्ता पलट की कोशिश की थी तो वह सफल नहीं हुई और उन्हें दो साल कैद की सजा हुई। परन्तु अपनी गिरफ्तारी के बाद शावेज़ को टेलीविजन पर देश को संबोधित करने की इजाजत मिली थी जिसका उसने बखूबी इस्तमाल किया और भ्रष्ट राजनेताओं को वेनेजुएला की तकलीफों के लिए जिम्मेदार ठहराया। अतः गरीब और वंचित जनसंख्या का एक बड़ा तबका उसका समर्थक बन गया। राष्ट्रपति पद प्राप्त करने के बाद 1999 में उसने ''बोलिवार क्रांति'' की शुरूआत की और सीमोन बोलिवर के विचारों को साम्यवादी दृष्टिकोण से अपनाया। इसके अनुसार लोकप्रिय जनतंत्र को अस्तित्व में लाना, आर्थिक स्वतंत्रता प्राप्त करना, देश की आय के समान वितरण का प्रबंध करना, राजनीतिक भ्रष्टाचार को समाप्त करना आदि था। वे सारे कदम उठाना था जिससे गरीब बहुसंख्यकों की दशा सुधरे। राजधानी कराकास के बाहरी क्षेत्रों में बहुत गरीब बसते थे, उसने वहाँ स्कूल खुलवाए, एक वक्त के मुफ्त भोजन की व्यवस्था की, छोटे सहकारी व्यवसायों की व्यवस्था करवाई और चिकित्सा केन्द्र खुलवाए।

उसका अगला कदम भूमि के असमान वितरण को दूर करना था। यह एक ऐसा कदम था जो धनी कुलीन वर्ग को विरोधी बनाने वाला था परन्तु शावेज़ ने उनकी परवाह न करते हुए भूमि सुधार कदम उठाए और भूमिहीनों को जमीनें दिलवाईं। शावेज़ की क्रांति से कुलीन एकतंत्रीय अधिकार रखने वाला वर्ग स्तब्ध रह गया, क्योंकि पहली बार वे देश के शासन से दूर हुए थे। ये लोग अमेरिकी शह पा कर षड़यंत्रों में लग गए, जो शावेज़ के साम्यवादी कदमों से नाराज था पर शावेज़ अमेरिका की परवाह करने वाला न था उसने सत्ता में आते ही सीमोन बोलिवर के बड़े बड़े पोस्टर लगवाए थे जिसमें मुक्तिदाता के चित्र के साथ 1929 में उनकी कही बात को भी लिखा दिखाया गया, जिसमें कहा गया था ''संयुक्त राज्य अमेरिका मानो प्रारब्ध के हाथों मजबूर है कि वह स्वतंत्रता के नाम पर बाकी अमेरिका के देशों को सताए''।

उसका अमेरिका के प्रति जो रवैया था वही अमरीकियों का उसके प्रति था। वे उसे शांति भंग करने वाला काउडिलो (वैसा सैनिक दबंग जो अपनी शक्ति

बढ़ाता ही जाता है) मानते थे। अप्रैल 2002 में जार्ज डब्लू बुश ने सी.आई.ए. के जरिए शावेज़ का तख्ता पलट करने की कोशिश भी करवाई थी, पर यह असफल रही और कराकास तथा वाशिंगटन के बीच तल्खी बढ़ती चली गई। सितम्बर 2006 को जब संयुक्त राष्ट्र संघ की महासभा के सामने भाषण देना था जबकि एक ही दिन पहले बुश भाषण दे कर गया था तो शावेज़ ने अपने भाषण के शुरूआत में कहा कि "पापी यहाँ कल आया था और अभी तक सल्फर की गंध आ रही है"।

लैटिन अमेरिकी देशों के कई नेता शावेज़ जैसे सुधार अपने देश में करने लगे। शावेज़ जैसी हिम्मत सबकी नहीं थी जैसे शावेज़ ने क्यूबा के तानाशाह फिदेल कास्त्रो से घनिष्ठ व्यक्तिगत संबंध बनाए और अपने यहाँ के तेल के बदले क्यूबा से दस हजार डॉक्टरों को वेनेजुएला में काम करने को बुलाया, इसे Oil for doctors programme कहा गया। यह दोनों देशों के लिए अच्छा रहा, वेनेजुएला के गरीब गाँवों ने कभी डॉक्टरों को नहीं देखा था और क्यूबा अपने साम्यवादी शासन के चलते नाहक पूँजीवादी पड़ोसी देशों द्वारा प्रतिबंध झेल रहा था। अतः शावेज एक के बाद एक चुनाव जीतता रहा। मगर 2007 में जब उसने 1999 के लिखे संविधान में संशोधन करवा कर अपने लिए राष्ट्रपति पद पर खड़े होने की प्रतिबंधित काल को दूर करवाने के लिए जनमत संग्रह करवाया तो सफल नहीं हुआ परन्तु 2009 में ऐसे जनमत संग्रह में उसे जनता की सहमति मिल गई और वह राष्ट्रपति पद के लिए अनेकों बार खड़ा हो सकता था। वह अक्टूबर 2012 में पुनः चुनाव जीत गया परन्तु कैंसर की बीमारी से उसका निधन 5 मार्च 2013 का हो गया।

लैटिन अमेरिकी देशों के विकास के अवरोधक

लैटिन अमेरिका में मैक्सिको, मध्य अमेरिका के छोटे–छोटे देश, कैरेबियन सागर में स्थित द्वीप देश और दक्षिण अमेरिका के तेरह देश आते हैं। इन देशों में बोली जाने वाली भाषाएँ – स्पेनी, पुर्तगाली एवं फ्रेंच – लातिनी भाषा से निकली है अतः दक्षिण अमेरिका को लैटिन अमेरिका कहा जाता है। पश्चिम में होने के बावजूद इन्हें उन्नत देशों की श्रेणी में नहीं माना जाता बल्कि ये तीसरे विश्व देशों की श्रेणी में आते हैं क्योंकि इनकी विशेषताएँ तीसरे विश्व श्रेणी के देशों के समान ही हैं जैसे कम आर्थिक विकास, ऊँची जनसंख्या वृद्धि दर व्यापक अशिक्षा, गरीबी, राजनीतिक अस्थिरता, बार–बार होने वाले सैन्य तख्ता पलट, तानाशाही शासन व्यवस्था, बाहरी शक्तियों का हस्तक्षेप और राष्ट्रवाद का ज़ोर पकड़ना। हालांकि बड़े देश जैसे मैक्सिको, ब्राजील और अर्जेटीना में व्यापक औद्योगिक विकास हुआ और वे मध्यवर्गीय आय वाले देश कहला सकते हैं, पर उनमें भी अन्य समस्याएँ वैसी ही हैं।

औपनिवेशिक विरासत

लैटिन अमेरिका के ज्यादातर देश स्पेन या पुर्तगाल के उपनिवेश थे जिन्हें उन्नींसवीं शताब्दी के प्रारंभ तक स्वतंत्रता मिल गई थी और द्वितीय विश्व युद्ध तक वे लगभग सौ वर्षों का स्वशासन देख चुके थे परन्तु स्पेनी शासन के अंत

के बाद भी वैसी ही व्यवस्था या ढ़ाँचा बने रहे, स्वदेशी काउडिलोस जो अब नेता बन गए वे सिर्फ अपने हितों की रक्षा करना जानते थे। अमेरिका और अन्य यूरोपीय देश नव उपनिवेशवाद के जरिए ऐसे कम अक्ल वाले नेताओं से संसाधनों को दोहन करने वाले अधिकार प्राप्त करते रहे और जनता गरीब की गरीब बनी रही।

सभी देशों में स्थानीय देशी लोग अधिक संख्या में थे और यूरोपीय मूल के मिश्रित जाति के लोग कम, जिन्हे क्रियोल (Creole) कहा जाता था। क्रियोल ही लैटिन अमेरिका के कुलीन थे जिनके हाथों में सत्ता और बहुत बड़ी–बड़ी जमीनें थीं। ये भूमिपति सत्ताधारी कुलीन वर्ग, आम देशी लोगों से सत्ता बाँटना नहीं चाहता था अतः स्थानीय देशी लोगों के जीवन में स्पेन से स्वतंत्रता प्राप्ति के बाद कोई परिवर्तन नहीं आया ; एक शोषक से दूसरा शोषक वर्ग बदल गया।

भूमि के स्वामित्व को ले कर यह बात स्पष्ट रूप से समझ में आती है। लगभग हर लैटिन अमेरिकी देश में मात्र एक प्रतिशत कुलीन वर्ग देश की कृषि योग्य दो–तिहाई से अधिक भूमि का मालिक है। ऐसे बड़े इस्टेट को ''लैटिफनडियोस'' (Latifundios) कहा जाता था जो एक हजार एकड़ से भी ज्यादा की हो सकती थी और जिसका मालिक एक परिवार होता। ज्यादातर लोग भूमिहीन थे अगर किन्हीं किसान के पास अपनी जमीन होती तो वह इतनी छोटी ''मिनिफनडियोस'' (Minifundios) होती कि एक परिवार का भी पोषण उससे नहीं हो पाता। अतः लैटिफनफियोस ज्यादातर खाली पड़े रह जाते और इन देशों को खाद्यान्न का आयात करना पड़ता था। बड़ी जमीनों का खाली रह जाना, संसाधनों की अपव्यय के समान थी जिससे यहाँ की अर्थव्यवस्था हमेशा डावांडोल रहती। गरीब जनता औद्योगिक विकास के लिए ''मांग'' का कार्य नहीं कर सकती थी क्योंकि उनकी आय इतनी कम थी कि वे औद्योगिक वस्तुओं का उपयोग ही नहीं कर सकते थे।

यांकी उपनिवेशवाद

संयुक्त राज्य अमेरिका ने लैटिन अमेरिकी देशों को हमेशा अपने प्रभुत्व के अंदर देखा। 1823 के मुनरो सिद्धांत से हालांकि उसने यूरोपीय देशों को लैटिन अमेरिका में उपनिवेश स्थापित न करने की चेतावनी दी, पर यह किसी लैटिन अमेरिकी देश की भलाई के लिए नहीं था बल्कि अमेरिकी हितों की रक्षा का मुद्दा था। अमेरिका अपने घर के पिछवाड़े में अपने ही पसंद की शासन व्यवस्था चाहता था और अपने आर्थिक विकास और समृद्धि के बल पर साथ ही साथ दो विश्व युद्धों में विजेता देशों के साथ युद्ध में भाग ले कर अपनी सैन्य शक्ति के बल पर लैटिन अमेरिकी देशों पर धौंस जमाना अपना अधिकार एवं कर्तव्य समझता था। थियोडोर रूज़वेल्ट नामक अमेरिकी राष्ट्रपति लैटिन अमेरिकी देशों के प्रति अपनी नीति को इन शब्दों में अभिव्यक्त किया था "Speak softly and Carry a big stick" और इसी नीति पर

चलते हुए पनामा क्षेत्र को कोलंबिया से मुक्त करा दिया व पनामा नहर पर हमेशा के लिए अधिकार प्राप्त कर लिया। वेनेजुएला के दूसरे देशों के साथ कर्ज संबंधी झंझट में हस्तक्षेप किया और क्यूबा को तो अपना गुलाम ही समझा। द्वितीय विश्व युद्ध के बाद शीत युद्ध के काल में अमेरिका साम्यवाद के विस्तार से इतना घबराता था कि उसने अपनी सारी सैन्य शक्ति 'साम्यवाद को सीमित' करने में झोंक दी और दुनिया भर के देशों में हस्तक्षेप करने लगा। लैटिन अमेरिका उसके प्रकोप से न बच सका। सी.आई.ए. जैसी गुप्तचर एजेंसियों की मदद से अमेरिका ने लैटिन अमेरिकी देशों के जनतांत्रिक मगर साम्यवादी रूझान वाली सरकारों का तख्ता पलट करवाया और वर्तमान तक उसकी वही नीति रही। बराक ओबामा जैसे राष्ट्रपति ने नई पहल करते हुए चीन और क्यूबा का दौरा कर इन देशों के साथ रिश्ते में नई पहल की बात की है वरना अमेरिका की वजह से सभी लैटिन अमेरिकी देश राजनीतिक अस्थिरता के शिकार रहे जो उनके विकास को अवरोध करता रहा।

आर्थिक अवरोध

लैटिन अमेरिकी देशों के पिछड़ेपन के अनेक कारणों में एक कारण विदेशी पूँजी निवेश भी था। अमेरिकी व्यवसायी लैटिन अमेरिकी भ्रष्ट नेताओं से सांठ-गांठ कर के, जमीनें, खदान, तेल-क्षेत्र और बागान खरीदते जाते। ऐसे उद्योग स्थापित करते जो श्रम बहुल हो और इन देशों के सस्ते श्रम का लाभ पाया जा सके अतः मोटरकारों, मशीनों और हथियारों की फैक्ट्रियाँ, अमेरिकी लगाते जिन्हें दुनिया भर में बेचा जाता पर लाभ इन देशों को न होता हालांकि मुनाफा देश के बाहर चला जाता और श्रमिक को कम ही मजदूरी मिलती।

अमेरिकी सरकार अरबों की आर्थिक मदद देती परन्तु उसके साथ शर्तें लदी देती और वे मदद ऋण के रूप में होती थी। इन आर्थिक मदद का ब्याज जो खुद ही सैकड़ो डालर में आता, को भी चुकाना इन देशों के लिए भारी पड़ता और ये देश विदेशी ऋण को चुकाने के लिए और ऋण लेते और इनकी अपनी कमाई कभी पूरी न पड़ती।

द्वितीय विश्व युद्ध के बाद कुछ लैटिन अमेरिकी देशों ने औद्योगीकरण के लिए कमर कस ली जैसे मैक्सिको, अर्जेंटीना और ब्राजील ने पर यह विकास इनकी राजधानी के आस-पास ही सीमित रहा और दुनिया में औद्योगिक उतार चढ़ाव के साथ प्रभावित होता रहा अतः सभी के सामने कभी न कभी मौद्रिक संकट और अवमूल्यन काफी आर्थिक परेशानियाँ ले कर आया।

दक्षिण अमेरिका : सैनिक शासन बनाम नागरिक शासन

अपनी आजादी के बाद से लैटिन अमेरिकी देशों में एक लंबा समय तानाशाही शासन, सैनिक तख्ता पलट और सैन्य शासन, दमन व जनतांत्रिक व्यवस्थाएँ

स्थापित करने की कोशिश, में गुजरा। सैन्य तख्ता पलट इस क्षेत्र की मानो विशिष्टता बन गई। अर्जेंटीना इसका सटीक उदाहरण है – जुआन पेरों का तानाशाही शासन 1946 से 1955 तक चला, तत्पश्चात जनतंत्र स्थापित करने का प्रयास लगभग दस वर्षों तक चला जो बहुत सफल न हुआ (1955–1965)। उसके बाद सैनिक तख्तापलट से सैन्य तानाशाही सत्रह लंबे वर्षों तक चली, फिर थोड़े समय के लिए पुराने तानाशाह जुआन पेरों को लोगों ने फिर से चुना (1965–1983) और तब जा कर एक जनतांत्रिक व्यवस्था 1983 से इस देश में स्थापित हो पाई।

ऐसा ही ब्राजील में हुआ जो पुर्तगाल से स्वतंत्रता प्राप्त कर जनतांत्रिक राजनीतिक व्यवस्था की तरफ अग्रसर हुआ परन्तु आर्थिक कमजोरियों की वजह से सरकारें नहीं चलीं। आखीरकार यहाँ भी सैनिक शासन की स्थापना हुई 1964 से अगले बीस वर्षों तक सैन्य जनरलों का शासन रहा जिन्हें अमेरिका जैसा गणतांत्रिक देश स्वीकार्य समझता रहा क्योंकि ये जनरल साम्यवाद विरोधी थे और शीत युद्ध के काल में अमेरिका की यही सबसे पंसदीदा विदेश नीति थी कि साम्यवाद का परिसीमन करना। 1989 में सैन्य शासन का अन्त हुआ और स्वतंत्र चुनाव के जरिये डि मैलो ने सत्ता संभाली। वह भ्रष्ट था अतः ब्राजील की मुश्किलें और बढ गई।

चिली में सैनिक शासन का बड़ा नृशंस रूप दिखा जब मार्क्सवादी राष्ट्रपति सल्वाडोर एलांदे की राष्ट्रपति भवन में मृत्यु हुई और देश अगस्तो पिनोशे के खूनी हाथों में आ गया। 1973–1998 तक उसकी सैनिक तानाशाही में चिली में उसके विरोधियों का कत्ले आम हुआ। उसे भी अमेरिका ने स्वीकार किया क्योंकि वह साम्यवाद विरोधी था पर चिली के लोगों के मानव अधिकारों की चिंता अमेरिका ने नहीं की।

भ्रष्ट नेता

लैटिन अमेरिकी देशों के आर्थिक पिछड़ेपन का एक बड़ा कारण वहाँ की जनता की अशिक्षा थी जिसकी वजह से भ्रष्ट नेता देश को लूट पाए। ग्वाटेमाला के शासक इस्ट्राडा काबरेरा ने 1904 में अमेरिका की यूनाइडेट फ्रूट कंपनी को अपने देश के केले के व्यापार का एकाधिकार दे दिया जिससे उसके देश को बड़ा नुकसान हुआ। ब्राजील के कोलोर डि मैलो के स्वतंत्र और निष्पक्ष चुनाव जीत कर आने से लोगों में बड़ी आशा बंधी थी पर उसने इतने बड़े पैमाने पर भ्रष्टचार कर देश को लूटा कि वैसा कभी नहीं हुआ था और उसे 1992 में हटा दिया गया। पेरु के 1990 के चुनाव में एक जापानी मूल के व्यक्ति को राष्ट्रपति चुना गया, जिसने शुरूआत में कई आर्थिक सुधारों के जरिये पेरु की स्थिति को सुधारा। फिर उसने संविधान में संशोधन कर राष्ट्रपति पद तीसरी बार भी पाया और उसके बाद अपना समय धन कमाने में लगा दिया और जब वह 2000 के नवम्बर में पेरु छोड़कर जापान भाग गया तो उसने 600 मीलियन डॉलर जमा कर रखा था। निकरागुआ के सामोज़ा परिवार की पूरी कहानी ही भ्रष्टाचार पर टिकी है अनास्तासियो जुनियर सोमोज़ा जब 1979 में अपने देश को लूट कर भागा तो वह 100–400 मीलियन डॉलर का

मालिक था। परन्तु सबसे घिनौनी कहानी पनामा के मैनुएल नोरेगा की है जिसे अपने शासन के प्रारंभ में अमेरिका का पूरा समर्थन था। उसने नशीले पदार्थ की तस्करी, मानव तस्करी, वेश्यवृत्ति और सी.आई.ए. को खुफिया जानकारी दे कर पैसा कमाया। पर अमरीकियों को पता चला कि वह रूसियों को भी खुफिया जानकारी बेचता है तो वे उसके विरूद्ध सक्रिय हो गए और उसके मादक पदार्थ तस्करी को मुद्दा बनाते हुए पनामा पर 1989 की क्रिसमस के दिन सैन्य आक्रमण कर दिया।

अतः भ्रष्ट राजनेताओं ने अपने अपने देशों को आर्थिक कठिनाइयों की राह पर ढ़केला।

मध्य लैटिन अमेरिका की खूनी क्रांतियाँ

मध्य अमेरिका के देशों में सामाजिक विभेद गहरा था। एक तरफ भूमिपति कुलीन जिन्हें सेना का समर्थन प्राप्त था तो दूसरी तरफ आम स्थानीय जनता। अमेरिका का हस्तक्षेप स्थिति को और बिगाड़ता था अतः लंबे समय तक चलने वाली खूनी संघर्षों ने देशों में बहुत बरबादी लाई।

क्यूबा में बतिस्ता के विरूद्ध संघर्ष में चे ग्वेरा के साथ फिदेल कास्त्रो विजयी हुआ परन्तु अमेरिका ने कास्त्रो को हटाने की बारंबार कोशिश की। निकरागुआ के साम्यवादी सैंडीनिस्टा दल के शासन को हटाने के लिए अमेरिका ने कोन्ट्रा नामक विद्रोही दल तैयार किया और उन्हें आधुनिकतम हथियार दिया। कोन्ट्रा और सैंडीनिस्टा संघर्ष लंबा चला। पड़ोसी देश अल् सल्वाडोर में तो काफी आतंक मचा। 1970 के दशक में क्रांति अल् साल्वाडोर के गाँवों में फैली थी जब गुरिल्ला दस्तों का सैन्य समर्थित शासन से संघर्ष प्रारंभ हुआ। सैन्य शासन ने ''मौत–दस्ते'' भेज कर गांव–गांव के पुरूष, महिला और बच्चों की हत्या की। उन्होंने चर्च के बिशप भिक्षुओं और ननों को भी नहीं बख्शा, क्योंकि इन लोगों ने सेना को बिना मतलब हिंसा करने से मना किया था। अमेरिका को जनवादी गुरिल्ला विद्रोह, साम्यवादी विचारधारा द्वारा पोषित लगा अतः वह सैन्य शासन की तरफ था। 1989 तक सत्तर हजार लोग मारे जा चुके थे। आखीरकार मई 1990 में मास्को और वाशिंगटन ने संयुक्त राष्ट्र संघ के साथ मिलकर शांति योजना तैयार की।

सभी लैटिन अमेरिकी देशों में जन क्रांति हुई हैं जो इन देशों के जीवन तत्वों को सोख लेने वाली सिद्ध हुई हैं।

मादक पदार्थों की तस्करी

लैटिन अमेरिकी देशों की जलवायु कोका (Coca)नामक पौधे के पैदावार के लिए बहुत अच्छी है। इससे कोकेन नामक मादक पदार्थ बनता है जो नशा करने के काम आता है। कोलंबिया, बोलिविया और पेरु में इसकी पैदावार विशेष रूप से अच्छी होती है। कोकेन का व्यापार अवैध है परन्तु यह अत्यधिक मुनाफे वाला है अतः कोको से कोकेन बनाना और उसे बेचना एक अत्यंत ही खतरनाक, हिंसक,

पेचीदा और अनैतिक व्यापार है जिसमें बड़े–बड़े तस्कर माफिया, सरकारी अधिकारी, स्थानीय पुलिस और हजारों लोग लगे हैं। यूरोप और उत्तरी अमेरिका के देशों में इस नशीले पदार्थ की अत्यधिक मांग है पर दुनिया भर के नशेड़ी इसको प्राप्त करने की कोशिश करते है।

मादक पदार्थ की तस्करी लैटिन अमेरिकी देशों की बहुत बड़ी समस्या है, यह यहाँ के लोगों को भी नशे का आदी बनाती है, देश में हिंसक घटनाएँ करवाली है और देश के बाहर बदनामी का कारण है।

लैटिन अमेरिकी देश संसाधनों में अत्यंत समृद्ध हो कर भी जैव–विविधताओं से भरपूर हो कर भी लंबे समय से स्वतंत्रता का आनंद ले कर भी अगर गरीब देशों की ही श्रेणी में आते हैं तो यह अफसोस की बात है। शीत युद्ध के बाद अमेरिकी हस्तक्षेप में कमी आ गई है अतः जरूरत सिर्फ सही आर्थिक नीतियों की है जिससे यह क्षेत्र तेजी से आर्थिक विकास कर सके।

प्रश्नावली

प्रश्न 1 : सीओन बोलिवर को "मुक्तिदाता" क्यों कहा जाता है? विस्तार से वर्णन करें।

प्रश्न 2 : यांकी साम्राज्यवाद की आलोचनात्मक व्याख्या करें।

प्रश्न 3 : लैटिन अमेरिकी देशों के प्रति संयुक्त राज्य अमेरिका की नीति का वर्णन करें। उदाहरण के लिए किन्ही दो लैटिन अमेरिकी देशों का वर्णन करें।

प्रश्न 4 : पनामा देश कैसे अस्तित्व में आया? 1989 तक की घटनाओं का वर्णन करें।

प्रश्न 5 : क्यूबा का संकट क्या था? आलोचनात्मक व्याख्या करें।

प्रश्न 6 : बोलिवार क्रांति की विस्तार से चर्चा करें। ह्यूगो शावेज़ किस प्रकार लैटिन अमेरिकी देशों का प्रतिनिधि प्रतीक बन गया?

प्रश्न 7 : लैटिन अमेरिकी देशों के विकास के अवरोधक कारणों की चर्चा करें।

७. शीत युद्ध के भंवर में पूर्व एशिया

द्वितीय विश्व युद्ध के बाद दुनिया लगभग दो खेमे में बंट गई। पूँजीवादी पश्चिमी देश जो स्वयं के सच्चे जनतंत्र होने का दावा करते थे और साम्यवाद से घृणा करते थे। दूसरा खेमा साम्यवादी देशों का था जिनके अनुसार वे ही सही मायने में शोषण रहित जनतंत्र थे और दावा करते थे कि एक दिन सारे देश उनकी ही व्यवस्था का अनुसरण करेंगें। अमेरिका पूँजीवादी दल का मुखिया था और अपनी अपार आर्थिक उन्नति एवं सैन्य बल के दम पर साम्यवाद का परिसीमन कर देना चाहता था अतः वह पूर्वी एशिया के कई देशों के झगड़े में उलझ गया जिसकी उसे बड़ी कीमत भी देनी पड़ी।

कोरिया का युद्ध (1950)

द्वितीय विश्व युद्ध के बाद, कोरिया का युद्ध वह पहली लड़ाई थी जिसमें संयुक्त राज्य अमेरिका ने प्रत्यक्ष रूप से भाग लिया था। अमेरिका इस युद्ध में इसलिए शामिल हुआ क्योंकि एक अक्टूबर 1949 को विश्व की सबसे बड़ी आबादी वाला देश चीन अपने गृह युद्ध के बाद साम्यवादी देश बन गया जो अमेरिका के लिए बहुत बड़ा झटका था। रूस एवं पूर्वी यूरोपीय देश पहले से ही साम्यवादी बन गए थे। ऐसा प्रतीत होने लगा मानो पूर्व की तरफ से साम्यवाद का विस्तार फैलता ही जा रहा था अतः अमेरिका इस विस्तार को रोकने के लिए कटिबद्ध हो गया।

कोरिया पर 1910 से ही जापान का अधिकार था। द्वितीय विश्व युद्ध में जापान की पराजय के बाद संयुक्त राज्य अमेरिका और सोवियत संघ ने कोरिया को दो अधिकृत क्षेत्रों में विभाजित कर दिया। उत्तरी क्षेत्र, सोवियत संघ के अधीन रखा गया और दक्षिणी क्षेत्र अमेरिका के अधीन, 38° अक्षांश को दोनों की विभाजक रेखा निर्धारित किया गया। यह विभाजन स्थाई नहीं था और कुछ समय के अंतराल पर देश को एकीकृत कर देना था। परन्तु उत्तर कोरिया के कम्युनिस्ट नेताओं ने उत्तर कोरिया में सोवियत स्वरूप पर आधारित एक शासन व्यवस्था स्थापित कर दी और सबसे पहला काम किया–भूमि का पुनः वितरण। दूसरी तरफ दक्षिण कोरिया में कई दल उत्पन्न हो गए जिनमें से कुछ तो राष्ट्रवादी कारणों से और कुछ अपने देश के सैन्य कब्जे से नाराज थे और मांग उठाने लगे कि उनका देश इस कब्जे से मुक्त हो। दक्षिण कोरिया से लगे समुद्री किनारे पर शेजू (Cheju island) द्वीप था जहाँ मार्च और अप्रैल 1948 के "साम्यवादी जन कमिटि" के सदस्यों ने अमेरिकी सैन्य कब्जे के विरोध में प्रदर्शन किया और चेतावनी दी कि विदेशी देश का बँटवारा करा

देना चाहते हैं। 3 अप्रैल 1948 को निहत्थे प्रदर्शनकारियों पर दक्षिण कोरिया की पुलिस और अमेरिकी सेना ने गोलियाँ चलाईं और तीस हजार लोग मारे गए। सैकड़ों जापान भागने को मजबूर हो गए। इस घटना के बारे में बात करने पर भी कानूनी प्रतिबंध लगा दिया गया। 1998 में, इस हत्याकांड के पचास वर्षों के बाद तत्कालीन दक्षिण कोरियाई राष्ट्रपति रो–मू–हुन ने द्वीपवासियों से विनम्र माफी मांगी थी।

संयुक्त राष्ट्र संघ ने चुनाव करवाने के आदेश दिए। अगस्त 1948 में दक्षिणी कोरिया ने स्वयं को कोरिया गणतंत्र घोषित कर दिया और सितम्बर 1948 में उत्तर कोरिया ने स्वयं को जनवादी गणतंत्र होने की घोषणा कर दी। उसी महीने सोवियत सेना ने उत्तर को छोड़ दिया और अमेरिकी सेना ने दक्षिण कोरिया को जून 1948 में छोड़ दिया। उत्तर कोरिया में साम्यवादी सरकार का प्रमुख किम इल सुंग था और दक्षिण कोरिया का प्रधान एक दक्षिण पंथी सिंगमन री था। दोनों ही स्वयं को पूरे कोरिया का नेता मानते थे और अपनी सरकार के अंतर्गत देश के एकीकरण को सर्वप्रथम लक्ष्य मानते थे। अतः एकीकरण का शांतिपूर्ण समाधान असंभव बन गया।

इसी समय चीन में साम्यवादी देश बनने की घोषणा हुई जबकि चीन के गृह युद्ध के गैर–साम्यवादी दक्षिणपंथी दल कुओमिंगतांग को अमेरिका का भरपूर सहयोग मिलने के बावजूद सफलता नहीं मिली। अमेरिका के लिए यह बड़ा झटका था दूसरी तरफ सोवियत संघ ने भी अणु बम का निर्माण कर, परीक्षण कर लिया, अतः अमेरिका का विश्व की सर्वोच्च सैन्यशक्ति बनने का दावा टूट गया और वह साम्यवाद के बढ़ते प्रभाव से विचलित हो गया।

फिर भी युद्ध की चिंगारी के रूप में दक्षिण कोरिया के सिंगमैन की दम्भपूर्ण घोषणा कि वे उत्तर कोरिया पर आक्रमण करेंगे उसकी प्रतिक्रिया में, 25 जून 1950 को उत्तर कोरिया की सेना, दक्षिण कोरिया में घुस आई। अमेरिका ने जापान में स्थित अपनी वायु सेना और जल सेना को दक्षिण कोरिया की पीछे हटती सेना की मदद के लिए भेजा। अमेरिका ने संयुक्त राष्ट्र संघ में यह भी मुद्दा उठाया। उन दिनों सोवियत संघ, साम्यवादी चीन को संयुक्त राष्ट्र का सदस्य बनाने की मांग को ले कर सुरक्षा परिषद का बहिष्कार कर रहा था अतः सुरक्षा परिषद ने उत्तर कोरिया को आक्रमणकारी मानते हुए, सदस्य देशों से सैनिक दल भेजने की मांग की। उत्तर कोरिया पर सैनिक कार्यवाही शुरू हुई। उत्तर कोरिया की सेना को अमेरिकी एवं संयुक्त राष्ट्र संघ की सेना ने वापस उत्तर की तरफ धकेलना शुरू किया और अक्टूबर 1950 तक उन्हे 38° अक्षांश तक धकेलने में सफल हुए।

अब यह प्रश्न खड़ा हुआ कि क्या 38° अक्षांश के अंदर जाना राष्ट्र संघ के लिए ठीक होगा क्योंकि उत्तर–कोरिया के मित्र देश सोवियत संघ और चीन उसकी मदद को आ सकते थे और तीसरा विश्व युद्ध छिड़ने की संभावना बन जाती। अमेरिकी जनरल मैकआर्थर उत्तर कोरिया में घुस कर साम्यवाद की जड़ को खत्म कर देना चाहता था चूँकि राष्ट्र संघ की सेना की कमान उसके हाथों में थी, इससे

अच्छा मौका उसे और नहीं सूझ रहा था। उसने बड़ी डींगे मारी और युद्ध तुरंत समाप्त होने का भरोसा भी दिलाया। अब राष्ट्र संघ सेना उत्तर कोरिया के अंदर घुसती हुई यालू नदी तक पहुँच गई जो कोरिया और चीन के बार्डर पर थी अतः चीन ने वही किया जिसकी चेतावनी वह पहले दे चुका था, चीन की सेना अपने देश की सुरक्षा को खतरे में मान कर युद्ध में प्रवेश कर गई। नवम्बर तक तीन लाख चीनी सैनिकों की फौज युद्ध में उतर गई। अब राष्ट्र संघ एवं दक्षिण कोरिया की सेना पीछे हटने लगीं, 38° अक्षांश पर पहुँच कर युद्ध में ठहराव आ गया। मार्च 1951 में मैकआर्थर ने चीन को वापस लौटने के लिए कहा वरना आणविक हथियार के प्रयोग की धमकी दी। यह उसकी अपनी राय थी अतः राष्ट्रपति ट्रूमैन ने उसे कमान से हटा दिया क्योंकि इस धमकी के बाद सोवियत संघ के युद्ध में प्रवेश करने और अपने आणविक हथियार के प्रयोग की पूरी संभावना बन जाती।

युद्ध दो साल और चला। दोनों कोरिया के लाखों सैनिक मारे गए। अमेरिका के बम वर्षक विमानों ने उत्तर कोरिया के पन-बिजली कारखाने और सिंचाई बांधों को बरबाद कर दिया। गैर-सैनिक हताहतों की संख्या बढ़ती ही गई। इसीलिए वर्तमान में भी उत्तरी कोरिया के लोग अमेरिकी शासन से अप्रसन्न रहते हैं।

शांति वार्ता प्रारंभ की गई पर दक्षिण कोरिया का सिंगमन री अड़ंगे डालता रहा। पर जुलाई 23, 1953 को शांति प्रस्ताव पर सहमति हुई। अमेरिकी 35,000 सैनिकों को खो बैठे, कोरिया के लाखों सैनिक मारे गए, करीब तीन लाख सैनिक चीन के मरे। युद्ध का परिणाम और कुछ न निकला। कोरिया के दोनों भागों का स्थाई बंटवारा, 38° अक्षांश पर हो गया जो युद्ध से पहले भी था अतः यह पूरी मार-काट बिना किसी वजह के हुई।

प्रभाव और परिणाम

अमेरिकी इतिहासकार ब्रूस कमिंग्स के अनुसार सभी देशों को मिलाकर मरने वालों की संख्या बीस लाख तक आती है। इस युद्ध का कोई लाभ भी न हुआ बल्कि दोनों कोरिया का बंटवारा स्थाई बन गया। दोनों कोरिया ने इस बात को न माना और इस युद्ध में उन्हें हुई महत्वपूर्ण उपलब्धियों की बात रखी।

अमेरिका ने अपने सहयोगियों के साथ युद्ध के महत्व पर प्रकाश डाला कि किस तरह वे लोग साम्यवादी आक्रमण के सामने डटे रहे। उनके अनुसार इस युद्ध के बाद जापान की सुरक्षा भी बढ़ी, उस पर किसी साम्यवादी खतरे को पीछे ढ़केल दिया गया। इस युद्ध के बाद 'नाटो' संगठन भी मजबूत हुआ।

चीन की सेना का इस युद्ध के बाद अत्यंत मान बढ़ा। उसकी सेना ने जिस तरह से पश्चिमी अस्त्र-शस्त्र सुसज्जित सेना को टक्कर दी उससे उनके आत्मबल और प्रतिष्ठा को बहुत बढ़ावा मिला।

दोनों कोरिया के लिए युद्ध बड़ा अहितकारी सिद्ध हुआ। न केवल लाखों सैनिक मारे गए बल्कि दोनों तरफ के लोगों ने युद्ध अपराध किए। गैर-सैनिकों एवं

सीमा पर स्थित गाँवों में अत्याचार मचाया, खुफिया जानकारी देने वालों को मौत के घाट उतारा जिससे दोनों के बीच अत्यंत कटुता आ गई जो उनके देश के स्थाई बंटवारे का कारण बनी। उत्तर के साम्यवादी शासन को दक्षिण के साम्यवाद विरोधी शासन से मिलकर काम करने का कोई भी रास्ता न मिला। युद्ध ने लाखों शरणार्थी पैदा किया। परिवार बंट कर अलग–अलग हो गए अतः शीत युद्ध का दुखद प्रभाव कोरिया पर बड़ा गहरा पड़ा।

अमेरिका ने अपनी विदेश नीति को फिर से तौलना शुरू किया। साम्यवादी चीन का उद्भव उसके लिए एक बहुत बड़ी घटना थी, उस पर से जब चीन ने सोवियत संघ के साथ तीस वर्षीय सैन्य संधि कर ली जो ''अमेरिकी साम्राज्यवाद'' के खिलाफ थी, तो अमेरिका के सामने मानो साम्यवाद का प्रेत सामने प्रगट हो गया। उसे लगा कि एक वैश्विक साम्यवादी आंदोलन अचानक से दो गुना बड़ा हो गया है और अब विश्व की सबसे बड़ी जनसंख्या उसमें शामिल हो गई है। अतः अमेरिका को एक नई एशियाई नीति बनानी पड़ी जो ''डोमिनो प्रभाव'', साम्यवाद का परिसीमन, स्वतंत्र विश्व की रक्षा के लिए सैनिक हस्तक्षेप इत्यादि सिद्धांतो को मिला कर बनाई गई थी।

अमेरिका ने अब जापान पर अपना ध्यान केन्द्रित करना प्रारंभ किया और उसे एशिया में अमेरिका के दुश्मन से अमेरिका के मित्र के रूप में परिवर्तित करना प्रारंभ किया। उसे आर्थिक मदद देनी शुरू की, साम्यवादी नेताओं को राजनीति से हटाया, मजदूर हड़तालों पर बैन लगाया, और बड़ी व्यवसाइयों (ज़ाइबात्सु) पर रोक खत्म किया। जापान की सुरक्षा की चिन्ता करते हुए 75,000 व्यक्तियों का जापानी राष्ट्रीय पुलिस रिर्जव बल बनाया जबकि नए संविधान में जापान ने युद्ध का त्याग करते हुए नौ सेना, वायु सेना और थल सेना के बड़े भाग को समाप्त कर दिया था। 1952 में जापान अमेरिका ने एक आपसी सुरक्षा संधि की जिसके अनुसार अमेरिका ने जापान की सुरक्षा के लिए गारंटी ली और उसी के तहत जापान में अमेरिकी बल की तैनाती की गई। जापान के ओकीनावा द्वीप अमेरिकी कब्जे में (द्वितीय विश्वयुद्ध के बाद से ही) बना रहा जहाँ सैन्य संसाधन लगा दिए गए थे। समय बीतने के साथ जापान के बुद्धिजीवी, छात्र एवं अन्य नेता इस सैन्य संधि के खिलाफ आवाज उठाने लगे और अपने देश से अमेरिकी सैनिकों की वापसी की मांग करने लगे जो वर्तमान तक जारी है।

कोरिया युद्ध का वैश्विक शीत युद्ध पर गहरा प्रभाव पड़ा। दोनों खेमे हथियार बंदी में लग गए। संयुक्त राज्य अमेरिका और सोवियत संघ की 'रक्षा' बजट में अतुलनीय इज़ाफा हुआ। नए और ज्यादा मारक हथियार बनाए जाने लगे। चीन में भी 'रक्षा' बजट बढ़ा दिया गया और वह भी हथियार जमा करने लगा। विश्व के बहुमूल्य संसाधन हथियार निर्माण में खर्च होने लगे। आम जनता जरूरी चीजों के लिए तरसती रही।

कोरिया युद्ध का एक सीधा परिणाम यह हुआ कि अमेरिका तथा चीन के बीच वैमनस्य बढ़ा। दोनों देशों ने एक दूसरे पर युद्ध करने का आरोप लगाया। चीन का

साम्यवादी शासन ऐसे भी अमेरिका का ताइवान भाग गए चीनी गृह युद्ध के पराजित नेता च्यांग काई शेक को मदद देना बिलकुल नापसंद था। कोरिया के युद्ध के बाद दोनों में घृणा और बढ़ी। चीन को अमेरिकी साम्राज्यवाद से खतरा लगता था। अमेरिका ने भी साम्यवादी चीन सरकार को मान्यता नहीं दी और उसको कई सालों तक संयुक्त राष्ट्र संघ में सदस्य नहीं बनने दिया। साम्यवाद का परिसीमन करने पर कटिबद्ध अमेरिका एशिया में कई खतरनाक स्थितियों में पड़ गया जैसे वियतनाम का युद्ध।

अतः कोरिया के युद्ध को शीत युद्ध का परिणाम माना जाता है।

उत्तर कोरिया : वंशानुगत तानाशाही

कोरियाई युद्ध 1950–53 के बाद देश का जो बँटवारा हुआ था, वह कभी एक न हो पाया। वियतनाम या जर्मनी जैसे देश भी बँटवारे का दर्द झेलकर फिर एक देश बन गए परन्तु कोरिया में ऐसा न हो सका। इसका कारण शायद उत्तर कोरिया के साम्यवादी तानाशाह रहे। किम इल सुंग अपने देश पर जापानी कब्जे के दौरान एक छापेमार गुरिल्ला के तौर पर कार्य करता था। फिर वह रूसी सेनाधिकारियों के नजर में आया और उसे सोवियत संघ में प्रशिक्षण दिया गया तत्पश्चात युद्ध समाप्ति पर सोवियत क्षेत्र वाले उत्तरी कोरिया का शासनाध्यक्ष किम इल सुंग बना। 1972 में उसे राष्ट्रपति चुना गया और वह अपने मृत्युर्पयंत 1994 तक इस पद पर बना रहा। उसने ही कोरिया का युद्ध (1950) प्रारंभ किया ताकि पूरे कोरिगा को एकीकृत कर, अपने साम्यवादी शासन के अधीन ला सके। पर ऐसा नहीं हो पाया, दस लाख लोग मारे गए, अमेरिकी बमबारी से उत्तर कोरिया की बड़ी बरबादी हुई। चीन के युद्ध में उतर जाने से दुनिया के सामने संकट खड़ा हो गया था। युद्ध के पश्चात किम इल सुंग एक कठोर तानाशाह के रूप में उभरा। उसने जुशे (Juche) अर्थात आत्म निर्भरता को अपना मूल मंत्र बनाया। हालांकि साम्यवादी सोवियत संघ और चीन ने उसे आर्थिक और तकनीकी मदद दी। 1950 एवं 1960 के दशक में पंचवर्षीय योजनाओं के माध्यम से देश की अर्थव्यवस्था को चलाया। परन्तु 1970 के बाद से दक्षिण कोरिया तेजी से आर्थिक प्रगति करने लगा और उत्तर कोरिया के लोगों का जीवन स्तर उनसे नीचा रह गया। परन्तु सबसे दुर्भाग्य जनक बात यह थी कि राजनैतिक रूप से किम इल के शासन के दौरान उत्तर कोरिया एक अति नियंत्रित, दमनकारी और नागरिक अधिकारों का हनन करने वाला देश बन गया। देश को सैनिक नियंत्रण में कस दिया गया। सेना एवं उद्योगों के विकास में ज्यादातर संसाधन लगाए जाने लगे। अभिव्यक्ति की आजादी बिलकुल नहीं थी और किम को ''महान नेता'' कहलाना बहुत भाता था। किम जोंग इल, किम इल सुंग का बेटा था जो अपने पिता की मृत्यु के बाद उत्तर कोरिया का शासनाध्यक्ष बना। पिता राष्ट्रपति थे अतः किम जोंग ने आदर में स्वयं को पार्टी का जनरल सेक्रेट्री ही माना और नेशनल डिफेंस कमीशन का चेयरमैन का पद

लिया। सेना एवं पार्टी का सर्वोच्च पद ले कर उसने आतंक का ऐसा दौर प्रारंभ किया कि उसके देशवासी अत्यंत त्रस्त हो गए। वह एक शंकालू, क्रूर और सनकी इंसान था। अपने पिता के जीवनकाल में वह प्रचार और मीडिया प्रमुख था। उसने बड़ी चतुराई से अपने देश को पश्चिमी दुनिया से अलग रखा। वह देश में भी वही दिखाता था जो वह चाहता था और पश्चिमी पत्रकारों को भी गलत जानकारी देता था। बहुत ही कम विदेशी उत्तर कोरिया आ सकते थे। 1990 से उसके देश में आर्थिक परेशानियों का दौर शुरू हो गया। सोवियत संघ के विखंडन से उत्तर कोरिया के व्यापार पर बहुत बुरा असर पड़ा। 1995–1996 में भयंकार बाढ़ ने कृषि को चौपट कर दिया। 1997 में सूखा पड़ा। इन सब प्राकृतिक आपदाओं के दौरान आम जनता की परेशानियों को क्रूरता से दबाया गया। नाज़ी कब्जे के दौरान जैसे यातना कैम्प बनाए जाते थे वैसे ही कैम्पो में स्त्रियों, पुरूषों और बूढ़ों को बंद कर दिया गया। किम जोंग आणविक हथियार बनाने में बहुत रूचि रखता था। 1994 में अमेरिकी राष्ट्रपति क्लिंटन ने उसे मनाया कि वह अपना आणविक हथियार निर्माण कार्यक्रम छोड़ दे जिसके बदले में अमेरिका उसे दो आणविक विजली निर्माण रियक्टर बनाने में मदद करेगा और ऊर्जा के लिए तेल तथा अन्य आर्थिक मदद भी देगा। सन् 2000 में उत्तर एवं दक्षिण कोरिया में बातचीत करवाई गई और बिछड़े परिवारों को मिलने का मौका दिया गया। किम जोंग ने चुपचाप अपना आणविक कार्यक्रम जारी रखा अतः सन् 2002 में अमेरिकी राष्ट्रपति जार्ज बुश ने उत्तरी कोरिया को इराक और इरान के समान ''शैतान की धुरी'' (Axis of evil) बताया और अमेरिकी मदद बन्द कर कई तरह के प्रतिबंध लगा दिए।

किम जोंग उन अपने पिता की मृत्यु (17 दिसम्बर 2011) के कई महीनों बाद शासनाध्यक्ष बना क्योंकि वह अभी कम उम्र और गैर अनुभवी था, उसके चाचा जैंग सुंग टेक (Jang Sung Tack) शायद उसे अपने निर्देश में तैयार करना चाहते थे। परन्तु मार्च 2012 को उन्हें मशीनगन से मरवा दिया गया और चुन–चुन कर उनके सभी रिश्तेदारों यहाँ तक कि पोते–पोतियों की पीढ़ियों को भी नहीं छोड़ा गया। अतः वर्तमान उत्तर कोरिया का तानाशाह किम जोंग उन कम उम्र का परन्तु अत्यंत क्रूर शासक है जो अपने देश में आणविक हथियार विकसित कर पूरी दुनिया को धौंस दिखाना, विशेषकर अमेरिका को धौंस दिखाना चाहता है। फरवरी 2013 को उसने तीसरा भूमिगत आणविक परीक्षण किया जिसके बाद लगभग सभी देश उससे संबंध तोड़कर प्रतिबंध लगा बैठे यहाँ तक कि चीन जैसे उसके मित्र देश भी उसे चेतावनी दे रहे हैं पर उसने और बड़े हाइड्रोजन बम के निर्माण की घोषणा भी कर दी। अतः वंशवादी तानाशाही ने उत्तर कोरिया के लोगों का जीवन अत्यंत कठिन बना दिया है। राजधानी प्योंगयांग का जीवन चौड़ी सड़कों और बड़े स्टेडियमों के चलते बड़ा सुखी लगता है पर गाँवों की जनता गरीबी और अभाव में चुपचाप जीने को अभिशापित है।

दक्षिण कोरिया : तकनीक और पूँजी का टाइगर

द्वितीय विश्व युद्ध के बाद कोरिया को जापान से मुक्त कर सोवियत संघ ने उत्तरी भाग और अमेरिका ने दक्षिणी भाग को अपने प्रभाव में रखा। दक्षिणी भाग "दक्षिणी कोरिया गणतंत्र" के नाम से मई 1948 में अस्तित्व में आया और अमेरिका की अनुमति से साम्यवाद विरोधी सिंगमैन री राष्ट्रपति चुन लिया गया। कोरियाई युद्ध के दौरान पहले तो दक्षिण कोरिया हार रहा था परन्तु अमेरिकी और संयुक्त राष्ट्र सेना की मदद से अपने देश से उत्तर कोरिया की फौज को वापस धकेलने में कामयाब हुआ। री ने अमेरिका पर दबाव डालना चाहा कि उत्तर कोरिया में घुसकर साम्यवाद का नाश कर दिया जाए और पूरा देश री के शासन के अंतर्गत ला दिया जाए। ऐसा कुछ भी नहीं हुआ और देश का स्थाई बँटवारा हो गया। सिंगमैन री अत्यंत भ्रष्ट और अलोकप्रिय व्यक्ति था। जब 1960 में छात्रों ने उसके विरूद्ध आंदोलन (उन्नीस अप्रैल क्रांति) किया तब ही जा कर उसने त्यागपत्र दिया। राजनैतिक अस्थिरता का दौर प्रारंभ हुआ, अतः सेना के मेजर जनरल पार्क चुंग ही ने सैन्य शासन स्थापित किया जिसके सत्रह वर्षों के काल को एक तरफ तीव्र आर्थिक विकास और दूसरी तरफ राजनैतिक दमन के लिए जाना जाता है। इस कठोर सैनिक तानाशाह ने 1972 में एक नया संविधान तैयार करवाया जिसके अनुसार उसने छह वर्षों के काल वाले अनगिनत राष्ट्रपति चुनाव की अनुमति ले ली। पार्क के ही काल में तेज आर्थिक उन्नति हुई ; पूरे देश में एक्सप्रेस वे की स्थापना, सोल सबवे व्यवस्था इत्यादि बन कर पूरे हुए। उसकी हत्या के बाद फिर अस्थिरता छा गई और दिसम्बर 1979 में जनरल चुन–डो–वान ने सैन्य तख्ता पलट को अंजाम दिया। उसने मंत्रिमण्डल को पूरे देश में सैन्य कानून (Martial Law) लगाने पर मजबूर किया। इस शासन के अंतर्गत राजनीतिक गतिविधियों, विश्वविद्यालयों और कई ऐसे ही संस्थानों पर बैन लगाया गया। प्रेस को सेंसर कर दिया गया। मगर पूरे देश में ही उसके शासन के विरूद्ध आवाज उठने लगी। गवांग जू शहर में प्रतिरोध का स्वर अत्यंत मुखर था जहाँ चुन ने विशेष सेना भेज कर हिसांत्मक दमन करवाया। ऐसा तानाशाही दमनचक्र 1987 तक चलता रहा। तब एक छात्र की यातनादायक हत्या का पता चला जिसने शासन का विरोध करने की हिम्मत की थी तब पूरे देश में जून जनतांत्रिक आंदोलन छिड़ गया और राष्ट्रपति चुनाव करवाए गए। रोह–टे–बू राष्ट्रपति बना, उसी दौरान 1988 का ओलंपिक आयोजन सोल शहर में किया गया। 1997 में देश आर्थिक परेशानियों में घिर गया था परन्तु जल्दी ही उससे बाहर भी आ गया। अपनी पढ़ी–लिखी मानव संसाधन के बल पर दक्षिण कोरिया तकनीक के क्षेत्र में काफी उन्नत हो गया। कम्प्यूटर तथा इलेक्ट्रानिक क्षेत्र में उसे महारत हासिल है और इन क्षेत्रों में उसकी आर्थिक उन्नति अत्यंत ऊँची है जिसकी वजह से उसे, ताइवान, हाँगकाँग और सिंगापुर के साथ एशिया की टाइगर अर्थव्यवस्था कहा जाता है। सन् 2000 में तत्कालीन राष्ट्रपति किम डे–जुंग ने उत्तर कोरिया से बातचीत की शुरूआत की जिसके लिए उन्हें उस वर्ष का नोबल शांति पुरस्कार भी मिला। 2002 में दक्षिण

कोरिया ने जापान के साथ मिलकर फुटबाल फीफा कप का आयोजन किया परन्तु दोनों के रिश्ते तब बिगड़ गए जब लियानकोर्ट चट्टान नामक द्वीप के स्वामित्व को ले कर विवाद हुआ। अतः जनतांत्रिक व्यवस्था की स्थापना के बाद, पूँजीवादी बाजार व्यवस्था अपना कर दक्षिण कोरिया एक विकसित और खुशहाल देश बन गया।

वियतनाम की त्रासदी

लाओस, वियतनाम और कंबोडिया देशों को एक साथ हिन्दचीन या इंडोचाइना कहा जाता है। द्वितीय विश्व युद्ध के बाद फ्रांसीसी एक बार फिर अपना औपनिवेशिक शासन स्थापित करने 1946 में यहाँ आ धमके। अमेरिका एवं ब्रिटेन ने उसे पूरी नैतिक और सैनिक मदद दी। परन्तु 1954 में वियतनामी गुरिल्लों ने दीयन बियन फू नामक उत्तरी वियतनाम क्षेत्र में फ्रांसिसियों को करारी शिकस्त दी। जुलाई 1954 में जेनेवा में एक समझौता हुआ जिसके अनुसार वियतनाम पर फ्रांसीसी शासन समाप्त हो गया। लाओस और कंबोडिया भी स्वतंत्र हो गए। वियतनाम को कोरिया की तरह अस्थायी तौर पर दो हिस्सों–उत्तर वियतनाम और दक्षिण वियतनाम में विभाजित कर दिया गया, देश को चुनावों के बाद एक कर दिया जाना था और 1956 में चुनाव कराने का निर्णय लिया गया।

जेनेवा समझौता के अनुसार लोगों को यह छूट मिली कि वे 17वें समानान्तर के किसी भाग में चले जाएँ। उत्तर से आठ लाख से भी अधिक, दक्षिण में आ गए जिनमें ज्यादातर कैथेलिक इसाई थे और साम्यवाद विरोधी थे। दक्षिण से वियतमिन्ह के सदस्य जो क्रांतिकारी साम्यवादी थे, करीब डेढ़ लाख की संख्या में उत्तर को चले गये।

अमेरिका दक्षिण वियतनाम में साम्यवाद विरोधी शासन कायम रखने का बड़ा इच्छुक था। वहाँ के राजनेताओं ने एक विशेष सिद्धांत प्रतिपादित किया जिसे ''डोमिनो'' सिद्धांत कहा गया जिसके अनुसार यदि दक्षिण वियतनाम साम्यवादियों के अधिकार में चला गया तो अन्य दक्षिण–पूर्वी एशियाई देशों का भी पतन हो जाएगा और वे साम्यवादी बन जाएँगे फिर पूरे एशिया में साम्यवाद फैल जाएगा। अतः वियतनाम में अमेरिकी हस्तक्षेप बढ़ता ही गया।

सी.आई.ए. ने साइगौन में अर्थात दक्षिण वियतनाम की राजधानी पर अपना केन्द्र बना लिया और उत्तरी वियतनाम की जासूसी तथा गड़बड़ी फैलाने लगे। एडवर्ड लांसडेल साइगौन में सी.आई.ए. का मुखिया था उसने न्गो–दीन–दीम (Ngo Dinh Diem) जैसे भ्रष्ट और तानाशाह को दक्षिण वियतनाम का शासन सौंपा। दीम ने 1955 में एक जनमत करवाया कि उसके और वियतनाम के प्राचीनवंशी राजा बो–दाई (Bao Dai) के बीच लोग किसे राष्ट्रपति के रूप में देखते हैं, और 4,50,000 पंजीकृत वोटरों के 605,025 मत उसे मिले! यह असंभव काम करने वाला व्यक्ति आगे और भी बहुत कुछ करने वाला था। उसने साम्यवादी गुरिल्ला दल

वियतमिन्ह के सदस्यों को खोजकर जेल में डालना या मरवाना शुरू किया। अमेरिका को यह कामबहुत पसंद आया वहाँ वह "दक्षिण पूर्व एशिया का चर्चिल" (लाइफ पत्रिका) कहलाया जाने लगा। उसे "स्वतंत्र दुनिया का रखवाला" कहा गया और जब वह अमेरिका गया तो उसे कांग्रेस के दोनों सदनों को संबोधित करने का सम्मान मिला। पर अपने देश वापस पहुँच कर उसने जेनेवा समझौते की उस शर्त को मानने से मना कर दिया जिसमें कहा गया था कि अंतर्राष्ट्रीय देख–रेख में चुनाव हों क्योंकि वह जानता था कि वह अलोकप्रिय था और पूरे वियतनाम के लोग क्रांतिकारी हो ची मिन्ह को ही अपना नेता मानते हैं। जब लोगों ने विरोध करना शुरू किया तो उसने अपने ही देशवासियों के विरूद्ध क्रूर दमनचक्र चलाया। फिर भी दक्षिण में वियतमिन्ह का कई क्षेत्रों पर कब्जा बना रहा। 1960 में विभिन्न साम्यवादी दलों ने मिलकर नेशनल लिबरेशन फ्रंट (NLF) बनाया जिसे दीम ने बैन कर दिया। उसने और उसके अमेरिकी सहयोगियों ने उन्हें वियतकोंग (Vietnamese Communist) या वीसी (VC) कहा और मजाक बनाया परन्तु यही वियतकोंग अमरीकियों को निकालने और भ्रष्ट दीम को हटाने में कारगर साबित हुआ। दीम के अपने सैन्य अधिकारी उससे त्रस्त थे और 1962 में वायु सेना के दो अधिकारियों ने उसके महल पर बम गिराए पर वह बच गया। दीम बौद्ध वियतनामियों को भी तंग करता था, 1963 में बुद्ध के जन्मोत्सव पर नौ बौद्ध भिक्षुओं को प्रर्दशन करने के जुर्म में उसने मरवा डाला। वह स्वयं कैथोलिक था। उसके बाद कई भिक्षुओं ने आत्मदाह करना शुरू किया, जिस खबर पर वह जरा भी विचलित नहीं हुआ। अब अमेरिका ने उसे हटा देने की सोची और सैन्य तख्ता पलट करवा दिया। दीम और उसकी संगनी की हत्या कर दी गई। नया सैनिक शासन और भी बुरा था।

अगस्त 1964 में अमेरिकी जहाज 'मैडोक्स' उत्तरी वियतनाम के जल सीमा के अंदर आ गया अतः उस पर बमबारी की गई। कार्यकारी राष्ट्रपति लिंडन जानसन ने कांग्रेस से सैन्य कार्यवाही करने की अनुमति मांगी और कहा कि जहाज सीमा से बाहर था। दो दिन बाद उन्होंने दूसरे आक्रमण का भी हल्ला किया जिसे उत्तरी वियतनाम ने गलत बताया। पर कांग्रेस ने अमेरिका के राष्ट्रपति को उत्तरी वियतनाम के विरूद्ध सैनिक कार्यवाही की मंजूरी दे दी।

1965 से अमेरिकी सैनिक बड़ी संख्या में NLF से लड़ने वियतनाम आने लगे। ऐसा कहा गया कि उत्तरी वियतनाम के लड़ाके दक्षिण वियतनाम में आ कर दक्षिणी वियतनामी सरकार से लड़ रहे हैं परन्तु ऐसा नहीं था। कुछ ही सैनिक गुरिल्ला उत्तरी वियतनाम के थे। अमेरिकी अभियान का नाम दिया गया "ऑपरेशन रोलिंग थंडर" (Operation Rolling Thunder) जिसमें उत्तरी वियतनाम पर हजारों बम बरसाए गए। मार्च में अमेरिकी सेना उत्तरी वियतनाम के समुद्री किनारे में उतर आई पर गुरिल्ला लड़ाके अचानक धावा बोलते और अमरीकियों का काफी नुकसान कर जाते। अमेरिकी मरीन जवान पहली बार नार्थ पीपल्स आर्मी ऑफ वियतनाम (PAVN) से लड़ी। हालांकि वियतनामी बड़ी संख्या में हताहत हुए पर अमेरिकी मरने वाले भी कम नहीं थे। और सैनिकों को मंगवाया गया। उधर दक्षिण वियतनाम

में फिर सैनिक शासन की स्थापना हो गई इसलिए यह कहना भी गलत था कि अमेरिका दक्षिण वियतनाम के जनतंत्र की रक्षा की लड़ाई लड़ रहा था। 1967 तक 16,400 अमेरिकी जवानों की मृत्यु हो चुकी थी और विजयश्री कहीं आस–पास भी नहीं थी।

1968 में वियतकांग और पी.ए.वी.एन. ने दक्षिण वियतनाम की अमेरिकी रक्षा पंक्ति पर अचानक जोरदार हमला किया यहाँ तक कि वे साइगौन तक हमला कर बैठे। अमेरिकी सेना ने जवाबी हमला करते हुए एक महीने में फिर से उन क्षेत्रों को जीत लिया और वियतनामियों की बड़ी संख्या को मार गिराया। इसी दौरान भयंकर, विनाशकारी हत्याकांड हुए जैसे पुराने एतिहासिक एवं खूबसूरत नगर 'हुए' (Hue) को जमींदोज़ कर दिया गया, माई लाई (My Lai) नामक गांव के स्त्री, बूढ़े, बच्चे सभी को मार कर गांव को शमशान बना दिया गया और अन्य कई स्थानों को भी नरक बना दिया गया फिर भी अमेरिका जीत न पा सका। स्वतंत्र देशों का रक्षक अमेरिका वियतनाम में राक्षसी भक्षक बन गया।

1968 में राष्ट्रपति चुनाव जीत कर आए निक्सन ने युद्ध को चार वर्षों तक और बढ़ाया, अमेरिकी जनता से एकत्रित कर से यह युद्ध और चला और बीस हजार अमेरिकी और मारे गए। 1969 में अमेरिकी सैनिकों की संख्या, वियतनाम में कम कर दी गई। परन्तु लाओस और कंबोडिया पर बमबारी शुरू की गई जो अमेरिकी कानून के अनुसार बिलकुल अवैध थी, पर निक्सन वहाँ के वियतकांग गढ़ों को नष्ट करना चाहता था। सी.आई.ए. के द्वारा कंबोडिया के राजा नोरोदम सिंहानुक का तख्ता पलट करवा कर लोन नोल (Lon Nol) को 1970 में शासक बनवा दिया। युद्ध का क्षेत्र बढ़ता ही जा रहा था परन्तु अंत का दूर–दूर तक पता न था। इधर अमेरिका के अंदर वियतनाम युद्ध के विरूद्ध जनता आवाज उठाने लगी थी। कोलंबिया विश्वविद्यालय के छात्रों ने सरकार विरोध में अपना महाविद्यालय बंद करवाना चाहा। केंट विश्वविद्यालय में चार छात्र पुलिस की गोली से मारे गए और नौ घायल हो गए। विरोध प्रर्दशन बढ़ता ही जा रहा था। (1970)

वियतनाम में मार्च 1971 में दक्षिण वियतनाम की सेना को उत्तरी वियतनाम की सेना ने बुरी तरह पीटा। अमेरिकी मीडिया कर्मियों ने खबर चैनलों में भागते सिपाहियों की तस्वीरें दिखाईं। जब 1972 का चुनाव पास आ रहा था तो निक्सन पर वियतनाम के ऊपर कड़ा निर्णय लेने का दबाव बढ़ने लगा। दिसम्बर 1972 में 18 दिसम्बर से 31 दिसम्बर तक क्रूर अमेरिकी सेना ने उत्तर वियतनाम की राजधानी हनोई और हाइपोंग शहर पर लगातार बम बरसाए।

आखिर जनवरी 1973 में शांति समझौता हुआ – दो वर्षों के भीतर अमेरिकी सैनिकों को वापस बुलाए जाने पर स्वीकृति बनी, उत्तर वियतनाम ने युद्ध बंदियों को छोड़ने की स्वीकृति दी। आखिर 1975 तक अमेरिकी सेना भयंकर तबाही मचा कर लौट गई। अप्रैल 1975 में साइगौन पर उत्तर वियतनाम का कब्जा हो गया।

शीत युद्ध के भंवर में पूर्वी-एशिया
चीन
उत्तर कोरिया
दक्षिण कोरिया
ताइवान
वियतनाम
लाओस
कंबोडिया

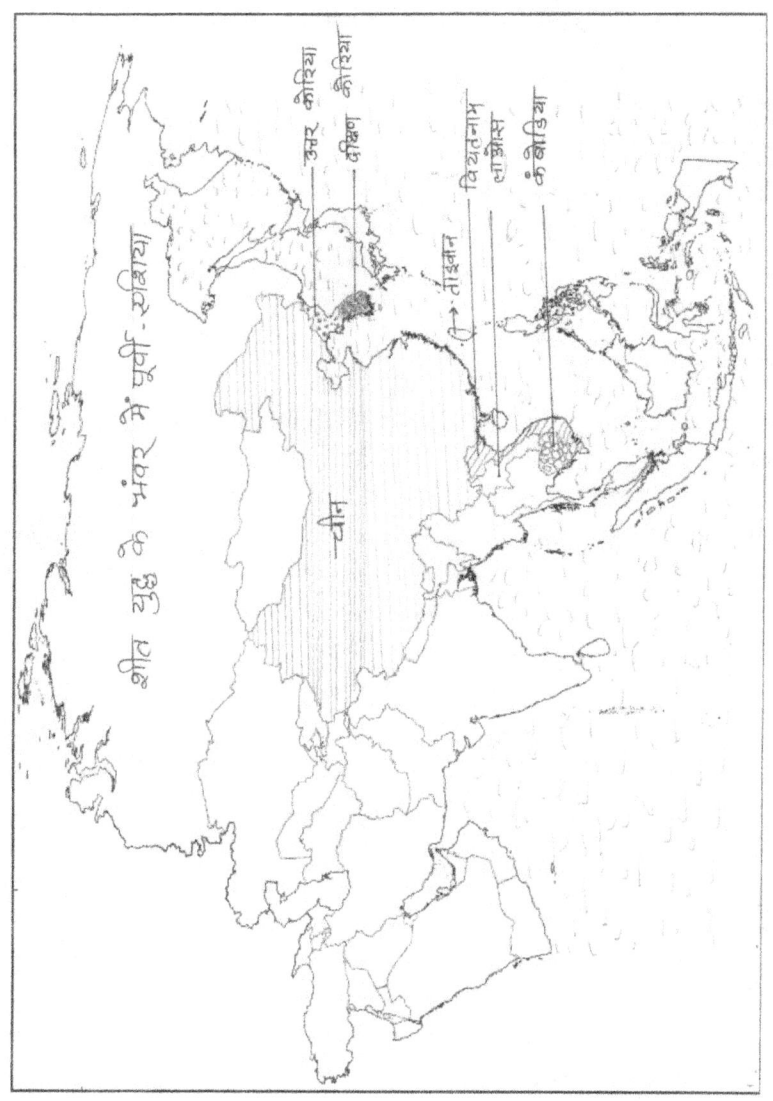

युद्ध से बदनामी के अलावा अमेरिका को कुछ भी हासिल न हुआ, पर वियतनाम का एकीकरण और साम्यवादी सरकार की स्थापना हो गई, साइगौन का नाम, अब मृत परन्तु प्रथम क्रांतिकारी हो ची मिन्ह के नाम पर रखा गया। शीत युद्ध के दौरान यह अमेरिका की करारी हार थी।

वियतनाम और कंबोडिया का संकट

1973 के समझौते के बाद अमेरिकी फौज़ें वियतनाम से लौटने लगीं। साथ ही अमेरिका ने पड़ोस के कंबोडिया के लोन नोल सरकार को भी सैनिक सहायता देनी बंद कर दी जो स्थानीय साम्यवादी खमैर रूज़ से परेशान थी। जब अप्रैल 1975 को उत्तरी वियतनाम का साइगौन पर कब्जा हुआ उसी समय खमैर रूज़ कंबोडियाई राजधानी पनोंम–पेन्ह पर कब्जा कर बैठा।

खमैर रूज़ का नेता था पोल पॉट जो अब दुनिया में दुर्दांत हत्यारा के तौर पर जाना जाता है। उसने अपने विचारों वाली साम्यवादी व्यवस्था कंबोडिया में लादी जिसमें पुरानी व्यवस्था जो उसके अनुसार शोषक थी, को पूरी तरह से बदल डालना चाहा और सभी शहरवासियों, पढ़े–लिखे, बुद्धिजीवियों, कुलीनों, जमीन एवं उद्योगों के मालिकों इत्यादि को ''जमीन पर लौट'' जाने को कहा अर्थात सभी को ग्रामीण अर्थव्यवस्था वाले स्वरूप में जबरदस्ती जीने पर मजबूर किया। किसी ने भी ''क्रांति के विरोध'' की कोशिश की तो उसे जान से मार दिया गया। तीन वर्ष के भीतर खमैर रूज़ ने पंद्रह लाख कंबोडियनों को जो कुल जनसंख्या के लगभग पाचवाँ भाग थे, को मरवा डाला। अपने ही लोगों को इतनी बड़ी संख्या में मरवा डालने का उदाहरण और कहीं नहीं मिलता।

पोल पॉट ने थाइलैंड और वियतनाम से सीमा विवाद छोड़ा। पूर्वी कंबोडिया में सैकड़ों वियतनामी अपने देश में चल रहे अमेरिकी और उत्तरी वियतनाम के युद्ध के दौरान यहाँ बस गए थे, उनके विरूद्ध 1978 में उसने एक भयानक खूनी अभियान चलाया। वियतनाम की सरकार ने पहले तो पोल पॉट से बात–चीत कर रास्ता खोजना चाहा पर विफल होने पर 1978 में अपनी युद्ध अनुभवी सेना को कंबोडिया भेजा। उन्होंने राजधानी पनोंम पेन्ह पर कब्जा कर अपने पसंदीदा हेंग सामरिन को शासक बनवा दिया। फिर से एक लंबी और दुरूह लड़ाई खमैर रूज़ और वियतनामी फौज के बीच शुरू हुई; उसमें चीन ने खमैर रूज़ का साथ देते हुए वियतनाम को सबक सिखाने के लिए फरवरी 1979 में एक चीनी सेना वियतनाम भेजी। अमेरिका भी वियतनाम का सोवियत संघ के प्रति झुकाव से नाराज था। चीनी सेना कुछ समय बाद लौट गई। 1980 का दशक कई परिवर्तनों वाला था, शीत युद्ध में ढ़ीलापन आने लगा, सोवियत संघ ने वियतनाम को सैनिक मदद बंद कर दी आखिरकार 1989 में वियतनाम की सेना कंबोडिया से लौट गई और वहाँ जो शासन रहा वह वियतनाम से सहयोग करने वाला शासन था। अमेरिका इस क्षेत्र में दिलचस्पी खो बैठा था अतः संयुक्त राष्ट्र संघ ने 1993 में कंबोडिया में

चुनाव करवाए। पुराने राजवंश के नोरोदम सिंहानुक की पार्टी को जीत हासिल हुई। इससे पहले कि पोल पॉट को फांसी हो वह हृदयघात से मर गया।

शरणार्थी समस्या :

हिन्दचीन की जनता ने बहुल लंबा समय अशांति और खून–खराबे में बिताया है। वियतनाम की लाखों जनता अपने देश में चलने वाले लंबे युद्धों के दौरान, देश से भागने को मजबूर हुई। वे नावों पर सवार हो मलेशिया, थाइलैण्ड, सिंगापुर, फिलीपींस में जाने की कोशिश करते मगर ये देश उन्हें आने नहीं देते अतः ऐसे सैकड़ो "नाववासी" (Boat people) दक्षिण चीन सागर में मर गए।

शरणार्थियों का पहला बड़ा दल 1975 में निकला जब एक लाख वियतनामी शरण की खोज में निकले। 1978–79 में कंबोडिया से युद्ध के दौरान इससे भी बड़ी संख्या में लोग आस–पास शरण मांगने निकले पर उन्हें आने से रोका गया अतः संयुक्त राष्ट्र संघ ने मलेशिया जैसे देशों को अपील की कि वे शरणार्थियों को 'पहला शरण' दें, जिसके लिए उन्हें धन भी दिया गया।

वियतनाम में बरसों से रह रहे चीनी मूल के लोगों को विशेषकर भगाया गया, तीन लाख ऐसे लोगों में से केवल पचास हजार वियतनाम में रह गए क्योंकि ये व्यापारी थे और साम्यवादी वियतनाम में इनकी बुर्जुआजी शोषण व्यवस्था का कोई स्थान न था।

वियतनामी शासन और अर्थव्यवस्था :

अपने एकीकरण के पश्चात वियतनाम में साम्यवादी शासन व्यवस्था और आर्थिक व्यवस्था अपनाई गई। उत्तर वियतनाम में कोयला था अतः इस क्षेत्र में उद्योग लगाने की कोशिश की गई। कोयले के निर्यात से देश को बहुमूल्य विदेशी मुद्रा मिलती थी। दक्षिण में चावल की पैदावार होती थी अतः अन्य फसलें और इस क्षेत्र में कृषि आधारित व्यवसायों को बढ़ावा देने की कोशिश की गई। परन्तु अनेकों कारणों से देश का तेजी से आर्थिक विकास न हो पाया। पंचवर्षीय योजनाएँ लक्ष्य को पूरा नहीं कर पाईं। कंबोडिया को साथ झंझट ने अंतर्राष्ट्रीय मदद को भी बंद कद दिया। अमेरिका जो अपनी हार से तिलमिलाया हुआ था ने, अंतर्राष्ट्रीय ऋण एजेंसियों को वियतनाम को मदद न देने को कहा। 1986 में वियतनाम की सरकार ने "दाई–मोई" (Doi Moi) नामक आर्थिक सुधार की शुरूआत की जिसमें "साम्यवादी परन्तु बाजार व्यवस्था" को केन्द्रीय योजना व्यवस्था की जगह पर अपनाया गया। निजी व्यापार और विदेशी पूँजी निवेश के लिए रास्ता खोल दिया गया। जनसंख्या पर नियंत्रण पाने के लिए दो बच्चों की नीति का प्रचलन किया। 1990 के दशक में इन सुधारों का परिणाम आने लगा और अर्थव्यवस्था वृद्धि दर 7% आंकी गई, गरीबी में उल्लेखनीय कमी आई और लगभग 30,000 निजी व्यवसाय काम करने लगे थे। सन् 2000 में अमेरिका ने

वियतनाम के साथ ''द्विपक्षीय व्यापार समझौता'' किया जिससे वियतनाम के उत्पाद अमेरिकी बाजार में बेचे जा सकेगें। ऐसी उम्मीद की जा रही है कि इस समझौते के बाद वियतनाम एक निर्यात आधारित एवं उद्योग आधारित, आधुनिक व्यवस्था बन पाएगा और अन्य देशों से भी पूँजी निवेश आकर्षित कर पाएगा। 2001 में वियतनाम की कम्युनिस्ट पार्टी की सरकार ने एक दस वर्षीय आर्थिक योजना बनाई है जिसमें निजी क्षेत्र के महत्व को स्वीकारा गया है और सरकारी नियंत्रण को सेना तथा आवश्यक सेवाओं तक रखने की मंजूरी दी है। 2007 से वियतनाम अंतर्राष्ट्रीय व्यापार संगठन का सदस्य भी बन गया है। अपनी कई कमजोरियों जैसे बैंको को नहीं लौटाए गए ऋण का अत्यधिक ऊँचा दर, सरकारी कर्मचारियों की अकुशलता, भ्रष्टाचार इत्यादि को समझते हुए इन पर अंकुश लगाए तो साम्यवादी व्यवस्था के बावजूद वियतनाम चीन की तरह असाधारण आर्थिक प्रगति कर सकता है।

एशिया की महाशक्ति चीन

उन्नीसवीं सदी के मध्य से चीन एक अंतर्राष्ट्रीय उपनिवेश था जिसके पूर्वी हिस्से के अलग–अलग भाग कई यूरोपीय देशों के प्रभाव क्षेत्र के अंतर्गत थे जिसे चित्रात्मक भाषा में ''चीन रूपी तरबूज को काटना'' कहा जाता था। आधुनिकता अपना चुके इसके पड़ोसी देश जापान ने चीन की पतनोन्मुखी राजनैतिक स्थिति का लाभ उठाते हुए इसे 1894–95 में हराया फिर 1931 में इसके मंचूरिया क्षेत्र पर कब्जा कर लिया और 1936 में पूरी तौर से इसे हड़पने के लिए आक्रमण कर दिया। द्वितीय विश्व युद्ध के दौरान जापानियों के विरूद्ध चीन में दो शक्ति–केन्द्र थे पहला कुओमिंगतांग पार्टी जो 1911 की क्रांति के पश्चात चीन के बड़े भाग पर शासन कर रही थी और इसके सैन्य शासक चियांग काई शेक को अमेरिका का भी समर्थन प्राप्त था क्योंकि वह साम्यवाद विरोधी था ; दूसरा चीनी कम्युनिस्ट पार्टी जिसका नेता माओ त्से तुंग था जो बहुसंख्य चीनी कृषकों में बड़ा लोकप्रिय होता जा रहा था। द्वितीय विश्व युद्ध के दौरान कुओमिंगतांग के सैनिकों ने चियांग काई शेक पर जोर डाला कि वह साम्यवादी सी.सी.पी. (Chinese Communist Party) के साथ मिल कर देश से जापानियों को भगाए। चियांग जो साम्यवाद का कट्टर विरोधी था को मजबूरी में ऐसा करना पड़ा हालांकि 1934 में उसने इन्हें एक लंबे और दूरूह रास्ते पर भागने को मजबूर कर दिया था। बहरहाल विश्व युद्ध की समाप्ति पर दोनों दल फिर लड़ पड़े और इस गृह–युद्ध में अमेरिका ने अगाध सैन्य, संसाधन एवं हर तरह की मदद दे कर चियांग को सी.सी.पी. को खत्म करने की जिम्मेदारी दे दी। परन्तु 1 अक्टूबर 1949 को सी.सी.पी. ने संपूर्ण चीन पर अपना अधिकार घोषित किया और चीन का साम्यवादी गणतंत्र अस्तित्व में आ गया। चियांग पराजित हुआ वह अपनी बची खुची सेना ले कर फारमोसा (ताइवान) भाग गया और वहाँ अपनी सरकार

बना ली। अमेरिका ने भी उसी को असली चीन माना और साम्यवादी चीन को संयुक्त राष्ट्र संघ का सदस्य भी नहीं बनने दिया बल्कि ताइवान एवं चियांग को ही असली चीन का नेता मानते हुए सुरक्षा परिषद को स्थाई सदस्य के रूप में नियुक्त किया। अक्टूबर 1971 में जा कर साम्यवादी चीन संयुक्त राष्ट्र संघ का सदस्य बन पाया।

अतः यह जानना आवश्यक है कि माओ की कम्युनिस्ट पार्टी लोगों का समर्थन पाने में कैसे सफल हुई।

1. कुओमिंगतांग का अयोग्य और भ्रष्ट होना :

जब 1912 में इस पार्टी की स्थापना डॉ० सन्यात सेन ने की थी तो इसके तीन ध्येय बताए थे, पहला – राष्ट्रीयता अर्थात चीन को विदेशी प्रभाव से मुक्त कराना और एक अखंड एवं शक्तिशाली चीन का निर्माण करना जो अंतर्राष्ट्रीय तौर पर सम्मान पाए ; दूसरा ध्येय – जनतंत्र अर्थात लोगों को स्वशासन के लिए तैयार करना ; और तीसरा – लोगों का जीवनोपार्जन जिससे शायद सन्यात सेन देश का आर्थिक विकास या भूमि का समान वितरण समझते थे। परन्तु द्वितीय विश्व युद्ध आते–आते यह एक भ्रष्ट दल बन कर रह गया था जो सिर्फ पूँजीपतियों के हितों की रक्षा करता था। सामान्य जनों को जाग्रत करने या अपने पक्ष में करने का इस दल ने कोई प्रयत्न नहीं किया।

2. उद्योगों में कर्मियों के लिए कोई सुधार न करना :

चीन में भी उद्योगों की स्थापना हो गई थी पर वहाँ काम करने वाले लोगों के पारिश्रमिक कम और शोषण ज्यादा था। श्रमिक हित के कानूनों के बावजूद उन्हें लागू नहीं किया जाता था कपड़े उद्योग में बच्चों से काम कराया जाता था, फैक्टरियों के दौरे करने वाले इंस्पेक्टर घूस खाया करते थे और चियांग भी उद्योगपतियों के खिलाफ कुछ नहीं करना चाहता था।

3. कृषकों की हालत में सुधार के कोई प्रयास न करना :

1930 के दशक में चीन में कई बार सूखा पड़ा और फसल नष्ट हो गईं जिससे ग्रामीण क्षेत्र में अकाल पड़ गया दूसरी तरफ शहरों में जमाखोर व्यापारियों के पास बहुत सा चावल और गेंहू जमा था जो वे निकालना नहीं चाहते थे। इन सब के अलावे कर भी बहुत ऊँचा था और बंधुआ मजदूरी भी कराई जाती थी।

परन्तु जो क्षेत्र कम्युनिस्ट पार्टी के हाथ आ गए थे वहाँ अमीर भू–मालिकों से जमीनें छीन कर भूमिहीन किसानों को बाँट दी गई थी। जब दोनों दल मिलकर जापानियों से लड़ रहे थे तब कम्युनिस्टों ने जमीनें छीनने के बजाय भूमि का किराया कम कराया और किसानों तथा छोटे भूमिवानों में लोकप्रिय हो गए।

4. कुओमिंगतांग ने जापानी कब्जे के विरूद्ध कठोर कार्यवाही नहीं की :
जापानियों ने 1931 में मंजूरिया पर कब्जा कर लिया था और वे पूरे चीन पर कब्जा करना चाहते थे, यह जानते हुए भी चियांग कम्यूनिस्टों के विरूद्ध कार्यवाही में लगा रहा और लगातार उनके ठिकानों पर धावा बोलता रहा। अपने लंबे मार्च के दौरान सी.सी.पी. ने ग्रामीण क्षेत्रों के लोगों को अपनी नीतियों से अपनी तरफ कर लिया और जब 1937 में जापान ने मुख्य भूमि चीन पर आक्रमण कर पूर्वी किनारे पर कब्जा कर लिया तो कुओमिंगतांग की देश की रक्षा न कर पाने की बदनामी भी हुई। सी.सी.पी. ने छापामार गुरिल्ले तरीके से जापान का विरोध किया और अपने को देशभक्त सिद्ध किया जिससे उनकी प्रतिष्ठा बढ़ी।

5. लाल सेना का लंबा सफर (The Long March) :
चीनी कम्युनिस्ट पार्टी की लाल सेना (जो बाद में जन मुक्ति सेना People's Liberation Army कहलाई) का चियांग काई शेक की राष्ट्रवादी सेना (कुओमिंगतांग शासन) से खूनी संघर्ष होता रहता था। चीन के दक्षिण प्रांत कियांगसी (Jiangxi) में सी सी पी की अच्छी पैठ थी। 1934 में राष्ट्रवादी कुओमिंगतांग ने इन्हें यहाँ से उखाड़ फेंकने की ठान ली और इन पर कई हमले किए। माओ के नेतृत्व में लाल सेना ने गुरिल्ला पद्धति अपना कर स्वयं को बचाने की कोशिश की पर अंत में यहाँ से निकल कर पश्चिमी रास्ते अपना कर उत्तर की तरफ प्रस्थान करने की योजना बनाई। अतः माओ त्से तुंग के नेतृत्व में लगभग 86,000 लाल सैनिकों का उत्तर की तरफ बचाव यात्रा जिसमें 368 दिन लगे और 24 नदियों तथा 18 पर्वतमालाओं को पार करते हुए लगभग छह हजार मील की दूरी को तय करना ही लंबा सफर या लांग मार्च कहलाता है। रास्ते भर विभिन्न स्थानीय बाहुबलियों की सेना या राष्ट्रवादी सेना के आक्रमणों को झेलते हुए मात्र चार हजार सैनिक उत्तर के शानक्सी (Shaanxi) प्रांत पहुँच पाए। परन्तु यही सफर माओ के उत्कर्ष का कारण बना। ऐसी विषम परिस्थिति में उसके नेतृत्व के गुण निखर गए, आम चीनी जनता सी.सी. पार्टी एवं साम्यवादी विचारों की कायल हो गई, लाल सेना के कठिन संघर्ष और बहादुरी से प्रभावित हो नवयुवक इसमें भर्ती होने के इच्छुक हो गए और जापानी कब्जे से लोहा लेने के कारण इस सेना की लोकप्रियता बढ़ती ही गई।

यह यात्रा 16 अक्टूबर 1934 में प्रारंभ हो 20 अक्टूबर 1935 को समाप्त हुई। यह युद्ध-इतिहास का सबसे लंबा चलने वाला सफर माना जाता है। इसने चीनी कम्युनिस्ट पार्टी को चीन के अंदरूनी भाग में प्रतिष्ठा दिला दी जो दस वर्षों के पश्चात छिड़े गृह-युद्ध में कुओमिंगतांग से विरूद्ध सफलता पाने में काम आई।

6. सी.सी.पी. का कुओमिंगतांग के साथ गृह-युद्ध :
जब द्वितीय विश्व युद्ध में जापान की भी पराजय हो गई तब उसकी सेना चीन से हट गई, अब सी.सी.पी. का कुओमिंगतांग से घनघोर संघर्ष छिड़ गया। अमरीकियों ने

कुओमिंगतांग को बहुत मदद दी और कई क्षेत्रों पर कब्जा दिलाया पर मंचूरिया पर रूस का कब्जा हो गया था अतः वहाँ रूसियों ने सी.सी.पी. को स्थापित करवा दिया। जापानी सेना के छोड़े असलहे और हथियार सी.सी.पी. की हाथ लगे दूसरी तरफ चियांग के पास आधुनिकतम हथियार थे पर 1948 में चीन की जनता सी.सी.पी. के साथ थी और वे चियांग को अमेरिकी पिठ्ठू के तौर पर देखते थे। साधारण लोग सी.सी.पी. के सेना मे भर्ती होते जाते थे, आखिर जनवरी 1949 में सी. सी.पी. ने बीजिंग पर कब्जा कर लिया और कुछ महीनों बाद चियांग को अपनी बची सेना के साथ ताइवान द्वीप पर भाग जाना पड़ा। माओ जेडोंग (त्से तुंग) ने मुख्य भूमि चीन पर साम्यवादी जनतांत्रिक गणतंत्र चीन की, 1 अक्टूबर 1949 को नींव डाली।

7. चीनी कम्युनिस्ट पार्टी के गुण :

गृह–युद्ध के वर्षों में सी.सी.पी. ने अपनी भू–नीति से लोगों का दिल जीत लिया। कहीं–कहीं उन्होंने भू–पतियों से जमीने छीनकर किसानों में बाँटा, तो कहीं कृषि योग्य भूमि के किराए को कम करवाया और कहीं भूमि संबंधी विवादों को ईमानदारी से सुलझाया, अर्थात अपने संयम, ईमानदारी और अनुशासन से कम्युनिस्ट सेना ने चीन के लोगों को अपनी तरफ कर लिया।

दूसरी तरफ कुओमिंगतांग का प्रशासन अक्षम और भ्रष्ट था। अमरीकियों से मिलने वाले धन को अधिकारी खा जाते थे। युद्ध के समय इसकी नोट छापने की प्रवृत्ति ने मुद्रास्फीति को इतना बढ़ाया कि अर्थव्यवस्था का बंटाधार हो गया और मध्य वर्ग तथा आम जनता की मुसीबतें अत्यंत बढ़ गयी। इसकी सेना के सिपाही बहुत कम तनख्वाह पाते थे और उन्हें लूट–पाट करने की छूट थी अतः ग्रामीण लोग ऐसी बदमाशों से भरी सेना से घृणा करते थे। कम्युनिस्ट दल अपनी विचारधारा, ईमानदारी और सेना का प्रचार–प्रसार करते रहते थे अतः कुओमिंगतांग की सेना के सैनिक, बड़ी संख्या में कम्युनिस्ट सेना में भर्ती होने के लिए आने लगे। चियांग ने लोगों को डरा धमका कर अपने पक्ष में करने की कोशिश की पर उसका उल्टा परिणाम निकला। उसकी सेना भी उसके व्यवहार से हतोत्साहित थी और युद्ध की अच्छी योजना न बना पाने के कारण, थोड़ी हार के बाद हथियार डाल देती थी।

कम्युनिस्ट दल के नेता माओ त्से तुंग और चाउ–एन–लाई नेता के रूप में ज्यादा चतुर और चालाक थे। उन्होंने कुओमिंगतांग की कमजोरियों और चियांग काई शेक की अदूरदर्शिता का खूब फायदा उठाया। वे साम्यवाद के प्रति अत्यंत निष्ठावान थे उनके सेनानायक लिन–बाओ, चू–तेह और चेन–ई, कम्युनिस्ट सेना की अच्छी तैयारी करवा पाए और बेहतर युद्ध योजना पाने में सफल हुए अतः गृह–युद्ध में चीनी कम्युनिस्ट पार्टी विजेता हुई।

चेयरमैन माओ के काल का चीन

1949 में साम्यवादी चीन के नेता माओ के सामने इस विशाल देश की बड़ी–बड़ी समस्याएँ थीं। देश जापान से लंबे युद्ध और फिर तीन वर्ष के गृह–युद्ध से उजाड़

हो चुका था। रेल, सड़क मार्ग, नहरें एवं संचार के साधन टूट-फूट से नष्ट पड़े थे, खाद्यान्न की भीषण कमी थी, उद्योग धंधे पिछड़े हुए थे, कृषि पुरातनपंथी और बढ़ती जनसंख्या का पोषण करने में असमर्थ थी और मुद्रास्फीति की दर अत्यंत ऊँची थी। हालांकि मध्यवर्ग और किसानों का सहयोग माओ के साथ था पर समस्याओं का समाधान न करने से वे भी उसके विमुख हो सकते थे। चीनी कम्युनिस्ट पार्टी के नेता माओ के सामने एक साम्यवादी व्यवस्था को स्थापित करने की चुनौती थी। उसके लिए मार्क्सवादी विचारधारा को अपनाना प्रमुख ध्येय था न कि आर्थिक विकास। उसने अपने भाषणों में बार-बार इस बात पर जोर डाला कि चीन में हर कुछ मार्क्सवादी आधार का होगा। अतः एक संविधान की रचना की गई जो 1954 में लागू हुई। उसके अनुसार एक नेशनल पीपल्स कांग्रेस नामक विधायिका की स्थापना की गई जिसके सदस्य चार वर्षों के लिए, जनता, जो अठारह वर्ष से ऊपर हों, द्वारा चुने जाते थे। यह कानून बनाने वाली संस्था थी। पीपल्स कांग्रेस, स्टेट काउंसिल और गणतंत्र के चेयरमैन का चुनाव करते थे जो कार्यपालिका थी। स्टेट काउंसिल के सदस्य "पोलिटिकल ब्यूरो" (पोलिट ब्यूरो) का चुनाव भी करती थी जो देश की नीति निर्धारण करती थी और सारे मुख्य निर्णय लेती थी। परन्तु केवल एक ही पार्टी थी – चाइनीज़ कम्युनिस्ट पार्टी और सिर्फ पार्टी सदस्य ही इन संस्थाओं के चुनाव में खड़े हो सकते थे। बाद में 1975, 1993 और 2004 में संविधान में सुधार लाए गए। अतः अपने शुरूआती स्वरूप से वर्तमान में चीन के संविधान में काफी परिवर्तन आया है परन्तु एक दलीय कम्युनिस्ट पार्टी व्यवस्था में कोई परिवर्तन नहीं हुआ है।

कृषि क्षेत्र में परिवर्तन :

साम्यवादी शासन का सबसे बड़ा परिणाम कृषि क्षेत्र में दिखा। 1950–1956 के बीच दो चरणों में भूमि का पुनर्वितरण किया गया। पहले चरण में भूमि को बड़े जमींदारो से ले लिया गया और किसानों में बाँट दिया गया परन्तु यह आसान काम न था और विरोध करने वाले लाखों लोग मारे गए। दूसरा चरण अपेक्षाकृत बिना हिंसा के था जिसमें किसानों को सहकारी कृषि (सामूहिक खेती) के लिए तैयार किया गया (रूस की तरह जबरदस्ती नहीं की गई) ताकि तकनीकी खेती से कृषि का उत्पादन बढ़ाया जा सके। 1956 तक 95 प्रतिशत किसान सहकारी कृषि में ला दिए गए थे जिसमें सौ परिवार से ले कर तीन सौ परिवार वाले सामूहिक खेत व्यवस्था थी और यह भूमि तथा औजारों पर सम्मिलित मालिकाना हक रखते थे।

उद्योग क्षेत्र में परिवर्तन :

इस क्षेत्र के परिवर्तन उद्योगों का सरकार द्वारा राष्ट्रीयकरण से प्रारंभ हुआ। 1953 से चीन ने अपनी पहली पंचवर्षीय योजना प्रारंभ की। यह सोवियत मॉडल पर आधारित था और रूसी आर्थिक सलाहकारों द्वारा संचालित हुआ। सोवियत संघ ने आर्थिक और तकनीकी सहयोग भी दिया। चीन के लिए तकनीकी सहयोग बहुमूल्य था क्योंकि उसकी अपनी जनता इस क्षेत्र में पिछड़ी थी। इस प्रथम

पंचवर्षीय योजना में भारी उद्योगों की स्थापना को प्रमुखता दी गई – लौह इस्पात, कोयला एवं रसायनिक उद्योग इत्यादि परन्तु योजना के बीच में ही माओ को लगने लगा कि शायद भारी उद्योगों का आर्थिक विकास का रास्ता चीन के लिए नहीं है।

सैकड़ों फूलों के खिलने का अभियान – (1957)

औद्योगीकरण की प्रक्रिया में एक नया वर्ग पैदा हुआ जो तकनीकी विशेषज्ञों और अभियांत्रिकों का था। इनसे चीनी कम्युनिस्ट पार्टी के कैडर (वे नौजवान क्रांतिकारी जो पार्टी के कार्यक्रम जैसे सामूहिक खेती के कार्यक्रम इत्यादि) में बड़े सक्रिय थे, उन्हें अब अपना महत्व घटता सा लगा। माओ अपनी शुरूआती सफलता से प्रसन्न हो कर साम्यवादी व्यवस्था के लागू होने से होने वाली कठिनाइयों की खुलकर चर्चा करने की अनुमति दे बैठे। अपने भाषण में उन्होंने कहा कि "सैकड़ो फूलों को खिलने दो और सौ विचारधाराओं को सामने आने दो ताकि कला फूले–फले और विज्ञान का विकास हो"। परन्तु इससे साम्यवादी व्यवस्था और कैडरों द्वारा किए गए अत्याचार की इतनी आलोचना सामने आने लगी कि इस अभियान को बंद करना पड़ा। बाद में माओ ने कहा कि उन्होंने इस अभियान की शुरूआत "सांपों को उनके बिलों से निकालने" के लिए किया था अर्थात जो क्रांति विरोधी आलोचक थे उनका पता चल गया और सरकार ने ऐसे लोगों को पकड़ कर जेल में डाल दिया।

विकास की लंबी छलांग (1958–1966) :

1958 में जब द्वितीय पंच वर्षीय योजना प्रारंभ की गई तो अचानक ही माओ ने इसे रूकवा दिया, उसके अनुसार विकास का यह सोवियत रूस या पश्चिमी देशों जैसा औद्योगीकरण का तरीका ठीक नहीं है, इसके बदले "एक लंबी छलांग" की चीन को जरूरत है। इस योजना के द्वारा चीन की विशाल जनसंख्या की ऊर्जा का उपयोग कर चीनी क्रांति को सफल बनाना चाहिए। इस योजना में कृषि और उद्योगों का और विकास होना चाहिए ताकि उत्पादन बढ़े, कृषि से चीनी जनता का पेट भर नहीं पा रहा था और उद्योगों को चीनी स्वरूप देना जरूरी था अतः कम्मयूनों की स्थापना की गई ; ये सामूहिक खेतों से भी बड़े थे जिनमें 75,000 लोग रहते थे ; जिन्हें बिग्रेडों में बाँट दिया गया था जो कार्य दलों के समूह से निर्देशित होते थे। हर कम्मयून में खेती और एक फैक्टरी होती थी। एक चुनी हुई परिषद उसका कार्यभार देखती थी जो अपने कृषि कार्य या फैक्टरियों के काम को देखती थी और एक स्थानीय लोक शासन की तरह काम करती थी। 1965 में एक कम्मयून में 30,000 लोग अगर हों तो उसके एक तिहाई बच्चे जो स्कूल में बाल भवन में होंगे, एक तिहाई गृहणी और बुजुर्ग और बाकी कार्य करने वाले होते। इस कम्मयून में 32 ग्रेजुएट और 43 तकनीकी कार्य अनुभव वाले होते। हर परिवार को लाभ का एक अंश मिलता और सबको एक छोटा व्यक्तिगत भूमि का टुकड़ा मिलता।

उद्योगों में छोटी फैक्टरियों को महत्व दिया गया :

सोवियत रूस के विपरीत बड़े उद्योगों के स्थान पर छोटी फैक्टरियों को लगाने पर जोर दिया गया। इन्हें ग्रामीण इलाकों में भी लगाया गया जिससे कृषि के उपकरण बनाए जा सके। माओ ने छह लाख घर के पिछवाड़े लगाए जा सकने वाले ''भठ्ठियों'' की, बात की जिन्हें चलाने की जिम्मेदारी कम्मयूनों को दी गई। उन्हें ही उस स्थान की सड़क, नहर, डैम, तालाब और सिंचाई के प्रबंध की भी जिम्मेदारी दी गई।

शुरूआती अनर्थ :—पहले—पहले इस व्यवस्था का विरोध हुआ। कम्मयून में रहने वालों को लगता उन्हें जबरदस्ती बहुत काम करना पड़ रहा है और कैडरों की ज्यादतियाँ भी ज्यादा थीं। 1959—1961 के बीच खराब फसलों के कारण भुखमरी फैल रही थी, रूस ने भी आर्थिक मदद देना बंद कर दिया था अतः 1963 तक बड़ी बुरी हालत रही, करीब दो करोड़ लोग इस दौरान विभिन्न कारणों से मारे गए। माओ की प्रतिष्ठा भी कम होने लगी, उसे पीपल्स कांग्रेस के चेयरमैन के पद से त्यागपत्र देना पड़ा हालांकि वह चीनी कम्यूनिस्ट पार्टी का चेयरमैन बना रहा।

पर बाद में कृषि और फैक्टरी उत्पादन दोनों बढ़ने लगे। इतना खाद्यान्न उपजने लगा कि चीन की जनता का पेट भर सके और अकाल न पड़े जो कि कुओमिंगतांग के शासन में अक्सर होता था। कम्मयून एक अच्छी परिकल्पना साबित हुए – वे सामूहिक खेत से बढ़ कर थे और वे अच्छे स्थानीय शासन के रूप में काम करने लगे। एक विशाल देश की बहुसंख्यक जनता के लिए वे सटीक व्यवस्था साबित हुए क्योंकि इतने विशाल देश का शासन एक अति केन्द्रित स्थान से चलाना संभव न था। ये निर्णय कि चीन एक कृषि प्रधान देश रहेगा उस वक्त के लिए सही निर्णय था, जिसमें छोटी फैक्टरियाँ यत्र—तत्र लगाई जाती रहेंगी। अर्थव्यवस्था श्रम पर आधारित होगी न कि मशीन पर अतः लगभग सभी को काम मिला वरना बेरोजगारी की समस्या, चीन के लिए भीषण समस्या बन जाती। इस व्यवस्था में शिक्षा भी व्यापक हो गई एवं स्वास्थ्य सेवाओं इत्यादि का भी प्रबंध हो पाया। औरतों की सामाजिक स्थिति भी सुधरी।

महान सांस्कृतिक क्रांति (1966—1969) :

जुलाई 1966 में माओ ने एक नए राजनीतिक आंदोलन का सूत्रपात किया जिसके द्वारा चीनी कम्युनिस्ट पार्टी के संभ्रांतवादी नेताओं को हटाया जाना था और एक ''महान सर्वहारा सांस्कृतिक क्रांति'' लाई जानी थी। इसका मतलब था कि क्रांति और ''लंबी छलांग'' को मार्क्सवादी—लेनिनवादी राह पर ही चलाना था। 1960 के शुरूआती वर्षों में जब लंबी छलांग की सफलता संदिग्ध थी तो चारों ओर आलोचना के सुर प्रारंभ हो गए थे। दक्षिण पंथी नेता आर्थिक सुधार की (माओ की नजर में पूँजीवादी सुधार) सलाहें दे रहे थे यह माओ को असह्य

लगा। वह तो रूस की भी राह भूलने वाला "रिविज़निस्ट" (संशोधनवादी या साम्यवादी विचारधारा में विरूपण लाने वाले) कह कर भर्त्सना करता था। अतः माओ ने जनता को अपील कर क्रांति की रक्षा करने को कहा और आग्रह किया कि पुरानी व्यवस्था को या पूँजीवादी विचार वाले लोगों को रास्ते से हटा दे। उसके समर्थक 'रेड गार्ड' पूरे देश में घूम–घूम कर माओ के विचार को फैलाने लगे। स्कूल और फैक्टरियों को बंद कर दिया गया। यह प्रसार तंत्र का विस्तारित कार्यक्रम था।

परन्तु इससे बड़ा उपद्रव फैल गया। छात्र शक्ति को उकसा देने के बाद वे किसी के नियंत्रण में न आए। प्रोफेसरों को घुटनों के बल गिरवा कर क्रांति–हर्ता घोषित कर दिया गया। पुरानी खूबसूरत ऐतिहासिक इमारतों को पूँजीवादी बता नष्ट कर दिया गया। टीचरों, स्थानीय पार्टी अधिकारियों इत्यादि सभी शिकार बना दिए गए। अब माओ को ही सेना बुला कर "रेड गार्ड" पर नियंत्रण करना पड़ा। अप्रैल 1969 में पार्टी सम्मेलन में सांस्कृतिक क्रांति के अंत की घोषणा हुई और माओ ने उत्पात की सारी जिम्मेदारी अपने सलाहकारों और उत्साही "रेड गार्ड" पर डाल दी।

सांस्कृतिक क्रांति ने चीन का बड़ा नुकसान किया, अर्थव्यवस्था को दस साल पीछे ढ़केल दिया, लाखों लोगों की जिन्दगियाँ बरबाद कर दी और लोगों के बीच घृणा व शंका पैदा कर दिया।

माओ की मृत्यु – 1976

1970 के दशक की सबसे बड़ी उपलब्धि चीन और अमेरिका का नजदीक आना थी। कुओमिंगतांग शासन जिसे 'रिपब्लिक ऑफ चाइना' कहा जाता था, संयुक्त राष्ट्र संघ का प्रारंभिक स्थापना सदस्य माना गया था पर 1949 में यह ताइवान चला गया, मुख्यभूमि चीन पर "चीनी कम्युनिस्ट पार्टी का शासन स्थापित हुआ पर इसे अमेरिका ने मान्यता नहीं दी आखिर अक्टूबर 1971 को सी.पी.सी. (चीनी कम्युनिस्ट पार्टी) के शासन वाले चीनी गणतंत्र को संयुक्त राष्ट्र संघ का सदस्य बनाया गया। अगले साल फरवरी 1972 में अमरीकन राष्ट्रपति निक्सन चीन आया। माओ और चाउ–एन–लाई ने उसका स्वागत किया अतः अमेरिका से संबंध सुधरे क्योंकि सोवियत संघ से संबंध पहले ही बिगड़ चुके थे।

1976 में माओ की मृत्यु हो गई और उत्तराधिकार का प्रश्न उठ खड़ा हुआ। अपने जीवन काल में माओ ने हुआ गुओफेंग को अपने उत्तराधिकारी के रूप में नामित किया था परन्तु उदारवादी डेंग जिआओपिंग भी काफी लोकप्रिय था फिर माओ की पत्नी के नेतृत्व में "चार का दल" भी बड़ा शक्तिशाली था। हुआ ने "चार के दल" को जेल में डलवा कर उनके द्वारा किये गये अत्याचारों का अदालत में खुलासा करवाया और सजा दिलवाई। 1978 के बाद से डेंग का प्रभाव बढ़ने लगा और हुआ को पार्टी के चेयरमैन के पद से इस्तीफा देना पड़ा।

चीन का अप्रत्याशित आर्थिक विकास एवं राजनैतिक नियंत्रण

बीसवीं सदी के अंत तक पश्चिमी जगत में साम्यवादी शासन व्यवस्था का अंत हो चुका था परन्तु चीन न केवल ऐसी ही व्यवस्था बना रहा बल्कि दिनोदिन आर्थिक उन्नति भी करता गया और सन् 2008 के बीजिंग ओलंपिक्स में भाग लेने वाले दो सौ चार देशों ने और अन्यों ने भी चीन की सुव्यवस्था देखी और दंग रह गए। दुनिया के कई हिस्सों में तानाशाही या फिर सैनिक शासन साम्यवाद का पर्याय बन गया था वहीं समकालीन चीन भ्रष्टाचार पर नियंत्रण रखता हुआ, एक दलीय व्यवस्था बना रहा। राजनीति में यह कभी गरम कभी नरम की नीति अपनाता हुआ थोड़ी अभिव्यक्ति की स्वतंत्रता दे कर फिर लगाम खींच लेने जैसी (तियनमेन स्क्वेयर {1989} जैसी) घटना को अंजाम दे जाता है अतः जहाँ पूर्वी यूरोप में 1989 के बाद साम्यवादी विरोधी आंदोलन प्रारंभ हुए, चीन में उसके बाद से साम्यवादी शासन का नियंत्रण और बढ़ गया है।

1976 जो कि चीन में ''बाघ'' का वर्ष था, में माओ जेडाँग और चाउ–एन–लाई दोनों की ही मृत्यु हो गई। हुआ गुओफेंग ने माओ की पत्नी के समेत चार के दल को सजा दिलवाई। पर उसे भी डेंग ज़ियाओपिंग ने किनारे कर दिया और 1978 से 1997 में अपनी मृत्यु तक डेंग ही चीन का सर्वोच्च नेता बना रहा । हालांकि वह कभी शासन प्रधान नहीं रहा न ही कम्युनिस्ट पार्टी का जनरल सेक्रेटरी रहा परन्तु फिर भी वह सर्वोच्च नेता के रूप में 1978 से 1992 तक चीन की आर्थिक नीतियों का निर्माता बना रहा। उसी के प्रभाव से चीन ने ऐसी मार्क्सवादी व्यवस्था बनाई जिसमें ''बाजार समाजवाद'' की भी जगह थी। उसी ने अमेरिका तथा जापान से संबंध सुधारे ताकि व्यापार में बढ़ोत्तरी हो, विदेशी निवेश को आकर्षित किया जा सके और तकनीक प्राप्त की जा सके।

सांस्कृतिक क्रांति के दौरान और उसके प्रभावों के चलते चीन की अर्थव्यवस्था, राजनीतिक प्रणाली, शिक्षा तथा सांस्कृतिक जीवन को बहुत आघात पहुँचा था, उनकी क्षति को सुधारा जाने लगा।

सोवियत संघ के साथ चीन ने अपने संबंध सामान्य किए। भारत के साथ भी संबंधो में सुधार आया।

1979 में डेंग ने नए कृषि कार्यक्रम का प्रारंभ किया जिसमें किसान राज्य के साथ अनुबंध कर, भूमि, बीज, उपकरण इत्यादि प्राप्त करता था, फसल तैयार होने पर, अनुबंध के अनुसार पैदावार जमा करता और बाकी नए बने खुले बाजार में बेच सकता था। इस तरह की व्यक्तिगत मुनाफे की शुरूआत ने कृषि में काफी परिवर्तन ला दिया और उत्पादन में खूब बढ़ोत्तरी हुई।

इस नई व्यवस्था को मार्क्सवाद से भटकना बताया जाने लगा परन्तु डेंग का कहना था ''अमीर बनने में कोई बुराई नहीं है''। विदेशी निवेश को आकर्षित किया जाने लगा। तकनीकी ज्ञान के लिए वैज्ञानिकों, पूँजीपतियों इत्यादि को चीन आने का निमंत्रण दिया जाने लगा। बड़ी संख्या गें चीन के छात्रों को विदेश

भेजा जाने लगा जो कम्प्यूटर, विज्ञान, व्यापार, प्रबंधन और तकनीकी पढ़ाई कर देश लौटने लगे।

डेंग के आर्थिक सुधार रंग लाने लगे। 1987 तक अर्थात डेंग के नीति निर्देशन के आठ वर्षों के अंदर देश का सकल घरेलू उत्पाद बड़ी तेजी से बढ़ा, ग्रामीण आय तिगुनी हो गई और शहरी आय दुगनी, विदेश व्यापार दोगुना हो गया और विदेशी पूँजी निवेश अप्रत्याशित रूप से बढ़ा। विदेशी निवेशकों ने अपने कारखाने पश्चिमी देशों से हटा कर चीन में लगाने शुरू किए। चीन का श्रम बहुत सस्ता था जिससे उनका मुनाफा कई गुना हो गया। कपड़ों से लेकर मोटर कारों के निर्माण का काम चीन में होने लगा और उसे ''दुनिया की फैक्ट्री'' कहा जाने लगा।

अपनी विशाल जनसंख्या को आर्थिक विकास के प्रभाव को बेअसर करने से बचाने के लिए चीन ने एक संतान की नीति को कठोरता से अपनाया। शिक्षा, नौकरी भोजन में राशन इत्यादि के फायदे दे कर या फिर कठोरता से गर्भपात करा कर एक संतान नीति से जनसंख्या पर नियंत्रण लगाया परन्तु इससे बालिका मृत्यु दर बहुत बढ़ी।

तियनमेन स्क्वेयर कांड 1989

आर्थिक क्षेत्र में चीन मार्क्सवाद का साथ छोड़ चुका था परन्तु राजनीतिक उदारीकरण की कोई प्रक्रिया प्रारंभ नहीं की गई थी। हालांकि डेंग के शासन के अंतर्गत सरकारी कामों में कुछ खुला पन और जिम्मेदारी की शुरूआत की गई थी। उसने कुछ कानून सुधार किए जिससे लोगों को व्यक्तिगत आजादी में हस्तक्षेप से मुक्ति मिली। उसने सेंसरशिप कम किया, जानकारी और विचारों को प्राप्त करने में रोक हटवाई और कुछ अभिव्यक्ति की आजादी दी। इन सब सुधारों के दौरान ''जनतंत्र का स्वरूप'' पर जोर डाला जाता था। पर इस स्वरूप का यह कतई मतलब नहीं था कि स्वतंत्र चुनाव की व्यवस्था हो और कई राजनीतिक पार्टियों को चुनाव लड़ने का अवसर मिले या एक विपक्षी पार्टी हो। डेंग इस तरह के ''बुर्जुआ उदारवाद'' के बिलकुल खिलाफ था। परन्तु 1980 के दशक से चीनी छात्र जो विदेश पढ़ कर आ रहे थे वे जनतंत्र की सच्ची स्थापना चाहने लगे। मध्य 1980 में ऐसे ''पश्चिमी संस्कृति'' वाले तत्वों जिसमें रॉक म्यूजिक सुनना भी आता था, से सरकार सख्ती से निबटने लगी।

1986 में शंघाई और बीजिंग के विश्वविद्यालय के छात्रों ने राजनीतिक सुधारों की मांगों को लेकर प्रदर्शन किए जिसे सरकार ने भंग तो किया परन्तु कुछ अस्पष्ट आश्वासन भी दिए।

1989 में छात्र और बुद्धिजीवी फिर से व्याकुल होने लगे। वे कम्युनिस्ट पार्टी में फैले भ्रष्टाचार से नाराज थे और डेंग के आर्थिक सुधार जैसे मार्क्सवादी और माओ के रास्ते से भटक जाने पर वैचारिक तौर पर दुखी थे। नौजवानों को लगने लगा था कि शासन अपने चुने ध्येय और पथ से भटक गया है और उसे शासन

करने का नैतिक अधिकार नहीं रहा है। तियनमेन घटना की शुरूआत का कारण पार्टी नेता हू याओबांग की मृत्यु थी जो कि राजनैतिक सुधार का सबसे मुखर समर्थक था। अतः अप्रैल 1989 में कई विश्वविद्यालयों के छात्र सरकार की चेतावनियों के बावजूद तियनमेन स्क्वेयर, बीजिंग में एकत्र हो गए, मृत नेता को श्रद्धांजलि दी, राजनैतिक कैदियों को छोड़ने, नए जनतांत्रिक संविधान, मानव अधिकार, अभिव्यक्ति एवं प्रेस की स्वतंत्रता और प्रदर्शन करने के अधिकारों की मांग को ले कर वहीं जम गए।

मई 15, 1989 को सोवियत नेता मिखाइल गोर्बाचोव चीन के दौरे पर आए, उसके दो दिन पहले से ही दो हजार छात्र तियनमेन स्क्वेयर पर भूख हड़ताल पर बैठ गए और हर दिन सैकड़ों छात्र और वहाँ पहुँचने लगे। चीन सरकार ने छात्रों को वहाँ से हटने की आखिरी समय सीमा दे दी, पर छात्र हटने के बजाए डेंग विरोधी नारे लगाने लगे और गोर्बाचोव के अपने देश में किए जा रहे सुधारों की तारीफ की, पर गोर्बाचोव ने दौरे के दौरान कोई विवाद पैदा न किया, न वे सरकार और न ही छात्रों के विरूद्ध बोले। उनके जाने के बाद सरकार ने मार्शल लॉ लगा दिया और छात्रों को हटने की चेतावनी दी पर छात्र दिन रात वहाँ जमे रहे। पार्टी के बुर्जुग नेताओं से छात्रों की बातचीत का कोई नतीजा न निकला, छात्र बल्कि उन्हें हटाने की मांग करने लगे।

अंततः चार जून 1989 की अलसुबह को टैंकों की श्रंखला गड़गड़ाती हुई तियनमेन स्क्वेयर आ पहुँची और गोलियां बरसाने लगी। 3000 लोग, जिसमें छात्र, नागरिक, बुद्धिजीवी इत्यादि थे मारे गए और फिर चीनी सरकार ने मीडिया का मुख बंद कर दिया। चीनी सरकार ने घटना का वर्णन ऐसे किया मानो हथियार बंद विद्रोहियों ने पुलिस पर हमला किया था अतः सेना बुलानी पड़ी और उन्हें मार गिराना पड़ा। परन्तु सच्चाई यह थी कि वहां बिना हथियार के छात्र ही थे। इस हत्याकांड की जाँच की मांग पश्चिमी देशों ने की तो चीन की सरकार ने विरोध किया और कहा कि यह चीन की संप्रभुता का हनन होगा। उधर इस विरोध में शामिल लोगों को खोज कर जेल में डाला गया और मृत्यु दंड भी दिए गए। नागरिकों को इस घटना के बारे में बात करने की भी मनाही कर दी गई अंतर्राष्ट्रीय तौर पर फैली बदनामी कुछ ही समय बाद कम हो गई; अमेरिका के निवेशक चीन में पूँजी लगाने को व्याकुल थे उधर चीन ने भी आणविक–अप्रसार संधि पर दस्तखत करके तथा कंबोडिया में शांति स्थापना करवा के विश्व मत को अपने तरफ कर लिया।

आर्थिक उन्नति का चरम उत्कर्ष

1992 में चीन कम्यूनिस्ट पार्टी के दो विभेदों का पता चला, एक तरफ था ली पेंग जो डेंग के "बाजार समाजवाद" का तीखा आलोचक था दूसरे डेंग जिसने चीन की अर्थव्यवस्था को चमकाने की कमर कस ली थी। वह दक्षिण और पूर्वी चीन के दौरे पर गया जहाँ विशेष आर्थिक क्षेत्रों में विदेशी पूँजी से विश्वस्तरीय आधुनिकतम

उद्योगों की स्थापना की जा रही थी। हांगकांग के नजदीक शेनज़ेन में डेंग ने कहा "सुधारों को अपना कर चीन को दुनिया के लिए खोल दो और अर्थव्यवस्था की सुधार कर लो"। सभी रूढ़ीवादी नेता दंग रह गए। पर डेंग के आर्थिक सुधारों ने जो कायाकल्प किया था, उसमें फिर सभी सहभागी बन गए। 1993 के बाद चीन की अर्थव्यवस्था 11 प्रतिशत सालाना के दर पर बढ़ती चली गई। शीघ्र ही इसकी सकल राष्ट्रीय आय 13 प्रतिशत और विदेश व्यापार 18.2 प्रतिशत बढ़ गए। 140,000 नए विदेशी पूँजी वाले व्यवसाय स्थापित हो गए। सरकारी उद्यमों के बजाए निजी उद्यम खुल गए। एक नया शेयर बाजार खुल गया। तेज गति वाली रेलगाड़ियाँ बन गईं, बड़े–बड़े अपार्टमेंट वाले शहर अस्तित्व में आ गए 1999 तक अमेरिका के साथ व्यापार में साठ बिलियन डॉलर से ज्यादा का लाभ चीन को हुआ। शंघाई का परिवर्तन सबसे अप्रत्याशित था, 1993 तक यहाँ 120 नए बहुराष्ट्रीय उद्यम स्थापित हो चुके थे अतः शताब्दी के अंत तक चीन के लोगों के जीवन में उल्लेखनीय सुधार आ चुका था, वे किसी भी पहले के समय से बेहतर स्वास्थ्य, बेहतर भोजन, कपड़े, शिक्षा और आवास पा रहे थे। यह आर्थिक विकास तियनमेन की कालिख को ढ़क चुका था। पार्टी भी समझ चुकी थी कि आर्थिक समृद्धि से लोगों का जनतंत्र की मांग की तरफ से ध्यान हटाया जा सकता है, फिर भी अगर विरोधी आवाज उठाने की कोशिश करते तो उन्हें पकड़ कर लंबे जेल सजा या कठोर सजा सुना दी जाती। 1990 के दशक के फालून गोंग (Falun Gong) का एक लोकप्रिय आंदोलन चला था जिसमें धार्मिक, रूहानी एवं शारीरिक प्रशिक्षण की कला सिखाई जाती थी, पर चीनी कम्यूनिस्ट पार्टी को यह खतरनाक लगी और जब अप्रैल 1999 को इसके दस हजार सदस्यों ने बीजिंग में उनके प्रति अधिकारियों के अत्याचार के विरोध में बेआवाज़ प्रतिरोध मार्च निकाला तो, उन पर पुलिस टूट पड़ी और हजारों को गिरफ्तार कर लिया। अतः राजनीतिक नियंत्रण में कोई परिवर्तन लाने की पार्टी की मंशा नहीं है।

मार्च 1997 में डेग जियाओपिंग की मृत्यु हो गई और बिना किसी हलचल के झियांग ज़ेमिन राष्ट्रपति एवं पार्टी के जनरल सक्रेटरी बने रहे। परन्तु चीन के आर्थिक उत्कर्ष के प्रणेता डेंग ही थे इसमें कोई शक नहीं। उनके बाद भी चीन की प्रगति जारी रही। 2001 में चीन विश्व व्यापार संघ का सदस्य बन गया। 2006 में यह विश्व की तीसरी बड़ी अर्थव्यवस्था बन गया, इसकी बढ़ोत्तरी का अनुमान इसी बात से लगाया जा सकता है कि इसके औद्योगिक प्रांत गुआंगडोंग में अठारह मिलियन औद्योगिक श्रमिक काम करते हैं जो पूरे अमेरिका के श्रमिकों (चौदह मिलियन) से भी ज्यादा है। छोटे शहर और मछली पकड़ने वाले गांव अचानक बड़े शहरों में तब्दील हो गए हैं और अब चीन को विश्व का आर्थिक इंजन कहा जा रहा है जो पहले संयुक्त राष्ट्र अमेरिका को कहा जाता था। अब चीन विश्व का सबसे महत्वपूर्ण औद्योगिक उत्पादक, निर्यातक, उपभोक्ता और पूँजी प्राप्त करने वाला देश है। अगर चीन की अर्थव्यवस्था खतरे में पड़ती है तो कई देशों की अर्थव्यवस्था खतरे में आ जाएगी और विश्व में संकट छा जाएगा परन्तु इसके साथ

ही पर्यावरण प्रदूषण भी एक बड़ी समस्या के रूप में चीन में सर उठा रही है। एक पार्टी के शासन ने चीन में राजनैतिक स्थिरता दी है जिसके कारण भी इसकी आर्थिक प्रगति की दर इतनी तेज हो पाई।

जो कारक चीन में विदेशी पूँजी निवेश के जिम्मेदार थे वे वियतनाम में भी हैं अतः एक पार्टी शासन से राजनैतिक स्थायित्व और अत्यंत सस्ते श्रम ने विदेशी पूँजी निवेशकों को वियतनाम के प्रति भी आकर्षित करना शुरू किया है, 2007 में 17.86 बिलियन डालर का निवेश अकेले वियतनाम में किया गया।

प्रश्नावली

प्रश्न 1 : कोरिया के युद्ध में अमेरिका की भूमिका की आलोचनात्मक विवेचना करें।

प्रश्न 2 : ''कोरिया का युद्ध शीत युद्ध का सटीक उदाहरण था'' परीक्षण करें।

प्रश्न 3 : द्वितीय विश्व युद्ध के बाद वियतनाम के संघर्ष की विस्तार से चर्चा करें।

प्रश्न 4 : विश्व की सर्वोच्च शक्ति अमेरिका को वियतनाम में कैसे पराजित होना पड़ा?

प्रश्न 5 : माओ त्से–तुंग (जेडांग) के काल में चीन में क्या–क्या प्रयोग किए गए, वर्णन करें।

प्रश्न 6 : चीन की अभूतपूर्व आर्थिक उन्नति की आलोचनात्मक परीक्षण करें।

८. मध्य–पूर्व की भू–राजनीति

मध्य–पूर्व का क्षेत्र विश्व की सबसे खतरनाक जगह है। 1945 के पश्चात यहाँ कभी शांति नहीं रही। युद्ध एवं गृह युद्धों से यह क्षेत्र आक्रान्त रहा है और यहाँ के लोग शांति एवं स्थिर जीवन के लिए तरसते हैं। मध्य–पूर्व के देश हैं – मिस्र, सूडान, जार्डन, सीरिया, लेबनान, इराक, साउदी अरब, कुवैत, ईरान, तुर्की, यमन गणतंत्र, संयुक्त अरब अमीरात और ओमान। ये सभी देश अरब हैं सिर्फ तुर्की और ईरान को छोड़कर, हालांकि फारस की खाड़ी के उत्तरी छोर पर अरब लोग बसे हुए हैं। मध्य–पूर्व में इजरायल नाम का एक छोटा देश है जो यहूदी मूल के लोगों द्वारा निर्मित है और यह फिलीस्तीन नामक देश के ऊपर बना दिया गया जिससे फिलीस्तीन अरब लोग बेघर हो गए, फिलीस्तीन की समस्या सभी अरबों की समस्या बन गई। मध्य–पूर्व के अलावे मोरक्को, अल्जीरिया, ट्यूनीशिया और लीबिया भी अरब देश हैं। इन सभी में इजरायल के प्रति क्रोध है और वे पश्चिमी देशों, विशेषकर संयुक्त राज्य अमेरिका और ब्रिटेन को इस स्थिति के लिए जिम्मेदार मानते हैं क्योंकि वे इजरायल को समर्थन देते हैं। अरब देशों ने इजरायल के निर्माण को अवैध मानते हुए इसे नष्ट करने की प्रतिज्ञा की और कई बार इससे युद्ध लड़ा पर अपनी बेहतर सैन्य शक्ति के बल पर इजरायल कभी नहीं हारा और फिलीस्तीन की समस्या का अभी तक समाधान नहीं हुआ है। अरब राष्ट्रवाद के उत्कर्ष में इस समस्या ने आधार का काम किया है। विश्व की ऊर्जा का सबसे बड़ा स्त्रोत – पेट्रोलियम के भण्डार यहाँ पाए जाते हैं जिसकी वजह से पश्चिमी देशों की निगाहें यहाँ हमेशा गड़ी रहती हैं और उनके परोक्ष या अपरोक्ष रूप से हस्तक्षेप इस क्षेत्र की समस्याओं को सुलझाने के बजाए और उलझाते हैं।

इजरायल का निर्माण

अत्यंत प्राचीन काल में यहूदी लोग भूमध्यसागर और जार्डन नदी के बीच के क्षेत्र में रहते थे। कई प्रवासों के बाद, बचे हुए यहूदी लोगों को रोमन काल में वहाँ से निकाल दिया गया और वे विभिन्न देशों में जा कर बस गए। मध्यकाल से वह स्थान फिलीस्तीनी अरबों का देश बन गया। उधर दुनिया के अलग–अलग देशों में बसे यहूदी कभी वहाँ के स्थानीय लोगों से घुल–मिल नहीं सके। उनकी विशिष्ट संस्कृति एवं धार्मिक रीति रिवाजों ने उन्हें हमेशा अलग बना कर रखा। व्यापार एवं सूदखोरी में अव्वल रहने के कारण लोग उनसे चिढ़ते भी थे और कई देशों में उन्हें

अत्याचार और भेदभाव का शिकार होना पड़ता था। पूर्वी यूरोप के देशों में यहूदियों से बुरा व्यवहार आम बात थी।

उन्नीसवीं शताब्दी राष्ट्रवाद के उत्कर्ष का काल थी। यहूदियों को भी यह विचार आने लगा कि उनका कोई अपना देश नहीं है अतः उन्हें अपने प्राचीन स्थान ''जियोन'' को पुनः प्राप्त करना चाहिए। रूस में भी यहूदियों के साथ बुरा व्यवहार होता था और उन्हें देश की समस्याओं का कारण मानते हुए शासन की ओर से अत्याचार किए जाते थे जैसे 1881 में ज़ार अलेक्ज़ैडर द्वितीय की हत्या का दोष यहूदियों पर डाला गया और देखते ही देखते कई यहूदियों की हत्या कर दी गई। जबकि उस हत्या के पीछे रूसियों का ही हाथ था। एक रूसी यहूदी लियो पिंस्कर ने एक लेख लिखा जिसमें उसने "अपने लोगों से अपील" की कि वे जियोन की पुर्नस्थापना की प्रयास करे। तब से अर्थात 1882 से एक जियोनिस्ट संस्था अस्तित्व में आई और कई यहूदी फिलीस्तीन में जा कर बसने लगे।

1897 में एक आस्ट्रियाई यहूदी – थियोडोर हर्ज़ ने पहला विश्व जियोन कांग्रेस का आयोजन किया और उसमें अपने पत्र 'द जियुश स्टेट' का प्रचार किया। इसमें फिलीस्तीन में एक यहूदी राज्य स्थापित करने की बात कही गई थी क्योंकि वहीं यहूदियों का असली स्थान था, वहीं उनके पूर्वजों का उद्‌भव हुआ था और धर्म की नींव रखी गई थी परन्तु 1897 में यह स्थान ऑटोमान तुर्की के शासन के अंतर्गत था और फिलीस्तीन अरब तो वहाँ रहते ही थे अतः ऐसे में यहूदी गृह–देश का निर्माण एक कल्पना ही लगती थी।

प्रथम विश्व युद्ध के दौरान तुर्की मित्र देशों के विपरीत जर्मनी के पक्ष से युद्ध में शामिल था। ब्रिटेन ने तुर्की की प्रजा को ऑटोमान तुर्की शासन के खिलाफ भड़काया, एक तरफ अरबों की राष्ट्रवादी भावना को शह दी जिससे जेरूसलम, दमिश्क जैसे शहरों में तुर्क विरोधी विद्रोह फैले, दूसरी तरफ यहूदियों के गृह–देश की मांग पर भी सहानुभूतिपूर्ण आश्वासन दिए। मई 1916 में एक गुप्त साइक्स–पाइकोट संधि द्वारा ब्रिटेन और फ्रांस मित्र देशों ने तुर्की के पराजय के बाद उसके मध्य–पूर्व के क्षेत्रों को आपस में बांट लेने का निर्णय ले लिया। जिसके अनुसार ब्रिटेन फिलिस्तीन, इराक और वह क्षेत्र, जो बाद में जार्डन बना, उस पर अधिकार करेगा जबकि फ्रांस के हिस्से लेबनान और सीरिया आएँगे।

नवम्बर 1917 में ब्रिटेन ने धनी यहूदियों का समर्थन प्राप्त करने के लिए एक घोषणा जारी की जिसे 'बालफोर घोषणा' (Balfour Dcelaration) कहा जाता है, यह ब्रिटिश विदेश सचिव के नाम पर था। यह एक पत्र था जो यहूदी बैरन लियोनेल रोथ्सचाइल्ड को लिखा गया था जिसमें ब्रिटिश सरकार का यहूदी गृह–देश की इच्छा को सहमति की नजर से देखने का वादा किया गया था परन्तु घोषणा में यह भी कहा गया कि ब्रिटिश सरकार ऐसा कुछ नहीं करेगी जिससे फिलिस्तीन के गैर–यहूदी समुदायों के नागरिक और धार्मिक अधिकारों पर चोट पहुँचेगी।

इस घोषणा का यहूदियों ने जोरदार स्वागत किया परन्तु अरब लोगों ने इसे खारिज कर दिया, उनका कहना था कि ब्रिटेन कैसे फिलिस्तीनी अरबों को नकारते हुए उनकी भूमि यहूदियों को दे देगा।

ब्रिटेन ने तो मक्का के अमीर शरीफ हुसैन से भी संधि कर रखी थी (हुसैन –मैकमोहन समझौता 1916) जिसके अनुसार ब्रिटेन भूमध्यसागर से लाल–सागर के बीच के क्षेत्र को एकीकृत अरब राज्य के रूप में मान्यता देगा और इसी समझौते के बाद अरब, तुर्की के विरूद्ध ब्रिटेन के पक्ष में प्रथम विश्व युद्ध में शामिल हुए थे।

प्रथम विश्व युद्ध में जर्मनी, तुर्की इत्यादि पक्ष की हार हुई अतः साइक्स–पाइकोट संधि के अनुसार का क्षेत्र ब्रिटेन को 'मैंडेट' या शासनाधिकार के नाम पर सौंपा गया और उन्होंने शरीफ हुसैन के बेटे अब्दुल्ला को जार्डन नदी के पूर्व का क्षेत्र दे दिया जो कि ट्रांस जार्डन नामक जो आज का जार्डन राजशाही है। जार्डन नदी के पश्चिम का भाग फिलिस्तीन ब्रिटेन के हाथों रहा, जहाँ यहूदी और अरब दोनों के अपने–अपने अरमान थे।

1918 के बाद फिलिस्तीन की स्थिति का अनुमान सहज ही लगाया जा सकता है, अरबों की बेचैनी जायज थी क्योंकि उन्हें लगा अंग्रेज यहूदी गृह–राज्य बनाने के लिए कटिबद्ध हैं और दूसरी तरफ यहूदियों को लगा अंग्रेज अपने वचन के प्रति निष्ठावान नहीं रहेंगे और बहुसंख्यक अरबों के दबाव में झुक जाएँगें। अतः दोनों समुदायों के लिए ब्रिटिश बुरे बने।

बड़ी संख्या में यहूदी फिलिस्तीन आ कर बसने लगे। वहाँ की सबसे अच्छी भूमि पर उन्होंने पैसों के बल पर अधिकार कर लिया। बढ़ती यहूदी संख्या से अरब नाराज हो गए और बार–बार दंगे भड़कने लगे। सबसे खूनी दंगा 1929 का था जब जेरूसलम के पास स्थित पवित्र दीवार और चट्टान पर स्थित अरब पवित्र गुंबद के धार्मिक मामले को लेकर भयंकर दंगे फैल गए। हेब्रोन शहन से यहूदियों को निकाल बाहर कर दिया गया। जब 1939 में फिर वैसे ही दंगे भड़के तो अरबों को मनाने के लिए ब्रिटिश सरकार ने विवादास्पद 'श्वेत पत्र' (White Paper) जारी किया जिसके अनुसार आगामी दस वर्षों के अंदर एक स्वतंत्र फिलिस्तीन की स्थापना, यहूदी जनसंख्या को एक–तिहाई तक नियंत्रित रखना और भूमि को यहूदियों को बेचने से रोक लगाने जैसे प्रस्ताव थे। यहूदियों ने इसे बिलकुल खारिज कर दिया।

द्वितीय विश्व युद्ध के दौरान नाज़ी जर्मनी ने हजारों यहूदियों को मौत के घाट उतार दिया परन्तु फिर भी उन्हें लेने के लिए कोई देश तैयार न था। 1945 में अमेरिका ने ब्रिटेन से एक लाख यहूदी शरणार्थियों को फिलिस्तीन में आने की अनुमति देने को कहा परन्तु फिलिस्तीनी अरबों की वजह से ब्रिटेन ने मना कर दिया। उग्रवादी यहूदियों ने यह सोचना शुरू किया कि नाज़ी और अंग्रेज मिलकर उनकी जाति को नष्ट कर रहे हैं अतः 1946 में जेरूसलम के किंग डेविड होटल जिसे अंग्रेज अपना फिलिस्तीनी कार्यालय बनाए हुए थे को बम से उड़ा दिया,

अंग्रेजों ने भी प्रतिकार किया और "एक्सोडस" (Exodus) नाम यहूदी शरणार्थियों से भरे जहाज को फिलिस्तीन में आने नहीं दिया।

द्वितीय विश्व युद्ध ने ब्रिटेन की हालत खराब कर दी थी अतः अब उसने संयुक्त राष्ट्र संघ से फिलिस्तीन का जिम्मा लेने को कहा। नवम्बर 1947 को संयुक्त राष्ट्र संघ ने फिलिस्तीन के बंटवारे की योजना प्रस्तुत की परन्तु अरबों ने इसे मानने से इंकार कर दिया जबकि यहूदी इसके लिए राजी थे तब दोनों समुदायों के बीच खून खराबे की बाढ़ आ गई। 1948 की प्रारंभ में ही ब्रिटेन ने फिलिस्तीन से चले जाने का निर्णय ले लिया और संयुक्त राष्ट्र संघ पर सारी जिम्मेदारी छोड़ दी। दोनों पक्ष सैनिक तैयारियाँ करने लगे। अंग्रेज फौज़ो के हटते ही मई 1948 में यहूदी नेता बेन गुरियन ने इजरायल देश के जन्म की घोषणा कर दी।

तुरन्त ही पड़ोसी अरब देशों ने इजरायल के विरूद्ध युद्ध की घोषणा कर दी। जार्डन, सीरिया, मिस्र, लेबनान और इराक ने इजरायल पर आक्रमण कर दिया पर उनकी कार्यवाही तितर–बितर और अप्रभावी थी अतः चार हफ्तों के बीच नए देश इजरायल ने युद्ध जीत लिया और पहले से भी ज्यादा भूमि पर कब्जा कर लिया। जार्डन के शासक अब्दुल्ला ने युद्ध का फायदा उठाते हुए जार्डन नदी के पश्चिम के भूभाग और पूर्वी जेरूसलम को जीत लिया। अपनी मातृभूमि को छोड़कर फिलिस्तीनी अरबों को इन्हीं पड़ोसी देशों में शरणार्थी बन कर भागना पड़ा।

इजरायल के निर्माण के लिए स्वयं यहूदियों के अलावा संयुक्त राष्ट्र अमेरिका, ब्रिटेन, संयुक्त राष्ट्र संघ और पश्चिमी देश, सभी जिम्मेदार हैं। अमेरिका ने बेन गुरियन की घोषणा के दूसरे ही दिन इजरायल को मान्यता दे दी। अतः फिलिस्तीनी आंसुओं पर टिका इजरायल वास्तव में एक नया देश बन गया।

मिस्र और अरब राष्ट्रवाद

1950 और 1960 के दशकों में गमाल अब्दुल नासिर के नेतृत्व में मिस्र ने अरब राष्ट्रवाद का झंडा बुलंद किया। 1952 में एक महल–क्रांति के पश्चात अयोग्य राजा फारूख को हटा दिया गया और 1954 में सेना के कर्नल नासिर ने सत्ता पर अधिकार कर लिया। 1954 में ब्रिटेन को मिस्र से अपनी सेनाएँ हटा लेने के लिए कहा गया। नासिर समस्त अरबों को एक जुट कर मध्य–पूर्व से पश्चिमी उपस्थिति को उखाड़ फेंकने के काम की अगुआई करने लगे। इस गर्म माहौल में हथियारों की खरीद जोर पकड़ बैठी। सितम्बर 1955 में मिस्र को सोवियत मिग–15 युद्धक विमान, बमवर्षक और टैंकों के मिलने की सहमति मिली साथ ही रूसी प्रशिक्षक आ कर इन्हें चलाने का प्रशिक्षण मिस्र सेना को देने लगे अतः जुलाई 1956 में नासिर ने स्वेज नहर का राष्ट्रीयकरण कर दिया जिसे फ्रांसीसी एवं ब्रिटिश इंजीनियरों द्वारा बनाया गया था और जिस पर ब्रिटिश अधिकार कायम था। अमेरिका ने नील नदी पर आस्वान बांध बनाने के लिए मिस्र को मदद देने की पेशकश की थी पर अब मिस्र को साम्यवादी देश की तरफ झुकता देख, मदद की बात ही खत्म कर दी।

युद्ध जैसी स्थिति बन गई जिसमें सभी पक्ष के अपने–अपने कारण थे जैसे कर्नल नासिर ने गुरिल्ला लड़ाकों जिन्हें फिदायीन (जान उत्सर्ग करने वाले) कहा जाता था को प्रशिक्षण दिलवा कर इजरायल के अंदर हमले और हत्याएँ करवाने को भेजा। मिस्र के जहाज अकाबा की खाड़ी में स्थित इजराइली बंदरगाह पर जहाजों को पहुँचने नहीं दे रहा था अतः इजरायल मिस्र को सबक सिखाने के लिए तैयार था।

1936 में अंग्रेजों ने मिस्र के साथ संधि की थी जिसके अनुसार वे स्वेज नहर की सुरक्षा के लिए ब्रिटिश फौज़े रख सकते थे और इस संधि की मियाद 1956 में पूरी होने वाली थी और अंग्रेजों ने इसे बढ़ाने के लिए कहा पर नासिर ने मना करते हुए तुरंत फौज़े हटाने को कहा। ब्रिटिश सरकार स्वेज पर से नियंत्रण खोना नहीं चाहती थी, स्वेज का रास्ता विश्व व्यापार के लिए महत्वपूर्ण था अतः वे लोग नासर को तानाशाह और कम्यूनिस्ट पिठ्ठू बताने लगे। चर्चिल ने कहा कि "हम ऐसे जानवर को अपने संचार राह पर बैठने नहीं दे सकते"। हालांकि नहर के निर्माण में जिन फ्रांसीसी और ब्रिटिश निवेशकों का पैसा लगा था उन्हें नासिर ने क्षतिपूर्ति देने का वादा किया था परन्तु ये दोनों देश इजरायल के साथ गुप्त योजना बनाने लगे कि इजरायल, सिनाई प्रायद्वीप के रास्ते मिस्र पर आक्रमण करेगा जबकि फ्रांसीसी और ब्रिटिश सेनाएँ स्वेज नहर को अपने कब्जे में यह कह कर ले लेंगी कि उसे युद्ध की क्षति से बचाया जा सके।

अमेरिका भी नासिर की गतिविधियों पर गौर कर रहा था कि उसने चेकोस्लावाकिया जैसे साम्यवादी देश से भी हथियार मंगाना शुरू किया है। फ्रांस भी अपने उपनिवेश अल्जीरिया में नासिर द्वारा मदद भेजे जाने से खफा था अतः 29 अक्टूबर 1956 को इजरायल ने मिस्र पर आक्रमण कर दिया, और अगले ही दिन, स्वेज नहर पर कब्जा करने के लिए ब्रिटेन और फ्रांस की सेनाओं को वहाँ उतार दिया गया। एक हफ्ते के अंदर इजरायल की सेना ने पूरे सिनाई पर कब्जा कर लिया, ब्रिटिश और फ्रेंच सेना एवं वायु सेना ने भीषण बमबारी कर मिस्र के वायु सैनिक अड्डों को नष्ट कर दिया और सैद बंदरगाह पर सेना भेज स्वेज के उत्तरी छोर को बंद कर दिया। परन्तु मिस्र पर इन तीन देशों द्वारा किए गए हमले का दुनिया भर में विरोध होने लगा यहाँ तक कि ब्रिटेन और फ्रांस की जनता ने भी अपनी सरकारों का विरोध किया। अमेरिकी सरकार ने इस भय से कि सभी अरब उनके विरोधी हो जाएँगे, ने भी आक्रमण की निंदा की। संयुक्त राष्ट्र संघ में अमेरिका और सोवियत संघ पहली बार किसी घटना पर एकमत हुए और संयुक्त राष्ट्र संघ ने भी हमले की निन्दा की। 5 नवम्बर को सोवियत संघ ने हमलावर देशों को अंतिम चेतावनी दी कि वे मिस्र से हट जाएँ वरना वह अपने मिसाइलों का प्रयोग करेगा अतः बढ़ते विश्व विरोध के मद्देनजर 7 नवम्बर 1956 को फ्रांस और ब्रिटिश सेना वापस लौट गई और इजरायल मिस्र युद्ध विराम हुआ।

1956 के स्वेज–युद्ध का परिणाम :

यह युद्ध जहाँ फ्रांस और ब्रिटेन के लिए अत्यंत अपमानजनक रहा जिसमें उनके एक भी उद्देश्य सिद्ध न हुए वहीं नासिर अरब राष्ट्रवाद के चमकते सितारे बन गए। वे युद्ध हार कर भी विजेता बन गए। मध्य–पूर्व में उन्हें एक नायक के तौर पर देखा जाने लगा जो शक्तिशाली देशों से गैर बराबरी के बावजूद टक्कर लेने को राज़ी हो गया। फिलिस्तीनी अरब भी नासिर से उम्मीद भरी आशाएँ लगा बैठे। 1970 में अपनी मृत्यु तक नासिर इस क्षेत्र के शीर्ष नेता बने रहे।

मिस्र ने स्वेज नहर को बंद कर दिया। पेट्रोलियम निर्यात करने वाले अरब देशों ने पश्चिमी देशों को कम तेल देना शुरू किया जिससे वहाँ की चीजों के दाम बढ़ गए और पेट्रोल की राशनिंग करनी पड़ी। अमेरिकी मदद बंद होने के कारण मिस्र सोवियत संघ की तरफ झुका जहाँ से बांध बनाने की आर्थिक और तकनीकी मदद उसे मिली।

इराक जैसे अरब देश में नूरी–अल–सैद नामक प्रधानमंत्री जो ब्रिटेन समर्थक था को बहुत घृणा झेलनी पड़ी और 1858 में उसकी हत्या कर दी गई। ब्रिटेन ने एक मित्र देश खो दिया। ब्रिटेन की कमजोरी जग जाहिर हो गई और उस घटना के बाद वह अमेरिका से अलग विदेश नीति न रख सका।

फ्रांस के उपनिवेश अल्जीरिया में भी स्वेज युद्ध को अरब राष्ट्रवाद के नजरिये से देखा गया और स्वतंत्रता संघर्ष तेज हो गया, आखिरकार 1962 में उन्हें फ्रांस से आजादी मिल गई।

इजरायल को अपने जीते हुए क्षेत्र जैसे सिनाई, मिस्र को वापस कर देने पड़े पर युद्ध में उसने मिस्र की सेना, सैनिक ठिकाने इत्यादि को भयंकर नुकसान पहुँचा दिया था जिन्हें फिर से बनाने में मिस्र को बरसों लग गए, पर सबसे बड़ी उपलब्धि यह हुई कि इजरायल में फिदायीन हमले बंद हो गए और उसने राहत की सांस ली।

मिस्र में 1956 की लड़ाई की समाप्ति को अरब राष्ट्रवाद की जीत की तौर पर देखा गया। नासिर का विभिन्न अरब राज्यों को संगठित करके अरब एकता स्थापित करने का प्रयास, पश्चिमी देशों द्वारा शंकालु नजरों से देखा जाने लगा। वे यहाँ के पेट्रोलियम, जिस पर उनकी आर्थिक उन्नति आधारित थी पर कोई आंच नहीं आने देना चाहते थे। अमेरिका, मिस्र के सोवियत संघ के प्रभाव में आने से चिंतित था 1957 में अमेरिका के राष्ट्रपति ने एक सिद्धांत की घोषणा की जिसे उसके नाम पर ''आइज़नहावर सिद्धांत'' कहा गया जिसके अनुसार संयुक्त राज्य अमेरिका इस क्षेत्र को अंतर्राष्ट्रीय साम्यवाद से बचाएगा और इस काम के लिए आर्थिक एवं सैनिक मदद भी देगा। अतः अमेरिकी ने इस क्षेत्र में हस्तक्षेप प्रारंभ किया हालांकि यहाँ के लोग पश्चिमी देशों के विरोधी थे और जुलाई 1958 में इराक के पश्चिम समर्थक सरकार का तख्ता पलट कर दिया गया फिर भी लेबनान और जार्डन में अमेरिकी तथा ब्रिटिश सेनाओं को भेज कर वहाँ की पश्चिमी समर्थक

सरकारों को बचाने का प्रयास किया गया। इस सब वजहों से और अमेरिका द्वारा इजरायल को लगातार समर्थन देने की वजह से इस क्षेत्र में अमेरिका के प्रति लोगों के मन में क्रोध भर गया।

नासिर न केवल सभी पड़ोसी अरब राज्यों में बल्कि मिस्र में भी बड़े लोकप्रिय नेता बन गए। उन्होने अपनी नीतियों से मिस्र की हालत सुधारने का प्रयास किया। उन्होने सौ एकड़ से ज्यादा भूमि रखने पर मनाही कर दी, बची भूमि को भूमिहीनों में बंटवाया। एक हजार से अधिक उद्योग खुलवाए। अस्वान बाँध को बनवा कर बिजली तथा सिंचाई का प्रबंध करवाया जो उनकी मृत्यु के बाद पूरा हो पाया।

फिर अरब राष्ट्रों को एकत्र कर अर्थात सीरिया जार्डन, लेबनान, साउदी अरब, इराक एवं अल्जीरिया की सेना के साथ मिलकर मिस्र की सेना ने 1967 में इजरायल पर आक्रमण किया जिसे छह दिनों का युद्ध कहा जाता है, परन्तु इसमें इन देशों की करारी हार हुई। नासिर ने समझ लिया कि फिलिस्तीनी अरबों की समस्या का समाधान बिना किसी बाहरी मदद के असंभव है। आखिर इस महानायक ने 1970 में अपनी आँखें मूंद लीं।

फिलिस्तीन की समस्या

फिलिस्तीन मध्य–पूर्व एशिया में एक ऐसा अभागा स्थान है जिसके साथ अत्यधिक अन्याय हुआ। यह स्थान इस बात का उदाहरण है कि कैसे स्वतंत्रता किसी भी देश के लोगों की पहली जरूरत होती है और होनी भी चाहिए। परतंत्रता से किसी भी देश के लोग कितना दुःख झेल सकते हैं उसका उदाहरण है फिलिस्तीन। पहले यह क्षेत्र आटोमन तुर्की के शासन के अधीन था फिर प्रथम विश्व युद्ध के पश्चात इस क्षेत्र को (भूमध्यसागर से जार्डन नदी के बीच का क्षेत्र) ब्रिटेन को मैंडेट (शासनाधिकार) के तौर पर सौंप दिया गया। उसी समय यहूदी, जिनका कोई अपना देश न था ने अपने प्राचीन काल के निवास स्थान, जो अब फिलिस्तीनी अरबों का घर था ; को पुनः प्राप्त करने की चेष्टा करने लगे। बड़ी संख्या में यहूदी ब्रिटिश शासनकाल में फिलिस्तीन में आ कर बसने लगे। परतंत्र होने के कारण फिलिस्तीनी अरब कुछ न कर पाए। द्वितीय विश्व युद्ध के दौरान नाज़ियों द्वारा बड़ी संख्या में यहूदियों को (औरत, बच्चे, बूढ़े, जवान सभी को) मार दिया जाने के कारण विश्व जनमत यहूदियों की तरफ सहानुभूतिपूर्ण हो गया और अंग्रेज फिलिस्तीन से हट गए तो तुरन्त यहूदियों ने फिलिस्तीन के स्थान पर अपना देश इजरायल के निर्माण की घोषणा कर दी (मई 1948) और रातोंरात फिलिस्तीन अरब बेघर हो गए। उस समय से लेकर वर्तमान तक फिलिस्तीन की समस्या बनी हुई है और यह उग्र इस्लामी प्रतिक्रिया का एक कारण भी है क्योंकि अमेरिका लगातार इजरायल को समर्थन देता आ रहा है और बाकी पश्चिमी देश भी उसका अनुसरण करते हैं अतः इस क्षेत्र के अरब मुसलमानों या दुनिया भर के गैर अरब मुसलमानों को अमेरिका का रवैया भेदभाव और अन्यायपूर्ण लगता है।

इजरायल के निर्माण से फिलिस्तीन नेश्नल अथारटी बनने के बीच सात अरब–इजरायल युद्ध हो चुके और उनके अलावा कई इन्तफादा (सशस्त्र आत्मउत्सर्ग) भी हो गए हैं पर फिलिस्तीन की समस्या का पूरा समाधान न हो पाया। इजरायल के बनने का विरोध फिलिस्तीन ने खूब किया और उसका साथ पड़ोस के अरब देशों ने भी दिया पर निम्नलिखित वर्णन से उसके परिणाम स्पष्ट हो जाते हैं।

1948 का युद्ध : प्रथम अरब इजरायल युद्ध

इजरायल के निर्माण के पश्चात जैसे ही ब्रिटिश सेना वहाँ से बाहर निकली, मिस्र, सीरिया, जार्डन, इराक और लेबनान की मिली जुली सेना ने उस पर आक्रमण कर दिया। विश्व के सभी देशों को लगा कि इजरायल का खात्मा हो जाएगा परन्तु चार हफ्तों तक चले इस युद्ध में अपना अस्तित्व बचाने को कृतसंकल्प यहूदी बहुत शिद्दत से लड़े और न केवल जीत गए बल्कि उन्होंने आक्रमणकारियों की भी भूमि छीन ली। फिलिस्तीन की तीन चौथाई भूमि पर उनका कब्जा हो गया और मिस्र के लाल सागर पर स्थित बंदरगाह एलात पर भी उनका कब्जा हो गया। उधर जार्डन ने जार्डन नदी के पश्चिमी किनारे और पूर्वी जेरूसलम पर कब्जा कर लिया। अरबों की हार के पीछे उनकी बुरी सैनिक तैयारी और आपसी तालमेल का अभाव थी। इस युद्ध के बाद अरबों की प्रतिष्ठा धूल में मिल गई।

1956 का युद्ध : स्वेज नहर का मामला

मिस्र के राष्ट्रपति कर्नल गमाल अब्दल नासिर ने अरबों के बीच एकता कायम करने की बीड़ा उठाया और कई तरीकों से पश्चिमी देशों के विरूद्ध अरब देशों को उकसाया। जब उन्होंने 1956 में स्वेज नहर का राष्ट्रीयकरण कर दिया तो ब्रिटेन फ्रांस व इजरायल ने उन पर आक्रमण कर दिया हालांकि यह युद्ध सीधे तौर पर फिलिस्तीनियों के लिए नहीं लड़ा गया परन्तु पश्चिमी देशों के प्रति नासिर के विरोध का वह एक बड़ा कारण था। यह युद्ध अंतर्राष्ट्रीय आलोचना के बाद समाप्त हुआ और नासिर इस क्षेत्र के अरब लोगों के नायक बन गए।

1967 का युद्ध : छह दिनों का युद्ध

फिलिस्तीन के साथ हुए अन्याय के विरोध में पड़ोसी अरब देश जैसे इराक, मिस्र और सीरिया जो इजरायल के भीतर फिदायीन (जो किसी ध्येय के लिए अपनी जान दे दे) हमले करवाते रहते थे, ने मिस्र के नेतृत्व में इजरायल पर आक्रमण करने की सोची – जार्डन, लेबनान साउदी अरब एवं अल्जीरिया जैसे अरब देशों ने भी अपनी सेनाएँ भेजी, अभी वे जमा हो ही रहे थी कि खुद इजरायल ने भीषण आक्रमण कर दिया और आक्रमणकारियों को छह दिनों के अंदर बुरी तरह हरा कर उनकी भूमि छीन ली। मिस्र की पूरी वायु सेना को नष्ट कर गाज़ा पट्टी और सिनाई प्रायद्वीप पर अधिकार कर लिया। जार्डन से पश्चिमी किनारा (West Bank)

फिलिस्तीन के बचे
हिस्से एवं
इजरायल
भूमध्य सागर
सीरिया
पश्चिमी
किनारा
जार्डन नदी
जेरूसलम
मृत सागर
गाज़ा पट्टी
इजरायल
मिस्र
जार्डन

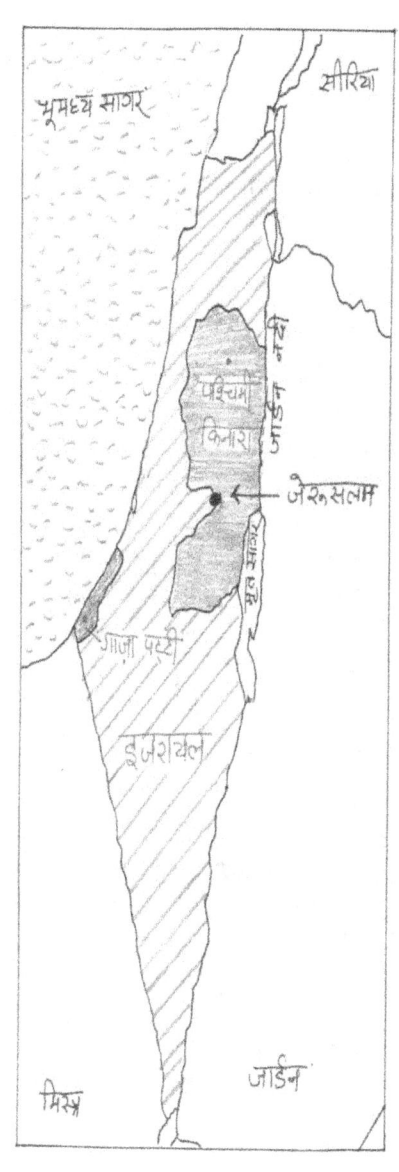

छीन लिया और सीरिया के क्षेत्र गोलन पहाड़ी पर कब्जा कर लिया। संयुक्त राष्ट्र संघ के कहने पर इजरायल ने युद्ध बंद तो किया परन्तु उसके आदेश के बावजूद अधिकृत क्षेत्रों को वापस नहीं लौटाया क्योंकि ये क्षेत्र इजरायल और उसके अरब पड़ोसियों के बीच उभयरोधी (Buffer) का काम करते।

1973 का युद्ध : योम किप्पूर युद्ध

पिछले युद्ध के बाद ही फिलिस्तीनी मुक्ति मोर्चा की स्थापना हो गई थी जो आतंकवादी गतिविधियों के जरिये फिलिस्तीनी मामले पर दुनिया का ध्यान आकर्षित करना चाहता था। हवाई जहाजों का हाइजैक से लेकर 1972 के म्यूनिख ओलंपिक के दौरान यहूदी खिलाड़ियों की हत्या जैसे काम उन्होंने किए। इस मोर्चे के नेता यासर अराफात ने अरब राष्ट्रों पर दबाव डालना शुरू किया कि वे इजरायल पर आक्रमण करें। मिस्र और सीरिया ने यहूदी त्यौहार के दिन इजरायल पर आक्रमण करने की योजना बनाई। 6 अक्टूबर 1973 को जब यह त्यौहार मनाया जा रहा था तब यह आक्रमण हुआ। शुरूआत में कुछ सफलता मिली पर तुरन्त ही इजरायलियों ने जोरदार पलट वार करते हुए स्वेज नहर पर अधिकार कर लिया। जिनीवा में शांति वार्ता अमेरिका के मध्यस्थता में हुई और इजरायल अपनी सेना स्वेज से हटाने पर राजी हो गया। अमेरिका की इजरायल समर्थन नीति के चलते पेट्रोलियम उत्पादक अरब देशों ने एक समूह बनाया (The organisation of Petroleum Exporting Countries - OPEC) ओपेक, जिन्होंने तेल के दाम बढ़ाकर अमेरिका तथा उसके पूँजीवादी औद्योगिक पश्चिमी देशों को इजरायल के समर्थन के लिए सजा देनी चाही।

फिलिस्तीनी अरबों का पक्ष ले कर मिस्र एवं अरब देश चार युद्ध लड़ चुके थे परन्तु इजरायल के हाथों अपनी भूमि गवाँने के अलावा कोई लाभ न मिला था अतः अनवर सदत जो नासिर के बाद मिस्र का राष्ट्रपति बना था ने पी.एल.ओ. (PLO – Palestine Liberation Organization) को दरकिनार करते हुए सीधे इजरायल से बातचीत शुरू करना चाहा। इजरायल के मेनाशम बेगिन ने भी युद्ध में रत अपने देश की डांवाडोल आर्थिक स्थिति को देखते हुए बातचीत की हामी भरी। अमेरिका के राष्ट्रपति जिम्मी कार्टर के बुलावे पर सितम्बर 1978 में वाशिंगटन के नजदीक कैम्प डेविड में वार्ता हुई और मार्च 1979 में एक संधि हुई जिसके अनुसार मिस्र और इजरायल के बीच 1948 से चली आ रही युद्ध–स्थिति समाप्त हो गई। इजरायल ने सिनाई से सेना हटा लेने का वादा किया मिस्र ने उस पर हमला न करने का और तेल देने का वादा किया। उसे स्वेज के रास्ते अपने जहाज भेजने की आजादी मिल गई मगर वह पश्चिमी किनारा फिलिस्तीनियों को लौटाने का बिलकुल राजी नहीं हुआ। इस संधि से अरब जगत में क्रोध की लहर दौड़ गई, सबने सदत को दगाबाज कहा और 1981 में उसकी परेड की निरीक्षण के दौरान हत्या कर दी गई। उधर बेगिन ने पश्चिमी किनारे (West Bank) क्षेत्र में यहूदियों को बसाना शुरू कर दिया और वहाँ बचे फिलिस्तीनियों पर कठोर जुल्म ढ़ाना शुरू किया।

पाँचवा युद्ध (1981–82) इजरायल का लेबनान में प्रवेश

1970 में जार्डन के शासक हुसैन ने (PLO) फिलिस्तीनी मुक्ति संघटन के नेताओं और लड़ाकुओं को अपने देश से भगा दिया था क्योंकि वो उसकी भी सत्ता के लिए खतरा बन गए थे अतः संघटन उत्तरी पड़ोसी लेबनान में घुस गया था जो अपने गृहयुद्ध (1975) के बाद टूटी बिखरी स्थिति में था। वहाँ अल्पसंख्यक इसाई राजनीतिक प्रभुत्व रखते थे जो बहुसंख्यक मुसलमान जनसंख्या के इच्छा के विपरीत था अतः वहाँ मार–काट आम बात थी। यहाँ रहते हुए फिलिस्तीनी छापामार लड़ाके इजरायल में घुसकर धावा बोलते रहते और आतंक मचाते। इजरायली उसका जवाब उतने ही खून–खराबे से देते और इजरायली–लेबनानी सीमा अत्यंत मार–काट वाली जगह बन गया। जुलाई 1981 में संगठन और इजरायल आक्रमण रोकने पर सहमत हो गये परन्तु अपनी तैयारी पूरी कर इजरायल ने लेबनान में सेना भेज कर लेबनान से फिलिस्तीनियों को निकाल बाहर करने की योजना बनाई। 1982 की शुरूआत में इजरायली फौजें लेबनान में घुस गईं और संघटन को पराजित किया पर साथ ही बेरूत में रह रहे फिलिस्तीनियों को भी बम वर्षा से मार डाला। सबरा और शातीला के फिलिस्तीनी शरणार्थियों को लेबनान के मारोनाइट इसाई फलांजिस्टो ने चाकुओं और फिर गोलियों से मार डाला। लेबनान में शांति स्थापना के लिए गए सीरियाई सेना को भी यहूदियों ने नष्ट कर डाला।

इस युद्ध के परिणाम भी बड़े भयानक हुए, सबसे ज्यादा मरने वालों की संख्या फिलिस्तीनियों की थी जो पहले इजरायलियों फिर ईसाई फलांजिस्टो और आखिर में लेबनान के शिया मुसलमानों के हाथों मारे जाते रहे। यहाँ सब एक दूसरे के विरोधी बन कर बड़ा ही खतरनाक मंजर बन गए।

मगर इस बार इजरायल के अंदर भी बातें उठने लगी। आम यहूदी लोग पूछने लगे कि क्या लेबनान पर आक्रमण करना जरूरी था क्योंकि यह पहला युद्ध था जिसमें इजरायल को आत्मसुरक्षा और अस्तित्व के लिए नहीं लड़ना था।

उधर संयुक्त राष्ट्र संघ के निर्देश में एक शांति अनुरक्षिणी सेना जिसके सैनिक अमेरिका, फ्रांस और इटली से आए थे, फिलिस्तीनी मुक्ति संगठन के सदस्यों को लेबनान से निकालने लगे। पश्चिमी हस्तक्षेप से नाराज स्थानीय दल षड़यंत्रों में लग गए। दो शिया हजबोल्ला आतंकी विस्फोटकों से भरे ट्रकों को उड़ाने में कामयाब हुए जिससे 242 अमेरिकी सैनिक मारे गए। अगले दो दशकों तक इजरायली दक्षिणी लेबनान के शियाओं से इसी तरह के खूनी संघर्षों में लगे रहे।

पहली इंतिफादा 1987

1980 के मध्य तक भी फिलिस्तीनी मुक्ति संगठन अपने लोगों के लिए कुछ भी नहीं कर पाया था। 1982 में उन्हें लेबनान से बाहर कर दिया गया था। उस संगठन के नेता यासर अराफात जो ट्यूनिस में रहने को मजबूर था के सामने संगठन के सदस्यों का हौसला बनाए रखना कठिन हो रहा था। तब फिलिस्तीनी

जनता खुद अपने कौम के लिए उठ खड़ी हुई। दिसम्बर 1987 में एक इजरायली ट्रक की टक्कर से दो कारें नष्ट हो गईं और चार फिलिस्तीनी मारे गए तो प्रतिरोधों का ऐसा सिलसिला शुरू हुआ कि वह गाज़ा से पश्चिमी किनारे तक फैल गया। इंतिफादा का शाब्दिक अर्थ है किसी नियंत्रण को झटक देना या दूर कर देना जो यहाँ इजरायल के संदर्भ में था। इसमें आत्मोत्सर्ग करने वाले नौजवान अपना सब कुछ दांव पर लगा कर कौम के लिए मर मिटते हैं। 1990 के प्रारंभ तक में 600 फिलिस्तीनी नौजवानों की हत्या इजरायल ने कर दी जिसकी वजह से पूरी दुनिया में उसकी आलोचना की जाने लगी पर इजरायल न माना।

फिर एक बार इजरायल के अंदर बहस छिड़ी कि गाज़ा और पश्चिमी किनारे का क्या हो क्योंकि प्रारंभिक 1947 की संयुक्त राष्ट्र संघ की योजना के अनुसार देश को दो भागों में बाँटना था जिसमें पश्चिमी किनारा, गाजा और लेबनान के दक्षिण में कुछ हिस्सा फिलिस्तीनियों को मिलना था और बाकी इजरायलियों को। 1988 में यासर अराफात ने घोषणा की कि अगर इन हिस्सों को उन्हें दे दिया जाए व इन क्षेत्रों में बसे यहूदियों को हटा दिया जाए, तो वे इजरायल को मान्यता दे देंगे और किसी भी तरह की आतंकी गतिविधियों से दूर हो जाएँगे। परन्तु इजरायल का कहना था कि वे पी.एल.ओ. से बात तक नहीं करेंगें। सोवियत संघ के विखंडन और खाड़ी युद्ध ने 1990 के दशक में मध्य–पूर्व में बदलाव लाया। पी.एल.ओ. अब इजरायल को मान्यता देने को तैयार था, सीरिया भी अपने विजित प्रदेश गोलन पहाड़ी को वापस जाने में असमर्थ था, कई इजरायली भी युद्ध और खून खराबे से दूर होना चाहते थे। 1992 के इजरायली चुनाव के बाद लेबर पार्टी के यिज़ाक रबीन प्रधान मंत्री बने और उन्होंने घोषणा की कि फिलिस्तीनियों के लिए गाज़ा और पश्चिमी किनारे में स्वशासन की व्यवस्था कैसे की जा सकती है उसे देखना होगा। परन्तु वे भी 1967 में जीती गई भूमि को लौटाने के पक्ष में नहीं थे।

1993 में नोर्वे की राजधानी ओस्लो में गुपचुप तरीके से फिलिस्तीनी और इजरायली प्रतिनिधियों की मुलाकात हुई। तब वाशिंगटन के वाइट हाउस की लॉन पर समझौते पर दस्तखत हुए, जिसके अनुसार –

सितम्बर 13, 1993 का ओस्लो शांति समझौता

- इजरायल ने फिलिस्तीनी मुक्ति संगठन को मान्यता दी।
- पी.एल.ओ. ने भी इजरायल के अस्तित्व के अधिकार को मान्यता दी और आतंकवादी गतिविधियाँ छोड़ देने का वादा किया।
- फिलिस्तीनियों को थोड़ी हद तक पश्चिमी किनारे में स्थित जेरिको और गाज़ा के कुछ भाग पर स्वशासन का अधिकार मिलेगा। इन जगहों से इजरायली सेना हट जाएगी।

परन्तु दोनों तरफ के उग्रवादियों ने समझौते का विरोध किया। फिलिस्तीनी उग्रवादी पूरे क्षेत्र को स्वतंत्र फिलिस्तीनी देश बनाने पर अड़े थे जबकि वे यहूदी जो पश्चिमी किनारे पर बस चुके थे, वहाँ से बिलकुल भी हटना नहीं चाहते थे। पर दोनों पक्षों के मध्यमार्गी इससे राजी थे और 1994 का नोबल शांति पुरस्कार राबिन, अराफात और शिमोन पेरेज़ को मिल गया।

सितम्बर 1995 का ओस्लो शांति समझौता

अब अराफात और राबिन शांति योजना के एक विस्तृत रूप पर अपने दस्तखत करने को राजी हुए–

- इजरायल पश्चिमी किनारे से हटने को तैयार हुआ और इस काम की काल सीमा तय की गई।
- इस क्षेत्र का स्वशासन फिलिस्तीनी अथारिटी को देने की बात हुई जो 88 सदस्यों वाली फिलिस्तीनी कांउसिल नामक संसद द्वारा निर्देशित होगी।
- तीन चरणों में समस्त फिलिस्तीनी कैदियों को छोड़ा जाएगा।

फिर दोनों पक्षों के उग्र लोगों ने इसका विरोध किया। यिज़ाक रबीन की हत्या एक दक्षिण पंथी इजरायली ने कर दी (नवम्बर 1995) शीमोन पेरेज़ अगले राष्ट्रपति बने। 1996 में जार्डन के शासक हुसैन, पहली बार इजरायल के सरकारी यात्रा पर आए। 1200 फिलिस्तीनी कैदियों को छोड़ा गया। 1996 में पश्चिमी किनारे में चुनाव हुए और नए फ़िलिस्तीनी विधायी परिषद के प्रथम राष्ट्रपति यासर अराफात बने। उनका कार्यकाल 1999 तक का था और अब अपने कौम की बढ़ोत्तरी की जिम्मेदारी उनकी थी।

इधर गाज़ा में 1987 एक नए फिलिस्तीनी उग्र दल 'हमास' (Hamas) की स्थापना हो गई थी जो दक्षिणपंथियों के बीच बड़ा लोकप्रिय हो गया। वे इजरायल के खात्मे को ही अपना ध्येय मानते थे। शेख अहमद यासीन इस दल का नेता था। धीरे–धीरे भ्रष्ट और निष्प्रभावी होते जा रहे पी.एल.ओ. की जगह में यह काफी लोकप्रिय होने लगा। 1996 में बेंजामिन नेथन्याहू जैसे उग्र प्रधानमंत्री के चुनाव जीत जाने से सहयोग का काल समाप्त हो गया। उसने पश्चिमी किनारे पर यहूदियों को बसाना जारी रखा। फिलिस्तीनियों के बीच यहूदी बसते ही गए। 1999 के चुनाव मे इहुद बराक प्रधानमंत्री बना। तब अमेरिकी मध्यस्थता से कुछ बात बनी।

कैम्प डेविड समझौता जुलाई 2000 –

इस समझौते के अनुसार पश्चिमी किनारे का बड़ा हिस्सा अराफात को दिया जाएगा और इजरायली पश्चिमी किनारे और गाज़ा से हटेंगें। पर जेरूसलम को ले कर जो विवाद था वह नहीं सुलझा।

सितम्बर, 2000 का धार्मिक विवाद –

अगला चुनाव जीतने की इच्छा रखने वाले एरियल शेरोन ने 'व्यवस्था' स्थापित करने का वादा करते हुए अपनी उग्र नीति दर्शाई। वह फिलिस्तीनियों को 'काकरोच' कहता था और उसने लेबनान में कई फिलिस्तीनियों को मरवाया था, उसने जेरूसलम के एतिहासिक प्राचीन शहर का दौरा कर टेम्पल मांउट जिसके निचले हिस्से में यहूदियों की 'रोने वाली दीवार' (Wailing Wall) है और उसके ऊपर दो मस्जिदें 'चट्टान की गुंबज (Dome of the rock) और अल–अक्सा हैं – पर चढ़ कर यह दिखाने की कोशिश की यह पवित्र स्थल यहूदियों का है जो फिलिस्तीनियों को बहुत ही नागवार गुजरा। उनकी भीड़ ने दो यहूदी पुलिस वालों को मार डाला और एक तेरह वर्षीय फिलिस्तीनी लड़का भी झड़प में मारा गया जो दुनिया भर के खबर चैनलों ने बार बार दिखाया।

दूसरा इंतिफादा सितम्बर 2000 से 2004 –

अगले चार वर्षों तक फिलिस्तीनियों ने 170 आत्मघाती हमले इजरायल के अंदर किए जिसमें ज्यादातर हमास द्वारा किए गए थे और एक तिहाई अल–अक्सा के शहीदी मोर्चे द्वारा जो अराफात के दल 'फतह' का हिस्सा था।

इजरायल ने हैलीकॉप्टर, टैंक और बुलडोजरों द्वारा पश्चिमी किनारे और गाजा की फिलिस्तीनी रिहायशी जगहों को नष्ट करना शुरू किया। हमास के नेता शेख अहमद यासिन को मरवा डाला। अराफात को मरवाने की चेतावनी दी और इन चार सालों में और लोगों को मरवाया। फिलिस्तीनी क्षेत्रों की आर्थिक अवस्था बद से बदतर होती गई।

आत्मघाती हमले रोकने के लिए शेरोन ने सुरक्षा दीवार बनाना शुरू किया। यह दीवार फिलिस्तीनी हिस्से वाली भूमि पर गाजा तथा पश्चिमी किनारा, दोनों में बनी जिससे फिलिस्तीनी अपने स्कूलों, अस्पतालों और खेतों से दूर हो गए। ऐसी ज्यादतियों का अन्त न था।

इन्तफादा के अंत तक एक हजार इजरायलियों और 2,780 फिलिस्तीनियों की जानें चली गईं।

बढ़ते अंतर्राष्ट्रीय दबाव में शेरोन ने एक ही काम किया, वह था गाजा में यहूदी बस्तियों को हटाना क्योंकि वहाँ आठ हजार एक सौ यहूदियों के लिए छह हजार सिपाहियों को लगाना पड़ रहा था। मगर पश्चिमी किनारे पर साढ़े चार लाख यहूदियों को फिर भी नहीं हटाया। और नवम्बर 2004 में यासर अराफात की मृत्यु हो गई जिन्हें पश्चिमी किनारे के रमल्ला के उनके घर में दफनाया गया जहाँ वह पिछले तीन सालों से लगभग नज़रबंद थे।

फिलिस्तीन के संघर्ष का एक मोड़ जनवरी 2006 के चुनाव के बाद आया जिसमें हमास ने स्पष्ट बहुमत से सीटें (74 सीटें 132 के सदन में) जीत लीं। पी.

एल.ओ. की फतेह पार्टी जो अब अराफात के उत्तराधिकारी महमूद अब्बास के हाथ थी ने बुरा प्रदर्शन किया। फिलिस्तीन अथारिटी की विधायी परिषद के इस स्वतंत्र और भेदभाव रहित चुनाव परिणाम को मानने के लिए इजरायल तैयार न था। ऐसे भी वे हमास के बिलकुल खिलाफ थे।

जुलाई 2006 इजरायल–लेबनान लड़ाई (छठां अरब युद्ध) –

जब लेबनान के शिया हिजबुल्ला दल ने दो इजरायली सैनिकों का अपहरण कर लिया तो इजरायल ने लेबनान पर धावा बोल दिया। 1982 में एक हफ्ते के अंदर ही इजरायली सेना बेरूत पहुंच गई थी पर इस बार कहानी अलग थी। तैंतीस दिनों की लड़ाई के बाद भी इजरायल अपने ध्येय तक नहीं पहुंच पाया, न हिजबुल्ला नष्ट हुआ, न उसके दो सिपाही मिले जब हिजबुल्ला दल ने, इरान के पेट्रोडालर की मदद से खरीदे अपने टैंकविरोधी रॉकेटों और कम दूरी वाले प्रक्षेपास्त्रों की मदद से उत्तरी इजरायल को खूब नुकसान पहुँचाया।

2007 में हमास ने गाज़ा पट्टी पर जबरन अधिकार कर लिया जिसे अथारिटी के चेयरमैन महमूद अब्बास ने गलत ठहराया फिर भी हमास की यूनिटी पार्टी सत्ता पर काबिज रही अतः फिलिस्तीनी क्षेत्र में वर्तमान में दो सत्ता केन्द्र हैं – पश्चिमी किनारे पर महमूद अब्बास की फतह पार्टी की फिलिस्तीनी अथारिटी और गाज़ा पट्टी पर हमास सरकार। अमेरिका, इजरायल सहित पश्चिमी देश अब्बास की सरकार को ही मान्यता देते हैं। ऐसे भी फिलिस्तीन के विदेश संबंध एवं बाह्य सुरक्षा, इजरायल के ही हाथ में हैं।

अप्रैल 2008 इजरायल का गाज़ा आक्रमण (सातवां युद्ध) –

इजरायल ने गाज़ा पर घनघोर आक्रमण कर वहाँ की जनता को हमास के विरूद्ध करने का प्रयास किया – हमास के नेता के घरों, सरकारी भवनों, पुलिस स्टेशनों, रोड, पुल, स्कूल मस्जिद, जल, बिजलीघर और नालियों, सब को ध्वस्त कर दिया परन्तु इस अन्याय के विरूद्ध किसी पश्चिमी देश से आवाज नहीं उठी। फिलिस्तीनियों के मानव अधिकारों का हनन उन्हें नहीं दिखता है। यह कारनामा अगला चुनाव जीतने की इच्छा रखने वाले इहुद बराक का था और इसे 'चुनावी युद्ध' कहा गया। गाज़ा में हमास को पूरी तौर पर खत्म कर देने की मंशा पूरी नहीं हुई।

बहुत संकटों बाद भी फिलिस्तीनी लोग स्वतंत्रता और शांति नहीं पा सके हैं। संयुक्त राष्ट्र संघ ने उसे "आबर्जवर स्टेट" (2012) की हैसियत दी है। शायद आगामी वर्षों में फिलिस्तीन के दो भागों–पश्चिमी किनारे और गाज़ा में एकता स्थापित हो जाए और वह इजरायली कब्जे से मुक्त हो कर स्वतंत्र हो जाए। तुरन्त भविष्य में यह संभावना नहीं दिखती।

सद्दाम हुसैन एवं इराक युद्ध

17 जुलाई 1968 की इराकी रक्तहीन तख्तापलट के पश्चात बाथ पार्टी सत्ता में आई। राष्ट्रपति जनरल अहमद हसन अल–बक्र ने सद्दाम हुसैन को उपराष्ट्रपति नियुक्त किया। यह काल अरब राष्ट्रवाद के उफान का था। बाथ पार्टी समाजवादी एवं उन्नतशील विचारधारा की समर्थक थी। जब 1958 में इराक के शासक फैसल द्वितीय की हत्या कर जनरल अब्द अल करीम कासिम ने सत्ता हथियाई थी तो एक साल बाद उसे मारने की योजना में नौजवान सद्दाम भी शामिल था हालांकि कासिम बच निकला। बाद में अल बक्र ने सत्ता हथियाई और सद्दाम उसका दाहिना हाथ बना। उसने इराक की उबलती मनोवृत्तियों को बखूबी समझा – कई नृ जातियों के टकराव यहाँ हमेशा अशांति बनाए रखते थे – उत्तर में कुर्द पशमर्गा लड़ाके, सुन्नी बनाम शिया झगड़े, जनजातीय मुखिया बनाम शहरी व्यापारीगण और अपराधी मानसिकता वाले घुमंतु प्रवासी। 1972 में सद्दाम ने विदेशी कंपनियों के हाथों से निकाल इराकी तेल स्रोतों का राष्ट्रीयकरण कर दिया। 1973 में तेल के दाम बढ़ गए और इराक की आमदनी अप्रत्याशित रूप से बढ़ गई। सद्दाम ने इराक में शिक्षा, मुफ्त कर दी, हर किसी को मुफ्त चिकित्सा, किसानों को सब्सिडी इत्यादि दे कर इराकी नागरिक जीवन को अत्यंत उन्नत बना दिया। सड़कों, उद्योगों, बिजली उत्पादन, खनन क्षेत्र इत्यादि तेजी से निर्मित हुए। विकास दर इतना तेज हुआ कि आस–पास के देशों के अरब निवासी और युगोस्लाविया के श्रमिक भी यहाँ आ कर काम करने लगे। और 1979 में सद्दाम राष्ट्रपति बन गया। राष्ट्रपति बनते ही उसने अपने विरोधियों को मरवा डाला। यही उसकी सत्ता की पहचान बन गई। जैसे, इरान–इराक युद्ध के दौरान जब सद्दाम ने अपने मंत्रियों से स्पष्ट सलाह मांगी थी तो स्वास्थ्य मंत्री डॉ॰ रियाद इब्राहीम ने उसे सत्ता से कुछ समय के लिए हट जाने की सलाह दी थी, ताकि शांति प्रक्रिया शुरू की जा सके, जिस पर उसे बर्खास्त कर दिया गया और जब उसने खुले आम कहा कि वह भाग्यवान है कि जिन्दा बच गया तो उसे कुछ दिनों बाद गिरफ्तार कर लिया गया और फिर उसकी कटी–फटी लाश उसकी पत्नी को भेज दी गई।

सद्दाम ने फ्रांस की मदद से आणविक शक्ति प्राप्त करने की कोशिश की। फ्रांसीसियों ने इराक के लिए पहला आणविक रिएक्टर 1981 में बनाया जिसे "ओसिरक" (Osirak) कहा गया परन्तु इसे इजरायल ने बम गिरा कर नष्ट कर दिया क्योंकि सद्दाम इजरायल के निर्माण के विरूद्ध था और उसे नष्ट करने की धमकी देता रहता था।

ईरान–इराक युद्ध (1980–88)

कारण

सितम्बर 1980 में सद्दाम हुसैन ने ईरान पर आक्रमण कर दिया। इस आक्रमण के पीछे उसके तीन उद्देश्य थे–

– ईरान में 1979 में अयातुल्लाह खुमैनी के नेतृत्व में इस्लामी क्रांति हो गई थी और सद्दाम को डर था कि इरान की शिया कट्टर मजहबी क्रांति, इराक में भी फैल जाएगी। उसने 1980 के प्रारंभ में कुछ शिया इराकी नेताओं को भी मरवा डाला था। इराक के सुन्नी जिसमें सद्दाम भी था, संख्या में कम होते हुए भी देश की राजनीति में प्रभुत्व रखते थे जबकि शिया लोगों की संख्या ज्यादा थी अतः शिया विद्रोह के खतरे को टालने के लिए वह खुमैनी के शासन को समाप्त कर देना चाहता था।

– दज़ला और फरात नदी के संगम पर स्थित शात–अल–अरब (Shatt-al-arab) पर चले आ रहे विवाद को ताकत के बल पर समाप्त कर देना। यह कभी पूरी तौर पर इराक का था परन्तु पिछले पाँच वर्षों से ईरान ने इराक को इस पर साझेदारी का नियंत्रण रखने पर राजी करवा लिया था यह दोनों के तेल निर्यात के लिए महत्वपूर्ण बंदरगाह था।

– सद्दाम हुसैन इस युद्ध के जरिये अरब जगत का सर्वोच्च नेता बनना चाहता था जो कभी मिस्र के नासिर को समझा जाता था।

सद्दाम ने सोचा था कि क्रांति के बाद ईरान की सेनाएँ कमजोर और हताश स्थिति में होगीं अतः उसे तुरन्त विजय मिल जाएगी। उसका अनुमान बिलकुल गलत निकला और यह युद्ध आठ वर्षों के लंबे काल तल चलता रहा और सद्दाम का एक भी उद्देश्य पूरा न हो सका।

युद्ध की शुरूआत इराक द्वारा शात–अल–अरब जलमार्ग पर कब्जा कर लेने से हुई। ईरानियों ने तुरंत जवाबी कार्रवाई के लिए स्वयं को संगठित करना शुरू किया। इराकी ठिकानों पर ईरान की पैदल सेना बड़ी संख्या में टूट पड़ी। बाहरी तौर पर इराक की सेना मजबूत दिखती थी क्योंकि उसके पास सोवियत टैंक, हेलीकाप्टर, युद्धपोत और मिसाइलें थीं परन्तु ईरानी सैनिक अपने धर्म के जोश से भरपूर और प्राणों को त्यागने के लिए कमर कसे बैठे थे। फिर उन्हें भी चीन और उत्तरी कोरिया से आधुनिक हथियार मिलने लगे। जैसे–जैसे युद्ध खिंचता गया, किसी भी पक्ष को कोई विशेष फायदा न हुआ बल्कि वे एक दूसरे के तेल स्रोतों को बरबाद करने में लग गए।

पूरे अरब जगत में अस्थिरता फैल गई, रूढ़िवादी देश जैसे साउदी अरब, जार्डन एवं कुवैत ने इराक को कुछ समर्थन दिया परन्तु सीरिया, लीबिया, अल्जीरिया, दक्षिणी यमन, फिलिस्तीनी संगठन इत्यादि ने इराक की आलोचना की क्योंकि उनके अनुसार यह समय लड़ने का नहीं बल्कि इज़रायल के विरूद्ध कदम उठाने का था। जबकि साउदियों और अन्य खाड़ी के देशों ने खुमैनी के अतिवादी किस्म के इस्लाम के फैल जाने के डर से इराक का साथ दिया। युद्ध छिड़ जाने के पश्चात अमेरिका तथा सोवियत संघ समेत समस्त यूरोपियन देशों ने अपनी तटस्थता की घोषणा कर दी परन्तु ज्यों–त्यों युद्ध खिंचता गया, चालीस देशों ने इन दोनों देशों को हथियार बेचे। अमेरिका और इजरायल ने दोनों को छुपकर हथियार बेचे। दोनों ने एक–दूसरे

के तेल ठिकानों पर जमकर बमबारी की। दोनों ही पक्षों ने युद्ध में रासायनिक हथियारों का प्रयोग किया। इराक ने अपने ही देश के परन्तु दूसरे धर्म के कुर्दों पर इन का प्रयोग किया और पाँच हजार कुर्द मारे गए जिसके लिए पूरी दुनिया में इराक की खूब आलोचना की गई। इराक की सेना के सैकड़ो सैनिक ईरान द्वारा पकड़ लिए गए। आखिर 1987 में ईरानी सेना इराक के दूसरे महत्वपूर्ण शहर बसरा के दस मील की दूरी पर आ पहुँची, अब सीरिया जैसे अरब देश को भी लगने लगा कि युद्ध समाप्त होना चाहिए वर्ना इराक के भी टुकड़े हो जाएँगे और वह दूसरा लेबनान बन जाएगा। एक इस्लामी सम्मेलन जनवरी 1987 में बुलाया गया पर वह सफल न हुआ। दोनों पक्षों ने अपनी–अपनी सफलता के प्रचार किए परन्तु सच्चाई यह थी कि युद्ध से वे थक चुके थे और जब संयुक्त राष्ट्र संघ ने अगस्त 1988 को युद्ध विराम कराया तो दोनों ही देशों ने राहत की सांस ली।

परिणाम

ईरान–इराक युद्ध का परिणाम दोनों देशों के नेताओं के मर्जी के अनुसार न हुआ, हालाँकि ईरान की मजबूत विरोधी सेना के सामने देश व क्रांति को बचा ले जाने की तारीफ जरूर हुई और उसकी प्रतिष्ठा बढ़ी। ईरान ने पश्चिमी देशों द्वारा समर्थित इराक को एक इंच भूमि प्राप्त करने नहीं दिया, इससे उसे प्रसिद्धि मिली।

सद्दाम ने स्वयं को विजेता घोषित किया परन्तु दुनिया जानती थी कि सच्चाई क्या है। उसका देश आर्थिक परेशानियों में घिर गया जिसके चलते उसने कुवैत पर आक्रमण कर खाड़ी युद्ध में देश को ढ़केला।

अमेरिका ने दोनों ही देशों को हथियार बेचे परन्तु खुमैनी के पश्चिमी सभ्यता विरोधी होने की वजह से इराक को ईरान की सैनिक खुफिया जानकारियाँ इत्यादि दे कर, खुमैनी को अपदस्त करवाने का प्रयास किया, पर सफल नहीं हुआ। कुल मिलाकर ईरान–इराक युद्ध ऐसा युद्ध था जिसमें बरबादी के सिवा और कुछ न था।

इराक एवं खाड़ी युद्ध – 1990 से 1991 तक

इराक का तानाशाह सद्दाम हुसैन अपने देश की आर्थिक कठिनाइयों को दूर करने के लिए अपने समृद्ध पड़ोसी देश कुवैत पर 2 अगस्त, 1990 में आक्रमण कर बैठा। उसने जो कुछ भी सोचकर ऐसा किया था, वह फलीभूत नहीं हुआ, बल्कि उसका देश और ज्यादा कठिनाइयों में फंस गया।

कारण

- ईरान–इराक युद्ध के दौरान, इराक ने कई देशों से कर्ज ले लिया था, जो युद्ध जनित बरबादी के कारण चुका पाने में कठिनाई महसूस कर रहा था।
- इराक ने, कुवैत जो उसके दक्षिण–पूर्व में स्थित था, पर कब्जा कर अपनी परेशानियों का हल ढुँढ़ना चाहा। उसने कुवैत को ऐतिहासिक काल से इराक को हिस्सा बताते हुए, उस पर अपने आक्रमण को जायज बताया।

– इराक ने कुवैत से भी करोड़ो डालर का कर्ज ले रखा था और ईरान से युद्ध के बाद, सद्दाम ने कुवैत से इन कर्जों को माफ करने को कहा था, जिसे कुवैत ने मना कर दिया।

– इराक ने कुवैत पर अपने देश के तेल कुँओं से तेल चोरी का आरोप भी लगाया (रमैला तेल कुँओं से)

– इराक को इस बात से भी नाराजगी थी कि कुवैत अपने यहाँ तेल का अधिक उत्पादन कर, तेल के अंतर्राष्ट्रीय दामों में गिरावट ला रहा है जिससे इराकी तेल के दाम भी गिर गए थे।

– इराक ने तेल चोरी का इल्जाम लगाते हुए कुवैत से चौदह बिलियन डालर की क्षतिपूर्ति और दो कुवैत द्वीपों को इराक को सौपनें की मांग रखी। कुवैत द्वारा इन मांगों को खारिज करने के तीन दिन बाद सद्दाम ने इराकी सेना कुवैत भेज कर पूरे कुवैत पर कब्जा कर लिया और उसे इराक का उन्नीसवाँ प्रांत घोषित कर दिया। कुवैत का शासक अमीर शेख जबीर–अल–सबाह, उसका परिवार और उसका मंत्रिमण्डल साउदी अरब में शरण लेने को मजबूर हो गए।

सउदी अरब की सरकार ने अमेरिका से मदद मांगी क्योंकि इराकी फौजें उसकी सीमा पर भी आ गई थी। यह प्रश्न संयुक्त राष्ट्र संघ में उठाया गया। अमेरिकी राष्ट्रपति जार्ज डब्ल्यू बुश के आग्रह पर संयुक्त राष्ट्र संघ ने इराक पर आर्थिक प्रतिबंध लगा दिए, उसके तेल व्यापार, जो उसकी आय का मुख्य स्त्रोत था, पर रोक लग गई। सद्दाम को 15 जनवरी 1991 तक अपनी सेनाएँ कुवैत से वापस बुलाने के लिए आज्ञा दी गई जिसके बाद संयुक्त राष्ट्रसंघ "कोई भी आवश्यक कदम" उठाने के लिए तैयार होगा। सद्दाम ने इसे धमकी ही समझा और उग्र घोषणा की कि अगर दूसरे देश की सेना उनके भिड़ेगी तो "ऐसा भयानक युद्ध होगा जो अब तक के सारे युद्धों की माँ होगी"। इधर अमेरिकी राष्ट्रपति बुश और ब्रिटिश प्रधानमंत्री मार्गरेट थैचर इस बात पर एकमत थे कि सद्दाम का काम तमाम किया जाए क्योंकि उनके देशों के औद्योगिक विकास के लिए जरूरी तेल पर सद्दाम का कब्जा हटाना ही ठीक होगा। अतः उन्होंने सभी देशों से सहयोग मांगा। संयुक्त राष्ट्र संघ सुरक्षा परिषद ने इराक के विरूद्ध सैनिक कार्यवाही की घोषणा कर दी और एक अंतर्राष्ट्रीय शांति अनुरक्षिणी सेना तैयार की गई जिसमें तीस देशों ने सैनिक, हथियार एवं धन से मदद किया जैसे अमेरिका, ब्रिटेन, फ्रांस, इटली मिस्र, सीरिया और साउदी अरब ने सैनिक मुहैया कराए, जर्मनी और जापान ने धन दिया। जब 15 जनवरी की कालसीमा पार हो गई तो इराक के विरूद्ध सैनिक अभियान शुरू किया गया जिसे नाम दिया गया "आपरेशन डेर्जट स्टार्म"। इराक ने इजरायल पर 'स्कड' प्रक्षेपास्त्रों से हमला कर, अरब देशों को अपने पक्ष में करना चाहा, पर सफल नहीं हुआ।

इस अभियान के दो भाग थे जो अत्यंत प्रभावी और सफल हुए। पहले भाग में इराक की राजधानी बगदाद पर सघन बमबारी की गई जिससे सैनिक ठिकानों

के अलावे नागरिक हताहतों की संख्या बहुत हो गई। यह दुनिया का पहला युद्ध था जब कम्प्यूटर तकनीक के प्रयोग से सटीक बमबारी की गई और जिसे दुनिया भर के लोगों ने अपने घरों में बैठ कर टी.वी. पर देखा। दूसरे भाग में इराकी सेना पर आक्रमण कर चार दिनों के अंदर (24 से 28 फरवरी, 1991) कुवैत को मुक्त करा लिया गया। परन्तु कुवैती तेल कुँओं में आग लगा कर और बहुत सा तेल बहा कर इराकियों ने कुवैत का नुकसान कर दिया।

परिणाम

- इराक ने हार मानी और 3 मार्च 1991 को युद्ध खत्म हुआ।
- अमेरिका ने कुवैत को मुक्त करवाया और साउदी अरब की रक्षा का वादा पूरा किया अतः उसकी प्रतिष्ठा बढ़ी। उसके नेतृत्व वाली सेना के हताहतों की संख्या 300 से भी कम रही और इस युद्ध में हुए खर्चे को जर्मनी व जापान जैसे सहयोगियों ने उठाया।
- सद्दाम को हटाया न जा सका जो ब्रिटेन और अमेरिका का ध्येय था क्योंकि इससे और युद्ध लंबा खिंचता और कई जानें जाती।
- कुवैत में यह आशा थी कि इतनी बड़ी घटना के बाद जनतंत्र की स्थापना हो जाएगी पर सबाह परिवार लौट आया और देश की राजनीति पहले के समान हो गई। अमेरिका और ब्रिटेन ने इस संबंध में कुछ नहीं किया।
- उधर इराक में कई विद्रोह फूट पड़े। इराकी शिया जो आबादी के 55 प्रतिशत थे ने दक्षिणी शहर बसरा को केन्द्र बना, सद्दाम के शासन के विरूद्ध विद्रोह कर दिया। उत्तर में कुर्द, विद्रोह कर बैठे क्योंकि उनका शोषण लंबे समय से चला आ रहा था।

इन विद्रोहों से सद्दाम ने निर्ममता से निपटा। हेलीकाप्टरों से गोलियाँ बरसा कर पचास हजार कुर्दों को मौत के घाट उतार दिया गया। जून 1991 में संयुक्त राष्ट्र संघ ने मानवीय मदद और रक्षा के जरिये कुर्दों की जान बचाई। उसी तरह से तीस हजार शिया लोगों को दक्षिण में मार डाला गया। अपने ही देश के लोगों का नरसंहार करने वाले सद्दाम की पूरी दुनिया आलोचना करने लगी।

- यह खाड़ी युद्ध और उसके परिणाम पश्चिमी देशों की मनोवृत्ति को स्पष्ट करने में कामयाब हुए। पश्चिमी देशों के लिए बड़ा मुद्दा अंतर्राष्ट्रीय न्याय या नैतिकता नहीं थी। वे सही और गलत पर ध्यान लगाना नहीं चाहते थे, उनके लिए उनके अपने आर्थिक हित सर्वोपरि थे। उन्होंने सद्दाम के विरूद्ध कदम उठाया क्योंकि वह उनके तेल आपूर्ति को रोक सकता था और इसलिए नहीं कि एक छोटा देश कुवैत अपनी रक्षा में असमर्थ था। क्योंकि इसी दौरान विश्व के अन्य जगहों में ऐसी घटना हुई पर पश्चिमी जगत ने उनके लिए कुछ नहीं किया। जैसे 1975 में ईस्ट तिमोर पर इंडोनेशिया का कब्जा। अतः सद्दाम अपने पद पर बना रहा।

दूसरा खाड़ी युद्ध – मार्च–अप्रैल 2003

सद्दाम हुसैन ने प्रथम खाड़ी युद्ध के पश्चात कुर्द विद्रोह को दबाने के दौरान रासायनिक हथियारों का प्रयोग किया था। संयुक्त राष्ट्र संघ ने अप्रैल 1991 से ही इराक पर आर्थिक और वित्तीय प्रतिबंध लगा कर, उसे इन हथियारों को नष्ट करने के लिए कहा। अब इराक दुनिया में अपना तेल नहीं बेच सकता था और उसकी जनता के सामने भुखमरी तथा बीमारी के दुख भरे दिन आ गए। इसी दौरान शायद इराक की खुफिया एजेंसी ने पूर्व अमेरिकी राष्ट्रपति बुश (बड़े) की उनके कुवैत शहर में आने पर अप्रैल 1993 में हत्या का प्रयास किया। इस के प्रतिरोध में अमेरिका ने क्रूज़ मिसाइलें दाग कर, बगदाद में इराक के खुफिया एजेंसी के आफिसों को नष्ट कर दिया।

संयुक्त राष्ट्र संघ की हथियार निरीक्षण टीम जब इराक पहुँची तो उसे सारे कारखाने नहीं दिखाए गए। और अक्टूबर 1998 में इराक ने कहा कि ऐसी टीम को वह अपने यहाँ आने न देगा, इस पर ब्रिटेन तथा अमेरिका ने मिल कर इराक की उन जगहों पर बमबारी की जहाँ उन्हें रासायनिक और जैविक हथियारों के जमा रखने का अंदेशा था और इस काम को नाम दिया 'आपरेशन डेर्जट फाक्स'। 1999 में भी जब इराक ने संयुक्त राष्ट्र संघ की हथियार निरीक्षण टीम को आने न दिया तो फिर अमेरिकी तथा ब्रिटिश हवाई जहाजों ने फरवरी 2001 में इराक के सैनिक अड्डों पर हमला किया। इस योजना में अन्य देशों की सहमति नहीं थी।

जब जार्ज बुश द्वितीय राष्ट्रपति बना तो उसके कार्यकाल के नौ महीनों के अंदर 11 सितम्बर 2001 को अमेरिका में पहली बार आतंकवाद की बड़ी घटना घटी, वह थी न्यूयार्क शहर के विश्व व्यापार केन्द्र की जुड़वा बिल्डिंगों को हवाई जहाज के टक्कर से ढ़हा देना जिसमें चार हजार से ज्यादा लोगों की मृत्यु हो गई। नए राष्ट्रपति को इसमें सद्दाम का भी हाथ लगा।

पर यह कार्य तालिबान नामक आंतकवादी दल का था जिसका मुखिया ओसामा बिन लादेन अफगानिस्तान में छुपा बैठा था। अमेरिका ने पहले अफगानिस्तान पर हमला कर तालिबान को नष्ट किया पर ओसामा हाथ नहीं आया।

फिर अमेरिका ने इराक के शासन को बदल देने की बात उठाई। ब्रिटेन ने उसका पूरा साथ दिया। सोवियत संघ विखंडन के दौर से गुजर रहा था परन्तु संयुक्त राष्ट्र संघ में इराक पर आक्रमण का प्रस्ताव पास नहीं हुआ। उधर सद्दाम ने अंतर्राष्ट्रीय हथियार निरीक्षक टीम को अब अपने देश आने दिया। हांस ब्लिक्स ने भी कहा कि इराक में ''जन संहार करने वाले हथियार'' नहीं है फिर भी अमेरिका ने इराक पर दो इलजाम लगाते हुए उस पर आक्रमण कर दिया।

– पहला कि इराक के पास कई जन संहार करने वाले रासायनिक और जैविक हथियार हैं जिनसे पूरी दुनिया को खतरा है।

– दूसरा कि इराक और आतंकवादी संगठन जैसे तालिबान, में सांठ–गांठ है और इसीलिए इराक का वर्तमान शासन दुनिया के लिए खतरा है।

परन्तु यह दोनों ही बातें गलत थीं। 17 मार्च 2003 को अमेरिकी राष्ट्रपति ने सद्दाम और उसके बेटों को 2 दिन की मोहलत दी कि वे किसी सुरक्षित कहीं चले जाएँ या फिर युद्ध के लिए तैयार रहें। जब इसे खारिज़ कर दिया गया तो 20 मार्च को अमेरिकी तथा ब्रिटिश हवाई जहाजों ने इराक पर बम बरसाने शुरू कर दिए साथ ही जमीन पर भी सेना को उतार दिया गया। 9 अप्रैल 2003 को अमेरिकी सेना बगदाद में घुस आई और देश पर कब्जा कर लिया। सद्दाम दिसम्बर 2003 को टिकरित में एक सुरंग में छुपा मिला।

परिणाम

- 2003 के खाड़ी युद्ध का परिणाम बहुत भयानक हुआ। अमेरिका और ब्रिटेन को जन संहार के हथियार नहीं मिले, पूरी दुनिया ने ब्रिटेन को अमेरिका का पिठ्ठू माना और उसकी किरकिरी हुई।
- सद्दाम को अपदस्थ करने से इराक में अव्यवस्था फैल गई और इस अराजकता को शांत करने में अमेरिकी फौजों ने ज्यादा रूचि नहीं दिखाई।
- अमेरिका ने इराक के संसाधनों को मुक्त बाजार और दुनिया के लिए खोल दिया। अमेरिका द्वारा नियुक्त अधिकारी पाल ब्रीमर ने अमेरिकी कंपनियों को अर्थव्यवस्था के हर उद्यम का अनुबंध बाँटना शुरू कर दिया जिसे इराकी जनता खूब समझने लगी।
- इराकी प्रतिरोध प्रारंभ हुआ, विदेशी उद्यमियों का अपहरण कर हत्याएँ कर दी जाने लगीं। इराकी सेना को भंग कर दिया गया थे, वे बेरोजगार लुटेरे या जिहादी बन गए।
- प्रतिरोध का सबसे खूंखार स्वरूप था अबू मुसाब ज़रकावी का जो अमरीकियों के सर काट देता था। उसने फलूजा शहर को अपने पुरातनपंथी सुन्नी इस्लामिक दल का केन्द्र बना लिया, जहाँ से वह न केवल अमरीकियों बल्कि विधर्मी शियाओं के विरूद्ध मोर्चा खोल बैठा।
- शियाओं ने भी अमेरिका विरोधी सुर अपनाया, उनके उग्र नवयुवक 'महदी सेना' में भर्ती हो गए और गड़बड़ियाँ फैलाने लगे।
- जब अमेरिकी सेना ने फलूजा जिसे "मस्ज़िदों का शहर" भी कहा जाता था, में विद्रोहियों के विरूद्ध कार्यवाही करने का दौरान कुछ बच्चों को मार दिया तो, पूरी दुनिया खास कर इस्लामी देशों की सहानुभूति इराक की तरफ और अमेरिका की तरफ क्रोध की हो गई। फलूजा इराकी प्रतिरोध का राष्ट्रीय चिन्ह और जिहादियों का बदला रूपी ध्येय बन गया।
- बगदाद के नजदीक स्थित जेल अबू घारिब की तस्वीरें अप्रैल 2004 में दुनिया के सामने आईं, जिसमें दुनिया ने देखा कि मानव अधिकारों, स्वतंत्रता और कानून के शासन की दुहाई देने वाले अमेरिका की फौजें, किस तरह गैरकानूनी

यातना के तरीके, इराकी प्रतिरोधियों के साथ अपना रही थीं। इससे भी जिहादियों की संख्या बढ़ने लगी। 2004 में इराक के इमामों ने शुक्रवार की नमाजों के बाद कहा कि ''अमेरिका की सेना जो स्वतंत्रता लाई है वह स्वतंत्रता इराकियों को यातना देने की ही है''।
- 2008 तक अमेरिकी सेना इराक में बनी रही इस युद्ध ने अमेरिका की आर्थिक स्थिति को खराब किया और मंदी की स्थिति में योगदान दिया।
- अमेरिका द्वारा चुनाव करवाने पर शिया मूल के नेता शासन में आए जो सुन्नी इराकियों को नाराज करने को काफी थी।
- नए शासन की स्थापना के पश्चात अमेरिकी सेना को 31 दिसम्बर 2011 तक वापस बुलाने की सहमति बनी। परन्तु जब सेनाएँ वापस चली गईं तो ''इस्लामिक स्टेट'' नामक खूंखार दल ने उत्तरी इराक व सीरिया पर कब्जा कर दिया जो अब विश्व के सामने एक बहुत बड़ा आतंकवादी खतरा है।

अरब वसंत (Arab Spring)

अरब उस नृजातीय समूह को कहा जाता है जिसकी मूल भाषा अरबी है और जो मध्य पूर्व एशिया, उत्तरी अफ्रीका एवं 'अफ्रीकी सींग' (African Horn) वाले क्षेत्र में ज्यादातर बसे हुए हैं। अरबों को आपस में बांधने के भाषाई, सांस्कृतिक, राजनैतिक और नृजातीय कारण हैं। वैसे वे कई देशों के निवासी हैं जैसे साउदी अरब, संयुक्त अरब अमीरात, यमन, ओमान, कतर, बहरीन, कुवैत इराक, सीरिया, लेबनान, मिस्र, सूडान, इथोपिया, सोमालिया, लीबिया, अल्जीरिया, ट्यूनिशिया, मोरक्को इत्यादि। अरब वसंत उस क्रांतिकारी लहर को कहा जाने लगा, जो अरब जगत में दिसम्बर 2010 से प्रारंभ हुई और प्रदर्शन, प्रतिरोध, गृह–युद्ध जैसी स्थितियों को बनाती हुई, इस क्षेत्र के कई देशों के सत्ता परिवर्तन का कारण बनी। इसकी शुरूआत ट्यूनिशिया में 18 दिसम्बर 2010 को हुई और स्वतः स्फूर्त फैलते हुए पूरे क्षेत्र में हचलच मच गई। मध्य 2012 तक इसका प्रभाव कम हो गया और कई देशों के शासन ने इस क्रांति के विरोध में जो दमन का दौर चलाया उसे अरब शीत का नाम भी दिया गया। अरब वसंत का सबसे मुखर स्वरूप सीरिया में गृह–युद्ध के रूप में चल रहा है। जनक्रांति के इस दौर में ट्यूनिशिया, मिस्र, लीबिया और यमन में शासन परिवर्तित हो गए, बहरीन और सीरिया में विद्रोह हुए, सूडान, मोरक्को, कुवैत, जार्डन इराक एवं अल्जीरिया में गंभीर एवं बड़े प्रतिरोध हुए जबकि साउदी अरब, ओमान इत्यादि में छोटे प्रतिरोध हुए।

कई विद्वानों ने अरब वसंत आंदोलन की तुलना यूरोप के 1989 की क्रांति के दौर से की है जिसे 'राष्ट्रों के पतझड़' (Autumn of Nations) का नाम दिया गया था परन्तु एक बहुत बड़ी भिन्नता भी देखी गई जो अरब क्रांति के दौरान इंटरनेट आधारित तकनीक की भूमिका को लेकर है। अरब वसंत में सोशल मीडिया की अहम भूमिका रही। फेसबुक, ट्विटर, और वाट्सएप जैसे माध्यमों की शासन का

जनता के प्रति किए जा रहे अत्याचारों के प्रति लोगों को जागरूक करने या आंदोलित करने में बड़ी प्रभावी भूमिका रही। इसीलिए इन आंदोलनों में नौजवानों ने बड़ी संख्या में भाग लिया। अरब 'वसंत' नाम, 1968 में हुए 'प्राग वसंत' नामक आंदोलन से उद्धृत है जिसके बाद वहाँ जन आंदोलन सघन हो गया था।

पृष्टभूमि कारण

अरब वसंत के प्रस्फुटित होने के कई कारण माने जाते हैं। स्थानीय शासन से असंतोष सबसे प्रमुख कारण है जिससे नौजवान एवं मजदूर संघ विशेष नाराज थे। आय में अत्यधिक असमानता, नागरिक अधिकारों का हनन, राजनैतिक भ्रष्टाचार, आर्थिक अवनति, बेरोजगारी, अत्यधिक गरीबी, तानाशाही शासन या निरंकुश राजशाही जैसे अनेक कारण विभिन्न देशों की जनता के लिए जन आंदोलन का कारण बने। उत्तरी अफ्रीका एवं फारस की खाड़ी के देशों में दशकों तक निरंकुश सत्ताधारियों के हाथों में धन का संग्रहण लोगों को उद्वेलित करने लगा। हर देश में खाद्य सामग्री के बढ़ते दाम विभिन्न वर्ग के लोगों के क्रोध का कारण बने।

धरना एवं प्रदर्शन का जो दौर मध्य–पूर्व एवं उत्तरी अफ्रीका में 2010 के अंत से प्रारंभ हुआ उसे अरब वसंत, अरब 'वसंत एवं शीत', अरब जागृति या अरब विद्रोह कहा जाता है जबकि इसमें भाग लेने वाले सारे अरब नहीं थे। इसकी शुरूआत ट्यूनिशिया में 17 दिसम्बर 2010 की उस घटना से हुई जब एक फल विक्रेता मुहम्मद बुआज़ीजि ने अपने शरीर में आग लगा ली थी, पुलिस ने उसके ठेले को जब्त कर, उस से मार–पीट किया था क्योंकि उसके पास परमिट नहीं था। जब म्यूनिसिपल ऑफिस में भी कोई कार्यवाही न हुई तो उसने अपने शरीर में आग लगा ली और जलते हुए बुआज़ीजि को सोशल मीडिया पर सैकड़ों लोगों ने देखा, दूसरे ही दिन सीदी बुआज़िद से लेकर पूरे ट्यूनिशिया में जन प्रतिरोध फैल गया, लोग राष्ट्रपति ज़ीने अल अबीदीन बेन अली से पद त्याग की मांग करने लगे। एक महीने के अंदर उन्हें देश छोड़कर भागना पड़ा। ट्यूनिशिया की इस क्रांति को जासमिन क्रांति भी कहते हैं। अक्टूबर 2011 में हुए चुनाव में एक इस्लामिस्ट पार्टी 'इन्हदा' विजयी हुई थी, परन्तु 2014 के स्वतंत्र चुनावों में सेक्यूलर निदा पार्टी के मुहम्मद बेजी कैद इसेबसी ने चुनाव जीतकर राष्ट्रपति पद संभाला।

मिस्र

ट्यूनिशिया के जासमिन क्रांति से प्रभावित हो, मिस्र में भी 25 जनवरी 2011 को जन आंदोलन की लहर फैल गई। वहाँ के राष्ट्रपति होस्नी मुबारक लगभग तीस वर्षों से सत्ता में बने हुए थे और भ्रष्टाचार का बोलबाला था। मिस्र में क्रांति की शुरूआत भी एक बर्बर घटना से हुई थी। खालिद सैद नामक एक 28 वर्षीय नवयुवक को बेरहमी से पुलिस ने पीट–पीट कर हत्या कर दी थी। उसका विकृत चेहरा सोशल मीडिया के चलते पूरे मिस्र में देखा गया और लोग क्रोधित होने

2011 का अरब बसंत (Arab Spring)

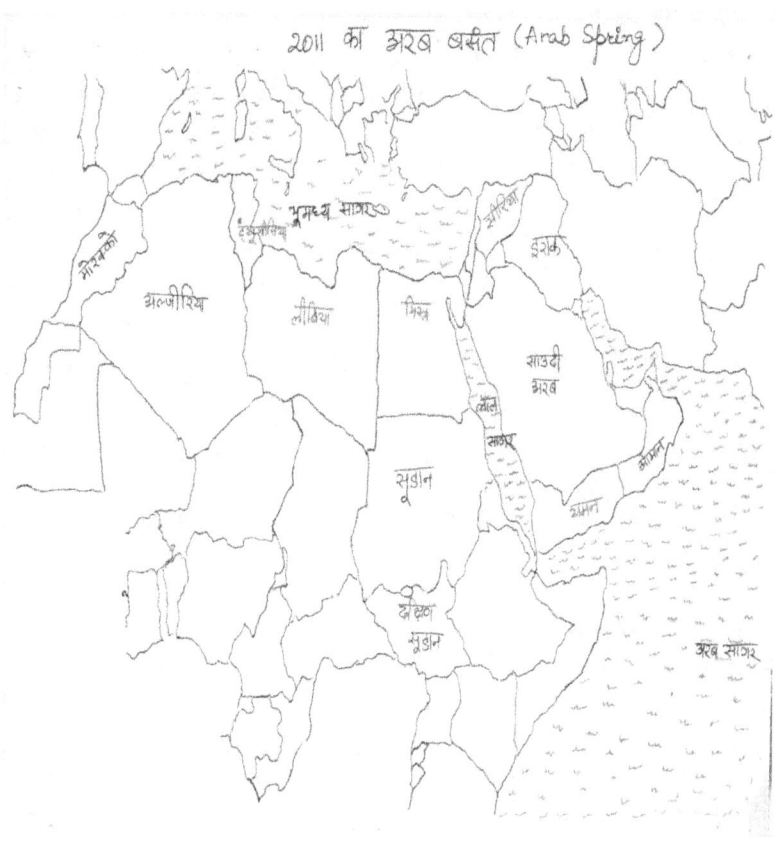

लगे थे। 25 जनवरी को जब लोग प्रतिरोध के लिए तहरीर स्क्वेयर में जमा हुए तो फिर पुलिए ने लोगों पर गोलियाँ चलाई थीं और नौ सौ लोग मारे गए थे। 28 जनवरी की मध्यरात्रि से होस्नी सरकार ने इंटरनेट सेवा बंद करने की कोशिश की ताकि लोगों के एकत्र हो कर प्रदर्शन करने को रोका जा सके परन्तु उस दिन के चढ़ते–चढ़ते हजारों की संख्या में लोग मिस्र के विभिन्न शहरों में जमा हो गए और सरकार विरोधी प्रदर्शन करने लगे। राष्ट्रपति मुबारक ने अपनी सरकार को बर्खास्त कर दिया और नया मंत्रिमण्डल चुना। पर लोग इससे संतुष्ट नहीं हुए। 10 फरवरी 2011 को मुबारक ने घोषणा की कि वह अब अपने कार्यकाल के बाद पद छोड़ देगें पर लोग न माने अतः मुबारक ने दूसरे दिन पद छोड़ दिया और मिस्र की सेना को सत्ता सौंप दी। नवम्बर 2011 के चुनाव में मुस्लिम ब्रदरहुड के मुहम्मद मोरसी को विजय मिली। परन्तु उनका भी विरोध होने लगा और 2013 की जुलाई में उन्हें अपदस्थ कर अब्दल फतेह अल सीसी ने सत्ता संभाली। कई दिन तक चले मिस्र के आंदोलन में सैकड़ों लोगों की जाने गईं फिर भी ऐसा शासन स्थापित न हुआ जो सबकी आकांक्षाए पूरी कर सके।

लीबिया

लीबिया का तानाशाह मुअम्मर गद्दाफी भ्रष्ट और क्रूर था। देश के संसाधनों को व्यक्तिगत ऐय्याशी में खर्च कर लोगों को धर्म और समाजवाद की झूठी सीख देता था। क्रांति के वक्त वहाँ की बेरोजगारी की दर 30% था। वह स्वयं 1969 से सत्ता में बना हुआ था और जब फरवरी 2011 को लोगों का जन आंदोलन प्रारंभ हुआ तो उसने सत्ता छोड़ने से साफ इंकार कर दिया। आगामी दिनों में जगह–जगह प्रतिरोध प्रदर्शन होने लगे। बेनगाज़ी शहर में निहत्थे प्रदर्शनकारियों को उसने गोलियों से भुनवा दिया जिसका विरोध उसके स्वयं के साथी और सलाहकार करने लगे और उसका साथ छोड़ दिया।

फरवरी के पूरे महीने में गद्दाफी ने प्रदर्शनकारियों पर हेलीकाप्टरों, मशीनगनों, प्रक्षेपास्त्रों द्वारा जगह–जगह मरवाया। दुनिया भर की खबर एजेंसियों ने इसकी जानकारी विश्व को दी। आखिरकार संयुक्त राष्ट्र संघ ने 17 मार्च 2011 को एक प्रस्ताव पारित किया जिसक अनुसार सदस्य देशों से आग्रह किया गया कि वे "नागरिकों की रक्षा के लिए जरूरी कदम उठाएँ जो आक्रमण की जद में हैं", अतः 40 देशों ने गद्दाफी के विरूद्ध नाटो की मदद से हवाई हमले का निर्णय लिया ताकि निहत्थे नागरिकों को बचाया जा सके, जिसका नेतृत्व अमेरिका तथा ब्रिटेन ने किया।

नाटो की बमबारी प्रारंभ हुई उधर गद्दाफी विरोधी विद्रोही जनसेना, गद्दाफी के वफादार सैनिकों से भिड़ने लगे। अक्टूबर 20, 2011 को गद्दाफी को विद्रोही सेना ने बुरी तरह मार कर खत्म कर दिया। साठ वर्षों के बाद वहाँ जुलाई 2012 में चुनाव हुए और मुहम्मद जलील सत्ता में आए। परन्तु शीघ्र ही अशांति फैल गई।

वर्तमान में लीबिया पर शासन का नियंत्रण नहीं है, विभिन्न गुट आतंक मचा रहे है, दुनिया भर में ब्रिटेन तथा अमेरिका को लीबिया में सैनिक हस्तक्षेप द्वारा बरबाद कर दिये जाने का दोष लगाया जाता है।

यमन

जनवरी 2011 के मध्य से उत्तरी और दक्षिणी यमन के शहरों में जनप्रतिरोधों की शुरूआत हो गई। वैसे ये प्रतिरोध 2009 से ही चले आ रहे थे क्योंकि राष्ट्रपति अली अब्दुल्ला सालेह ने अमेरिका से सांठ–गांठ कर अपने प्रति लोगों के गुस्से को दबा देने में उनकी मदद ली थी। यमन, अरब देशों में सबसे गरीब देशों में आता है उस पर सालेह की तीस वर्षों से ज्यादा की तानाशाही, शासन में भ्रष्टाचार, बेरोजगारी और बुरी आर्थिक स्थिति को ट्यूनीशिया की क्रांति ने चिंगारी प्रदान की और 27 जनवरी 2011 को सोलह हजार लोग राजधानी सना में प्रदर्शन के लिए उतर आए। मानव अधिकार कार्यकर्ता और राजनेत्री महिला तवाकल कारमन (Tawakel Karman) ने सोशल मीडिया के जरिये 3 फरवरी को पूरे देश में "क्रोध का दिन" (Day of Rage) की तौर पर मनाने के लिए दस लाख लोगों को सम्मिलित होने का आह्वान किया। लाखों लोग सना, अदन और ताएज़ जैसे शहरों में सड़कों पर उतर आए। तवाकल कारमन को 2011 का नोबल शांति पुरस्कार मिला क्योंकि उन्होंने शांतिपूर्ण प्रतिरोध आंदोलन को संगठित करने और जनतांत्रिक मूल्यों को प्रदर्शित करने का काम किया था। राजनीति में महिलाएँ श्रेष्ठ कार्य करती हैं। फिर तो हर शुक्रवार को यमन में किसी न किसी प्रतिरोध को ले कर जनप्रदर्शन होने लगे। 11 फरवरी को 'गुस्से का शुक्रवार', 18 फरवरी को 'आक्रोश का शुक्रवार' इत्यादि जन आंदोलन सना, ताएज और अदन में होने लगे जिन पर सालेह की सेना का कहर टूट पड़ा और सैकड़ों मारे गए।

यमन की स्थिति और कठिन इसलिए हो गई कि यहाँ 300–500 अल कायदा के सदस्यों ने गढ़ बना लिया था, उन पर हमला करने के लिए सालेह ने अमेरिका को आजादी दे रखी थी। अमेरिका की सैन्य कमान बमों और प्रक्षेपास्त्रों से इन पर हमला करती तो हजारों यमनी निर्दोष नागरिक भी मारे जाते। 3 जून 2011 को राष्ट्रपति भवन की मस्जिद में बम विस्फोट द्वारा सालेह को मारने की विद्रोहियों ने कोशिश की। सालेह घायल हुआ और साउदी अरब में अपना इलाज करवा कर आखिरकार पद छोड़ने पर राज़ी हुआ। फरवरी 2012 हादी नामद व्यक्ति राष्ट्रपति चुना गया परन्तु 2015 जनवरी से हूथी अर्थात शिया विद्रोहियों ने उसे अपदस्थ कर दिया। अतः यमन वर्तमान में अशांत देश है जहाँ शिया–सुन्नी के झगड़े के अलावा साउदी अरब तथा अमेरिका का हस्तक्षेप स्थिति को और बिगाड़ रहा है। वर्तमान में यमन की निरपराध जनता बड़े पैमाने पर युद्धजनित भुखमरी का शिकार है, जिसका समाधान तुरंत न किया गया तो करोड़ों यमनी बच्चे, स्त्री एवं पुरूष भूख से तड़प कर मर जायेगें।

सीरिया

अरब वसंत का सबसे दुखदायी प्रभाव सीरिया पर पड़ा। सरकार का विरोध करने पर गृह युद्ध छिड़ गया है और यहाँ की जनता शरणार्थी बन दुखों के पहाड़ को झेलने पर मजबूर है और जिसका समाधान कई वर्षों के बाद भी नजर नहीं आ रहा। यहाँ भी लोगों का प्रतिरोध सरकारी पुलिस की बर्बरता के विरोध से शुरू हुआ जब पुराने दमिश्क शहर में एक पुलिसवाले ने एक व्यक्ति को सारेआम पीटा फिर गिरफ्तार कर लिया। इसी के विरोध में 4–5 फरवरी 2011 को 'क्रोध के दिन' के तौर पर लोगों ने प्रदर्शन कर मनाया। सोशल मीडिया द्वारा लोगों को गुटबंद करने की प्रक्रिया प्रारंभ हो गई। जब सुहैर अत्तासी नामक राजनीतिज्ञ को जेल से छोड़ा गया तो 16 मार्च 2011 को कई शहरों में लोग प्रदर्शन करने सड़कों पर उतर आए, परन्तु राष्ट्रपति बशर अल असद की पुलिस ने हजारों को गिरफ्तार किया और बड़ी संख्या में लोगों को गोलियों से भूना। फिर तो बार–बार यह सिलसिला चलता रहा। पूरी दुनिया इस राष्ट्रपति को देख कर हैरान थी जिसने अपने देश के लोगों को इस तरह मरवाना जारी रखा। जल्द ही सरकार विरोधी मिलीशिया तैयार हो गई जिसे दूसरे देशों से हथियार व अन्य मदद मिलने लगी। सीरिया के कुर्द अलग विद्रोह कर बैठे। देश का एक बड़ा भाग इस्लामिक स्टेट के कब्जे में आ गया। अल कायदा के कई गढ सीरिया में स्थापित हो गए अतः 2011 से वर्तमान तक वहाँ गृह युद्ध की स्थिति है। बशर जिन्हें रूस और ईरान का समर्थन है, अगर पद छोड़ दे तो अमेरिका, साउदी अरब इत्यादि देशों द्वारा समर्थित बशर विरोधी दल एक जनतांत्रिक अखंड सीरिया की स्थापना में सफल हो भी पाएँगे या नहीं यहा बड़ा प्रश्न है। परन्तु मानवीय त्रासदी के रूप में सीरिया की जनता से पूरी दुनिया की सहानुभूति है, परन्तु युद्ध से बचने के लिए भागते सीरियाई शरणार्थियों को अपने देश में पनाह देना कोई भी नहीं चाहता।

इन बड़ी घटनाओं के अलावा बाकी अरब देशों में भी हलचलों से राजनीतिक परिवर्तन हुए जैसे अल्जीरिया में उन्नीस वर्षों से चला आ रहा आपातकालीन शासन समाप्त हुआ, जार्डन में चार सरकारें बदल कर राजा अब्दुल्ला द्वितीय ने लोगों को संतुष्ट किया, बहरीन में उग्र प्रदर्शन हुए, राजा हमाद को राजनैतिक कैदियों को रिहाई देनी पड़ी और शासन में कई बदलाव करने पड़े। साउदी अरब में राजा अब्दुल्लाह को आर्थिक बदलाव करने पड़े, महिलाओं को स्थानीय एवं राष्ट्रीय राजनैतिक संस्थाओं में चुनाव लड़ने का अधिकार मिला। कुल मिलाकर अरब वसंत में छह सरकारें गिरा दी गईं, तीन गृह–युद्ध हुए (सीरिया, इराक, लीबिया) एक विद्रोह जिसने सरकार के तंत्र में परिवर्तन किया, पाँच बड़े प्रतिरोध और पाँच छोटे प्रतिरोध देखे गए। अंतर्राष्ट्रीय अनुमान के अनुसार चार लाख के करीब लोग अब तक मारे गए हैं, शांति स्थापित न होने से यह संख्या और बढ़ सकती है।

प्रभाव

सिर्फ नाम पर ध्यान देने से ऐसा प्रतीत होता है कि अरब वसंत इस क्षेत्र के देशों में बहार लाने वाला परिवर्तन होगा परन्तु इतिहासकार इस वसंत का परिणाम दर्शाने के लिए 'अरब शीत' या 'इस्लामी शीत' का उल्लेख करते है जो मानव दुख का पर्याय है। अब वसंत के बाद का काल अरब शीत में व्यापक पैमाने पर गृह–युद्ध, स्थानीय अस्थिरता, आर्थिक और जनसांख्यिकीय पतन देखने को मिला। शिया और सुन्नी के झगड़े फसाद के ऐसे कारण बने कि उन्हें सुलझाना असंभव हो गया। अरब लीग जिसे इस क्षेत्र की शांति और सहयोग के लिए बनाया गया था, बिलकुल अप्रभावी और निस्तेज हो गया। यमन, सीरिया और लीबिया जैसे देशों में पश्चिमी देशों का हस्तक्षेप, यहाँ शांति स्थापित नहीं होने दे रहा है। इस्लामी स्टेट और अल–कायदा जैसे खूंखार आतंकवादी संगठन दिनोंदिन अपना प्रभाव बढ़ाते जा रहे हैं।

विष्लेषण

नृ–जातीय प्रकृति

कई विद्वानों के विचार है कि अरब वसंत मुख्यतः अरब देशों की जनता का प्रतिरोध आंदोलन है क्योंकि कई अरब देशों में प्रतिरोध के स्वर व्यापक और मजबूत थे परन्तु अंतर्राष्ट्रीय मीडिया ने इस आंदोलन में अल्पसंख्यकों की भूमिका की तरफ भी ध्यान दिलाया है। ट्यूनीशिया के यहूदी वैसे तो जनसंख्या का एक छोटा ही भाग थे परन्तु उन्होंने भी प्रतिरोधों में भाग ले कर सार्थक भूमिका निबाही। मिस्र के कॉप्टिक ईसाई लोगों ने पहले तो इस्लामी उग्रवादियों को नियंत्रित करने में असफल मुबारक सरकार की आलोचना की, मगर बाद में प्रतिरोधों में शामिल हुए। लीबिया के बरबर जाति के लोगों ने गद्दाफी के विरूद्ध विद्रोह में खुल कर भाग लिया और यह काल बरबर चेतना का काल बन गया। मोरक्को में अरबी भाषा के बाद दूसरा स्थान अमाज़िग (Amazigh) को दिया गया जो बरबर भाषा थी।

उत्तरी सूडान में सैकड़ों गैर–अरब डारफूरियों ने सरकार विरोधी आंदोलनों में भाग लिया। सीरिया और इराक के कुर्द तो हमेशा से ही सरकार विरोधी काम करते रहते हैं। एक स्वतंत्र कुर्दिस्तान की उनकी मांग के लिए पेशमर्गा कुर्द किसी हद तक भी जाने को तैयार हैं, अतः अरब जनआंदोलन में अरबों के अलावे अन्य नस्ली वर्गों की भी भूमिका थी।

सोशल मीडिया की भूमिका

एक सर्वेक्षण में दस में से नौ मिस्री और ट्यूनीशियाई नवयुवकों ने माना कि उन्होंने प्रतिरोध संगठित करने और जागरूकता फैलाने के लिए फेसबुक का प्रयोग किया और यह भी कहा कि जब सरकार ने यह प्रतिबंधित कर दिया तो उन्हें संचार संवाद करने में कठिनाई हुई। इस बात पर तो विद्वान सहमत नजर आते हैं कि

सोशल मीडिया के जरिए एक सामूहिक कार्यवाही आसानी से की जा सकती है। किसी घटना के पक्ष में कम समय में जनमत बनाया जा सकता है और राजनैतिक प्रश्नों पर चेतना विकसित की जा सकती है।

मिस्र में तहरीर स्क्वायर पर जब–जब लोगों को आने का आह्वान सोशल मीडिया द्वारा किया गया, वह जबरदस्त सफल हुआ। 2008 में वहाँ 'अप्रैल 6 यूथ आंदोलन' का संगठन किया गया जिसमें पूरे देश के मजदूरों के समर्थन में हड़ताल करवाना था। इसके लिए मिस्र के कार्यकर्ताओं ने अपने साथी बेलग्रेड भी भेजे ताकि वे शांतिपूर्ण प्रतिरोध के तरीके सीख कर आएँ। उसी तरह खालिद सैद के मिस्र में बर्बर पुलिस हत्या के विरोध में दुनिया भर के नवयुवकों ने घोषणा डालनी शुरू की कि "मैं भी खालिद सैद"। सोशल मीडिया के व्यापक प्रयोग से और एक बात स्पष्ट है कि अरब वसंत क्रांति के संवाहक नौजवान थे। न केवल अरब देशों के नौजवान बल्कि दुनिया भर के नौजवानों ने इस क्षेत्र में हो रहे हलचल में रूचि ली।

सोशल मीडिया के अलावा, मीडिया के पुराने प्रभावी तंत्र ने भी अरब वसंत क्रांति में महती भूमिका निबाही। अल जजीरा, बीबीसी, और सीएनएन जैसे खबर एजेंसियों ने हर अरब देश की घटनाओं का व्यापक प्रसारण कर दुनिया का ध्यान इस ओर खींचा और इन देशों के लोगों के बीच संवाहक का कार्य किया। प्रतिरोध और प्रदर्शन करते निहत्थे लोगों के लिए इनकी उपस्थिति ढ़ाल बन जाती जिससे स्थानीय सरकार प्रदर्शनकारियों के प्रति क्रूर नहीं हो पाते, जहाँ–जहाँ ऐसे खबर चैनल कम जा पाए, वहाँ सरकारी पुलिस और सेना ने जमकर जुल्म ढ़ाए जैसे बहरीन और सीरिया। वीडियो और दृष्य चित्रों ने घटनाओं को जीवंत कर दिया, खालिद सैद की मृत्युपरांत चित्र जिसमें उसके मार से बिगाड़े चेहरे का चित्र था, ने लोगों को जितना उकसाया उतना देश की आर्थिक स्थिति ने नहीं अतः सोशल मीडिया ने अरब वसंत को जितनी गति दी और अंतर्राष्ट्रीय मुद्दा बनाया उतना किसी और चीज ने नहीं।

परिणाम

अरब वसंत का दूरगामी परिणाम दिखने में अभी देर है परन्तु शीघ्र नजर आने वाले परिणाम अलग–अलग जगहों पर भिन्न–भिन्न हैं जैसे ट्यूनिशिया और मिस्र में आंदोलन के बाद स्वतंत्र और निष्पक्ष चुनावों के द्वारा सरकारें चुन लीं गईं और क्रांति को सफल बताया गया परन्तु फिर प्रतिक्रियावादी आंदोलन या तख्ता पलट हो गये, और वहाँ की जनता की आकांक्षा पूरे तौर पर सफल नहीं हो पाई। मोरक्को, साउदी अरब और संयुक्त अरब अमीरात जैसे राजशाहियों ने अरब वसंत को जैसे अपना लिया था परन्तु बिना किसी बड़े राजनीतिक परिवर्तन के शांति बनाए रखने में सफलता प्राप्त की। दूसरे अरब देशों जैसे सीरिया और लीबिया मानो ज्वलनशील बन गए, अरब वसंत की शुरूआत के बाद से वहाँ जो खूनखराबा शुरू हुआ वह थमता नजर नहीं आ रहा।

सामाजिक वैज्ञानिकों ने इस विभिन्नता को समझने के प्रयास किए हैं। उनके अनुसार क्रांति की सफलता या असफलता दो चीजों के संबंध पर निर्भर है – राज्य की शक्ति और नागरिक समाज की शक्ति। जहाँ नागरिक समाज चेतन, उन्नत और शक्तिमान था वहाँ सफल सुधार हुए।

ट्यूनिशिया के आधारभूत संगठन सही थे, भ्रष्टाचार अपेक्षाकृत कम था अतः सत्ता पलट के बाद बहुत ज्यादा परेशानियाँ नहीं हुईं, वहीं लीबिया जैसे देश में कोई जनतांत्रिक व्यवस्था का ढाँचा भी न था अतः गद्दाफी के बाद का शासन कैसा हो, यह अभी तक वहाँ स्पष्ट नहीं हो पा रहा।

क्रांति की सफलता इस बात पर भी निर्भर थी कि कोई देश विशेष अपने प्रिंट, रेडियो, टेलीविजन एवं सोशल मीडिया पर कितने प्रतिबंध लगाने में सफल हो पाता है। ट्यूनिशिया और मिस्र की जनता को इंटरनेट का अधिक लाभ मिल पाया। अतः इन देशों में मीडिया के जरिये बड़ी संख्या में जनता को गतिमान किया जा सका। ज्यादातर राजशाही देशों में सरकारी प्रतिबंध कड़े और कठोर रहे, वहाँ सफल और व्यापक जन आंदोलन नहीं किए जा सके।

अरब वसंत के सफल होने में इन देशों की सेनाओं के रूख का भी बड़ा हाथ था। जहाँ–जहाँ सेना आंदोलनकारियों के पक्ष में थी वहाँ सत्ता परिवर्तन करना आसान हुआ जैसे ट्यूनिशिया और मिस्र, दूसरी तरफ साउदी अरब की सेना स्पष्ट तौर पर आंदोलनकारियों के विरूद्ध दिखी।

अरब देशों की नृजातीय संरचना वहाँ के आंदोलन को सफल या असफल बनाने में बड़ी भूमिका निभाती दिखती है। साउदी अरब और सीरिया में शासक वर्ग और जनता की नृजातीय एवं धार्मिक विश्वास एक से हैं वहाँ के शासक को अपना शासन मजबूती से बनाए रखने में सहयोग मिला। जिन देशों में नृजातीय सम्मिश्रण है जैसे यमन और जार्डन वहाँ जन आंदोलन को ले कर एकमत ही नहीं स्थापित हुआ।

अरब देशों में, वहाँ अरब वसंत ज्यादा प्रभावी रहा जहाँ एक मजबूत, पढ़ी–लिखी मध्यम वर्गीय जनता होती थी और मजबूत मध्यम वर्ग के लिए उस देश की आर्थिक, शैक्षणिक और राजनीतिक साधनों का मजबूत होना आवश्यक था। वे देश जहाँ कल्याण योजनाएँ तो थीं परन्तु कमजोर मध्यम वर्ग हो या फिर वे देश जहाँ आर्थिक स्थिति में बहुत ज्यादा फर्क हो और गरीबों की संख्या ज्यादा हो जैसे यमन, लीबिया और मोरक्को, वहाँ पर क्रांतियाँ सफल नहीं हुईं।

अतः अरब वसंत से कोई बहार का मौसम इस क्षेत्र में स्थापित नहीं हुआ पर इतना तो स्पष्ट है कि यहाँ की जनता उद्द्वेलित है और राजनीतिक स्थिति से संतुष्ट नहीं है। धार्मिक उन्माद और शांत जनतांत्रिक शासन व्यवस्था के बीच संतुलन स्थापित करने का प्रयास, यहाँ की सर्वोपरि जरूरत है।

प्रश्नावली

प्रश्न 1 : इजरायल के निर्माण के विभिन्न चरणों की आलोचनात्मक चर्चा करें।

प्रश्न 2 : फिलिस्तीन की समस्या का वर्णन करें।

प्रश्न 3 : अरब राष्ट्रवाद के उत्कर्ष में मिस्र की भूमिका की चर्चा करें।

प्रश्न 4 : अरब–इजरायल युद्धों का वर्णन करें।

प्रश्न 5 : फिलीस्तीन की समस्या कैसे पूरे मध्य–पूर्व की समस्या बन गई है?

प्रश्न 6 : इराक युद्धों के कारण तथा परिणामों की चर्चा करें।

प्रश्न 7 : ''सद्दाम हुसैन ने अपने देश को बरबादी की राह पर ढ़केल दिया''। आलोचनात्मक चर्चा करें।

प्रश्न 8 : ''अरब वसंत'' क्या था? विस्तार से एक लेख लिखे।

प्रश्न 9 : अरब वसंत और सामाजिक (सोशल) मीडिया के अंर्तसंबंधों की चर्चा करें।

प्रश्न 10: अमेरिका की मध्य–पूर्व विदेश नीति की आलोचनात्मक चर्चा करें।

१. तीसरे विश्व का उद्‌भव एवं गुट–निरपेक्ष आंदोलन

एशिया, अफ्रीका और दक्षिण अमेरिका के देश जो कभी न कभी पश्चिमी देशों के उपनिवेश रह चुके थे और आर्थिक तौर पर पिछड़े हुए थे, उन्हें तीसरा विश्व कहा जाता था। आर्थिक तौर पर अत्यंत उन्नत औद्योगिक देश जिनकी अर्थव्यवस्था पूंजीवाद पर आधारित थीं वैसे पश्चिमी देश जैसे कनाडा, संयुक्त राज्य अमेरिका, पश्चिमी यूरोपीय देश जैसे फ्रांस, ब्रिटेन, जर्मनी इत्यादि को प्रथम विश्व कहा जाता था, सोवियत संघ और पूर्वी यूरोपीय देश जो साम्यवादी व्यवस्था पर आधारित थे परन्तु उनका भी औद्योगिकरण हो चुका था, दूसरा विश्व कहलाते थे और बीसवीं सदी में आजाद होने वाले अफ्रीका एवं एशिया के सारे देश, पहले ही आजाद हो चुके परन्तु आर्थिक रूप से पिछड़े दक्षिण अमेरिकी देशों को मिला कर एक बड़ा समूह तीसरे विश्व का था।

द्वितीय विश्व युद्ध के बाद शीत युद्ध के काल में ये तीन तरह के विश्व की धारणा प्रचलित हुई। हालाँकि विश्व एक ही था। परन्तु देशों के तीन वर्ग स्पष्ट नजर आने लगे जो उनकी राजनीतिक, सांस्कृतिक, ऐतिहासिक और आर्थिक पृष्टभूमि के अलग–अलग होने की वजह से थे। अलग महाद्वीपों पर स्थित होने के कारण तीसरे विश्व के देशों में काफी अंतर था पर कई समानताएँ भी थीं जैसे – पहली समानता उनके औपनिवेशिक इतिहास को ले कर थी। तीसरे विश्व के सभी देश कभी न कभी (अर्थात दक्षिण अमेरिका के देश उन्नींसवी सदी में आजाद हुए तो एशिया के देश मध्य बीसवीं सदी में और अफ्रीका के देश बीसवीं सदी के उत्तरार्ध में स्वतंत्र हो पाए) किसी पश्चिमी देश के गुलाम थे।

दूसरी समानता इसी बात पर आधारित है – लंबे औपनिवेशक शोषण ने इन देशों की अर्थव्यवस्था को चूस कर रख दिया। इन्हें अपनी पूंजीवादी औद्योगिक जरूरतों की पूर्ती का साधन बना, इनका आर्थिक विकास ठप कर दिया, एक फसल या एक खनिज उत्पादक देश बना रहने दिया अतः औद्योगिक विकास में ये सारे देश पिछड़े रह गए। पश्चिमी यूरोपीय देशों ने औपनिवेशिक शासन के दौरान स्थानीय लोगों के बीच फूट डालकर शासन करने की नीति खूब अपनाई अतः स्वतंत्रता मिलने के पश्चात ये देश लंबे समय तक अशांत बने रहे जिससे कि पश्चिमी देशों को नव–उपनिवेशवाद के जरिये इनका शोषण जारी रखने में सहायता मिली।

तीसरी समानता इन देशों की गरीबी और बड़ी जनसंख्या है। गरीबी भी औपनिवेशिक शोषण के कारण पैदा हुई परन्तु आजादी के कई वर्षों के बाद भी तीसरे विश्व के देश गरीब बने हुए हैं और उनकी बढ़ती जनसंख्या इस समस्या को और दुरूह बनाती है। विश्व की अस्सी प्रतिशत जनसंख्या तीसरे विश्व के देशों में रहती है जिनकी आय विश्व की आय के एक तिहाई से भी कम है।

'तीसरा विश्व' पदबंध की परिकल्पना अल्फ्रेड सेवी (Alfred Sauvy) नामक एक फ्रांसीसी विद्वान ने 1952 में की जब वह यह बताना चाह रहा था कि विश्व के कई देश ऐसे हैं जो पूंजीवादी नाटो दल या साम्यवादी सोवियत दल के साथ नहीं होना चाहते है, तो उसने ऐसे देशों को तीसरा विश्व बताया जो फ्रांसीसी इतिहास के "तीसरे इस्टेट" अर्थात फ्रांसीसी आम जनता के दल के लिए प्रयुक्त पद से उत्धृत था। फ्रांसीसी क्रांति के दौरान वहाँ के समाज के तीन वर्ग थे, पहला फर्स्ट इस्टेट धार्मिक वर्ग का था, दूसरा अर्थात सेकेण्ड इस्टेट कुलीन वर्ग का और तीसरा साधारण जनता के वर्ग के प्रतिनिधियों को थर्ड इस्टेट कहा जाता था। सेवी ने लिखा – "फ्रांस के थर्ड इस्टेट के समान तीसरे विश्व के देश भी लंबे समय से शोषित, उपेक्षित और अपमानित हुए हैं और अब वे कुछ अलग करना चाहते हैं"। अर्थात ये पिछड़े देश शीतयुद्ध के काल के दो समूहों में बंटे सैनिक और आर्थिक गठबंधनों से अलग एक गुट-निरपेक्ष राह पर चलना चाहते थे।

परन्तु अलग-अलग लोग तीन विश्वों की अलग व्याख्या भी देते हैं जैसे चीन के चेयरमैन माओ चीन को तीसरे विश्व की श्रेणी का मानते थे क्योंकि उसका भी औपनिवेशिक शोषण हुआ था जबकि पश्चिमी परिभाषा के अनुसार साम्यवादी होने के कारण चीन द्वितीय विश्व की श्रेणी में आता है। 1980 के दशक में पीटर बायर (Peter Bauer) नामक अर्थशास्त्री का कहना था कि तीसरे विश्व के देशों में इतना फर्क है कि उनमें कुछ आर्थिक रूप से बिलकुल आदिम स्थिति में हैं तो कुछ विकसित स्थिति में और गुट-निरपेक्ष दल में होने के बावजूद या तो सोवियत संघ की तरफ झुके हुए हैं और सहायता प्राप्त कर रहें हैं या अमेरिका से घनिष्ठता बनाए हुए आर्थिक मदद प्राप्त कर रहे हैं।

यह दोनों महाशक्तियाँ भी 1945 से 1991 के बीच तीसरे विश्व के देशों को अपनी-अपनी तरफ लुभाने का पूरा प्रयास करती थीं। उन्हें आर्थिक मदद और सैनिक सुरक्षा के वादों से उनकी धरती पर अपने सैनिक अड्डे स्थापित करने का प्रयास करती रहतीं। पूरे शीत युद्ध के दौरान तीसरे विश्व के देशों को विदेशी आर्थिक सहायता मिलती रही। उनकी विशेषताओं के आधार पर मदद की राशि बढ़ाई या घटाई जाती जैसे कम आर्थिक विकास, कम जीवन प्रत्याशा, गरीबी एवं बीमारियों की ऊँची दर इत्यादि को देखते हुए उन्हें ज्यादा मदद मिलती। न सिर्फ पश्चिम देशों की सरकारें बल्कि गैर सरकारी संगठन या अमीर लोग भी ऐसे देशों की मदद को आगे आते।

दशकों तक विदेशी मदद पाने के बावजूद तीसरे विश्व के देशों का विकास नहीं हुआ। 1980 में एक अंतर्राष्ट्रीय राजनेताओं के दल ने तीसरे विश्व की

समस्याओं का अध्ययन किया। इस दल के नेता थे जर्मनी के विलि ब्रांट, जिन्होंने अपने रिपोर्ट में कहा कि विश्व को दो भागों में बांटा जा सकता है –

उत्तर – औद्योगिकृत विकसित देश जैसे उत्तरी अमेरिका, यूरोप, सोवियत संघ, जापान, आस्ट्रेलिया और न्यूजीलैण्ड।

दक्षिण – तीसरे विश्व के सारे देश।

इस रिपोर्ट के अनुसार उत्तर और अमीर बनते जा रहे थे जबकि दक्षिण और गरीब। प्रति व्यक्ति कैलोरी और प्रति व्यक्ति आय से इस बढ़ते विभेद का पता चल रहा है। 1989–90 के आंकड़ों के अनुसार उत्तर की सकल राष्ट्रीय उत्पादन, दक्षिण का चौबीस गुणा थी।

तब यह प्रश्न उठता है कि तीसरे विश्व या दक्षिण में इतनी गरीबी क्यों है?

- दक्षिण के देश आर्थिक रूप से उत्तर के देश पर निर्भर हैं। नव उपनिवेशवाद के जरिए उत्तर के देश इनका अभी भी शोषण कर रहे हैं। वे इन देशों से कच्चा माल और खाद्यान्न खरीदते हैं और औद्योगिक सामान बेचते हैं जिनकी कीमत ज्यादा रहती है इसलिए दक्षिण के देशों का व्यापार संतुलन गड़बड़ हो जाता है।
- कई देश एक उत्पाद अर्थव्यवस्थाएँ हैं जो औपनिवेशिक काल से चले आ रहे हैं जैसे घाना (कोको), जाँबिया (तांबा) इत्यादि। 1970 में कोको, तांबा, कॉफी और कपास के अंतर्राष्ट्रीय दाम बहुत गिर गए अतः कैमरून (कोको), जाँबिया, चिली और पेरू (तांबा), मोजांबिक, मिस्र और सूडान (कपास) आइवरी कोस्ट, जायर और इथियोपिया (कॉफी) जैसे देशों को भारी नुकसान हुआ और वे उत्तर के देशों से ऋण लेने को मजबूर हो गए।
- दूसरी तरफ इसी काल में औद्योगिक वस्तुओं के दाम बढ़ते चले गए जिनका आयात गरीब देशों को करना ही पड़ता था। संयुक्त राष्ट्र संघ की व्यापार एवं विकास सम्मेलन (UNCTAD) ने वस्तु व्यापार के दामों का न्यायपूर्ण सुलझाव कर तीसरे विश्व की मदद करनी चाही जो सफल नहीं हुई।
- हालांकि उत्तर कई किस्म के आर्थिक मदद दक्षिण को देता है पर वे सब ज्यादातर व्यापारिक किस्म के होते हैं जिन पर इन देशों को ऋण–सूद भी चुकाना पड़ता है। कई आर्थिक मदद में शर्त लगी होती है जैसे किसी विशेष क्षेत्र में ही उसे खर्च किया जाए या फिर उसी देश से सामान खरीदा जाए जिसने ऋण दिया है। कई देश अमेरिकी बैंको या यूरोपीय बैंको से प्रत्यक्ष ऋण ले लेते है। 1994 के आंकड़ों के अनुसार तीसरे विश्व के देशों ने 18,00,000 मिलियन डालर का ऋण ले रखा था, जिसका सूद चुकाना भी उनके लिए संभव नहीं हो पा रहा था। दक्षिण अमेरिका के देशों का ऋण भार सबसे ज्यादा था। मैक्सिको ने 1982 में ही घोषणा कर दी कि वह सूद भी नहीं दे पाएगा। विदेशी ऋण से देश का विकास करने की इच्छा रखने वाली

तीसरे विश्व के सरकारें कई कारणों से असफल हो जाती हैं जैसे भष्ट्र नेता धन को चुरा लेते हैं, कई देशों में सैन्य शासन हथियार खरीदी में धन बर्बाद कर देते हैं, या तानाशाह ऐशो आराम की महंगी चीजों में धन लगा देते हैं। ऐसे देशों की घरेलू पूँजी देश के बाहर चली जाती है अतः अर्थव्यवस्था पटरी से उतर जाती है। जब वे सूद चुकाने में असमर्थ हो जाते हैं तो अंतर्राष्ट्रीय बैंक उन पर सुधार का दबाव डालते हैं जिसमें सामाजिक एवं नागरिक खर्चों की कटौती शामिल होती है जिससे जनता में असंतोष फैलता है और गृह–युद्ध, क्रांति, या तख्ता पलट जैसी घटनाएँ होने लगती हैं। अफ्रीका के देश ऋण–भार से कैसे दबे हैं, उसका पता इस उदाहरण से चलता है कि 1970 से 2003 के बीच अफ्रीकी देशों ने 540 बिलियन डालर का ऋण लिया और 580 बिलियन डालर (मूल + सूद) के रूप में चुका कर भी 300 बिलियन डालर के ऋण भार से दबे रह गए। अंतर्राष्ट्रीय बैंकिंग व्यवस्था के विरूद्ध शिकायत करने पर भी कुछ न हुआ। अतः तीसरे विश्व का ऋण भार उन्हें और भी गरीब बनाता है।

- तीसरे विश्व की गरीबी का एक बड़ा कारण उसकी बढ़ती जनसंख्या का भार है। बीसवीं सदी में विश्व की जनसंख्या ऊँचे दर पर बढ़ी परन्तु इसका दर सर्वाधिक तीसरे विश्व के देशों में देखा गया। 1980 के दशक में यह दर तीन या चार प्रतिशत तक भी देखी गई जबकि औद्योगिकृत पश्चिमी देशों में बढ़ोत्तरी दर नगण्य थी। इस वजह से तीसरे विश्व में आर्थिक उत्पादन बढ़ने पर भी बढ़ती जनसंख्या उसे सफाचट कर जाती है। बढती जनसंख्या दर के कई कारण हैं जिनमें सबसे बड़ा मृत्यु–दर का घट जाना है। विज्ञान की प्रगति से कई बीमारियां जड़ से खत्म कर दी गईं हैं, छूत की बीमारियों पर नियंत्रण कर लिया गया है जो संयुक्त राष्ट्र संघ के कारण तीसरे विश्व के देशों में भी संभव हो पाया है और स्वयं देशों के अपने प्रयत्न से सार्वजनिक स्वास्थ्य एवं शिक्षा के कारण मृत्यु दर अत्यंत कम हो गई है। इन सब से प्रजनन दर एवं जीवन प्रत्याशा में भी मार्के की प्रगति हुई है जिससे तीसरे विश्व के देशों में परिवारों को चार या पाँच बच्चे आम बात बन गए हैं क्योंकि जितने हाथ, उतना काम और आमदनी। तीसरे विश्व के देशों में पुरूष अधिक बच्चे अपने पुरूषत्व का प्रमाण समझते हैं और कई धर्मों में परिवार–नियोजन की सख्त मनाही है। चीन जैसे कम्युनिस्ट देश ही सख्ती करके जनसंख्या नियंत्रण कर पाए हैं, भारत जैसे प्रजातंत्र में इस सख्ती को अपनाने से सरकार परिवर्तन हो जाते हैं।

तीसरे विश्व की अत्यधिक जनसंख्या और भी गंभीर समस्या तब बनती है जब बड़ी सख्या में गाँव से शहर की ओर पलायन होता है। गरीबी का सबसे भयावह रूप उन शहरों में दिखता है जो ऐसे प्रवाह देखते हैं जैसे मैक्सिको सिटी, ब्यूनस–आयर्स, सोल, कलकत्ता, बैंकाक, काहिरा इत्यादि। इन अत्यंत घनी बसी गरीब बस्तियों में अपराध दर ऊँचा और नागरिक सुविधा नगण्य है। बढ़ी जनसंख्या

के लिए भोजन का प्रबंध करना सबसे कठिन काम है। कई अफ्रीकी और एशियाई देश भुखमरी का शिकार हैं जैसे इथोपिया, सोमालिया, सूडान, केन्या, माली, नाइजर, नेपाल, भारत के आदिवासी क्षेत्र इत्यादि। तीसरे विश्व के देश अगर इस समस्या का समाधान नहीं करेंगें तो उनकी विकास संबंधी समस्या का समाधान न होगा।

- लगभग सभी तीसरे विश्व के देशों में कृषि एक प्रमुख आर्थिक व्यवसाय है और जो पिछड़ी हुई है। हालांकि कृषि उत्पादन सालाना 3.1 प्रतिशत के दर से बढ़ी है परन्तु बढ़ी जनसंख्या ने इसे पूरा खा डाला। एशियाई देशों में कृषि उत्पादन की बढ़ोत्तरी ठीक–ठाक रही परन्तु अफ्रीकी देशों में कृषि उत्पादन 1970 के दशक के बाद घट गए।

  कृषि की बुरी दशा के कई कारण हैं–

- प्राकृतिक कारण – ज्यादातर तीसरे विश्व के देश विषुवतीय क्षेत्र में या उसके दक्षिण में हैं जहाँ अक्सर सूखा या मूसलाधार बारिश जैसे विषम मौसमी परिस्थितियाँ होती हैं। अफ्रीका एवं एशिया के रेगिस्तान बढ़ते जा रहे हैं और नए क्षेत्र इनके चपेट में आ रहे हैं। इन देशों में प्राकृतिक आपदाएँ भी नियमित आती हैं जैसे बाढ़, भूकंप, चक्रवाती तूफान इत्यादि जो कृषि का बहुत नुकसान करते हैं।
- भूमि का अति उपयोग से मृदा की ऊपरी परत ढ़ीली पड़ जाती है जो हवा या वर्षा जल से बह जाती है और भूमि बंजर होती जाती है। पेड़ों की अंधाधुंध कटाई, अति चराई और अत्यधिक कृषि, भूमि की उपजाऊपन को कम करती जाती है जिससे कि तीसरे विश्व के देशों में कृषि उत्पादन की दर कम हो रही है।
- कृषि करने का आदिम या पिछड़ा तरीका भी इन देशों की कम कृषि उत्पादकता का कारण है। कई ऐसे देशों के किसान अभी भी कृषि के साधारण उपकरणों और जानवरों की मदद से हल चलाते हैं। किसान इन देशों के सबसे गरीब वर्ग होते हैं जो कृषि के आधुनिक उपकरण नहीं खरीद पाते। एशिया में चावल की खेती के पुरातन तरीके फिर भी अच्छा उत्पादन दे देते हैं परन्तु अफ्रीका की सूखी और कड़ी धरती पर साधारण अपकरणों का प्रयोग कम लाभ वाली खेती का कारण है।
- कृषि भूमि के स्वामित्व का मसला भी तीसरे विश्व के देशों में गैर बराबरी वाला है। दक्षिण अमेरिकी देशों में बड़ी–बड़ी भूमि बिना जोत के पड़ी रह जाती है क्योंकि उनके अमीर मालिक अन्य व्यवसायों में लगे होते हैं। ज्यादातर किसानों के पास भूमि नहीं होती। एशिया के किसानों के पास भूमि के छोटे टुकड़े होते हैं, जिनकी उपज उनका पेट पूरे साल नहीं भर सकता। ज्यादातर किसान भूमि को किराए पर ले खेती करते हैं, जो भी पूरा नहीं पड़ता। दक्षिण अमेरिका में एक अध्ययन 1984 में हुआ जिसके अनुसार कृषि भूमि का 80

प्रतिशत सिर्फ 8 प्रतिशत भूमालिकों के पास है जबकि 66 प्रतिशत छोटे किसान चार प्रतिशत भूमि में गुजारा करते हैं।

- तीसरे विश्व के किसान आधुनिक कृषि तकनीक, बेहतर उपकरण, उर्वरक, सिंचाई सुविधा और गोदामों से महरूम हैं जो उनकी कम कृषि उत्पादकता का कारण है।
- कई देश एक नकदी फसल उत्पादक हैं। मूंगफली, कोको, कॉफी, तंबाकू जैसी फसले उगाने वाले देश खाद्यान्न पर अधिक ध्यान नहीं देते। परन्तु एक फसल पर निर्भर हो वे अंतर्राष्ट्रीय मूल्य के उतार–चढ़ाव से प्रभावित हो जाते हैं। जबकि अन्य जरूरी वस्तुओं के मूल्य बढ़ते ही जाते हैं। कई अन्य देशों में सरकारें जबरन ही खाद्यान्न के दाम कम रखती हैं ताकि शहरी जनसंख्या पर भार न पड़े, पर इससे किसान बुरे प्रभावित होते हैं।

  कृषि संबंधी सुधार ही इन देशों की आर्थिक व्यवस्था को सुधार सकता है।
- औपनिवेशिक शोषण तीसरे विश्व के देशों के पिछड़ेपन और गरीबी का मुख्य कारण है। औद्योगिक क्रांति के बाद तो पश्चिमी औपनिवेशिक देशों की नीति बन गई कि उपनिवेशों में औद्योगिक प्रगति न होने दिया जाए ताकि वे हमेशा के लिए कच्चे मालों का स्त्रोत और बाजार बने रह कर, साम्राज्यवादी देशों के हितों को पूरा करते रहें। आजादी के बाद औपनिवेशिक देशों ने चाहा कि तेज औद्योगीकरण से वे अपने गरीब देशों को विकास की राह पर तेजी से ले जाएँ परन्तु उसमें निम्नलिखित बाधाएँ आईं।

– पूँजी का अभाव – औद्योगिकरण के लिए भारी पूँजी की जरूरत पड़ती है – या तो ये देश कच्चे माल या नगद फसलों का खूब निर्यात कर धन कमा लें या विश्व बैंक, विदेशी सरकारों से ऋण, भारी कर लगा कर, पूँजी एकत्र करने का प्रयास करें। ऋण ले कर सभी गरीब देशों ने अपनी अर्थव्यवस्थाओं में धन निवेश किया जो अत्यधिक सफल नहीं रहे और ऋण–सूद चुकाना भी कठिन हो गया। कई अफ्रीकी देश नकद फसल उगाने में लग कर खाद्यान्न का आयात करने पर मजबूर हो गए जिससे उनके देश का धन और बाहर जाने लगा।

– ऋण लिया धन कई बार दूसरी चीजों के लिए खर्च कर दिया जाता जैसे जहाँ सैन्य शासन या युद्ध चल रहा हो वहाँ हथियार खरीदने में, भष्ट्र तानाशाह इस धन को स्वयं के लिए चुरा लेते, ऐशो आराम की चीजें खरीद लेते या फिर सफल न होने वाले उद्यम में लगा देते जिससे कर्ज का भुगतान मुश्किल में पड़ जाता और पूँजी की कमी होती जाती।

– तकनीक – तीसरे विश्व के देशों में विज्ञान व शिक्षा का स्तर नीचा होने के कारण तकनीक का ज्ञान न के बराबर है। विकसित देश अपनी उच्च तकनीक के बल पर गरीब देशों के प्राकृतिक संसाधनों का दोहन अपनी शर्तों पर करना चाहते हैं, अतः गरीब देश तकनीक के क्षेत्र में आत्मनिर्भर नहीं हो पाते।

– शिक्षा – औपनिवेशिक गुलामी के दिनों से शिक्षा उपेक्षित रही थी अतः तीसरे विश्व के देशों को काफी संसाधन इन क्षेत्र में लगाना है ताकि एक शिक्षित, व्यवसाय कौशल में निपुण मानव संसाधन तैयार हो जाए जिसके बल पर औद्योगिक विकास की राह पकड़ी जाए।

– व्यापार की प्रतिकूल परिस्थितियाँ – पश्चिमी विकसित देश मुक्त व्यापार के हिमायती हैं। पर इससे तीसरे विश्व के देशों का अहित होता है। तीसरे विश्व के देश चाहते हैं व्यापार की शर्तें पश्चिमी देशों के हितों को ही न साधें बल्कि उनकी मजबूरियों को भी समझें जैसे वे अपने देशों में आने वाली वस्तुओं पर आयात कर लगा कर अपने उद्योगों को कड़ी प्रतिस्पर्धा से बचा सकें साथ ही वे चाहते हैं कि उनके निर्यात के मूल्य स्थिर रहें और अंतर्राष्ट्रीय मूल्यदर उनके पक्ष में न्यायपूर्ण हो पर वास्तव में ऐसा नहीं होता।

– राजनीतिक स्थिरता – पूँजी संचय एवं उद्यम विकास के लिए सुरक्षा तथा स्थायित्व के माहौल की आवश्यकता है। युद्ध या हिंसक माहौल सीमित संसाधनों का अपव्यय कर डालते हैं और देश को पिछड़ेपन के गड्ढ़े में ढकेल देते हैं। 1945 के बाद के जितने युद्ध, गृह–युद्ध एवं संघर्ष हुए वे सब तीसरे विश्व के देशों में हुए जैसे चीन, कोरिया, वियतनाम, ईरान, इराक, अफगानिस्तान, इथोपिया, अंगोला, चाड, नाइजीरिया, लेबनान, भारत, पाकिस्तान, अल–सल्वाडोर, निकारागुआ इत्यादि। जो विकासशील देश युद्ध में नहीं लगे थे उन्होंने भी हथियार खरीदने में तत्परता दिखाई जबकि उनके संसाधन भी अत्यंत सीमित थे। इससे हथियार बेचने वाले पश्चिमी विकसित देश और अमीर हुए और खरीदने वाले गरीब देश और गरीब।

– पूँजी निवेश – तीसरे विश्व की अर्थव्यवस्थाओं के रखवाले कई बार प्रबुद्ध मानसिकता नहीं रखते। ऐसा देखा गया है कि जो पूँजी पास थी उसे मंहगे आयातों में लगा दिया गया जो सत्ता पर कब्जा कर के बैठे लोगों के ऐशो–आराम की इच्छा पूर्ती के लिए खप गई। मंहगीं वस्तुएँ, हथियार, दर्शनीय हवाई अड्डे, होटल और ऐसे ही कई अन्य चीजों पर पूँजी लगा दी गई जबकि वह पूँजी कृषि या उद्योगों को बढ़ावा देने वाले आधारभूत संरचना स्थापित करने में नहीं लगाई गई। अतः तीसरे विश्व के देशों में यह आम देखा जाता है कि एक तरफ अतुलनीय धन है तो दूसरी तरफ घनघोर गरीबी, शहर के एक भाग में आलीशान इमारतें तो दूसरे भाग में गंदगी से भरी झोपड़पट्टी।

• गरीबी, भूख और साफ पानी की कमी – तीसरे विश्व के देशों की यह बड़ी भारी समस्या है। संयुक्त राष्ट्र संघ के अनुसार 1.4 बिलियन अर्थात एक अरब चालीस करोड़ लोग $ 1.9 अर्थात Rs.127.60 प्रतिदिन पर गुजारा करते हैं और वे तीसरे विश्व के देशों में रहते हैं। ये दिन में एक बार या दो बाद मुश्किल से भोजन पाते हैं जिसकी वजह से चिरकालिक भूख के शिकार होते हैं। इनका 70 प्रतिशत दूरदराज इलाके में रहता है जो शहर या पक्की सड़कों से मीलों दूर है। सुरक्षित यातायात का अभाव झेलते यह लोग गरीबी के चंगुल

में पिसते हैं। काम प्राप्त करने वास्ते गरीब दूसरी जगहों पर प्रवास करते हैं। तीसरे विश्व के देशों में प्रवासी मजदूरों की संख्या बहुत बड़ी होती है और जो किसी तरह के मजदूर संघ की सुविधाओं से वंचित होते हैं। जलवायु परिवर्तन के प्रभाव से गाँव के गाँव प्रभावित हो रहे हैं, सूखा, बाढ़, चक्रवात से फसल की बर्बादी और उस वजह से अकाल, साफ पानी का अभाव जैसे बुनियादी जरूरतों से भी वंचित होने वाले गरीबों की सख्या बहुत है। सामाजिक परित्यक्त लोग भी गरीबी की मार झेलते हैं जैसे अपंग, एड्स पीडित, अकेली औरतें, जनजाति के लोग इत्यादि। भयंकर भेदभाव झेलने वाले वर्ग गरीबी से बाहर ही नहीं आ पाते। बेतुके रखरखाव और सरकारी उदासीनता के कारण तीसरे विश्व में पानी की बेहद कमी होती जा रही है और साफ पानी तो अमीरों के लिए ही सिर्फ उपलब्ध है।

- अपर्याप्त बिजली – तीसरे विश्व के देशों में बिजली उत्पादन और वितरण जरूरत से बहुत कम है। इन देशों की जनसंख्या का बड़ा भाग बिना बिजली के रहता है जिससे शिक्षा, स्वास्थ्य, उद्यम सभी पर असर पड़ता है। इन्हीं देशों में वे देश जो बिजली उत्पादन और प्रयोग में अग्रणी हैं उनका विकास ठीक गति से हो रहा है।
- स्वास्थ्य सुविधाएँ – तीसरे विश्व के देशों में स्वास्थ्य सुविधाएँ कमजोर हैं, ग्रामीण और दूरदराज के इलाकों में अस्पताल नहीं हैं। कुछ स्वास्थ्य संबंधी साधारण सुविधाएँ सैकड़ों जान बचा सकती हैं जैसे डायरिया, लू लगने, फ्लू इत्यादि, परन्तु उनका प्रबंध इन देशों की आम जनता के लिए नहीं हो पाता। अफ्रीका के कई देशों में जानलेवा बीमारियाँ जैसे एड्स, इबोला इत्यादि सैकड़ों जानें ले लेते है और सरकार के संसाधन पूरे नहीं पड़ते।
- पर्यावरण अपक्षय – तीसरे विश्व के देशों में पर्यावरण अपक्षय का सबसे गहरा प्रभाव पड़ रहा है। जंगलों में आग, तेज औद्योगीकरण से वायु एवं ध्वनि प्रदूषण, नदियों के पानी जहर बनते जा रहे हैं, बढ़ते रसायनों का प्रयोग धरती को बंजर बना रहा है और इन देशों को गरीब बने रहने का कारण बन रहा है।
- बुरा शासन – तीसरे विश्व के देशों का सबसे बड़ा दुर्भाग्य, उनके ऊपर स्थापित शासन को ले कर है। दक्षिण अमेरिका एवं अफ्रीका के देश आजादी प्राप्त करने के बाद अपने देश के कुलीनों के हाथ सत्ता खो बैठे। आम संघर्ष के बाद या तो सैनिक शासन स्थापित हो जाते या फिर तानाशाही। जनता की आकांक्षाओं को कुचलने वाले शासक प्रजा हित के काम नहीं करते। फिर साम्यवादी शासकों ने संसाधनों के राष्ट्रीयकरण से कुछ सुधार करना चाहा पर वे नहीं चले। वर्तमान के शासक विदेशी ऋण से देश का भला करने चलते हैं पर उससे एक के बाद एक देश दीवालिये होते जा रहें हैं।

यह सारी समस्याएँ एशिया के देशों में भी है पर जहाँ प्रजातंत्र की स्थापना हुई वे देश आर्थिक प्रगति की राह पर चल पड़े जैसे ताइवान, दक्षिण कोरिया,

हांगकांग एवं सिंगापुर विकसित देशों से होड़ ले रहे हैं जिन्हें एशिया के 'चार बाघ' कहा जाने लगा है। साम्यवादी एवं मिश्रित प्रकार की सरकारों वाले देश में लाल फीताशाही बहुत है और इसीलिए समस्त तीसरे विश्व में भ्रष्टाचार लबालब है। सरकारी अधिकारी भ्रष्टाचार में लिप्त रहते हैं, देश का धन पनामा, सिंगापुर अथवा स्विज़रलैण्ड के खुफिया बैंकों में पहुँया देते हैं अतः आम जनता कष्ट का जीवन जीने पर मजबूर रहती है अगर इन देशों का काला धन देश में वापस आ जाए, और इनकी सरकारें ईमानदारी से काम करें तो कुछ ही समय में इनकी समस्याएँ दूर हो जाएं।

- तीसरे विश्व के देशों की कुछ खतरनाक समस्याएँ मानव तस्करी, नशीले पदार्थों की तस्करी, बाल–मजदूरी, वेश्यावृत्ति और यौन–गुलामी है। लगभग सभी देशों में बालिकाओं और औरतों के साथ दुर्व्यवहार आम बात है। मानव अधिकारों के हनन पर तीव्र कार्यवाही नहीं होती। गैर–सरकारी कल्याणकारी संस्थाएँ कई ऐसे देशों में बहुत अच्छा काम करती हैं पर समस्याओं के बाढ़ में उनका काम बहुत छोटा पड़ जाता है। शिक्षा, पोषण, जिम्मेदार शासन और तीव्र आर्थिक विकास तीसरे विश्व की सर्वप्रमुख जरूरतें हैं।

शीत युद्ध के दौरान पूर्व एवं पश्चिम के बीच के तनाव की बड़ी चर्चा होती थी परन्तु शीत युद्ध के अंत के बाद उत्तर एवं दक्षिण के बीच के संबंध की चर्चा जरूरी बन गई है। एक ध्रुवीय विश्व के परिपेक्ष्य में तीसरे विश्व के देश अपनी संप्रभुता बचाते हुए, आर्थिक विकास के लिए उत्तर की तरफ आशा भरी निगाहों से उन्मुख है, परन्तु पश्चिमी देश उन्हें दान नहीं ऋण देना चाहते हैं जो सही भी है क्योंकि सहायता व्यक्ति को पंगु बनाती है, कौशल उसे स्वावलंबी। तीसरे विश्व के देशों में इतना फर्क है कि जहाँ अफ्रीका के कुछ देश जैसे इथोपिया व सोमालिया, एशिया के देश ; बांग्लादेश व नेपाल इत्यादि विकास से कोसों दूर हैं तो अन्य देश जैसे अर्जेटीना, ब्राजील, ईरान, भारत, एशिया के चार बाघ देश अपेक्षाकृत विकसित, इसीलिए इन सबके लिए "विकासशील" पदबंध का उपयोग होता है क्योंकि उपरोक्त समस्याएँ कम या ज्यादा परिमाण में इन सभी में पाईं जाती हैं।

तीसरे विश्व के देशों की उपरोक्त समस्याएँ इनके विकास के अवरोधक के रूप में भी कार्य करती हैं।

15 जून 1964 को 77 विकासशील देशों (तीसरे विश्व के देश) ने एक संगठन बनाया जिसे G-77 कहा गया ताकि ये अंतर्राष्ट्रीय मंच जैसे संयुक्त राष्ट्र संघ में अपनी विशिष्ट समस्याओं को एकजुट होकर सामने रख सकें। एकजुट होकर आर्थिक समस्याओं का न्यायपूर्ण निपटारा इनका उद्‌देश्य है। अब सदस्य देशों की संख्या बढ़कर 134 हो गई है। इसके सदस्य संयुक्त राष्ट्र संघ के भी सदस्य हैं। इसके अलावा तीसरे विश्व के देशों के कई क्षेत्रीय संगठन हैं जैसे अरब लीग (1945), आसियान (1967), सार्क अर्थात साउथ एशियन एसोसिएशन ऑफ रीजनल कोआपरेशन (1985) परन्तु इन सब की उपलब्धियाँ सीमित हैं। कुछ देशों के संबंध

इतने तनावपूर्ण हैं कि वे एक दूसरे को नीचा दिखाने में ही लगे रहते हैं जैसे भारत एवं पाकिस्तान, जबकि जरूरत सहयोग और समझदारी की है।

गुट—निरपेक्ष आंदोलन

गुट–निरपेक्ष आंदोलन, देशों का एक ऐसा समूह है जो किसी बड़े शक्ति गुट के साथ नहीं है और न ही किसी गुट का विरोधी है। 2011 तक इसके सदस्यों की संख्या 120 थी। इसके अधिकतर सदस्य दक्षिण अमेरिका, अफ्रीका एवं एशिया के देशों से हैं।

गुटनिरपेक्ष आंदोलन के सदस्य देशों के लिए ही ''तीसरे विश्व'' पदबंध का प्रयोग किया जाता है क्योंकि इस आंदोलन का उद्भव उस काल में हुआ जब विश्व मानो दो गुटों में बँट गया था जिसमें पूँजीवादी देशों का गुट और साम्यवादी देशों का गुट था और जिनके बीच की तनातनी शीत युद्ध कहलाती थी। उस पृष्टभूमि में 'तीसरे विश्व' के देश स्वतंत्र हो रहे थे, उन्हें उपनिवेशी शासन का साझा अनुभव था, राजनैतिक हस्तक्षेप, सैनिकवाद, आर्थिक शोषण, गरीबी एवं पश्चिमी सांस्कृतिक अधिपत्य जैसी समस्याओं से जूझते इन देशों को 'अल्पविकसित' 'पिछड़े', विकासशील एवं 'तीसरे विश्व' जैसे पदबंधों से परिभाषित किया गया उस हालत में इन्होंने किसी गुट के साथ न होने का संकल्प कर, अपने संसाधन अपने देशों के विकास में लगाने की कोशिश की। एक समूह के रूप में ये विश्व के गरीब देश थे।

भारतीय स्वतंत्रता आंदोलन के नेताओं ने मार्च 1947 (देश को आज़ादी मिलने से पहले ही, दिल्ली में एशियाई संबंध सम्मेलन (Asian relations conference)का आयोजन किया। इस सम्मेलन के कुछ महीनों के बाद स्वतंत्र भारत के प्रथम प्रध ाानमंत्री जवाहर लाल नेहरू ने घोषणा की कि :

''हम एशिया के लोग .... अपने पैरों पर खड़े होना और उन सबका सहयोग करना चाहते हैं जो हमें सहयोग देने को तैयार हैं। हम दूसरों के हाथों की कठपुतली नहीं बनेंगे। अब दूसरे देश एशिया के देशों को शतरंज के मोहरों की तरह इस्तमाल नहीं कर सकतें''।

1949 में पश्चिमी देशों ने नाटो नामक सैनिक गठबंधन स्थापित कर लिया था। 1950 के दशक में एशिया में भी सैनिक गठबंधन स्थापित कर लिए गए थे। शीत युद्ध के कारण तनाव और तकरार बढ़ रहे थे। इस संदर्भ में भारत ने चीन के साथ 'पंचशील' अर्थात शांतिपूर्ण सहअस्तित्व के पाँच सिद्धांतों का प्रतिपादन किया जो गुटनिरपेक्ष आंदोलन के अभिन्न अंग बन गए। वे थे :–

- एक–दूसरे की क्षेत्रीय अखंडता एवं संप्रभुता के लिए परस्पर सम्मान
- परस्पर अनाक्रमण
- एक–दूसरे के आंतरिक मामलों में अहस्तक्षेप
- समानता एवं परस्पर लाभ
- शांतिपूर्ण सह–अस्तित्व

गुट-निरपेक्ष आंदोलन के देश

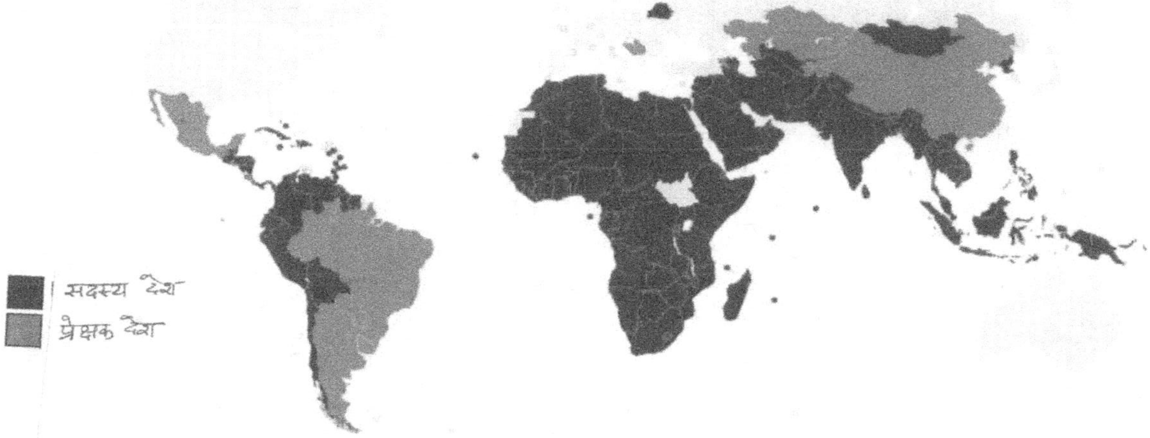

सदस्य देश
प्रेक्षक देश

1955 में इंडोनेशिया के राष्ट्रपति अहमद सुकार्णो ने बांदुंग में 18 से 24 अप्रैल तक एशियाई एवं अफ्रीकी देशों का एक सम्मेलन आयोजित किया। इस सम्मेलन में 29 देश शामिल हुए और विश्व के कुछ प्रमुख नेता जैसे सुकर्णो, यू.नू. (बर्मा), नासिर (मिस्र), नेहरू (भारत), टीटो (युगोस्लाविया), एनक्रूमा (घाना), हो ची मिन्ह (वियतनाम), चाउ–एन लाई (चीन), नोरोदम सिंहानुक (कंबोडिया), यू थांट (बर्मा) और इंदिरा गांधी (भारत) भी पहुँचे। इस सम्मेलन में एक घोषणा जारी की गई – जिसे ''विश्व शांति एवं सहयोग के प्रचार'' के उद्देश्य से जारी किया गया, इसमे नेहरू के पंचशील को भी शामिल किया गया और शीत युद्ध के काल में निष्पक्ष रहने की प्रतिज्ञा की गई। बांदुंग सम्मेलन, गुट–निरपेक्ष आंदोलन का एक महत्वपूर्ण पड़ाव बना।

1960 में संयुक्त राष्ट्र संघ की महासभा का एक विशेष सम्मेलन हुआ क्योंकि इस वर्ष अफ्रीका के सत्रह देश स्वतंत्र हुए जिन्हें राष्ट्र संघ का सदस्य स्वीकार किया गया। अतः उस दौर में जब उपनिवेश मुक्त हो रहे थे तो संयुक्त राष्ट्र संघ ने इस प्रक्रिया को अधिक तेज करने में बड़ी भूमिका निभाई। 14 दिसम्बर 1960 को संयुक्त राष्ट्र संघ ने ''औपनिवेशिक देशों और जातियों को स्वतंत्रता प्रदान करने की ऐतिहासिक घोषणा'' को स्वीकृति प्रदान की। इस ऐतिहासिक अधिवेशन में पाँच प्रमुख गुटनिरपेक्ष देशों के नेताओं – भारत के जवाहरलाल नेहरू, इंडोनेशिया के सुकर्णो, मिस्र के नासिर, युगोस्लाविया के टीटो और घाना के एनक्रूमा ने भाग लिया। उन्होंने अगले वर्ष सभी गुटनिरपेक्ष देशों का सम्मेलन बुलाने का ऐतिहासिक फैसला लिया।

इसके बाद गुटनिरपेक्ष आंदोलन का प्रारंभ बेलग्रेड सम्मेलन से हुआ। इसे ''गुटनिरपेक्ष देशों के राष्ट्राध्यक्षों या सरकारों का सम्मेलन'' कहा गया। यह 1 से 6 सितम्बर 1961 को युगोस्लाविया की राजधानी बेलग्रेड में आयोजित किया गया जहाँ के राष्ट्रपति टीटो ने इसकी मेज़बानी की, इसमें 25 देशों ने पूर्ण सदस्य के रूप में भाग लिया। यह सदस्य देश थे – अफगानिस्तान, अल्जीरिया, बर्मा, कंबोडिया, श्रीलंका, कांगो (ज़ायर), क्यूबा, साइप्रस, इथोपिया, घाना, गिनी, भारत, इंडोनेशिया, इराक, लेबनान, माली, मोरक्को, नेपाल, साउदी अरब, सोमालिया, सूडान, ट्यूनीशिया, यमन, युगोस्लाविया और संयुक्त अरब गणराज्य (जिसमें तब मिस्र और सीरिया भी शामिल थे)।

इस सम्मेलन ने एक घोषणा जारी की जिसमें कहा गया कि ''शांतिपूर्ण सहअस्तित्व का सिद्धांत ही शीतयुद्ध तथा संभावित सर्वनाश का एकमात्र विकल्प है''। स्थाई शांति ''केवल ऐसी ही दुनिया में कायम हो सकेगी, जिसमें उपनिवेशवाद, साम्राज्यवाद एवं नव–उपनिवेशवाद अपने सभी स्वरूपों के साथ जड़ से समाप्त हो जाए''। सदस्य देशों ने अपने उद्देश्य को ध्यान में रखते हुए पहला काम यह किया कि सोवियत प्रधानमंत्री निकिता ख्रुश्चेव और अमेरिकी राष्ट्रपति जॉन एफ केनेडी को पत्र लिखकर अनुरोध किया कि वे युद्ध के खतरे को कम करने और शांति सुनिश्चित करने के लिए वार्ता करें।

गुट–निरेपक्ष संगठन सौ से भी अधिक देशों के एक ऐसे संगठन के रूप में विकसित हुआ जो किसी प्रमुख शक्ति गुट के साथ औपचारिक रूप से जुड़े हुए नहीं थे और न ही किसी गुट के विरोध में थे। इसकी बैठकें सामान्यतः प्रत्येक तीन वर्ष बाद विभिन्न शहरों में आयोजित की जाती थीं। इसके अध्यक्ष भी नियमित अंतराल पर बदल दिये जाते थे। काहिरा में, 1964 को दूसरी बैठक का आयोजन किया गया जिसमें इसके प्रतिभागियों की संख्या दुगनी हो गई थी। इसमें व्यापक विमर्श की परंपरा चलाई। 1970 के लुसाका (जाँबिया) में सदस्य देशों ने संगठन के ध्येय पर निर्णय लिया जिसके अनुसार झगड़ों का निबटारा शांतिपूर्ण ढंग से करने, शक्तिशाली बड़े सैनिक संधियों और समझौतों से दूर रहने के अलावा देशों में सैनिक अड्डों की स्थापना का विरोध जैसी बातों का समावेश था। 1976 के सम्मेलन में इस संगठन को आंदोलन के रूप में प्रतिष्ठित किया गया।

संगठन का स्वरूप एवं सदस्यता –

गुटनिरपेक्ष आंदोलन की स्थापना इसलिए ही की गई थी कि सदस्य देश किसी भौगोलिक एवं राजनीतिक या सैनिक ढ़ांचे से विलग रहे अतः इसका कोई औपचारिक ढ़ांचा स्थापित नहीं किया गया। इसका राष्ट्राध्यक्षों या सरकारों का शिखर सम्मेलन ही इसका ''निर्णय लेने वाली सर्वोच्च प्रधिकारिणी'' है और सभापतित्व हर शिखर सम्मेलन में बदल कर सदस्य देशों के बीच ही घूमता है जो इसके आयोजक देश होते हैं।

इसकी सदस्यता सभी देशों के लिए खुली है बशते वे बादुंग सम्मेलन की घोषणा में पूरी आस्था रखते हों।

उद्देश्य एवं उपलब्धियाँ –

1979 में फिदेल कास्त्रो ने कहा कि गुटनिरपेक्ष आंदोलन का उद्देश्य साम्राज्यवाद, उपनिवेशवाद, नव उपनिवेशवाद, नस्लवाद, विदेशी आक्रमण, प्रभुता एवं हस्तक्षेप तथा महाशक्तियों की राजनीति और गुटबंदी से रक्षा करना है।

गुटनिरपेक्ष देश शीत युद्ध के काल में शांति बनाये रखने के अपने प्रयासों को अपनी बड़ी उपलब्धि मानते हैं। मार्च 1983 के सातवें शिखर सम्मेलन, जो नई दिल्ली में हुआ था में सदस्य देशों ने स्वयं को ''इतिहास का सबसे बड़ा शांति आंदोलन कह कर परिभाषित किया।

गुट–निरपेक्ष आंदोलन के सदस्य देशों ने निरस्त्रीकरण की दिशा में महत्वपूर्ण काम किया। अपने शिखर सम्मेलनों में शस्त्रीकरण के भयावह दुष्परिणामों को दुनिया के सामने रखा। तीसरे विश्व के देशों ने अपने सीमित संसाधनों को अपनी विशाल जनसंख्या की जरूरत पूरी करने में लगाने का निर्णय लिया और अपने देशों में रक्षात्मक शस्त्रीकरण पर धन खर्च करने की कोशिश की।

1970 एवं 1980 के दशकों में गुटनिरपेक्ष आंदोलन ने विकसित और विकासशील देशों के बीच वाणिज्यिक संबंधों को सुधारने के लिए अभियान चलाया जिसे उन्होंने ''नई अंतर्राष्ट्रीय आर्थिक व्यवस्था'' का नाम दिया। साथ ही एक ''नई विश्व सूचना और संचार व्यवस्था'' की परिकल्पना की ताकि तीसरे विश्व को सूचना साम्राज्यवाद से बचाया जा सके। इससे तीसरे विश्व के गुटनिरपेक्ष देशों में सूचना एवं संचार के आदान–प्रदान को लेकर एक सहयोग की भावना विकसित हुई और 1975 में गुटनिरपेक्ष समाचार एजेंसी समूह (Nonaligned News Agencies Pool) की स्थापना हुई जो 2005 में गुटनिरपेक्ष समाचार नेटवर्क (NAM News Network) के नाम से जाना जाने लगा।

गुटनिरपेक्ष आंदोलन की उपलब्धियों में इसका सदस्य देशों के मध्य सहयोग की नीतियों का निर्माण एवं कार्यकलाप हैं जिनसे सभी सदस्य देशों को फायदा पहुँचता है। कई बहुपक्षीय समझौते आसानी से कर लिए जाते हैं क्योंकि इनकी समस्याएँ लगभग एक जैसी हैं।

ज्यादातर गुटनिरपेक्ष देश संयुक्त राष्ट्र संघ के भी सदस्य हैं। दोनों संगठन विश्व शांति और सहयोग के लिए काम करते हैं परन्तु बड़े विकसित पश्चिमी देश जिनका संयुक्त राष्ट्र संघ पर दबदबा है, गुटनिरपेक्ष आंदोलन की उपेक्षा करते हैं। दक्षिण अफ्रीका की रंगभेद की नीति पर जब गुटनिरपेक्ष देशों ने विरोध का कड़ा रूख अपनाया तो पश्चिमी श्वेत देशों ने संयुक्त राष्ट्र संघ द्वारा दक्षिण अफ्रीका पर लगाए प्रतिबंधों की अवहेलना की।

गुटनिरपेक्ष आंदोलन ने विचारधारा के संघर्षों में महती भूमिका निभाई है जैसे दक्षिण अफ्रीका के रंभभेदी सरकार का पुरजोर विरोध, रोडेशिया एवं दक्षिण अफ्रीका के स्वतंत्रता गुरिल्ले लड़ाकों को समर्थन इत्यादि। गुटनिरपेक्ष देशों के फिलिस्तीन के समर्थन को इजरायल एवं अमेरिका ने उपेक्षित किया, फलस्वरूप वह स्थान मध्यपूर्व में अशांति का गढ़ बन कर रह गया है।

यह आंदोलन अनेक उतार–चढ़ावों से गुजरा। शांति और सहयोग इसके सर्वोच्च उद्देश्य तो थे परन्तु विवादों का शांतिपूर्ण समाधान नामक प्रतिज्ञा मानो लुप्त ही हो गई। इसके अनेक सदस्यों के मध्य युद्ध हुए, जैसे भारत एवं पाकिस्तान, ईरान और इराक, सोमालिया, युगोस्लाविया एवं अफ्रीकी देशों के खूनी गृह–युद्ध, कई देशों में तानाशाही की स्थापना जिसके दौरान सदस्य देश एक या दूसरी महाशक्ति के पास सहायता मांगने गए। परस्पर युद्धों और स्वयं के द्वारा तय आदर्शों पर न चलने से विश्व में गुटनिरपेक्ष आंदोलन ने प्रतिष्ठा खोई।

गुटनिरपेक्ष देश आर्थिक प्रगति में भी भागीदार नहीं हो पाए जिसके अनेक कारण थे जैसे वे सभी लगभग एक जैसी वस्तु का उत्पादन करते थे जैसे कच्चा माल और उन्हें उत्पादित मशीनी वस्तुओं के लिए पश्चिमी देशों से व्यापार करने पर मजबूर होना पड़ता था। तीसरे विश्व के देश एक दूसरे के पूरक नहीं बन पाए। पश्चिमी देशों ने तकनीक एवं पूँजी के बल पर गुटनिरपेक्ष देशों का नव

उपनिवेशवाद के जरिए शोषण जारी रखा। पश्चिमी देश, विश्व व्यापार संगठन (WTO) और वर्ल्ड बैंक जैसी अंतर्राष्ट्रीय वित्तीय संस्थाओं पर नियंत्रण रखते हैं जो गुटनिरपेक्ष देशों को कड़ी शर्तों और ऊँचे दरों पर ऋण देते हैं। गुटनिरपेक्ष देशों की राष्ट्रीय आय का बड़ा हिस्सा इन अतंर्राष्ट्रीय संगठनों से लिए गए ऋण के भुगतान में चला जाता है और ये देश गरीब के गरीब रह जाते हैं। बौद्धिक सम्पदा अधिकारों पर भी अमेरिका का नियंत्रण है और वह सभी देशों को दबाता है। गुटनिरपेक्ष देशों में से कई को असफल (फेल) राज्यों की श्रेणी में रखा जाता है।

1991 में सोवितय संघ का विघटन हो गया और इसी के साथ शीत युद्ध का भी अंत हो गया। ऐसे परिदृश्य में ऐसा लगने लगा कि गुटनिरपेक्ष आंदोलन की प्रासंगिकता ही समाप्त हो गई है क्योंकि दो गुट नहीं रहे और विश्व के कम समृद्ध देश होने की वजह से इनके समूह की प्रतिष्ठा भी कम नजर आती है। विश्व के अमीर देशों के लिए गुट निरपेक्ष आंदोलन की कोई जरूरत नहीं रह गई है परन्तु वर्तमान के एक ध्रुवीय विश्व की धमक में गुटनिरपेक्ष आंदोलन नए कलेवर में काम कर सकता है। यह दक्षिण की आवाज बनकर विकसित देशों से संवाद कर सकता है, उनके साथ न्यायपूर्ण समझौते करवाने में तीसरे विश्व के देशों की मदद कर सकता है। वर्तमान विश्व में भी देशों के बीच समानता की स्थापना नहीं हो पाई है ; यह कार्य गुटनिरपेक्ष आंदोलन का हो सकता है। अभी तक गुटनिरपेक्ष आंदोलन ने अपने शिखर सम्मेलनों में विश्व की घटनाओं पर असहमति/आलोचना या समर्थन की मात्र बातें की है, अब जरूरत है कि सदस्य देश एक जुट होकर कठोर प्रस्ताव पारा करें और उरा पर अगल करवाएँ।

वर्तमान के एक ध्रुवीय विश्व में सिर्फ गुटनिरपेक्ष आंदोलन ही वह अंतर्राष्ट्रीय मंच है जहाँ गरीब देशों की आवाज उठाई जा सकती है, नव उपनिवेशवाद का विरोध किया जा सकता है, पश्चिमी संस्कृति का तीसरे विश्व पर हावी होने से उत्पन्न दुष्प्रभावों से जागरूकता पैदा की जा सकती है, अनावश्यक पश्चिमी राजनीतिक हस्तक्षेप का विरोध किया जा सकता है। निःशस्त्रीकरण एवं परमाणु हथियारों के निर्माण का विरोध किया जा सकता है। विश्व के गरीब देश अभी भी शोषित एवं हाशिए पर हैं, उनके सामाजिक–आर्थिक उन्नति के लिए गुटनिरपेक्ष आंदोलन को आगे आना ही चाहिए। वर्तमान विश्व में पश्चिमी देश मुक्त व्यापार की नीति की वकालत करते हैं जो तीसरे विश्व के आर्थिक हितों पर आघात करता है ; वर्तमान विश्व में पश्चिमी देश पर्यावरण को लेकर चिंता दिखाते हैं और अपना औद्योगिक विकास करने के बाद गरीब देशों पर पर्यावरण कानून लादने का प्रयत्न करते हैं – इन सभी तरह के गैरबराबरी वाले पश्चिमी प्रयासों के विरूद्ध गुटनिरपेक्ष देशों को एकजुट होकर एक न्यायपूर्ण एवं वास्तविक रास्ता चुनने का काम करना चाहिए जो विकसित एवं विकासशील दोनों ही तरह के देशों का संतुष्ट करे।

वर्तमान गतिविधियाँ

अमेरिका की आलोचना

वर्तमान के वर्षों में गुटनिरपेक्ष संगठन ने अमेरिकी विदेश नीति के कुछ पक्षों की आलोचना करना प्रारंभ किया है। अमेरिका का 2003 का इराक युद्ध तीसरे विश्व के देशों को जायज नहीं लगा था। उसका "आतंकवाद के विरूद्ध घोषित युद्ध" से भी संगठन सहमत नहीं है कि वह स्वतंत्र देशों में जबरन घुस कर कार्रवाई करता है, उनके अनुसार यह छोटे देशों की संप्रभुता का हनन है जो अंतर्राष्ट्रीय कानूनों के विरूद्ध भी है। ईरान और उत्तरी कोरिया अमेरिका पर इलजाम लगाते हैं कि वह उनके शांतिपूर्ण परमाणु कार्यक्रम को भी बंद करवा देना चाहता है। अतः अमेरिका द्वारा विश्व पर प्रभुता स्थापित करने के प्रयत्न को गुटनिरपेक्ष आंदोलन बड़ी बहादुरी से विरोध करता है।

पोर्तो रिको के लिए स्वशासन की मांग

1961 से ही गुटनिरपेक्ष आंदोलन ने कैरेबियन सागर में स्थित द्वीप पोर्तो रिको के स्वशासन के अधिकार को संयुक्त राष्ट्र संघ में चर्चा के दौरान समर्थन किया है। उधर अमेरिका न इसे अपने देश के एक राज्य के रूप में मान्यता देता है और न ही यहाँ के लोगों को स्वशासन का अधिकार। वे मात्र अमेरिकी नियंत्रण में रहते हैं।

पश्चिमी सहारा के लिए स्वशासन की मांग

स्पेन से स्वतंत्रता प्राप्त करने (1975) के बाद इस को लेकर पड़ोसी देश मोरक्को एवं मारीतानिया के बीच लड़ाई छिड़ गई जो 1979 में समाप्त हुई, तब से पश्चिमी सहारा के ज्यादातर क्षेत्र, प्राकृतिक संसाधनों एवं शहरों पर मोरक्को का कब्जा है। बचे हुए क्षेत्र पर सहरावी अरब जनतांत्रिक गणतंत्र (SADR) का कब्जा है जो मोरक्को से मुक्ति चाहते है। सहरावी की लोगों की तरफ से गुटनिरपेक्ष दल स्वशासन की मांग का समर्थन करता है।

दीर्घकालिक संवहनीय विकास (Sustainable development)

गुटनिरपेक्ष आंदोलन दीर्घकालिक संवहनीय विकास के लिए कटिबद्ध है परन्तु वह यह मानता है कि अंतर्राष्ट्रीय समुदाय ने इस दिशा में कोई काम नहीं किया है। तीसरे विश्व के विकास में आने वाले अवरोधों को दूर करने में कोई दिलचस्पी नहीं दिखाई है। भूमण्डलीकरण, ऋण भार, अन्यायपूर्ण व्यापारिक शर्तें, विदेशी मदद का कम होना, अंतर्राष्ट्रीय वित्तीय संस्थानों का अपारदर्शी एवं गैर–जनतांत्रिक निर्णय लेने की प्रथा के विरोध में विकसित देश कुछ भी नहीं करते जिससे 'उत्तर' एवं 'दक्षिण' के बीच की आर्थिक खाई बढ़ती ही जा रही है।

संयुक्त राष्ट्र संघ के सुधार

गुटनिरपेक्ष आंदोलन के देश मुखर होकर संयुक्त राष्ट्र संघ के वर्तमान स्वरूप एवं शक्ति केन्द्रों की आलोचना करते हैं। उन्होंने विश्व का ध्यान इस ओर आकर्षित किया है कि कैसे अमीर पश्चिमी देश संयुक्त राष्ट्र संघ जैसी अंतर्राष्ट्रीय संस्था का अपने हित साधने के लिए दुरूपयोग करते हैं। आंदोलन ने संयुक्त राष्ट्र संघ में बदलाव और सुधार लाने के कई विचार भी प्रस्तुत किए हैं, वे चाहते हैं कि संयुक्त राष्ट्र संघ और पारदर्शी, जनतांत्रिक और समानता से काम करे। उनके अनुसार संयुक्त राष्ट संघ का सुरक्षा-परिषद सबसे गैरजनतांत्रिक और अलचीला है जिसमें सुधार की सबसे तात्कालिक जरूरत है।

दक्षिण—दक्षिण सहयोग

आंदोलन विकासशील देशों की अन्य क्षेत्रीय संस्थाओं के साथ सहयोग करता है, विशेषकर G77 के देशों के साथ मिलकर विभिन्न कमिटियों में एक साथ काम कर, संलग्न प्रस्तावनाएँ देकर, आर्थिक वक्तत्व दे कर, दोनों समूह के कार्य को बढ़ावा देता है। इस तरह साथ—साथ काम करके इनका राजनीतिक महत्व बढ़ जाता है।

सांस्कृतिक विभिन्नता एवं मानव अधिकार

गुटनिरपेक्ष आंदोलन सामाजिक न्याय एवं मानव अधिकारों की सार्वभौमिकता को स्वीकार करता है परन्तु साथ ही साथ सांस्कृतिक एकीकरण के प्रयासों का दृढ़ता से विरोध करता है। समानता और संप्रभुता के दृष्टिकोण की प्रतिष्ठा बनाए रखने एवं सांस्कृतिक विभिन्नताओं का आदर करने की अपील करता है। धर्म, सामाजिक मूल्यों एवं ऐतिहासिक विशेषताओं पर आधारित मानव अधिकारों की वकालत करता है। धर्म के प्रति सहिष्णुता और उदारता की मांग रखता है। हर क्षेत्र की विशिष्टता को संजोए रखने की अपील करता है।

कर्मी दल, कमिटियाँ इत्यादि

गुटनिरपेक्ष आंदोलन के सदस्यों द्वारा विभिन्न कार्यदल में लग कर निरंतर किए जाने वाले कार्यों से उनके विभिन्न कार्यों का पता चलता है –

- फिलिस्तीन कार्य दल (Task Force)
- संयुक्त राष्ट्र संघ की संस्थागत सुधार हेतु उच्च स्तरीय कार्य दल
- संयुक्त समन्वय समिति (G77 के सभापति एवं गुटनिरपेक्ष आंदोलन के सभापति)
- गुटनिरपेक्ष सुरक्षा कोकस (गुट बैठक)
- आर्थिक सहयोग की मंत्री स्तर कमिटि
- सोमालिया संबंधी कार्य दल
- निरस्त्रीकरण कार्य दल
- मानव अधिकार कार्य दल
- शांति अनुरक्षण कार्यवाही कार्य दल

अतः गुटनिरपेक्ष आंदोलन कई किस्मों के कार्य करता है और कर सकता है, इसके शिखर सम्मेलनों में ही राष्ट्राध्यक्षों या सरकारों द्वारा निर्णय ले लिया जाते हैं जो लगभग तीन वर्षों के अंतराल पर आयोजित किए जाते हैं। जिस देश में शिखर सम्मेलन आयोजित किया जाता है अर्थात मेजबान देश से ही सभापति जिसे सेक्रेटरी–जनरल कहा जाता है को चुन लिया जाता है। शिखर सम्मेलनों के बीच में भी बैठकें आयोजित की जा सकती हैं, तीन वर्षों के अंतराल पर विदेश मंत्रियों के सम्मेलन भी बुलाए जा सकते हैं। आंदोलन ने 2011 में अपनी पचासवीं वर्षगांठ बेलग्रेड में मनाई। अब तक के शिखर सम्मेलन निम्नलिखित हैं :–

क्र	तारीख	आयोजक देश	आयोजक शहर	सभापति / सेक्रेट. री–जनरल
1.	1 से 6 सितम्बर 1961	युगोस्लाविया	बेलग्रेड	जोसफ ब्रोज़ टीटो
2.	5 से 10 अक्टूबर 1964	संयुक्त अरब गणतंत्र	काहिरा	गमाल अब्दल नासिर
3.	8 से 10 सितम्बर 1970	जाँबिया	लुसाका	केनेथ कौन्डा
4.	5 से 9 सितम्बर 1973	अल्जीरिया	अल्जीयर्स	होरी बोमेदीन
5.	16 से 19 सितम्बर 1976	श्रीलंका	कोलंबो	गोपालावा एवं जयवर्धने
6.	3 से 9 सितम्बर 1979	क्यूबा	हवाना	फिदेल कास्त्रो
7.	7 से 12 मार्च 1983	भारत	नई दिल्ली	जैल सिंह
8.	1 से 6 सितम्बर 1986	जिम्बाब्वे	हरारे	रॉबर्ट मुगाबे
9.	4 से 7 सितम्बर 1989	युगोस्लाविया	बेलग्रेड	जानेज़ डोरनोवस्क
10.	1 से 6 सितम्बर 1992	इंडोनेशिया	जकार्ता	सुहार्तो
11.	18 से 20 अक्टूबर 1995	कोलंबिया	कार्ताजेना डी इंडियास	एरनेस्तो साम्पेर
12.	2 से 3 सितम्बर 1998	दक्षिण अफ्रीका	डरबन	नेलसन मंडेला
13.	20 से 25 फरवरी 2003	मलेशिया	कुआलालांपुर	अब्दुला अहमद बदावी
14.	15 से 16 सितम्बर 2006	क्यूबा	हवाना	फिदेल एवं राओल कास्त्रो
15.	11 से 16 जुलाई 2009	मिस्र	शार्म अल शेख	होस्नी मुबारक एवं हुसैन
16.	26 से 31 अगस्त 2012	ईरान	तेहरान	हसन रोहानी
17	17 से 18 सितम्बर 2016	वेनेजुएला	मार्गरीटा द्वीप	निकोलस मडूरो

प्रश्नावली

प्रश्न 1 : तीसरा विश्व किसे कहा जाता है? इनकी समस्याओं की चर्चा करें।

प्रश्न 2 : तीसरे विश्व के विकास में क्या अवरोधक हैं? आलोचनात्मक चर्चा करें।

प्रश्न 3 : गुट-निरपेक्ष आंदोलन की स्थापना कब और कैसे हुई थी? विस्तार से चर्चा करें।

प्रश्न 4 : गुट-निरपेक्ष आंदोलन के क्या उद्देश्य थे? क्या वह अपने उद्देश्य में सफल हुआ?

प्रश्न 5 : शीत युद्ध के अंत के पश्चात गुटनिरपेक्ष आंदोलन की क्या प्रासंगिकता है?

१०. द्वितीय विश्व युद्ध के पश्चात संयुक्त राज्य अमेरिका

द्वितीय विश्व युद्ध का काल अमेरिका के लिए बड़े फायदे का रहा। वह युद्ध में लगे मित्र देशों को हथियार एवं अन्य युद्ध सामग्री की आपूर्ती करने वाला सबसे बड़ा देश था। युद्ध के पश्चात वह उपभोक्ता उत्पादों का सबसे बड़ा निर्माता बन गया। नई चीजें जैसे टेलीविजन, बर्तन धोने की मशीन, रिकार्ड–प्लेयर और टेप–रिकार्डर इत्यादि का बड़े पैमाने पर उत्पादन होने लगा। 1929 के दौरान छाई महामंदी जैसी कोई आर्थिक परेशानी भी नहीं आई। बल्कि महामंदी से उत्पन्न समस्याओं का हल इस युद्ध के दौरान हो गया। अमेरिका ने युद्ध के दौरान और उसके पश्चात खूब धन कमाया। जी.आई. बिल (G.I. Bill)नामक कानून ने युद्ध से लौटने वाले सैनिको के लिए आसान किस्तों पर ऋण का प्रावधान किया जिससे वे अपनी रूचि अनुसार विश्वविद्यालय की पढ़ाई अथवा रोजगार की ट्रेनिंग कर सकें। एक साल के लिए बेरोजगारी भत्ता देने का भी प्रावधान था अतः अमेरिका के मध्यवर्ग में अभूतपूर्व बढ़ोत्तरी हुई। इस पढ़े–लिखे, रोजगार निपुण मानव संसाधन और प्राकृतिक संसाधनों की विपुलता ने देश की आर्थिक स्थिति को तेजी से विकसित करने में बहुत योगदान दिया। सकल घरेलू उत्पाद और उत्पादकता में खूब बढ़ोत्तरी हुई। 1940 से 1987 के भीतर अमेरिका का सकल घरेलू उत्पादन 100 अरब डालर से बढ़कर 5200 अरब डालर पहुँच गया। अमेरिका में समृद्धि के कारण एक उपभोक्ता वादी संस्कृति का जन्म हुआ जिसे 'अमेरिकी–स्वप्न'का नाम दिया गया जिसके अनुसार एक औसत परिवार के लिए घर, जिसमें सारे नए उपभोक्ता सामान हों, मुखिया की स्थाई नौकरी हो, मोटरगाड़ी एवं पालतू कुत्ते के साथ सुखी जीवन बिताने की व्यवस्था हो, को माना गया। इतिहासकार एवं अर्थशास्त्री अमेरिकी आबादी के एक बड़े वर्ग द्वारा अमरीकन स्वप्न को हासिल कर लेने में सफल होने के कारण द्वितीय विश्व युद्ध के पश्चात के काल को स्वर्ण युग का भी नाम देते हैं। यह कई पश्चिमी यूरोपियन देशों में भी देखा गया अतः 1945 से 1975 के काल को पूँजीवाद का स्वर्ण युग पुकारा गया। इस काल में आर्थिक स्थिति स्थिर रही, तकनीक और अन्वेषण के चलते, मशीन उत्पादन में अभूतपूर्व उत्पादकता बढ़ी, नए उन्नत सड़क परिवहन, वातानुकूलित गोदाम और कन्टेनरयुक्त जहाजों के चलते उत्पादन एवं वितरण की प्रगति खूब हुई। कोयले के बजाय अब पेट्रोल ऊर्जा का

प्रमुख स्त्रोत बन गया। उसी तरह कृषि में रासायनिक खाद, ट्रेक्टरों, हार्वेस्टर, कीटनाशक एवं हरितक्रांति के उन्नत फसल की तकनीक से कृषि भी फलती–फूलती रही। अमेरिकी आर्थिक नीतियों ने स्वतंत्र बाजार पर आधारित अर्थव्यवस्था का खूब पोषण किया। परन्तु पूँजीवादी अर्थव्यवस्था की सारी विसंगतियां अमेरिका में मौजूद थीं, अधिकांश अर्थव्यवस्था पर कुछ ही कंपनियों और निगमों का नियंत्रण था। अमेरिकी सरकार रक्षा उपकरणों की खरीद पर खूब धन खर्च करती थी, जिसका लाभ सिर्फ हथियार बनाने वाली कंपनियों को ही होता था। सेना और हथियार उद्योग के बीच सांठ–गांठ थी। सेना के अधिकारी साम्यवाद से अमेरिकी सुरक्षा को खतरे में बता कर महंगे–महंगे हथियार की खरीद के लिए सरकार को मजबूर करते एवं हथियार उद्योग से कमीशन पाते। 1961 के तत्कालीन राष्ट्रपति आइज़नहावर ने अमेरिकी जनता को इस अपवित्र गठ़जोड़ से सावधान रहने के लिए आगाह भी किया था। सरकार अपने घाटे का सामना करने के लिए इन अति धनी कंपनियों या निगमों पर ज्यादा कर लगाने के बजाए चिकित्सा सुविधाओं और समाज कल्याण के कार्यक्रमों में कटौती करने की नीति अपनाती थी।

परन्तु इस अत्यंत समृद्ध देश में चिराग तले घनघोर अंधेरा था। आबादी का पंद्रह प्रतिशत अत्यंत गरीब था जिसमें सबसे बड़ा वर्ग अश्वेत लोगों का था, फिर आते थे हिस्पेनिक (अर्थात स्पेनी भाषा बोलने वाले लोग जो मैक्सिको या दक्षिण अमेरिकी देशों से आ कर बसते थे) और कुछ संख्या गोरे गरीबों की भी थी। बात सिर्फ आर्थिक गरीबी की ही नहीं थी, अमेरिकी समाज अश्वेत एवं अन्य नृजातीय लोगों के प्रति भेदभाव करने वाला भी थी। पिछली शताब्दी (1860–64) में अश्वेत लोगों को गुलाम बनाने की प्रथा के विरोध में अमेरिका में गृह –युद्ध हुआ था जिसके बाद इस प्रथा को कानून के द्वारा समाप्त कर दिया गया था, इसके पारित होने के बाद अश्वेत लोगों को यह उम्मीद थी कि उन्हें गोरे अमरीकियों के समान अधिकार मिलेंगें, वे भी जमीन खरीद सकेंगें, अच्छी शिक्षा का और मत का अधिकार मिलेगा परन्तु ऐसा हुआ नहीं। खास तौर पर अमेरिका के दक्षिणी राज्य जहाँ के बागानों में दो सौ वर्षों से अश्वेत गुलामी करते थे, उन्हें बराबरी का अधिकार देने के लिए गोरे बिलकुल तैयार न थे, उन्हें चुनावों में मत देने से रोका जाता, उन्हें अलग स्कूलों में अपने बच्चों को भेजना पड़ता जहाँ पढ़ाई का स्तर ठीक न था, सार्वजनिक स्थानों पर जैसे होटल, बस, रेल, या यात्री जहाजों में गोरों से अलग और दूर बैठना होता, उन्हें कम तनख्वाह वाले और कष्टकारी काम दिए जाते थे, श्रमिक संघ उनको अपना सदस्य नहीं बनाते थे, और न ही उनके हितों की बात करते थे। अश्वेत लोगों के अधिकारों की बात करने वाली सबसे पहली संस्था 1910 में बनी जिसे ''नेशनल एसोशियेशन फार द अडवांसमेंट ऑफ कलर्ड पीपल (NAACP)''कहा गया जिसे बहुत सफलता नहीं मिली।

अमेरिका का नागरिक अधिकार आंदोलन (1954 से 1968 तक)

परिचय

संयुक्त राज्य अमेरिका में 1954–1968 को बीच का काल राजनीतिक दृष्टि से अत्यंत हलचलों से भरा था। इस काल में वहाँ के अश्वेत लोगों ने समाज में प्रचलित नस्लीय भेद–भाव पृथ्कीकरण की नीति के विरूद्ध जोरदार आंदोलन चलाया। इस आंदोलन में अश्वेतों ने अपने अधिकार प्राप्त करने के लिए कानूनी लड़ाई लड़ने की कोशिश की, संघ के संविधान एवं संघीय कानून में उन्हें प्रदत्त नागरिक अधिकारों को वास्तविक जीवन में अमल में ला पाने की संघीय सुरक्षा की मांग की। इस आंदोलन का नेतृत्व अश्वेतों के हाथ था जिन्हें कुछ मजदूर संघों, धार्मिक संस्थाओं और हमदर्द उदार श्वेत डेमोक्रेट नेता जैसे हुबर्ट हैंफ्री और लिंडन बी.जानसन से वित्तीय एवं अन्य मदद मिली।

इस काल में बड़े जन आंदोलन चलाए गए जिसमें विरोध कार्यक्रम और अवज्ञा आंदोलन अहिंसक प्रकृति के थे जैसे 1955–56 का मांटगुमरी बस का बहिष्कार आंदोलन, 1960 का ग्रीनबरो का धरना कार्यक्रम, सेलमा से मांटगुमरी तक स्वतंत्रता मार्च (1965) इत्यादि तरीके अपनाए गए।

इन आंदोलनों के फलस्वरूप कई संघीय कानून पास किए गए, जैसे 1964 का नागरिक अधिकार कानून जिसने नस्ल, रंग, धर्म, लिंग और राष्ट्रीय उत्पत्ति पर आधारित भेद–भाव को प्रतिबंधित कर दिया। वोटर रजिस्ट्री के लिए असमान शर्तों को समाप्त किया, स्कूलों ने नस्ली अलगाव की नीति को समाप्त किया। 1965 का मताधिकार कानून जिसने अश्वेतों के लिए मत के अधिकार को सुरक्षित और सुनिश्चित किया। 1965 का आव्रजन एवं राष्ट्रीयता सेवा कानून जिसने अमेरिका में यूरोप के अलावे अन्य देशों से आने वाले लोगों को बसने की मान्यता दी। 1968 का भेदभाव रहित गृह कानून जिसमें घरों की खरीद बिक्री या किराए पर देने में होने वाले भेदभाव पर पाबंदी लगाई। भेदभाव अमेरिका के दक्षिणी हिस्से में ज्यादा था पर उत्तर के श्वेत लोग भी इस भावना से ग्रसित थे।

1966 से 1975 के बीच अश्वेत लोगों के बीच उग्र आंदोलनकारियों का उद्भव हुआ जिसे 'ब्लैक पावर' कहा गया। इसके अश्वेत नेता उन अश्वेतों की बड़ी आलोचना करते जो श्वेत मारपीट, अपमान और हिंसा को अहिंसक और शांतिपूर्ण ढ़ंग से सहने की वकालत करते थे। इन लोगों ने अश्वेतों के लिए राजनीतिक और आर्थिक स्वावलंबन की मांग रखी।

अश्वेत आंदोलन में सबसे लोकप्रिय नेता थे मार्टिन लूथर किंग (जूनियर) जिन्हें 1964 का नोबल शांति पुरस्कार मिला, जो उनकी अमेरिका में अश्वेत नागरिक आंदोलन में निबाही गई भूमिका के लिए था।

पृष्टभूमि

1860–64 के गृह–युद्ध के बाद तीन संवैधानिक संशोधन किए गए, जिनमें तेरहवें संशोधन ने गुलामी प्रथा खत्म की (1865), चौदहवें संशोधन (1868) ने अश्वेतों को नागरिक के रूप में मान्यता दी और पंद्रहवें संशोधन ने (1870) अश्वेत पुरूषों को मत डालने का अधिकार दिया। पुननिर्माण काल में इन अधिकारों को असलियत का जामा पहनाने में संघीय अधिकारियों को बहुत दिक्कतों का सामना करना पड़ा। अमेरिका पचास राज्यों का संघ था जिसमें शासन के दो स्तर थे पहला केन्द्रीय शासन जिसे संघ शासन कहा जाता था दूसरा राज्य सरकारें जो कि ज्यादा शक्तियों की मालिक थीं। दक्षिण के राज्य, जहाँ गुलामी प्रथा 200 वर्षों से चली रही थी, वहाँ अश्वेत अधिकारों की रक्षा करना बड़ा कठिन था। 1890 से 1908 के बीच दक्षिण के राज्यों ने उच्चतम न्यायालय की मदद से कानून बना लिए जिससे अश्वेत लोगों के मताधिकार पर प्रतिबंध लगा दिए गए। संपत्ति और शिक्षा जैसे प्रतिबंधो से उनके मताधिकार अत्यंत कम हो गए। अश्वेत लोगों की आवाज राज्य विधान सभा में पहुँचना बंद हो गई। दक्षिण के राज्यों में डेमोक्रेटिक पार्टी जो कि पुरातन पंथी भेदभाव पोषक थी, का बोलबाला हो गया, अब्राहम लिंकन जिन्होंने गुलामी प्रथा का अंत करवाया था की रिपब्लिकन पार्टी जिसे अश्वेत पसंद करते थे, वह दक्षिण के राज्यों से गायब हो गई।

धीरे–धीरे अश्वेतों के साथ और अत्याचार होने लगे। बात बेबात पर मारपीट, भीड़ द्वारा पीट–पीट कर हत्या, कानूनी राहत न मिलना आम बात हो गई। अमेरिका के संघीय सुप्रीम कोर्ट के जज भी श्वेत श्रेष्ठता के पक्षधर निकले, उन्होंने राज्यों द्वारा बनाए भेद भाव एवं पृथकतावादी नीति को सही ठहराया, उनके अनुसार श्वेत और अश्वेतों के बीच ''पृथक परन्तु समान'' का सिद्धांत काम करेगा। अर्थात रेलगाड़ी में श्वेत एवं अश्वेत अलग–अलग डिब्बे होंगे परन्तु डिब्बों में सुविधा एक समान होगी। यह एक विचित्र व्याख्या थी जो नस्ली भेदभाव को जायज ठहराती थी परन्तु सबसे बड़ी बात यह थी कि जहाँ भी अश्वेतों के लिए सार्वजनिक स्थान, सेवा या सुविधाएँ होती थीं उनका स्तर बहुत निम्न होता था इसलिए ''पृथक परन्तु समान''का सिद्धांत बिलकुल धोखा थी और कुछ नहीं। अतः अब तो तरह–तरह के भेदभाव सामने आ गए–

- नस्ली अलगाव – कानूनी रूप से सरकारी एवं सार्वजनिक सेवाओं जैसे शिक्षा, स्वास्थ्य सेवा एवं नौकरियों में श्वेत और अश्वेत वर्ग के लिए अलग – अलग प्रावधान किए जाने लगे।
- मत से वंचित करना – श्वेत डेमोक्रेटिक नेता जहाँ भी सफल होते, ऐसे कानून बनाते जिनसे अश्वेत लोगों के लिए मतदाता सूची में स्थान पाना कठिन हो जाता जैसे संपत्ति एवं शिक्षा को आवश्यक योग्यता बना देना।
- शोषण – अश्वेत लोगों के प्रति आर्थिक शोषण की नीतियां अपनाना, नौकरियों में भेद – भाव एवं कम पैसे देना, उनके लिए आर्थिक अवसरों को कम कर देना इत्यादि।

- हिंसा – अश्वेत लोगों के साथ अत्यंत क्रूरता पूर्ण व्यवहार होता। श्वेत अहंकारी लोगों के अलावा, पुलिस, पारामिलिट्री, संस्थाओं और भीड़ द्वारा उनके साथ खुले आम मार – पीट और हिंसा होती। अपमान जनक बातचीत तो बिलकुल आम बात थी।
- घर को ले कर भेद–भाव – पूरे अमेरिका में, न कि केवल दक्षिणी राज्यों में अश्वेतों को घृणा से देखा जाता था और इसलिए उन्हें किराए पर घर लेना या घर की खरीद–बिक्री में भेद–भाव झेलना पड़ता। उन्हें कोई श्वेत घर नहीं देना चाहता बल्कि गृह निर्माण संस्थाओं को चेतावनी थी कि वे किसी अवाछिंत व्यक्ति (अश्वेत) को घर नहीं बेचेंगें जिससे उस स्थान की कीमत कम हो जाए और वहाँ से श्वेत लोग पलायन कर जाएं।

द्वितीय विश्व युद्ध के दौरान अश्वेत लोगों ने बहादुरी से युद्ध लड़ा था, उन्होंने युद्ध के पश्चात भेद–भाव के विरूद्ध आवाज उठाई, एन.ए.ए.सी.पी. (NAACP)ने कानूनी लड़ाई लड़ कर इन भेदभावों को खत्म करने की कोशिश की पर उन्हें ज्यादा सफलता नहीं मिली। बींसवी शताब्दी के उत्तरार्ध में कानूनी लड़ाई के द्वारा विशेष सफलता न पाने के बाद, सदी के दक्षिणार्ध में अश्वेतों के बीच ''सीधे तौर पर कदम उठाने''(direct action)की बात पर सहमति बनी। इसके अनुसार जन–आंदोलनों को संगठित करने की बात हुई जिसमें विभिन्न तरीके अपना कर नागरिक अधिकार प्राप्त करने का आंदोलन चलाया जाना था। ये तरीके थे– बहिष्कार, धरना, स्वतंत्रता यात्रा, जुलूस, इत्यादि जैसे कार्यक्रम जिसमें अधिक से अधिक लोगों की हिस्सेदारी सुनिश्चित की जा सके। इन आंदोलनों को अहिंसक प्रतिरोध और नागरिक अवज्ञा को आधार बना कर काम करना था। अतः 1955 से 1968 के बीच ऐसी कई घटनाएँ हुईं जिन्होंने अमेरिकी नागरिक आंदोलन को सफल बनाया।

नागरिक आंदोलन के दौरान घटी मुख्य घटनाएँ

(क) रोज़ा पार्क्स

अमेरिका के दक्षिण में स्थित अलाबामा राज्य में अश्वेतों के साथ भेद–भाव चरम पर था। उन्हें सार्वजनिक परिवहन में पीछे की सीटों पर बैठना पड़ता, अगर कोई श्वेत उनसे खड़े हो जाने को कहे, तो उन्हें सीट छोड़नी पड़ती थी। रोजा पार्क्स नामक अश्वेत महिला ने एक दिसंबर 1955 को एक श्वेत व्यक्ति के कहने पर भी सीट नहीं छोड़ी अतः मांटगुमरी की उस बस को अगले पड़ाव पर रोक कर रोजा को जेल भिजवा दिया गया। इस बात का पता लगते ही मार्टिन लूथर किंग जूनियर जो एक पादरी थे एवं अश्वेत अधिकारों के लिए संघर्ष करने वाले कार्यकर्ता थे, ने मान्टगुमरी की बसों के बहिष्कार का आह्वाहन दिया। सभी अश्वेत लोगों ने इसमें बढ़–चढ़ कर भाग लिया और कष्ट उठाए। यह आंदोलन 382 दिनों तक चला, आखिरकार संघीय न्यायालय ने मांटगुमरी की बसों के मालिकों को बस में पृथककरण की नीति को खत्म

करने की आज्ञा दी। यह अश्वेत आंदोलनकारियों की पहली जीत थी। यहाँ की देखा–देखी अन्य स्थानों में भी बस–बहिष्कार कार्यक्रम चलाए गए।

(ख) शिक्षा में पृथककरण का अंत

कंसास राज्य के टोपेका शहर की एक आठ वर्षीय अश्वेत बच्ची को अपने घर के निकट स्थित स्कूल के बजाय पूरे शहर को पार कर अश्वेतों के स्कूल में जाना पड़ता था। एन.ए.ए.सी.पी. के वकील कार्यकर्ताओं ने इसके विरूद्ध न्यायालय में अपील की। अश्वेत स्कूल का स्तर, नजदीक वाले श्वेत स्कूल की अपेक्षा निम्न था। इस मुकदमे का आधार वह पुराना सिद्धांत 'पृथक परन्तु समान'कानून था। विदेश मंत्री डीन आकेसन ने पृथककरण और नस्ली भेदभाव पर टिप्पणी करते हुए अखबारों में बयान दिया कि विदेशों में अमेरिका की नस्ली भेदभाव को ले कर बहुत आलोचना हो रही है, विदेशी रेडियो और संयुक्त राष्ट्र संघ में भी आलोचना की जा रही है। अतः लिंडा ब्राउन नामक बच्ची की मुश्किलें खत्म हुईं, ब्राउन वर्सेस बोर्ड ऑफ एडुकेशन मुकदमे का फैसला आया कि पृथककरण की नीति को शिक्षा के क्षेत्र से समाप्त किया जाए। उत्तरी कैरोलिना पहला शहर बना जिसने खुली घोषणा की कि वह ब्राउन मुकदमे की शिक्षा में पृथककरण को समाप्त करने वाले सुप्रीम कोर्ट के निर्णय का पालन करेगा। परन्तु अन्य दक्षिणी राज्यों जैसे अलाबामा, अरकान्सास और वर्जीनिया जैसे राज्यों में इस कानून का खूब विरोध होना शुरू हुआ। वर्जीनिया में तो कुछ काउंटियों ने अपने स्कूलों को पूरा बंद ही कर दिया कि उन्हें अश्वेत बच्चों का दाखिला न लेना पड़े।

(ग) लिटिल रॉक स्कूल में पृथककरण समाप्त करना

अरकान्सास के लिटिल रॉक नामक शहर में 1957 में नौ अश्वेत बच्चों को उनके द्वारा प्राप्त अंकों के आधार पर लिटिल रॉक नामक श्वेत स्कूल में बेहतर पढ़ाई के लिए चुना गया। राज्य के गवर्नर ने अश्वेत बच्चों को उस स्कूल में प्रवेश पाने से रोकने के लिए स्कूल के बाहर गार्ड तैनात करवा दिए। इस पर गवर्नर तथा उस राज्य के गार्डों द्वारा संघीय कानून ब्राउन वर्सेस बोर्ड आफ एडुकेशन का उल्लंघन करने से रोकने के लिए संघ सरकार ने लिटिल रॉक स्कूल में 1000 छाताधारी सैनिक उतार दिए। ये छाताधारी सैनिक पूरे सत्र के दौरान स्कूल में नियुक्त रहे। परन्तु पूरे साल इन छात्रों को भद्दे मजाक, गालियां, और थूके जाने की यंत्रणा सहनी पड़ीं। केवल एक ही छात्र इस स्कूल से पास कर पाया। सत्र के पूरे होने के बाद लिटिल रॉक स्कूल को बंद ही कर दिया गया ताकि और अश्वेत बच्चों को न लेना पड़े।

(घ) छात्रों द्वारा किये गए धरने

भेद–भाव का एक स्वरूप होटलों में अश्वेत एवं श्वेतों के लिए अलग–अलग बैठने की जगह बना कर भी, दिखाया जाता था। कंसास राज्य के विचिया शहर में जुलाई 1958 को अश्वेत छात्रों ने ऐसी जगहों पर धरना देना शुरू किया। वे इन

जगहों पर जा कर बैठ जाते और खाने पीने की चीजें मंगवातें, उन्हें जगह छोड़ने को कहा जाता पर वे वहीं बैठे रहते। हर दिन तीन हफ्तों तक ऐसा करने के बाद कंसास के कई जगहों पर पृथकतावादी भेदभाव समाप्त हुआ। ओकलाहोमा शहर में ऐसे ही धरने का आयोजन क्लारा लूपर नामक अश्वेत लड़की ने किया जो सफल रहा।

उत्तरी कैरोलिना के वूलवर्थ स्टोर के लंच कांउटर पर चार अश्वेत छात्र 1 फरवरी 1960 को जा कर बैठे और खाने के चीजों की मांग की। उन्हें मना कर दिया गया जबकि उस दुकान से दूसरी चीजें लेने पर रसीद दे कर छात्रों का पैसा लिया गया था और चीजें भी बेची गईं थीं। बच्चों ने तर्क से दुकान मालिक को निरूत्तर कर दिया। ऐसा धरने पर बैठने का कार्यक्रम जगह–जगह किया गया। छात्रों को क्रूर ढ़ंग से पुलिस पकड़ कर ले जाती। ऐसा ही पार्कों, समुद्र किनारों, पुस्तकालयों, सिनेमा घरों और अन्य सार्वजनिक स्थानों पर बार–बार किया जाने लगा।

दक्षिण के राज्यों में अश्वेत लोगों की बराबरी की मांग श्वेत लोगों को बहुत खलती थी। कू–क्लक्स–क्लान ऐसे ही श्वेत दबंगों का दल था जो सफेद कपड़े पहन रात को निकलते और अश्वेतों पर आक्रमण करते। वे घरों को भी जला डालते थे। उनका उद्देश्य अश्वेतों को डरा–धमका कर जिम–क्रो व्यवस्था (अश्वेतों को कानून के जरिए दोयम दर्जे पर बनाए रखने की नीति) को लागू रखना था। जब उनका अश्वेत महिलाओं पर भद्दे अत्याचार बढ़ गए तब नार्थ कैरोलिना के अश्वेत नेता राबर्ट विलियम ने हथियार बंद आत्मरक्षा का प्रशिक्षण देना शुरू किया। कू–क्लक्स–क्लान् के बदमाश जब गोलियां बरसाते तो यह दल भी जवाबी गोली चलाता। इससे श्वेत अत्याचारों में थोड़ी कमी आई। मार्टिन लूथर किंग जैसे अश्वेत नेताओं का रास्ता अहिंसक था अतः उन्होंने इस उग्रता का विरोध किया पर यह तो सच है कि विलियम दल के कार्यकलापों ने श्वेतों के मनमानी पर रोक लगाई।

(ड) स्वतंत्रता यात्रा (Freedom ride)

1961 का वर्ष बस यात्रा में पृथककरण के विरोध का वर्ष था। हालांकि कुछ राज्यों में अलग सीटों की व्यवस्था समाप्त कर दी गई थी पर अनेक राज्य इस कानून का पालन नहीं करते थे। अश्वेत ऐसे राज्यों के बसों में आरक्षित जगहों पर बैठ कर दूसरे राज्य को जाते पर इनका अत्यंत हिंसा से सामना होता। अनिस्टन जो अलाबामा राज्य में है वहाँ ऐसी यात्रा कर रहे प्रतिरोधियों की बस पर पेट्रोल बम फेंक कर आग लगा दी गई। श्वेत पुलिसवाले भी बड़ी बर्बरता से अश्वेत प्रतिरोधियों से व्यवहार करते। बस अड्डों पर श्वेत व अश्वेतों के आराम करने की जगह अलग होती थी, बाथरूम अलग होते थे, पानी के नल अलग लगाए जाते परन्तु इन सब पर नवंबर 1, 1961 से पाबंदी लगा दी गई। छात्रों का आंदोलन सफल रहा।

(च) मिसिसिपी विश्वविद्यालयों के भेद भाव

मिसिसिपी राज्य के विश्वविद्यालय अश्वेतों का दाखिला नहीं लेते थे। इन विश्वविद्यालयों के विद्वान अधिकारियों का ऐसा घृणित नस्ली भेदभाव वाला व्यवहार था। सितम्बर 1962 में जेम्स मेरेडिथ नामक अश्वेत को न्यायालय में जीत मिली और मिसिसिपी विश्वविद्यालय के प्रशासक को उसका दाखिला लेने को कहा गया। मगर दाखिले के बाद भी उसे विश्वविद्यालय के अंदर ही आने नहीं दिया जा रहा था आखिर न्यायालय ने प्रशासकों पर हर दिन दस हजार डालर का जुर्माना लगाया, जितने दिन मेरेडिथ को प्रवेश नहीं करने दिया जा रहा था। मेरेडिथ के प्रवेश के बाद वहाँ दंगे भड़क उठे, जिसमें कई लोग मारे गए।

(छ) बरमिंघम अभियान

इस शहर का अधिकारी इयुगीन कॉनर बड़ा कट्टर श्वेत श्रेष्ठता वादी था। वह शहर में अश्वेतों का कोई भी कार्यक्रम न होने देता अतः मार्टिन लूथर किंग जूनियर ने साथियों के साथ गिरफ्तारी दी और अपना प्रसिद्ध खत "लेटर फ्राम बरमिंघम जेल" लिखा जिसमें उन्होंने इस विरोधाभास की व्याख्या की कि वे अश्वेतों के हक में बने कानूनों की स्थापना के लिए अन्य कानूनों को तोड़ रहे हैं। उनके अनुसार गलत कानूनों को तोड़ना ही उचित है जो न्याय पर आधारित नहीं होते हैं। श्वेत श्रेष्ठतावादियों ने अश्वेत दल के आफिस को बम से उड़ा दिया, मार्टिन लूथर किंग (जू) के भाई के घर को जला दिया और ऐसी ही अनेको घटनाएँ हुईं।

(ज) वाशिंगटन मार्च, 1963

अब तक मार्टिन लूथर किंग नागरिक अधिकार आंदोलन के सबसे प्रभावशाली नेता बन गए थे। उनके आंदोलन का तरीका महात्मा गांधी से बेहद प्रभावित था। वे भी अहिंसा के पुजारी थे, परन्तु श्वेत आक्रमक बर्बर हिंसा और अपमानजनक व्यवहार के सामने इस रास्ते पर बने रहना कठिन था अतः कई अश्वेत उनकी आलोचना करने लगे। परन्तु जब उन्होंने अश्वेत जनता को वाशिंगठन पहुँचने का आह्वान दिया तो अढ़ाई लाख लोग लिंकन स्मारक के नजदीक उनकी विशाल जनसभा में शामिल होने आ पंहुचे जहाँ उन्होंने अपना प्रसिद्ध ओजस्वी भाषण दिया "मैं एक सपना देखता हूँ कि मेरे चार बच्चे एक दिन ऐसे राष्ट्र में रहेंगें जहाँ उन्हें उनके चरित्र के लिए परखा जाएगा, न कि उनकी चमड़ी के रंग के लिए"। 28 अगस्त, 1963 के इस बेहद सफल जनसभा के बाद किंग एवं अन्य अश्वेत नेताओं को राष्ट्रपति जान एफ. केनेडी ने वाइट हाउस में रात्रिभोजन के लिए आमंत्रित किया जहाँ उन्होंने इन नेताओं को नागरिक अधिकार बिल के पारित होने के बारे में भरोसा दिलाया। हालांकि 22 नवंबर 1963 को केनेडी की हत्या हो गई।

किंग के अलावा एक अन्य अश्वेत नेता बहुत लोकप्रिय हुए जिनके विचार किंग से भिन्न थे। मालकम एक्स का मानना था कि श्वेत हिंसा का प्रतिरोध हथियार बंद

प्रतिरोध से करना चाहिए। 1963–1964 के बीच क्लान के बढ़ते अत्याचारों के आगे मॉलकम का दल अत्यंत लोकप्रिय हुआ। उन्होंने अप्रैल 1964 में अपने भाषण में जब घोषणा की "या तो वोट या फिर बुलेट"(The ballot or the Bullet)अर्थात अश्वेतों को भी वोट का अधिकार मिले वरना वे हिंसा पर उतर आएँगे। पुलिस जुल्म से थर्राए अश्वेतों को यह बड़ा अच्छा विचार लगा। परन्तु इस बहादुर व्यक्ति को 21 फरवरी 1965 को न्यूयार्क के मैनहैटन स्थान पर भाषण देते समय गोली मार दी गई। अश्वेतों के बीच एक विरोध प्रक्रिया चली जिसे "ब्लैक पावर" का नाम दिया गया। जैसे कारमाइकल नामक अश्वेत नौजवान ने कहा कि मैं किसी श्वेत व्यक्ति से अपना हक भीख में नहीं माँगूँगा, मैं उसे लूँगा, हमें शक्ति (power)चाहिए। ब्लैक पावर आंदोलन में अपने अश्वेत होने पर गर्व करने की भावना का प्रचार किया गया, अश्वेतों ने स्वयं को 'नीग्रो'कहे जाने का विरोध किया और 'एफ्रो–अमरीकन'कहलाना पसंद किया, एक विशिष्ट पहचान स्थपित करने के लिए नौजवान ढ़ीले रंगीन छपे हुए कुर्ते पहनने लगे जिन्हे 'दाशिकी'कहा जाता था और अपने बाल जो अफ्रीकी घुंघराले ढ़ंग के थे, उन्हें बढ़ाने लगे। 1966 में कैलिफोनिया में "ब्लैक पैंथर पार्टी"की स्थापना की गई जो बराबरी का हक पाने के लिए "कोई भी तरीका"अपनाने को तैयार थी। वे खेलकूद या संगीत समारोह के बाद काले दस्ताने पहने मुठ्ठी बंद हाथ उठा कर "ब्लैक पावर"का संकेत देते। पूरे नागरिक अधिकार आंदोलन के दौरान वे गीत गाते "वी शैल ओवरकम" (हम होंगे कामयाब)

1964 का नागरिक अधिकार कानून

राष्ट्रपति केनेडी ने समान नागरिक अधिकार के लिए पूरे मन से काम किया था, परन्तु उनकी हत्या के बाद इस काम को उनके भाई राबर्ट केनेडी एवं अगले राष्ट्रपति लिंडन बी. जानसन ने आगे बढ़ाया। उत्तर के राज्यों के जनप्रतिनिधि कांग्रेस सदस्य एवं सीनेट सदस्य इसके लिए राजी हो गए परन्तु दक्षिण के प्रतिनिधि इसे रोकने का पूरा प्रयास करते रहे। जब कांग्रेस के सामने अश्वेतों के लिए नागरिक अधिकार बिल का प्रस्ताव आया तब "फिलिबस्टर"अर्थात दिन रात भाषण देते जाने की प्रक्रिया 54 दिनों तक चला कर भी इसे रोका ना जा सका और आखिर 2 जुलाई 1964 को नागरिक अधिकार कानून पास हुआ जिसके अनुसार "नस्ल, रंग, धर्म, लिंग या राष्ट्रीय उत्पत्ति के आधार पर किसी से भेदभाव करना जुर्म माना गया। सरकारी नौकरी और सार्वजनिक सुविधा वाले स्थानों में भेदभाव या पृथकता जुर्म मानी गई"।

कानून तो बन गया पर मन से इसे मानने के लिए कम ही लोग तैयार थे। अश्वेत अमरीकियों का संघर्ष चलता रहा।

10 दिसंबर 1964 को डा. मार्टिन लूथर किंग जूनियर को शांति का नोबल पुरस्कार दिया गया, वह मात्र पैंतीस वर्ष के थे और यह पुरस्कार पाने वाले सबसे कम आयु के व्यक्ति थे।

(झ) मत के अधिकार के लिए आंदोलन

मार्टिन लूथर किंग (जू) के नेतृत्व में एक जुलूस यात्रा की योजना बनाई गई जिसे सेलमा नामक स्थान से मॉन्टगुमरी तक जाना था। 600 व्यक्ति इस 87 कि.मी.की दूरी को पूरा करने चल पड़े। परन्तु राज्य की घुड़सवार पुलिस ने डंडों से, कांटेदार तार की चाबुक से और जूतों की मार से शांतिपूर्ण जन समूह को तितरबितर कर दिया। पूरे देश ने टीवी पर यह नृशंस व्यवहार देखा। 7 मार्च 1965 का यह जुलूस अमानवीय भेद–भाव का पर्याय बन गया।

9 मार्च को उसी स्थान पर श्वेत श्रेष्ठतावादियों ने एक पादरी रेव. जेम्स रीब को मत अधिकार का समर्थक होने के कारण मारा पीटा जिससे उसकी मृत्यु हो गई। उन श्वेत लोगों को भी मारा पीटा गया जो अश्वेतों को मत अधिकार देने के पक्ष में थे।

लिंडन बी.जानसन नामक तत्कालीन अमेरिकी राष्ट्रपति ने 6 अगस्त 1965 को मत अधिकार कानून पर दस्तखत कर के अश्वेत लोगों के लिए राजनीति में प्रवेश के द्वार पूरे खोल दिये। अब अश्वेतों को किसी तरह का प्रतिबंध मत देने से रोक नहीं सकता था, पोल टैक्स, साक्षरता परीक्षा, संपत्ति मालिकाना दस्तावेज, इत्यादि कोई बंधन अब लगाए नहीं जा सकते थे। अतः न केवल वे मत देने का अधिकार प्राप्त कर बैठे बल्कि खुद भी सार्वजनिक पदों पर नियुक्ति का अधिकारी पाने में सफल हुए।

(ण) भेदभाव रहित गृह कानून के लिए आंदोलन

अश्वेत लोगों को अच्छे पड़ोस में घर नहीं मिल पाते थे। किराए पर तो श्वेत मालिक घर देते ही नहीं थे। नए घरों को खरीदना भी अश्वेतों के लिए मुश्किल था। अगर एक अश्वेत परिवार श्वेत पड़ोस में घर प्राप्त कर भी लेता था तो बाकी श्वेत पड़ोसी स्वयं घर छोड़ कर चले जाना पसंद करते थे, या उस अश्वेत परिवार के साथ अछूतों के जैसा व्यवहार करते।

10 अप्रेल 1966 में भेदभाव रहित गृह कानून पारित किया गया जिसमें घरों की खरीद बिक्री में किसी तरह के नस्ली भेदभाव को जुर्म ठहराया गया।

मार्टिन लूथर किंग (जू) की हत्या 1968

रेव. जेम्स लासन ने किंग को मेम्फिस बुलाया जो तेनासी नामक राज्य में था, ताकि सफाई कर्मचारियों की हड़ताल को बल मिले। वहाँ काम के दौरान दो कर्मचारी मर गए थे जिनके नियोक्ता उनके परिवार के लिए कुछ नहीं कर रहे थे। मार्च 1968 को वहाँ पहुँच कर किंग ने माउंटेनटाप भाषण दिया जिसमें उन्होंने अश्वेत हकों की बात की और यह भी कहा कि दूसरों की भांति वे भी लंबा जीवन जीना चाहेंगे, और वे ईश्वर का दिया काम हमेशा करना चाहेंगे। परन्तु 4 अप्रेल 1968 को उनकी हत्या कर दी गई। पूरे अमेरिका के विभिन्न शहरों में दंगे भड़क उठे।

शिकागो, बाल्टीमोर, वाशिंगटन डी.सी., लुइसविल, केन्टुकी इत्यादि मानो जल पड़े। परन्तु ज्यादा नुकसान अश्वेत स्थानों में हुआ। उनके व्यापार एवं दुकानें जला दी गईं, जिन्हें संभलने में पच्चीस साल लग गए। अब सरकार ने पुलिस में अश्वेत पुरूषों की भर्ती अधिक संख्या में करनी शुरू की। सरकारी नौकरियों में नागरिक अधिकार कानून पारित होने से भेद–भाव कम हुआ। परन्तु अमेरिकी समाज में नस्ली तनाव बना रहा।

1970 के दशक में अल्पसंख्यकों और महिलाओं के लिए शिक्षा एवं रोजगार में समान अवसरों के लिए कानून बनाए गए जिसे भी श्वेत पुरूषों ने अधिक पसंद नहीं किया। 1972 के समानता अधिकार संशोधन को कई राज्यों ने दस सालों के अंदर भी पारित नहीं किया। 1972 में सर्वोच्च न्यायालय ने 'रो बनाम वेड' में फैसला दिया कि गर्भधारण के तीन महीनों के अंदर गर्भपात कराना महिला की निजता का अधिकार होगा। परन्तु कई राज्यों ने गर्भपात के अधिकार पर रोक लगाने के प्रयास किए।

1980 के दशक में भी अमेरिकी लोगों की मानसिकता में ज्यादा बदलाव नहीं आया, यह कई बातों से पता चलता है। राष्ट्रपति रोनाल्ड रीगन ने समान रोजगार अवसर आयोग को धन देना बंद कर दिया अतः आयोग गैर बराबरी वाली घटनाओं के विरूद्ध कार्यवाही करने या मुकदमा करने में असमर्थ हो गया।

1990 के दशक में भी नस्ली भेदभाव की घटनाएँ होती रहती थीं। हालांकि अश्वेत पढ़ लिख कर बड़े पद पा रहे थे और अपना ध्यान खुद रखने में समर्थ हो रहे थे पर समाज में नस्ली भेदभाव छुपे रूप में मौजूद था। आर्थिक रूप से अश्वेत ज्यादा पिछड़े हैं, उन्हें नशे की लत हो जाती है पर पुलिस इस बात को इंसानियत के नजरिये से लेने के बजाय, अभी भी क्रूरता का व्यवहार करती है। जेलों में उनकी स्थिति बदतर होती है, उनकी तलाशी, सड़क पर वाहन चलाने संबंधी गलतियां इत्यादि पर पुलिस अश्वेतों के साथ अधिक हिंसा का व्यवहार करती है। दक्षिण के राज्यों में नस्ली घृणा के चलते अश्वेत चर्चों को जला डालने की घटनाएँ होती रहती हैं जिसके चलते 1996 में "नेशनल चर्च आरसन टास्क फोर्स" बनाने की जरूरत पड़ी जो थोड़े ही समय में 77 चर्चों में आग लगाने को घटनाओं का पड़ताल करने में लग गया। अगर आंकड़ों के आधार पर तुलना की जाए तो श्वेत अपराधियों के मुकाबले अश्वेत अपराधियों को मृत्यु दंड की सजा अधिक मिलती है।

सारी बातों पर गौर करने पर यह लगता है कि आखिर 1964 का सिविल राइट्स एक्ट, 1965 का वोटिंग राइट्स एक्ट और 1968 का फेयर हाउसिंग एक्ट पारित कैसे हो गया और वह भी सारे 1960 के दशक में ? इसके जवाब में अमेरिकी इतिहासकार मैरी एल. डुडज़ियाक अपने पुस्तक "कोल्ड वार एंड सिविल राइट्स : रेस एंड द इमेज ऑफ अमेरिकन डेमोक्रेसी" (cold war and civic rights : Race and the image of American Democracy)में कहती हैंकि 1960 का दशक शीत युद्ध के

चरम का काल था जिसमें अमेरिका अपने को 'स्वतंत्र देशों का नेता'(leader of the free world) मानता था और विश्व में प्रचार भी करता था परन्तु इसके विरूद्ध साम्यवादी देशों में हिकारत की भावना थी कि मक्कार और ढ़ोंगी अमेरिका प्रजातंत्र की (जिसमें नागरिकों को समान अधिकार होते हैं) बात करता है जबकि उसके नागरिकों की एक बड़ी संख्या को नस्ली भेदभाव और हिंसा का शिकार लेना होना पड़ता है। इतिहासकार लेखिका के अनुसार यह आलोचना अमेरिकी सरकार का नागरिक अधिकार कानून पारित करवाने में सबसे महत्वपूर्ण कारण बन गई।

साम्यवाद विरोधी विचारधारा

द्वितीय विश्व युद्ध के बाद के वर्षों में यह देखा गया कि अमेरिका में साम्यवाद के प्रति विरोध, बड़े उग्र रूप में और बड़े पैमाने पर फैल गया। साम्यवाद विरोधी भावना अमेरिकी लोगों का जुनून बन गयी। घरेलू नीति और विदेश नीति भी इसी भावना द्वारा संचालित होने लगी। अंतर्राष्ट्रीय स्तर पर तो इसी वजह से 'षीत युद्ध'का काल आ गया। साम्यवादी विचार धारा के विरोध के फलस्वरूप ऐसा कोई भी मुद्दा जो शीत युद्ध के संबंध में अमेरिकी दृष्टिकोण के अनुरूप नहीं होता था, उसे तुरन्त अमेरिका विरोधी और अनैतिक करार दे दिया जाता था। देश के अंदर 1950 से ले कर 1954 तक अनेक अमरीकियों की वफादारी की छान–बीन कराई गई और हजारों को नौकरी से निकाल दिया गया। इसे मैकार्थी युग कहा गया।

देश के बाहर साम्यवाद के प्रसार को रोकने के कई हथकंडे अपनाए गए जैसे ट्रूमैन का 'साम्यवाद परिसीमन'सिद्धांत 'आइज़नहावर का सिद्धांत', 'कगारवाद', 'डोमिनो प्रभाव'इत्यादि। अपने साम्यवादी क्रांति (1917) के पश्चात सोवियत संघ पूँजीवादी राजनैतिक एवं आर्थिक व्यवस्था का विकल्प बन कर उभरा था और द्वितीय विश्व युद्ध के बाद तो वह समानान्तर विश्व शक्ति बन गया था अतः उसका प्रसार रोकने के लिए अमेरिका कमर कस बैठा।

द्वितीय विश्व युद्ध के बाद अमेरिका में साम्यवाद विरोधी भावनाओं के भड़कने के कई कारण था पहला कारण तो 1917 से ही चला आ रहा था कि साम्यवादी क्रांति के बाद रूस में एक ऐसी राजनैतिक और आर्थिक व्यवस्था का स्थापित हो जाना जो अमेरिकी मूल्यों के बिलकुल उलट थी। अमेरिका में आर्थिक क्रियाकलाप के क्षेत्र में सरकारी हस्तक्षेप सही नहीं माना जाता था। वहाँ के लोग एक 'मुक्त बाजार'से निर्देशित उत्पादन एवं वितरण करना और मुनाफा कमाना सही समझते थे। अमेरिकी आदर्श जीवन में 'स्वपोषण'(self-help)और रूखे व्यक्तिवाद (rugged individualism)को महत्व दिया जाता था। सरकार द्वारा लोगों की मेहनत के फल पर कर लगाना, दूसरों की मदद करना उन्हें गलत लगता था। वे महामंदी के दौरान प्रारंभ की गई योजनाओं जैसे 'न्यूडील'को भी साम्यवादी हरकत समझते थे। अमेरिका में धर्म के प्रति लोगों की गहरी आस्था थी, साम्यवाद में धर्म का स्थान न होना, अमेरिकी घृणा का दूसरा कारण था।

मार्टिन लूथर किंग (जूनियर)

साम्यवादी व्यवस्था में लोग जमीनों या उत्पादन के कारकों के मालिक नहीं हो सकते थे जो कि अमेरिकी मानसिकता में बिलकुल ही अमान्य था। और अमरीकियों का भय, कि सोवियत संघ पोषित साम्यवादियों के द्वारा अमेरिका पर कब्जा कर लिया जाएगा और इसी प्रकार की व्यवस्था उन पर लाद दी जाएगी, उनके लिए बड़ी डरावनी बात थी।

घृणा का चौथा कारण था कि साम्यवादी देशों में लोगों को अभिव्यक्ति की स्वतंत्रता नहीं थी जो कि अमेरिका जैसे प्रजातांत्रिक गणराज्य के अनुसार मूलभूत अधिकार होता है अतः ऐसी व्यवस्था को नष्ट कर देना अमेरिका का उद्देश्य बन गया।

पाँचवा कारण था सोवियत संघ का परमाणु शक्ति बन जाना। द्वितीय विश्व युद्ध के बाद अमेरिका अपने इस सर्वनाशी हथियार के बल पर विश्व की सबसे बड़ी सैन्य शक्ति बन गया था। दुनिया को स्वंय से आतंकित करने में अमेरिका सफल रहा था परन्तु 1949 में ही सोवियत संघ द्वारा परमाणु परीक्षण करने के साथ ही परमाणु अस्त्र पर अमेरिका का एकाधिकार समाप्त हो गया। अमेरिका को इसकी बिलकुल उम्मीद न थी, फिर यह पता चला कि शायद सोवियत संघ ने जासूसों द्वारा परमाणु जानकारी हासिल की थी। अब तो पूरे अमेरिका में इस तरह के साम्यवादी जासूसों को खोजने की मुहिम छिड़ गई।

छठे कारण के रूप में यह कहा जाता है कि चीन में एक अक्टूबर 1949 को चीनी जनवादी गणतंत्र अर्थात साम्यवादी चीन की स्थापना भी अमेरिका के लिए एक बड़ा धक्का थी। अमेरिका ने द्वितीय विश्व युद्ध के दौरान और बाद में चीन में चल रहे गृह युद्ध में साम्यवादी माओ को हराने के लिए च्यांग काई शेक की सरकार को हथियार और धन से खूब मदद की थी, पर कुछ भी काम न आया, विश्व की सबसे बड़ी आबादी वाला देश साम्यवादी बन गया। अमेरिका को लगने लगा कि पूर्व से साम्यवाद का विस्तार बढ़ते बढ़ते पूरे विश्व को अपने चपेट में ले लेगा।

अतः साम्यवाद का हौव्वा अमेरिकी मानसिकता में गहरे पैठ गया जिसका कि सबसे दुखःदायी काल 1950 से 1954 तक रहा जिसे मैकार्थी युग कहते हैं।

मैकार्थी युग

अमेरिका के विनकांसिन राज्य के सीनेटर थे जोसेफ मैकार्थी। वह दक्षिण-पंथी विचारधारा वाले रिपब्लिकन पार्टी का सदस्य था, जो डेमोक्रेट राष्ट्रपति ट्रूमैन की आलोचना करता रहता था। उसने यह बात प्रचारित की कि अमेरिका के विदेश विभाग में सोवियत संघ के कम्युनिस्ट जासूस भरे पड़े हैं। उसके अलावा भी अन्य अमेरिकी नेताओं, कांग्रेस के कुछ सदस्यों और बातों को बढ़ा-चढ़ा कर पेश करने वाली मीडिया ने यह बात प्रचारित की कि सोवियत खुफिया एजेंसी ने संयुक्त राज्य अमेरिका के प्रशासन में साम्यवादी विचारधार वाले अमरीकियों को भर रखा है और अमेरिकी सुरक्षा में सेंध लग चुकी है। इसके प्रमाण के तौर पर यह बताया गया

कि जुलियस और ईथल रोज़ेनबर्ग नामक पति–पत्नी ने परमाणु जानकारी सोवियत रूस को दी थी।

अब तो वफादारी जाँचने के लिए सरकारी आयोग बना दिये गए। हैरी ट्रूमैन ने आदेश दिया कि संघ के कर्मचारी अगर साम्यवादी गतिविधियों में लिप्त हों तो उन्हें नौकरी से निकाल दिया जाए। अनेक वैज्ञानिकों तथा परमाणु बम परियोजना से संबंधित लोगों की वफादारी पर संदेह व्यक्त किया जाने लगा। परमाणु बम के जनक प्रसिद्ध वैज्ञानिक जे.रॉबर्ट ओपनहाइमर को सुरक्षा अनापत्ति प्रमाणपत्र (सिक्युरिटी क्लियरेंस) देने से इंकार कर दिया गया। उन पर आरोप लगाया गया कि साम्यवादियों से उनके पुराने संबंध थे और उन्होंने बम परियोजना का (इसके विशाल मारक शक्ति के चलते) विरोध किया था।

लोगों की वफादारी जांचने के काम में अमेरिका के तत्कालीन फेडरल ब्युरो ऑफ इनवेस्टिगेशन के एडगर हूवर ने खूब रूचि दिखाई। ब्यूरों के अधिकारियों की संख्या में खूब इज़ाफा हुआ क्योंकि उन्हें विश्वविद्यालय के छात्रों, शिक्षकों, संघ सरकार के अधिकारियों, वैज्ञानिकों, विदेश विभाग के कर्मचारियों से ले कर लाखों लोगों के साम्यवादी संबंध एवं वफादारी जाँचनी थी। ब्यूरो ने शक होने पर कई अवैध तरीके भी अपनाए जैसे लोगों के घर में चोरी से घुस कर कागज –दस्तावेज़ों की पड़ताल, लोगों की चिठ्ठियां खोल लेना या बातचीत का रिकार्ड करना इत्यादि। कलाकारों एवं हालीवुड में काम करने वालों की खूब पड़ताल की गई क्योंकि स्वतंत्र मनमर्जी वाले कलाकार इंसानियत पसंद विचारधारा के हिमायती होते हैं। उनमें से कई साम्यवादी सहानुभूति वाले लोग थे जिनकी एक काली सूची बनाई गई। सूची के लोगों को फिर फिल्मों में काम मिलना मुश्किल हो गया और कई तरह की परेशानी झेलनी पड़ी। इनमें से एक प्रसिद्ध व्यक्ति चार्ली चैपलिन थे, जिन्हें कई मुकदमों को झेलना पड़ा।

शुरूआती दौर में जासूसी को ले कर जनमानस इतना आतंकित था कि सामान्य जनता इस दौर के पड़ताल, लोगों पर आरोप लगाए जाने, मुकदमे होने इत्यादि को पूरे तौर पर समर्थन देने लगी परन्तु बाद में कई निर्दोष लोगों के साथ अनावश्यक बदनामी भरे कार्यवाहियों ने उनका मन फिरा दिया। दस से बारह हजार लोग अपनी नौकरी खो बैठे। एक बार साम्यवादी पड़ताल का ठप्पा लग जाने पर निर्दोष सिद्ध होने के वावजूद काम नहीं मिल पाता था। इसी दौरान समलैंगिक लोगों पर भी खूब अत्याचार किए गए। रोजनबर्ग दंपति को जासूसी के आरोप में 1953 में मृत्युदंड दे दिया गया। आइजनहावर के काल में भी साम्यवादी विरोधी जुनून जारी रहा। स्कूलों, कालेजों और विश्वविद्यालय के हजारों अध्यापकों को ''अमेरिका विरोधी''शिक्षा देने के आरोप में नौकरी से निकाल दिया गया। अनेकं निर्दोष लोगों को देशद्रोही करार कर दिया गया। कई प्रतिष्ठित लोगों को देशद्रोहियों को छिपा कर रखने का दोष लगाया गया। पूरी अमेरिका में एक भय का वातावरण बन गया कि न जाने कब और किसे साम्यवादी के रूप में पकड़ कर जेल में डाल दिया जाए।

परन्तु जब ज्यादा से ज्यादा लोग निर्दोष पाए जाने लगे, कई न्यायलयों के फैसले आने पर पता लगा कि ज्यादातर आरोप बिना किसी ठोस प्रमाण के थे, सिर्फ आरोपों पर लोगों को पकड़ लिया जाता था, तो धीरे–धीरे लोग मैकार्थीवाद का विरोध करने लगे। ट्रूमैन ने भी एक बार कहा था कि "एक स्वतंत्र देश में हम अपराध के लिए लोगों को सजा देते है मगर उनके विचारों के लिए कभी नहीं"।

अतः मैकार्थीवाद अब एक प्रक्रिया को कहा जाता है जिसमें एक व्यक्ति की देशभक्ति की पड़ताल उग्र रूप में की जाए, बहुत थोड़े या बिना तथ्यों के आधार पर आरोप लगाए जाएं, आरोपों से डरा कर एक व्यक्ति को किसी विशिष्ट विचारधारा को मानने के लिए मजबूर किया जाए, राष्ट्रीय सुरक्षा के नाम पर नागरिक अधिकारों का हनन कर लिया जाए या दबंगई से लोगों को सताया जाए तो वह मैकार्थीवाद कहलाता हैं इसका एक और पर्याय डायन–शिकार कहलाता है।

साम्यवाद से नाहक भय खा कर अमरीकियों ने बहुत दुख झेला।

अमेरिका की विदेश नीति (1945—1991)

द्वितीय विश्व युद्ध के बाद की घटनाओं (सोवियत अणु बम, चीन का साम्यवादी शासन, कोरिया का युद्ध, जर्मनी का बटँवारा इत्यादि) ने अमेरिका के मन में साम्यवाद का आतंक बैठा दिया उनकी विदेश नीति हमेशा से 'अमेरिकी हितोंकी रक्षा' सिद्धांत पर चलती थी, पर इसमें एक बड़ा आयाम जुड़ गया, जो था साम्यवाद का पुरजोर विरोध करना। साम्यवाद को फैलने से रोकना, तीसरे विश्व के जो देश औपनिवेशिक शासन से मुक्ति पा रहे थे, उनमें साम्यवाद के प्रसार को रोक देना। विश्व में शीत युद्ध जैसी स्थिति के बन जाने के पीछे भी यही कारण था कि अमेरिका साम्यवाद को समाप्त कर देना चाहता था जब कि यह विचारधारा शोषित देशों के लोगों में बड़ी लोकप्रिय थी। इसलिए विभिन्न अमेरिकी राष्ट्रपतियों ने द्वितीय विश्व युद्ध के बाद अमेरिकी विदेश नीति के लिए कई सिद्धांत विकसित किए जैसे ट्रूमैन सिद्धांत, आइज़नहावर सिद्धांत, कगारवाद, अणुबम भय, डोमिनो असर इत्यादि जिनके द्वारा साम्यवाद से निपटा जा सके। वैसे तो 1917 से ही अमेरिका साम्यवाद से घृणा करता था और प्रथम विश्व युद्ध के बाद अन्य पश्चिमी यूरोपीय देशों के साथ मिलकर नाज़ी देशों के प्रति तुष्टिकरण की नीति अपनाता रहा ताकि वे साम्यवादी रूस को नष्ट कर दें परन्तु ऐसा न हुआ, नाज़ी देश पूरे पश्चिमी जगत के विरूद्ध द्वितीय विश्व युद्ध छेड़ बैठे जिसमें अमेरिका और ब्रिटेन को सोवियत संघ की मदद लेनी पड़ी।

अमेरिका हमेशा ही विश्व की घटनाओं को अपने ही दृष्टिकोण से देखना चाहता है। अपने अपार प्राकृतिक संसाधन के बल पर अपने पड़ोसियों पर धौंस जमाना चाहता है और ऊपर से अपनी हरकतों को प्रजातंत्र फैलाने का नाम देकर जायज सिद्ध करने की कोशिश करता है। भले ही उसके यहाँ गणतांत्रिक व्यवस्था थी पर उसके नेता भी यही मानते थे कि कमजोर राष्ट्रों पर सबल राष्ट्रों का कब्जा

प्रकृति का नियम है। उसके एक राष्ट्रपति जेम्स मुनरो ने उन्नींसवी सदी में दक्षिण अमेरिका के देशों के लिए कह दिया था कि ''आज संयुक्त राज्य अमेरिका इस महाद्वीप (उत्तर एवं दक्षिण अमेरिका) की लगभग संप्रभु शक्ति है और कोई यूरोपियन देश यहाँ अपना प्रभाव न बढ़ाए'' (मनरो सिद्धांत)। बीसवीं सदी के आते आते अमेरिका ने प्रशांत क्षेत्र के अनेक स्थानों को अपने प्रभुत्व में ले लिया था और अटलांटिक से प्रशांत तक विस्तार पा कर स्वयं को विश्व शक्ति समझने लगा था। अन्य जातियों के प्रति उसका रूख कठोर था। अमेरिकी राष्ट्रपति थियोडोर रूजवेल्ट के अनुसार श्वेत देश–''सभ्य''थे और अश्वेत देश ''असभ्य''। असभ्य देशों के प्रति उसकी नीति उसी के शब्दों में ऐसी थी–''धीमे बोलो पर हाथ में डंडा रखो''(speak softly and keep a big stick)अर्थात जो देश अमेरिकी इच्छा के विरूद्ध जाए उस पर बल प्रयोग करो। उसी ने 1904 में घोषणा की थी कि ''अमेरिका को न केवल अपने महाद्वीप में यूरोपियनों के हस्तक्षेप का विरोध करने का अधिकार है। बल्कि व्यवस्था कायम रखने के लिए पड़ोसियों के मामले में भी दखल देने का अधिकार है। यह मनरो सिद्वांत का नया उपसिद्धांत कहलाया और दक्षिण अमेरिकी देशों को संयुक्त राज्य अमेरिका की दखल–अंदाजी आज तक सहनी पड़ रही है। पनामा नहर एवं पनामा की कहानी इसका ज्वलंत उदाहरण है। मैक्सिको में बार–बार की गई हस्तक्षेप की नीति ने वहाँ के लोगों के मन में अमेरिका के प्रति शत्रुता की भावना को भर दिया। क्यूबा भी वैसा ही एक देश है इसीलिए इस क्षेत्र में अमेरिका को अच्छी नजर से नहीं देखा जाता। शीत युद्ध काल में अमेरिकी सीनेटर जान फास्टर डल्लेस जो विदेश मंत्री था, जब 1958 में मैक्सिको आया तो लोगों ने उसे तख्तियाँ दिखलाई जिन पर लिखा था–''अमेरिका का कोई मित्र नहीं है, केवल हित हैं''(America has no friends, only interests)

एक अमेरिकी राष्ट्रपति विलियम हॉवर्ड टैफ्ट ने लैटिन (दक्षिण) अमेरिकी देशों में तथा अन्य स्थानों पर अमेरिकी निवेशों को बढ़ावा देने तथा इनके जरिए उन देशों पर अप्रत्यक्ष नियंत्रण स्थापित करने की नीति भी अपनाई जिसे 'डॉलर डिप्लोमेसी'कहा गया। इस नीति में अगर वह देश कुछ आनाकानी करे तो गनबोटों का इस्तमाल और सैनिक हस्तक्षेप जैसे उपाय अपनाए जाते थे। जिस देश में भयंकर नस्ली असमानता कानूनी रूप से प्रचलित थी वह दूसरे देशों के लोगों का सम्मान नहीं करता था। लैटिन अमेरिकी देशों में भी ''उत्तर के महाकार दानव'' के विरूद्ध शत्रुता का भाव था जिसे वे ''यांकी साम्राज्यवाद'' भी कहते थे।

* * *

ट्रूमैन सिद्धांत

अमेरिकी राष्ट्रपति हैरी ट्रूमैन के शब्दों में ''अमेरिकी विदेश नीति का निर्णायक मोड़ 1947 में आया जब उसके सामने यूनान पर कम्युनिस्ट विजय की संभावना स्पष्ट रूप से दिखने लगी''। द्वितीय विश्व युद्ध के दौरान वहाँ के साम्यवादियों ने

फासीवादियों का सफल प्रतिरोध किया था। यूनान में लंबे समय से ब्रिटिश हस्तक्षेप करते रहे थे अतः वहाँ एक ब्रिटिश सेना राजा के शासन को पुनः स्थापित करने आ पहुँची। साम्यवादियों और ब्रिटिश सेना समर्थित राजभक्तों में गृह युद्ध छिड़ गया। ब्रिटेन द्वितीय विश्व युद्ध से पहले ही थक चुका था अतः उन्होंने अमेरिका को यूनान समस्या सौंप दी । उसी समय यह भी देखा गया कि तुर्की को भी सोवियत संघ से खतरा है अतः मार्च 1947 को ट्रूमैन ने कांग्रेस के संयुक्त अधिवेशन में प्रभावी भाषण दिया कि – ''जिन स्वतंत्र जनसमाजों को सशस्त्र अल्पसंख्यक समूहों या बाहरी दबाव के द्वारा गुलाम बनाने की कोशिश की जा रही है उनके प्रतिरोध को समर्थन देना संयुक्त राज्य अमेरिका की नीति होनी चाहिए''। इसे ही ट्रूमैन सिद्धांत कहा गया और कांग्रेस से करोंड़ो डालर की आर्थिक और सैनिक मदद यूनान एवं तुर्की के लिए स्वीकृत करा ली गई। ट्रूमैन के सिद्धांत में साम्यवाद को ''स्वतंत्र दुनिया''के लिए खतरा बताया गया और अमेरिका का 'स्वतंत्र दुनिया का नेता'जिसे साम्यवादी खतरे को कुचल देने की जिम्मेदारी उठानी ही चाहिए। किसी भी देश में साम्यवादी किस्म के परिवर्तन, सोवियत संघ के इशारे पर करवाए समझे जाने लगे जिसे सैनिक शक्ति से कुचलना आवश्यक था। यह सिद्धांत अगले 44 वर्षों तक अमेरिका की विदेश नीति का आधार बना रहा।

यूनान में साम्यवादियों की हार हुई और राजा को पुनः स्थापित किया गया। यह बिना अमेरिका सेना के सिर्फ आर्थिक एवं युद्ध सामग्री भेज कर संभव हो गया। ऐसा करना जरूरी समझ गया क्योंकि अमेरिका के अनुसार अगर एक देश साम्यवादी गर्त में गिरेगा तो आस–पास के देश भी गिर जाएँगें–इस विचार को डोमिनो प्रभाव का नाम दिया गया।

1940 के दशक के आखिरी वर्षों में अमेरिका में यह बात बड़े जोरों से प्रचलित थी कि सोवियत रूस पश्चिमी यूरोप पर आक्रमण करेगा जबकि यह सिर्फ अनुमान ही था जो डर का कारण था, किसी वास्तविकता पर आधारित तथ्य नहीं। सोवियत रूस की ऐसी आक्रमक छवि तीन कारणों से बन गई थी, पहला सोवियत सेना यूरोप के मध्य में डेरा जमाए हुए थी (पूर्वी जर्मनी, पूर्वी यूरोपीय देश) दूसरे सोवियत संघ के अंतर्राष्ट्रीय सम्मेलन जैसे कोमीन्टर्न में एक बात का प्रचार बार–बार होता था कि सशस्त्र संघर्ष कर के भी विश्व पर साम्यवाद का प्रसार करना होगा और तीसरे सोवियत रूस और पश्चिम के देशों के सोचने के ढंग में फर्क। उस काल के अमेरिकन विचारकों में यह बात गहरे जम गई कि सोवियत रूस के विस्तार को रोकना पड़ेगा। विदेश विभाग के एक विद्वान जार्ज कीनन ने अपने लेख में विस्तार से चर्चा की, कि सोवियत रूस एवं साम्यवाद के प्रसार (Containment theory)को रोकना कितना आवश्यक है और यह ट्रूमैन सिद्धांत से जुड़ कर अमेरिकी विदेश नीति बन गया। इसीलिए समान विचारों वाले देशों के साथ मिल कर अमेरिका ने 'नाटो'नामक सैनिक संधि 1949 में बनाई। अगले छह वर्षों तक अमेरिका ने नाटो देशों को अपने सैनिक तैयारियों को मजबूत करने के लिए मदद दी। 1952 में तुर्की और यूनान को भी नाटो का सदस्य बना लिया। इसी दौरान अमेरिका ने यूरोपीय पुनरूद्धार कार्यक्रम जिसे

मार्शल योजना भी कहा गया, के जरिए युद्ध में नष्ट हुए यूरोप के देशों की आर्थिक मदद की जिसे सोवियत रूस एवं अन्य पूर्वी यूरोपीय देशों ने नहीं लिया।

चीन का गृह–युद्ध

1941 से ही च्यांग काई–शेक की राष्ट्रवादी पार्टी की अमेरिका सैन्य एवं धन की मदद दे रहा था परन्तु फिर भी माओ की कम्युनिस्ट पार्टी ने इन्हें गृह–युद्ध में करारी हार दी और 1 अक्टूबर 1949 को चीन साम्यवादी गणतंत्र बन गया। च्यांग अपनी बची सेना के साथ ताइवान भाग गया। चीन ने सोवियत संघ से 30 वर्षों की सैनिक संधि कर ली। अमेरिका को इससे बड़ा आघात लगा। ऐसा लगा कि पलक झपकते साम्यवाद का खतरा दोगुना हो गया, विश्व के दो बड़े देश– सोवियत रूस और चीन, साम्यवादी बन कर अमेरिका के समक्ष दुश्मन के रूप में खड़े हो गए हों। चीन तो खुले रूप से "अमेरिकी साम्राज्यवाद"की निंदा करता था। अतः अमेरिका को पूर्वी एशिया में अपनी नीति पर पुनः विचार करना पड़ा और द्वितीय विश्व युद्ध के दौरान अपने सबसे बड़े शत्रु जापान को चीन का सामना करने और अपने हितैषी के रूप में तैयार करना पड़ा। जापान को आर्थिक मदद की घनी खेप दी जाने लगी और 1951 में उसके साथ संधि कर के उस पर अपना कब्जा छोड़ पूर्ण संप्रभुता प्रदान की । परन्तु जापान की सुरक्षा का भार अमेरिका ने अपने ऊपर लिया जिससे बड़ी चालाकी से उसे वहाँ ओकीनावा में सैन्य ठिकाने बनाने की मंजूरी मिल गई। चालीस हजार अमेरिकी सैनिक और युद्ध उपकरण जापान में बने रहे, जिनका आम जापानी आज तक विरोध करते हैं।

चीन के गृह–युद्ध के बाद वहाँ साम्यवादी शासन की स्थापना ने अमेरिकी राजनीति को हिला कर रख दिया। राष्ट्रपति ट्रूमैन डेमोक्रेट पार्टी के थे, उन पर रिपब्लिकन पार्टी ने चीन को खो देने का आरोप लगाया। अब तो ट्रूमैन साम्यवाद के परिसीमन सिद्धांत पर गहराई से काम करने लगे। चीनी साम्यवाद के परिसीमन के लिए उन्हें एशिया के प्रति अपनी नीति स्पष्ट करनी पड़ी जिसमें वे जापान को सहयोगी के तौर पर विकसित करने लगे, हिंद–चीन में फांसिसियों के साम्राज्यवादी हरकतों को बढ़ावा देने लगे ताकि वियतनाम साम्यवादी कब्जे में न आ जाए और उसी तर्क के साथ कोरिया में अपनी शक्ति झोंक दी कि उसे भी न 'खोना'पड़े। उसी तरह छोटे ताइवान की चीन से रक्षा करना उनकी एक बड़ी जरूरत बन गई।

इज़रायल को समर्थन

अगर यह कहा जाए कि इजरायल का अस्तित्व अमेरिका के बल पर ही है तो कोई अतिश्योक्ति नहीं होगी। अमेरिका, जो संयुक्त राष्ट्र संघ के सुरक्षा परिषद का पाँच स्थाई सदस्यों में से एक है ने संघ के निर्माण के बाद से 83 बार वीटो (निषेधाधिकार) शक्ति का प्रयोग संघ के प्रस्ताव को जारी (पास) होने से रोकने के लिए किया है जिसमें से 42 बार इसका प्रयोग इजरायल के समर्थन में उसके विरूद्ध प्रस्ताव पास न हो सके इसलिए किया है।

जब से यहूदी समुदाय ने अपनी जाति के लिए एक गृह-देश की परिकल्पना की तभी से अमेरिका उसे समर्थन देता आ रहा है। 1948 में इजरायल के निर्माण के बाद अमेरिका ही पहला देश था जिसने इसे मान्यता तुरन्त दे दी। उसके पश्चात से ही वर्तमान तक अमेरिका इजरायल को आर्थिक, सैनिक एवं राजनैतिक मदद देता आ रहा है।

अमेरिकी विदेश नीति का इजरायल के प्रति रूख स्पष्ट है, अमेरिका का पूर्ण समर्थन। अमेरिकी राजनीतिज्ञों के अनुसार मध्य पूर्व की गर्म भूमि पर इजरायल का साथ सामरिक और अमेरिकी आर्थिक दृष्टिकोण से बहुत महत्वपूर्ण है। इजरायल मध्य-पूर्व में अमेरिका का गैर नाटो सामरिक सहयोगी है और उसके द्वारा अपनी धरती को अमेरिका के सैनिक जरूरतों को उपलब्ध कराना ही इतनी बड़ी बात है कि लिए जितना भी धन खर्च किया जाए या अंतर्राष्ट्रीय क्षेत्र में उसका समर्थन किया जाए, वह सब जायज है।

परन्तु इजरायल का निर्माण फिलिस्तीनी अरबों की भूमि को छीन कर किया गया था अतः न केवल फिलिस्तीनियों बल्कि आस-पास के अरब देशों को इजरायल का निर्माण बिलकुल नाज़ायज और अन्यायपूर्ण लगता है। इसको ले कर अरब देशों और इजरायल के बीच कई बार युद्ध हो चुके जिसमें इजरायल की हर बार जीत हुई और जो बिलकुल अमेरिकी रक्षा उपकरणों की मदद की वजह से हुई, और तो और इजरायल ने पड़ोसी अरब देशों की भूमि पर भी कब्जा कर लिया था। योम-किप्पूर युद्ध (1973) के बाद तेल निर्यातक अरब देशों ने मिल कर अमेरिका पर तेल निर्यात प्रतिबंध लगा दिया था (OPEC embargo against United States)क्योंकि अमेरिका ने इजरायल को आधुनिकतम हथियार दे कर अत्यंत शक्तिशाली बना दिया था।

पूरे मध्य-पूर्व और इस्लामी जगत में अमेरिका के प्रति घृणा का वातावरण है क्योंकि वह इजरायल को पूरा समर्थन देता है और इस कारण से फिलिस्तीनी अरब अपने ही देश में बेघर हो कर रह गए हैं।

अमेरिका हर साल तीन बिलियन डालर की मदद इजरायल को देता है उसके अलावा दोनों के बीच मुक्त व्यापार का अनुबंध है, जब इजरायल का निर्माण हुआ था तब अमेरिका ने 135 मीलियन डालर का ऋण इजरायल को हलके सूद पर दिया था, ताकि विश्व के हर भाग से इजरायल में आ रहे यहूदियों को बसाया जा सके, अमेरिका इजरायल के छह स्थानों पर युद्ध सामग्री का भंडारण रखता है और सात हवाई अड्डों पर अपने सामरिक जहाजों को रखने की सहमति पाने वाला इकलौता देश है। यहाँ युद्धक एवं बमवर्षक विमान रखे जाते हैं। एक अड्डे पर 500 शय्या वाले अस्पताल का प्रबंध है और इन सब का प्रयोग अमेरिकी सैनिकों के अलावा इजरायल की सेना जरूरत पड़ने पर कर सकती है।

इजरायल का अपने पड़ोसी अरब देशों के साथ कई युद्ध हुए जैसे 1948 का युद्ध, स्वेज युद्ध 1956, छह दिनों का युद्ध 1967, योम किप्पुर युद्ध 1973, पहला

इन्तफादा 1987, दूसरा इन्तफादा इत्यादि जिसमें अमेरिका ने उसका पूरा साथ दिया। वर्तमान में इजरायल तो एक स्थापित देश बन गया परन्तु फिलिस्तीन अरबों की स्थिति बुरी है। इजरायल निर्माण से पहले संयुक्त राष्ट्र संघ ने यहाँ की धरती का बंटवारा करने की योजना बनाई थी जिसे फिलिस्तीनियों ने मना कर दिया था, पर अब वे ही हिस्से मांग रहे हैं और स्वतंत्र देश का दर्जा परन्तु सिर्फ गाजा पट्टी और पश्चिमी किनारे को फिलिस्तीनी नेशनल अथारिटी जैसी नियंत्रित स्वायत्त व्यवस्था को स्थापित कर, इजरायल धौंस जमाता रहता है। फिलिस्तीनी शांति और स्वतंत्रता चाहते हैं जो उनसे कोसों दूर है।

अमेरिका की इजरायल के प्रति प्रेम का कारण है, यहूदी मूल के करोड़ों अमरीकियों का दबाव। विश्व की यहूदी आबादी का 40.2% अमेरिका में रहता है। इनका व्यवसाय–व्यापार, कानून, राजनीति, शिक्षा एवं सूचना तकनीकी के क्षेत्र में दबदबा है। यह धनी वर्ग है जो राजनीति में अत्यंत सक्रिय है, कई सीनेटर, राज्यों के गर्वनर, संघ एवं राज्य व्यवस्थापिकाओं के मुखर सदस्यों के रूप में एक यहूदी लाबी काम करती है अतः कोई आश्चर्य नहीं कि इनके दबाव में,पूरे मध्य–पूर्व को अशांत बनाकर, अमेरिका इजरायल का समर्थन करता है।

कगारवाद और भयोत्पादन की नीति

1953 से 1959 के बीच राष्ट्रपति आइज़नहावर का विदेश मंत्री जॉन फास्टर डल्लेस था। उसके अनुसार अमेरिका की साम्यवाद की परिसीमन नीति बेकार थी वह तो साम्यवाद को पीछे ढ़केलने (roll back)में विश्वास रखता था अतः उसने कुछ खतरनाक सिद्धांत प्रस्तुत किए– जैसे 'व्यापक प्रतिशोध का सिद्धांत'(extensive retaliation)जिसका मतलब परमाणु अस्त्रों के प्रयोग का डर दिखाना जिससे दुश्मन हमला करने की कोशिश ही न करे (deterrence) । दूसरा था 'कगारवाद'(brinkmanship) अर्थात दुश्मन को युद्ध के कगार तक धकेल देना जिससे वह डर कर अमेरिका की शर्तों को मानने पर मजबूर हो जाए। परन्तु इससे शस्त्रों की होड़ और बढ़ गई। 1952 में अमेरिका ने हाइड्रोजन बम का परीक्षण किया। ये बम जापान पर गिराए अणु बम से कई गुना अधिक संहारक थे अतः पूरी दुनिया परमाणु बमों से नष्ट हो जाने के कगार पर खड़ी हो गई। ''परमाणु भयोत्पादन''के सिद्धांत का मतलब हुआ कि इतने भयंकर हथियार से सज्जित देश लड़ाई के लिए पहला कदम नहीं उठाँएगें क्योंकि दूसरा पक्ष उन्हें भी नष्ट कर देगा इसे MAD-(mutually assured destruction) प्रोग्राम भी कहा गया। फिर तो ब्रिटेन ने 1957 में अपनी स्वतंत्र भयोत्पादन क्षमता का विकास किया जो चीन और फ्रांस ने भी किया।

सैनिक संधियाँ

शस्त्रों की बढ़ती होड़ से अंतर्राष्ट्रीय वातावरण कटु होता जा रहा था। अमेरिका अपने शत्रु को दबाने के लिए हर उपाय करने के लिए राजी था अतः उसने साम्यवादी रूस एवं पूर्वी यूरोपीय देशों का घेरा लगाते हुए सैनिक संधियां कीं जैसे

1948 का नाटो जो उत्तरी अटलांटिक पश्चिमी देशों की सैनिक संधि थी ;1954 का सिएटो जो दक्षिण–पूर्व एशिया संधि संगठन थी उसी के बाद सेन्टो या बगदाद समझौता जिसमें इरान, इराक तुर्की एवं पाकिस्तान को साथ ले अमेरिका ने संधि स्थापित की जो अधिक दिन नहीं चली।

तेल क्षेत्रों के प्रति व्यवहार

अमेरिका की अर्थव्यवस्था पेट्रोलियम पर आधारित थी अतः वह मध्यपूर्व और उत्तरी अफ्रीका के विशाल तेल भंडारों पर नियंत्रण करने का हर संभव प्रयत्न करता रहता था। तकनीकी दृष्टि से उन्नत होने की वजह से इन क्षेत्रों से तेल निकालने और संशोधन करने का काम अमेरिकी एवं ब्रिटिश कंपनियाँ करती थीं परन्तु इन क्षेत्र के लोगों को अपने इन बहुमूल्य प्राकृतिक संसाधन का फायदा नहीं मिलता था। अगर वे इनके खिलाफ आवाज उठाते या अपनी सरकारों पर इनका राष्ट्रीयकरण करने पर दबाव डालते तो उनकी आवाज और ऐसी सरकारों को अमेरिका की गुप्तचर संगठन, सी.आई.ए की मदद से खत्म कर दिया जाता जैसे 1951 में ईरान की मजलिस (संसद) ने तेल संशोधन कंपनी को राष्ट्रीयकृत कर दिया। मुहम्मद मुस्सादिक को प्रधानमंत्री बनाया गया जो पश्चिमी देशों की हर चालाकी को समझता था तो सी.आई.ए. की मदद से उसका तख्ता पलट करवा दिया। ईरान पर भष्ट्र शासक मुहम्मद रजा पहलवी को बैठा दिया जिसने 25 वर्षों तक निरंकुश शासन किया और बदले में अमरीकन कंपनियों को मुँह मागें रियायतों पर तेल निकालने की आजादी दी।

वियतनाम का रूदन

साम्यवाद को नियंत्रित करने की अपनी नीति के तहत अमेरिका ने वियतनाम में साम्यवाद की स्थापना को रोकने के लिए अपने सैनिक भेजे जो 1963 से 1973 तक वियतनाम में बने रहे, आखिर बढ़ती अंतर्राष्ट्रीय आलोचना के आगे उन्हें झुकना पड़ा और 1975 तक वे देश छोड़ गए और वियतनाम में साम्यवादी स्वतंत्र सरकार की स्थापना हुई। यह लड़ाई अमेरिका की दुखती रग बन गई, एक कमजोर भूखी–नंगी जनता वाले देश ने दुनिया के सबसे शक्तिशाली देश को विजयी नहीं होने दिया। सारी दुनिया ने अमेरिका की निंदा की।

क्यूबा

क्यूबा पर स्पेनी शासन हटाने के लिए अमेरिका ने स्पेन से युद्ध कर उसे स्वतंत्रता दिलाई थी पर एक भ्रष्ट तानाशाह बतिस्ता के राज में क्यूबा एक फसल वाली गरीब अर्थव्यवस्था बन कर रह गया अतः फिदेल कास्त्रो की साम्यवादी क्रांति ने 1959 में लोगों को बुरे शासन से मुक्ति दिलाई।

अमेरिका को यह बिलकुल पसंद नहीं आया, उन्होंने सी.आई.ए की मदद से कुछ लड़ाकों को 'बे ऑफ पिग्स'अर्थात क्यूबा के उत्तरी हिस्से में उतार कर कास्त्रो को खत्म

करने की योजना बनाई पर यह असफल रहा। क्यूबा को चीन एवं रूस ने समर्थन देने की घोषणा कर दी। अमेरिका के नाक के नीचे एक साम्यवादी देश की स्थापना हो गई जो अमेरिकी शत्रुता का कारण बन गई, अमेरिका ने उस पर कई तरह के व्यापारिक, आर्थिक और तकनीकी प्रतिबंध लाद दिये फिर भी क्यूबा झुका नहीं।

अक्टूबर 1962 को सोवियत संघ ने यहाँ प्रक्षेपास्त्र लगाने का प्रयास शुरू किया तब तो मानो अमेरिका में भूचाल आ गया। अमेरिका का हर शहर इन प्रक्षेपास्त्रों के निशाने पर आ जाता अतः राष्ट्रपति केनेडी ने तुरन्त रूसी राष्ट्रपति से बात की। रूसी राष्ट्रपति ने प्रक्षेपास्त्र न लगाने पर सहमति दी और वादा लिया कि अमेरिका क्यूबा पर अपने मिसाइल भी हटा लेगा। हालांकि क्यूबा के संकट का हल तो हो गया परन्तु कुछ भयंकर दिन ऐसे भी बीते जिनमें लगा कि दोनों महाशक्तियाँ आपस में परमाणु युद्ध लड़ ही पड़ेंगीं और विश्व का विनाश हो जाएगा।

निरस्त्रीकरण

अमेरिका जैसे देश ने भी माना शस्त्रों की बढ़ती होड़ से किसी का भला न होगा अतः 1963 की परीक्षण निषेध संधिपत्र (Test ban treaty)से परमाणु हथियारों को कम करने की दिशा में प्रयास प्रारंभ हुआ जो 1969, 1972, 1980 इत्यादि में महत्वपूर्ण मोड़ों से गुजरता हुआ, शस्त्रों की होड़ को कम करने में कुछ सफल हुआ।

चीन के साथ नई नीति

चीन में 1949 की साम्यवादी सरकार को अमेरिका ने मान्यता नहीं दी बल्कि वह ताइवान के राष्ट्रवादी सरकार को ही चीन का असली प्रतिनिधि मानता रहा और संयुक्त राष्ट्र संघ की सुरक्षा परिषद में भी चीन (मुख्य भूमि) के बजाय ताइवान वाली सरकार को स्थापित कर रखा। सोवियत संघ नेचीन के समर्थन में कई बार सुरक्षा परिषद् का बहिष्कार भी किया पर अपने पश्चिमी यूरोपीय मित्र देशों के बल पर अमेरिका चीन को न मान्यता देने को राजी था, न संयुक्त राष्ट्र का सदस्य बनने देने के लिए, उल्टा उस पर उग्र और गैरजिम्मेदार देश का ठप्पा लगा, कई व्यापारिक एवं आर्थिक प्रतिबंध भी लगा दिए। चीन भी अमेरिका को अपना दुश्मन नम्बर एक मानता था।

पर 1960 के दशक से परिवर्तन आने लगा, चीन के सोवियत संघ से संबंध बिगड़ गए। 1971 में राष्ट्रपति निक्सन ने चीन को 'लाल चीन'(Red China)के बजाय पहली बार पीपल्स रिपब्लिक कहा। उसके बाद दोनों ही तरफ के कूटनीतिज्ञों ने बातचीत प्रारंभ की और फरवरी 1972 में निक्सन चीन की यात्रा पर गए। चेयरमैन माओ और प्रधानमंत्री चाउ एन. लाई ने उनका खूब स्वागत किया उसके बाद चीन से न केवल राजनीतिक संबंध एवं व्यापारिक संबंध स्थापित किए गए बल्कि संयुक्त राष्ट्र संघ की सुरक्षा परिषद में स्थाई सदस्य की जगह भी दे दी गई। ताइवान की राष्ट्रवादी सरकार हक्की–बक्की रह गई। शंघाई कम्युनीक

अर्थात समझौते के बाद अमेरिका एवं जनवादी चीन के बीच पूरे राजनयिक संबंध स्थापित करने की शुरूवात हुई।

अलोकप्रिय सरकारों को समर्थन

अमेरिकी विदेश नीति का एक पक्ष यह भी है कि वह पूरे विश्व में प्रजातंत्र निर्यात करने की घोषणा तो करता है पर अपने क्षुद्र हितों को साधने के लिए लोकप्रिय चुनी हुई सरकारों को बदल देने, उनकी जगह तानाशाहों को बैठा देने का काम करता रहता है। उसके ऐसे काम उसी के कानून के अनुसार अवैध होते हैं।

अमेरिका ने फिलिपींस में फर्डिनेंड मारकोस और हेटी में यॉं कलाद दुवालियर या पापा डॉक को समर्थन देता रहा जिनसे उनकी जनता तंग आ गई थी। ईरान में अमेरिका समर्थित रजा पहलवी की भ्रष्ट सरकार को 1979 की क्रांति के बाद हटा दिया गया जो अमेरिका भाग गया।

ईरान के इमाम वंश के अनुयायी छात्रों के दल ने तेहरान की अमेरिकी दूतावास में घुस कर 52 अमेरिकी कार्मियों को 444 दिनों के लिए बंधक बना लिया। वे अमेरिका से शाह को वापस भेजने की मांग कर रहे थे। अमेरिका ने उन्हें छुड़ाने के कमांडो प्रयास भी किये पर असफल रहा। इरान की परिसंपत्तियों पर अमेरिका द्वारा प्रतिबंध हटाने पर इन्हें छोड़ा गया।

1980 के दशक में रोनाल्ड रीगन राष्ट्रपति था, उसी की आज्ञा पर अमेरिकी उच्च अधिकारियों ने ईरान के साथ गुप्त सौदा किया, जिसके बाद बहुत सा धन और हथियार निकरागुआ के सरकार विरोधी कोन्ट्रा विद्रोहियों को दिलवाया, इसका भंडा फोड़ होने पर अंतर्राष्ट्रीय जगत में अमेरिका की बड़ी किर–किरी हुई।

कई सालों तक पनामा के तानाशाह जनरल नोरेगा को समर्थन देने के बाद उसका अनाचार बहुत बढ़ गया, आखिरकार अमेरिका को पनामा पर प्रत्यक्ष आक्रमण कर उसे पकड़ कर नशीले पदार्थ की तस्करी के अपराध के कारण अमेरिकी जेल में डालना पड़ा।

अफ्रीका के प्रति विदेश नीति

द्वितीय विश्व युद्ध के बाद अफ्रीका के देश आजादी पाने लगे और उन्होंने विदेशी शक्तियों पर निर्भर न होने का इरादा किया। "अफ्रीकी समस्याओं का अफ्रीकी समाधान" उनकी आकाक्षां बनी परन्तु राजनीतिक कमजोरियां और आर्थिक अस्थिरता उनकी उद्धेश्यपूर्ती में बाधा डालने लगी। 1963 में आर्गनाइज़ेशन फार अफ्रीकन युनिटी की स्थापना तो हुई पर यह अफ्रीकी देशों के पिछड़ेपन को दूर करने में कारगर न हुई।

अमेरिका भी अफ्रीका में अपना प्रभाव बढ़ाने की कोशिश करने लगा। सोवियत संघ उन अफ्रीकी देशों को मदद देने का वादा करता जो साम्यवाद के प्रति निष्ठा

दिखाते। लंबे समय तक साम्राज्यवादी गुलामी झेलने के बाद अफ्रीकी देशों की जनता में साम्यवाद के प्रति अपने आप आकर्षण था और वे सोवियत संघ के प्रति झुके दिखते। अमेरिकी मदद, सैनिक प्रशिक्षण एवं हथियार लेने में देश पूरी रूचि दिखाते परन्तु संयुक्त राष्ट्र संघ में जब किसी प्रस्ताव के प्रति मत देने का प्रश्न आता तो ज्यादातर सोवियत पक्ष में मत देते।

1975 के बाद कई अफ्रीकी देशों पर पुर्तगाली औपनिवेशिक शासन समाप्त हुआ तब इस क्षेत्र में दोनों महाशक्तियों की गतिविधियां अधिक बढ़ीं।

दक्षिण अफ्रीका की रंगभेदी अल्पसंख्यक सरकार को अमेरिका ने छुपा समर्थन दिया। जब 1966 में संयुक्त राष्ट्र संघ की आम सभा में रंगभेद को अवैध ठहराते हुए इसके विरूद्ध प्रस्ताव पारित किया तो 91 देशों ने इसके पक्ष में और चार जिनमें 'स्वतंत्र देशों का मुखिया'अर्थात अमेरिका ने विपक्ष में मत दिया और तो और जब राष्ट्र संघ ने दक्षिण अफ्रीका पर हथियार एवं व्यापार संबंधी प्रतिबंध लगाया तो अमेरिका ने उसे इजरायल के जरिए हथियार भी बेचा।

अंगोला का उदाहरण भी अमेरिका की विदेश नीति की मंशा बतलाता है। जब 1975 में अंगोला से पुर्तगाली शासन समाप्त हुआ तो वहाँ तीन दल सत्ता पाने के संघर्ष में लग गए–पहला साम्यवादी एम.पी.एल.ए. था, दूसरा पहाड़ियों पर मजबूती से जमा एफ.एन.एल.ए. और तीसरा अंगोला की नृजातीय समूह का प्रतिनिधि 'युनिटा'था। सोवियत संघ और अमेरिका एक दूसरे को अंगोला की राजनीति में नाहक हस्तक्षेप का आरोप लगाने लगे। साम्यवादी एम.पी.एल.ए. को सोवियत आर्थिक और सैनिक मदद एवं क्यूबा से सलाह एवं प्रशिक्षण तथा जायर के सैनिकों के दल का सहयोग मिला उधर यूनिटा एवं एफ.एन.एल.ए. को अमेरिका तथा दक्षिण अफ्रीका से मदद मिली, सी.आई.ए. ने यूनिटा के लड़ाकों को खूब तैयार किया और छुप कर सैनिक सहयोग भी दिया परन्तु साम्यवादी एम.पी.एल.ए सफल हुआ और अंगोला में सरकार बनाई।

उधर वाशिंगटन में तत्कालीन राष्ट्रपति फोर्ड और विदेश मंत्री हेनरी किसिन्जर, इस "सोवियत विजय" को मानने के लिए तैयार न थे अतः एक लंबे समय तक उन्होंने यूनिटा को सैनिक एवं धन का मदद दे कर अंगोला में गृह–युद्ध को भड़काए रखा जो किसी भी तरह से अंगोला की जनता के हित में नहीं था। अमेरिका ने यूनिटा के क्रूर नेता जोनास साविम्बी को खूब मदद दिया जबकि इसने सैकड़ों लोगों को मरवाया था और औरतों को डायन बता जिन्दा जलाया था। 1986 में राष्ट्रपति रोनाल्ड रीगन ने उसे वाइट हाउस में बुला कर उसकी तारीफ भी की थी क्योंकि वह सोवियत एवं क्यूबा समर्थक अंगोला सरकार से लड़ रहा था। सितंबर 1992 में स्वतंत्र और निष्पक्ष चुनाव में भी वह जीत न पाया और एम.पी. एल.ए. की सरकार बनी।

* * *

सोवियत संघ

अमेरिका ने अपना पूरा ध्यान सोवियत संघ एवं उसकी तरह के साम्यवादी देशों का विरोध करने में लगा दिया। सोवियत संघ से हथियारों की होड़, अंतरिक्ष में होड़, नव स्वतंत्र हुए एशिया, अफ्रीका और दक्षिण अमेरिकी देशों को अपनी तरफ खींचने की होड़ में लगा रहा। स्टालिन की मृत्यु के पश्चात सोवियत संघ के नेतृत्व में अमेरिका विरोध की कुटिल भावना नहीं थी बल्कि तत्कालीन रूसी राष्ट्रपति ख्रुश्चेव ने "शांतिपूर्ण सहअस्तित्व"(peaceful co-existence)की बात करनी शुरू कर दी थी। सोवियत संघ एक पक्षीय हथियार में कमी करने लगा था परन्तु अमेरिका का साम्यवाद विरोध उन्माद की स्थिति पर था। यह उन्माद 1991 में सोवियत संघ के विखंडन के पश्चात ही समाप्त हुआ जब तत्कालीन राष्ट्रपति बुश ने कहा कि "हम शीत युद्ध जीत गए हैं"।

अमेरिका और एक ध्रुवीय विश्व

1939 से पहले विश्व को बहु-ध्रुवीय कहा जा सकता है क्योंकि अनेक देश बड़े शक्तिशाली थे जैसे फ्रांस, जर्मनी, इटली, जापान, सोवियत संघ, ब्रिटेन और संयुक्त राज्य अमेरिका। परन्तु इस बहु-ध्रुवीय काल में शक्ति का संतुलन स्थिर नहीं था अतः द्वितीय विश्व युद्ध छिड़ गया और यह शक्तियाँ दो भागों में बँट कर आपस में लड़ पड़ीं।

द्वितीय विश्व युद्ध के बाद के काल को (1945–1991) द्वि-ध्रुवीय काल कहा जाता है क्योंकि शीत-युद्ध के दौरान विश्व में शक्ति के दो केन्द्र बन गए थे एक तरफ अमेरिका और उसके समान पश्चिमी यूरोपीय देशों का पूँजीवादी समूह जो स्वयं को स्वतंत्र प्रजातंत्र कहलाना पसंद करता था तो दूसरी तरफ सोवियत संघ और पूर्वी यूरोपीय देशों का साम्यवादी समूह जो खुद को वास्तविक प्रजातंत्र कहते थे। इस काल में अमेरिका की सैन्य शक्ति, अंतरिक्ष में खोज की शक्ति, नव स्वतंत्र देशों की अपनी तरफ आकर्षित करने की शक्ति या खेल के मैदान में योग्यता दिखाने की शक्ति का सोवियत संघ ने भरपूर मुकाबला किया। दुनिया के अन्य देश इन दो महाशक्तियों के बीच की प्रतियोगिता, दम साधे देखते रहे क्यों कि दोनों मारक हथियारों की एक से बढ़कर एक खतरनाक संकलन करते जा रहे थे और विश्व अणु-युद्ध के कगार पर खड़ा था। परन्तु शक्ति का संतुलन बना रहा, वैसे तो इस दौरान 115 छोटे या बड़े युद्ध विश्व में लड़े गए परन्तु दो महाशक्तियों के बीच प्रत्यक्ष युद्ध न हुआ अतः इतिहासकार दो ध्रुवीय विश्व के काल को पहले के अपेक्षाकृत, अधिक शांति का काल मानते हैं।

1991 में सोवियत संघ का विखंडन 15 गणराज्यों में हो गया, अतः इतिहासकारों के अनुसार शीत युद्ध की समाप्ति हो गई है और अब विश्व में एक ही महाशक्ति बची है जो संयुक्त राज्य अमेरिका है। 1991 के बाद के समकालीन विश्व को एक-ध्रुवीय विश्व माना जाता है और अमेरिका इस काल की महाशक्ति या महानायक है। कुछ विद्वान शीत युद्ध के वर्षों को "पूर्व तथा पश्चिम के बीच

के संघर्ष''का काल के नाम से भी वर्णित करते हैं क्योंकि न केवल भौगोलिक रूप से शीत युद्ध काल में साम्यवादी देश पूर्व की तरफ दिखते थे और पूँजीवादी विश्व के पश्चिम की तरफ;परन्तु विचारधारा का भी अंतर बिलकुल एक दूसरे के विपरीत था।

अमेरिका का विश्व में महानायक स्तर कई कारणों से है जैसे आर्थिक, सैन्य, राजनीतिक और तकनीकी कारण।

आर्थिक रूप से आज अमेरिका विश्व का सबसे समृद्ध देश है, 2011 में इसकी सकल घरेलू आय 15290 बिलियन डालर थी जो विश्व के दूसरे नंबर की अर्थव्यवस्था चीन की सकल घरेलू आय का दुगना थी। तकनीकी दृष्टि से भी यह विश्व की प्रथम श्रेणी में आता है, कृषि का क्षेत्र हो अथवा उद्योग का, नवीनतम तकनीक का आविष्कार एवं प्रयोग, अमेरिका की उत्पादकता को ऊँचा बनाता है। कम्प्यूटर युग की क्रांति का जनक भी अमेरिका है अमेरिका की शीर्ष की 1 प्रतिशत आबादी पूरे विश्व की 99 प्रतिशत आबादी की आय से भी ज्यादा अर्जित करती है।

परन्तु अमेरिका की शक्ति उसके सैन्य ताकत पर टिकी हुई है। अमेरिका अपनी रक्षा–बजट पर जितना खर्च करता है वह उसके बाद आने वाले 13 धनी देशों के रक्षा–बजट को जोड़ा जाए, तो उससे भी ज्यादा है। भले ही चीन एवं भारत की सेनाओं में सैनिकों की संख्या ज्यादा हो पर अमेरिकी सेनाएँ 146 देशों में पाँच महाद्वीपीय कमानों के अंतर्गत काम कर रही हैं। इसकी सेना, नौसेना और वायुसेना तकनीकी दृष्टि से विश्व के सबसे उच्च स्तर की है, चाहे आधुनिकतम हथियार हों या नौसैनिक जहाज या फिर युद्धक लड़ाकू विमान, तकनीक की दृष्टि से विश्व में वे पहले स्थान पर आते हैं। अमेरिका ने विश्व के दूर–दूर स्थित द्वीपों, देशों और रेगिस्तानों में अपने सैनिक अड्डे बना रखें हैं जिससे विश्व में कभी कोई अमेरिका विरोधी घटना हो, तो तुरन्त सैनिक कार्यवाही की जा सके। अंतर्राष्ट्रीय मंच पर राजनीतिक दृष्टि से अमेरिका सबसे ज्यादा प्रखर है, अंतर्राष्ट्रीय संस्थाओं जैसे संयुक्त राष्ट्र संघ या जी.सात पर अमेरिका का प्रभुत्व स्पष्ट है। अमेरिकी संस्कृति भी विश्व पर हावी है, अमेरिकी कपड़े, फिल्में, गाने, रहने व छुट्टी बिताने या तकनीकी उपकरणों से आसान हर दिन का जीवन ;विश्व के हर कोने में लोकप्रिय है, और इन सब के साथ गहरे जुड़ी लालच और भौतिकता की संस्कृति भी हर जगह फैल रही है, मानवीय करूणा, गरीबों और कमजोरों के प्रति हमदर्दी खत्म होती जा रही है। अमेरिकी संस्कृति में लाचारी और कमजोरी को आलस्य समझा जाता है अतः गरीब देशों के प्रति अमेरिका का दृष्टिकोण कठोर एवं बेपरवाही का है।

अमेरिका का पूर्ण विश्वास है कि उदार जनतंत्र ही राजनीति का एकमात्र विकल्प है अतः उसके राजनेता फख्र से घोषणा करते हैं कि अमेरिका विश्व को प्रजातंत्र 'निर्यात'करता है! अंतर्राष्ट्रीय संबंधों के प्रख्यात अमेरिकी विद्वान केनेथ वाल्ज़ (Kenneth Waltz)ने अपनी पुस्तक में एक ध्रुवीय विश्व की व्याख्या करते हुए

तर्क दिए कि वास्तवकिता के चश्मे से देखने पर यह लगता है कि प्रजातंत्र देश एक दूसरे से युद्ध नहीं करते, प्रजातांत्रिक देश गैर–प्रजातांत्रिक देशों से युद्ध कर एक ऐसी शांति लाने की कोशिश करते हैं जो स्थाई हो अतः वाल्ज़ के अनुसार दुनिया भर में प्रजातंत्र के विस्तार से युद्ध खत्म हो जाएगा। अमेरिकी नेतृत्व भी ऐसे ही विचार रखता है। इस एक ध्रुवीय वातावरण में अमेरिका रह–रह कर कई देशों की आलोचना करता है जो उसके अनुसार उदार प्रजातंत्र नहीं है जैसे सीरिया और रूस के बारे में पश्चिमी जगत के ऐसे ही विचार हैं अतः अमेरिका सीरिया के विद्रोहियों को समर्थन देने में लगा है परन्तु यह कितनी खतरनाक स्थिति बन जाती है इसका उदाहरण विश्व देख रहा है। पहले अमेरिकी नेतृत्व इराक के सद्दाम हुसैन और लीबिया के मुअम्मर गद्दाफी को भी गैर–प्रजातांत्रिक मानते हुए, उनको अपदस्थ कर चुका है, जो इन देशों को घनघोर हिंसा और अस्थिरता के पँजे में ढ़केलने वाला कदम बन गया अतः प्रजातंत्र की निर्यात करने से पहले अमेरिकी नेतृत्व को बड़ी ही समझदारी से काम करना चाहिए।

आर्थिक दृष्टि से भी महाशक्ति अमेरिका अपने आर्थिक मूल्यों को ही सर्वश्रेष्ठ समझ कर सभी देशों पर लादना चाहता है। अमेरिका के अनुसार मुक्त बाजार और मुक्त व्यापार देशों के विकास का एकमात्र रास्ता है। पर ऐसा हर देश के साथ सही नहीं है, यह सिद्धांत उन देशों में काम कर सकता है जो तकनीकी रूप से उन्नत हैं और औपनिवेशिक शोषण का लंबा दौर नहीं झेल चुके हों। तीसरे विश्व के पिछड़े देशों में मुक्त बाजार और मुक्त व्यापार, भयानक आर्थिक अस्थिरता और महामंदी, मुद्रा अवमूल्यन तथा बेरोजगारी ले आता है। भारत जैसा देश अपनी अर्थव्यवस्था को पूरी तरह से खोलना नहीं चाहता क्यों कि मुक्त बाजार से विदेशी कंपनियां भारत में भर जाएँगी, लोगों को रोजगार तो मिलेगा और तकनीक भी आएगी परन्तु सारा मुनाफा देश के बाहर चला जाएगा, कंपनिया मुक्त बाजार से प्रभावित हो लोगों को जब चाहे हटा भी सकेंगीं जो अर्थव्यवस्था को अस्थिर बनाएगा, स्वदेशी उद्योग धंधो को अनावश्यक प्रतियोगिता झेलनी पड़ेगी जो उनके बंद हो जाने का भी जिम्मेदार हो सकती हैं। आयात और निर्यात पर कर लगा कर सरकारें अपने उद्योगों को संरक्षण देती हैं जो मुक्त व्यापार के पैरोकर अमीर देशों को पसंद नहीं। ये सरकारों का सामाजिक हितों के लिए किया खर्च अनावश्यक बताते हैं और उसमें कटौती करने का रास्ता सारे पिछड़े देशों की सरकारों को बताते रहते हैं, पर गरीबों की शिक्षा, स्वास्थ्य, बुनियादी आवश्यकता के लिए क्या किया जाए, उस पर कोई सार्थक सलाह नहीं देते।

1991 में सोवियत संघ के विखंडन और शीत युद्ध की समाप्ति के बाद अमेरिका में एक पीढ़ी एकध्रुवीय विश्व की महाशक्ति के रूप में अपने देश को देखने और मानने के आदी हो गए है और इस स्थिति में कोई परिवर्तन नहीं चाहते। अमेरिकी सरकार भी 1991 से वर्तमान तक कई सैन्य अभियानों में लग कर अपनी ताकत का लोहा मनवाती जा रही है।

जार्ज बुश (बड़े) के काल में अपने कई पश्चिमी मित्र देशों की मदद से अमेरिका ने तकनीक युद्ध छेड़ कर कुवैत से इराकी फौजों को निकाल बाहर किया। 1993 में बहुदेशीय फौज के साथ सोमालिया में विद्रोहियों को दबाया, 1994 में हेती में जीन–बर्ट्रांड को सत्ता दिलवाई, 1994–1995 के बीच नाटो सेना के साथ युगोस्लाविया के नृजातीय झगड़ें में कूदे, और बोस्निया गृह–युद्ध में नरसंहार को रोकने का प्रयास किया।

परन्तु 11 सितम्बर 2001 को आतंकवादी हमले ने अमेरिका की आत्ममुग्धता की छतरी में छेद कर दिया। न्यूयार्क की जुड़वा इमारतों के गिरने से कई चीजें स्पष्ट हुई। दुनिया में अमेरिका के प्रति कितना नकारात्मक रवैया है उसका अंदाज़ा शायद अमेरिका को पता लगा। अपनी श्रेष्ठ सैनिक क्षमता का उपयोग कर अमेरिका ने आतंकवादी ओसामा बिन लादेन को संरक्षण देने वाले अफगानिस्तान की तालिबान सरकार को निकाल बाहर तो किया पर तालिबान समाप्त नहीं हो पाया। आज तक अफगानिस्तान में शांति स्थापित नहीं हो पाई है।

अमेरिका ने मानव अधिकार की पुर्नस्थापना को अपना मिशन बना लिया है। उसके एवं अन्य पश्चिमी देशों के प्रभाव में संयुक्त राष्ट्र संघ ने भी एक सिद्धांत को 2005 में अपना लिया है जिसे 'रक्षा की जिम्मेदारी' कहा गया है।(Responsibility to Protect, R2P, 2005)इस नए सिद्धांत के अनुसार संप्रभु देशों को अपने नागरिकों के मानव अधिकारों की रक्षा करनी चाहिए। जब इन अधिकारों का हनन होता है तो देशों की संप्रभुता समाप्त हो जाती है और संयुक्त राष्ट्र संघ द्वारा निर्धारित बाहरी अभिनेता नागरिकों की रक्षा के लिए आ सकता है।

ऐसी ही बात का उदाहरण देते हुए जार्ज.डब्लू. बुश (छोटे) ने 2003 में इराक पर ब्रिटेन के सहयोग से आक्रमण किया और सद्दाम हुसैन को अपदस्थ किया परन्तु उसके बाद इराक के ऊपर अंधेरा छा गया। इस आक्रमण से पहले अमेरिका के आदेशानुसार इराक पर कई आर्थिक प्रतिबंध यह सोच कर लगा दिए गए थे कि वह महासंहार के हथियार बना रहा है (जो कि गलत सिद्ध हुए) तब 1996 में करीब 50 हजार ईराकी बच्चों की मृत्यु दवा एवं भोजन के अभाव में हुई। उस पर अमेरिकी प्रतिनिधि मेडेलीन अल्ब्राइट से प्रश्न पूछा गया कि क्या प्रतिबंध लगाना जायज था तो उसने कहा हाँ यह जायज था!

अपने ताकत के मद में चूर अमेरिका को उन के मानव अधिकार दिखते हैं जिन्हें वह देखना चाहता है, उन दूसरों के नहीं जो उसके मन के अनुसार न हो । फिलिस्तीनी अरबों का देश छिन गया, इजरायली उस पर अधिकार कर बैठे हैं, जो जगह फिलिस्तीनी लोगों के लिए अधिकृत की गई है, उस पर भी यहूदी बस्तियां बनती ही जा रही हैं, हजारों फिलिस्तीनी रोज मरते हैं पर उनके मानव अधिकार शायद दूसरी श्रेणी के हैं। 2011 में पूरे अरब जगत में ''अरब बसंत''नामक राजनैतिक सुधार आंदोलन चला। लीबिया के नागरिक भी सालों से चले आ रहे गद्दाफी शासन के विरूद्ध उठ खड़े हुए। गद्दाफी ने घोषणा की कि बेनगाज़ी प्रांत

के हर घर से विद्रोहियों का सफाया किया जाएगा। अमेरिका एवं अन्य पश्चिमी देशों को यह मानव अधिकार हनन इतना विचलित करने वाला लगा कि संयुक्त राष्ट्र संघ में प्रस्ताव पारित कर लीबिया के नागरिकों की रक्षा करने आ पहुँचे। हवाई नाके बंदी, कई देशों के नाटो कमान के हमले एवं समुद्री घेरा डालने के बाद गद्दाफी मारा गया। पर लीबिया में कोई स्थाई सरकार की स्थापना न हो पाई। विद्रोही सैन्य दल मार–काट में लगे हैं। जनता समुद्री रास्ते से पलायन कर मृत्यु को प्राप्त हो रही है अथवा शरणार्थी बन अड़ोस–पड़ोस के देशों को भाग रही है।

विद्वानों का विचार है कि अंतर्राष्ट्रीय पुलिसमैन अमेरिका एक बार जहाँ सैनिक हस्तक्षेप करता है वहॉ फिर कोई स्थाई शांति स्थापित नहीं होती। वह क्षेत्र हमेशा के लिए अशांत हो जाता है और बार–बार वहाँ सेना भेजने की जरूरत पड़ती है।

एक ध्रुवीय विश्व के भविष्य को तो ले कर विद्वानों में बड़ी चर्चाएँ होती हैं–अमेरिकी विद्वान पॉल केनेडी का विचार है कि इस तरह के कार्यवाहियों से अमेरिका का ''साम्राज्यवादी अतिविस्तार''हो जाएगा जो उसकी शक्ति के पतन का कारण बन जाएगा। चार्ल्स क्रउथहैमर ने 1990 के दशक को 'एक ध्रुवीय पल'(Unipolar moment)माना है जो एक तरफ तो अमेरिका की ताकत दर्शाता है तो दूसरी तरफ उसका मध्य पूर्व, हेटी, बोस्निया इत्यादि में उलझाव। 2001 के आतंकवादी आक्रमण के बाद तो अमेरिका की सिर्फ सैन्य शक्ति का प्रदर्शन हो रहा है जिसके चले ही कई ट्रिलियन डालर का कर्ज देश पर चढ़ता जा रहा है। रिचर्ड हास नामक विद्वान कहते हैं कि ऐसा लगता है कि एक ध्रुवीय पल इक्कीसवीं सदी के दूसरे दशक मे पार हो रही है और दुनिया फिर से ''बहुध्रुवीय'' बनने जा रही है।

आज का विश्व तेजी से विकसित हो रहे देशों और अन्य संस्थाओं से प्रभावित हो रहा है–संयुक्त राष्ट्र संघ, नाटो, विश्व बैंक, इत्यादि तो हैं ही, नशीले पदार्थों के कार्टल या तरह–तरह की आतंकवादी समूह जैसे अल–कायदा, हिजबुल्ला, अल–नुसरा, या आइसिस। गैर–सरकारी संस्थाएँ जैसे रेडक्रास, समान हित वाले समूह जैसे ओपेक, ब्रिक्स, जी.सात इत्यादि यह सभी काफी महत्व रखते हैं।

अमेरिका का प्रभुत्व सैन्य ताकत पर टिका है। वह दुनिया का सबसे बड़ा हथियार एवं युद्ध सामग्री का उत्पादक है वह स्वयं इसका प्रयोग करता है और दुनिया भर के देशों को इन्हें बेचना चाहता है। उसकी हथियार निर्माता शक्तिशाली लॉबी विश्व में शांति स्थापना होने देना नहीं चाहती है। चाहे जितनी भी शक्ति अमेरिका के पास हो, वह अपने विरूद्ध आतंकवादी हमला रोक नहीं पाया। ईरान और उत्तरी कोरिया जैसे देशों को आणविक हथियारों के निर्माण से रोकने में भी अमेरिका सफल नहीं रहा इसलिए अमेरिका वैसा भी सर्वशक्तिमान नहीं है जैसा वह स्वयं को मानना और विश्व को जतलाना चाहता है।

दुनिया भर में चलने वाले उसके सैन्य अभियान उसकी अर्थव्यवस्था को मंहगे पड़ रहे हैं। चीन के साथ उसका व्यापार घाटा उसके सलाना सकल घरेलू उत्पाद के बराबर हो जा रहा है। डालर अब विश्व की सबसे आकर्षक मुद्रा नहीं रह गई है, मध्यपूर्व देश और ब्रिक्स देश डालर के विकल्प के बारे में योजना बना रहे हैं (ब्रिक्स–ब्राजील, रूस, भारत,चीन एवं दक्षिण अफ्रीका) इन देशों में 'अमेरिकी संस्कृति' के लिए भी ऋणात्मक विचार हैं। तो प्रश्न है कि अमेरिका के प्रभुत्व को कौन चुनौती दे सकता है ? इस बात पर सबकी निगाहें चीन की तरफ जाती है। 1970 से 2010 के बीच चीन ने अभूतपूर्व आर्थिक उन्नति की है। अपनी अर्थव्यवस्था को विदेशी पूँजी के लिए खोल कर चीन ने खूब विकास किया। आज उसके पूर्वी किनारे के शहर औद्योगिक प्रगति के प्रतीक हैं। वर्तमान में उसका सकल घरेलू उत्पाद, विश्व के दूसरे स्थान पर आता है। दुनिया भर में उसके द्वारा निर्मित उत्पाद बेचे जाते हैं। वह विश्व का ''कारखाना''बन गया है। विश्व पटल पर यह सब शांतिपूर्ण ढ़ंग से हुआ पर वर्तमान में दक्षिण–चीन समुद्र में उसकी सैन्य–अड्डा बनाने की कोशिश ने मानो विश्व को आसन्न खतरे की ओर जगा दिया है। अमेरिका प्रशांत में अपने मित्र देशों (जापान व फिलिपींस) की सुरक्षा को ले कर आशंकित हो गया है। उधर चीन का रूख इस मसले पर अत्यंत कठोर है। अपने आर्थिक उद्भव और बढ़ते सैनिक तैयारियों से चीन अमरीका की प्रभुता को चुनौती दे सकता है।

अपने विखंडन के बाद रूस एक अस्थिर देश बन गया था परन्तु पुतिन के नेतृत्व में रूस भी एक बड़ी शक्ति बन गया है। रूस के विचार अमेरिका से मेल नहीं खाते, रूस द्वारा सीरिया के शासक बशर अल–असद को समर्थन अमेरिका के पसंद की बात नहीं, रूस द्वारा क्रीमिया पर कब्जा भी पश्चिमी देशों को गलत लगता है। रूस के पास कई अणु हथियार हैं अतः वह भी अमेरिका के लिए चुनौती है।

मध्य–पूर्व में अमेरिका के प्रति बड़ी नकारात्मक विचारधारा है। अमेरिकी खुलापन, व्यक्तिगत स्वतंत्रता, मौज–मस्ती की चाहत को इस्लामी जगत में अनैतिक समझ जाता है। अमेरिका का इजरायल को खुला समर्थन अरब देशों के मुसलमानों के बीच दुखती रग है, इजरायल और अमेरिका की मिलकर बनी सैन्य ताकत के विरूद्ध उनके कई प्रयास बेकार चले गए हैं अतः इस क्षेत्र में गैर–अमेरिकी आतंकवाद गहराई से जड़ जमा चुका है। वैसे तो इस्लामिक जगत आपस में शिया–सुन्नी के झगड़ों में बंट कर, अपनी शक्ति जाया कर रहा है, परन्तु यह पूरा मध्यपूर्व अगर किसी सल्तनत के अधीन आ जाए तो उनका सबसे पहला शिकार अमेरिका ही होगा।

अमेरिका वर्तमान में शीर्ष पर है परन्तु विद्वानों को यह स्थिति लंबे समय तक चलने वाली नहीं लगती, इतिहास गवाह है कि बड़े–बड़े एवं शक्तिशाली साम्राज्यों का पतन कभी न कभी हो जाता है तब विश्व एक बार फिर बहुध्रुवीय बन जाएगा।

भूमंडलीकरण से विश्व के दूसरे देश भी धन, तकनीक और सैन्य ताकत विकसित कर रहे हैं। वे अमेरिका की विदेश नीति के कायल भी नहीं है अतः शीत युद्ध के बाद की एक ध्रुवीय व्यवस्था कभी न कभी समाप्त होगी और भविष्य में बहुध्रुवीय व्यवस्था की स्थापना होगी।

प्रश्नावली

प्रश्न 1 : बींसवी सदी में अमेरिका की आर्थिक और सामाजिक स्थिति का वर्णन करें।

प्रश्न 2 : अमेरिका के नागरिक अधिकार आंदोलन पर एक आलोचनात्मक लेख लिखें।

प्रश्न 3 : 1955 से 1968 के बीच की उन घटनाओं का वर्णन करें जो अमेरिका के नागरिक अधिकार आंदोलन के लिए मील का पत्थर बन गये।

प्रश्न 4 : अमेरिका का 'मैक्कार्थी युग' क्या था? आलोचनात्मक वर्णन करें।

प्रश्न 5 : एक ध्रुवीय विश्व से आप क्या समझते हैं। अमेरिका के संदर्भ में इसकी व्याख्या करें।

प्रश्न 6 : द्वितीय विश्व युद्ध के पश्चात अमेरिका की विदेश नीति की आलोचनात्मक व्याख्या करें।

११. पूर्वी यूरोप

द्वितीय विश्व युद्ध के दौरान हिटलर की नाज़ी सेना ने बड़ी आसानी से यूरोप के देशों को जीत लिया था जिनके शासकों को हटाकर दूसरी कठपुतली सरकारें स्थापित करवा दी थीं और उन्हें नाजियों की तरफ से युद्ध में भाग लेना पड़ा था। पूर्वी यूरोपीय देश जैसे पोलैड, चेकोस्लोवेकिया, हंगरी, रोमानिया, युगोस्लाविया, बल्गारिया एवं अल्बानिया को द्वितीय विश्व युद्ध के अंत के दौरान रूसी लाल सेना ने मुक्त कराते हुए जर्मनी में प्रवेश किया था तब हिटलर की आत्महत्या के बाद (30 अप्रैल 1945 को) यूरोप में युद्ध समाप्त हो गया। हंगरी, रोमानिया, स्लोवाकिया और बुल्गारिया में फासी सरकारों की स्थापना हो गई थी अतः वे जर्मनी के पक्ष में युद्ध लड़े थे पर वहाँ की जनता हिटलर या नाजियों के साथ नहीं थी। जैसे, जब नाजी सेना ने चेकोस्लोवेकिया में प्रवेश करके स्लोवाकिया में एक कठपुतली सरकार की स्थापना की तो कई नेता देश से भाग निकले, 1940 में एडुअर्ड बेनेस के नेतृत्व में चेकोस्लोवेकिया की एक प्रवासी सरकार स्थापित की गई जो जर्मनी के खिलाफ देश में छापामार लड़ाई चलाते रहे। चेकोस्लोवाक प्रतिरोध आंदोलन में साम्यवादी, समाजवादी, लोकतंत्रवादी तथा कई गुट शामिल थे उसी तरह युगोस्लाविया में फासीवादी कब्जे और उसके स्थानीय समर्थकों के खिलाफ प्रतिरोध का नेतृत्व साम्यवादी दल ने किया जिसका नेता जोसफ ब्रोज टीटो था। पोलैंड में साम्यवादियों का अपना अलग प्रतिरोध संगठन था।

सोवियत संघ के याल्टा नामक स्थान पर फरवरी 1945 को मित्र देशों के नेताओं का सम्मेलन हुआ जहाँ अमेरिकी राष्ट्रपति रूजवेल्ट, ब्रिटिश प्रधानमंत्री चर्चिल और रूसी राष्ट्रपति स्टालिन इस बात पर सहमत हुए कि 'मुक्त कराए' गए यूरोपीय देशों में स्वशासन स्थापित कराया जाएगा जो स्वतंत्र और पक्षपात रहित चुनावों के द्वारा स्थापित होगा।

सोवियत संघ अर्थात् रूस में उस वक्त स्टालिन की तानाशाही कायम थी और उस देश की साम्यवादी विचारधारा भी पूँजीवादी पश्चिमी देशों को पसंद नहीं थी। स्टालिन भी यह बात जानता था कि कैसे पश्चिमी देशों ने नाजी और फासी ताकतों को तुष्टिकरण की नीति के तहत रूस के साम्यवाद के विरूद्ध प्रश्रय दिया था पर युद्ध जब छिड़ा तो वे ही हिटलर की मार के अंदर आ गए तब जा कर उन्होंने रूस से मित्रता की थी। स्टालिन ने अब, पूर्वी यूरोपीय देशों को अपने प्रभाव क्षेत्र के अंदर बनाए रखने का प्रयास करना प्रारंभ किया। उसने एक निश्चित पैर्टन अपनाया जो लगभग हर पूर्वी यूरोपीय देश में लागू किया गया। इसके अनुसार

पहले जो तत्कालीन 'अस्थाई' सरकारें थीं उन्हें फासिस्ट बता कर उनकी भर्त्सना की और उनके स्थान पर एक 'लोकप्रिय सरकार' को स्थापित करवाया जिसके महत्वपूर्ण पदों पर साम्यवादी बैठे हों। तब ये साम्यवादी मंत्री, किसी स्थानीय नेता जिसे कभी मास्को में प्रशिक्षण मिल चुका हो के साथ रूसी सैनिक मदद के जरिए एक साम्यवादी सरकार स्थापित करने में सफल हो जाते थे। उसके बाद एक सोवियत माडल के संविधान को तैयार करवाया जाता और उसे जनतांत्रिक मत जो कि कई बार जबरदस्ती का मत होता था, दिलवा दिया जाता। नई साम्यवादी सरकार सोवियत सरकार के निर्देश के अनुसार काम करती।

पूर्वी यूरोपीय देशों में साम्यवादी शासन की स्थापना

पोलैंड में हिटलर के आक्रमण के बाद वहाँ की सरकार लंदन प्रवास कर गई थी और युद्ध समाप्ति के बाद उन्होंने पोलैंड के पूर्वी हिस्से को सोवियत रूस से वापस करने का आग्रह किया जो उन्होंने युद्ध की शुरूआत में हिटलर से गैर आक्रमण समझौते के बाद कब्जे में कर लिया था पर रूस इसके लिए राजी न हुआ बल्कि एक कम्युनिस्ट पोल नेता बोलेश्लाव बेरूत को पोलैंड की सत्ता दिलवा दी। अगस्त 1945 को रूसी सेना द्वारा पश्चिमी पोलैंड नाज़ी मुक्त करवा लिया गया। बेरूत ने अपने देश का रूसी कब्जा वाला क्षेत्र वापस नहीं मांगा। जनवरी 1946 में एक आज्ञा द्वारा देश से पूँजीवादी व्यवस्था की समाप्ति की घोषणा कर दी गई और आधारभूत उद्योगों का राष्ट्रीयकरण कर दिया गया। जनवरी 1947 में चुनाव हुए और राष्ट्रीय असेंबली का निर्माण हुआ। लोकतांत्रिक एवं गैर साम्यवादी पार्टियों को खत्म कर दिया गया। धर्म एवं व्यक्तिगत स्वतंत्रता पर बंधन लगा दिए गए। पोलैंड ने अपने देश की स्वतंत्रता के लिए बहुत बहादुरी से नाज़ी जर्मनी से युद्ध किया था परन्तु युद्ध के बाद उसे कम्युनिस्ट रूस के सामने घुटने टेक देने पड़े।

ऐसी ही कहानी, थोड़े बहुत बदलाव के साथ युगोस्लाविया, अल्बानिया, बल्गारिया, रोमानिया, हंगरी और चेकोस्लोवेकिया में भी दुहराई गई। युगोस्लाविया देश प्रथम विश्व युद्ध के बाद अस्तित्व में आया था, उस पर द्वितीय विश्व युद्ध के दौरान जब नाज़ी कब्जा हो गया था तब जनरल द्राजा मिखाइलोविच ने गुरिल्ला छापेमारी द्वारा देश में प्रतिरोध आंदोलन चलाया था, वह देश के राजा पीटर द्वितीय का वफादार भी था। परन्तु जोसफ ब्रोज टीटो नामक एक कम्युनिस्ट सर्ब नेता, जिसे मास्को में प्रशिक्षण मिला था, वह भी प्रतिरोध आंदोलन चलाता था। सोवियत रूस ने अमेरिका तथा ब्रिटेन को दोनों आंदोलनों को एक मानने के लिए मना लिया अतः नाज़ियों के युगोस्लाविया से जाने के पश्चात राजा पीटर द्वितीय को टीटो को प्रधानमंत्री बनाना पड़ा। फिर क्या था, अपनी सरकारी स्थिति का फायदा उठा कर और पश्चिमी देशों की मौन सहमति पा कर, टीटो ने देश पर पूर्ण अधिकार कर लिया। नवंबर 1945 को नियंत्रित चुनाव करवा कर एक आज्ञाकारी विधान सभा को चुन लिया गया जिसने राजशाही और राजा पीटर की व्यवस्था का अंत कर दिया और अगले वर्ष देश को ''संघीय लोक

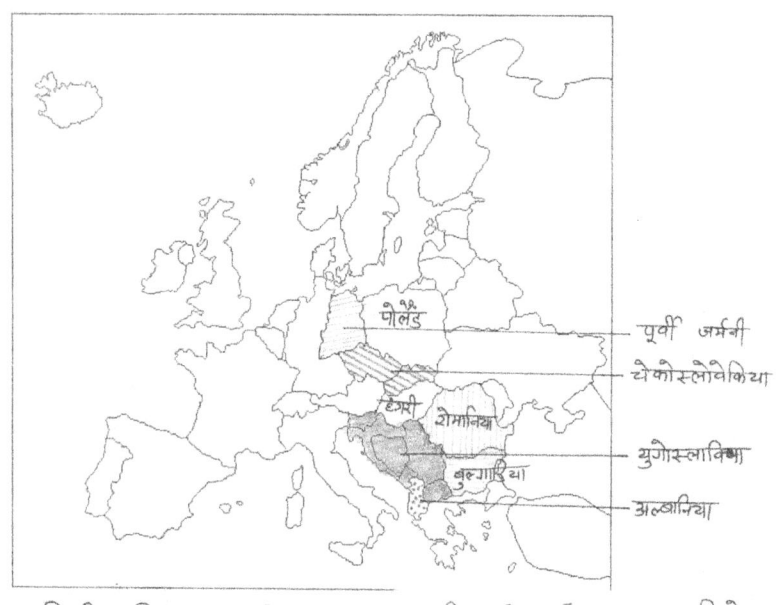

द्वितीय विश्व युद्ध के पश्चात पूर्वी यूरोप के साम्यवादी देश

गणराज्य'' के तौर पर घोषित कर दिया। 1946 की गर्मियों में जनरल मिखाइलोविच की हत्या करवा दी गई और कैथोलिक धर्मगुरू विशप स्टेपीनाक को सोलह वर्षों के कैद की सजा सुना दी गई।

अल्बानिया में भी एक सोवियत रूस का समर्थक था जिसका नाम था इनवर होक्सा। नवंबर 1945 को उसके अस्थाई सरकार को ब्रिटेन और अमेरिका ने इसी शर्त पर मान्यता दी थी कि वह स्वतंत्र और निष्पक्ष चुनाव करवाएगा। परन्तु वहाँ के पूर्व–शासक राजा ज़ोग को दिसंबर 1945 में अपदस्थ कर अल्बानिया भी ''लोगों का गणतंत्र'' बन गया और सोवियत संघ के जैसा संविधान अपना लिया।

बल्गारिया में सोवियत रूस में रह रहे एक कम्युनिस्ट ने आ कर शासन में हिस्सेदारी मांगी। द्वितीय विश्व युद्ध के दौरान 1943 में वहाँ के शासक बोरिस तृतीय ने सिंहासन अपने पुत्र सिमियोन द्वितीय के लिए छोड़ दिया था। अब सोवियत सेना ने जब बल्गारिया को नाज़ी मुक्त कराया तो जार्ज दिमित्रोव नामक कम्युनिस्ट ने उनके बल पर सत्ता हथियाई, राजशाही समाप्त करवाया और सोवियत संघ जैसे संविधान को अपनाया। दिमित्रोव भी विरोधियों को मरवाने में जरा भी नहीं हिचकिचाया।

रोमानिया में राजा माइकल के शासन में संवैधानिक राजशाही 1944 से स्थापित थी और उनकी सरकार में कम्युनिस्ट तथा लोकतांत्रिक दोनों का सम्मिश्रण था। परन्तु पीटर ग्रोज़ा नामक प्रधानमंत्री और अना पाउकर नामक स्टालिन समर्थक ने शीघ्र ही देश में अपनी पकड़ बना ली। दिसंबर 1947 तक वे इतने शक्तिशाली बन गए कि राजा माइकल की सत्ता का अंत, राजशाही व्यवस्था का अंत और सोवियत संघ जैसे संविधान को देश में लागू करवा दिया।

रोमानिया भी ''लोगों का गणतंत्र'' बन गया जिसमें दूसरी राजनीतिक पार्टियों को बैन कर दिया गया और उनके नेताओं को या तो जेल में डाल दिया गया या मरवा दिया गया।

हंगरी द्वितीय विश्व युद्ध में जर्मनी की तरफ से लड़ा था। पराजित होने के बाद उसे रूस को कई मीलियन डालर क्षतिपूर्ती के रूप में देना पड़ा था। देश की राष्ट्रीय विधान सभा में नवंबर 1945 को हुए चुनाव में लोकतांत्रिक तत्वों को बहुमत मिल गया था जिसके बाद एक उदारवादी गणतांत्रिक संविधान को अपनाया गया और एक उदारवादी एंव लोकतंत्रवादी नेता इमरी नागी को प्रधानमंत्री बनाया गया परन्तु मई 1947 में कम्युनिस्टों ने रूसी इशारे पर तख्तापलट कर दिया और कम्युनिस्ट शासन स्थापित किया। हंगरी भी ''लोगों का गणतंत्र'' बन गया, एक कम्युनिस्ट संविधान और एक दलीय शासन व्यवस्था, सोवियत रूस के नियंत्रण तले, सारे घरेलू असहमतियों को सख्ती से दबाने वाला देश बन गया। कैथोलिक धर्मगुरू कार्डिनल मांइडसेंटी जो नाज़ी जर्मनी के विरोधी थे, उन्हें कम्युनिस्ट विरोधी भी मानते हुए फरवरी 1949 में उम्र कैद की सजा दे दी गई। कई देशभक्त हंगेरियन नेताओं का और बुरा हाल किया गया ।

चेकोस्लोवेकिया में युद्ध समाप्ति के बाद युद्ध पूर्व का उदार गणतांत्रिक संविधान की पुनः स्थापना हो गई। 1945 में ही एडुवर्ड बेनेस नामक उदारवादी नेता राष्ट्रपति बना और एक मिली जुली सरकार का र्निविरोध मुखिया बना। इस सरकार ने सोवियत संघ और पश्चिमी लोकतंत्रों से एक समान संबंध रखना चाहा। मई 1946 के चुनावों में कम्युनिस्टों को पहले से कुछ ज्यादा सीटें मिली पर वह बहुमत न था। यहाँ भी फरवरी 1948 में तख्ता पलट करवा दिया गया । रूस से प्रशिक्षण प्राप्त कम्युनिस्ट क्लीमेंट गोट्टवाल्ड प्रधानमंत्री बन गया और एक तानाशाही का शासन शुरू किया। मार्च में चेकोरलोवाकिया के संस्थापक का पुत्र जान मसारक जो उदार विदेश मंत्री था संदिग्ध हालात में मृत पाया गया। जून में बेनेस को राष्ट्रपति पद भी गोट्टवाल्ड को सौंप देना पड़ा उसके बाद दमन का चक्र चला। नए कम्युनिस्ट संविधान की स्थापना हुई। एक वर्ष के अंदर दस हजार लोगों को गुप्त पुलिस के द्वारा "पश्चिम का हिमायती या धर्म का समर्थक" जैसे आरोपों के साथ कैद में डाल दिया गया। कई विरोधियों को रूस के कोयला खदानों में गुलाम–मजदूर बना कर भेज दिया गया।

पूर्वी जर्मनी को नाज़ी मुक्त करा कर वहाँ भी सोवियत निर्देशित कम्युनिस्ट सरकार की स्थापना 1949 में कर दी गई। अतः 1945 से 1949 के बीच सोवियत संघ ने लगभग सभी पूर्वी यूरोपीय देशों पर अपनी मर्जी के अनुसार शासन व्यवस्था कायम कर ली।

द्वितीय विश्व युद्ध ने पूरी दुनिया को उलट–पुलट डाला था। पुरानी औपनिवेषक व्यवस्था टूट रही थी। लोगों में गहरा परिवर्तन आ गया था। पश्चिमी देश इस लंबे चले, भयानक विनाशकारी युद्ध के बाद कमजोर पड़ गए थे उनकी अर्थव्यवस्था, व्यापार, और राजनैतिक जीवन काफी प्रभावित हो गए थे। पश्चिमी यूरोपीय देशों में भी स्वतंत्र और निष्पक्ष चुनावों के बाद "वामपंथी" तत्वों को ज्यादा बहुमत मिलने लगा था। खास तौर पर फ्रांस तथा इटली जैसे देशों में। द्वितीय विश्व युद्ध के बाद पश्चिमी देशों की लोकतांत्रिक शासन व्यवस्था में मिली–जुली सरकारों का दौर आ गया, जिसमें वामपंथियों के अलावे कम्युनिस्ट भी, लोकतंत्रीय नेताओं के साथ शामिल होते थे। परन्तु यह स्पष्ट हो गया कि कम्युनिस्ट और लोकतंत्रीय तत्व एक साथ नहीं चल सकते। कम्युनिस्टों का आग्रह सतत सुधार नहीं बल्कि हिंसात्मक क्रांति होती थी। वे उदार जनतंत्र के बजाय सर्वहारा की तानाशाही चाहते थे और लगभग सभी देशों के कम्युनिस्ट, मास्को से निर्देशित होते थे। तब पश्चिमी यूरोपीय देशों की जनता को लगने लगा कि कम्युनिस्ट किसी राष्ट्रहित के लिए काम नहीं करते हैं वे तो किसी विदेशी ताकत के हितों की रक्षा कर रहे हैं और अपने देश की सरकार के कामकाज में बाधा पहुँचा रहे हैं। धीरे–धीरे उन्हें मंत्रिमंडल से बाहर का रास्ता दिखलाया गया और फिर उनकी लोकप्रियता भी घटती गई, मगर सिर्फ पश्चिमी यूरोप में ऐसा हुआ।

अतः 1944–1945 के दौरान सोवियत रूस की लाल सेना ने पूर्वी यूरोपीय देशों पर नाज़ी मुक्त कराने के लिए जो कब्जा किया था वह 1949 तक इन देशों को

सोवियत साम्यवादी सांचे में ढ़ालने का कारण बन गया। उधर पश्चिमी यूरोपीय देश आर्थिक जरूरतों के लिए सूत्रबद्ध हो रहे थे तो इधर सोवियत संघ भी इन पूर्वी यूरोपीय "उपग्रह" देशों को आर्थिक और सैनिक गठबंधनों के जरिए नज़दीक ला रहा था। इनके स्वरूप सोवियत संघ के राजनीतिक, आर्थिक एवं शैक्षणिक व्यवस्था के हूबहू प्रतिकृति बना दिए गए थे। सभी में पंचवर्षीय योजनाओं के जरिए आर्थिक गतिविधियां तय करनी थीं। इन उपग्रहों का अधिकांष व्यापार सोवियत संघ से होता था या निर्देषित होता था और सेना की कमान भी उसी के द्वारा संचालित होती थी।

मोलोतोव योजना– यह रूसी विदेश मंत्री वी. मोलोतोव द्वारा बनाई व्यापार संबंधी योजना थी। पश्चिमी यूरोप को अमेरिका मार्शल प्लान के तहत मदद दे रहा था जो सोवियत संघ अपने खेमे के पूर्वी यूरोपीय उपग्रह देशों को लेने से मना कर चुका था अतः 1947 में इस योजना के जरिए सोवियत संघ ने अपने उपग्रह देशों की अर्थव्यवस्था को व्यापार के जरिए मजबूती पहुँचाई।

कॉमिनफर्म (कम्युनिस्ट इन्फॉर्मेशन व्यूरो) इस संस्था के जरिए सोवियत संघ ने पूर्वी यूरोप के अपने उपग्रह देशों की सरकारों को कम्युनिस्ट विचारधारा के अनुसार बनाए रखने के लिए नियंत्रित किया।

कोमेकॉन (कॉउसिंल फार म्यूचुअल इकानामिक असिस्टेंस–COMECON) सोवियत संघ ने 1949 में इसकी स्थापना की जिसके द्वारा हर उपग्रह देशों की अर्थव्यवस्था का नियोजन किया जाने लगा। इसी के निर्देषानुसार सारे उद्योगों का राष्ट्रीयकरण कर दिया गया, कृषि को सहकारिता के अंतर्गत ला दिया गया, जिसमें 64–1956 के बीच के रूसी राष्ट्रपति निकिता खुश्चेव ने कोशिश की, कि पूर्वी जर्मनी और चेकोस्लोवेकिया को मुख्य औद्योगिक केन्द्र, तथा हंगरी और रोमानिया को कृषि केन्द्र की तरह विकसित किया जाए। कुछ समय के लिए इस साम्यवादी खेमे में उन्नति देखी गई परन्तु जल्दी ही सकल घरेलू उत्पाद और उत्पादकता कम होने लगी, कई आर्थिक परेशानियों ने इस खेमे को घेरना शुरू किया जैसे आवश्यक वस्तुओं की कमी, मुद्रास्फीति, गिरता जीवन स्तर, भ्रष्टाचार, संसाधनों की बर्बादी इत्यादि परन्तु किन्हीं क्षेत्रों में इनकी स्थिति पश्चिमी यूरोपीय देशों से बेहतर थी जैसे स्वास्थ्य सेवा एवं नागरिक सेवा के क्षेत्र में। हर व्यक्ति और हर बच्चे को अत्यंत कम या बिना किसी दाम के स्वास्थ्य सेवा एवं शिक्षा उपलब्ध थी।

वारसा पैक्ट–1955– पश्चिमी देशों की अमेरिका के साथ की गई सैनिक संधि नाटो के जवाब में सोवियत संघ ने वारसा पैक्ट नाम सैनिक संधि अपने उपग्रह देशों के साथ बनाई पर उसका सदस्य युगोस्लाविया नहीं बना। इस संधि के अनुसार किसी अन्य देश द्वारा हमला होने से वे एक दूसरे की मदद को आएँगें, इसके अलावा इन देशों की सेनाएं सोवियत संघ के नियंत्रण में आ गई। नाटो के सदस्य देश उस संधि को त्याग सकते थे पर वारसा पैक्ट/समझौते में इसकी अनुमति नहीं थी। दुर्भाग्य से, एक ही बार वारसा समझौते की सेना को संयुक्त

कार्यवाही करने का अवसर मिला, वह भी अपने ही सदस्य चेकोस्लोवेकिया के विरूद्ध, जब सोवियत संघ 1968 की उसकी घरेलू नीतियों से अत्यंत अप्रसन्न हुआ था।

पूर्वी–यूरोपीय देशों में साम्यवादी संघर्ष 1949–89

सोवियत संघ अपने खेमे के देशों के ऊपर अपना साम्यवादी नियंत्रण बनाए रखना चाहता था इस कार्य के लिए जोर जबर्दस्ती का प्रयोग भी उसे स्वीकार्य था।

युगोस्लाविया के साथ संघर्ष–यहाँ का नेता टीटो हालांकि सोवियत संघ से साम्यवाद प्रशिक्षण ले कर आया था और अपने देश में नाजी कब्जे के दौरान प्रतिरोध आंदोलन का अत्यंत लोकप्रिय नेता था पर देश के नाज़ी मुक्त होने के बाद वहाँ के राष्ट्रपति बनने में उसे सोवियत रूस की मदद नहीं लेनी पड़ी थी। इसीलिए वह सोवियत रूस का कभी एजेंट नहीं बना। 1948 में उसकी स्टालिन से अनबन हो गई क्योंकि टीटो एक स्वतंत्र साम्यवादी रास्ता अपनाना चाहता था, और वह पश्चिमी देशों से भी व्यापार करना चाहता था, अपने देश की अर्थव्यवस्था पर रूसी योजनाओं को थोपा जाना उसे पसंद नहीं था, वह अति केन्द्रीयकरण के विरूद्ध था अतः उसके विपरीत राह चलने से स्टालिन ने उसे कामिनफार्म से निकाल दिया और सारी आर्थिक मदद बंद कर दी। स्टालिन को लगा इससे युगोस्लाविया में आर्थिक संकट आ जाएगा और टीटो को झुकना पड़ेगा, पर ऐसा नहीं हुआ, टीटो अपनी लोकप्रियता के बल पर अपने पद बना रहा और अपने ही ढ़ंग की अर्थव्यवस्था को प्रारंभ किया जिसमें उद्योगों को राष्ट्रीयकरण से हटा कर, मजूदर प्रतिनिधि दल की समिति के नियंत्रण में रख दिया, कृषि में पारिवारिक समूह बना कर आर्थिक निर्णय, शिक्षा, कल्याण एवं संस्कृति संबंधी जिम्मेदारी दे दी। यह व्यवस्था बड़ी अच्छी थी जिसमें आम आदमी अपने जीवन से संबंधित निर्णय स्वयं ले रहा था चाहे वह उसके काम से संबंधित हो अथवा उसके समाज से। कई मार्क्सवादियों को यह व्यवस्था ही सच्ची कम्युनिस्ट व्यवस्था लगने लगी। स्टालिन की मृत्यु के बाद ख्रुश्चेव युगोस्लाविया गए और स्टालिन के काल में हुए विभेद को समाप्त कर टीटो की प्रशंसा की।

परन्तु जब तक स्टालिन जीवित रहा (1953) तब तक उसने अन्य पूर्वी यूरोपीय देशों पर अपना नियंत्रण कठोरता से बनाए रखा। उस कार्य में वह सफल भी हुआ क्यों कि अन्य नेता टीटो के समान लोकप्रिय न थे।

- हंगरी में विदेश मंत्री लाज़लो राज़क और गृह मंत्री जानोस कदार दोनों ही स्टालिन विरोधी थे, उन्हें पकड़ लिया गया, राज़क को फांसी दे दी गई और कदार को जेल में ठूंस दिया गया। अन्य 2 लाख व्यक्तियों को पार्टी से 1949 में निष्कासित कर दिया गया।
- बल्गारिया में प्रधानमंत्री ट्राइचको कोसलोव को गिरफ्तार कर मरवा दिया गया। (1949)

- चेकोस्लाविया में कम्युनिस्ट पार्टी के जनरल सेक्रेट्री रूडाल्फ स्लान्सकी और दस अन्य मंत्रिमंडल के सदस्यों को 1952 में मरवा दिया गया।
- पोलैंड में कम्युनिस्ट पार्टी के नेता और उप–राष्ट्रपति व्लाडिलाव गोमुल्का को टीटो की प्रशंसा करने के अपराध में जेल में डाल दिया गया।
- अल्बानिया के कम्युनिस्ट प्रधानमंत्री कोज़े खोखे को पद से हटा कर मरवा दिया गया क्योंकि वह टीटो का समर्थक था।

स्टालिन की मृत्यु (1953) के बाद ऐसा लगा मानो उपग्रह देशों को सोवियत संघ के नियंत्रण से मुक्ति मिल जाएगी क्योंकि अगले नेता ख्रुश्चेव ने कम्युनिस्ट पार्टी के बीसवें अधिवेशन में स्टालिन की आलोचना कर सबको चकित कर दिया, ख्रुश्चेव ने यह भी कहा कि ''साम्यवाद के कई रास्ते हो सकते हैं'' और 1955 में उसने युगोस्लाविया से हुए झगड़े को भी खत्म कर दिया। 1956 में कॉमिनफार्म को भंग कर दिया गया जिसके जरिए रूस उपग्रह देशों की अर्थव्यवस्थाओं में हस्तक्षेप करता था। परन्तु तुरन्त ही ऐसी घटनाएँ होने लगीं कि सोवियत संघ का उपग्रह देशों के प्रति पुराना नियंत्रणकारी रवैया पुनः जाग्रत हो गया।

पोलैंड का संकट

1956 की गर्मियों के आते–आते पोलैंड में असंतोष की लहरें बढ़ती गईं। गिरते जीवन स्तर, तनख्वाह में कमी और ऊँचे कर के भार ने लोगों को क्रोधित कर रखा था। जून 1956 में पोज़न नामक स्थान पर सरकार विरोधी एवं सोवियत रूस विरोधी विशाल प्रदर्शन हुए, उसके बाद हडताल शुरू हो गई। लोगों ने ''ब्रेड एवं फ्रीडम'' अर्थात् स्वतंत्रता की मांग करते हुए प्रदर्शन किया। पुलिस ने प्रदर्शन को तितर–बितर तो किया परन्तु पूरे गर्मियों तनाव का माहौल बना रहा। अक्टूबर में सोवियत संघ के टैंक राजधानी वारसा की सड़कों पर आ धमके। स्टालिन के समय पोलैंड के नेता व्लाडिलाव गोमुल्का को जेल में डाल दिया गया था परन्तु अब रूस के नेता अधिक टकराव को टालना चाहते थे, अतः उसे मुक्त कर दिया गया और पोलैंड की कम्युनिस्ट पार्टी का प्रथम सचिव नियुक्त कर लिया गया। यह भी मान लिया गया कि पोलैंड का साम्यवाद रूस से अलग ढ़ंग से चलेगा परन्तु विदेश नीति सोवियत निर्देष पर ही चलेगी। अतः स्टालिन की मृत्यु हो जाने के कारण पोलैंड में अधिक हंगामा नहीं हुआ।

हंगरी की क्रांति–1956

हंगरी में स्टालिन ने काफी हस्तक्षेप किया था, लोकप्रिय नेताओं को सत्ता से हटा कर या मरवा कर अपनी इच्छा के राकोसी को राष्ट्रपति बनाया था, उसकी मृत्यु (1953) के बाद राकोसी को पद छोड़ना पड़ा और एक उदारवादी इमरी नागी को पद दिया गया परन्तु राकोसी चुप न बैठा और कई षड़यंत्र करते हुए 1955 में नागी को हटाने में कामयाब हो गया। पर यह जन आक्रोश का कारण बन गया और अक्टूबर 1956 में फूट पड़ा–

- इस आक्रोश के कई कारण थे, जैसे राकोसी के दमनकारी शासन के प्रति क्रोध, उसने 2000 लोगों को मरवा डाला था और 2 लाख लोग जेल में ठूंसे जा चुके थे।
- आम आदमी के जीवन का स्तर निम्न था जबकि कम्युनिस्ट पार्टी के नेताओं का जीवन ऐशो–आराम से भरपूर था।
- सोवियत रूस के हस्तक्षेप के प्रति लोग आक्रोशित थे।
- खुश्चेव की बीसवें कम्युनिस्ट सम्मेलन का भाषण और गोमुल्का से अच्छा बर्ताव, हंगरी के लोगों को सरकार विरोधी प्रदर्शन करने की हिम्मत देने वाला हुआ।

राकोसी को जनमत के आगे झुकना पड़ा और नागी प्रधानमंत्री बन गया, लोकप्रिय कैथोलिक धर्मगुरू कार्डिनल मांइडसेंटी को छोड़ दिया गया, यहाँ तक ठीक था पर जब नागी ने एक दलीय शासन व्यवस्था और वारसा समझौता को त्याग देने का ऐलान किया तो बात बिगड़ गई, ऐसे कदमों से हंगरी सोवियत संघ से दूर जा सकता था और दूसरे पूर्वी यूरोपीय देशों को भी साम्यवादी खेमा छोड़ने के लिए उदाहरण बन सकता था अतः रूसी सेना के बख्तरबंद टैंकों ने हंगरी की राजधानी बुडापेस्ट को 3 नवंबर 1956 को घेर लिया और गोलियां चलाई। करीब दो हफ्तों तक देश में संघर्ष चला, पर रूसी सेना अपना नियंत्रण स्थापित करने में सफल हुई। बीस हजार लोग मारे गए, उससे भी ज्यादा को जेल हुई। नागी को मार डाला गया और लाखों लोग शरणार्थी के रूप में अन्य देशों को भागने पर मजबूर हुए। कदार जो पहले गृह मंत्री थे को जेल मुक्त कर पद पर बैठाया जो 1988 तक सत्ता में बने रहे।

चेकोस्लोवेकिया का संकट (1968)

हंगरी में सेना को उतार कर नियंत्रण स्थापित करने के पश्चात सोवियत रूस ने अन्य देशों में हस्तक्षेप नहीं किया बल्कि उपग्रह देशों को अपने ढ़ंग के साम्यवादी शासन को चलाने की छूट भी दी जैसे जब खुश्चेव मे 1962 में कहा कि हर उपग्रह देश को किसी एक विशेष फसल को पैदा करने की अर्थव्यवस्था अपनानी चाहिए, पर इसका विरोध हंगरी, रोमानिया और पोलैंड ने जोरदार ढ़ंग से किया और जिसे मान भी लिया गया। बस यह देखा गया कि कोई भी नीति कम्युनिस्ट पार्टी के नियंत्रण को चुनौती न देती हो पर 1960 के मध्य आते आते चेकोस्लोवेकिया में रूस विरोध उफान पर आ गया, इसके कई कारण थे–

- चेक लोग औद्योगिक दृष्टि से और सांस्कृतिक दृष्टि से पूर्वी खेमे में सबसे उन्नत लोग थे और उन्हें रूस का नियंत्रण ठीक नहीं लगता था जैसे वे घटिया श्रेणी का लौह अयस्क साइबेरिया से नहीं लेना चाहते थे क्योंकि उन्हें पता था कि वे स्वीडन से बढ़िया किस्म के लौह अयस्क ले सकते हैं।

- प्रथम विश्व युद्ध के बाद अपने निर्माण के काल से वे स्वतंत्र देश थे और व्यक्तिगत स्वतंत्रता के आदी थे अब उनके अखबार, किताबें, अभिव्यक्ति की स्वतंत्रता पर सरकारी पहरा था, सरकार की आलोचना करने पर गिरफ्तारी जैसी व्यवस्थाएं उन्हें गलत लगती थीं।
- जब लोगों ने इन चीजों का विरोध करना चाहा तो पुलिस हिंसात्मक और निर्मम तरीके से उसे बंद करवा देती थी।
- देश पर रूस समर्थक अंतोनिन नोवोत्नी का शासन था, जिसके प्रति लोगों का विरोध बढ़ता ही जा रहा था।
- लोक प्रतिरोध के आगे जनवरी 1968 में नोवोत्नी को पद का त्याग करना पड़ा। अलेक्ज़ेडर डूबेक कम्युनिस्ट पार्टी का प्रथम सचिव बना। उसके साथियों ने उसके साथ मिलकर चेकोस्लोवेकिया के लिए कई नवीन शुरूआत की , जैसे–
- कम्युनिस्ट पार्टी देश की नीतियों को जर्बदस्ती नहीं थोपेगी।
- उद्योगों का राष्ट्रीयकरण खत्म होगा।
- कृषि का सहकारीकरण होगा।
- मजदूर संघो के लिए अधिक शक्तियां होगी।
- पश्चिमी देशों से व्यापार बढ़ाया जाएगा और विदेश जाने की स्वतंत्रता होगी।
- 1948 से पश्चिमी जर्मनी के तरफ की बंद सीमा को खोला जाएगा।
- प्रेस के लिए स्वतंत्रता की मंजूरी दी गई, सरकार की आलोचना की स्वतंत्रता दी गई। डूबेक ने माना कि देश साम्यवादी रहेगा पर एक "मानवीय चेहरे के साथ"।
- डूबेक ने सोवियत रूस के साथ बने रहने का भरोसा दिलाया और वारसा समझौते की सदस्यता भी नहीं छोड़ने का वादा किया।

1968 के बसंत और गर्मियों तक यह कार्यक्रम चलता रहा इसीलिए जनतांत्रिक अधिकारों की इस बयार को राजधानी के नाम पर "प्राग वसंत"(Prague Spring 1968) भी कहा जाता है परन्तु अगस्त 1968 में वारसा समझौते के सदस्य देशों के साथ रूस, पोलैंड, बल्गारिया, हंगरी और पूर्वी जर्मनी की सेनाओं ने चेकोस्लाविया पर आक्रमण कर दिया। चेक सरकार ने खून–खराबा बचाने की खातिर प्रतिरोध नहीं किया, चेक लोगों ने शांतिपूर्ण ढ़ंग से रूस विरोधी प्रदर्शन किए पर साल के अंत आते–आते डूबेक सरकार को अपना सुधार कार्यक्रम छोड़ना पड़ा। अगले वर्ष डूबेक को हटा कर गुस्ताव हुसाक को सत्ता सौंप दी गई जो रूसी कठपुतली था अतः वह 1987 तक सत्ता में बना रहा।

सोवियत रूस एवं अन्य साम्यवादी देश चेकोस्लोवेकिया के सुधार से इसलिए नाराज हो गए क्योंकि अभिव्यक्ति की स्वतंत्रता देकर डूबेक ने पूरे साम्यवादी खेमे

में हलचल मचा दी थी, इन देशों की सरकारों की डर हो गया कि उनके लोग भी इन अधिकारों की मांग करेंगे। इसी पृष्ठभूमि में रूसी राष्ट्रपति ब्रेझनेव ने जो घोषणा की उसे "ब्रेझनेव सिद्धांत कहा जाता है जिसके अनुसार अगर साम्यवाद खतरे में हो तो किसी भी कम्युनिस्ट देश में आंतरिक हस्तक्षेप पूर्णतया उचित है"। उन्हीं ने चेकोस्लाविया पर आक्रमण का आदेश दिया था।

चेकोस्लाविया की घटना के बाद ऐसा लगने लगा था कि पूर्वी यूरोपीय साम्यवादी देशों पर सोवियत संघ का पूरा नियंत्रण है पर अंदरूनी सच्चाई यह थी कि मास्को के कठोर नियंत्रण में ये देश कसमसा रहे थे और अंदर ही अंदर क्रोध सुलग रहा था। यह कहीं कहीं उबल कर बाहर भी आ जाता था जैसे–

- पोलैंड में गोमुल्का को 1970 के दंगों के बाद पद छोड़ना पड़ा, उसके उत्तराधिकारी गाइरक को भी 1980 में औद्योगिक हड़ताल, भोजन की कमी और गडांष बंदरगाह में विरोध के बाद पद छोड़ना पड़ा। नई सरकार को एक नए स्वतंत्र मजदूर संघ "सॉलिडारिटी" को मान्यता देनी पड़ी। रूसी फौजे पोलैंड की सीमा पर जमा हो गईं परन्तु आक्रमण नहीं किया क्योंकि उन्होंने अफगानिस्तान में भी फौजें भेज रखीं थीं तो एक साथ दो सैनिक अभियानों को चलाने की उनकी मंषा नहीं थी।
- हेलसिंकी समझौता (1975) फिनलैंड की राजधानी हेलसिंकी में यूरोप के सभी देशों (अल्बानिया एवं एंडोरा को छोड़ कर) ने एकत्र हो कर, साथ ही कनाडा, अमेरिका और साइप्रस भी मिलकर एक समझौते पर दस्तखत कर इस बात के लिए राजी हुए कि आर्थिक क्षेत्र में वे आपस में सहयोग करेंगें, शांति की दिशा में कदम बढ़ाएँगे और मानव अधिकारों की रक्षा करेंगें। उसके बाद सोवियत संघ और अन्य कम्युनिस्ट यूरोपीय देश के लोग भी अपनी सरकारों से भी मानव अधिकारों की मांग करने लगे।
- चेकोस्लोवेकिया में एक मानव अधिकार दल का संगठन हुआ जिसने स्वयं को चार्टर–77 कहा। (1977) 1980 के दशक मे यह हुसाक सरकार का मुखर आलोचक बन गया। 1986 में दल के मुखिया ने हुसाक को पद छोड़ने के लिए कहा।
- 1980 के आते–आते सारे कम्युनिस्ट देश आर्थिक संकटो में घिर चुके थे हालांकि दुनिया को इस बात का पता नहीं था कि साम्यवादी देशों की माली हालत इतनी खराब है।

साम्यवाद के पतन के कारण

पूर्वी यूरोपीय देशों में ऐसी परिवर्तन की लहर बही कि अगस्त 1988 से ले कर दिसम्बर 1991 के बीच लगभग हर साम्यवादी यूरोपीय देश इस व्यवस्था को त्याग कर राजनीतिक एवं आर्थिक दृष्टि से परिवर्तित हो गया। पोलैंड कम्युनिस्ट व्यवस्था को त्यागने वाला पहला देश था, तुरन्त ही हंगरी, पूर्वी जर्मनी और बाकी सब

उसका अनुकरण कर बैठे और 1991 के आखीर में सोवियत संघ भी पहले जैसा न रहा। यूरोप में साम्यवाद के पतन के कई कारण बने।

पहला, पूर्वी यूरोप के कई देश साम्यवादी बन जाने से पहले स्वतंत्र देश थे, वे सांस्कृतिक दृष्टि से उन्नत, और सदियों से जीवन के हर क्षेत्र में उन्मुक्त थे। उन के ऊपर नाज़ी आक्रमण और नाज़ी कब्जे ने द्वितीय विश्व युद्ध के दौरान खूब कहर ढ़ाया परन्तु युद्ध के बाद साम्यवाद उन पर लाद दिया गया और वे इस व्यवस्था को हृद्‌य से अपना न सके। प्रारंभिक वर्षों में स्टालिन का तानाशाही रवैया इस व्यवस्था को और अधिक क्रूर बना गया।

दूसरे, लोग साम्यवादी व्यवस्था के कम्युनिस्ट रूप के शासन के अंतर्गत खूब दबाए गए। मध्यवर्ती या उदारवादी विचारधारा के लोग या लोकतंत्र में विश्वास रखने वाले लोग बिना किसी दया के मार दिए जाते। हंगरी के लोग अपने लोकप्रिय नेताओं लाज़लो राज़क (Laszlo Rajk)और जानोस कदार (Jonos Kadar)के मरवाए जाने से आतंकित हो गए। बल्गारिया के प्रधानमंत्री कोसलोव को गोली मार दी गई थी, 1952 में चेकोस्लोवेकिया के कम्युनिस्ट पार्टी के रूडोल्फ स्लांस्की और दस अन्य मंत्रीमंडल के मंत्रियों को मरवा दिया गया था। यहाँ के लोगों को लगने लगा कि इनके प्रतिनिधि और नेता सिर्फ मास्को की मर्जी पर चल सकते हैं।

तीसरे, पूर्वी यूरोपीय देशों की आर्थिक अवस्था चरमरा गई थी। अपार संसाधनों के बावजूद इन देशों का जीवन स्तर पश्चिमी यूरोपीय पूँजीवादी देशों के समान नहीं हो रहा था। इनकी अर्थव्यवस्था बेकार, अति केन्द्रीकृत और बहुत सारे प्रतिबंधों वाली थी। इनके नियम आत्मघाती थे जैसे सारे उपग्रह देशों को अपने साम्यवादी खेमे के अंदर ही व्यापार करने की अनुमति थी। 1980 के मध्य तक देशों की आर्थिक स्थिति और बुरी हो गई एक तरफ आवश्यक चीजों की कमी रहती तो दूसरी तरफ देश के संसाधनों की भष्टाचार के कारण बरबादी होती। पुराने तकनीक के कारण उद्योग–धंधे भी बेकार ढ़ंग मे चलाए जाते। इनके द्वारा बनाए उत्पाद विश्व बाजार में टिक नहीं पाते। बेरोजगारों की संख्या बढ़ती ही जा रही थी अतः क्रांति के लिए नवयुवकों की फौज तैयार थी जिसके पास खोने को कुछ भी नहीं था।

चौथे, पूर्वी यूरोपीय कम्युनिस्ट देशों के लोगों को इस व्यवस्था में अंतर्निहित धर्म–विरोध बहुत ही बुरा लगता था। साम्यवाद के अनुसार धर्म और कुछ नहीं बल्कि अफीम है जो लोगों को बरबाद करता है अतः इन देशों में साम्यवाद की स्थापना होते ही चर्चों की जमीनें छीन ली गईं थीं और उनसे षिक्षा देने का अधिकार भी ले लिया गया था। कैथोलिक धर्मगुरू भी कम्युनिस्ट शासन व्यवस्था का विरोध करते थे, जिन्हें शासन जेल में डालने से भी नहीं हिचकिचाता था। परन्तु 1970 से यहाँ के लोग धर्म के मामले में सरकार की खिलाफत करने लगे थे। स्टालिन के समय में बंद कर दी गईं चर्चों को खुलवाया जाने लगा। बड़ी संख्या में नौजवान कैथोलिक भिक्षु बनने लगे। दूसरे धर्मों के प्रति भी उनका आर्कषण बढ़ने

लगा इस्कान जैसी अंतर्राष्ट्रीय संस्था या आनंद मार्ग में भी उनकी रूचि जाग्रत हुई। यह सब उनके मनोबल को सुदृढ़ बनाने वाला कदम हुआ जो उनकी क्रांति में काम आया।

पाँचवे, 1981 के बाद दो बार अमेरिका में राष्ट्रपति बनने वाले रोनाल्ड रीगन, दुनिया से साम्यवाद समाप्त करने को कटिबद्ध थे। उसने आर्थिक उपायों से सोवियत संघ एवं पूर्वी साम्यवादी खेमे के उत्पादों को विश्व बाजार से बाहर कर दिया। पश्चिमी देशों ने इस आर्थिक युद्ध में रीगन का खूब साथ दिया। रीगन ने पोप जॉन पाल द्वितीय को भी अपनी तरफ मिला लिया जो लोगों को धर्म और परमार्थनिष्ठा की तरह मुड़ जाने की अपील करने लगे। परन्तु साम्यवाद के अंत को नजदीक लाने वाले असली व्यक्ति रूस के राष्ट्रपति मिखाइल गोर्बाचोव थे। वे कम्युनिस्ट हो कर भी उदार और संतुलित व्यक्तित्व के स्वामी थे। उनके पद संभालने से पहले सोवियत संघ अफगानिस्तान में सैनिक अभियान चला रहा था जिसमें सैकड़ों रूसी नवयुवकों की जान जा चुकी थी अतः जब पूर्वी यूरोपीय साम्यवादी देशों में रूस विरोधी आवाजें उठने लगीं तो उन्होंने इनसे मुख फिरा लिया। रूसी लोग उनके रवैये से प्रसन्न हुए क्योंकि वे और लड़ाई और मार-काट नहीं चाहते थे परन्तु रूस की कम्युनिस्ट पार्टी में बड़ा विरोध हुआ और अनुदार नेता उनका तख्ता पलट की तैयारी करने लगे। स्टालिन के समय रूस अपने उपग्रह देशों पर कड़ा नियंत्रण रखता था, जब भी जनता कम्युनिस्ट शासन का विरोध करती तो कड़े कदमों से रूसी सेना या साम्यवादी मिली-जुली सेना से उसे दबा दिया जाता पर मार्च 1985 से मिखाइल गोर्बाचोव इस नीति से हट गए अतः एक के बाद एक पूर्वी यूरोपीय देश साम्यवादी व्यवस्था से दूर होते गए।

पूर्वी यूरोपीय देशों में साम्यवाद का अंत

यूरोप में 1989 को "एनस मिराबिलिस"(annus mirabilis-year of miracles) आश्चर्य-जनक घटनाओं का वर्ष कहा जाता क्योंकि जब इस साल की शुरूवात हुई तो ऐसा लगता था कि सोवियत रूस के उपग्रह देशों पर उसका पूरा नियंत्रण है परन्तु साल का अंत आते-आते इन साम्यवादी उपग्रह देशों का घेरा टूट गया जिसे द्वितीय विश्व युद्ध बाद स्टालिन ने बड़ी मेहनत से खड़ा किया था।

उसके काल में और उसके बाद भी जब जब पूर्वी यूरोपीय देशों के लोगों ने अपने-अपने देशों के कम्युनिस्ट पार्टियों का विरोध दिखाया था तो मास्को की तरफ से प्रतिरोध किया गया था-1953 में पूर्वी जर्मनी में, 1956 में हंगरी में और 1968 में चेकोस्लोवेकिया में। धमकियों और हस्तक्षेप ने ऊपरी तौर पर शांति स्थापित कर दी थी पर अपने शासन के शुरूआत में ही गोर्बाचोव ने घोषणा कर दी कि ब्रेझनेव सिद्धांत अब खत्म हो चुका है और किसी भी राष्ट्र की यह अधिकार नहीं है कि वह अपनी इच्छा दूसरे देश के लोगों पर लादे। गोर्बाचोव ने यह बात कई बार

अलग–अलग मंचो से कही जैसे दिसंबर 1988 में संयुक्त राष्ट्र संघ के अपने अधिवेशन में भी ऐसा ही कहा। अब तो पूर्वी यूरोपीय देशों की कम्युनिस्ट सरकारों को अपने देश की जनता का सामना बिना मास्को के भरोसे करना था।

1989 की घटनाओं के पीछे आर्थिक कारणों का बड़ा हाथ था। साम्यवादी व्यवस्था अपनाने के पश्चात प्रथम दस वर्षों तक पूर्वी यूरोपीय देशों की अर्थव्यवस्थाएँ उन्नति कर रही थीं जब उनकी कम्युनिस्ट सरकारें बड़ी फैक्टरियों की स्थापना कर उत्पादन में लगी थीं परन्तु उसके पश्चात उसी स्तर की उत्पादकता को बनाए रखना, नए तकनीक को अपना लेना और एक बड़ी मात्रा में उच्च स्तर की कई प्रकार की वस्तुओं का उत्पादन कर लेना ऐसी बातें थीं जो केन्द्रीयकृत योजना पद्धति से नहीं की जा सकती थीं। 1980 तक यह स्पष्ट था कि हर पूर्वी यूरोपीय देश आर्थिक रूप से पश्चिमी यूरोपीय देश से पिछड़ा था और उसका जीवन स्तर नीचा था। और यह भी सही था कि जिस "लौह दीवार" की बात पहले कही जाती थीं अर्थात् पूर्वी यूरोपीय कम्युनिस्ट देश अन्य देशों के साथ संपर्क नहीं कर सकते, उनके नागरिक देश नहीं छोड़ सकते, उन्हें अपने विचार व्यक्त करने की आजादी नहीं है, उन देशों में क्या हो रहा है दुनिया नहीं जान सकती इत्यादि तो सही थे, परन्तु 1980 तक संचार के माध्यम खुल चुके थे, पूर्वी जर्मनी के लोग पश्चिमी जर्मनी के टी.वी. कार्यक्रम देखा करते थे और जीवन स्तर का फर्क स्पष्ट था। पश्चिम से पूर्व में आने वाले लोगों के द्वारा भी विचारों का आदान–प्रदान होता था अतः पूर्व यूरोप के लोगों में बड़ा असंतोष था जो इस बात से भी पता चलता है कि लोग बड़ी संख्या में पश्चिम की तरफ भाग जाना चाहते थें जिन्हें कम्युनिस्ट सरकारें जर्बदस्ती रोक लेना चाहती थीं।

पोलैंड

1981 से पोलैंड का नेता जनरल जारूजेल्स्की था। जब सालिडारिटी (नए बने मजदूर संघ) ने उनसे एक जनमत संग्रह की मांग की ताकि वे दिखा सकें कि उन्हें जनता का कितना ज्यादा समर्थन प्राप्त है तो जारूजेल्स्की ने देश में आपातस्थिति लगा दी, सालिडारिटी पर (बैन) प्रतिबंध लगा दिया और हजारों कार्यकर्ताओं को गिरफ्तार कर लिया। सेना ने उनकी बात मान ली क्योंकि अभी भी उन्हें सोवियत रूस के द्वारा सैनिक हस्तक्षेप और खूनखराबे का डर था। जुलाई 1983 तक सरकार ने देश पर पूरा नियंत्रण कर लिया, जारूजेल्स्की ने आपातस्थिति हटा ली और सॉलिडारिटी सदस्यों को रिहा कर दिया परन्तु देश की स्थिति वैसी ही बनी रही, अर्थव्यवस्था की गड़बड़ियाँ भी बनी रहीं। 1988 में जारूजेल्स्की ने सब्सिडियां बंद कर अर्थव्यवस्था में सुधार करने का प्रयास किया तो उससे हर चीज के दाम बढ़ गए जैसे ब्रेड, कोयला, पेट्रोल इत्यादि। इस बार जारूजेल्स्की ने ताकत का इस्तमाल करना ठीक नहीं समझा क्योंकि उसे पता था कि मास्को से कोई सहयोग नहीं मिलेगा अतः वह समझ गया कि उसे सालिडारिटी का सहयोग ले कर ही आर्थिक सुधार करना पड़ेगा। फरवरी 1989 में कम्युनिस्ट सरकार, सालिडारिटी और

अन्य दलों (जैसे रोमन कैथोलिक इत्यादि) के मध्य बातचीत प्रारंभ हुई और अप्रैल 1989 तक संविधान में कई परिवर्तन ला दिए गए जैसे–

- सालिडारिटी को एक राजनीतिक पार्टी का दर्जा दिया गया।
- संसद के दो सदन निर्धारित किए गए, निचला सदन और सीनेट।
- निचले सदन में 65% सीटें कम्युनिस्टों के लिए आरक्षित की गई।
- सीनेट में कोई आरक्षण न था।
- दोनों सदन मिल कर राष्ट्रपति चुनेंगें, जो एक प्रधानमंत्री की नियुक्ति करेगा।

जून 1989 में चुनाव हुए जिसमें सालिडारिटी ने 100 सीटों में 99 सीटें जीत लीं। बड़ी मुश्किल से जारूजेल्स्की राष्ट्रपति पद के लिए चुना गया, वह भी निचले सदन के आरक्षित कम्युनिस्ट सीटों के बदौलत, पर उसने एक सालिडारिटी सर्मथक को प्रधान मंत्री चुना। नई सरकार में कम्युनिस्ट व सालिडारिटी सदस्य दोनों थे। संविधान में पुनः परिवर्तन हुए और दिसंबर 1990 में पुनः चुनाव हुए इस बार सालिडारिटी के नेता लेह वालेसा राष्ट्रपति चुने गए। पोलैंड की शांतिपूर्ण क्रांति का अंत लोक इच्छा के अनुसार हुआ।

हंगरी

एक बार जो पोलैंड ने साम्यवाद का जुआ बिना सोवियत संघ के हस्तक्षेप के उतार फेंका तब फिर क्या था, एक–एक करके सारे उपग्रह देश मुक्ति पाने लगे। 1986 तक हंगरी में भी भीषण आर्थिक संकट आ चुका था जिससे निपटने का कोई उपाय नहीं सूझ रहा था। देश के उद्योग मास्को द्वारा दी गईं पुरानी मशीनों से उत्पादन कर रही थीं, राष्ट्रपति जानोस कदार जिसे 1956 की क्रांति के बाद मास्को की मर्जी से पद पर बैठाया गया था ने भी 1986 में माना कि देश में लोगों का जीवन स्तर निम्न है। अर्थव्यवस्था को सुधारने को ले कर हंगरी की कम्युनिस्ट पार्टी में ही बहस छिड़ गई, एक दल केन्द्रीयकरण को त्याग कर चुने हुए मैनेजरों के जरिए कंपनियों को चलाने की इच्छा रखता था तो दूसरी तरफ वे थे जो कठोर नियंत्रण और कम्युनिस्ट व्यवस्था बनाए रखना चाहते थे परन्तु गोर्बाचोव किसी की मदद करना नहीं चाहते थे।

मई 1988 में हंगरी कम्युनिस्ट पार्टी के अधिवेशन में 76 वर्षीय कदार एवं आठ अन्य कम्युनिस्टों को पार्टी के पोलितब्यूरो से बाहर का रास्ता दिखा दिया गया और उदारवादी परिवर्तनकारी सदस्यों का वर्चस्व पार्टी में स्थापित हो गया। साथ ही दो अन्य पार्टियों का गठन हो गया– लिबरल अलाऐंस एवं डेमोक्रेटिक फोरम–इन्होंने उदारवादी कम्युनिस्टों को स्वतंत्र चुनाव करवाने के लिए मनवा लिया। कम्युनिस्टों ने भी बदले जमाने के साथ अपना नाम बदल कर हंगेरियन सोशलिस्ट पार्टी रख लिया। मार्च 1990 में देश के पहले स्वतंत्र चुनाव हुए जिसमें डेमोक्रेटिक फोरम पार्टी को बहुमत मिला जिसका नेता जोज़फ अन्ताल प्रधानमंत्री बना। हंगरी में कम्युनिस्टों का अंत हो गया।

पूर्वी जर्मनी

साम्यवादी उपग्रह देशों में पूर्वी जर्मनी की आर्थिक हालत अन्य पूर्वी यूरोपीय देशों से अच्छी थी परन्तु यहाँ कम्युनिस्ट शासन अति कठोर और क्रूर था। 1971 से एरिक होनिएकर नामक नेता शासक था और 1980 के दशक में भी वह कोई भी सुधार करने को राजी नहीं था। हर साल लाखों पूर्वी जर्मन नवयुवक पूर्व से पश्चिम जर्मनी में जाने के प्रयास में मारे जाते या जेल में डाल दिए जाते। बर्लिन शहर के बीचो–बीच खड़ी बर्लिन दीवार को फांदने की कोशिश कई पूर्वी बर्लिन के लोगों ने की जिसमें बहुत ही कम कामयाब हो पाए। सितम्बर 1989 में बारह हजार पूर्वी जर्मन 3 दिनों के अंदर आस्ट्रिया में भाग आए ताकि हंगरी में सीमा पार करने का रास्ता खोलने का फायदा उठाया जा सके। चेकोस्लाविया और पोलैंड में भी सत्ता परिवर्तन के बाद सीमाएँ खोल दी गई थीं। उधर जो पूर्वी जर्मनी में बच गए थे वे दिनों दिन प्रदर्शनी, धरना, जुलूस इत्यादि के माध्यम से सरकार का विरोध कर रहे थे। होनेएकर ने दूसरे बेझिंग (तियनमेन स्क्वायर घटना) जैसी गोलीबारी की चेतावनी दे डाली। उसने वहाँ की खुफिया पुलिस "स्टासी" को कोई भी तरीका अपना कर शांति कायम करने को कहा।

सोवियत संघ के नेता गोर्वाचोव आठ अक्टूबर 1989 को पूर्वी जर्मनी के स्थापना के चालीसवें वर्षगांठ पर आए तो उन्होने भी होनिएकर को किसी किस्म की मदद का आश्वासन नहीं दिया। अतः नौ अक्टूबर को लाइपज़िग शहर में एक बड़ा भारी प्रदर्शन हुआ परन्तु पहले के समान पुलिस से प्रदर्शनकारियों पर गोली चलवाने का आदेश कम्युनिस्ट पार्टी ने नहीं दिया बल्कि कुछ ही दिनों बाद होनिएकर को पद से हटवा दिया गया। अब इगोन फ्रेंज को पद सौंपा गया पर लोगो का प्रदर्शन जारी रहा। छह नवंबर, 1989, को पाँच लाख लोग लाइपज़िग में जमा हो गए आखिरकार संविधान में पहला अनुच्छेद बदलना पड़ा और एक दलीय व्यवस्था का अंत हुआ अतः स्वतंत्र, कई दलीय चुनाव की संभावना बनी। बर्लिन दीवार के दरवाजे से अब लोग पूर्व जर्मनी जा सकते थे, जिसे नवम्बर 1989 में तोड़ दिया गया।

पश्चिमी जर्मनी के चांसलर हेलमट कोल चुनावी रैली करने लगे। फ्रांस और ब्रिटेन, जर्मनी की एकीकरण की बात से घबराए क्योंकि उन्होंने दो विश्व युद्ध में जर्मनी का सामना किया था और उन्हें लगा एकीकृत जर्मनी फिर से शक्तिशाली बन सकता था। पर अमेरिका ने इसके पक्ष में राय रखी। सोवियत संघ के गोर्बाचोव पश्चिमी जर्मनी से आर्थिक मदद चाहते थे अतः कोल ने उनसे मदद के बदले एकीकरण में सहयोग मांगा। गोर्बाचोव ऐसे भी उपग्रह देशों में हस्तक्षेप के खिलाफ थे अतः मार्च 1990 में हेलमट कोल की पार्टी पूर्वी जर्मनी के चुनाव में भी भी विजयी हुई अतः पूर्वी एवं पश्चिमी जर्मनी की सरकारों की बातचीत प्रारंभ हुई और 3 अक्टूबर 1990 की मध्य रात्रि से दोनो भाग एक जर्मनी बन गए तथा हेलमट कोल इस एकीकृत जर्मनी के प्रथम चांसलर बने।

चेकोस्लोवेकिया

1989 में चौथा उपग्रह भी कम्युनिस्ट शासन व्यवस्था से मुक्त हो गया। 1977 में बुद्धिजीवियों और छात्रों सहित लोकतंत्र में विश्वासी लोगों ने एक समूह बनाया था जिसे 'चार्टर 77' कहा गया और ये लोग मानव अधिकारों की मांग करते थे। प्राग वसंत के समय के विदेश मंत्रि जीरी हाज़ेक और नाटककार वाक्लाव हावेल इसके नेता थे। जून 1989 के काल को ''मखमल क्रांति'' का नाम दिया जा सकता है क्योंकि आस–पास के देशों की हलचलों से प्रभावित हो कर यहाँ भी जगह–जगह सरकार की आलोचना होने लगी और एक दरखास्त लगाई गई कि सरकार अभिव्यक्ति की आजादी दे, सारे राजनीति बंदियो को रिहा करे, शांतिपूर्ण जनसभा की इजाजत दे और एक स्वतंत्र प्रेस को काम करने दे। पूरे देश के चालीस हजार व्यक्तियों ने इस मांगपत्र रूपी दरखास्त पर अपने हस्ताक्षर किए।

जनवरी 1989 से नवंबर 1989 में सरकार एवं कम्युनिस्ट विरोधी कार्यक्रम चलते रहे। पहले श्रमिक इन विरोध कार्यक्रम में भाग लेने से बचते रहे क्योंकि चेकोस्लोवेकिया की अर्थव्यवस्था मजबूत थी और श्रमिकों का जीवन स्तर भी ऊँचा था पर जब वे भी आम लोगों के साथ कम्युनिस्ट सरकार के विरोध में उतर आए तो सरकार ताश के पत्तों के समान ढ़ह गई। जब देश के पहले स्वतंत्र चुनाव हुए तो गैर साम्यवादी शासन की स्थापना हो गई वाकलाव हावेल प्रधानमंत्री बने। और तो और दिसंबर 1989 में पाँच संधि मित्र–सोवियत संघ, पूर्वी जर्मनी, पोलैंड, हंगरी और बल्गारिया मिले तो उन्होंने घोषणा की कि 1868 का उनका चेकोस्लोवेकिया का आक्रमण ''गलत''और ''अवैध''था! नई शासन व्यवस्था और जनतंत्र की स्थापना ने देश के हर वर्ग का मनोबल बढ़ा दिया। देश में चेक और स्लोवाक नामक दो नृजातियाँ रहती थीं। लड़ाके स्लोवाक पूर्वी भाग में घने बसे थे वे अपने चेक भाइयों से अलग हो जाने की इच्छा पालने लगे। चेकोस्लाविया प्रथम विश्व युद्ध के बाद इन दोनों क्षेत्रों के संघ के रूप में अस्तित्व में आया था और राष्ट्र बनने के बाद स्लोवाक लोगों को चेक लोगों का राजनीति में प्रभुत्व पसंद नहीं आता था। निर्माण के समय चेक लोगों ने स्लोवाक लोगों को स्वशासन का वादा भी किया था। पूरे 1992 के वर्ष में इस बात को ले कर गहमा–गहमी रही, चेक लोगों ने भी स्लोवाकों को मनाने का विशेष प्रयत्न न किया और देश के दो भाग हो गए–प्रथम जनवरी 1993 को चेक गणराज्य और स्लोवाक गणराज्य नामक दो देश, चेकोस्लोवेकिया के स्थान पर अस्तित्व में आ गए।

रोमानिया

पूर्वी यूरोपीय देशों की 1989 जनतांत्रिक माँग की क्रांतियों में सबसे दुखभरी और रक्तपात से भरी कहानी रोमानिया की थी। वहाँ 1965 से एक निर्दयी तानाशाह निकोलाई चेचेस्क्यु शासन कर रहा था। उसने प्रारंभ से सोवियत संघ के आग्रहों को अनदेखा किया और पश्चिमी देशों से संबंध बनाए। अमेरिका जैसे देश जो 'शीत युद्ध' की मानसिक अवस्था से गुजर रहे थे, चेचेस्क्यु की बड़ी तारीफ की और यह

नहीं देखा कि वह कितना दमनकारी तानाशाह था जो अपनी खुफिया पुलिस "सिक्युरिटेट" के जरिए जरा भी विरोध करने वालों को मरवा डालता था। अपने देश में भी सरकारी खबर तंत्र सिर्फ उसकी और उसकी पत्नी की चापलूसी भरी तारीफ करते रहते थे। जून 1989 में उसने डेंग जिआपिंग को तियनमेन स्क्वायर घटना के लिए बधाई भेजा। उसी के पार्टी के एक अधिकारी ने एक बार कहा था "कि दुनिया सजा और इनाम की व्यवस्था पर चलती है मगर चेचेस्क्यु सिर्फ सजा की व्यवस्था पर शासन करता है और इसी को इनाम माना जाना चाहिए कि कोई सजा नहीं मिली है।"

उसने जनता को भयंकर गरीबी में रहने को मजबूर कर दिया और सरकारी पैसे से अपने लिए एक हजार कमरों का महल बनवाया, जिसमें उसकी मृत्यु के बाद देखा गया कि उसके स्नानघर तक में भी सोने के नल इत्यादि लगे हुए थे। उसके शक्तिशाली तानाशाही शासन का अंत एक छोटी घटना से शुरू हुआ। पश्चिमी रोमानिया के शहर टिमीसोरा में लोगों ने एक भिक्षु के साथ सिक्यूरिटेट के दुर्व्हार के खिलाफ प्रदर्शन निकाला। उससे भी बड़ा प्रदर्शन 16 दिसंबर 1989 को निकाला गया जो चेचेस्क्यु के बर्दाश्त के बाहर था। उसने निहत्थे लोगों पर गोलियां चलवा कर हजारों को मरवा डाला। पूरे देश में दुख की लहर दौड़ गई। चार दिन पश्चात चेचेस्क्यु अपनी पत्नी के साथ राजधानी बुखारेस्ट में कम्युनिस्ट पार्टी के मुख्यालय भवन की बालकनी में लोगों को संबोधित करने आया परन्तु जनता अत्यंत आक्रोशित हो गई और पति–पत्नि को भागना पड़ा। दोनों ने देश से भाग जाने की योजना बनाई पर अब सेना व पुलिस भी उनके विरूद्ध हो गई थी अतः उन्हें पकड़ लिया गया और सैनिक कचहरी में उन्हें अपराधी मान गोलियों से उड़ा दिया गया।

चेचेस्क्यु युग का अंत तो हुआ पर कम्युनिस्ट शासन का नहीं। इस तानाशाह ने इतना अधिक देशवासियों को दबा रखा था कि कोई विरोधी दल जैसे सालिडारिटी या चार्टर 77 जैसा दल नहीं था जो उसके खाली किए स्थान के भर सके अतः नाम बदल कर 'नेशनल साल्वेशन फ्रंट' ने सत्ता हथिया लिया। इयोन इलिएस्क्यु जो चेचेस्क्यु के सरकार में भी था, नया राष्ट्रपति बना। 1996 में जा कर स्वतंत्र चुनावों के बाद क्रिश्चियन डेमोक्रेट पार्टी सत्ता में आई जिसने गैर–कम्युनिस्ट मिली–जुली सरकार बनाई।

बल्गारिया

बल्गारिया में टोडोर जिवकोव 1954 से ही सत्ता में था। वह किसी भी किस्म के सुधार के खिलाफ था जब कि खुद रूस के राष्ट्रपति गोर्बाचोव ने उसे आर्थिक सुधारों पर ध्यान देने को कहा था। कम्युनिस्ट दल के नेता जो उदार सुधारवादी थे ने ही उसे हटाने का मन बना लिया। दिसंबर 1989 में उसकी पोलितब्यूरो से छुट्टी कर दी गई और जब जून 1990 में स्वतंत्र चुनाव हुए तो दो दल आमने सामने थे, पहला नाम बदल कर बल्गेरियन सोशलिस्ट पार्टी और दूसरा यूनियन आफ

डेमोक्रेटिक फोर्सेस, परन्तु इस चुनाव में सोशलिस्टों की विजय हुई क्योंकि उनके प्रचार तंत्र ने बल्गारिया के लोगों को समझा दिया कि पूंजीवादी व्यवस्था से आर्थिक आपदा आ जाएगी।

अल्बानिया

इनबर होक्सा अपने देश पर नाज़ी कब्जे के दौरान प्रतिरोध आंदोलन का कम्युनिस्ट नेता 1944 से ही था अतः युद्ध के पश्चात वहाँ कम्युनिस्ट शासन की स्थापना होक्सा ने की न कि सोवियत रूस ने। होक्सा स्टालिन का प्रशंसक था और उसका शासन चेचेस्क्यु के शासन से भी क्रूर और दमनकारी था। अल्बानिया पूरे यूरोप में सबसे गरीब और अलग–थलग देश था। किसी किस्म का सरकार विरोधी काम व्यक्ति को धरती से गायब करने के लिए काफी था। होक्सा की मृत्यु 1985 में हो गई और उसका उत्तराधिकारी रमीज़ आलिया उसकी बनाई नीतियों पर चलता रहा। जब लोगों का प्रतिरोध 1989 में आस–पास के देशों में हो रही हलचलों के फलस्वरूप बढ़ गया तो रमीज़ ने कुछ सुधार किए और स्वतंत्र चुनाव कराने का वादा किया। 1991 की सर्दियों में कई अल्बानियाई नौजवान गरीबी से छुटकारा पाने के लिए एड्रियाटिक सागर पार कर इटली जा पहुँचे पर उन्हें वापस कर दिया गया। छात्र आंदोलनकारी होक्सा एवं लेनिन की मूर्तियों को तोड़ अपना गुस्सा दिखाने लगे आखिरकार 1992 के स्वतंत्र चुनाव में गैर कम्युनिस्ट सरकार की स्थापना हुई और साली बेरिसला राष्ट्रपति चुने गए।

युगोस्लाविया

युगोस्लाविया का निर्माण प्रथम विश्व युद्ध के बाद हुआ था, द्वितीय विश्व युद्ध के बाद यहाँ भी प्रतिरोध आंदोलन के नेता जोसेफ ब्रोज़ टीटो की कम्युनिस्ट सरकार की स्थापना हुई पर टीटो ने सोवियत रूस के नियंत्रण से देश को दूर रखा और वारसा पैक्ट का सदस्य नहीं बना। 1948 में टीटो–स्टालिन के झगड़े के बाद पूरे शीत युद्ध काल में युगास्लाविया अपनी राह चलता रहा और झंझटों से दूर रहा। देश आठ नृजातीय समूहों से बना था। इसमें छह गणतंत्रो और दो स्वशासी प्रान्तों का संघ था– बोस्निया, क्रोएशिया, मैसीडोनिया, मोन्टेनेग्रो, सर्बिया, स्लोविनीया तथा सर्बिया के अधीन कोसोवो और वोइवोदीना। जब तक टीटो जिंदा रहे युगोस्लाविया एक राष्ट्र बन कर रहा क्योंकि सर्बिया के प्रयत्नों से ही देश का निर्माण हुआ था जो प्रथम विश्व युद्ध के छिड़ने का भी कारण था। सर्बियाई मूल के स्लाव जाति की संख्या भी आबादी में ज्यादा थी, तो कोई समूह किसी को न दबाए इसीलिए 1974 के संविधान ने नृजातीय प्रांतो को काफी स्वतंत्र अधिकार दे रखे थे। परन्तु टीटो का देहान्त 1980 में हो गया और उसके बाद से ही यह देश बिखरने लगा। टीटो के बाद अगले कम्युनिस्ट नेता सर्बियाई राष्ट्रवाद को उकसाने वाले स्लोबोदान माइलोसेविक थे जिन्होंने 28 जून 1989 को दस लाख सर्बियाई लोगों के बीच 600 साल पुराने ऐतिहासिक सर्ब–तुर्क युद्ध की वर्षगांठ मनाई और मुसलमानों के विरूद्ध

धार्मिक उन्माद पैदा किया। युगास्लाविया न सिर्फ जातीय बल्कि धार्मिक रूप से भी बिखरा देश था जहाँ पश्चिम में स्थित स्लोवीन और क्रोट रोमन कैथोलिक धर्म को मानते थे, वहीं सर्ब और मैसीडोनियन, पूर्वी आर्थोडाक्स चर्च को, अल्बानियाई जो कोसोवो में रहते थे, और बोस्निया के ज्यादातर लोग इस्लाम धर्म की मानने वाले थे, और इन सब को और उलझाने के लिए जनता एक स्थान में एक सी नहीं थी बल्कि मिली–जुली थी।

स्लोबोदान माइलोसेविक ने कोसोवो प्रांत का स्वशासन का अधिकार छीन लिया, इससे अन्य प्रांत घबराए और स्वतंत्रता की मांग करने लगे। सबसे पहले 25 जून 1991 को स्लोविनीया ने अपनी स्वतंत्रता की घोषणा कर दी, देखा देखी क्रोएशिया भी टूट कर अलग हो गया (25 जून 1991) बोस्निया ने 1 मार्च 1992 को अलग होने की घोषणा की, सर्बियाई प्रमुखता वाली युगोस्लाव सेना क्रोएशिया पर टूट पड़ी, भयंकर खून खराबे के बाद संयुक्त राष्ट्र संघ ने शांति कराई। फिर यूरोपीय संघ ने स्लोवीनिया और क्रोएशिया को मान्यता दे दी। 8 सितंबर 1991 को मेसीडोनिया ने भी युगोस्लाव संघ से अलग होने की घोषणा कर दी। अतः स्लोबोदान की वजह से युगोस्लाविया की अखंडता, आर्थिक स्थिति, गांव एवं शहर नष्ट विनष्ट हो गए। स्लोबोदान ने बोस्निया के सर्ब बहुल क्षेत्रों के लोगों को हथियार दिए और यह प्रचारित किया कि फिर एक बार यूरोप को इस्लामी आक्रमण से बचाने की जरूरत है क्योंकि बोस्निया में सर्ब और मुसलमान बोस्नियाई बड़े जातीय समूह थे। संयुक्त राष्ट्र संघ ने बोस्निया के मुसलमानों को बचाने के लिए ''सुरक्षित स्थलों'' की घोषणा की, जब सर्ब न माने तो संयुक्त राष्ट्र संघ की शांति सेना और नाटो के हवाई हमले प्रारंभ हुए। नाराज हो कर सर्बो ने शांति सेना के 270 सैनिकों को पकड़ कर हवाई हमले के स्थान पर बांध दिया जिससे विश्व लाचार हो गया। बोस्निया के मुसलमानों को बड़ी बेदर्दी से मौत के घाट उतारा जाने लगा ''स्रेब्रिंका''(Srebrenica)नामक स्थान पर हजारों मुसलमानों को मार दिया गया।

1995 में क्रोएशिया की फौजें युगोस्लाव सर्बों पर भारी पड़ीं और वहाँ रहने वाले एक लाख सत्तर हजार सर्बों को वहाँ से भागना पड़ा। अमरीका ने बीच में पड़ कर बोस्निया में भी शांति करवाई। नवंबर 1995 के डेटनसमझौते (Dayton Agreement) के तहत बोस्निया के दो भाग कर दिए गए–एक सर्ब रिपब्लिक और दूसरा बोस्नियन फेडरेशन जिसमें क्रोट और मुसलमान थे। अब देश हालांकि एक राष्ट्र है पर यह दो गणतंत्रों में बंटा हुआ है। लाखों बोस्नयाई शरणार्थी अलग–बगल के देशों में बसने गए पर उनका स्वागत न हुआ। बोस्निया के मुसलमानों में यह कड़वाहट है कि दुनिया ने उनके लिए कुछ न किया और अपनी क्रोएशिया कीजगह–जमीन छोड़ने पर मजबूर सर्ब भी बदले की भावना रखते हैं। युगोस्लाविया का कोसोवो प्रांत तुर्क आक्रमणों का स्थल था, आटोमन तुर्की के लंबे शासन के फलस्वरूप यह मुस्लिम बहुल इलाका है। इस प्रांत ने भी स्वतंत्रता की मांग रखी। 1999 के वर्ष कोसोवो लिबरेशन आर्मी ने सर्ब अधिकारियों को चुनौती देना शुरू

किया। सर्ब सेना ने फिर खूनी जंग शुरू की । अब अमेरिका ने हस्तक्षेप करते हुए माइलोसेविक को अपनी सेना हटाने को कहा, उसके न मानने पर एक हवाई युद्ध प्रारंभ हुआ जो 76 दिनों तक चला। नाटो के हवाई हमलों के केन्द्र युगोस्लाव राजधानी बेलग्रेड और कोसोवो के सैनिक ठिकाने रहे। यह पहला ''टेलीकम्युनिकेशन युद्ध'' था जो रिमोट से लड़ा गया जहाँ पायलट कम्प्यूटर पर बैठ कर अचूक निशाने बाजी से बम गिराते थे। दो लाख पचास हजार कोसोवो सर्बों को अपना घर छोड़ कर भागना पड़ा। सन 2000 में युद्ध तो बंद हो गया पर अशांति छाई रही।

21 मई 2006 को मोंटेनेग्रो में एक जनमत संग्रह हुआ जिसमें जनता ने युगोस्लाव सर्बिया से अलग होने के पक्ष में मत दिया, अब वह भी स्वतंत्र हो गया। फरवरी 2008 को अमेरिका, जर्मनी, फ्रांस और ब्रिटेन ने अलग देश के तौर पर इसे मान्यता दे दी। अतः एक समय के सबसे विशिष्ट कम्युनिस्ट देश, जिसने सोवियत संघ के नियंत्रण को भी नहीं मानने की हिम्मत दिखाई थी वह खंड–खंड हो गया। अलग होने के पश्चात स्लोवीनिया और क्रोएशिया जैसे देश आर्थिक रूप से पूँजीवादी व्यवस्था अपना कर उन्नति कर रहे हैं वहीं जातीय व धार्मिक कारणों के चलते कुछ प्रदेश पीछे रह गए हैं।

मिखाइल गोर्बाचोव और सोवियत संघ

स्टालिन के काल में साम्यवादी पूर्वी यूरोपीय देशों का खेमा अत्यंत मजबूती से उभरा। शीत युद्ध के दौरान पूँजीवादी देशों को फर्स्ट वर्ल्ड और साम्यवादी देशों को सेकेन्ड वर्ल्ड कहा जाने लगा। विश्व के परिपेक्ष्य में मानो एक शक्ति संतुलन स्थापित हो गया। साम्राज्यवादी एवं पूँजीवादी देशों को बराबरी से टक्कर देने के लिए साम्यवादी देशों या वारसा पैक्ट के देशों का दल खड़ा हो गया। पर जल्दी ही साम्यवादी देशों में दरार पड़ने लगी। युगोस्लाविया एवं रोमानिया पहले ही सोवियत संघ के नियंत्रण से बाहर हो गए। बाकी देशों में 1980 का दशक आते–आते आर्थिक कमजोरियां बहुत बढ़ने लगीं। पश्चिमी देशों की तुलना में साम्यवादी देशों का जीवन स्तर निम्न हो गया था, घरों के आकार–प्रकार, उन्हें गर्म रखने की सुविधा, बिजली, पानी इत्यादि सब पश्चिम के अपेक्षा निम्न स्तर के थे। माचिस के डिब्बे नुमा राख के रंग वाले घर मानो साम्यवाद के पर्याय बन गए। पूर्व से पश्चिम भाग जाने की इच्छा रखने वाले लोगों की संख्या बढ़ती ही जा रही थी। भारी उद्योगों पर अधिक ध्यान दिए जाने से, लगभग हर उपग्रह देशों में दैनिक जीवन की जरूरत की चीजे जैसे टूथपेस्ट, डब्बा बंद खाने की चीजें, अच्छे कपड़े इत्यादि की कमी बनी रहती थी। काला बाजारी खूब प्रचलित थी। केन्द्रीय योजना पर आधारित अर्थव्यवस्थाएँ कमजोर तथा अकुशल बनती जा रहीं थीं।

ऐसी परिस्थिति में 11 मार्च 1985 को गोर्बाचोव सोवियत संघ के राष्ट्रपति बने। उनसे पहले के राष्ट्रपति काफी उम्रदराज़ होते थे पर वे मात्र 54 वर्ष के थे और सुधारों के हिमायती थे। अमेरिका के साथ हथियारों को होड़ से उनके देश की आर्थिक हालत खराब होती जा रही थी और शीत युद्ध का तनाव भी बढ़ता था

अतः उन्होंने अप्रैल 1985 में ही मध्यम दूरी के SS-20 प्रक्षेपास्त्रों को न लगाने की घोषणा कर दी। फिर वे दोनों ही पक्षों से शस्त्रों को कम करने का प्रस्ताव रखने वाले विवेकी नेता बन गए। उन्होंने सबसे बड़ा निर्णय तो तब लिया जब उन्होंने अफगानिस्तान से रूसी सेना की वापसी की घोषणा की। शीत युद्ध के दौरान यह अमेरिका एवं रूस के बीच के घने तनाव का कारण थी जब 1979 से ही रूसी सेना अफगानिस्तान की साम्यवादी सरकार को बचाने के लिये वहाँ डटी हुई थी।

पूर्वी यूरोपीय देशों में साम्यवादी शासन के चलते बहार नहीं बल्कि पतझड़ के समान जैसा मौसम था, पर अब 1989 के बाद पुराने पत्ते झड़ जाने थे, और नई व्यवस्था आने वाली थी। यह परिवर्तन मिखाइल गोर्बाचोव की वजह से होना था। जब उन्होंने सोवियत संघ की कम्युनिस्ट पार्टी के 27 वें अधिवेशन में पेरेस्त्रोइका की घोषणा की अर्थात अर्थव्यवस्था एवं राजनीतिक व्यवस्था में संरचनात्मक सुधार लाना ; ग्लासनोस्त अर्थात 'पारदर्शिता' या खुलापन लाना, सरकारी कार्यो को पारदर्शी तरीके से करना तब परिवर्तन की शुरूआत हो गई। इसकी घोषणा 1988 में की गई जिसके बाद रूसी लोगों को कई तरह की स्वतंत्रता मिल गई जो वे पहले जानते ही न थे जैसे अभिव्यक्ति की स्वतंत्रता, प्रेस की स्वतंत्रता इत्यादि राजनीतिक कैदी एवं आलोचक जेल से मुक्त कर दिए गए। सोवियत अणु वैज्ञानिक आंद्रेई सखारोव और उनकी पत्नी को मुक्त किया गया।

1988 में गोर्बाचोव ने घोषणा की कि सोवियत संघ "ब्रेझनेव सिद्धांत" को खारिज करता है, जिसके अनुसार पूर्वी यूरोपीय देशों की साम्यवादी सरकारों को बचाने के लिए सोवियत संघ की फौजें को हस्तक्षेप करना था परन्तु गोर्बाचोव ने पूर्वी यूरोपीय देशों को अपना मामला खुद सुलझाने को कहा जिसे एक प्रवक्ता ने सिद्धांत का मजाकिया नाम दिया "सिनात्रा सिद्धांत" क्योंकि सिनात्रा नामक गायक का मषहूर गीत था– "माई वे"(My way –मेरा ढंग)और अब सोवियत संघ इस विचार धारा का पोषक बन गया था कि पूर्वी खेमे के देशों को अपने अंदरूनी मामले का निर्णय अपने ढंग से लेने की स्वतंत्रता होगी, जिसमें सोवियत संघ, हस्तक्षेप नहीं करेगा। फ्रांस के स्ट्रास्बर्ग के कांउसिल ऑफ यूरोप के सम्मेलन में 6 जुलाई 1989 के दिन अपने भाषण में गोर्बाचोव ने घोषणा की कि "चाहे वे मित्र देश हों या कोई और देश, सामाजिक और राजनीतिक परिवर्तन पहले भी हुए हैं और भविष्य में भी होंगे परन्तु यह पूरी तरह से उन देशों के लोगों के ऊपर है कि वे इन के बारे में क्या निर्णय लेते हैं, किसी देश की सार्वभौमिकता पर कोई दूसरा देश हस्तक्षेप नहीं कर सकता"।

यह बड़ी ही क्रांतिकारी घोषणा थी। इसके बाद तो पूर्वी यूरोपीय देशों में एक एक कर के क्रांतिकारी सत्ता पलट होने लगे, सिर्फ रोमानिया को छोड़ कर सारे परिवर्तन शांतिपूर्ण रहे। 9 नवम्बर 1989 को पूर्वी जर्मनी के लोगों को बर्लिन दीवार के ब्राडनबर्ग दरवाजे से अचानक ही पश्चिम जर्मनी जाने की इजाजत मिल गई, अतः सांकेतिक रूप से बर्लिन दीवार के खुलने को, 1989 के बाद के परिवर्तनों की

शुरूआत के रूप में देखा जाता है। यह 4 नवंबर के शांतिपूर्ण प्रदर्शन का परिणाम था। इसके बाद तो बर्लिन की दीवार तोड़ दी गई। जर्मनी के एकीकरण का विरोध भी गोर्बाचोव ने नहीं किया क्योंकि अपने देश के आर्थिक मदद के लिए उन्हें पश्चिमी जर्मनी के चांसलर हेलमुट कोल का सहयोग चाहिए था।

पोलैंड में भी सॉलिडारिटी पार्टी का आगमन, लोकतंत्र लाया, चेकोस्लोवेकिया में मखमल या वेलवेट क्रांति के पश्चात गैर–कम्युनिस्ट सरकार सत्ता में आई। अतः यह स्पष्ट था कि पूर्वी यूरोपीय साम्यवादी देशों में लोग आक्रोशित तो लंबे समय से थे और वे सत्ता परिवर्तन के लिए समय समय पर कोशिश भी करते थे जैसे 1953 का पूर्वी जर्मनी का जनसंघर्ष, 1956 हंगरी की क्रांति, प्राग वसंत और 1968 की चेकोस्लाविया का संघर्ष जिसे बेदर्दी से दबाया गया और वारसा पैक्ट सेना से कुचला गया। इन हस्तक्षेपों को सोवियत सरकार ने ब्रेझनेव सिद्धांत कहा था पर जब गोर्बाचोव ने इस सिद्धांत के त्याग की घोषणा की तो सोवियत रूस का डर समाप्त हुआ और पूर्वी यूरोप में परिवर्तन लहर बह चली।

परन्तु एक बात और भी ध्यान में रखने लायक है और वह यह कि 1991 के बाद ऐसा नहीं है कि रूस एवं पूर्वी यूरोपीय देशों में कम्युनिज़्म का अंत पूरी तरह हो गया। बदलाव एवं परिवर्तनों के साथ इन देशों में कम्युनिस्ट पार्टियां फिर उभर कर आई, अलग–अलग नाम अपना कर कई–दलीय व्यवस्था में खुद को स्थापित करने में भी कामयाब हुई। वर्तमान में यूरोपीय यूनियन के सदस्य बनने के लिए लोकतंत्रीय पद्धति और बाजार अर्थव्यवस्था अपनाना जरूरी योग्यता बन जाने के चलते ज्यादा से ज्यादा यूरोपीय देश गैर–कम्युनिस्ट बन गए हैं।

1989 की परिवर्तन की लहर ने विश्व की राजनीति पर गहरा प्रभाव डाला है। ऐसा प्रतीत होता है कि मानो यूरोप में साम्यवादी विचारधारा विलुप्त होती जा रही है हालाँकि कुछ वर्षों तक नाम बदल कर साम्यवादी पार्टियाँ यूरोप के पिछड़े पूर्वी यूरोपीय देशों पर शासन करती रहीं परन्तु यूरोपियन यूनियन में सदस्यता पाने वाले देशों में खुले बाजार और जनतंत्र की स्थापना खुद ब खुद होती चली गई।

मिखाइल गोर्बाचोव की नीतियों के कारण सोवियत संघ का विखंडन भी 1991 में हो गया जिसके बड़े गहरे अंतर्राष्ट्रीय प्रभाव पड़े। पहला, शीत युद्ध की स्थिति का अंत हो गया। द्वितीय विश्व युद्ध के बाद जो तनातनी दो विश्व शक्तियों के बीच चल रही थी उसका अन्त हो गया, साम्यवादी देशों का सोवियत संघ की नेतृत्व वाला खेमा छिन्न–भिन्न हो गया और विश्व में एक ही महाशक्ति बच गई जो अमेरिका था। द्वितीय विश्व युद्ध के बाद दोनों महाशक्तियों के उत्कर्ष ने विश्व में एक शक्ति संतुलन स्थापित कर रखा था, ज्यादातर देश या तो एक या दूसरे के पक्ष में विश्वास रखते थे परन्तु सोवियत संघ के विखंडन से शक्ति संतुलन बिगड गया, एक ध्रुवीय शक्ति केन्द्र ने विश्व को अशांत बना दिया है।

अपने सैनिक, आर्थिक, राजनीतिक और तकनीकी श्रेष्ठता के बल पर अमेरिका विश्व का एकमात्र महानायक देश बन गया है। मजबूत आर्थिक आधार के बल पर

इस देश ने तकनीक और क्षमता वाली बलशाली सेना तैयार कर ली है, इसकी नौसेना का आकार इसके बाद की 13 अन्य देशों की नौसेना को मिलाकर भी बड़ा है। इसकी सेना का एक बड़ा भाग 146 देशों में विभिन्न उद्देशों को ले कर तैनात है। इसके हथियार तकनीकी दृष्टि से सबसे उन्नत हैं, इसके सकल घरेलू उत्पाद का बड़ा हिस्सा रक्षा खर्चों में व्यय होता है। अपनी सैन्य क्षमता के बल पर ही अमेरिका सर्वोच्च विश्व शक्ति बना हुआ है। परन्तु सभी पुरानी सभ्यताएँ जानती हैं कि बल या शक्ति के प्रयोग मात्र से दूसरों को नहीं दबाया जा सकता। अमेरिका के प्रभाव वाले एक ध्रुवीय विश्व की परेशानी यह है कि जो देश या सम्प्रदाय अमेरिकी मूल्यों में विश्वास नहीं रखते, उन्हें अमेरिका का प्रकोप झेलना पड़ता है।

अमेरिका के अनुसार उसके देश जैसी राजनीतिक व्यवस्था या जनतंत्र, नव–उदारवादी अर्थव्यवस्था, नागरिक अधिकार और खुले बाजार का हर देश को पालन करना ही चाहिए वरना जो देश इन सुनहरे मूल्यों का पालन नहीं करते उन देशों की सरकारों को बदल देने के लिए सारे कदम जायज हैं यहाँ तक कि अपनी सेना के आक्रमण द्वारा भी ऐसा किया जा सकता है। वर्तमान के कई देश जो इससे अलग विचार रखते हैं, उनके अनुसार सच्ची स्वतंत्रता तब है जब राष्ट्रों को यह तय करने का अधिकार हो कि वे अपने विकास का रास्ता खुद चुनें। अपने समाज को अपने देश के मूल्यों के आधार पर निर्देशित कर सकें और सबसे बड़ी बात कि वे मानते हैं कि हर देश संप्रभु है और दूसरे देशों के बराबर है अतः किसी देश को दूसरे देश के आंतरिक मामले में हस्तेक्षप करने का अधिकार नहीं है।

परन्तु सोवियत संघ एवं अन्य पूर्वी यूरोपीय देशों की साम्यवादी व्यवस्था के अन्त के बाद विश्व का शक्ति संतुलन समाप्त हो गया। अमेरिका, विश्व की राजनीति पर छा गया है। अमेरिकी लेखक चार्ल्स क्रउथहैमर ने 1990 से 2002 के समय से अमेरिका के लिए "एकध्रुवीय काल" के प्रारंभ को सर्वप्रथम शब्दों में प्रस्तुत किया था।

विश्व की राजनीति में एकध्रुवीय काल एक अशांत काल है। 1990 से ही अमेरिका विश्व के विभिन्न हिस्सों में युद्ध में लिप्त है– पनामा देश के नशीले पदार्थों के तस्कर तानाशाह शासक मैनुएल नोरिएगा को हटाने के लिए अमेरिकी फौजों ने उस देश पर आक्रमण किया, इराक पर अमेरिकी फौजों ने 1991 में आक्रमण कर कुवैत को मुक्त करवाया, 1993 में सोमालिया पर आक्रमण कर विद्रोहियों को परास्त किया, 1994 में हैती में जीन–बट्रांर्ड अरिस्ट्राइड को पुनः सत्ता दिलाई, 1994–95 के बोस्निया में हवाई हमले कर नृजातीय संघर्ष रोका, 1999 में वैसी ही नृजातीय नरसंहार रोकने का काम किया। अमेरिका के इस व्यवहार को कई देश और कई लोग घृणा से देखते हैं। उन्हें अमेरिका की नाहक दादागीरी या अंतर्राष्ट्रीय पुलिसिया कार्यवाही गलत लगती है या वे मानते है कि यह दूसरे देश के मामलों में हस्तक्षेप है। ऐसे ही एक अमेरिका विरोधी आतंकवादी दल तालिबान के मुखिया ओसामा बिन लादेन ने 11 सितंबर 2001 को अमेरिका पर आतंकवादी आक्रमण करवाया।

तालिबान के आतंकी अल–कायदा ने चार अमेरिकी हवाईजहाजों को हाइजैक कर आत्मघाती हमले किए– दो जहाज विश्व व्यपार संगठन के जुड़वा मीनारों पर न्यूयार्क में टकराए गए जो पूरे विनष्ट हो गए, तीसरा हवाईजहाज, वाषिंगटन के बाहरी हिस्से में स्थित रक्षा मंत्रालय पेंटागन पर गिराया गया और चौथा पेंसिलवानिया के खेतों में गिरा।

इस्लामी अतिवादियों की नाराजगी इसलिए भी है क्योंकि अमेरिका यहूदी देश इजरायल का समर्थक है और अमेरिका की मध्यपूर्व देशों में तेल के कारण अति दिलचस्पी उन्हें पसंद नहीं आती।

इस आतंकी आक्रमण के बाद अमेरिका ने अफगानिस्तान पर चढ़ाई कर तालिबान सरकार को हटाने में सफलता प्राप्त की पर ओसामा बिन लादेन न पकड़ा जा सका जो मई 2, 2011 में जा कर पाकिस्तान में पकड़ा गया और उसे गोली मार दी गई। इस पूरे समय में अफगानिस्तान में अमेरिकी फौजें बनी रहीं।

2003 में पुनः इराक पर आक्रमण किया गया जिसका समर्थन संयुक्त राष्ट्र संघ ने भी नहीं किया। सद्दाम हुसैन की सरकार को हटा दिया गया परन्तु अपने साथी देश ब्रिटेन के साथ मिल कर कार्यवाही करने वाले अमेरिका को इराक के नरसंहार के हथियार न मिले। पूरे विश्व में अमेरिका के इस कदम की निंदा हुई क्योंकि वहाँ की राजनैतिक शून्य में एक अत्यंत आतंकी दल उत्तरी हिस्से में उठ खड़ा हुआ जिसे इस्लामिक स्टेट आफ इराक एंड लीवान्ट (ISIL)कहा गया अतः अमेरिका की विश्व में भूमिका बड़ी मिले–जुले प्रभावों वाली सिद्ध हुई है।

प्रश्नावली

प्रश्न 1 : पूर्वी यूरोपीय देशों में साम्यवाद की स्थापना क्यों और कैसे हुई ?

प्रश्न 2 : 1949–1989 के बीच पूर्वी यूरोपीय देशों में साम्यवादी संघर्षों की विवेचना करें।

प्रश्न 3 : पूर्वी यूरोप में साम्यवाद के अंत होने के क्या कारण थे ?

प्रश्न 4 : युगोस्लाविया के विखंडन का वर्णन करें।

प्रश्न 5 : पूर्वी यूरोपीय देशों में 1989 के बाद आए राजनीतिक बदलाव में मिखाइल गोर्बाचोव की भूमिका का वर्णन करें।

प्रश्न 6 : साम्यवादी खेमे का 1989 के पश्चात भंग हो जाने पर विश्व की राजनीति पर इसका क्या प्रभाव पड़ा ?

१२. अफ्रीका के विकास के अवरोधक एवं दक्षिण अफ्रीका में रंगभेद

1960 में सत्रह अफ्रीकी देश स्वतंत्र हुए और उसके बाद अन्य अफ्रीकी देश भी कड़े संघर्षों के बाद स्वतंत्रता पाने में सफल हुए। तब स्वाभिमान से भरकर इन नव स्वतंत्र देशों के नेताओं ने एक नए युग के प्रारंभ की घोषणा की जिसमें अफ्रीकी समस्याओं के अफ्रीकी समाधान की महत्वकांक्षा थी। औपनिवेशिक शोषण से मुक्ति पा कर अफ्रीकी देश की जनता तीव्र आर्थिक विकास एवं पश्चिमी देशों पर निर्भरता से निज़ात पाना चाहती थी। परन्तु कई वर्षों के बीत जाने के बाद भी आर्थिक उन्नति, राष्ट्रीय आत्म–निर्भरता एवं स्वाभिमान या अफ्रीकी देश की आपसी एकता जैसे उनके लक्ष्य प्राप्त न हो सके। इन देशों के सपने चूर हो गए क्योंकि समय के साथ ये और गरीब होते गए, विदेशी आर्थिक मदद पर इनकी निर्भरता बढ़ती गई, पूरे महाद्वीप में अर्थव्यवस्थाएँ डाँवाडोल होती गईं, फसल नष्ट हो जाते, भुखमरी, भयनाक बीमारियाँ, अंतहीन सूखा, पतनशील और भीड़ से भरे शहर तथा राजनीतिक उथल–पुथल इस जगह की पहचान बन गई। भुखमरी से ग्रस्त, बड़े सिर एवं पेट वाले, दुबले बच्चों की तस्वीरें दुनिया भर के अखबारों में छपती रहतीं। अतः अफ्रीका के विकास को किन अवरोधकों ने रोक रखा है यह जानना अति आवश्यक है।

विकास के अवरोधक

- अफ्रीका के देशों में स्वतंत्रता प्राप्ति पश्चात राजनैतिक अस्थिरता–

अफ्रीकी देशों के आर्थिक विकास को सबसे ज्यादा नुकसान यहाँ की राजनैतिक अस्थिरता ने पहुँचाया है। आर्थिक विकास के लिए देश में शांति एवं कानून–व्यवस्था की सख्त जरूरत होती है परन्तु अफ्रीकी देशों में स्वतंत्रता प्राप्ति की दौरान स्थापित हुईं जनतांत्रिक सरकारें ज्यादा दिन चल नहीं पाईं, एक के बाद एक सैनिक शासन स्थापित होते गए या फिर अनेक देश लंबे–लंबे गृह–युद्ध की आग में जलने लगे जो नृ–जातीय नस्ली आधार पर लड़े जाने लगे। शीत युद्ध के काल में दोनों ही महाशक्तियों ने अशांत देशों के लड़ाकू पक्षों को हथियार आदि दे कर और हवा दी अतः आर्थिक उन्नति का माहौल ही नहीं बना। स्वतंत्रता प्राप्ति के

समय उदार नेता प्रजातंत्र अपना कर देश के भाग्य विधाता बने परन्तु उसके बाद वे सत्ता छोड़ना ही नहीं चाहते थे, तानाशाही मानों अफ्रीकी राजनीति का सामान्य व्यवहार बन गई। मात्र आधा दर्जन देश दूसरी पार्टियों को अस्तित्व में आने देने को राज़ी हुए, हर जगह एक पार्टी और उसके एक ही नेता का शासन बीस–तीस वर्षों तक चलता रहता, 1991 तक कोई भी अफ्रीकी देश का नेता अपने पद से बाहर नहीं हुआ, मात्र सैन्य तख्ता पलट से ही शासक परिवर्तित होता था। राजनैतिक अत्याचार आम बात बन गई, चुनावों के नाटक करवाए जाते, यूगांडा, जिम्बाब्वे एवं जायर (प्रजातांत्रिक गणराज्य कांगो) में विरोधी राजनैतिक दलों का सफाया करवा दिया जाता। लगभग सभी अफ्रीकी नेता न सिर्फ अत्याचारी थे बल्कि वे अत्यंत भ्रष्ट भी थे।

• औपनिवेशिक विरासत–

अफ्रीकी देश औपनिवेशिक गुलामी में लंबे समय तक रहे। कई देशों में उनके औपनिवेशिक मालिकों ने अचानक हटने का फैसला कर लिया जिससे इन देशों में राजनैतिक अराजकता हो गई। बहुत ही कम लोग पढ़े–लिखे थे जो प्रजातंत्र के तौर–तरीके समझते थे। ज्यादातर नए स्वतंत्र अफ्रीकी देशों में संसदीय परंपरा के प्रजातंत्र की स्थापना हुई थी, जिसमें कार्यपालिका प्रधानमंत्री के नियंत्रण में होती और जो स्वयं संसद के प्रति उत्तरदायी होता पर यह स्थिति नए शासकों को रास नहीं आई, सभी अफ्रीकी प्रधानमंत्री संविधान में परिवर्तन करवा कर राष्ट्रपति पद हथिया कर, समस्त शक्तियों के केन्द्र बन जाते और कभी पद ही नहीं त्यागते। वे विरोधी पार्टी को बनने ही नहीं देते, अगर वे बनतीं तो उन्हें देश–विरोधी, उपद्रवी, अशांति फैलाने वाले बता कर दबा देते। प्रजा भी पिछड़ेपन के कारण विरोध न कर पाती।

परन्तु औपनिवेशिक विरासत का आर्थिक रूप अधिक पेचीदा था, इन देशों के पश्चिमी मालिकों ने यहाँ की अर्थव्यवस्था को अपने औद्योगिक देशों के पूरक के रूप में बना रखा था अर्थात ये देश कच्चे माल के निर्यातक थे और पश्चिमी देशों के मशीनी उत्पादों के बाजार। कॉफी, कोको, ताँबा एवं बाक्साइट के ही उत्पादन पर जोर दिया जाता अतः आजादी के बाद भी ये देश कृषि, उद्योग, व्यापार एवं सेवाएँ जैसे अर्थव्यवस्था के विभिन्न पहलू को विकसित नहीं कर पाए।

औपनिवेशिक विरासत की सबसे दुःखदायी बात, विदेशी शासकों द्वारा अपनाई गई बाँटो और राज करो की नीति थी। पश्चिमी देशों ने अफ्रीका पर अपने कब्जे के दौरान मनचाही भूमि पर कब्जा कर लिया था। आपस में झगड़ा होने पर 'कुछ के बदले दूसरा कुछ' (quid pro quo) दे कर निपटारा कर लेते, जमीनी असलियत से दूर यूरोप में बैठकर अफ्रीका के नक्शे पर लाइने खींचकर देशों का बँटवारा कर लेते जो कि स्थानीय नृ–जातीय कबीलाई स्थिति से मेल नहीं खाता। इस तरह के मनमाने भौगोलिक बँटवारे से बने देशों के अंदर आ गए विभिन्न कबीलों को आपस

में लड़ाने का काम ये मालिक खूब करते जैसे नाइजीरिया में दो सौ से अधिक नृ–जातीय समूह थे जिन्हें अंग्रेजो ने खूब उलझाया, रवांडा एवं बुरूंडी के हुतु और तुत्सी कबीले बेल्जियन मालिकों की कृपा से आज भी एक दूसरे का खून बहा रहे हैं। अफ्रीका में केवल लेसोथो और स्वाज़ीलैण्ड ही नृ–जातीय रूप से एक सूत्रबद्ध थे, बाकी सारे देशों में मिश्रित जनसंख्याओं को कृत्रिम रूप से एक साथ कर दिया गया था जिनकी भाषा, संस्कृति व साझा इतिहास एक नहीं था फलस्वरूप अफ्रीकी लोगों में कबीलाई निष्ठा अधिक थी, राष्ट्रवाद कम।

कबीलाई निष्ठा से शासक भी अपने लोगों को शासन में स्थान देता या उन्हीं क्षेत्रों के विकास में संसाधन लगाता जो उसकी जाति के लोगों का था जिससे अन्य लोग भड़क जाते और सत्ता हथियाने की होड़ लग जाती। तानाशाही व्यवस्था में व्यक्ति–पूजा को खूब बढ़ावा दिया जाता। नव स्वतंत्र अफ्रीकी देशों के तानाशाह भ्रष्टाचार एवं ऐश की हद पार कर जाते। वे बड़े–बड़े भड़कीले महलों में रहते, महंगे कारों का जत्था रखते और देश का धन चुराकर पश्चिमी देशों की बैंको में रखते। मध्य अफ्रीका गणतंत्र के शासक कर्नल जीन–बेडल बोकासा ने 1977 में अपनी ताजपोशी में दो करोड़ डालर खर्च कर दिये जो उसके देश की सकल आय का एक चौथाई था। वह सोने और चाँदी के वस्त्र पहनने का शौकीन था।

उसके तरह के तानाशाह अनेक थे, वे शासन के विभिन्न पदों पर अयोग्य परन्तु अपने स्वामिभक्त गुर्गो की भर्ती कर लेते, प्रेस, रेडियो एवं टी.वी. द्वारा सिर्फ अपना प्रचार करते परन्तु अपने कुकर्मों से बदनाम होते जाते और तब जनता को सैनिक शक्ति से दबाने की कोशिश करते हुए अत्याचार करते।

• अफ्रीकी राजनीति का सैन्यीकरण –

अफ्रीकी राजनेताओं को अपनी सेना की पूरी स्वामिभक्ति नहीं मिलती थी। अफ्रीकी देशों के पहले नेताओं की बड़ी खेप को सेना द्वारा ही हटाया गया। घाना की स्वतंत्रता संघर्ष के महानायक क्वामे एनक्रूमा जब सत्ता से हटने को तैयार नहीं हो रहे थे तब 1966 में उन्हें सैन्य तख्ता पलट के द्वारा हटाया गया, और उसके बाद तो इसका दौर शुरू हो गया। 1966 से 1980 के बीच विभिन्न अफ्रीकी देशों में साठ सैन्य तख्ता पलट हुए। इन सैन्य अधिकारियों को इस काम में दिक्कत भी नहीं आती थी क्योंकि अक्सर राजनेता अति भ्रष्ट होते थे। परन्तु सत्ता प्राप्त कर ये सैनिक नेता भी भ्रष्ट हो जाते। वे विदेशों से अत्याधिक ऋण ले लेते जिसका उपयोग हथियार, सैनिक साजो–सामान और सेना बढ़ाने में करते ताकि अपने प्रति बढ़ रहे असंतोष को दबाया जा सके अतः जो संसाधन देश के आधारभूत ढ़ाँचे को खड़ा करने में लगाया जाना चाहिए था वह व्यर्थ के सैन्य खर्च में चला जाता और चूँकि हथियार आदि काफी मंहगे होते, उनमें काफी खर्च हो जाता। आम जनता को कोई लाभ नहीं होता, उलटे उन पर अत्याचार करने के लिए फौज तैयार खड़ी होती।

यूगांडा के सैन्य तानाशाह ईदी अमीन के समान क्रूर और भ्रष्ट दूसरा अफ्रीकी शासक न था। मिल्टन ओबोटे का तख्ता पलट कर ईदी, जो सेना का एक जनरल था ने सत्ता हथिया ली। जल्दी ही उसने यूगांडा की आर्थिक समस्याओं के कारण के रूप में दूसरी नृ-जातीय लोगों और एशियाई लोगों को मान लिया। उसने 1972 में अपने देश से सभी एशियाई लोगों को नब्बे (90) दिनों के अंदर देश छोड़कर चले जाने को कहा। ब्रिटिश शासन के दौरान हजारों भारतीय उनके द्वारा यूगांडा ले जाए गए थे जो बाद में अपने श्रम के बल पर धनवान बने थे। इन सबको भगाने से देश का बड़ा नुकसान हुआ क्योंकि ये व्यवसाय-कुशल लोग थे जिनके जाने से देश का हर क्षेत्र में उत्पादन घट गया, जरूरी चीजों की किल्लत होने लगी, स्थानीय लोगों का अमीन के प्रति विरोध बढ़ने लगा तो उसने भयंकर मार-काट मचाई। अपने हटाए जाने (1979) के पहले उसने अपने देश के ही दो लाख पचास हजार लोगों को मौत के घाट उतरवा दिया। 1980 में मिल्टन ओबोटे सत्ता में लौट आया पर उसके शासन ने भी अभागे लोगों को काई राहत न दी, उसने भी लाखों लोगों को मरवाया जब तक खुद उसकी हत्या न हो गई और लाखों लोग रिफ्यूजी बनकर दूसरे देशों को भागने पर मजबूर न हुए।

नाइजीरिया, सैन्य तख्ता पलट और नृ-जातीय संघर्ष का सबसे भयावह उदाहरण बन गया। 1960 में अपने आजादी के समय यह अफ्रीका के सबसे समृद्ध देशों में से एक था। यहाँ की जनसंख्या भी सबसे ज्यादा थी। यहाँ कई जन-जातियों का निवास था पर तीन प्रमुख थे उत्तर के हउसा-फुलानी (इस्लाम), पश्चिम के योरूबा और दक्षिण-पूर्व के इबो (ईसाई) जो अपेक्षाकृत पढ़े-लिखे और प्रशासन तथा सेना के पदों पर बैठे थे। ब्रिटिश औपनिवेशिक शासन के अंतर्गत सब शांत रहा पर स्वतंत्रता के बाद इबो इस भ्रम में पड़ गए कि हउसा-फुलानी जनसंख्या में अधिक होने से उनपर हावी हो जाएँगें तो 1966 में इबो सैनिक अधिकारियों ने विद्रोह कर दिया और सत्ता हथिया ली। पर हउसा-फुलानी चुप न बैठे और भयंकर मार-काट के बीच उन्हें अपदस्थ कर दिया। दस हजार इबो की हत्या कर दी गई, बीस लाख इबो ने देश से भागने में भलाई समझी।

मई 1967 में इबो नेताओं ने दक्षिण-पूर्व में सभी इबो को वापस आने का आह्वान किया और विदेश से पढ़कर लौटे नेता ओजूक्वू ने इस क्षेत्र को नाइजीरिया से अलग होने की घोषणा की और नाम दिया "बियाफ्रा गणतंत्र" परन्तु इस नए गणतंत्र की स्वतंत्रता की रक्षा करना कठिन था। नाइजीरियाई सरकार और बियाफ्रा के बीच युद्ध छिड़ गया। पश्चिमी बड़े देशों ने हस्तक्षेप करने से इन्कार कर दिया। 30 महीनों के युद्ध ने बियाफ्रा में तबाही ला दी, लोग भूखों मरने लगे आखिर इबो लोगों ने हथियार डाल दिए। समग्र नाइजीरिया एक शासन में आ गया। अब कोई बदला नहीं लिया गया और शासन में तीनों जनजातियों के प्रतिनिधियों को जगह मिली परन्तु संघर्ष के दौरान जितनी मानव हत्या एवं बरबादी हुई उसने देश को गरीबी की राह पर ढ़केल दिया। वर्तमान में (2002) से वहाँ बोको-हराम नामक एक क्रूर जिहादी दल का आतंक है।

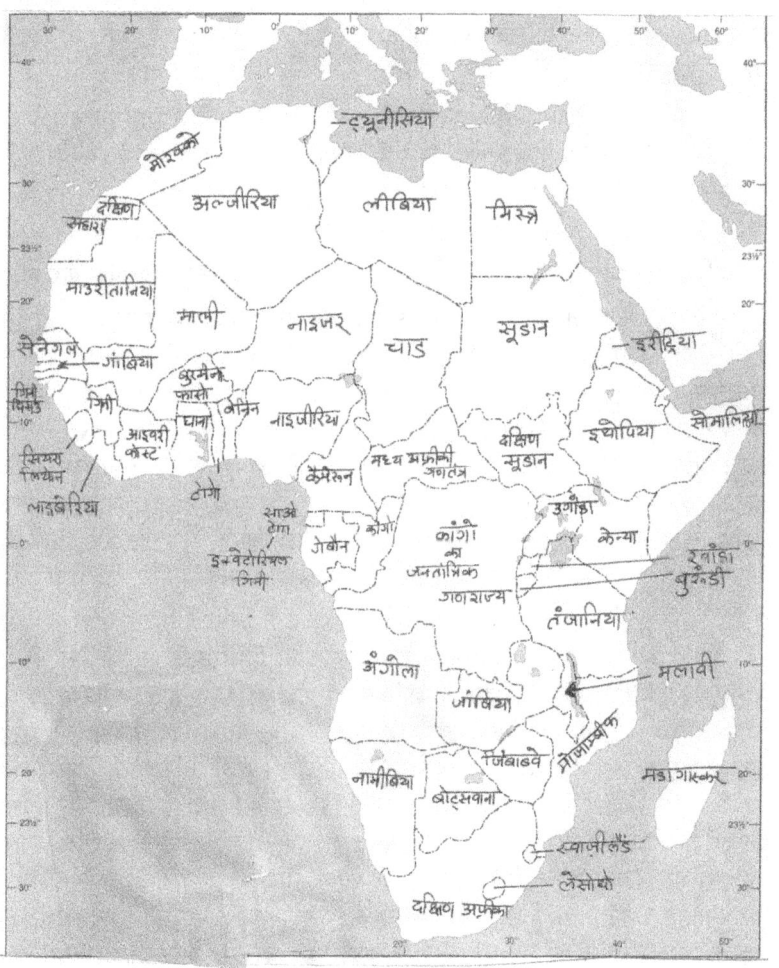

अफ्रीका के देश

ट्यूनीसिया
मोरक्को
दक्षिण सहारा
अल्जीरिया
लीबिया
मिस्त्र
मॉउरीतानिया
माली
नाइजर
चाड
सूडान
इरीट्रिया
सेनेगल
गांबिया
बुरकीना फासो
गिनी
गिनी बिसाऊ
घाना
बेनिन
नाइजीरिया
सोमालिया
इथोपिया
दक्षिण सूडान
आइवरी कोस्ट
सियरा लियोन
लाइबेरिया
टोगो
कैमेरून
मध्य अफ्रीकी गणतंत्र
युगांडा
केन्या
साओ टोम
गेबॉन
कांगो
कांगो का जनतांत्रिक गणराज्य
इक्वेटोरियल गिनी
रवांडा
बुरुंडी
तंजानिया
अंगोला
जांबिया
मलावी
मोजाम्बीक
जिंबाब्वे
नामीबिया
बोट्सवाना
मडागास्कर
स्वाजीलैंड
लेसोथो
दक्षिण अफ्रीका

- ### विदेशी हस्तक्षेप

अपनी स्वतंत्रता के समय, अफ्रीकी देशों ने "अफ्रीकी समस्याओं का अफ्रीकी समाधान" जैसे लक्ष्यों को साधने का मन बनाया था, मगर राजनीतिक एवं आर्थिक अस्थिरता के चलते इस लक्ष्य पर कायम नहीं रह पाए। 1963 में 'ऑरगनाज़ेशन फॉर अफ्रीकन युनिटी' की स्थापना तो हुई थी पर यह नव-स्वतंत्र अफ्रीकी देशों के बीच एकता की स्थापना नहीं कर पाई। अफ्रीकी देश भी आपस में एकसूत्र होने के बजाय अपने पुराने मालिकों से ज्यादा नजदीकी संबंध बनाकर रखने में भलाई समझते थे। वे उन पर वित्तीय एवं सैनिक मदद के लिए निर्भर थे।

पश्चिमी यूरोपीय देश भी अपने पुराने उपनिवेशों में अपने निवेश को बचाने के लिए लगातार दखलअंदाज़ी करते रहते थे जैसे फ्रांस ने पंद्रह हजार सैनिक यहाँ रख छोड़े थे।

1970 के तेल-संकट के बाद, अफ्रीकी देश और ज्यादा पश्चिमी आर्थिक मदद पर आश्रित हो गए जिससे उनके आंतरिक मामलों में विदेशी हस्तक्षेप और बढ़ गए।

यूरोपीय निवेश के कारण होने वाले हस्तक्षेप के अलावा, शीत युद्ध के दौरान दोनों महाशक्तियाँ भी नए स्वतंत्र होने वाले अफ्रीकी देशों को अपने-अपने खेमे में खींचने को व्याकुल थीं, अतः उनका हस्तक्षेप भी होने लगा। चीन जैसा देश अपना प्रभाव बढ़ाने के लिए अफ्रीका के देशों में काम प्राप्त करने की कोशिश करने लगा। उसने 1970 के मध्य में पाँच सौ मीलियन डालर की लागत से जाम्बिया, जो समुद्र तट से दूर था, से ले कर तंजीनिया के बंदरगाह शहर "दार-अस-सलाम" तक 1,200 मील लंबी रेललाइन बिछाई जिसमें 20,000 चीनी और 50,000 अफ्रीकी कामगरों ने काम किया। उधर अमेरिका ने मिस्र के आसवान बाँध को बनाने के अनुरोध को ठुकरा दिया जिसके बाद सोवियत संघ ने उस काम को पूरा किया।

अपनी स्वतंत्रता के बाद अफ्रीकी देश साम्यवादी विचारधारा से प्रभावित तो थे परन्तु वे सोवियत संघ के खेमे में शामिल हो गए हों ऐसी बात नहीं थी। लंबे औपनिवेशिक शोषण को झेलने के बाद, नव उपनिवेशवाद एवं गरीबी से उन्हें छुटकारा मिल नहीं रहा था अतः लगभग सभी अफ्रीकी देशों के नेता 'नियोजन' की आर्थिक नीति को 'मुक्त बाजार' नीति से बेहतर समझते थे। अंगोला और गिनी जैसे देश सोवियत संघ की तरफ ज्यादा झुके हुए थे परन्तु उन्हें आर्थिक मदद बहुत थोड़ी मिलती थी, दूसरी तरफ अमेरिका ज्यादा मदद एवं हथियार आदि देने को राज़ी था अगर ये देश उसकी तरफ हो जाएँ, परन्तु संयुक्त राष्ट्र संघ की महासभा में किसी विषय पर मत लिए जाते थे तो, ज्यादातर अफ्रीकी देश सोवियत संघ की तरफ से मत देते थे न कि अमेरिका के।

1975 में एक बड़ा परिवर्तन यहा हुआ कि पुर्तगाल ने अपने अफ्रीकी उपनिवेशों को आजादी दे दी। इससे दक्षिण अफ्रीका की श्वेत अल्पसंख्यक सरकार को बहुत दिक्कत आने लगी क्योंकि उसके उत्तर-पूर्व में मोजाम्बिक में साम्यवादी सरकार जो अश्वेत स्थानीय लोगों की थी, अस्तित्व में आ गई, जिम्बाब्वे में भी अश्वेत

स्थानीय सरकार की स्थापना हो गई जो इसकी भेदभाव वाली नस्ली नीति का विरोध करने लगे। प्रतिक्रिया में दक्षिण अफ्रीकी अल्पमत सरकार ने जहाँ संभव हो वहाँ गड़बड़ियाँ करवानी शुरू कर दी – नामीबिया पर कब्जा कर लिया, लेसोथो एवं अंगोला के विद्रोहियों को उकसाने लगा इत्यादि।

अंगोला, पश्चिमी हस्तक्षेप का सबसे बड़ा उदाहरण बन गया। पुर्तगाल से अप्रैल 1975 में आजादी प्राप्त करने के पश्चात अंगोला में सत्ता के तीन दावेदार दल उठ खड़े हुए –The popular movement for the liberation of Angola (MPLA) जो राजधानी लुआंडा में लोकप्रिय था, The national Front for the liberation of Angola (FNLA) जो देश के पहाड़ी क्षेत्र में लोकप्रिय था और The National Union for the Total Independnce of Angola (UNITA) मध्य एवं दक्षिणी हिस्सों में लोकप्रिय और सबसे बड़ी संख्या वाली जनजाति का दल था।

अब महाशक्तियाँ अलग–अलग दलों को वित्तीय एवं सैनिक मदद दे कर सत्ता में काबिज हो जाने के लिए उकसाने लगीं। MPLA सोवियत संघ से मदद प्राप्त करने लगा तो FNLA तथा UNITA को अमेरिका की सी.आई.ए. तथा दक्षिण–अफ्रीकी रंगभेदी सरकार मदद देने लगी। 1975 से 1990 तक इस देश में हिंसा, अशांति और नागरिकों का पलायन चलता रहा। ऐसी स्थिति में किसी भी देश का विकास हो पाना असंभव होता, वही अंगोला में हुआ। क्यूबा ने पचास हजार सैनिक MPLA की मदद के लिए अंगोला में भेज दिए। 1980 के दशक में शांति के लिए कई अंतर्राष्ट्रीय प्रयास शुरू किए गए। शीत युद्ध के अंत के बाद, पूर्वी यूरोप में साम्यवादी शासन समाप्त हो गए और MPLA को उनका समर्थन मिलना बंद हो गया। जून 1991 तक सभी क्यूबाई सिपाही अंगोला से चले गए। तब पुर्तगाल की राजधानी लिस्बन में एक शांति समझौता करवाया गया। संयुक्त राष्ट्र संघ, आरगनाइज़ेशन ऑफ अफ्रीकन युनिटी (OAU) अमेरिका एवं सोवियत संघ ने मिल–जुल कर MPLA और UNITA के मध्य शांति करवाया। यह तय किया गया कि संयुक्त राष्ट्र संघ की देखरेख में चुनाव होंगे तब तक संघर्ष विराम रहेगा।

सितम्बर 1992 में संयुक्त राष्ट्र की देखरेख में चुनाव हुए, MPLA को 58 प्रतिशत सीटें मिलीं जबकि UNITA को मात्र 31 प्रतिशत, राष्ट्रपति प्रत्याशियों का भी मिलता–जुलता हाल था, MPLA के डोस सान्तोस को 49.5 प्रतिशत और UNITA के जोनास साविम्बी को 40.07 प्रतिशत, यह निश्चित रूप से MPLA की जीत थी जिसे साविम्बी ने मानने से इनकार करदिया और घनघोर गृह–युद्ध छिड़ गया। इसमें भी अमेरिका छुप कर जोनास साविम्बी की मदद करता रहा। 1994 के संयुक्त राष्ट्र की रिपोर्ट के अनुसार तैंतीस लाख लोग बेघर हो गए व शरणार्थी बनने पर मजबूर हुए, एक हजार प्रति दिन के हिसाब से लोग मारे गए और उसकी जिम्मेदारी UNITA के अलावा अमेरिका पर भी जाती है। आखिर अक्टूबर 1994 में फिर से संघर्ष विराम करवाया गया और 7000 शंति अनुरक्षिणी सैनिक दल को संयुक्त राष्ट्र संघ ने भेजकर शांति स्थापना करवाई।

• जर्जर अर्थव्यवस्था –

अफ्रीका के उत्तर में स्थित अरबी बोलने वाले देशों को, जो भूमध्यसागर के किनारे पर हैं, अगर छोड़ दिया जाए तो बाकी अफ्रीकी देश जो सहारा से ले कर दक्षिणी छोर तक स्थित हैं, को जर्जर अर्थव्यवस्था के कई आयाम देखने पड़े –

- 1965 से 1980 के दशक तक इस क्षेत्र की प्रति व्यक्ति आय मात्र 0.6 प्रतिशत सालाना की दर से बढ़ी जबकि स्वतंत्रता प्राप्त करने के पश्चात यह उम्मीद थी कि इन देशों का विकास तेज गति से होने लगेगा। ये देश एक या दो कृषि उत्पादों के निर्यातक थे, जिनका अंतर्राष्ट्रीय बाजार में मूल्य गिर जाने पर इन्हें बहुत नुकसान हो जाता था।
- सहारा और उसके दक्षिण में स्थित साहल क्षेत्र में 1982–85 के बीच जबरदस्त सूखा पड़ जिसकी वजह से कृषि उत्पादन और घट गया, तब इन देशों को विदेशी कर्ज लेने पर मजबूर होना पड़ा।
- इन क्षेत्रों की जनसंख्या का तेजी से बढ़ना इनके अर्थव्यवस्था पर दबाव डालने लगा। विश्व बैंक की एक रिपोर्ट के अनुसार "मानव इतिहास में पहले कभी इस तरह की जनसंख्या की बढ़ोत्तरी नहीं देखी गई"। अपनी आजादी के पचास वर्षों के अंदर इस क्षेत्र की आबादी सौ करोड़ पहुँच गई, जिससे कि आबादी का एक चौथाई भाग 'सतत भुखमरी' के चंगुल में आ गया। सभी के लिए भोजन का प्रबंध करना एक दुरूह लक्ष्य बन गया।
- परिवार नियोजन की सुविधा के अभाव के कारण अफ्रीकी देशों में मातृ एवं शिशु मृत्यु दर विश्व में अधिकतम है, बुरकीना फासो, माली और इथोपिया जैसे गरीब देशों में एक–चौथाई शिशु पाँच वर्ष की आयु से पहले मर जाते हैं। भुखमरी, कुपोषण और कम जीवन प्रत्याशा अर्थव्यवस्था पर और अधिक भार डालते हैं।
- 1980 के दशक में भी प्रति व्यक्ति आय और खाद्यान्न उत्पादन घटता गया। विश्व बाजार में अफ्रीकी निर्यात का प्रतिशत घट गया। 1970 में यह 2.4 प्रतिशत था तो 1987 से अफ्रीका का निर्यात घट कर 1.3 प्रतिशत रह गया। विश्व बैंक के अनुसार यह पूरा क्षेत्र तेज पारिस्थितिक पतन (Accelerated ecological degradation) के दौर से गुजरने लगा। कई अफ्रीकी देश जैसे घाना, लाइबेरिया और जाम्बिया मध्य–आय वर्ग से फिसल कर निम्न आय वर्ग में आ गए। 1987 में सहारा क्षेत्र की 45 करोड़ जनसंख्या ने मिलकर जितना कमाया उतना बेल्जियम की एक करोड़ जनता ने ही कमा लिया।
- ऐसी बुरी अर्थव्यवस्थाओं का कारण था इस क्षेत्र का पिछड़ापन। स्वतंत्रता के पश्चात यूरोपियन अपने साथ पूँजी तथा दक्षता भी साथ ले गए। लंबे औपनिवेशिक शोषण काल में उद्योगों का विकास नहीं किया गया था अतः अफ्रीकी देशों में भी तकनीक, पूँजी, दक्षता, कृषि क्षेत्र के नए तकनीक इत्यादि की भारी कमी थी। जो अफ्रीकी देश पेट्रोलियम निर्यात से अपनी अर्थव्यवस्थाएँ

चला रहे थे वे भी 1970 के अंतर्राष्ट्रीय तेल संकट में आ गए, 1979–80 में अफ्रीकी निर्यात तीस प्रतिशत गिर गया जबकि पश्चिमी देशों द्वारा निर्मित मशीनी उपकरणों और हथियारों के दाम बढ़ते गए जिससे अफ्रीकी देश स्वशासन होने के बावजूद गरीब होते गए।

- 1960 से ही अफ्रीकी देशों की जर्जर अर्थव्यवस्था का एक कारण बड़ी सेना का रखरखाव भी था। विश्व बैंक ने अपनी एक रिपोर्ट में खुलासा किया कि जो अफ्रीकी देश सैन्य क्षेत्रों में कम खर्च करते हैं उनकी आर्थिक उपलब्धियाँ अच्छी होती जातीं हैं जैसे बोट्सवाना एवं मारीशश। सैन्य खर्चे, भ्रष्टाचार, और नेताओं द्वारा देश का धन चुरा कर विदेशों में रखना ऐसे देशों को आर्थिक संकट में ला देता है। जिन देशों में संसदीय प्रजातंत्र एवं स्वतंत्र प्रेस हैं वहाँ आर्थिक सुधार होते जाते हैं।
- ऋण पर निर्भरता – अफ्रीकी देश अंतर्राष्ट्रीय वित्तीय संस्थाओं से ऋण लेते जाते हैं और उन पर कर्ज का बोझ बढ़ता जाता है। सहारा क्षेत्र के देश अपने कर्जों का ब्याज भी चुकता नहीं कर पाते।
- अंतर्राष्ट्रीय मुद्रा बाजार में डालर का मूल्य बढ़ता है तो अफ्रीकी या अन्य देशों को उन्होंने जितना कर्ज लिया था, उससे कहीं ज्यादा चुकाना पड़ता है जो उन पर आर्थिक बोझ बढ़ता जाता है।
- अफ्रीकी देशों की राजनीतिक अस्थिरता के कारण बाहरी पूँजी निवेश काफी कम है। जहाँ एशिया के देशों को पिछड़ेपन से निकालने में प्रत्यक्ष विदेशी पूँजी निवेश से बड़ी भूमिका निबाही वहीं अफ्रीका की अंदरूनी मार–काट ने पूँजी को आने देने का माहौल ही नहीं बनाया।
- अफ्रीकी देशों की कर्ज–अदायगी की समस्या बहुत बड़ी बन गई है। 1996 में ऋणदाताओं के एक समूह ने क्लब ऑफ पेरिस के नाम से इस समस्या का समाधान ढूंढ़ना चाहा। 1996 से लेकर 2006 के बीच विश्व बैंक एवं अंतर्राष्ट्रीय मुद्रा कोष के सहयोग से 41 HIPC (Heavily indebted poor countries) अर्थात अत्यंत गरीब देशों को पूरी ऋण–माफी या ऋण–भार अत्यंत कम कर दिया गया। भुखमरी एवं छूत की बीमारियों को झेलते कई अफ्रीकी देशों को बड़ी राहत मिली।

• सत्ता–पिपासु क्रूर राजनेता –

अफ्रीका के विकास के सबसे बड़े अवरोधक उसके राजनेता हैं। आजादी के बाद यहाँ के देशों में प्रजातांत्रिक व्यवस्थाएँ चल नहीं पाईं और अस्थिरता का माहौल बन गया। उस पृष्टभूमि में सैनिक तानाशाहों ने सत्ता पर कब्जा कर लिया जिन्हें अपनी अपनी सुविधा से सोवियत संघ तथा अमेरिका प्रश्रय देते रहे परन्तु 1991 के पश्चात शीत युद्ध का अंत हुआ और अफ्रीका की राजनीति में भी परिवर्तन आया। पहले सी.आई.ए. की मदद से अमेरिका, उन अफ्रीकी देशों की सरकारों का तख्ता

पलट करवा देता था जो समाजवादी विचार की तरफ झुके होते थे परन्तु 1990 के दशक में यह बात नहीं रह गई वहीं दूसरी तरफ विश्व के बड़े वित्तीय संस्थान जैसे अंतर्राष्ट्रीय मुद्रा कोष एवं विश्व बैंक अफ्रीकी सरकारों को चेतावनी देने लगे कि वे अपने देश की अर्थव्यवस्था को सुधारने के लिए प्रशासन में सुधार करें और जवाबदेह बने। ब्रिटेन और फ्रांस का भी यही कहना था कि "वे सरकारें जो दमनकारी नीतियां अपनाती हैं भ्रष्टाचार से भरी हुई हैं और व्यर्थ खर्च करती हैं, वे उनसे अपनी अर्थव्यवस्था को मदद पहुँचाने की उम्मीद न करें।

परन्तु सच्चाई यह थी कि इस प्राकृतिक संसाधनों से भरपूर महाद्वीप के पचपन के करीब देशों में ज्यादातर शासक मूर्ख, घमंडी, लालची और जनता की परवाह न करने वाले थे जैसे सेन्ट्रल अफ्रीकन रिपब्लिक के जीन–बेडल बोकासा ने स्वयं को वहाँ का बादशाह घोषित कर अपने राज्याभिषेक में, 1977 के देश के बजट का एक चौथाई इस समारोह खर्च कर दिया था।

ज्यादातर नेता बीसों साल तक सत्ता से चिपके रहते और अपने विरोध में उठने वाली आवाज का दमन क्रूरता से करते। जैसे सोमालिया में मोहम्मद सैद बारे, इक्कीस वर्षों तक शासक बना रहा और जनवरी 1991 में विरोधियों ने जब उसे भगाया तो मानों सोमालिया में खून–खराबे का दौर शुरू हो गया। यह देश लूट, अत्याचार, हत्या आदि का गढ़ बन गया, कानून नामक कोई चीज न रह गई। खुली जीपों में नवयुवक बड़े हथियार ले कर घूमते और जिसे जी चाहता मार देते। लड़ाई और सूखे के मार से जनता त्राहि–त्राहि करने लगी। पूरी दुनिया में 1991 से 1994 के बीच की सोमालिया की भुखमरी की तस्वीरें चर्चा का विषय बन गईं। संयुक्त राष्ट्र संघ द्वारा भेजी गई राहत सामग्री को लड़ाके लूट लेते अंततः 1992 में संयुक्त राष्ट्र संघ के अनुरोध पर 28,000 अमेरिकी सैनिकों के देख–रेख में वहाँ दवाएँ एवं भोजन पहुंचाया गया। संयुक्त राष्ट्र संघ की शांति अनुरक्षक सेना पर हमला करने वाले फराह एदी को पकड़ने के लिए अमेरिकी सेना ने अभियान चलाया पर सफल न हुए। अल–शबाब नामक आतंकवादी दल ने शासन पर कब्जा कर लिया। बहुत ही कठिनाइयों के बाद वर्तमान में अल–शबाब को हटा कर चुनी हुई सरकार की स्थापना हुई है। (2012)

1990 के दशक में अफ्रीका के कई देशों में राजनीतिक विरोध की आवाजें उठने लगीं। छात्र, विद्वान, मजदूर संघ (जिनमें सरकारी कर्मचारी भी थे) ने दमनकारी सरकारों के विरूद्ध आवाज उठानी शुरू की। हड़ताल, रैलियां और दंगे भड़क उठे। तानाशाहों की सरकारें जो आलोचना सुनने की आदी नहीं थीं, को बहुत कुछ सुनने को मिलने लगा। विपक्षी नेता जनतंत्र की स्थापना, विपक्षी पार्टियों या बहुदलीय व्यवस्था को मान्यता देने की मांग करने लगे। इस बात पर केन्या के राष्ट्रपति डेनियल अराप मोई ने शांतिपूर्ण प्रदर्शन पर गोलियां चलवा कर लोगों को मरवा डाला था, जब पश्चिमी देशों ने केन्या को सारी आर्थिक मदद बंद कर दी तब जा कर उसने विपक्षी पार्टियों को मान्यता दी फिर भी चुनाव होने पर धांधली कर सत्ता से चिपका रहा।

बींसवी सदी के अंतिम दशक में भी अफ्रीकी के पचपन देशों में से केवल तीन देश में प्रेस की आजादी थी – माली, सेनेगल एवं दक्षिण अफ्रीका में। आरगनाइज़ेशन ऑफ अफ्रीकन यूनियन जैसी संस्था भी मानव अधिकार हनन की रक्षा करने में असमर्थ थी। क्रूर नेता अपने ही देशवासियों की हत्या करने से परहेज नहीं करते थे।

• नस्ली मारकाट –

नस्ली मारकाट अफ्रीका के विकास के सबसे बड़े अवरोधक हैं। हर देश में भिन्न–भिन्न नस्ली समूह रहते हैं। हर समूह चाहता है कि वह अपने स्थान से दूसरे समूह नस्लों का सफाया कर दे, जबकि यह संभव ही नहीं है परन्तु इस सच्चाई को माने बगैर कई अफ्रीकी देश हमेशा अशांत बने रहते हैं। पूर्व की तरफ का देश सूडान ऐसा ही अशांत क्षेत्र है। उत्तर मुस्लिम बहुल इलाका तो दक्षिण में श्याम वर्ण के अफ्रीकी जिनमें ज्यादातर इसाई थे, प्राकृतिक आपदाओं से जूझने के अलावा एक दूसरे का भी विरोध करते। उत्तर के लोग दक्षिण से औरतों, बच्चों और पुरूषों को पकड़ लाते और गुलाम बना कर रखते।

उत्तर और दक्षिण का मसला, देश में सूखा पड़ने से और उलझ गया। देश के पश्चिम में स्थित 'डारफुर' से भी सरकार की ठन गई। स्थानीय 'फर' जाति कृषक थी वह 'अरब मुस्लिम घुम्मकड़ो से परेशान थी पर सरकार ने मुस्लिम घुम्मकड़ो का साथ दिया अतः सरकार को दो मोर्चे पर विद्रोहियों से लोहा लेना पड़ा जिसमें सैकड़ों लोग मारे गए। सूखे से भुखमरी फैल गई। अप्रैल 2004 में यहाँ की तस्वीरें भी दुनिया के लोगों का दिल दहलाने लगी। पश्चिमी जगत दक्षिण सूडान के इसाइयों के लिए दुःखी होने लगा। 2011 में दक्षिणी सूडान, उत्तरी सूडान से टूट कर अलग स्वतंत्र देश तो बन गया, पर कई कबीलों के देश होने के चलते शांति अभी भी नहीं आई है।

नस्ली मारकाट की अंतहीन श्रृंखला बुरूडीं और रवांडा जैसे छोटे देशों, जो मध्य अफ्रीका में तंजानिया के पश्चिम में स्थित हैं, में लंबी चली। 1960 और 1970 के दशक मार–काट में तो बीते ही परन्तु जून 1993 में हुतू राष्ट्रपति मेलशोर नडाए ने तुत्सी बहुल देश बुरूंदी में सत्ता संभाली, छह महीने बाद ही तुत्सी बहुल सेना ने उन्हें मार डाला और फिर एक बार बुरूंडी में तुत्सी तथा हुतूओं के बीच नरसंहार छिड़ गया जिसमें मरने वालों की संख्या पचास हजार से एक लाख थी जबकि छह लाख शरणार्थी बन कर दूसरे देशों को भागने को मजबूर हुए।

रवांडा से निकाले गए तुत्सी लोगों ने रवांडान पेट्रिओटिक फ्रंट बनाया था, 1990 के अक्टूबर महीने में इस दल ने रवांडा के हुतू शासन पर आक्रमण कर दिया, हुतू राष्ट्रपति के हवाई जहाज को किगाली अर्थात राजधानी में ही नष्ट कर दिया गया अतः हुतू सैनिक नरसंहार का बीड़ा उठा बैठे। सभी तुत्सी लोगों को चिन्हित कर मारा गया, उन हुतूओं को भी जिन्होंने तुत्सी महिला से विवाह किया था, तुत्सी लोगों को चर्चों या भवनों में ठूंस कर आग लगा दी गई। इसमें आठ

लाख लोग मारे गए। तुत्सी बदला भी लिया गया जुलाई 1994 में तुत्सी नेता पॉल कगामे ने एक मध्यमार्गी हुतू को राष्ट्रपति बना, नई सरकार बनाई और हिंसा को समाप्त करने की कोशिश की। संयुक्त राष्ट्र संघ या अमेरिका भी इस विवेकहीन हिंसा को रोकन में असफल रहे।

- गृह–युद्ध

अफ्रीकी देशों के विकास से बहुत बड़े अवरोधक वहाँ होने वाले गृह–युद्ध हैं। प्राकृतिक संपदाओं और बहुमूल्य खनिजों से भरा अफ्रीकी देश कांगो इसका उदाहरण है। शायद यह प्राकृतिक समृद्धि ही इसके दुर्भाग्य का कारण है। उन्नीसवीं सदी में यह बेल्जियम का उपनिवेश रहा, तब यहाँ रबर निकालना उपनिवेशी मालिकों का एक बहुत ही फायदेमंद धंधा था। स्थानीय लोगों को इसके लिए सताया जाता था और उनके हाथ या पांव काट दिए जाते थे अगर वे निर्धारित मात्रा में रबर पेड़ से रबर निकाल नहीं पाते थे।

बीसवीं शताब्दी में स्वतंत्रता आंदोलन चला जिसका नेतृत्व पैट्रिस लुमुम्बा ने किया और 30 जून 1960 को कांगो स्वतंत्र हुआ लेकिन कटांगा प्रांत के गवर्नर ने उस प्रदेश को कांगो से अलग करने की घोषणा की क्योंकि यह प्रदेश तांबे का भंडार था और इसलिए पश्चिमी देशों की कंपनियाँ गवर्नर का भड़काने में सफल हुई। लुमुम्बा प्रधानमंत्री तो बना पर राष्ट्रपति से उसकी नहीं बनी। कटंगा में बाहरी भाड़े के सैनिक बुला लिए गए। लुमुम्बा के अनुरोध पर संयुक्त राष्ट्र संघ की सेना भेजी गई परन्तु कहा जाता है कि सी.आई.ए. के षड़यंत्र से साम्यवादी सुधार समर्थक लुमुम्बा को मरवा डाला गया।

1965 में कांगो की सेना के प्रधान कर्नल मोबुतु ने सत्ता हथिया ली और राष्ट्रपति बन बैठा उसने 1971 में देश का नाम 'ज़ायर' कर दिया और 32 वर्षों तक सत्ता में बना रहा। मोबुतु साम्यवाद विरोधी था अतः उसे अमेरिका का समर्थन था परन्तु वह अत्यंत भ्रष्ट था, देश को जो अंतर्राष्ट्रीय मदद मिलती वह मोबुतु के व्यक्तिगत खाते में चली जाती। वह चुनाव करवाता जिसका एकमात्र उम्मीदवार वह स्वयं रहता। सरकारी संपत्ति की चोरी आम बात बन गई।

रवांडा के गृह–युद्ध और नरसंहार के बाद 1996 में लडाई की आग जायर (कांगो) में भी फैल गई। मोबुतु ने हुतूओं का साथ दिया जबकि एक अन्य नेता कबीलास ने विरोधियों और तुत्सी जाति का। 1997 में मोबुतु का तख्ता पलट दिया गया और कबीलास राष्ट्रपति बन गया, उसने देश का नाम "डेमाक्रेटिक रिपब्लिक ऑफ द कांगो" रखा परन्तु देश में गृह–युद्ध की आग भड़कती गई।

तख्ता–पलट के दौरान रवांडा और युगांडा की सेना, मोबुतु को भगाने के लिए कांगो आ पहुँची थीं। इसे पहला कांगो–युद्ध कहा गया था जिसमें मोबुतु समर्थक बड़ी संख्या में मारे गए। कबीलास ने विदेशी सेनाओं को लौटने को कहा पर यह जिन्न को बोतल में फिर से बंद करने जैसी बात थी।

रवांडा की सेना गोमा नामक स्थान पर खिसक गईं और एक तुत्सी नेतृत्व वाले विद्रोही दल को खड़ा कर दिया जो कबीलास को चुनौती देने लगा। दूसरी ओर यूगांडा की सेना ने एक कांगोलीस व्यक्ति बेम्बा को प्रोत्साहन देकर आंदोलन चलाने का जिम्मा दिया।

1998 में ये दो विद्रोही दल और उनकी समर्थक रवांडा एवं युगांडा की सेना ने कबीलास की सरकार पर आक्रमण कर दिया। उसकी तरफ से अंगोला, जिम्बाब्वे एवं नामीबिया की सेनाएँ लड़ने आ पहुँची इसे दूसरा कांगो युद्ध कहा गया। कबीलास की हत्या 2001 में कर दी गई, उसका पुत्र जोसफ कबीला उसका उत्तराधिकारी बना। संयुक्त राष्ट्र संघ की सेना ने शांति करवाई। जून 2003 तक सारी विदेशी सेनाएँ, रवांडा की सेना को छोड़कर वापस लौट गईं। बेम्बा एवं जोसफ कबीला के समर्थकों के बीच भयंकर लड़ाई छिड़ गई। राजधानी किन्सासा की सड़के खून से लाल हो गईं। आखिर बहु दलीय चुनाव 2006 में हुए और जोसफ कबीला राष्ट्रपति बना। विरोध के स्वर शांत नहीं हुए, रवांडा सेना के प्रोत्साहन पर कीपू संघर्ष चलता रहा। कांगो के बहुमूल्य खनिज जैसे हीरे, कोल्टरान, तांबा, कोबाल्ट इत्यादि पर जबरन कब्जे की इच्छा पड़ोसी देशों या दबंग बाहुबलियों को युद्ध करने पर उकसाती रहती है।

2009 में यहाँ 45,000 हर महीने की दर पर लोग अपनी जान से हाथ धो बैठे। युद्ध के अलावा एड्स जैसी बीमारियाँ, अकाल एवं भुखमरी से बहुत बड़ी संख्या में लोग एवं बच्चे मर गए। शरणार्थियों की संख्या भी अत्यधिक है।

अफ्रीका का यह दूसरा सबसे बड़ा देश अगेजन के बाद दूसरा वर्षावन का क्षेत्र है जहाँ कांगो नदी के क्षेत्र में बड़ी जैव विविधता पाई जाती है पर युद्ध की मार से हर प्राकृतिक संपदा पर विपत्ति छाई हुई है। गरीबी के कारण लोग दुर्लभ वन्य जीवों का शिकार कर खा डालते हैं, गोरिल्ला जैसी प्रजातियां तेजी से समाप्त हो रही हैं।

वर्तमान में भी विदेशी कंपनिया खनिजों का दोहन कर रही हैं जिनमें सबसे ऊपर चीन का नाम है। विश्व का 80% कोबाल्ट यहाँ पाया जाता है जिसका प्रयोग जेट इंजन के पुर्जों को बनाने में, रासायनिक उद्योगों, पेट्रोलियम संशोधन इत्यादि में होता है अतः समस्त विश्व का ध्यान इस देश की तरफ जाता है पर बुरे शासन की वजह से लोग अत्यंत गरीब हैं। स्वास्थ्य, शिक्षा, रोजगार इत्यादि की सुविधा अत्यंत कम है और हीरों जैसे संसाधन चोरी से देश के बाहर चले जाते है, कांगों को विकास के लिए स्वयं पर विश्वास करने और नस्ली भेद–भाव को भुलाने की जरूरत है। इस क्षेत्र की अतुलनीय प्राकृतिक संपदा इसकी जनता की मुसीबत का कारण बन गई है।

• बीमारियाँ —

अफ्रीका के विकास का एक बड़ा अवरोध यहाँ होने वाली जानलेवा बीमारियाँ हैं। गर्म जलवायु से कीटाणु तेजी से पनपते हैं और गरीबी तथा भुखमरी के कारण

कमजोर हुए शरीरों में रोग–प्रतिरोधक क्षमता कम होती है, जिससे ये बीमारियाँ ज्यादा संख्या में लोगों को सक्रंमित कर देती हैं। इबोला और एड्स जैसी बीमारियों ने बड़ी संख्या में लोगों की जान ले ली है। पर अन्य बीमारियाँ जैसे न्यूमोनिया, मलेरिया, डायरिया, टी.बी., टिटनस, मैनेन्जाइटिस एवं सिफलिस का प्रकोप पूरे अफ्रीका में फैला हुआ है।

इनमें से ज्यादातर बीमारियाँ सही समय पर इलाज से ठीक हो सकती हैं परन्तु पिछडेपन के कारण या स्वास्थ्य सुविधाओं और टीकों की कमी के कारण, इनसे लोगों की जान चली जाती है। कहा जाता है कि अकाल एवं युद्ध से भी ज्यादा जान इन बीमारियों की वजह से चली जाती है।

दक्षिण अफ्रीका : रंगभेद से प्रजातंत्र तक

दक्षिण अफ्रीका संघ का निर्माण– 1652 ई. से ही डच ईस्ट इंडिया कंपनी के सदस्यों के साथ डच स्त्री–पुरूषों ने गुडहोप अंतरीप पर बसना शुरू कर दिया था। 1795 तक यह एक डच उपनिवेश रहा जिसमें सबसे उपजाऊ भूमि पर डचों ने कब्जा कर लिया, स्थानीय अश्वेतों को मजदूर बन कर रहने पर मजबूर किया और एशिया, मोजाम्बीक एवं मडागास्कर से भी कुली ला कर काम करवाया। जो डच यही पैदा हुए वे स्वयं को "अफ्रीकानर" (अफ्रीकन के लिए डच शब्द) और 'बोअर' (कृषक के लिए डच शब्द) कहते। उनके अनुसार इस क्षेत्र की खोज, उस पर विजय, यहाँ के आर्थिक विकास एवं प्रभु की इच्छा के कारण इस क्षेत्र पर उनका कब्जा जायज था। डच रिफार्म चर्च भी अपनी शिक्षाओं से अफ्रीकानरों को ईश्वर द्वारा चुना गया मानते हुए, असभ्य अश्वेतों पर हावी होने को सही ठहराते थे।

1795 में इस क्षेत्र को अंग्रेजों द्वारा जीत लिया गया और डचों को उनके अधीन रहना पसंद नहीं आया। जब अंग्रेजों ने 1833 में अपने पूरे साम्राज्य में दास प्रथा को समाप्त कर दिया तो बड़े–बड़े डच कृषकों के सामने समस्या खड़ी हो गई अतः वे केप कॉलनी छोड़कर उत्तर की तरफ प्रवास कर गए और ट्रांसवाल तथा औरेंज फ्री स्टेट नामक स्वाधीन राज्य (1835–40) स्थापित कर लिया। पूर्व की तरफ इसी तरह नटाल नामक राज्य स्थापित किया।

1899–1902 के बोअर युद्ध में अंग्रेजों ने डचों को दो बार फिर हराया और इसके बाद केप कॉलनी के साथ ट्रांसवाल, औरेंज फ्री स्टेट तथा नटाल को मिलाकर 1910 में दक्षिण अफ्रीका संघ का निर्माण किया।

इस संघ में 70% आबादी स्थानीय अश्वेत अफ्रीकियों या बांटू लोगों की थी, 18% श्वेत थे (जिसमें 60% डच एवं बाकी अंग्रेज थे), 9% मिश्रित जाति के थे जिन्हें "कलर्ड" कहा जाता था और 3% एशियाई (जिसमें भारतीय भी थे) आते थे।

अपनी विशाल जनसंख्या के बावजूद अश्वेत अफ्रीकियों के साथ बड़ा बुरा व्यवहार किया जाता था जो कि अमेरिका के अश्वेतों से भी बुरा था –

- डच एवं अंग्रेज एक होकर राजनीति तथा अर्थव्यवस्था के सर्वोत्तम पहलुओं पर अपना वर्चस्व स्थापित कर बैठे।
- अश्वेतों से फैक्टरियों एवं खेतों में मजदूरी कराई जाती थी। श्वेत रिहायशी स्थानों से उन्हें दूर रखा जाता था, वे अश्वेत लोगों के लिए आरक्षित जगहों में ही रह सकते थे, वे इनके बाहर जमीन नहीं खरीद सकते थे, उनकी आबादी के हिसाब से आरक्षित क्षेत्र बहुत छोटे थे जिनसे उत्पन्न फसल से सभी अफ्रीकियों का पेट नहीं भर पाता था।
- श्वेत सरकार अश्वेत लोगों के आने–जाने पर पूरा नियंत्रण रखती थी। हर अश्वेत को "पास" रखना पड़ता था तभी वह अपने आरक्षित स्थान से निकल कर किसी श्वेत व्यवसाय में काम करने जा सकता।
- काम करने और रहने की व्यवस्था अत्यंत कठिन थी। सोने के खान में काम करने वालों को लंबे समय तक परिवार से दूर रहना पड़ता। एक छोटे ही स्थान पर 90 लोगों को एक साथ रहना पड़ता।
- 1911 के एक कानून के द्वारा अश्वेत लोगों के हड़ताल करने पर बैन लगा दिया गया। उन्हें किसी खास हुनर वाले व्यवसाय को करने से रोक दिया गया ताकि वे बस सामान्य मजदूर ही बने रहें।
- रंगभेद की नीति का कानूनी रूप –रंगभेद की नीति को 'अफ्रीकानर' भाषा में "अपारथाइड" कहते हैं जिसके द्वारा दक्षिण अफ्रीका में नस्ली–पृथक्कीकरण (racial-segregation) किया गया। द्वितीय विश्व युद्ध के बाद डेनियल मलान प्रधानमंत्री बना जिसने अपनी अल्पसंख्यक श्वेत सरकार को बनाए रखने के लिए और बहुसंख्यक अश्वेत लोगों का शोषण करने के लिए इस नीति को कानूनी रूप से स्थापित किया। यह दक्षिण अफ्रीका का जिम–क्रो कानून था।

अपारथाइड या रंगभेद की नीति को स्थापित करने के पीछे कई कारण थे –

- द्वितीय विश्व युद्ध के बाद कई देश आजाद होने लगे, शोषण के विरूद्ध और न्याय तथा समानता के नारे विश्व भर में प्रचलित होने लगे, ऐसी पृष्ठभूमि में श्वेत अल्पसंख्यक दक्षिण अफ्रीका में अश्वेतों को और कस कर कब्जे में रखना चाहते थे।
- सभी श्वेत, खास तौर पर डच मूल के श्वेत, नस्ली समानता को मानते ही नहीं थे, मालन जैसे व्यक्ति और दक्षिणपंथी 'अफ्रीकानर नेशनलिस्ट पार्टी' 'श्वेत सर्वोच्चता' पर पूरा विश्वास रखते थे और मानते थे कि अश्वेत नस्ली रूप से हीन होते हैं।
- दक्षिण अफ्रीका का सरकारी चर्च, 'डच रिफार्म चर्च' बाइबल से उदाहरण दे कर यह स्थापित करने का प्रयास करता था कि श्वेत जाति श्रेष्ठ जाति है।
- मलान की दक्षिण पंथी पार्टी ने 1948 में 'अश्वेत खतरे से बचाने' का नारा दे कर 'श्वेत रक्त शुद्धता की रक्षा' का वादा कर वह चुनाव जीता जिसमें अश्वेत वोट दे ही नहीं सकते थे। दक्षिण अफ्रीका में शासन अल्पसंख्यक श्वेतों के हाथों में केन्द्रित था।

अतः 1948–1994 तक दक्षिण अफ्रीका की अल्पसंख्यक श्वेत सरकार ने रंगभेद या अपारथारइड नामक भेदभाव वाली नीति अपनाई जिसके तहत बहुसंख्यक अश्वेतों को राजनीति एवं सत्ता से दूर रखा गया, आर्थिक रूप से श्वेतों द्वारा अश्वेतों के शोषण को जायज ठहराया गया, सामाजिक रूप से श्वेत लोगों को श्रेष्ठ मानते हुए अश्वेतों को दूर रखा गया, शिक्षा, स्वास्थ्य सेवा, नौकरी, मकान एवं मनोरंजन के साधनों को नस्ली तौर पर अलग–अलग कर दिया जिसमें अश्वेतों को हीन दर्जे की सुविधा मिली और विरोध करने पर हिंसा व कठोर सजा का प्रावधान किया गया।

रंगभेद या अपारथाइड के विभिन्न पहलू –

- श्वेत एवं अश्वेत लोगों को पूरे और पक्के तौर पर हर स्तर पर पृथक कर देना – अश्वेत लोगों को श्वेत लोगों से दूर बसना पड़ता था। ग्रामीण क्षेत्र में अश्वेतों के आरक्षित क्षेत्र थे तो शहरों में अश्वेतों की अलग बस्तियां थी जो टेढ़ी–मेढ़ी, गंदी और बिना किसी सुविधा की थीं। अगर कोई अश्वेत बस्ती, श्वेतों के रिहायशी स्थान के नजदीक प्रतीत होती तो उसे पूरा उजाड़ कर दूसरी जगह भेज देने में देर नहीं की जाती।
- हर स्थान पर अश्वेतों के लिए अलग बस, कोच, ट्रेन, होटल, शौचालय, पार्क की बेंच, अस्पताल, समुद्री किनारों के तय हिस्से, पिकनिक के स्थान, चर्च और खेल–कूद के मैदान थे। मनोरंजन और सामाजिक जीवन को बिलकुल अलग करने का प्रयास किया गया था।
- अश्वेत बच्चों के अलग स्कूल थे जहाँ की शिक्षा व्यवस्था अश्वेत स्कूलों की अपेक्षा निम्न स्तर की थी। परन्तु स्कूल जाने वाले अश्वेत बच्चों की संख्या कम थी क्योंकि अश्वेत माँ–बाप ज्यादातर गरीब थे।
- ज्यादातर व्यवसाय श्वेत मालिकों के हाथ में थे। ग्रामीण क्षेत्र में श्वेत लोग बड़े बागानों के मालिक थे जिसमें आरक्षित क्षेत्र से आ कर अश्वेत मजदूर काम करते। खनिजों के खदान श्वेत मालिकों के थे जिनके मजदूर गंदी और ठसाठस भरी जगहों पर टिकाए जाते। शहरों की फैक्टरियाँ या मिलों के मालिक श्वेत थे और मजदूर अश्वेत।
- हर अफ्रीकी और एशियाई व्यक्ति को नस्ली वर्गीकृत स्थान और एक पहचान पत्र दिया गया। बिना इस पहचान पत्र और पास के अश्वेतों के आवागमन पर पुलिसिया प्रतिबंध था। बिना इसके पकड़े जाने पर जुर्माना तथा सजा का प्रावधान था।
- विवाह तथा किसी प्रकार का संबंध रखने की मनाही श्वेत तथा अश्वेतों के बीच थी। श्वेत वर्ग की शुद्धता की रक्षा के लिए इसे जरूरी समझा गया। पुलिस वैसे नवयुवकों पर नजर रखती जो इस किस्म के जुर्म करने की राह पर होते थे।

- कम पैसे वाले काम अश्वेतों को दिया जाते और नौकरी से आसानी से निकाला भी जाता।
- 1959 के बान्टू, स्व–शासन, कानून के तहत सात क्षेत्र को ''बान्टूस्तान'' के नाम से चिन्हित किया गया। यह घोषणा की गई कि भविष्य में ये स्वतंत्र और स्वशासित होंगे। 1969 में इनमें से एक 'त्रांस्की' (Transkei) को 'स्वतंत्र' घोषित भी किया गया पर यह मजाक ही था क्योंकि यहाँ की अर्थव्यवस्था एवं विदेश संबंध पर दक्षिण अफ्रीका का ही कब्जा था। यह स्थान आबादी के अनुरूप नहीं थे, छोटे स्थानों पर लाखों लोगों को ठूँस दिया गया था और वे गंदी बस्तियों के अलावा कुछ नहीं थे।
- अश्वेतों को कोई राजनैतिक अधिकार नहीं थे, न वे मत डाल सकते, न ही सर्वाजनिक पद के लिए चुने जा सकते थे, उन्हें हड़ताल करने का अधिकार न था, न वे मजदूर संघ बना सकते थे।
- साम्यवाद दमन अधिनियम (सप्रेशन ऑफ कम्युनिज़्म एक्ट) बनाकर किसी भी तरह के विरोध पर कानूनी रोक लगा दी गई। लोग राजनीतिक लेख नहीं लिख सकते थे। विश्व की श्रेष्ठ कृतियों पर प्रतिबंध लगाए गए थे ताकि अश्वेत उन्हें पढ़कर स्वतंत्रता, समानता और भातृत्व जैसी क्रांतिकारी सीख ले कर विद्रोही न बन जाएं।
- अपारथाइड कानूनों की संख्या 300 से भी ज्यादा थी।
- श्वेत एव अश्वेत एक ही छत के नीचे रात नहीं बिता सकते थे।
- श्वेत एवं अश्वेतों की तनख्वाह में भारी अंतर था – भवन निर्माण के क्षेत्र में एक श्वेत किसी एशियाई से दुगनी, कलर्ड से तिगुनी और अश्वेत से पाँच गुनी तनख्वाह पाता था।

दक्षिण अफ्रीका, पूरे महाद्वीप में आर्थिक रूप से सबसे औद्योगिकृत एवं उन्नत देश बन गया पर इसका फायदा सिर्फ श्वेत जनता को मिला।

अपारथाइड या रंगभेद के विरूद्ध संघर्ष

दक्षिण अफ्रीका में अंदरूनी संघर्ष –

वैसे तो दक्षिण अफ्रीका में डच उपनिवेश की स्थापना के समय से ही पृथक्करण की व्यवस्था चली आ रही थी, 1910 में देश का निर्माण होने के बाद भी यह व्यवस्था चलती रही परन्तु 1948 में डच बहुलता वाली नेशनलिस्ट सरकार ने रंगभेद को कानूनी जामा पहना कर इसका पालन हिंसा के द्वारा करवाने का बीड़ा उठा लिया।

कोई भी यहाँ की अल्पसंख्यक श्वेत सरकार की आलोचना या विरोध करता, चाहे वह एक श्वेत व्यक्ति ही क्यों न हो, अपारथाइड के कानून को तोड़ने वाले को कम्युनिस्ट बता कर साम्यवाद दमन अधिनियम के अंतर्गत कड़ी सजा दी जाती।

दक्षिण अफ्रीका के अश्वेतों की अफ्रीकन नेशनल कांग्रेस (ANC) 1912 में ही गठित की गई थी, जो शांतिपूर्ण ढ़ंग से रंगभेद रहित प्रजातंत्र की स्थापना करना चाहती थी, इस संस्था को भी अश्वेत अधिकारों की मांग करने से रोका जाता था। अश्वेतों को हड़ताल करने की कानूनी मनाही थी। पर फिर भी कई विरोध प्रदर्शन करने के प्रयास किए गए –

- अफ्रीकन नेशनल कांग्रेस के एक नेता, अल्बर्ट लूथूली जो अपने समुदाय के मुखिया भी थे ने एक विरोध अभियान प्रारंभ किया जिसमें अश्वेत कामगार किन्हीं दिनों को चिन्हित कर, उन दिनों में काम पर नहीं जाते। 1952 में उन्होंने सुनियोजित ढ़ंग से दुकानें और उन स्थानों पर प्रवेश कर विरोध प्रदर्शन करने की ठानी, जहाँ अश्वेतों का प्रवेश मना था, पर 8000 अश्वेतों को लूथूली के साथ ही गिरफ्तार कर लिया गया और हंटर मारे गए, लूथूली को मुखिया पद से हटा कर जेल में डाल दिया गया।
- 1955 में ए.एन.सी. ने एशियाई और मिश्रित जाति के लोगों के साथ गठबंधन करके जोहंसबर्ग के नजदीक क्लिपटाउन (सोवेटो) में एक विशाल जनसभा का आयोजन किया, इस जनसभा (कांग्रेस ऑफ द पीपल) में ''स्वतंत्रता के घोषणा पत्र'' (फ्रीडम चार्टर) का ऐलान किया गया। इस घोषणा पत्र में दक्षिण अफ्रीका की जनता के संघर्ष के बुनियादी लक्ष्यों को परिभाषित किया गया। घोषणा पत्र में कहा गया था –

''हम, दक्षिण अफ्रीका के लोग अपने संपूर्ण देश और पूर्ण विश्व की जानकारी के लिए घोषित करते हैं कि :

दक्षिण अफ्रीका काले और गोरे उन सबका है जो इसकी सीमाओं में रहते हैं और कोई भी सरकार अपनी सत्ता मनवाने का न्यायपूर्ण दावा नहीं कर सकती यदि वह समस्त जनता की इच्छा के आधार पर खड़ी न हो,

अन्याय और असमानता पर आधारित शासन ने हमारी जनता को भूमि, स्वतंत्रता और शांति के जन्मसिद्ध अधिकारों से वंचित कर दिया है, जब तक हमारे सभी लोग समान अधिकारों और समान अवसरों का उपभोग करते हुए भातृभाव से नहीं रहने लगते, तब तक हमारा देश खुशहाल या स्वतंत्र नहीं हो सकता, जनता की इच्छा पर आधरित, लोकतांत्रिक सरकार ही रंग, नस्ल, लिंग या धर्म के भेदभाव के बिना सबके जन्मसिद्ध अधिकारों को सुनिश्चित कर सकती है, और इसलिए, हम दक्षिण अफ्रीका के काले और गोरे सभी लोग मिलकर एक समान व्यक्ति, देशवासी और भाई, के रूप में स्वतंत्रता के इस घोषणा पत्र को अपनाते हैं और हम सब प्रतिज्ञा करते हैं कि हम संपूर्ण शक्ति और साहस के साथ तब तक प्रयत्न करते रहेंगे जब तक कि इस घोषणा पत्र में निर्दिष्ट लोकतांत्रिक परिवर्तन संपन्न नहीं हो जाते।''

हालांकि पुलिस ने हिंसात्मक रूप से सभा को तितर–बितर कर दिया, सैकड़ों गिरफ्तार किए गए परन्तु अफ्रीकी नेशनल कांग्रेस ने अपनी मांगें सरकार के समक्ष रख ही दीं। वे थी –

– कानूनी समानता
– एकत्र होने, धार्मिक, अभिव्यक्ति एवं प्रेस की स्वतंत्रता
– मत देने का अधिकार
– काम करने का अधिकार जो समान काम के लिए समान परिश्रमिक की नीति पर आधारित हो
– 40 घंटे का कार्य–सप्ताह, न्यूनतम मजदूरी और बेरोजगारी भत्ता
– मुफ्त चिकित्सीय सुविधा
– मुफ्त, अनिवार्य एवं समान शिक्षा।

यह सारे अधिकार अन्य स्वतंत्र देशों के नागरिकों को प्राप्त हो चुके थे परन्तु दक्षिण अफ्रीका की स्थिति अलग थी, जो किसी अन्य देश का उपनिवेश नहीं था परन्तु वहाँ की जनता अल्पसंख्यक, रंगभेद करने वाली जालिम सरकार के पैरों तले पिस रही थी।

- 1959 में दक्षिण अफ्रीका की सरकार ने दस 'बान्टूस्तान' बना कर दुनिया को दर्शाया कि अश्वेतों को इन स्थानों पर रखकर स्वशासन दिया जा रहा है परन्तु यह रंगभेद की ही पराकाष्ठा थी।
- 1960 में दक्षिण अफ्रीका की क्रूर सरकार की असली चेहरा सबके सामने आया गया जब 17 अफ्रीकी देश आजाद हो गए जिससे यह वर्ष ''अफ्रीकी वर्ष'' के नाम से संयुक्त राष्ट्र संघ में घोषित हुआ, ब्रिटेन के प्रधानमंत्री हैरोल्ड मैकमिलन ने अपना प्रसिद्ध ''बदलाव की बयार'' वाला बयान भी दिया पर दक्षिण अफ्रीकी राष्ट्रवाद और जनता की आकांक्षाओं को पूरी तरह नकारते हुए, जब यहाँ के शहर शार्पविल में ''पास ले कर चलने के कानून'' के विरोध में प्रदर्शन कर रहे 69 अश्वेत प्रर्दशनकारियों को पुलिस ने मार गिराया, तब पूरी दुनिया ने इस क्रूर घटना के बारे में सुना, पढ़ा और टी.वी. पर देखा। 15,000 अश्वेतों को गिरफ्तार भी किया गया एवं लगभग सभी को क्रूरता से मारा–पीटा गया।
- इस घटना ने अफ्रीकी नेशनल कांग्रेस का मिजाज बदल दिया, पहले वह शांतिप्रिय अहिंसक राजनीतिक पार्टी थी जो जनतंत्र के लिए संघर्षरत थी पर अब वे हिंसा का बदला हिंसा से लेने और रंगभेद को समाप्त करने के लिए ''राष्ट्र का भाला'' (Spear of the nation) बनने के लिए तैयार हो गए। अल्पसंख्यक सरकार के पशुबल के विरोध में सशस्त्र संघर्ष की तैयारी शुरू हुई। गुरिल्ला छापामारों और सैनिकों को तैयार करना शुरू किया गया। एक भूमिगत आंदोलन खड़ा हो गया और बम–विस्फोट जैसे घटनाएँ प्रारंभ हुईं।

अमेरिकी सी.आई.ए. के जानकारी देने पर ए.एन.सी. के प्रसिद्ध नेता नेल्सन मंडेला को दक्षिण अफ्रीकी सरकार ने पकड़ कर जेल में डाल दिया और ए.एन.सी.

पर बैन लगा दिया गया। बचे–खुचे राष्ट्रवादी साम्यवाद की तरफ मुड़ने लगे और सोवियत संघ ने धन तथा हथियार भूमिगत ए.एन.सी. को देना प्रारंभ किया।

- 1970 के दशक में दक्षिण अफ्रीका में ''अश्वेत चेतना'' (black consciousness) आंदोलन फैलने लगा जो अमेरिका के नागरिक अधिकार आंदोलन से प्रभावित था। यहाँ इसका नेता स्टीव बीको था जिसने घोषणा कि ''श्वेत लोगों को यह समझना होगा कि वे इंसान ही है और अश्वेतों से श्रेष्ठ नहीं''। जो व्यक्ति अश्वेत समानता को जन्मसिद्ध अधिकार बताने लगे, वह यहाँ की सरकार के लिए खतरे की घंटी बन गया। उसे 'पास' लेकर न चलने के जुर्म में पकड़ लिया गया और जेल में चकनाचूर खोपड़ी के साथ मृत पाया गया। अब तो अजापो (Azanian People's Organization) नामक उग्र दल की स्थापना हो गई जो सारे श्वेत बासिंदो को मार कर भगाने का नारा देने लगा।

ए.एन.सी. ने इनका विरोध किया साथ ही एक और अश्वेत दल 'इंकाथा फ्रीडम पार्टी'' जो जुलू नेता मांगोसूथू की पार्टी थी, से भी विरोध हुआ क्योंकि इंकाथा बस 'क्वाजुलु' नामक क्षेत्र को जुलु जाति का गृह क्षेत्र बनाकर स्वतंत्र शासन चाह रहा था, यह अल्पसंख्यक सरकार की फूट डालो और नस्ली लड़ाई करवाने की चाल थी जिसमें इंकाथा नेता फंस चुका था।

- 1976 में सरकार ने अफ्रीकान (Afrikaan) भाषा जो डच मूल के श्वेत बासिंदो द्वारा बोली जाती थी, को सभी अश्वेत स्कूलों पर अनिवार्य रूप से लागू कर दिया तब प्रतिरोध भड़क उठे। जोहंसबर्ग के नजदीक सोवेटो में प्रदर्शन हुआ जिस पर पुलिस ने गोली चलाई और औरत बच्चों समेत 200 अश्वेत मारे गए। पर प्रतिरोध चलता रहा जिसमें 500 लोग और मारे गए, दुनिया भर में ऐसी हत्यारी सरकार के विरूद्ध आवाज उठने लगी।
- दस वर्षों तक विरोध व तोड़–फोड़ की घटनाएँ चलती रहीं। 1985 में शार्पविल हत्याकांड की 25वीं वर्षगाँठ के प्रदर्शन पर 19 लोग गोली के शिकार हुए। उनके शवयात्रा में और लोग मारे गए। 1980 के दशक में इतना खून–खराबा होने पर भी अश्वेत लोगों का प्रतिरोध ठण्डा न पड़ा।

दक्षिण अफ्रीका के बाहर से संघर्ष —

- दक्षिण अफ्रीका के बाहर भी रंगभेद का विरोध होने लगा था। 1961 के कामनवेल्थ सम्मेलन में दक्षिण अफ्रीका की सरकार की खूब आलोचना हुई। गणतंत्र बनने के बाद दक्षिण अफ्रीका को कामनवेल्थ की सदस्यता के लिए फिर आवेदन देना था, जो अब आलोचना के मद्देनजर नहीं दिया गया।
- संयुक्त राष्ट्र संघ एवं अफ्रीकन संघ ने रंगभेद की नीति अपनाने के लिए दक्षिण अफ्रीकी सरकार की आलोचना की। इन अंतर्राष्ट्रीय मंचो पर दक्षिण अफ्रीकी सरकार का नामीबिया पर कब्जा भी आलोचना का कारण बना। दक्षिण अफ्रीका का तर्क था कि अंगोला की साम्यवादी सरकार को फैलने से

रोकने के लिए उसका नामीबिया (South-west Africa) पर कब्जा जरूरी था। संयुक्त राष्ट्र संघ ने दक्षिण अफ्रीका पर आर्थिक प्रतिबंध भी लगाए परन्तु ब्रिटेन, अमेरिका, फ्रांस, पश्चिमी जर्मनी और इटली रंगभेद की आलोचना करने के साथ, उसके साथ व्यापार भी करते रहे। ये सब देश दक्षिण अफ्रीका को हथियार बेचते रहे।

- अमेरिका जो विश्व की एक प्रमुख शक्ति था वह शीत युद्ध के ज्वर से ग्रसित था इसीलिए अपने देश में अमरीकन राष्ट्रपति ट्रूमैन ने अश्वेतों के नागरिक अधिकारों के पक्ष में बहुत काम किया परन्तु विदेश नीति के तहत सोवियत संघ और साम्यवाद के प्रसार को रोकने के लिए दक्षिण अफ्रीका की अल्पसंख्यक रंगभेद करने वाली सरकार के अश्वेत दमन का पुरजोर विरोध नहीं किया, और दक्षिण अफ्रीकी सरकार का चुपचाप समर्थन करता रहा।
- 1975 में पुर्तगाल के अफ्रीकी उपनिवेश भी स्वतंत्र हो गए जिनमें पहले श्वेत शासन था और जो दक्षिण अफ्रीकी श्वेत शासन को समर्थन देते थे, जैसे अंगोला, मोजाम्बीक और जिम्बाब्वे। अब इन देशों में अश्वेत शासन स्थापित हो गया जो दक्षिण अफ्रीका की रंगभेदी सरकार के आलोचक बन गए, उन्होंने दक्षिण अफ्रीका के अपने अश्वेत भाईयों को मदद करने का पूरा वादा किया। दक्षिण अफ्रीका के गुरिल्ले गिनी, तंजानिया, जाम्बिया और मोजाम्बीक से रंगभेद के विरूद्ध अभियान छेड़ते रहे।
- 1970 के अंत तक दक्षिण अफ्रीका में आर्थिक समस्याएँ प्रारंभ हो गईं। श्वेत व्यवसायी देश छोड़कर जाने लगे। 1980 तक वे जनसंख्या का मात्र 16% रह गए।
- 1979 में पी.डब्लू. बोथा प्रधानमंत्री बना, उसने परिस्थिति को समझा और अपने एक भाषण में कहा 'या तो हम बदलें या फिर खत्म हो जाएँ''। उसने कुछ परिवर्तन किए –
  - अश्वेतों को मजदूर संघ बनाने व हड़ताल करने का अधिकार मिला (1979)
  - अश्वेतों को स्थानीय शहर या सुरक्षित क्षेत्र के कांउसिल सदस्यों को चुनने का अधिकार मिला पर राष्ट्रीय चुनाव में मत डालने का अधिकार अभी भी नहीं (1981)
  - श्वेत–अश्वेत विवाह को मंजूरी मिली (1985)
  - पास रखने के कानून समाप्त किए गए (1986)

जाहिर है अश्वेत लोग इनसे संतुष्ट नहीं हुए, हिंसा और तोड़–फोड़ की घटनाएँ बढ़ती गईं। इसी दौरान शार्पविल घटना की पच्चीसवीं वर्षगांठ की प्रदर्शन पर गोलियाँ चलवाने की घटना हुई। पूरे देश में आपातस्थिति लगा दी गई, प्रेस का मुँह बंद कर दिया गया (1986) ए.एन.सी. के लड़ाके भी उग्र हो अपना विरोध

दिखाने लगे, वे जलते ''टायरों का नेकलेस'' उनको पहनाते जो अश्वेत पुलिसवाले या काउंसिल सदस्य रंगभेदी सरकार के हिमायत में काम करते थे।

- अगस्त 1986 में कॉमवेल्थ देशों ने दक्षिण अफ्रीकी सरकार पर कठोर प्रतिबंध लगाए उनको तेल, कम्प्यूटर पुर्जे, आणविक पदार्थ इत्यादि बेचने पर पाबंदी लगा दी मगर ब्रिटेन में प्रतिबंध स्वैच्छिक था।
- सितम्बर 1986 में अमेरिकी कांग्रेस ने राष्ट्रपति रीगन के वीटो को दरकिनार करते हुए प्रतिबंधों के पक्ष में मत दिया अब अमेरिकी सरकार को भी दक्षिण अफ्रीका पर कई प्रतिबंध लगाने पड़े, वहाँ से इस्पात, कोयला, कपड़े तथा यूरेनियम मंगाना बंद किया, हवाई यात्रा बंद की एवं खेल–कूद तथा सांस्कृतिक संपर्क बंद किया। जब अमेरिकी कांग्रेस ने 1986 में रंगभेद विरोधी कानून पारित कर दिया तो कई बहुराष्ट्रीय कंपनियाँ अपना निवेश समेट दक्षिण अफ्रीका से निकल गईं। 1980 के अंत तक दक्षिण अफ्रीका की अर्थव्यवस्था लड़खड़ाने लगी क्योंकि अंतर्राष्ट्रीय प्रतिबंधो और नामीबिया पर सैनिक कब्जा बनाए रखना एक दुरूह बात बन गई।
- दक्षिण अफ्रीका की अश्वेत आबादी अब अनपढ़ और अकुशल मजदूरों की भीड़ नहीं रह गई थी, उनमें पढ़े–लिखे, मध्यमवर्गीय और व्यवसायिक लोगों की संख्या बढ़ रही थी जैसे डेसमंड टूटू, जिन्हें दक्षिण अफ्रीका में शांतिप्रिय ढ़ंग से राजनीतिक हल ढूँढ़ने का प्रयास करने के लिए 1984 का नोबल शांति पुरस्कार मिला। 1986 में वह केपटाउन के एंगलिकन आर्चविशप बने, अब श्वेत दक्षिण अफ्रीकी भी समझने लगे कि अश्वेतों को देश की राजनीति से पूरी तरह अलग रखना संभव न होगा, वे अश्वेत बहुसंख्यक शासन के अंतर्गत रहने की संभावना से भयभीत होने लगे।
- 1989 में एफ.डब्लू.डी.क्लार्क प्रधानमंत्री बना। उसने रंगभेद समाप्त करने के लिए कदम उठाए जिसके चलते उसे दक्षिणपंथी श्वेत अफ्रीकानरों का खूब प्रतिरोध झेलना पड़ा।
  - 27 वर्षों तक जेल में रखने के बाद नेल्सन मंडेला को फरवरी 1990 में रिहा किया गया, वे तब इक्हत्तर साल के थे और अन्य राजनीतिक कैदियों को भी रिहा कर दिया गया। ए.एन.सी. पर लगा बैन हटा दिया गया, नेल्सन मंडेला को नेता चुन लिया गया।
  - बाकी के रंगभेदी कानून भी हटा दिए गए जैसे जनसंख्या रजिस्ट्रेशन कानून जो रंगभेद का आधार था।
  - ्थम विश्व युद्ध के बाद से ही नामीबिया पर दक्षिण अफ्रीका का कब्जा था, उसे भी 1990 में स्वतंत्र किया गया जहाँ एक अश्वेत बहुल सरकार बनी।
  - ए.एन.सी. के साथ दक्षिण अफ्रीकी सरकार ने बातचीत प्रारंभ की ताकि एक नया संविधान बन सके जिससे अश्वेतों को पूरे राजनीतिक अधिकार प्राप्त हो सके।

ए.एन.सी. पार्टी ने स्वयं को एक उदार और सभी के हितों की रक्षा करने वाली पार्टी के रूप में प्रस्तुत करना शुरू कर दिया। बातचीत बड़े कठिन दौर से गुजरी। नटाल की जुलु इंकाथा पार्टी अलग राज्य की मांग पर अड़ी थी क्योंकि उसका मुखिया बुथलेज़ी राष्ट्रीय राजनीति में छोटा नेता बन जाने के डर से अलग ही रहना चाहता था। ए.एन.सी. और इंकाथा संघर्ष दिन प्रति दिन हिंसक होता गया। 1985 से 1996 के बीच इस संघर्ष ने 10,000–15,000 जानें ले लीं। ए.एन.सी. के नौजवान लड़ाके जो स्वयं को यंग लायन कहते थे वे गोली या चाकू चलाने में जरा भी परहेज नहीं करते, नेल्सन मंडेला ने उन्हें अपने हथियार समुद्र में फेंक देने को कहा पर वे बहरे बने रहे।

- दक्षिण अफ्रीकी सरकार ने जो बान्टूस्तान या होमलैण्ड बना रखे थे, उनके नेता भी ए.एन.सी. या अपनी जनता की एक राष्ट्र की मांग को नहीं मानना चाहते थे ; राष्ट्रीय राजनीति में कम भूमिका का भविष्य उन्हें डरा रहा था। उनसे भी हिंसक झड़पें हुईं।
- 1993 में बातचीत के बाद सार्थक परिणाम निकले और अश्वेत बहुल शासन का रास्ता निकला। अप्रैल 1994 में आम चुनाव करवाने की घोषणा की गई जिसमें 400 सीटों वाली राष्ट्रीय सभा के सदस्यों को चुना जाना था। मंडेला ने डी क्लार्क के साथ मिलकर अंतर्राष्ट्रीय समुदाय से आर्थिक एवं सांस्कृतिक प्रतिबंधों को हटाने की अपील की।
- आखिरी पल में इंकाथा ने भी चुनाव में भाग लेने की घोषणा की। 27 अप्रैल 1994 को चुनाव हुए और जैसा लगा रहा था वैसा ही हुआ, ए.एन.सी. को बहुमत मिला पर फिर भी उन्होंने नेशनल पार्टी और इंकाथा के साथ मिलकर मिली–जुली सरकार बनाई, नेल्सन मंडेला पचहत्तर साल की उम्र में देश के पहले अश्वेत राष्ट्रपति बने, डी.क्लार्क उपराष्ट्रपति, इन दोनों को ही नोबल शांति पुरस्कार मिला (1993)।
- बिना गृह–युद्ध के रंगभेद से परिवर्तित हो कर प्रजातंत्र में बदल जाना देश की और इन नेताओं की बड़ी उपलब्धि थी। अन्य अफ्रीकी देशों के समान यहाँ सैनिक तानाशाही की स्थापना कभी नहीं हुई।

परन्तु नए देश और उसकी सरकार के सामने कई चुनौतियाँ थीं। बड़ी जनसंख्या के जीवन स्तर में सुधार लाने के लिए, सही आर्थिक और वित्तीय निर्णय लिए जाने थे, ऊँची अपराध दर एवं भ्रष्टाचार पर अंकुश लगाना था और एक स्थिर समाज बनाना था।

पुनः एक नए संविधान की रचना हुई जिसे शार्पविल घटना की वर्षगांठ पर दिसम्बर 1996 में पारित किया गया और देश अपने पुनः निर्माण में जुट गया। नए देश के सामने एक बहुत बड़ी समस्या ''ऐड्स'' थी जिससे लाखों लोग प्रभावित थे। दिसम्बर 1998 में मंडेला ने शासन अपने मित्र और सहयोगी थाबो मबेकी को सौंप दिया, यह भी अफ्रीका के लिए बड़ी क्रांतिकारी बात थी क्योंकि किसी भी अन्य

अफ्रीकी देश में ऐसा शांतिपूर्ण सत्ता परिवर्तन कभी नहीं होता था, वहाँ के राजनेता सत्ता से चिपके ही रहना चाहते थे अतः मंडेला ने इस देश की राजनीति पर गहरी और नैतिक छाप छोड़ी जिसकी वजह से वे इस देश के राष्ट्रपिता के तौर पर जाने जाते हैं।

प्रश्नावली

प्रश्न 1 : 1960 को अफ्रीका वर्ष क्यों कहा जाता है? नव–स्वतंत्र अफ्रीकी देशों की समस्याएँ क्या थीं?

प्रश्न 2 : अफ्रीका की नृ–जातीय संरचना किस हद तक उसके विकास में अवरोध का कार्य करती हैं।

प्रश्न 3 : वे कौन से प्राकृतिक एवं मानव निर्मित कारक हैं जो अफ्रीका के विकास में अवरोध का काम करते हैं?

प्रश्न 4 : रंगभेद नीति से आप क्या समझते हैं? यह नीति अफ्रीका में कहाँ अपनाई गई? इसका उस देश की राजनीति एवं समाज पर क्या प्रभाव पड़ा?

प्रश्न 5 : दक्षिण अफ्रीका के लोगों ने रंगभेद से कैसे संघर्ष किया और जनतंत्र की स्थापना का भी वर्णन करें।

प्रश्न 6 : दक्षिण अफ्रीका के रंगभेद विरोधी संघर्ष में ए.एन.सी. एवं नेल्सन मंडेला की भूमिकाओं का वर्णन करें।

१३. सोवियत संघ का विखंडन

समस्त यूरोप में सबसे बड़े देश रूस के शासक निकोलस द्वितीय रोमानोव (1889–1917) के भ्रष्ट शासन का अंत 1917 की साम्यवादी क्रांति के पश्चात हुआ। उसके बाद वहाँ सोवियत साम्यवादी गणराज्यों के संघ (Union of soviet socialist republics) अर्थात सोवियत संघ की स्थापना हुई जिसका एक घोषित उद्देश्य यह भी था कि दुनिया भर में साम्यवादी क्रांति हो और वंचित लोगों के शासन की स्थापना हो जाए, जिसके लिए शस्त्र उठाने से भी हिचक नहीं होनी चाहिए। जाहिर है दुनिया भर के पश्चिमी पूँजीवादी एवं साम्राज्यवादी देशों को इस प्रकार के साम्यवादी देश की स्थापना से बड़ा बुरा लगा और वे सोवियत संघ का प्रत्यक्ष एवं परोक्ष विरोध करने लगे। द्वितीय विश्व युद्ध से पहले पूँजीवादी पश्चिमी देशों ने लोकप्रिय होती साम्यवादी विचारधारा और सोवियत संघ को दबाने के लिए फासी ताकतों के प्रति तुष्टिकरण की नीति अपनाई, जिससे द्वितीय विश्व युद्ध छिड़ गया। परंतु युद्ध के उत्तरार्ध में सोवियत संघ ने मित्र देशों का साथ दिया और फास्सिटों के विरूद्ध युद्ध किया। पूरी दुनिया ने देखा कि द्वितीय विश्व युद्ध को समाप्त करने में एवं पूर्वी यूरोपीय देशों को नाज़ी कब्जे से मुक्त करने में सोवियत संघ ने बड़ी संख्या में बलिदान देकर भी सफलता हासिल की। इस युद्ध में सोवियत संघ को सबसे ज्यादा क्षति हुई थी, उसकी अर्थव्यवस्था तबाह हो गई थी और सबसे ज्यादा संख्या में रूसी सैनिक मारे गए थे। परन्तु युद्ध के बाद पूँजीवादी देश अपने पुराने व्यवहार में लौट आए और सोवियत संघ से उनका शीत–युद्ध प्रारंभ हो गया।

प्रारंभ में सोवियत संघ अपने उपग्रह देशों (पूर्वी यूरोपीय साम्यवादी देश) के साथ बड़ा शक्तिशाली साम्यवादी गुट लगा परन्तु साम्यवादी नीतियाँ यहाँ लंबे समय तक लोकप्रिय न रहीं। 1980 के दशक के आते–आते न सिर्फ उपग्रह देशों में बल्कि स्वयं सोवियत संघ में परिवर्तन की मांग प्रबल हो गई। 1989 में पूर्वी जर्मनी के बर्लिन दीवार गिरने से जो शुरूआत हुई, उसके बाद वहाँ में साम्यवाद का अंत हो गया। कुछ ही वर्षों में, 1991 में सोवियत संघ में भी पुरानी व्यवस्था का अंत कर दिया गया और सोवियत संघ का विखण्डन हो गया। विद्वान इतिहासकार सोवियत संघ के विखण्डन के लिए कई कारणों को जिम्मेदार मानते हैं –

अर्थव्यवस्था का पतन

द्वितीय विश्व युद्ध के पश्चात सोवियत संघ में अर्थव्यवस्था को पटरी पर लाने के प्रयास शुरू किए गए। 1946 में चौथी पंचवर्षीय योजना शुरू की गई और कुछ ही

वर्षों में औद्योगिक उत्पादन युद्ध के पहले के स्तर तक आ गया। कृषि के क्षेत्र में भी मशीनों के अधिकाधिक प्रयोग से और सामूहिक फार्मों की स्थापना से उत्पादन स्तर बढ़ा दिया गया। पंचवर्षीय योजनाओं के माध्यम से अर्थव्यवस्था का विकास होता गया और 1950 के दशक में सकल राष्ट्रीय उत्पादन की दृष्टि से यह अर्थव्यवस्था विश्व की दूसरी सबसे शक्तिशाली अर्थव्यवस्था बन गई।

लेकिन 1960 के दशक से ही अर्थव्यवस्था की कई गंभीर समस्याएँ सामने आने लगीं। कृषि का उत्पादन पूरा नहीं पड़ने लगा। खाद्यान्न को आयात करने की जरूरत पड़ गई। ख्रुश्चेव ने 'अछूती भूमि योजना' (Virgin land scheme) की शुरूआत की जिसके अनुसार साइबेरिया एवं कज़ाकि़स्तान के विशाल क्षेत्रों में कृषि प्रारंभ करवाना था। उन्होंने सामूहिक खेतों से सरकारी खरीद का दर बढ़वाया ताकि उत्पादन बढ़ाने का प्रोत्साहन बढ़े। सामूहिक खेतों में काम करने वाले किसानों को अपने निजी भूमि के टुकड़े पर उपजाई फसल को बाजार में बेचने की इजाजत दी गई। 1953 से 1962 के बीच अनाज का उत्पादन 82 मिलियन टन से 147 मिलियन टन तक बढ़ा परन्तु उसके बाद चीजें बिगड़नी शुरू हुईं। 1963 में अनाज का उत्पादन घटकर 110 मिलियन टन रह गया जिसका मुख्य कारण अछूती भूमि योजना का विफल हो जाना था क्योंकि जमीन का उपजाऊपन कम था, खाद का प्रयोग कम किया गया, और मृदा की उपरी सतह ढ़ीली पड़कर धूल भरी आंधियों में उड़ जाने लगी। स्थानीय अधिकारियों का अज्ञान, अनावश्यक हस्तक्षेप एवं ऐंठ ने स्थिति को और बिगाड़ा। कृषि, अर्थव्यवस्था का कमजोर हिस्सा बनी रही जिससे रूसियों को अनाज का आयात करना पड़ा और कई बार तो अमेरिका से गेंहू मंगवाना पड़ा।

सोवियत संघ की अर्थव्यवस्था की दूसरी कमजोर कड़ी थी उपभोक्ता वस्तुओं के उत्पादन पर ध्यान न देना। भारी उद्योगों पर जोर देने से एक मजबूत आधारभूत ढांचा तो बन गया था, किन्तु उपभोक्ता वस्तु उद्योग देश की जरूरतें पूरी कर पाने में बहुत पीछे रह गया अतः यहाँ के लोगों के जीवन–स्तर में सुधार की गति पश्चिम के उन्नत देशों के मुकाबले बहुत पीछे रही। मोटरकार, टीवी, कपड़े धुलाई की वाशिंग मशीन इत्यादि कम लोगों को उपलब्ध थे। टूथपेस्ट, साबुन, बढ़िया वस्त्र इत्यादि की कमी हमेशा रहती थी। रक्षा एवं अंतरिक्ष अनुसंधान को छोड़, तकनीक के हर क्षेत्र में सोवियत संघ पूँजीवादी देशों से पिछड़ा हुआ था जबकि इस क्षेत्र में उसकी बड़ी जनसंख्या लगी हुई थी।

सोवियत संघ की अर्थव्यवस्था की कमजोरी का एक कारण यह था कि पश्चिमी पूँजीवादी देशों से होड़ करने में वह अपने बहुमूल्य संसाधनों को रक्षा एवं अंतरिक्ष अनुसंधान के क्षेत्र में लगा देता था, अपने उपग्रहों को अपने तरफ बनाए रखने में भी उसे खर्च करना पड़ता था। आणविक हथियारों की होड़ बहुत खर्चीली साबित हो रही थी। ख्रुश्चेव ने "शांतिपूर्ण सह अस्तित्व" की बात सिर्फ अंतर्राष्ट्रीय संबंधों को सुधारने के लिए नहीं कही थी, परन्तु अपने देश की माली हालत

सुधारने और रक्षा खर्च करने की इच्छा भी, इसके पीछे रही होगी। परन्तु 'ब्रेझनेव सिद्धांत' से माहौल और गर्म हुआ तथा रक्षा खर्चों को बढ़ाना ही पड़ा।

1975 से सोवियत संघ आर्थिक गतिहीनता की तरफ बढ़ता ही चला गया। भले ही पश्चिमी देश सोवियत संघ की साम्यवादी विचारधारा को नापसंद करते थे परन्तु व्यापार से उन्हें परहेज नहीं था क्योंकि उन्हें भुगतान सोने में किया जाता जो स्टालिन काल में जमा किए गए थे। समय–समय पर रूसी नेताओं ने अर्थव्यवस्था में सुधार करने के प्रयास किए परन्तु तकनीकी पिछड़ेपन और भ्रष्टाचार के कारण कोई फायदा न हुआ। अर्थव्यवस्था के नियोजक कई बार समस्याओं का समाधान ही नहीं कर पाते थे क्योंकि उत्पादककर्ता उन्हें कागजी उत्पादन के आंकड़े भेज देते जो गलत होते थे।

अर्थव्यवस्था के पिछड़ेपन का कारण सोवियत संघ की ''कमान प्रणाली'' थी। सोवियत संघ ने जिस प्रकार की आर्थिक नियोजन की प्रणाली को अपनाया वह अति–केन्द्रीयकरण से ग्रस्त थी। राजधानी में बैठकर नियोजन करने वाले, क्षेत्रीय आवश्यकताओं को सही ढ़ंग से समझते नहीं थे और अपनी प्रवृत्तियों के अनुसार निर्णय ले लेते थे, जैसे उदाहरण के लिए, कुछ उद्योगों में निर्मित होने वाले सामान की मांग कम होती थी फिर भी सरकारी आदेश से उनका उत्पादन अधिक किया जाता था। उत्पादों की कीमतें सरकारी निर्णय से तय कर दी जाती थीं जो कृत्रिम होती थीं जिससे अर्थव्यवस्था पर दबाव पड़ता था। सब कुछ सरकारी नियंत्रण में होने से व्यक्तिगत पहल, अविष्कार या अनुसंधान को प्रोत्साहन नहीं मिलता था। अर्थव्यवस्था आम आदमी की जरूरतों के अनुसार संवेदनशील नहीं थी अतः कमान व्यवस्था को दोष दिया जा सकता है। मिखाइल गोर्बाचोव ने अर्थव्यवस्था के सुधार के प्रयास किए परन्तु गतिहीनता दूर नहीं हुई और आर्थिक क्षेत्र की विफलता सोवियत संघ के 1991 में टूटने का एक प्रमुख कारण बन गई।

राजनैतिक असंतोष –

1917 में रूस में साम्यवादी सरकार की स्थापना एक युगांतकारी घटना तो थी परन्तु कम्युनिस्ट विचारधारा के जो कठोर पहलू थे उससे देश के अंदर एवं बाहर विरोध का स्वर हमेशा बना रहा। पश्चिमी पूँजीवादी देश इस विचारधारा एवं सोवियत संघ को खतरनाक मानते हुए फासी ताकतों को हवा देने लगे जिसका परिणाम द्वितीय विश्व युद्ध हुआ। द्वितीय विश्व युद्ध के बाद स्टालिन ने रूस में अपनी ताकत को और बढ़ाने की कोशिश की। रूसी सैन्य शक्ति संयुक्त राज्य अमेरिका की सैन्य शक्ति के बराबर बना दी गई। रूसी सैन्य प्रौद्योगिकी ने बहुत प्रगति की और किसी भी उन्नत नवीन तकनीक में वे पिछड़े न रहे। अंतरिक्ष कार्यक्रम में सोवियत संघ अमेरिका से भी आगे निकल गया जब 1961 में पहले मनुष्य को अंतरिक्ष में भेजने में सफलता हासिल की। (यूरी गगारिन)

सोवियत संघ ने सैन्य शक्ति को प्राथमिक स्थान दे कर ''विश्व में शक्ति संतुलन'' तो बनाया पर यह एक बड़ी भारी कीमत पर टिका था जो थी रूसी लोगों

की जनआकांक्षा और अच्छी जीवन स्तर के इच्छा को परे हटा कर। रूस की अर्थव्यवस्था शीत–युद्ध जनित खर्चो से चरमरा गई और लोग दिनों दिन असंतुष्ट होते गए। सरकार के विरूद्ध किसी भी तरह का विरोध दबा देने की, रूस में पुरानी परंपरा थी।

स्टालिन का तानाशाही ढ़ंग द्वितीय विश्व युद्ध के बाद भी कायम रहा, सोवियत साम्यवादी पार्टी एवं इसके संगठन जैसे पोलित ब्यूरो, स्टालिन के निर्णयों पर सहमति प्रदान करने वाली संस्था मात्र बन कर रह गए। स्टालिन ने 1930 और 1940 के दशकों में बोलशेविक क्रांति के प्रत्येक नेता को या तो मरवा दिया था, या वे स्वयं मर गए थे। सरकार से अलग हर राय को देशद्रोही करार कर दिया जाता अतः कृषि के सामुहिकीकरण या देश की विदेश नीति का विरोध करने जैसे हर विरोधकर्ता को साइबेरिया जैसे ठण्डे प्रदेश के श्रमशिविरों में भेज दिया जाता था या लंबे काल के लिए जेल में डाल दिया जाता। सोवियत सुरक्षा पुलिस के मदद से स्टालिन दमन का चक्र चलाने में सफल हो गया। परन्तु इस दमन से सोवियत संघ का बौद्धिक जीवन, कला, संस्कृति तथ विज्ञान बुरी तरह से प्रभावित हुए। स्टालिन ने लेखकों, कलाकारों, संगीतकारों तक को नहीं छोड़ा और उन्हें अपने विचारों के अनुरूप कृतियों को बनाने पर मजबूर किया। औद्योगिकरण को तेज गति प्रदान करने के लिए असंभव लक्ष्य रखे गए जिन्हें पूरा न करने पर सजा दी जाती। स्टालिन की ज्यादतियों का अंत न था।

1953 में स्टालिन की मृत्यु हो गई और सोवियत संघ ने राहत की सांस ली अगला राष्ट्रपति निकिता ख्रुश्चेव (1953–1964) ने स्टालिन के काम की गलतियों पर से पर्दा हटा दिया। व्यापक दमन की नीति को समाप्त कर दिया गया। श्रम शिविर एवं जेलों में बरसों से यातना झेल रहे लोगों को, जिन्हें राजद्रोह के अपराध में बंद कर दिया गया था, रिहा करके फिर से बसाया गया। ख्रुश्चेव के काल की सर्वाधिक बड़ी घटना 1956 की बीसवीं कम्युनिस्ट पार्टी की आम सभा (कांग्रेस) थी जिसमें ख्रुश्चेव ने अपने भाषण में कई बड़ी बातें कहीं

- उसने स्टालिन को व्यक्ति पूजा की विचारधारा प्रचलित करने का दोषी ठहराया जिससे पार्टी के शासन को धक्का पहुँचा ;
- उसने स्टालिन के "सफाई अभियानों" (Purges) का पोल खोला, जिसमें विरोधियों को गायब कर, बड़ी संख्या में मार दिया गया था ;
- उसने कहा कि स्टालिन द्वारा अपनाए गए रास्ते के अलावा भी, अन्य तरीकों से समाजवादी शासन व्यवस्था एवं अर्थव्यवस्था चलाई जा सकती है।
- उसने घोषणा की कि पश्चिम के साथ शांतिपूर्ण सहअस्तित्व नीति अपनाना सही ही नहीं बल्कि जरूरी है ताकि आणविक युद्ध की संभावना न बने।

हालांकि यह भाषण गोपनीय था परन्तु पूरे विश्व को इसकी जानकारी हो गई और ऐसा लगा कि सोवियत संघ की कमान एक स्थिर एवं विचारशील शासक के हाथ में है परन्तु वहाँ एक लोकतांत्रिक राजनीतिक व्यवस्था तो कायम नहीं हुई

और न ही नागरिक स्वतंत्रता स्थापित हुई। सिर्फ आतंक और दमन का अंत हुआ। विदेशी यात्राओं, प्रकाशनों और अभिव्यक्ति पर प्रतिबंध जारी रहा। राजनीतिक जीवन से रूसी जनता असंतुष्ट रही। ख़ुश्चेव ने जनता के जीवन स्तर को बेहतर बनाने के लिए उपभोक्ता उत्पादों के उद्योगों को लगाने के लिए बढ़ावा दिया अतः उपभोक्ता उत्पाद जैसे रेडियो, टी.वी., वाशिंग मशीने एवं सिलाई मशीनों का उत्पादन बढ़ा। समस्त उद्योगों में उत्पादन बढ़ाने के लिए और उत्पादकता को प्रोत्साहित करने के लिए सौ क्षेत्रीय आर्थिक समीतियाँ शुरू की गईं जो अपनी स्थानीय उद्योगों को व्यवस्थित कर सकें, निर्णय ले सकें और निर्धारित उत्पादन लक्ष्य मात्र प्राप्त करने में न लग कर लाभ कमाने की कोशिश करें जो मजदूरों एवं मैनेजरों की तन्ख्वाह में जोड़ी जाए। इन सबसे रूसी जनता के जीवन में सुधार तो हुआ, सरकारी गृह निर्माण योजना से बने घरों में, उपभोक्ता उत्पाद के साथ जीवन सरल हुआ पर कृषि उत्पादन में सुधार न हो पाया और अमेरिका एवं अन्य पश्चिमी देशों से खाद्यान्न आयात करना पड़ा। ख़ुश्चेव की विदेश नीति ''शांतिपूर्ण–सहअस्तित्व'' और ''समाजवाद के कई रास्ते'' ने पूर्वी यूरोपीय उपग्रह देशों को कुछ मांगे मांगने पर प्रेरित करने लगा परन्तु पोलैण्ड और हंगरी में ऐसी हलचलों को सख्ती से दबा दिया गया अर्थात सोवियत संघ अपने प्रभाव क्षेत्र पर कब्जा ढ़ीला करने को राज़ी नहीं था। इसी दौरान चीन ने सोवियत संघ पर मार्क्स–लेनिन द्वारा बताए रास्ते से पलट जाने का इलजाम लगाते हुए उससे संबंध दूर कर लिया। ख़ुश्चेव की लाभ कमाने और मजदूर तनख्वाह में प्रोत्साहन देने के विचार को चीन ने सोवियत संघ का साम्यवादी रास्ते से हट जाना बताया परन्तु स्वयं 1980 में इन्हीं रास्तों को अपना कर अर्थव्यवस्था में ऐसी सुधार कर ली कि इक्कीसवीं सदी में वह अमेरिका को टक्कर देने लगा।

1964 में ख़ुश्चेव को अपदस्थ कर दिया गया और लियोनिद ब्रेज़नेव साम्यवादी पार्टी का प्रथम सचिव एवं राष्ट्रपति बना (1964–82) उसने कम्युनिस्ट पार्टी को फिर से सर्वोच्च बना दिया। ब्रेजनेव के लंबे शासनकाल को 'गतिहीनता का काल' माना जाता है जिसमें कम्युनिस्ट तौर–तरीकों के अनुसार देश के अंदर शासन चलाना और पूर्वी यूरोपीय देशों पर सोवियत पकड़ को मजबूत बनाना उद्‌देश्य बन गए थे। जब चेकोस्लोवेकिया में मास्को के निर्देशों की अवहेलना की गई तो सोवियत संघ ने अपने वारसा सहयोगियों के साथ मिलकर उस पर आक्रमण किया और अपनी व्यवस्था स्थापित की (1968)। इसी घटना के बाद ब्रेज़नेव ने जो घोषण ा की उसे ब्रेज़नेव सिद्धांत कहा जाता है जिसके अनुसार अगर ''किसी देश में साम्यवाद खतरे में हो तो उसके अंदरूनी मामले में सोवियत संघ का हस्तक्षेप जायज है।'' इसी सिद्धांत के अंतर्गत सोवियत संघ ने रोमानिया, अफगानिस्तान एवं पोलैण्ड में ब्रेजनेव काल में हस्तक्षेप किया। ब्रेज़नेव ने रूस के अंदर भी इसी तरह की नियंत्रण बनाए रखने की नीति अपनाई। जुलाई 1974 में पश्चिमी देशों का हेलसिंकी में समझौता हुआ जिसके अनुसार सभी सदस्यों ने मानव अधिकारों की रक्षा करने का वचन लिया परन्तु ब्रेजनेव ने इस समझौते पर सहमति दर्शाने के

अलावा कुछ नहीं किया। वे गैर–सरकारी दल जो सोवियत संघ में मानव अधिकारों के रक्षा के लिए काम करते थे, उन्हें अधिकारी गिरफ्तार कर जेल भेज देते या दूसरे देशों में भेज देते, आखिर ऐसे दल खत्म ही हो गए। सोवियत संघ में सरकार के विरोध में बोलने का अधिकार किसी नागरिक को न था। ब्रेजनेव ने प्रख्यात आणविक भौतिक वैज्ञानिक डॉ॰ आंद्रेयी सखारोव को नागरिक अधिकारों के पक्ष में आवाज उठाने के आरोप में साइबेरिया में निष्कासित कर दिया। (1980)।

ब्रेज़नेव के काल में पश्चिम से सोवियत संघ के संबंध और तनावपूर्ण हो गए। 1979 में अफगानिस्तान में सोवियत हस्तक्षेप को बहुत गलत माना गया। ब्रेजनेव एक तरफ तनाव के अंत और आणविक हथियारों में कमी लाने की बात करते तो दूसरी तरफ सोवियत संघ की सशस्त्र सेनाओं और नौसेना में और विस्तार करते जाते। सोवियत संघ द्वारा विकसित SS-20 मिसाइलों को अधिक संख्या में बनाया गया। ब्रेजनेव ने अंगोला, मोजाम्बिक और इथियोपिया जैसे अफ्रीकी देशों के साम्यवादियों को संसाधन एवं मार्गदर्शन देना जारी रखा।

1982 में ब्रेज़नेव की मृत्यु के बाद सोवियत संघ पर दो उम्रदराज एवं बीमारियों से ग्रस्त नेताओं के शासन की स्थापना हुई। यूरी आंद्रोपोव (1982–84) और कोंस्टाटिन चेरनेनको (1984–85) आंद्रोपोव पहले सोवियत खुफिया संस्था KGB के मुखिया थे, उन्होंने सबसे पहले भ्रष्टाचार के विरूद्ध अभियान छेड़ा। पार्टी के बूढ़े नेताओं को अवकाश दे कर, नए, नौजवान उत्साही लोगों को पद दिया। उत्पादन बढ़ाने के लिए विकेन्द्रीकरण की योजना पर अमल करना चाहा पर अपने सुधारों का परिणाम देखने से पहले बीमारी के कारण चल बसे।

72 वर्षीय चेरनेनको पुराने ढ़ंग के कम्युनिस्ट नेता थे। मानव अधिकारों की स्थापना के लिए उन्होंने भी कोई कदम न उठाया। डॉ॰ आंद्रेयी सखारोव को साइबेरिया से वापस लाने की कोई आज्ञा जारी नहीं की जबकि पश्चिमी जगत के बुद्धिजीवी बार–बार इसका आग्रह करते रहे। वे सारे दल जिन्हें सरकार व कम्युनिस्ट विचार धारा सही नहीं मानती थी जैसे धार्मिक दल, गैर–सरकारी मजदूर संघ इत्यादि के प्रदर्शन करने पर उन्हें गिरफ्तार कर लिया जाता और जेल में डाल दिया जाता।

सोवियतसंघ की विदेश नीति

सोवियत संघ एक साम्यवादी देश था अतः उसका पूँजीवादी पश्चिमी देशों से मतभेद होना ही था भले द्वितीय विश्वयुद्ध में वे एक साथ नाज़ियों के विरूद्ध लड़े थे। सोवियत संघ ने पूर्वी यूरोपीय देशों को नाज़ी मुक्त कराया था तो युद्ध पश्चात वहाँ पर साम्यवादी सरकारें स्थापित कर दी जो अमेरिका जैसे देशों को पसंद नहीं आया फलस्वरूप दोनों देशों में परस्पर शीत–युद्ध के आरंभ हो गया जो कई दशकों तक चलता रहा। विश्व के किसी भी कोने में कोई घटना घटती तो उसे शीतयुद्ध के परिपेक्ष्य में देखा जाता। अमेरिका और सोवियत संघ अपना–अपना प्रभाव क्षेत्र

बढ़ाने और विश्व पर अपनी धाक जमाने में लगे रहते। परन्तु जहाँ अमेरिका को पश्चिमी पूँजीवादी यूरोपीय देशों का बराबर साथ मिलता रहा वहीं सोवियत संघ का दल, आकार में छोटा और मुख्यतः गरीबी से बाहर आ रहे देशों का था जिनका बोझ सोवियत संघ ही को उठाना पड़ता था।

शीत युद्ध के कारण हथियारों का निर्माण बढ़ता जा रहा था, अणु–शस्त्रों पर बहुत खर्च आता था और दोनों ही देश ऐसा सोचते थे कि कुछ वर्षों के पश्चात दूसरा देश हार जाएगा, पर ऐसा कुछ भी न हुआ।

अमेरिका को लगता था कि पूर्व की तरफ से साम्यवाद का निरंतर विस्तार हो रहा है और जब मुख्य चीन पर भी लाख अमेरिकी प्रयास के, साम्यवादी शासन की स्थापना हो गई तो उसका साम्यवाद भय चरम पर पहुँच गया। इधर सोवियत संघ और चीन के बीच मित्रता हो गई, विश्व के दो विशाल देशों के बीच मित्रता अमेरिका को बहुत चिंतित करती थी अतः 1950 का दशक शीत युद्ध के चरम का काल था परन्तु इसके अंत तक चीन व सोवियत संघ के संबंध खराब होने लगे और 1962 के क्यूबा संकट की घटना के लिए चीन ने सोवियत संघ के एक तरह के आत्म–समर्पण के लिए आलोचना की, सोवियत संघ की भारत समर्थक नीति की भी साम्यवादी चीन ने निंदा की अतः दोनों देश मित्र न रहे और अमेरिका ने भी राहत की सांस ली।

तीसरे विश्व के देशों में अपना–अपना प्रभाव क्षेत्र को बढ़ाने को लेकर दोनों के बीच कई बार परोक्ष संघर्ष हुआ जैसे रूस ने अमेरिकी हस्तक्षेप के विरूद्ध उत्तर वियतनाग की सहायता की और अंत में उसकी 1975 में विजय हुई साथ ही अमेरिका की मानहानि हुई। यह भी छुपा नहीं है कि रूस ने इजरायल के विरूद्ध अरबों की सहायता की और 1973 में मिस्र की विजय हुई ; 1976 में अंगोला के साम्यवादियों को रूस समर्थन से ही विजय की प्राप्ति हुई और सरकार बनी, जिसे मानने के लिए अमेरिका तैयार ही न हुआ।

हालाँकि स्टालिन की मृत्यु के पश्चात सोवियत संघ के नेताओं ने शीत युद्ध के भयानक पक्ष अर्थात हथियारों को होड़ को कम करने की कोशिश की। ख्रुश्चेव ने संयुक्त राष्ट्र संघ की जनरल असेम्बली में 1959 को संसार से युद्ध को समाप्त करने के लिए अपने प्रस्ताव बताए थे। जिनेवा में 1958 से 1961 तक न्यूक्लीयर बैन ट्रीटी की कान्फ्रेंस चली जिसमें अमेरिका, ब्रिटेन और रूस ने भाग लिया और आंशिक आणविक परीक्षण संधि पर हस्ताक्षर भी किए। अतः नए–नए आणविक परीक्षणों पर रोक लगी। अमेरिका के साथ रूस ने 1968 में आणविक अप्रसार संधि पर भी हस्ताक्षर किए ताकि ऐसे शस्त्र संसार में न फैल जाएं और उन पर रोक लगाई जा सके। जुलाई 1974 में हेलसिंकी समझौते पर भी रूस सहमत हुआ अतः तनावों में कमी आई।

परन्तु 1979 में शीत युद्ध में आई कमी अर्थात ददांत (तनाव का अंत) का अंत हो गया और फिर से अमेरिका तथा सोवियत संघ के बीच कटुता पैदा हो गई जिसे

द्वितीय शीत युद्ध (1979–1985) का भी नाम दिया जाने लगा ऐसा अफगानिस्तान में सोवियत संघ के सैनिक अभियान के चलते हुआ। सोवियत संघ की मदद से अफगानिस्तान में साम्यवादी नेता मोहम्मद तराकी ने अप्रैल 1978 में सरकार बनाई जिसका विरोध अमेरिका ने किया। अगले वर्ष उसे एक प्रतिद्वंद्वी ने हटा दिया और अफगान सैनिकों ने कई सोवियत "सलाहकारों" को मार दिया। अतः 1979 के क्रिसमस दिवस पर सोवियत संघ ने पचास हजार सोवियत सैनिक अफगानिस्तान में उतार दिए और काबुल पर कब्जा कर लिया। जल्द ही भूमि मार्ग से और सोवियत सैनिक आ पहुँचे और अफगानिस्तान पर साम्यवादी शासन व्यवस्था को स्थापित कर दिया गया। अमेरिका ने तुरन्त विरोध किया, राष्ट्रपति जिमी कार्टर ने अफगानिस्तान पर किए आक्रमण को शांति के लिए सबसे बड़ा खतरा बताया और चेतावनी दी कि अगर कोई खाड़ी क्षेत्र में नियंत्रण स्थापित करने का प्रयास करेगा तो अमेरिका सैन्य शक्ति का प्रयोग करने में भी नहीं हिचकिचाएगा। अमेरिका ने सोवियत संघ को अनाज का निर्यात रोकने, 1980 में मास्को ओलम्पिक खेलों का बहिष्कार और साल्ट–III (Strategic Arms Limitation Trealy – SALT) की अभिपुष्टि न करने जैसे कई निर्णय लिये। साथ ही पाकिस्तान को आर्थिक एवं सैन्य सहायता भेजना प्रारंभ कर दिया। अफगानिस्तान में साम्यवाद का विरोध करने के लिए वहाँ के उग्रवादी इस्लामिक समूहों 'मुजाहिदों' को भी धन एवं हथियार मुहैया कराए।

1980 का दशक अत्यधिक तनाव एवं संघर्ष का समय बन गया। परमाणु अस्त्रों की होड़ पुनः प्रारंभ हो गई। 1980–85 के बीच अमेरिका और सोवियत संघ के बीच कोई शिखर–सम्मेलन का आयोजन भी नहीं किया गया। इधर अफगानिस्तान में सोवियत सैनिकों को नियंत्रण बनाए रखने में बड़ी परेशानी हुई। यह देश सोवियत संघ का 'वियतनाम' बन गया और हजारों रूसी सैनिक मारे गए परन्तु अमेरिका सोवियत संघ का धुर विरोधी बना रहा। 1981 में राष्ट्रपति बनने वाले रोनाल्ड रीगन ने सोवियत संघ के प्रति अत्यंत आक्रामक नीति अपनाई, उसने सोवियत संघ को "दुष्ट साम्राज्य" कहा, सोवियत संघ ने भी अमेरिका में हुए ओलम्पिक खेलों का बहिष्कार किया। रीगन ने परमाणु हमलों से बचने के लिए एक नए अंतरिक्ष आधारित मिसाइल–रक्षा कवच के निर्माण की घोषणा की, इसे "स्टार वार्स" के नाम से जाना गया। रीगन की आक्रामक भाषा, हथियार निर्माण पर अत्यधिक खर्च और अफगानिस्तान के मसले पर सोवियत संघ का कठोर विरोध, इन सब बातों के चलते सोवियत संघ को भी रक्षा मामले में खर्च बढ़ाना पड़ा। "स्टार वार्स" के अनुसार युद्ध तो नहीं हुआ पर सोवियत संघ में इसे बहुत गंभीरता से लिया गया। अतः रीगन काल में उसके साम्यवादी विरोधी आक्रमक रवैये ने सोवियत संघ की हालत खराब कर दी और उसके विखण्डन का एक कारण बनी। अमेरिका और अन्य पश्चिमी देशों ने सोवियत संघ पर सजा के तौर पर आर्थिक प्रतिबंध लगाए जिससे आम रूसी नागरिकों का जीवन कठिन होता गया।

सोवियत संघ घोर आर्थिक संकटों से गुजरने लगा, इसकी शिक्षा, आवास, स्वास्थ्य और अन्य सामाजिक सेवाओं की स्थिति दयनीय हो गई। पश्चिम के देशों

के औद्योगिकीकृत देशों में जीवन स्तर बढ़ रहा था वहीं रूस का स्तर निम्न होता जा रहा था। सोवियत तानाशाही नियंत्रण, अकार्यकुशलता, भ्रष्टाचार और प्रोत्साहन के अभाव ने अर्थव्यवस्था की कमर तोड़ दी थी। नमक, साबुन, दूध व मांस की कमी बनी रहती थी। निजी स्वामित्व के बिना उत्पादन बढ़ नहीं रहा था। साम्यवादी पार्टी के नेता विलासपूर्ण जीवन बिताते थे पर आम जनता अभावों में जीती थी। नई प्रौद्योगिकी विकसित करने में सोवियत संघ पिछड़ गया। लोग पड़ोसी देशों के समाचार व टेलीविजन कार्यक्रम देख कर अपने नीरस और सीमित जीवन से असंतुष्ट होते जा रहे थे।

मिखाइल गोर्बाचोव की भूमिका

सोवियत संघ की विखण्डन में सबसे बड़ी भूमिका मिखाइल गोर्बाचोव की थी। इस बात में कोई दो मत नहीं कि मिखाइल गोर्बाचोव का सोवियत संघ में साम्यवाद को बचाने के लिए दृढ़संकल्प था, परन्तु उनकी आधुनिकीकरण और परिवर्तन की राह ने मामले को उल्टा कर दिया और साम्यवाद सुदृढ़ होने के बजाय न सिर्फ सोवियत संघ बल्कि उसके उपग्रह देशों में भी समाप्त हो गया।

आंद्रोपोव एवं चेरनेनको जैसे उम्रदराज़ एवं बीमार नेताओं की एक के बाद एक मृत्यु ने सोवियत कम्युनिस्ट पार्टी को मिखाइल गोर्बाचोव, जो 54 वर्ष के थे, और पार्टी में लगभग सभी को प्रभावितकर चुके थे, को चुनना एक सही निर्णय लगा अतः मार्च 1985 उन्हें सी.पी.एस.यू का जनरल सेक्रेट्री चुन लिया गया (CPSU – Communist Party of Soviet Union) और वे राष्ट्रपति भी बन गए। सोवियत संघ आर्थिक एवं राजनीतिक संकटो से घिरा था अंत उन्होंने बड़े पैमाने पर सुधारों की योजना देश के सामने प्रस्तुत की जिन्हें ''ग्लासनोस्त'' एवं ''पेरेस्त्रोइका'' कहा गया। ग्लासनोस्त अर्थात खुलापन – सार्वजनिक कार्यों के संचालन और विचारों की अभिव्यक्ति में खुलापन। इसका ध्येय सरकार, सोवियत इतिहास और समकालीन समाज की वास्तविक स्थिति की बेहतर समझ को बढ़ाना था। इस अभिव्यक्ति की स्वतंत्रता में यह बात निहित थी कि साम्यवादी दल की भर्त्सना नहीं की जाएगी।

पेरेस्त्रोइका का अर्थ था पुनः संरचना, सोवियत संघ की अति केन्द्रीयकरण इसकी कई समस्याओं का कारण थी अतः पेरेस्त्रोइका के अंतर्गत विकेन्द्रीकरण, नौकरशाही पर नियंत्रण तथा अर्थव्यवस्था में तेजी लाने के लिए स्वस्थ प्रतिस्पर्धा का प्रारंभ करना था। परन्तु जब इन सुधारों को अमल में लाना प्रारंभ किया गया तो यह भेद करना कठिन हो गया कि कौन सी बात की अनुमति है तथा कौन सी की नहीं।

इन साहसिक सुधारों ने सोवियत संघ की राष्ट्रवादी और लोकतांत्रिक ताकतों को हवा देना शुरू किया जिसके बड़े दूरगामी परिणाम हुए। ये परिणाम तीन दिशाओं में दिखाई पड़े – पहला, इन्होंने सोवियत संघ के उपग्रह पूर्वी यूरोपीय देशों में अलगाववादी विरोधात्मक आंदोलनों को उत्प्रेरित किया ; दूसरे इन्होंने

सोवियत संघ के भीतर लोकतांत्रिक ताकतों को मजबूत बनाया जिसके फलस्वरूप आखिर में सोवियत संघ का विघटन हो गया ; तीसरे इन सुधारों के फलस्वरूप आर्थिक संकट बढ़ गया क्योंकि सरकार खुले बाजार नीतियों और राज्य द्वारा नियंत्रण वाले दो अर्थव्यवस्था की राह पर डगमग कदम रखते हुए पतनशील हो गई।

गोर्बाचोव ने समझ लिया था कि देश में आर्थिक सुधार लाने के लिए रूसी कम्युनिस्ट राजनीतिक एवं सामाजिक व्यवस्था में सुधार लाना ही पड़ेगा। ग्लासनोस्त अर्थात खुलेपन का एक मतलब जनता की आवाज भी था। इसके तहत गोर्बाचोव ने खुली और ईमानदार बहस, जो ''चीजों को उनके सही रूप में दर्शाए'' का आह्वान किया और CPSU अर्थात कम्युनिस्ट पार्टी ऑफ सोवियत यूनियन के बारे में भी बात–चीत की जाने लगी। लोगों को अभिव्यक्ति की स्वतंत्रता मिलने लगी। प्रेस को भी थोड़ा मुक्त किया गया। हजारों राजनैतिक कैदियों और सरकार विरोधियों को जेल से मुक्त कर दिया गया जिनमें प्रसिद्ध वैज्ञानिक आंद्रेयी सखारोव भी थे जो 1980 से ही गोर्की नामक स्थान पर नजरबंद थे, को दिसम्बर 1986 में मुक्त कर दिया। कैदियों को पागलखाने में भर्ती कर देने की प्रक्रिया बंद कर दी गई। सोवियत संघ की गुप्तचर पुलिस के.जी.बी. (**KGB**) के कामों पर बड़ी हद तक रोक लगाई गई। स्टालिन के समय जिन्हें व्यर्थ अपमानित किया गया था उन्हें बाइज्जत रिहा किया गया। 1940 में पोलैण्ड की चार हजार सेना एवं अधिकारियों की स्टालिन द्वारा हत्या करवाए जाने को न केवल गोर्बाचोव ने माना बल्कि माफी भी मांगी। उन्होंने मीडिया को पार्टी के सेमीनार और सम्मेलनों की रिर्पोटिंग करने की इजाजत दी, जो पहले बिलकुल मना थी। सोवियत संघ के लेखकों को और फिल्म निर्माण संघ को अपने मुखिया चुनने की आजादी दी। जिन किताबों एवं फिल्मों पर पहले रोक लगी थी, उन्हें हटा लिया गया जैसे अलेक्जेन्दर सोल्जनित्सिन का उपन्यास "One day in the life of Ivan Denisovich" भी छपने लगा जो रूस के जेलों की भयावह स्थिति का वर्णन थी। लोगों को रूसी क्रांति (1917) के पश्चात से ही धार्मिक स्वतंत्रता नहीं दी गई थी क्योंकि कम्युनिस्ट विचारधार के अनुसार ईश्वर एवं आध्यात्मिकता असत्य है परन्तु गोर्बाचोव ने लोगों को धार्मिक आजादी दी और एक बार फिर सोवियत संघ में चर्च खोले गए।

ग्लासनोस्त सुधार की परीक्षा तब हुई जब अप्रैल 1986 में उक्रेन के चर्नोबिल स्थित परमाणु रिएक्टर में विस्फोट हुआ जिससे रेडियोधर्मी पदार्थ काले सागर और भूमध्य सागर में बह कर, समस्त यूरोप को दूषित कर गया। सोवियत संघ के इतिहास में पहली बार किसी राष्ट्रपति ने अपने देश की गलती की जिम्मेदारी कबूल की वरना पूरा साम्यवादी क्षेत्र ''लौह पर्दे'' के पार रहता था, जहाँ आना–जाना भी दुष्कर था और किसी किस्म की जानकारी मिलना अत्यंत कठिन था। और तो और घटना के बाद मीडिया में इसकी विवेचना हुई तथा उन कमजोरियों और भ्रष्ट कार्यकलापों पर से भी पर्दा हटा जिनके कारण यह दुर्घटना घटी थी।

पेरेस्त्रोइका अर्थात पुनः संरचना, अर्थव्यवस्था को ले कर थी। गोर्बाचोव को एक पतनशील अर्थव्यवस्था विरासत में मिली। हर उपभोक्ता वस्तु की कमी बनी हुई थी। सोवियत संघ का अस्तित्व ही खतरे में आ गया था। कृषि तथा उद्योग दोनों ही क्षेत्रों की कम उत्पादकता बड़ी चिन्ता का कारण थी जिसका समाधान आमूल परिवर्तन से ही हो सकता था। सोवियत कम्युनिस्ट व्यवस्था के अर्थव्यवस्था संबंधी कई मसले थे जैसे, पूरी अर्थव्यवस्था ही खोखली थी, जब भी सरकार को पैसों की जरूरत होती, तो वह नए नोट छाप लेती फलस्वरूप अर्थव्यवस्था में उपलब्ध वस्तुओं और मुद्रा का संतुलन न होता। हर जरूरत की चीज कम मात्रा में प्राप्त थी और नागरिकों को घंटो दुकानों के बाहर लाइन लगानी पड़ती। साबुन, दूध, टूथपेस्ट इत्यादि जैसी साधारण वस्तुओं का भी ऐसा ही हाल था।

गोर्बाचोव ने वित्तीय अनुशासन लगाने की शुरूआत की। नवम्बर 1986 में गोर्बाचोव ने घोषणा की कि ''1987 नए आर्थिक प्रबंधन सुधारों को अमल में लाने का वर्ष रहेगा''। अर्थव्यवस्थाको प्रोत्साहन देने के लिए लघु उद्योगों को निजी व्यवसाय के लिए स्थापित करने की अनुमति दे दी गई जैसे पारिवारिक रेस्त्रां, घरेलू उद्योग, कपड़े या कारीगरी के घरेलू उद्यम, कार या टेलीविजन सुधारने के उद्यम, घरेलू सजावट, पेंट इत्यादि के काम, निजी ट्यूशन इत्यादि। पचास मजदूरों वाले सहकारी उद्योगों को स्थापित करने की सहमति मिली। ऐसा माना गया कि निजी हाथों में ये सारे काम स्वस्थ स्पर्धा से संचालित होंगें और लोगों को बेहतर चीज मिलेगी।

चीजों की गुणवत्ता नियंत्रण के लिए संस्थाएँ बनाई गईं जो फैक्टरी प्रबंधन से परे थीं ताकि अपनी कम गुणवत्ता वाली सोवियत वस्तुओं का दोष दूर किया जा सके।

उद्योगों में कम्प्यूटर और ऑटोमेशन की शुरूआत की गई कि उत्पादन बेहतर हो सके।

परन्तु सबसे महत्वपूर्ण सुधार यह था कि जून 1987 में Law on State Enterprises लाई गई अर्थात एक नया कानून पारित कर सोवियत संघ की केन्द्रीय योजना बनाने वाली प्रणाली खत्म की गई और योजना बनाने, कच्चे माल प्राप्त करने, विभिन्न उद्योगों का कोटा तय करने और व्यापार करने संबंधी सारे अधिकार खत्म कर दिए गए। फैक्टरियों के प्रबंधन को सीधे उपभोक्ताओं से आर्डर लेने और उत्पादन करने की आज्ञा दी गई। उन्हें बाजार की वास्तविकताओं अर्थात मांग के आधार पर उत्पादन करने की सलाह दी गई।

राजनैतिक पेरेस्त्रोइका के अंतर्गत गोर्बाचोव ने घोषणा की कि कम्युनिस्ट पार्टी ऑफ सोवियत युनियन (CPSU) में भी प्रजातांत्रिक सुधार लाए जाएँगे। सोवियत संघ पंद्रह गणतंत्रों का समूह था जिनकी स्थानीय शासन दल 'सोवियत' कहलाती थी इन सोवियतों के सदस्यों को स्थानीय कम्युनिस्ट पार्टी चुनती थी न कि वहाँ के लोग। पर गोर्बाचोव ने जनता को अपने 'सोवियत' के सदस्यों को चुनने का

अधिकार दिया इसके बाद कई कम्युनिस्ट नेता, लोगों का मत पाने में असफल होने लगे और सोवियतों का स्वरूप बदलने लगा।

गोर्बाचोव ने एक नई विधायिका की स्थापना करवाई जिसे कांग्रेस ऑफ पीपल्स डेप्यूटी कहा गया जो निचले सोवियतों का समूह था और जहाँ लोगों की मर्जी से चुनकर सदस्य चुने गए थे। इसके 2250 सदस्य थे जिन्होंने एक नए छोटे सुप्रीम सोवियत (450 सदस्यों) का चुनाव किया जो आठ महीने तक काम करने वाली संसद बन गई। इसी के द्वारा चुने जाने पर गोर्बाचोव सोवियत संघ के राष्ट्रपति कहलाए।

फरवरी 1990 में सोवियत राजनैतिक जीवन में सी.पी.एस.यू का वर्चस्व समाप्त हुआ और अन्य पार्टियों की स्थापना को मंजूरी मिली। सोवियत संघ भी एक दलीय कम्युनिस्ट शासन प्रणाली से हट कर बहु दलीय शासन व्यवस्था बन गया जिसका अगला कदम कम्युनिस्ट व्यवस्था से दूर जाना, हो गया।

गोर्बाचोव के सुधारों की समीक्षा

गोर्बाचोव सोवियत संघ के आखिरी राष्ट्रपति हुए। उनकी नीतियों 'पेरेस्त्रोइका' एवं 'ग्लासनोस्त' को भी सोवियत संघ के विखण्डन का कारण माना जाता है हालांकि सोवियत कम्युनिस्ट व्यवस्था के प्रति लोगों को असंतोष, आर्थिक अवनति, गैर-रूसी जातियों का असंतोष इत्यादि अनेकों अन्य कारण भी विखण्डन के लिए जिम्मेदार थे। फिर भी 'खुलापन' और 'पुनः संरचना' किस तरह से सोवियत संघ के लिए मुसीबत साबित हुए, वह देखना आवश्यक है –

गोर्बाचोव का उग्र सुधार दल एवं पुरातन पंथियों के बीच फंस जाना–

जब गोर्बाचोव ने अपने सुधारों की श्रृंखला प्रारंभ की तो एक दल उठ खड़ा हुआ जो तेज गति से सुधारों को लागू करने की हिमायत करने लगा जिनमें मास्को पार्टी नेता बोरिस येल्तसिन था। वह धीरे-धीरे गोर्बाचोव का भी आलोचक बन गया क्योंकि वह और उसके समान अन्य उग्र सुधारक जल्द से जल्द सोवियत संघ को पश्चिमी देशों के समान बाजार आधारित अर्थव्यवस्था बना देना चाहते थे हालांकि सबको पता था कि इस तरह के परिवर्तन से आम जनता को बहुत तकलीफ होगी जो बरसों से सरकार पर आश्रित थी कि, सरकार उनके लिए आवास, शिक्षा, स्वास्थ्य सेवा एवं रोजगार दिलाए। दूसरी तरफ पुरातनपंथी कम्युनिस्ट विचारधारा में कट्टर विश्वास रखने वाले सी.पी.एस.यू. के सदस्य गण जैसे येगोर लिगाचेव सुधारों से होने वाले परिवर्तनों से आशंकित थे और मानने लगे कि पार्टी का सोवियत संघ पर नियंत्रण समाप्त होने जा रहा है जो देश के लिए अच्छा नहीं होगा। अतः सुधारों ने एक दलीय व्यवस्था वाले सोवियत संघ में दरार पैदा कर दी और गोर्बाचोव दोनों ही दलों को संतुष्ट करने में असफल रहे।

पुरातनपंथी सी.पी.एस.यू. में बहुसंख्यक थे और जब मई 1989 में कांग्रेस ऑफ पीपल्स डिपुटीज़ ने नए सुप्रीम सोवियत को चुना तो वहाँ भी पुरातनपंथी बड़ी संख्या में चुन लिये गए। येल्तसिन और इसके समान उग्र सुधारवादी सुप्रीम सोवियत में चुने नहीं जा सके। इससे मास्को में एक बड़ा भारी प्रदर्शन हुआ जिसमें हजारों लोगों ने भाग लिया क्योंकि येल्तसिन मास्को में बड़े लोकप्रिय थे क्योंकि मास्को कम्युनिस्ट पार्टी के भ्रष्टाचार को समाप्त करने में उन्होंने सफलता पाई थी। गोर्बाचोव के पहले अर्थात उनके ग्लासनोस्त अर्थात खुलापन सुधार के पहले प्रदर्शनों को निकालने की आजादी नहीं थी परन्तु खुलेपन के अंतर्गत न सिर्फ प्रदर्शन बल्कि लोगों को आलोचना करने की स्वतंत्रता मिल गई थी जिससे कम्युनिस्ट पार्टी के कठिन दिन प्रारंभ हो गए।

आर्थिक सुधारों ने तीव्र गति से फल प्रदान नहीं किए —

गोर्बाचोव ने आर्थिक सुधारों को लागू तो किया परन्तु 1988 या 1989 में अर्थव्यवस्था में कोई परिणाम दिखाई नहीं पड़े। 1990 में तो देश की राष्ट्रीय आय गिर गई और 1991 में और 15 प्रतिशत तक गिर गई। कई अर्थशास्त्रियों के अनुसार इस काल में सोवियत संघ की अर्थव्यवस्था 1930 की अमेरिका की अर्थव्यवस्था के समान हो गई थी।

इस गिरावट का एक बड़ा कारण "ला आन स्टेट एंटरप्राइज़" था जिसके द्वारा केन्द्रीय नियोजन पद्धति को त्याग कर बाजार आधारित व्यवस्था अपनाई गई थी जिससे उत्पादक महंगी वस्तुओं का उत्पादन करना चाहते थे और सस्ती पर आवश्यक वस्तुओं का नहीं। देश में मुद्रास्फीति बढ़ने लगी और आवश्यक चीजों का अभाव बढ़ने लगा।

लोग इस स्थिति के लिए गोर्बाचोव को दोष देने लगे, पहले बोलने की मनाही थी पर अब कमियों से होने वाली परेशानियों के विरूद्ध लोग मुखर हो गए। गोर्बाचोव ने जनता की उम्मीदें बढ़ा दी थी। जुलाई 1989 में जब साइबेरिया के कोयला खदानों में काम करने वालों ने पाया कि दिन भर काम करने के बाद स्वयं को साफ करने के लिए उन्हें साबुन भी नहीं मिल पाएगा तो उन्होंने शासन पर प्रश्न उठाए और हड़ताल पर चले गए। शीघ्र ही अन्य मजदूर उनके साथ हो गए जैसे कज़ाकिस्तान एवं उक्रेन के। 1917 के बाद मजदूरों की यह पहली हड़ताल थी जिसमें 50 हजार कोयला मजदूर शामिल थे। ये कोयला मजदूर अनुशासित और संगठित थे और वे प्रमुख शहरों की कम्युनिस्ट पार्टी के दफ्तरों के बाहर आम सभाएँ करते। उन्होंने बयालीस मांगे सामने रखीं जो उनके बेहतर जीवन एवं रोजगार से संबंध रखती थीं, बेहतर भोजन एवं मुनाफे में हिस्सेदारी के अलावा स्थानीय खानों पर स्थानीय नियंत्रण जैसी बातें थीं। उन्होंने पड़ोस के देश पोलैण्ड में सॉलिडारिटी पार्टी की खबर सुनकर सरकार के किसी भी नियंत्रण से मुक्त स्वतंत्र मजदूर संघ की मांग रखी। उन्होंने सी.पी.एस.यू. के एकाधिकार के अंत की भी मांग रखी। सरकार ज्यादातर मांगों पर राज़ी हो गई।

जुलाई के अंत तक हड़ताल तो खत्म हो गई परन्तु आर्थिक स्थिति नहीं सुधरी। 1990 के प्रारंभ में सर्वेक्षण से पता चला कि जनसंख्या का एक चौथाई भाग गरीबी रेखा के नीचे गुजर–बसर करता है, बड़े परिवारों और पेंशनयाफ्ता लोगों की स्थिति और बुरी थी। सारी परेशानियों के लिए गोर्बाचोव और उनके सुधारों को माना जाने लगा, कोयला मजदूरों की सफल हड़ताल ने दूसरे उग्र दलों को प्रोत्साहित किया।

गोर्बाचोव एवं पूर्वी यूरोपीय देश

द्वितीय विश्व युद्ध के दौरान नाज़ी सेनाओं ने पूर्वी यूरोपीय देशों पर कब्जा कर लिया था और अनेको अत्याचार किए थे। रूसी सेना ने युद्ध के अंत के समय उन्हें मुक्त कराया था और तब बर्लिन में प्रवेश किया था। युद्ध के बाद इन देशों में रूसी प्रभाव वाले कम्युनिस्ट शासन की स्थापना हुई जिनमें पूर्वी जर्मनी, पोलैण्ड, हंगरी, चेकोस्लाविया, बल्गारिया, रूमानिया, अल्बानिया एवं युगोस्लाविया आते थे। जल्द ही इन देशों के लोग कम्युनिस्ट शासन की सख्ती एवं आर्थिक कमजोरियों से परेशान हो गए और 1950 के दशक में कम्युनिस्ट शासन एवं रूसी नियंत्रण से बाहर आने के लिए व्याकुल हो उठे। 1956 के हंगरी के कम्युनिस्ट शासन के विरूद्ध प्रजातांत्रिक क्रांति को सोवियत ने पूरी सख्ती से दबा डाला। 1968 में चेकोस्लाविया में साम्यवादी विचारधारा से दूर हटने वाले राजनीतिक तथा आर्थिक सुधार जब प्रारंभ हुए तो सोवियत संघ ने अन्य पूर्वी यूरोपीय वार्सा गठबंधन के देशों के साथ मिलकर सशस्त्र हस्तक्षेप किया और रूसी राष्ट्रपति ब्रेझनेव ने हस्तक्षेप को सही ठहराते हुए जो घोषणा की उसे ब्रेझनेव सिद्धांत कहा भी गया। परन्तु 1989 का वर्ष आते–आते प्राग वसंत की बयार चरितार्थ हो गई और एक के बाद एक पूर्वी यूरोपीय देश कम्युनिस्ट व्यवस्थाओं से निकल कर बाहर आ गए।

ऐसे परिवर्तन के पीछे गोर्बाचोव की बड़ी भूमिका थी, उनके ग्लासनोस्त के खुलेपन ने पूर्वी यूरोपीय राष्ट्रवादी एवं प्रजातांत्रिक सुधारों की आंच को पूरी तरह सुलगाया। गोर्बाचोव पूर्वी यूरोपीय देशों को ब्रेझनेव सिद्धांत के तहत दबाना नहीं चाहते थे बल्कि उन्होंने सिनात्रा सिद्धांत (मजाक में कहा जाने वाला) पर चलते हुए पड़ोसी वार्सा देशों को अपने आंतरिक मामलों के निर्णय लेने के लिए स्वतंत्र छोड़ दिया। यह एक क्रांतिकारी परिवर्तन था। 1985 तक वार्सा देश, रूसी सैनिक आक्रमण के भय से दबे थे पर गोर्बाचोव का अहस्तक्षेप का व्यवहार, उनके सारे आकांक्षाओं को जागृत कर गया। पुरातनपंथी रूसी नेताओं ने गोर्बाचोव को चेतावनियाँ भी दीं परन्तु गोर्बाचोव इस अहस्तक्षेप से पीछे हटना नहीं चाहते थे। अपने देश की आर्थिक अवस्था को सुधारने के लिए, हथियारों की होड़ खत्म करने के लिए, शीत युद्ध की समाप्ति के लिए और पश्चिमी देशों का सहयोग पाने के लिए ऐसा करना जरूरी था। अतः पूर्वी यूरोपीय देश सोवियत संघ के प्रभाव क्षेत्र के बाहर चले गए। इन देशों में 1989 के पश्चात प्रजातांत्रिक एवं बाजार आधारित अर्थव्यवस्थाएँ लागू हो गईं। पूर्वी जर्मनी का पश्चिमी जर्मनी में विलय हो गया।

गोर्बाचोव ने एक कदम आगे बढ़ाते हुए अफगानिस्तान से भी रूसी सेनाओं को वापस बुलवा लिया। अपने सुधारों के बल पर गोर्बाचोव एक इंसानी चेहरे वाले कम्युनिस्ट रूस की परिकल्पना कर रहे थे।

पूर्वी यूरोपीय देशों का सोवियत संघ से दूर होना अन्य गैर–रूसी लोगों को हिम्मत प्रदान करने वाली घटना बन गया। इस घटनाक्रम की सबसे उल्लेखनीय बात यह थी कि रोमानिया को छोड़कर, बाकी देशों में यह परिवर्तन अधिकतर शांतिपूर्ण ढ़ंग से हुआ।

संघ का विघटन

गोर्बाचोव की ग्लासनोस्त नीति ने सोवियत संघ की गैर–रूसी जनता के राष्ट्रवादी विचारों को हवा दे दी। रूसी महान शासकों जैसे पीटर प्रथम, कैथरीन द्वितीय एवं अलैक्ज़ेन्डर प्रथम ने सत्रहवीं सदी से ही एक विशालकाय साम्राज्य खड़ा करने में सफलता पाई थी जिसके परिणाम स्वरूप 1917 में 28.2 करोड़ जनसंख्या वाले सोवियत संघ में 14.5 करोड़ ही रूसी थे, बाकी विभिन्न धर्मों, जातियों, बोलियों एवं नस्लों के लोग थे जिन्हें स्टालिन ने बड़ी चतुराई से संघ में मिलाया था। एक तरफ उन्हें अपनी सांस्कृतिक पहचान को बनाए रहने देने का वादा किया गया था, और अपने–अपने राज्य में गणतांत्रिक संसद वाली राजनीतिक व्यवस्था रखने की इजाजत दी गई थी, पर समय बीतने के साथ रूस का अर्थात स्टालिन का वर्चस्व स्थापित हो गया था।

अतः 1917 से सोवियत संघ पंद्रह गणराज्यों का संघ था, जो इस प्रकार थे – रूस (राजधानी मास्को), अज़रबाइजान, आरमीनिया, बेलारूस, जार्जिया, मोल्दोवा, ताज़िकि़स्तान, तुर्कमेनिस्तान, कज़ाकि़स्तान, किर्गिज़स्तान, उज्बेगिस्तान, उक्रेन और तीन बाल्टिक राज्य – लैटविया, इस्तोनिया एवं लिथुआनिया और इस संघ के राष्ट्रपति मिखाइल गोर्बाचोव थे।

कम्युनिस्ट रूस का कहना था कि ये गैर–रूसी राज्य स्वेच्छा से संघ में शामिल हुए थे वरना संविधान में इन्हें संघ से अलग होने का प्रावधान मिला हुआ था। पर सच्चाई यह थी कि कम्युनिस्ट सख्ती के काल में ऐसा सोच पाना भी दुष्कर था। गोर्बाचोव के 'खुलेपन' ने गैर–रूसी जातियों को अपनी इच्छा जाहिर करने का मौका दिया। सारे गणराज्यों ने आर्थिक और राजनीतिक स्वायत्तता की मांग की। कई गणराज्य रूस की प्रभुता से स्वतंत्र होना चाहते थे तो कई के आपसी झगड़े थे। जैसे बाल्टिक देश, 1940 से रूस में शामिल कर लिए गए थे, जिसके चलते वहाँ के लोगों में रोष था तो अज़रबाइजान और आरमीनिया के बीच नागरनो–कराबाख को लेकर झगड़ा था।

1989 से ही बाल्टिक राज्यों में सोवियत संघ से अलग हो जाने का आंदोलन मजबूत हो जाने लगा, पूर्वी यूरोपीय देशों में हो रहे परिवर्तनों से उत्साहित हो, लिथुआनिया की संसद ने मार्च 1990 को स्वयं को स्वतंत्र घोषित कर दिया,

सोवियत संघ से स्वतंत्र हुए गणराज्य (1991)
रूस
इस्तोनिया
लैटविया
लिथुआनिया
मोल्डोवा
जार्जिया
आरमीनिया
अज़रबाइजान
बेलारूस
उक्रेन
किर्गिज़स्तान
कज़ाकिस्तान
उज्बेकिस्तान
तुर्कमेनिस्तान
ताजिकिस्तान

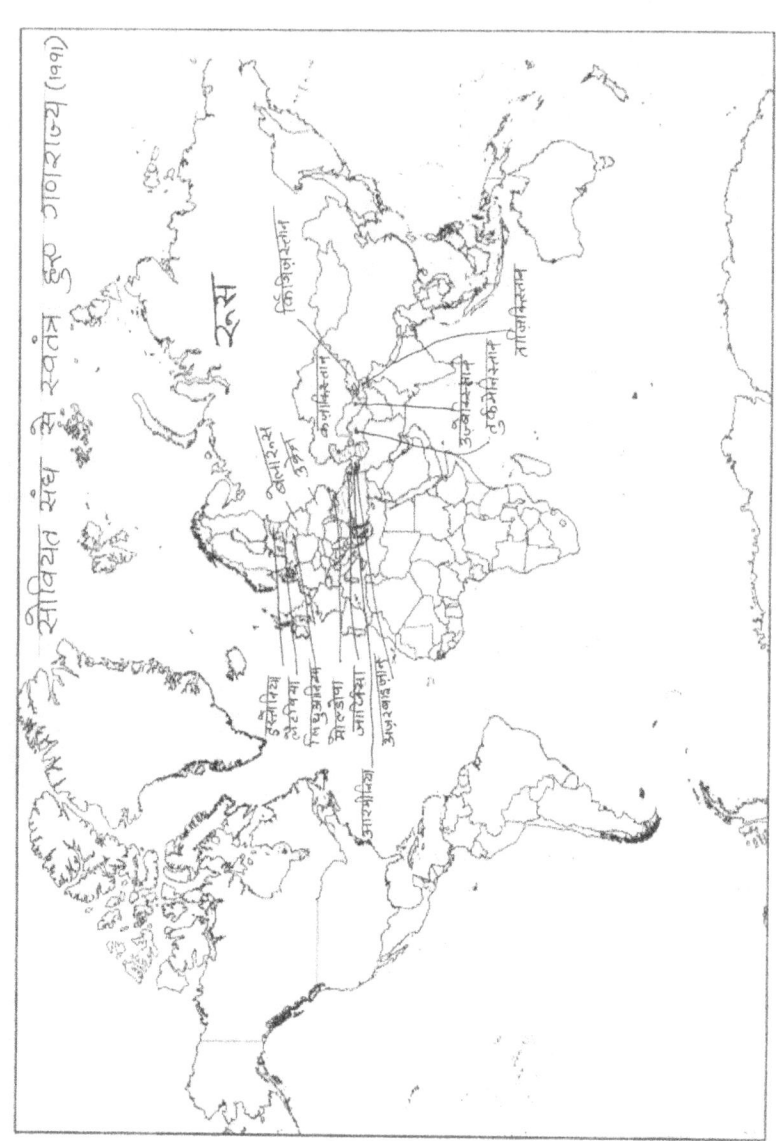

देखा–देखी लैटविया एवं इस्तोनिया ने भी ऐसा ही किया। गोर्बाचोव ने उन्हें चेतावनी दी और उनकी स्वतंत्रता को मान्यता नहीं दी। पार्टी के पुरातनपंथी नेताओं ने गोर्बाचोव के सुधारों की कड़ी आलोचना शुरू कर दी और कहा कि उनकी वजह से सोवियत संघ टूट जाएगा। उधर पार्टी के उग्र सुधारवादी नेता जैसे बोरिस येल्तसिन गोर्बाचोव के सुधारों की धीमी गति से परेशान थे उन्होंने देश को तुरन्त बाजार आधारित अर्थव्यवस्था में बदल देने पर जोर डाला। गोर्बाचोव दोनों ही दलों की आलोचना का शिकार बने।

अगस्त 1991 की तख्तापलट की कोशिश

अप्रैल 1991 में जार्जिया गणराज्य ने भी अपनी स्वतंत्रता की घोषणा कर दी ऐसा लगने लगा कि सोवियत संघ टूट के कगार पर खड़ा हो गया है। बोरिस येल्तसिन जैसे रूसी गणतंत्र के लोकप्रिय नेता यह विचार प्रकट करने लगे कि गणतंत्रों को सोवियत संघ में बने रहने या छोड़ने की स्वेच्छा होनी चाहिए। इन सभी बातों से प्रभावित हो पार्टी के पुरातन पंथी नेता गोर्बाचोव को हटाने का मन बनाने लगे।

इधर गोर्बाचोव ने पंद्रहों गणराज्यों के नेताओं को एक सम्मेलन में बुलाया और इस बात के लिए मनाया कि वे एक स्वैच्छिक संघ में सम्मिलित हों जिसमें उन पर मास्को का नियंत्रण कम से कम होगा। लगभग सभी नेता मान गए और इस सहमति पर बीस अगस्त 1991 पर दस्तखत करने की तारीख तय हुई। जून 1991, में येल्तसिन रूसी गणतंत्र का राष्ट्रपति चुना गया, वह स्वतंत्र चुनावों से, जनता के भारी बहुमत से चुना जाने वाला प्रथम रूसी राष्ट्रपति था।

कम्यूनिस्ट पार्टी के कठोर पुरातनपंथी नेताओं ने तख्तापलट की कोशिश की जिनमें उप राष्ट्रपति गेनेडी यानायेव भी शामिल था, और क्रीमिया में छुट्टी मना रहे गोर्बाचोव को इस्तीफा देने एवं स्वयं के राष्ट्रपति बनाने के कागजों पर दस्तखत करने को 18 अगस्त 1991 को कहा। तीन दिनों तक कई हथकंडे अपनाने पर भी गोर्बाचोव राज़ी न हुए। उधर षड़यंत्रकारियों के सहयोगियों ने राजधानी मास्को में घोषणा की कि गोर्बाचोव बीमार हो गए हैं और आठ व्यक्तियों की एक समिति अब प्रशासनिक काम–काज संभालेगी। साथ ही मास्को की सड़कों पर सेना भेज दी गई। बख्तरबंद टैंकों में सिपाहियों ने मास्को के संसद भवन ''व्हाइट हाउस'' एवं अन्य मुख्य भवनों को घेर लिया। 20 अगस्त को जनता सड़कों पर उतर आई और टैंकों के इर्द–गिर्द जमा हो गई। बोरिस येल्तासिन ने टैंक पर खड़े हो कर इस तख्ता पलट का विरोध किया और गोर्बाचोव के लौटने की मांग की। कुछ पुरातनपंथी नेताओं ने सेना को लोगों पर गोली चलाने को कहा जिसे सेना ने नहीं माना।

21 अगस्त 1991 को षड़यंत्रकारियों ने हार मान ली। गोर्बाचोव लौट आए। सोवियत संघ के राष्ट्रपति के रूप में गोर्बाचोव और रूसी गणराज्य के राष्ट्रपति के रूप में बोरिस येल्तसिन ने देश को बचा लिया था। तख्तापलट के नेता बंदी बना लिये गए, देश ने इस स्थिति के लिए सोवियत संघ की कम्युनिस्ट पार्टी को

जिम्मेदार माना। येल्तसिन और लोकप्रिय नेता बन गए, उन्होंने अब खुलकर गोर्बाचोव की आलोचना शुरू कर दी। षड़यंत्रकारियों ने सोवियत संघ की अखण्डता बचाने के लिए तख्ता पलट की कोशिश की थी पर उनके कदम ने विखण्डन में तेजी लाने का काम किया। गोर्बाचोव ने पार्टी के जनरल सेक्रेटरी पद से इस्तीफा दे दिया। येल्तसिन ने पार्टी को रूसी गणराज्य में बैन कर दिया और रूस को सोवियत संघ से स्वतंत्र होने की घोषणा की। 1 दिसम्बर 1991 को उक्रेन भी संघ से अलग हो गया, गोर्बाचोव ने 25 दिसम्बर 1991 को सोवियत संघ के राष्ट्रपति पद से इस्तीफा दे दिया, अब सोवियत संघ के स्थान पर ग्यारह गणराज्यों का स्वैच्छिक संघ अस्तित्व में आ गया जिसे CIS अर्थात Commonwealth of Independent States कहा गया। पुराने सोवियत संघ के लाल झंडे जिसमें हंसुआ और हथौड़ा बने थे, के स्थान पर पुराना झंडा अपना लिया गया।

इन सारी घटनाओं से पहले मार्च 1991 में गणराज्यों की संघ में बने रहने की इच्छा को जानने के लिए एक जनमत संग्रह कराया गया था जिसमें बाल्टिक गणराज्यों और कॉकाशश के जार्जिया तथा आरमेनिया ने भाग नहीं लिया था परन्तु बाकी सारे गणराज्यों की जनता ने 70 प्रतिशत से भी ज्यादा मत दे कर संघ में बने रहने की इच्छा जाहिर की थी तो प्रश्न उठता है कि फिर सोवियत संघ का विखण्डन क्यों हुआ?

इसका जवाब यह है कि बाल्टिक राज्य संघ में शामिल होने के बिलकुल खिलाफ थे अतः वे अलग रहे। बोरिस येल्तसिन जो पश्चिमी देशों का दौरा कर चुके थे वे जल्द से जल्द पश्चिमी प्रजातंत्र और बाजार अर्थव्यवस्था लागू करना चाहते थे और जब उक्रेन एवं बेलारूस जैसे गणतंत्र सोवियत संघ के पुराने स्वरूप को समाप्त करने के पक्ष में अड़ गए तो इन देशों के नेताओं के साथ मिलकर CIS बना लिया गया। बहुसंख्यक जनता जो संघ में बने रहना चाहती थी उसकी इच्छा का आदर नहीं किया गया। मध्य एशियाई गणराज्य जो पुराने जार शासकों के जमाने से रूस के साथ थे और जहाँ की 95 प्रतिशत जनता संघ के पक्ष में थी, को भी स्वतंत्र होना पड़ा। अतः एक विशाल देश और एक महाशक्ति देखते ही देखते भरभरा कर बिखर गया। कुछ मुट्ठी भर नेताओं ने अपने गणराज्यों को संघ से अलग करने की क्या ठानी कि बाकी गणराज्य जो एक साथ होना चाहते थे, नहीं हो पाए। इस विखण्डन का फायदा गणराज्यों की जनता को नहीं हुआ जो आगामी वर्षों की अव्यवस्था में बदहाल होती गई पर उन राजनीतिज्ञों एवं कुलीन वर्ग को जरूर हुआ, जो अकूत संपत्तियों के मालिक बन बैठे और बाजार व्यवस्था का भरपूर फायदा उठाने लगे।

सोवियत संघ के विखंडन की घटनाओं का संक्षिप्त विवरण –

1985 को मिखाइल गोर्वाचोव सोवियत समाजवादी गणराज्य संघ के राष्ट्रपति बने। उन्हें अपने देश में पनप रहे असंतोष का पूरा भान था। अर्थव्यवस्था एवं राजनैतिक

जीवन में सुधार के लिए उन्होंने 'ग्लासनोस्त' (खुलापन) और 'पेरेस्त्रोइका' (पुनः संरचना या पुननिर्माण) के कदम उठाए। परन्तु इनसे अर्थव्यवस्था में सुधार तो बिलकुल नहीं आया पर खुलेपन के सुधारवादी कदम ने तो राजनीतिक असंतोष के मुख को खोल दिया। 1989 का वर्ष जो यूरोप में साम्यवाद के अंत का संदेश ले कर आया और जिसका सबसे बड़ा प्रतीक चिन्ह बर्लिन दीवार के ब्राडेंनबर्ग गेट का खुलना था, ने रूस में भी क्षेत्रीय राष्ट्रवादी ताकतों को हवा दी। गोर्बाचोव जैसे बुद्धिजीवी नेता को लगता था कि एक उदारवादी प्रणाली को अपनाकर भी रूसी साम्यवादी दल सोवियत संघ में राजनीतिक जीवन को नियंत्रण में रखा सकेगा, यह सोचना उनकी भूल थी। 1989 में साइबेरिया के खान श्रमिकों की हड़ताल हुई जो कज़ाकि़स्तान से ले कर उक्रेन तक फैल गई। यह 1917 के बाद सबसे बड़ी हड़ताल थी जो महीनों चली, उस दौरान अप्रैल 1989 में जार्जिया में एक विद्रोह हुआ जिसमें सोवियत टुकड़ियों ने 19 प्रदर्शनकारियों को मार गिराया जिसमें 16 तो महिलाएँ ही थीं। उदार लहरों के बीच इस दमन की नीति ने असंतोष की भावना को खूब भड़काया और गैर रूसी गणतंत्रों में अलगाव के स्वर मुखर हो गए।

पूर्वी यूरोपीय देशों के सफल साम्यवाद विरोधी आंदोलनों से उत्साहित, मार्च 1990 में पहले लिथुआनिया और फिर इस्तोनिया ने स्वयं को स्वतंत्र घोषित कर दिया परन्तु जहाँ पूर्वी यूरोप में गोर्बाचोव ने सेना नहीं भेजी थी, इनके विरूद्ध न सिर्फ सेना भेजी गई परन्तु उन्हें तेल आपूर्ती भी बंद कर दी। जल्द ही मोल्दोवा, यूक्रेन एवं बेलारूस ने भी ऐसी घोषणाएँ शुरू कर दी।

17 मार्च, 1991 को सोवियत संघ को बनाए रखने के मुद्दे पर जनमत संग्रह किया गया था जिसमें छह गणतंत्रों – आर्मेनिया, जार्जिया, मोल्दोवा, लैटविया, इस्तोनिया एवं लिथुआनिया ने भाग नहीं लिया था परन्तु अन्य नौ गणतंत्रों की जनता ने 70% से भी अधिक मतों से संघ में बने रहने की इच्छा जाहिर की थी।

जून 1991 को बोरिस येल्तसिन रूसी गणराज्य का राष्ट्रपति चुना गया जो अत्यंत लोकप्रिय नेता था, उसने गोर्बाचोव की ''तानाशाही'' की आलोचना की।

जुलाई 1990 के आते–आते कई सोवियत गणराज्य स्वतंत्रता की मांग करने लगे – लैटविया, लिथुआनिया, जार्जिया में जबरदस्त प्रदर्शन हुए। गोर्बाचोव अब और सेना भेजकर खून खराबा नहीं चाहते थे अतः उन्होंने 15 गणराज्यों के नेताओं को बुलवा कर स्वैच्छिक संघ बनाने का प्रस्ताव दिया जिसमें वे स्वशासन पा सकेगें ; इस पर 20 अगस्त को दस्तखत होना था पर उसके पहले ही 18 अगस्त को उपराष्ट्रपति यानायेव एवं सात अन्य रूढ़िवादी नेताओं जो सोवियत साम्यवादी दल के थे और जिन्हें गोर्बाचोव ने स्वयं नियुक्त किया था ने, क्रीमिया, जहाँ गोर्बाचोव छुट्टी बिता रहे थे, जा कर बंदूक की नोक पर त्यागपत्र पर हस्ताक्षर करने को कहा। उधर मास्को में सैनिक व टैंक भेज दिये गए। पर आम जनता एवं बोरिस येल्तसिन के प्रतिरोध से यह तख्तापटल असफल हो गया। इन नेताओं को गिरफ्तार कर लिया गया।

सोवियत साम्यवादी दल लोगों के नजरों में गिर गया। येल्तसिन ने रूस में इस पर बैन लगा दिया और रूस गणराज्य की संप्रभुता की घोषणा की। 1 दिसम्बर, 1991 को उक्रेन ने भी स्वतंत्रता की घोषणा की, क्रिसमस दिवस – 25 दिसंबर 1991 को गोर्बाचोव ने सोवियत संघ के राष्ट्रपति पद से इस्तीफा दे दिया। 31 दिसंबर, 1991 एवं प्रथम जनवरी, 1992 की रात से सोवियत समाजवादी गणराज्य संघ का अंत हो गया जिसके स्थान पर पंद्रह स्वतंत्र गणराज्य अस्तित्व में आ गए।

सोवियत संघ के विखंडन का रूस पर प्रभाव :

प्रथम जनवरी 1992 से सोवियत समाजवादी गणराज्य संघ का अंत हो गया, जिसके स्थान पर पंद्रह स्वतंत्र गणराज्य आ गए – रूस, अज़रबाइजान, आर्मेनिया, बेलारूस, ताज़िकि़स्तान, उज्बेगिस्तान, कज़ाकि़स्तान, किर्गिज़स्तान, माल्दोवा, उक्रेन, तुर्कमेनिस्तान, जार्जिया, लैटविया, इस्तोनिया एवं लिथुआनिया। इनमें से प्रथम नौ ने एक आर्थिक एवं वाणिज्यिक संघ जिसमें सामूहिक सुरक्षा के भी प्रावधान थे, वाला CIS (Common Wealth of Independent States)बना लिया।

उक्रेन एवं तुर्कमेनिस्तान बाद मे इसके सहायक सदस्य बने।

जार्जिया एवं बाकी तीनों बाल्टिक राज्य पूर्णतया अलग हो गए और CISमें शामिल न हुए।

संयुक्त राष्ट्र संघ एवं अन्य विश्व संगठनों ने रूसी साम्यवादी गणराज्य संघ के अंत के बाद, रूस को उत्तराधिकारी माना और सुरक्षा परिषद में उसकी जगह बनी रही।

1917 के बाद से साम्यवादी सोवियत संघ को पूँजीवादी शोषक व्यवस्था का सुन्दर विकल्प माना जाने लगा था, परन्तु साम्यवादी व्यवस्था का स्वरूप जल्दी ही अनुदार, विरोध को दमन करने वाला और अभिव्यक्ति की स्वतंत्रता न देने वाला बन गया था। आर्थिक पतन लोगों को इस व्यवस्था के सड़ने का पर्याय लगा परन्तु जिस तरह से सोवियत संघ का विघटन अचानक हुआ और उसका अधिक विरोध भी नहीं हुआ, वह काफी आश्चर्यजनक है। सोवियत संघ के विघटन से विश्व इतिहास का एक युग समाप्त हो गया।

विघटन के बाद के वर्ष रूस के लिए बहुत ही कष्टदायक थे। सोवियत संघ के मुकाबले रूस की राजनैतिक एवं आर्थिक स्थिति कम थी, जार्जिया एवं उक्रेन की अलग हो जाने से उसके कई उद्योग एवं सैन्य शक्ति कम हो गए। येल्तसिन एक ऐसा राष्ट्रपति था जिसे पश्चिमी पूँजीपति देशों की बाजार व्यवस्था, रूस की तकलीफों का रामबाण इलाज लगती थी। अतः 1990 के दशक के शुरूआती वर्षों में ही साम्यवादी व्यवस्था को बाजार–व्यवस्था में बदल देने की जल्दी मच गई। सरकारी उद्योगों को ताबड़–तोड़ बेच दिया गया। येल्तसिन या अन्य राजनीतिज्ञों से जुड़े लोगों ने उद्योगों को बहुत ही कम दामों पर खरीद लिया और जल्द ही पूरे रूस के आधारभूत संसाधन नवधनाड्य लोगों के हाथों आ गया जबकि देश का बहुत सा सोना, चाँदी, प्लेटिनम, रूसी मुद्रा रूबल गायब कर दिए गए।

रूसी अर्थव्यवस्था अब बिखर गई, पहले साम्यवादी शासन में अर्थव्यवस्था में ठहराव था पर अब तो अर्थव्यवस्था ठप ही हो गई। येल्तसिन सरकार ने नोट छापने शुरू कर दिए जिससे मुद्रास्फीति दर 2000% हो गई, बजट घाटा 25% हो गया (1992)। लोगों को चीजें मिलना दूभर हो गया। 1991-1992 में नब्बे प्रतिशत जनता सरकारी गरीबी रेखा के नीचे जीवन बसर करने को मजबूर थी। रूस भी अंतर्राष्ट्रीय मुद्रा कोश की शरण में गया, जिसने कई शर्तें लगा कर ऋण दिया परन्तु अर्थव्यवस्था न सुधरी। भयानक अपराध, खून-खराबा और गरीबी जनित परेषानियों ने समाज को अशांत बना दिया। पहले येल्तसिन जितना लोकप्रिय था, बाद में वह उतना ही घृणापात्र बन गया।

1993 आते-आते येल्तसिन के अपने सहयोगी भी उससे विमुख हो गए। भाई-भतीजावाद एवं भ्रष्टाचार चरम पर थे, अतः उन्होंने येल्तसिन को हट जाने को कहा पर वह तो संविधान को बदलने को तैयार बैठा था और संसद भंग कर सारी शक्तियां छीन लेने को तैयार था। जब 21 सितंबर, 1993 को उसने संसद भंग कर ही दिया तो उसके विरूद्ध महाभियोग लगाया गया, मास्को की सड़क पर जनता भी संसद के पक्ष में उतर आई। परन्तु 3 अक्तूबर, 1993 को जनता जब उग्र हो गई तो येल्तसिन ने सेना बुला ली और आपातस्थिति की घोषणा कर दी। न सिर्फ प्रदर्शनकारियों को मारा-पीटी गया पर संसद भवन (डूमा) पर तोपें चलवाई गईं। 144 रूसी नागरिक मारे गए, डूमा का सफेद भवन काला पड़ गया। येल्तसिन नया संविधान तैयार करने में सफल हुआ।

उसके राष्ट्रपतित्व का दूसरा काल बड़ा बुरा साबित हुआ। 1994 में काकेशश पर्वत की तराई में रहने वाले मुसलमान चेचनों ने आजादी की मांग करते हुए विद्रोह कर दिया। चेचन्या के राजधानी ग्रोज़नी खून खराबे का गढ़ बन गई। 1996 तक 45,000 लोग मारे जा चुके थे।

अतः 1999 में येल्तसिन ने रूस की खुफिया संस्था के.जी.बी. में काम कर चुके ब्लादीमिर पुतिन को कार्यकारी राष्ट्रपति बना, अपनी गलतियों की माफी मांगते हुये पद त्याग दिया।

पुतिन के काल में रूस कुछ हद तक अपनी पुरानी प्रतिष्ठा पाने में सफल हुआ।

मार्च, 2000 में चुनाव हुए, अपनी युनिटी पार्टी के झंडे तले पुतिन को 52% मत से चुन लिया गया, 2004 के चुनाव में उन्हें 72% मत मिले, 2008-2012 तक पुतिन प्रधानमंत्री बने। उसके आगे भी वे कभी राष्ट्रपति तो कभी प्रधानमंत्री बने रहे।

पुतिन ने चेचन विद्रोहियों को सख्ती से दबाया। रूस में इसके चलते आतंकी घटनाओं की बाढ़ आ गई जैसे 2004 में दक्षिण रूस के बेसलान में एक स्कूल को चेचन आतंकियों ने बंधक बना लिया, उनको छुड़वाने में 335 लोग मारे गए जिसमें ज्यादातर बच्चे थे। 2002 में भी मास्को के एक थियेटर में चेचन आतंकियों ने 700 लोगों को बंधक बना लिया था जिनको छुड़वाने में 130 जानें गई थीं।

दुनिया भर की मीडिया में रूस की सरकार के कठोर तरीकों की आलोचना होने लगी। पुतिन को एक कठोर और क्रूर शासक माना जाने लगा जो अपने विरोधियों को मरवाने से नहीं घबराता था जैसे 2006 में अन्ना पोलिटकोवस्किया जो पुतिन विरोधी थी को किसी ने गोली मार दी। इंग्लैंड में शरण लिए हुए अलेक्जेंडर लिटविनेनको को जहर देने वाला कभी पकड़ा न जा सका। लिटविनेनको भी पुतिन का आलोचक था। रूसी जनता को बिना सरकारी अनुमति के प्रदर्शन निकालने की मनाही है।

पुतिन की लोकप्रियता रूस में तब बढ़ी जब उनकी सरकार द्वारा लिए गए कदमों से रूस की अर्थव्यवस्था सुधरने लगी। उसने देश के आधारभूत उद्योगों का पुनः राष्ट्रीयकरण किया जैसे तेल एवं गैस उद्योग इत्यादि, कर का दर कम किया जिससे उद्योग स्थापित करने का प्रचलन बढ़ा, 1999 से 2006 के बीच रूसी अर्थव्यवस्था तेजी से बढ़ने लगी, सकल घरेलू उत्पाद 7% की दर से बढ़ा, लोगों की आय बढ़ने लगी, बेरोजगारी घटी, और भ्रष्टाचार घटा।

पुतिन ने रूस की सेना में कई सुधार किए और उसे चुस्त-दुरूस्त बनाया। सेना को नए हथियार एवं नौ-सेना को जहाज मुहैया करवाए गए।

पुतिन के काल में विदेश नीति कई उतार-चढ़ाव से गुजरी। येल्तसिन के बाजार व्यवस्था को लागू करने से पश्चिमी जगत उसके प्रति बड़ा उदार बन गया था और उसके द्वारा संसद को भंग करने जैसे हरकत की भी आलोचना न की।

अमेरिका पर 11 सितंबर 2001 की आतंकी हमले की घटना की निंदा कर पुतिन ने रूस का सहयोग दिखाया परन्तु जब अमेरिका एवं यूरोप की नाटो के सैनिक अड्डे पूर्वी यूरोपीय देशों जैसे पोलैंड और चेक गणराज्य में स्थापित किए जाने लगे तो पुतिन ने इसकी कड़ी आलोचना की। 2007 में पुतिन ने विश्व राजनीति पर अमेरिकी दादागीरी की आलोचना की तो, अमेरिका से संबंध बिगड़ गए। यूरोप के देश अमेरिकी नक्शे कदम पर ही चलते हैं अतः वे भी रूस विरोधी बन गए।

रूस के चीन के साथ अब अच्छे संबंध हैं और व्यापारिक आदान-प्रदान भी है। भारत के साथ भी रूस के अच्छे संबंध हैं, हालांकि ये संबंध प्रधानमंत्री नेहरू के काल में बहुत अच्छे थे, पर वर्तमान भारत सरकार अमेरिका को अधिक महत्व देती है। रूस के ईरान के साथ भी अच्छे संबंध हैं। रूस ने ईरान को गैर-सैनिक आणविक ऊर्जा रिएक्टर बनाने में मदद दी है।

रूस ने इराक एवं लीबिया पर अमेरिकी हमले या नाटो कार्यवाही का विरोध किया। रूस, सीरिया के शासक बशर-अल-असद का हिमायती है और सीरियाई गृह युद्ध में विद्रोहियों तथा आई.एस. के विरूद्ध असद सरकार को सैन्य मदद देता है। उक्रेन के क्रीमिया में रहने वाले रूसी लोगों की हितों की रक्षा करने के लिए रूस ने उस क्षेत्र पर अधिकार कर लिया है (दिसम्बर 2014)। इन सब वजहों से रूस पर आर्थिक प्रतिबंध लगाए गए हैं।

रूस के विखंडन का विश्व पर प्रभाव :
शीत युद्ध का अंत

सोवियत साम्यवादी गणराज्य संघ का विघटन एक अप्रत्याशित एवं विश्व राजनीति पर गहरा प्रभाव डालने वाली घटना थी। 1945 के पश्चात विश्व मानो दो गुटों में विभाजित हो गया था, एक तरफ पूँजीवादी जनतांत्रिक देश जिनका मुखिया अमेरिका था और उसे पश्चिमी यूरोपीय देशों का पूरा वैचारिक तथा राजनीतिक समर्थन था, तो दूसरी ओर दूसरा गुट साम्यवादी, गणतांत्रिक शासन व्यवस्थाओं का था जिनका मुखिया, सोवियत संघ, पूर्वी यूरोपीय देशों को नाजी कब्जे से मुक्त करा अपने समान साम्यवादी बना चुका था। दोनों गुटों में तनाव, संदेह, असुरक्षा की भावना, हथियारों की होड़, नए स्वतंत्र देशों को अपनी तरफ करने की होड़ ने 1945 से 1991 के बीच के काल को शीत युद्ध का काल बना डाला था। इस दौरान कभी भी दोनों गुटों के देश आपस में आमने-सामने कभी नहीं लड़े, पर यह काल शांति का बिलकुल नहीं था, भले ही इस काल के लिए आडंबरपूर्ण पदबंधों जैसे "शांतिपूर्ण अंतर्राष्ट्रीय व्यवस्था का समय", "शांति का लंबा युग" इत्यादि का प्रयोग किया जाता है, क्योंकि इस काल में दोनों विश्वशक्ति, विश्व के लगभग हर भाग में परोक्ष युद्ध (Proxy War) लड़ते रहे, जैसे कोरिया तथा वियतनाम में, अंगोला एवं अन्य अफ्रीकी देशों में, मध्य अमेरिका के देशों में और अफगानिस्तान में। जहाँ भी साम्यवादी विचार से मेल खाने वाली सरकार की स्थापना होती, अमेरिका उसी देश के किसी विरोधी पक्ष को उकसाने में लग जाता फलतः वह देश लंबे समय के लिए खून-खराबे और अशांति के पंजे में आ जाता। भले ही उस देश के लोग साम्यवादी नीतियाँ चुनने के पक्ष में होते और वे सरकारें लोकप्रिय सरकारें होतीं, फिर भी उन्हें हटाने के प्रयास से संयुक्त राज्य अमेरिका बाज न आता। वह तो खुले आम घोषणा करता कि "साम्यवाद के प्रसार को रोकना" अमेरिका की प्रमुख नीति है (The containment of communism)। इस नीति के तहत अमेरिका, अन्य देशों में हथियार एवं प्रशिक्षण का अबाध निर्यात करता रहा जिससे कई देशों के नागरिक युद्ध की तकलीफ झेलने को विवष हुए।

1945 से 1991 के बीच एशिया और अफ्रीका के लगभग सभी देश लंबे स्वतंत्रता आंदोलनों के बाद अपनी स्वतंत्रता पाने में सफल हुए थे, उन्हें अपने-अपने तरफ खींचने के महाशक्तियों के प्रयास ने शीत युद्ध के काल को अत्यंत तनावपूर्ण बना रखा था पर सोवियत संघ के विघटन के बाद इसका अंत हुआ। शीत युद्ध का अंत विश्व इतिहास के एक युग का अंत था, परन्तु उसके बाद विश्व में लड़ाइयों का अंत हो गया हो, ऐसा बिलकुल भी नहीं था।

एक ध्रुवीय विश्व का काल

सोवियत संघ के विघटन, वारसा समझौते का अंत एवं साम्यवादी पूर्वी यूरोपीय देशों में राजनैतिक परिवर्तन के पश्चात विश्व का शक्ति संतुलन परिवर्तित हो कर एकध्रुवीय हो गया। शीत युद्ध के काल में दोनों महाशक्तियों ने मानो विश्व को दो

भाग में विभाजित कर रखा था, पर यह स्थिति 1991 के पश्चात बदल गई, अब पूरे विश्व में अमेरिका एक अत्यंत शक्तिशाली एवं प्रभावशाली ताकत बन गया जिसे चुनौती देना किसी अन्य देश के लिए संभव नही था। अमेरिका की शक्ति के पीछे सैनिक, आर्थिक, राजनैतिक, तकनीकी एवं सांस्कृतिक कारण थे। विश्व पर उसी देश का दबदबा होता है जिसकी सैन्य शक्ति सबसे ज्यादा हो, अमेरिका के सैन्य खर्चे 2011 में, 711 बिलियन डालर थे, जो चीन, रूस, इंग्लैंड, फ्रांस, भारत एवं ब्राजील के सम्मिलित खर्चे से भी ज्यादा थे, उसकी नौसेना, उसके बाद आने वाले तेरह देशों की सम्मिलित नौसेना से भी बड़ी है, अपने देश के अलावे 146 देशों में उसके 4,60,000 सैनिक पदस्थापित हैं जो या तो किसी युद्ध जनित काम अथवा प्रतिरक्षात्मक संधि के चलते वहाँ रखे गए हैं। तकनीक की दृष्टि से भी अमेरिका विश्व में सबसे आगे है जो सबसे ज्यादा उसके सैन्य उपकरणों में नजर आती है। आर्थिक दृष्टि से भी अमेरिका विश्व के सबसे समृद्ध देशों में से एक है। 2011 में उसकी सकल घरेलू उत्पाद 15,290 बिलियन डालर था और दूसरे स्थान पर चीन था जिसका सकल घरेलू उत्पाद 7,298 बिलियन डालर ही थी। 2011 में रूस का सकल घरेलू उत्पाद 2,031.7 बिलियन डालर था। राजनैतिक रूप से अमेरिका सुदृढ़ है न केवल घरेलू राजनीति में वह गणतंत्र होने का गर्व करता है बल्कि विश्व भर में स्वयं को प्रजातंत्र का प्रणेता बतलाता है। पश्चिमी यूरोप के सभी बड़े देश उसकी हाँ में हाँ मिलाते हैं और कई तरह की व्यापारिक और सैनिक संधियों में उसके साथी हैं जैसे जी–सात, नाफ्टा (NAFTA),नाटो इत्यादि। विश्व की प्रमुख गैर–सरकारी संस्था, संयुक्त राष्ट्र संघ पर भी अमेरिका का दबदबा है। अमेरिकी संस्कृति विश्व भर में फैल गई है, दुनिया भर के लोग अमेरिकी सिनेमा, संगीत, कपड़े, कोका–कोला, मैकडोनाल्ड, डिजनीवर्ल्ड इत्यादि के दीवाने हैं। कोई गरीब देश का पढ़ा–लिखा व्यक्ति किसी रूसी की नकल नहीं करना चाहता, परन्तु अमेरिकी कपड़े, मोटरसाइकल एवं जीवनशैली की पूरी नकल करने में शान समझता है। अमेरिकी शक्ति में इजाफा करने के लिए उसकी भौगोलिक शक्ति भी जिम्मेदार है। देश दो तरफ से महासमुद्र से घिरा है, उत्तर में कनाडा और दक्षिण में मैक्सिको से उसे कोई खतरा नहीं है। देश प्राकृतिक संसाधनों से भरपूर है। दुनिया के दूसरे बड़े देशों की बढ़ती शक्ति को उनके पड़ोसी देश ही काट डालते हैं।

अपनी शक्तिशाली स्थिति का फायदा उठा कर अमेरिका ऐसे काम भी करता है जिसके लिए दूसरे देशों की आलोचना होती है, जैसे इराक पर 2003 का दूसरा आक्रमण, इराकी युद्धबंदियों पर अमानवीय अत्याचार, ओट्टावा की संधि पर दस्तखत न करना, अपने अश्वेत नागरिकों को पुलिसिया अत्याचार से न बचाना, अफगानी नागरिकों एवं पाकिस्तानी नागरिकों के ऊपर अमेरिकी ड्रोन हमले को दुर्घटना बताना, पर्यावरण प्रदूषण की जिम्मेदारी को न मानना, इत्यादि।

दो ध्रुवीय वैश्विक व्यवस्था में अमेरिका से त्रस्त देशों को सोवियत संघ से राहत मिलती थी परन्तु अमेरिकी सर्वशक्तिमान व्यवस्था में जो देश अमेरिकी इच्छा या हितों के आड़े आते हैं, उनकी रक्षा संयुक्त राष्ट्र संघ भी नही कर पाता।

एकध्रुवीय वैचारिक मत

सोवियत संघ के विघटन के साथ बोल्शेविक क्रांति का भी शांतिपूर्ण तरीके से अंत हो गया। मार्क्स की शोषणरहित समाज की परिकल्पना और श्रमिकों की तानाशाही के विचार ने दुनिया भर के वंचितों के दिल में बिजली दौड़ा दी थी, सोवियत शासन को पूँजीवाद का बेहतर विकल्प के तौर पर देखा जाने लगा था, परन्तु सोवियत संघ के विघटन से पश्चिमी पूँजीवादी जगत अत्यंत प्रसन्न हुआ और अपनी आर्थिक व्यवस्था तथा मूल्यों को सच्चा और सर्वमान्य घोषित करने लगा। सोवियत संघ के विघटन से मानो यह स्थापित हो गया कि साम्यवादी विचारधारा में कमजोरियाँ होती हैं। दूसरी तरफ पूँजीवादी देश, विशेषकर अमेरिका अपनी संस्थाओं को सर्वश्रेष्ठ बताता रहता है। अमेरिका प्रजातंत्र के मूल्यों को गढ़ने में स्वयं को अद्वितीय मानता है। उसके अनुसार सभ्यता और उदार प्रजातंत्र का पैमाना मानव–अधिकार हैं।

नए अंतर्राष्ट्रीय मानदंडों की नव–उदार व्याख्या के अनुसार राज्यों को अपने नागरिकों के मानव–अधिकारों की पूरी रक्षा करनी चाहिए वरना वे असफल राज्य हैं और जो राज्य अपने नागरिकों के मानव–अधिकारों का हनन करते हैं, उनके मामलों में अहस्तक्षेप की नीति नहीं चलेगी, अमेरिका ने ''रक्षा की जिम्मेदारी'' (responsibility to protect) अपने सर लेने की घोषणा कर दी है। पहले श्वेत जाति ''सभ्य बनाने'' का मिशन धारण करती थी परन्तु अब अमेरिका मानव अधिकारों और उसके जरिये प्रजातंत्र की रक्षा करता है जो इराक, लीबिया, बोस्निया, अफगानिस्तान तथा सीरिया तक दिखता है। परन्तु रवांडा और बुरूंडी के गृह–युद्धों में हुतु तथा तुत्सी जनजाति के आपसी नरसंहार में अमेरिका को मानव अधिकारों की रक्षा करने की इच्छा नहीं होती।

अमेरिका की डिजिटल प्रसार व्यवस्था काफी व्यापक है। इसके माध्यम से वह उदारवादी प्रजातंत्र और खुली बाजार अर्थव्यवस्था की वकालत करता रहता है परन्तु विकासशील देशों को खुली बाजार अर्थव्यवस्था की स्पर्धा कर्ज की राह पर ढ़केल देती है जिसके विरूद्ध कोई सुनवाई नहीं है। इस्लामी एवं अन्य रूढ़िवादी देशों को अमेरिका मूल्य पसंद नहीं आते अतः उनका विरोध अंदर ही अंदर सुलगता जा रहा है।

यूरोप की राजनीति में परिवर्तन

पूर्वी यूरोपीय देशों में साम्यवादी शासन के अंत तथा सोवियत संघ के विघटन ने यूरोप की राजनैतिक व्यवस्था में अनेकों परिवर्तन ला दिए। शीत युद्ध के दौरान पश्चिमी यूरोपीय देशों ने तेजी से आर्थिक विकास किया था जबकि साम्यवादी शासन के अंतर्गत पूर्वी यूरोपीय देश गरीबी के जाल में फंसे रह गए थे। पश्चिमी यूरोप के देशों ने आर्थिक विशेष क्षेत्र बना कर खूब प्रगति की जो बाद में यूरोपियन यूनियन बनी, पूर्वी यूरोपीय देश साम्यवादी व्यवस्था से मुक्ति पाते ही इस संस्था

की सदस्यता पाने लगे और एक नए युग का प्रारंभ हुआ। सभी यूरोपीय देश एक जुट होने लगे, शांतिपूर्ण सह–अस्तित्व की भावना बलवती हुई। पश्चिमी यूरोपीय देशों और अमेरिका ने इन पिछड़े पूर्व–साम्यवादी देशों को आर्थिक मदद दे कर इनकी अर्थव्यवस्था को पटरी पर लाया। अमेरिका पूर्वी यूरोपीय देशों पर अपना प्रभाव बढ़ाने में लग गया और कई पूर्वी यूरोपीय देश नाटो के सदस्य बन गए। नाटो का पूर्वी यूरोप में विस्तार होने से वहाँ नाटो सैनिकों की पदस्थापना एवं पोलैंड तथा बाल्टिक देशों में नाटो के कैम्पों (bases) की स्थापना की गई है जो रूस की सुरक्षा के लिए भारी खतरा बन गई है। पूर्वी यूरोपीय देश मानो रूस के ही भारी दुश्मन बन गए हैं और अमेरिका उन का पसंदीदा देश बन गया है।

गैर–रूसी इस्लामी राज्य

पूर्वी यूरोपीय देशों ने साम्यवादी शासन और रूसी प्रभुत्व से मुक्ति पा कर यूरोपीय यूनियन में शामिल होने में भलाई समझी, उसी तरह रूस के गणराज्य संघ में जो इस्लामी राज्य थे और भौगोलिक रूप से मध्य एशिया में आते थे जैसे अज़रबाइजान, कज़ाकि़स्तान, किंगिज़स्तान, ताज़िकि़स्तान, तुर्कमेनिस्तान और उज्बेकिस्तान ने 1992 में अन्य इस्लामी देशों के साथ मिलकर इकॉनामिक कोआपरेशन आरगनाज़ेशन की सदस्यता ले ली। क्षेत्रीय रूप से एक दूसरे से नजदीक होने की वजह से व्यापार, आर्थिक सहयोग एवं संचार संबंधी मामलों में विकास को तीव्रता प्रदान करने की यह कोशिश थी।

हालांकि ये देश रूस के साथ गहरे राजनैतिक, आर्थिक और सुरक्षा संधि के पार्टनर हैं फिर भी यहाँ चीन का बढ़ता प्रभाव, अफगानिस्तान या सीरिया की तरफ से आतंकवाद के बढ़ते कदम, रूस के लिए मुश्किल पैदा कर सकते हैं। अब ये देश स्वतंत्र हैं अतः वे कभी भी अन्य देशों को अपने तेल क्षेत्र का दोहन करने के लिए बुला सकते हैं। इन गैर–रूसी इस्लामी मध्य एशियाई देशों के लाखों नागरिक रूस में काम करते हैं अतः विश्व में इस्लामी आतंकवाद के बढ़ने से इस क्षेत्र पर प्रभाव पड़ना मामूली बात है।

सोवियत संघ के विखंडन से मध्य पूर्व और मध्य एशिया में इस्लामी उग्र राष्ट्रवाद को बढ़ने का मौका मिला है। धर्म आधारित राष्ट्र या आतंकवादी संगठन फलने–फूलने लगे हैं जबकि पहले इन पर सोवियत लगाम लगाई जाती थी ।

सोवियत संघ के मित्र देशों में परिवर्तन

सोवियत संघ के विघटन से इसके मित्र देशों पर भी गहरा प्रभाव पड़ा है। पश्चिमी गोलार्ध में स्थित देश क्यूबा के सोवियत संघ से गहरी मित्रता थी, क्यूबा से चीनी, संतरे और निकल धातु रूस को भेजे जाते थे, जिसके अच्छे दाम मिलते थे पर उन दामों पर दूसरे खरीदार नहीं मिले और क्यूबा की अर्थव्यवस्था में गहरी मंदी छा गई। उसे रूसी आर्थिक मदद भी मिलती थी जिससे उस क्षेत्र के साम्यवादी दलों

को हथियार व सामग्री पहुँचाने का काम होता था, जिसे क्यूबा को बंद करना पड़ा जैसे निकरागुआ के सैंडेनिस्टा और इथोपिया के मार्क्सवादी दलों को।

अफ्रीका के कई देशों में सुरक्षा संतुलन गड़बड़ा गया। कांगो और रवांडा जैसे देशों में गृह–युद्ध भड़क उठे और विश्व में यह बहस छिड़ गई कि शांति स्थापना कैसे की जाए और बिना किसी हित को साधे, कौन शांति स्थापित करवाए।

भारत, सोवियत संघ का अच्छा मित्र था जिसे हथियार, तकनीक एवं राजनैतिक साथ के लिए रूस पर पूरा भरोसा था। अमेरिका और चीन जैसे बड़े देश भारत के उग्र पड़ोसी पाकिस्तान का साथ देते थे और रूस भारत का, परन्तु विघटन के बाद भारत को भी मजबूर हो कर दूसरे देशों के साथ मजबूत रिश्ता बनाने पर मजबूर होना पड़ा। उधर अमेरिका भी पाकिस्तान की इस्लामी आतंकी गतिविधियों को शह देने की हरकत पर नाराज हो भारत से मित्रता करने लगा। भारत, अमेरिका एवं अन्य दक्षिण एशियाई देशों से मित्रता बढ़ा कर अपने देश के हितों की रक्षा करने का प्रयास कर रहा है। वियतनाम को अमेरिका आक्रमण के दौरान सोवियत संघ से बड़ी मदद मिली थी। अपनी आजादी के बाद वियतनाम ने तकनीकी एवं पूँजी की मदद के लिए सोवियत संघ का ही हाथ थामा परन्तु सोवियत विघटन के बाद यह साम्यवादी देश अपने पड़ोसियों और यहाँ तक कि पुराने दुश्मन अमेरिका से भी, आर्थिक सहयोग बढ़ाने के लिए संबंध स्थापित कर रहा है।

चीन पर प्रभाव

सोवियत संघ का विघटन पूरे विश्व के लिए आश्चर्यकारी घटना थी जिसके बाद चीन विश्व में बड़े साम्यवादी देश के रूप में अकेला रह गया। चीन के साम्यवादी शासन के प्रारंभ में दोनों के मधुर संबंध थे परन्तु जल्द ही संबंधों में खटास आ गई और सोवियत अर्थव्यवस्था को सुधारने के कदम माओ को मार्क्सवादी पथ से हट जाने वाले कदम लगने लगे परन्तु 1980 के दशक में स्वयं चीन ने अपने तटीय शहरों को मुक्त व्यापार एवं उत्पादन के लिए खोलना शुरू कर दिया।

सोवियत संघ के विघटन ने चीन को मानो एक सबक सिखा दिया। उसके यहाँ 1989 में तियनमेन स्क्वायर घटना हो चुकी थी अतः चीनी कम्युनिस्ट पार्टी के नेताओं ने ठान लिया कि वे किसी किस्म की राजनैतिक सुधार या अभिव्यक्ति की स्वतंत्रता नहीं देंगें परन्तु अर्थव्यवस्था में पूँजीवादी बाजार व्यवस्था, विदेशी निवेश और आधारभूत संरचनाओं के निर्माण को खूब प्रोत्साहित करेगें। फल आज दुनिया के सामने है। चीन एक साम्यवादी देश होते हुए भी तेज आर्थिक प्रगति कर रहा है, इसकी अपार आबादी रोजगार, भोजन एवं स्वास्थ्य सेवा पाने में सफल हो रही है जबकि बाजार व्यवस्था और उसके साथ प्रजातंत्र पा कर रूस का 1990 का दशक भयंकर कष्ट का काल सिद्ध हुआ। दुनिया भर में चीन को उसके मानव–अधिकार हनन के लिए आलोचना सुननी पड़ती है पर उसके तेज आर्थिक विकास जो उसे विश्व की दूसरी बड़ी अर्थव्यवस्था बना चुका है, के प्रति दूसरे देशों की जलन स्पष्ट है।

एक संगठित यूरोपियन यूनियन

सोवियत संघ के विघटन से यूरोपियन यूनियन के सदस्यों की संख्या में बढ़ोत्तरी हुई। सभी पूर्व–साम्यवादी पूर्वी यूरोपीय देश इसकी सदस्यता ग्रहण करने को लालायित थे। साझा बाजार, पूँजी एवं श्रम का मुक्त आवागमन, शुल्क एवं करों में कमी, निवेश के अवसर आदि ने नव पूँजीवादी पूर्वी यूरोपीय देशों को यूनियन की तरफ आकर्षित किया। यूरोपियन संघ की सदस्यता ग्रहण करने से एक नए युग की शुरूआत हुई, जिसमें संघ के सदस्य देश एक दूसरे के आर्थिक संकट के समय मदद को राजी होते थे, शांतिपूर्ण सह–अस्तित्व, प्रजातंत्र एवं अभिव्यक्ति की स्वतंत्रता की बयार बह चली और संगठित हो यूरोपियन संघ एक ताकत बन गया।

बिना पूर्वी यूरोपियन देशों के संघ कमजोर बना रहता, वर्तमान में इस क्षेत्र के संसाधन और सस्ते मानव–श्रम की वजह से यहाँ उत्पादन खूब होता है जिसके निर्यात एवं खपत से संघ की समृद्धी बढ़ती जा रही है। पुराने सोवियत काल में ऐसा होना संभव न था।

वर्तमान के समय में ब्रिटेन संघ से निकल भी जाए तो बाकी यूरोपीय देश अपने संसाधनों का समुचित प्रबंधन कर विश्व के समृद्ध देश बने रहेंगें। सुरक्षा के लिए नाटो सेना उनके काम आएगी और अमेरिका से प्रजातांत्रिक मूल्यों और आर्थिक संधियों के चलते प्रगाढ़ संबंध रहेगा ही।

सोवियत संघ एवं तीसरा विश्व

सोवियत संघ के विघटन का सबसे बुरा प्रभाव तीसरे विश्व के गरीब देशों पर पड़ा है। साम्यवादी सोवियत संघ ने औपनिवेषिक शासन से जूझ रहे एशियाई, अफ्रीकी एवं दक्षिण अमेरिकी देशों को अपनी स्थापना के बाद से ही प्रोत्साहन देना शुरू कर दिया था। विश्व के गरीब और शोषित देश, सोवियत संघ की तरफ नैतिक समर्थन और आर्थिक सहयोग के लिए आषा भरी नजरों से देखते थे। अमेरिका के सताए देशों के लिए सोवियत संघ मसीहा था। जब विश्व महामंदी के दौर से गुजर रहा था तब सोवियत संघ और उसकी नियोजित अर्थव्यवस्था विकासशील देशों के लिए उम्मीद की किरण बन गई थी। साम्यवाद ने मानवता, बराबरी, श्रम की इज्जत जैसे मूल्यों की स्थापना, विश्व में कर दी थी। दुनिया भर के लोग साम्यवाद को पूँजीवादी शोषण, ऊँच नीच से भरे समाज और मक्कारी से भरे राजनीतिज्ञों का विकल्प मानने लगे थे। मास्को से छपे चित्रों में स्वस्थ बच्चे, साफ सुथरी रूसी फैक्टरियाँ, लोगों को अच्छे जीवन का संदेश देती थी। सोवियत संघ के विघटन के बाद गरीव देशों की मदद करने वाला कोई न रहा।

तीसरे विश्व के देश अब पूँजीवादी कठोर बैंकों की दया पर अपनी अर्थव्यवस्थाओं को गिरवी रखे जा रहे हैं। तीसरे विश्व के देशों के अंतर्राष्ट्रीय वित्तीय संस्थाओं से लिए कर्ज खरबों डालर है, जिसे चुकाने की स्थिति में वे नहीं है और अपने देश के दुर्लभ संसाधनों को गिरवी रखने पर मजबूर हैं।

एक अन्यायपूर्ण विश्व अर्थव्यवस्था के खिलाफ आवाज उठाने वाली कोई शक्ति नहीं बची है। सोवियत संघ में साम्यवादी व्यवस्था की स्थापना ने विश्व में प्रजातंत्र के विचार को नया एवं विस्तृत आयाम दिया था। विश्व को यह संदेश मिला कि बिना सामाजिक और आर्थिक न्याय के राजनैतिक प्रजातंत्र का कोई मतलब नहीं हैं पर सोवियत संघ के विघटन ने उदारवादी जनतंत्र पर परछाई ला दी है, विश्व में नव–उपनिवेशवाद और नव–उदारवाद कमजोर देशों का बड़े देशों द्वारा शोषण का नया जरिया बनता जा रहा है। मुक्त व्यापार, पूँजी निवेष की शर्तों, बौद्धिक संपदा कानून जैसे पेंचों के द्वारा विकसित देश, विकासशील देशों का दोहन कर रहे हैं।

गुट–निरपेक्ष आंदोलन

शीत युद्ध के शिखर पर 1961 में गुट–निरपेक्ष आंदोलन की स्थापना हुई थी, जिसमें तीसरे विश्व के देशों ने सदस्यता ले कर, दोनों महाशक्तियों के खेमे में शामिल न होने और सैन्य अड्डे स्थापित न होने देने का निर्णय लिया था। सोवियत संघ के विघटन के बाद गुट–निरपेक्ष आंदोलन का भी महत्व घट गया, हालांकि वर्तमान में भी इसके 120 सदस्य हैं परन्तु विश्व राजनीति पर यह संस्था गहरा प्रभाव नहीं डालती। शीत युद्ध के दौरान इसकी वजह से हथियारों की दौड़ और दोनों महाशक्तियों के गुटों के बीच तनाव में कमी आई थी पर सोवियत संघ के विघटन और शीत युद्ध समाप्त होने से गुट–निरपेक्ष आंदोलन विकासशील देशों का जमावड़ा बन गया है जो उनके परस्पर हितों के आवाज को उठाने का मंच बन कर रह गया है।

हथियारबंदी

अपने विघटन से पहले से ही सोवियत संघ ने हथियारों की होड़ में कमी की कोशिश करनी शुरू कर दी थी। बल्कि इसकी शुरूआत ख्रुश्चेव के काल से ही हुई जब 25 जुलाई 1963 ई. में रूस, अमेरिका एवं ब्रिटेन ने मास्को में एक संधि पर हस्ताक्षर करके आकाष, बाहय अंतरिक्ष और जल के नीचे अणु परीक्षणों पर रोक लगा दी। ब्रेझनेव के काल में साल्ट संधि (Strategic Arms Limitation Talks) पर दस्तखत हुए। गोर्बाचोव ने भी खतरनाक SS-20 जैसे प्रक्षेपास्त्रों को कम करने का वादा किया। सोवियत संघ के विघटन के बाद, रूस ने स्टार्ट-II (Strategic Arms Reduction Treaty) पर अमेरिका के साथ संधि पर जनवरी 1993 में हस्ताक्षर किए।

परन्तु तमाम संधियों और प्रदूषण के खतरों के बावजूद दुनिया भर में हथियारों का उत्पादन और प्रयोग बढ़ता ही जा रहा है। अमेरिका, इंग्लैंड, फ्रांस और स्वयं रूस, दुनिया के बड़े हथियार निर्माता हैं जो उन सभी तीसरे विश्व के देशों को हथियार बेचते हैं जो विभिन्न युद्धों में लगे हुए हैं। अतः ऐसे देश शीत युद्ध के अंत के बावजूद दुनिया में शांति स्थापना के लिए प्रयास करना नहीं चाहते तो उसमें कुछ आश्चर्य नहीं। सीरिया के गृह–युद्ध में रासायनिक हथियारों का खुले आम

प्रयोग और उत्तरी कोरिया का आए दिन अणु प्रक्षेपास्त्रों का परीक्षण, दुनिया के लिए कैसी भविष्यवाणी कर रहा है यह सभी देश समझते हैं।

सोवियत संघ के विघटन से शीत युद्ध का अंत हुआ और संयुक्त राज्य अमेरिका एकमात्र विश्व शक्ति के रूप में स्थापित हुआ। पर इस एकध्रुवीय विश्व में शांति और न्याय की स्थापना न हो पाई। अंतर्राष्ट्रीय आतंकवाद जैसे इस्लामी स्टेट की क्रूर स्थापना, अमेरिका द्वारा सद्दाम हुसैन, मुअम्मर गद्दाफी और बशर–अल–असद के तख्ता पलट के लिए किए गए युद्ध, अरब बसंत के दौरान सरकारों द्वारा नागरिकों पर अत्याचार आदि घटनाओं से विश्व पहले से कई गुणा अधिक अशांत और हिंसक बन गया है। सोवियत विघटन के पश्चात अमेरिका की घौस लगभग सभी महाद्धीपों की देशों में है जो समय–समय पर मुखर हो जाती है। वेनेजुएला से मध्य–पूर्व और फिलिपींस तक अमेरिका के प्रति असंतोष बढ़ता जा रहा है। विश्व एक अनिश्चित भविष्य की ओर बढ़ रहा है।

प्रश्नावली

प्रश्न 1 : सोवियत समाजवादी गणराज्य संघ के विघटन होने के क्या कारण थे ?

प्रश्न 2 : ''सोवियत संघ के विघटन के लिए मिखाइल गोर्बाचोव पूरे तौर पर जिम्मेदार थे'', इस कथन का आलोचनात्मक परीक्षण करें।

प्रश्न 3 : सोवियत संघ के विघटन की घटनाओं का संक्षेप में विवरण दें। विघटन का रूस पर क्या प्रभाव पड़ा।

प्रश्न 4 : ''सोवियत संघ के विघटन से विश्व इतिहास में एक युग का अंत हुआ''। व्याख्या करें।

प्रश्न 5 : सोवियत संघ के विघटन का विश्व पर ''प्रभाव तथा परिणाम'' विषय पर एक लेख लिखें।

१४. पश्चिमी यूरोप को संगठित करने का प्रयास : नाटो एवं यूरोपीय समुदाय

यूरोप के हर देश में ऐसे लोगों की कमी नहीं थी जो यूरोपीय देशों के बीच एकता चाहते थे। एकता के स्वरूप को ले कर उनके मन में भिन्न–भिन्न विचार थे जैसे कुछ आपस में केवल सहयोग चाहते थे तो कुछ अमेरिका के राज्यों के संघ के समान, यूरोप में एक संघीय शासन व्यवस्था चाहते थे। द्वितीय विश्व युद्ध की भयानक एवं लंबी विभीषिका को झेलने के बाद उन्हें लगता था कि युद्ध की बरबादी से बाहर आने के लिए जरूरी है कि यूरोप के सभी छोटे–बड़े देश अपने संसाधनों को इकट्ठा करें और एक दूसरे का आर्थिक सहयोग करें। द्वितीय विश्व युद्ध के बाद दो महाशक्तियाँ – अमेरिका तथा सोवियत संघ मजबूत आर्थिक स्थिति के साथ विश्व अर्थव्यवस्था पर पकड़ बनाती जा रही थीं, उनकी चुनौती का सामना करने के लिए यूरोपीय देशों की आर्थिक एकता आवश्यक थीं।

पश्चिमी देशों के नेताओं को लगता था कि अगर वे आपस में सहयोग की भावना से काम करेंगें तो युद्ध जैसी स्थिति फिर नहीं बनेगी। प्रथम एवं द्वितीय विश्व युद्ध दोनों के शुरू होने का कारण यूरोपीय देशों का झगड़ा ही था। फ्रांस और जर्मनी की कटुता को भुलाने का यह अच्छा उपाय बन सकता था।

पश्चिमी यूरोपीय एकता को संगठित करने के प्रयास के पीछे एक सुदृढ़ कारण यह था कि इस एकता से वे पूर्व की तरफ से फैलती चली आ रही साम्यवादी बयार को रोक सकेंगें।

पश्चिमी यूरोपीय एकता को बनाने का प्रयास करने में जर्मनी काफी उत्सुक था। वह विश्व युद्ध का कारण उन पर लगी बदनामी को धो डालना चाहता था और प्रथम विश्व युद्ध के बाद उसे जो विश्व राजनीति से अलग–थलग कर दिया गया था एवं राष्ट्रसंघ का सदस्य नहीं बनने दिया गया था, वह वैसी स्थिति से बचना चाहता था। वह अब एक जिम्मेदार राष्ट्र के तौर पर माना जाना चाहता था।

द्वितीय विश्व युद्ध के दौरान ही यूरोपीय एकता से संबंधित चर्चाएँ प्रारंभ हो चुकी थीं, 1940 में फ्रांसीसी जीन मोने के जिक्र करने पर लंदन में ब्रिटिश प्रधानमंत्री विंस्टन चर्चिल ने एक फ्रांसीसी– ब्रिटिश संघ की इच्छा जाहिर की। 1943 में उसने

एक 'यूरोपीय परिषद' (Council of Europe) बनाने की इच्छा जाहिर की। युद्धोपरांत एक आर्थिक संघात्मक स्वरूप की चर्चा भी चलने लगी थी।

1945 के पश्चात अमेरिका द्वारा प्रदत्त मार्शल परियोजना मदद ने यूरोपीय देशों के सामने आर्थिक सहयोग के कार्य को सम्मिलित रूप से करने के फायदे को स्पष्ट कर दिया। इस परियोजना का जनक अमेरिकी राज्य सचिव जार्ज मार्शल ने 1947 में घोषणा की कि, "आवश्यक वस्तुओं एवं खाद्य सामग्री की यूरोपीय देशों को अगले तीन–चार वर्षों तक अत्यंत आवश्यकता है जिसका मूल्य चुकाना उनके लिए संभव नहीं, पर इसके बिना उनका पतन हो जायेगा"। उसे लगा कि बिना आर्थिक मदद के ये देश साम्यवाद के चंगुल में आ जाएगें।

ब्रिटेन एवं फ्रांस समेत चौदह अन्य यूरोपीय देशों ने मिलकर अपनी जरूरतों की सूची बना कर चार वर्षों तक अमेरिका से करोड़ों डालर की मदद ली जिससे उनका पुर्नरूद्धार हुआ।

1948 में 16 यूरोपीय देशों ने मिलकर एक आर्थिक परिषद बनाया जिसके द्वारा अमेरिकी मदद को इन देशों के बीच बाँटा जाने लगा। साथ ही ये देश व्यापारिक प्रतिबंधों और सीमा शुल्को को कम कर आर्थिक विकास करने लगे। इस परिषद को आरगनाइज़ेशन फार यूरोपियन इकोनामिक कोऑपरेशन (OEEC) कहा गया।

राजनैतिक एकता स्थापित करने की दिशा में पहला कदम काउंसिल ऑफ यूरोप की 1949 में स्थापना थी। इसके प्रारंभिक सदस्य ब्रिटेन, बेल्जियम, नीदरलैण्ड, लक्ज़मबर्ग, डेनमार्क, फ्रांस, आयरलैंड, इटली, नार्वे एवं स्वीडन थे। 1971 तक स्पेन एवं पुर्तगाल को छोड़ सभी पश्चिमी यूरोपीय देश इसके सदस्य हो गए थे। यह स्ट्रासबर्ग में स्थापित किया गया। प्रत्येक देश के विदेश मंत्री और विभिन्न देशों की संसद के चुने हुए प्रतिनिधि इसके सदस्य बने। यह बहस एवं चर्चाओं का मंच बन पाया क्योंकि यूरोप के देश अपने राजनैतिक संप्रभुता को ले कर बड़े दृढ़ी थे अतः यह एक शक्तिहीन संस्था बन कर रह गई।

नाटो अर्थात नार्थ अटलांटिक ट्रीटी आरगनाइज़ेशन एक सैनिक संगठन था जिसके माध्यम से यूरोप के गैर–साम्यवादी देशों को एक सैनिक संगठन में एकीकृत करने का प्रयास किया गया। इसकी स्थापना भी 1949 में की गई। अमेरिकी गोलार्द्ध के परे यह संयुक्त राज्य अमेरिका का पहला सैनिक संगठन था। द्वितीय विश्व युद्ध की भयंकर बमबारी के बाद पश्चिमी यूरोपीय देशों को अपने उद्योग धंधे खड़े करने के लिए शांति और सुरक्षा का माहौल चाहिए था। वे सोवियत आक्रमण या जर्मन बदले की लड़ाई की संभावना से भयभीत थे, उधर अमेरिका को भी लगता था कि एक संगठित, हथियार–सुसज्जित, मजबूत अर्थव्यवस्था वाला यूरोप ही साम्यवाद को फैलने से रोकने में कारगार होगा। मार्शल योजना के द्वारा पश्चिमी देशों का न सिर्फ आर्थिक पुर्नरूद्धार हुआ बल्कि उस कार्यक्रम ने यूरोप को यह सिखलाया कि आपसी सहयोग और संयुक्त राज्य अमेरिका का साथ, उनके

हितों की अच्छी रक्षा करते हैं। सोवियत संघ ने न केवल मार्शल योजना का लाभ लेने से मना किया बल्कि अपने उपग्रह, पूर्वी यूरोपीय देशों को भी इस लाभ को लेने से मना कर दिया। पूर्व और पश्चिम के बीच की खाई स्पष्ट हो गई।

1947–48 की घटनाओं ने अमेरिका को यूरोप में हो रही हलचलों पर ध्यान देने के लिए मजबूर कर दिया। यूनान का गृह–युद्ध और तुर्की में चुनी हुई सरकारों का साम्यवादियों द्वारा विरोध, अमेरिकी राष्ट्रपति, ट्रूमैन की चिंता का कारण बने। 'ट्रूमैन सिद्धांत' की घोषणा हुई और अमेरिका उन देशों को 'हर तरह' की मदद देने को राज़ी हुआ जिनके 'प्रजातंत्र' किसी खतरे में हों। 1948 में चेकोस्लोवाकिया की एक चुनी हुई सरकार को वहाँ के साम्यवादियों ने सोवियत मदद से हटा दिया। इटली में साम्यवादी बड़ी सख्या में चुनाव जीत गए। पूर्वी–जर्मनी को साम्यवादी बना कर सोवियत संघ ने बर्लिन शहर पर घेरा डाल दिया। यह एक ऐसा संकट था जब दोनों महाशक्तियों के बीच युद्ध छिड़ने के कगार पर पहुंच गया। अतः अमेरिका को लगा एक यूरोपीय–अमेरिकी संगठन की जरूरत है।

मार्च 1948 में ब्रिटेन, फ्रांस, बेल्जियम, हालैण्ड एवं लक्ज़मबर्ग ने ब्रसल्स संधि पर हस्ताक्षर किए जो सामूहिक सुरक्षा के सिद्धांत पर आधारित थी अर्थात अगर इनमें से किसी एक पर आक्रमण हो तो अन्य सभी की यह जिम्मेदारी बनती थी कि उस की सुरक्षा को आगे आएँ। उधर ट्रूमैन ने भी अमेरिकी कांग्रेस को मना लिया कि अपनी अलगाववादी नीति त्याग कर पश्चिमी देशों के साथ एक सैनिक संधि करे जो संयुक्त राष्ट्र संघ के घोषणापत्र के अनुरूप तो हो परन्तु उसकी सुरक्षा परिषद के दायरे से बाहर हो, जिसका सोवियत संघ एक स्थाई सदस्य था और अपने वीटो (विशेषाधिकार) के जरिए उसके कार्यों में अड़ंगा डालता रहता था।

बहुत सारी बातों पर सहमति के बावजूद कई मुद्दे बचते थे जैसे रक्षा खर्चों के लिए यूरोप के देश अमेरिका से ही आर्थिक सहयोग चाहते थे ब्रसल्स संधि के देश अमेरिका को भी इसमें शामिल कर इस संगठन को छोटा परन्तु प्रभावी रखना चाहते थे, जबकि अमेरिका, अटलांटिक के दोनों किनारों के देशों को इस संधि में शामिल करना चाहता था। आखिर अप्रैल 1949 को जब नाटो संधि पर हस्ताक्षर हुए तो इसके सदस्य थे – संयुक्त राज्य अमेरिका, कनाडा, बेल्जियम, डेनमार्क, फ्रांस, आइसलैण्ड, इटली, लक्ज़मबर्ग, हालैण्ड, नार्वे, पुर्तगाल एवं इंग्लैण्ड और यह भी सामूहिक सुरक्षा के सिद्धांत पर आधारित था परन्तु इस संधि की परिधि में इन देशों के उपनिवेशों पर हुए आक्रमण नहीं आते थे। अमेरिकी संसद ने तुरन्त ही 1.4 बीलियन अमेरिकी डालर दे कर पश्चिम यूरोपीय सुरक्षा संसाधनों का निर्माण करवाया। आगामी वर्षों में इसके सदस्य देशों की संख्या बढ़ती गई। 1950 के दशक में शीत–युद्ध के घने वातावरण में नाटो के यूरोपीय देश अमेरिकी "अणु–छतरी" के अंतर्गत ला दिए गए और घोषणा की गई कि ऐसा "व्यापक प्रतिरोध के सिद्धांत" के तहत किया गया है जिसका अर्थ है कि नाटो संधि के किसी भी सदस्य देश पर आक्रमण की स्थिति में अमेरिका परमाणु अस्त्रों का प्रयोग

कर देगा। ऐसा कर के अमेरिका ने सोचा कि इस धमकी से सोवियत संघ एवं उसके गुट के देशों में भय उत्पन्न होगा और वे युद्ध प्रारंभ करने की सोचेंगें ही नहीं। पर इससे परमाणु अस्त्रों के निर्माण की होड़ प्रारंभ हो गई।

यूरोपीय समुदाय (European Community) अथवा साझा बाजार (Common Market) की स्थापना

प्रारंभ में जिसे यूरोपीय आर्थिक समुदाय या साझा बाजार के नाम से जाना जाता था उसकी स्थापना 1957 की रोम की संधि के पश्चात विधिवत रूप से हुई थी जिसके छह सदस्य थे फ्रांस, पश्चिमी जर्मनी, इटली, नीदरलैण्ड, बेल्जियम एवं लक्ज़मबर्ग। परन्तु इस स्थापना के पहले यूरोप के विभिन्न देशों के बीच एकीकरण की कोशिशें प्रारंभ हो चुकी थीं।

यूरोपीय समुदाय के उद्‌भव के विभिन्न सोपान :

1. बेनेलक्स (Benelux – Belgium, Netherlands, Luxembourg)

जब द्वितीय विश्व युद्ध चल ही रहा था और नाज़ियों ने यूरोप के विभिन्न देशों पर कब्जा कर रखा था, तब लंदन में 1944 में बेल्जियम, नीदरलैण्ड एवं लक्ज़मबर्ग की निर्वासित सरकारें मिलीं और युद्ध के अंत के बाद की आर्थिक स्थिति की योजना बनाने लगीं। बेल्जियम के पाल–हेनरी स्पाक के विचारों पर सहमति बनी और ये देश इस बात पर राज़ी हुए कि वे 'बेनेलक्स कस्टम यूनियन' बनाएँगे ताकि इन देशों के बीच के सीमा शुल्क को कम कर निर्बाध व्यापार किया जाएगा। 1947 से इस सहमति पर कार्य होने लगा और तीनों देशों को इससे आर्थिक फायदा होने लगा।

2. हेग कांग्रेस

7–11 मई, 1948 में विभिन्न यूरोपीय देशों के 750 प्रतिनिधि नीदरलैण्ड के शहर हेग में एकत्रित हुए – कोनरॉड एडेनुअर, विंसटन चर्चिल, फ्रांक्वां मित्रां इत्यादि जिनमें राजनीतिज्ञों के अलावे दार्शनिक, पत्रकार, वकील, इतिहासकार इत्यादि भी थे। यह एक यूरोपीय आंदोलन को प्रारंभ करने की पुकार थी जहाँ यूरोप को राजनैतिक, आर्थिक और मौद्रिक रूप से एकसूत्र करने की औपचारिक शुरूआत की गई। स्पेन के नेता सल्वाडोर डी मदारिगा ने एक यूरोपीय विश्वविद्यालय की स्थापना का आह्वान किया ताकि यूरोप के प्रखर नौजवान एक साथ पढ़कर एक भातृत्व की भावना को विकसित कर पाएँ जो कि कुछ ही समय पहले एक दूसरे के साथ युद्ध में रत थे।

इस कांग्रेस ने यूरोप में एकीकरण के लिए जनमानस बनाने में सहयोग दिया, वहाँ एक यूरोपीय विधानसभा बनाने का प्रस्ताव आया जिसका स्वरूप यूरोपीय परिषद् के रूप में मूर्त हुआ (5 मई, 1949) जो बहुत प्रभावी न रहा।

3. यूरोपीय कोयला एवं इस्पात समुदाय **(The European Coal and Steel Community)**

फ्रांस के विदेशमंत्री राबर्ट श्यूमान एवं जीन मोने ने फ्रांस और जर्मनी की पुरातन दुश्मनी को समाप्त करने के लिए और दोनों देशों के बीच पड़ने वाले बहुमूल्य प्राकृतिक संसाधनों का बेहतर दोहन करने के लिए एक योजना बनाई जिससे आर्थिक एकीकरण तथा विकास हुआ। यूरोप के कोयला और लौह खनिज अपेक्षाकृत एक छोटे ही क्षेत्र में पाए जाते थे जिसको ले कर देशों के बीच ईर्ष्या की भावना थी। फ्रांस का लॉरेन क्षेत्र, जर्मनी का रूर और सार क्षेत्र, लक्ज़मबर्ग, नीदरलैण्ड एवं बेल्जियम के कुछ हिस्सों में ही ये उपलब्ध थे। प्रथम विश्व युद्ध के बाद फ्रांस ने सार घाटी पर कब्जा इसी कारण से जमा लिया था। अब श्यूमान ने छह देशों के बीच, संधि की – फ्रांस , पश्चिमी जर्मनी, इटली, लक्ज़मबर्ग, नीदरलैण्ड और बेल्जियम – जो कोयले और लौह इस्पात जैसे संसाधनों के प्रयोग के लिए आपस में सहमत हुए। इस्पात बनाने के नए तकनीक वाले उद्योगों की स्थापना की गई जिसके व्यापार के लिए बेहतर माहौल बनाया गया।

पहले तो इस पूरे विचार को कल्पना की उड़ान माना गया परन्तु 1951 में छह देशों ने ऐसी संधि पर दस्तखत कर इसके वास्तविक स्वरूप पर काम शुरू कर दिया। इसका एक अंग मंत्रि परिषद् था जो इस छह देशों के प्रतिनिधि मंत्रियों से मिलकर बनता था, दूसरा एक आमसभा थी जिसमें छह देशों के प्रतिनिधि भेजे जाते थे, इस संस्था का मुख्यालय फ्रांस–जर्मनी के बीच स्थित शहर स्ट्रासबर्ग में था। इसका तीसरा अंग न्यायालय था जिसे लक्जमबर्ग में स्थापित किया गया। इस समुदाय का प्रथम नेता जीन मोने नियुक्त किया गया। इस समुदाय के मुख्य निर्णयों को लेने के लिए "हाई ऑथरिटी" की भी स्थापना की गई। स्थापना के साथ ही 'कोल एवं स्टील समुदाय के कुछ उद्देश्य निर्धारित कर दिए गए जैसे लौह इस्पात उद्योग एवं व्यापार पर सभी प्रतिबंध समाप्त करना, दूसरे तेज आर्थिक विकास के जरिए सदस्य देशों की जनता का जीवन स्तर ऊँचा एवं बेहतर करना, तीसरे वे कदम उठाना जिनसे पूरे यूरोप का आर्थिक और राजनैतिक एकीकरण हो सके।

इन छह देशों की यह योजना इतनी सफल रही कि सभी संदेह करने वाले हमेशा के लिए चुप हो गए। इनके बीच साझा बाजार स्थापित हो जाने से इस्पात का उत्पादन एवं व्यापार तेजी से बढ़ा। इन देशों के लोगों को दक्ष बनाकर रोजगार दिया गया जिसका मेहनताना बहुत ही उच्च स्तर का था अतः इन देशों के लोगों का जीवन स्तर ऊँचा हो गया, शिक्षा, स्वास्थ्य, मनोरंजन अच्छी गुणवत्ता वाले भोजन, पेंशन आदि का फायदा ज्यादा से ज्यादा लोगों को मिलने लगा।

इस समुदाय के विभिन्न अंग जैसे मंत्रिपरिषद जो अपने देशों के इस्पात उद्योग मंत्री थे यहाँ भेजे जाते थे, आम सभा प्रतिनिधियों की सभा थी, इन दोनों में ही बहुमत के आधार पर निर्णय लिए जाते थे अतः एक ऐसी सफल संस्था का विकास

हो गया था जो अधिराष्ट्रीय (Supranational) था। 'हाई अथारिटी' भी साधारण बहुमत के आधार पर निर्णय लेते थे। देखते ही देखते ये छह सदस्य यूरोप के सबसे विकसित और मजबूत देश बन गए।

4. रोम की संधि और यूरोपीय आर्थिक समुदाय **(European Economic Community - EEC)**

यूरोपीय कोयला एवं इस्पात समुदाय, रोम की संधि कर एक बेहतर स्वरूप में यूरोपीय आर्थिक समुदाय बन गया जो 1958 से अस्तित्व में आया। बेल्जियम के विदेश मंत्री हेनरी स्पाक ने इसमें बड़ी भूमिका निभाई और रोम की संधि से इस बात की सहमति हुई कि छह सदस्य देश धीरे–धीरे सभी सीमा शुल्क और प्रतिबंध हटा लेंगें ताकि इन देशों के बीच औद्योगिक उत्पादन मुक्त प्रतियोगिता और साझा बाजार से प्रोत्साहित हो तेजी से बढ़ सके। गैर–सदस्य देशों पर जो तटकर लगेंगे उन्हें भी कम से कम रखा जाए ताकि व्यापार बढ़े। इस संधि द्वारा विश्व शांति एवं स्वतंत्रता, यूरोपीय एकीकरण, विश्व के पिछड़े देशों का विकास जैसी बातों के लिए प्रतिबद्धता भी दर्शाई गई।

कोयला और इस्पात समुदाय की ही तरह यूरोपीय आर्थिक समुदाय भी अत्यंत सफल हुआ और पाँच वर्षों के अंदर ही (1958–62) यह विश्व का सबसे प्रमुख इस्पात निर्यातक और कच्चे माल का प्रमुख आयातक बन गया। संयुक्त राज्य अमेरिका के बाद यह इस्पात का दूसरा सबसे बड़ा निर्माता बन गया।

यूरोपीय आर्थिक समुदाय का ढाँचा

- यूरोपियन कमीशन – समुदाय के दिन–प्रतिदिन के कार्यों के संपादन के लिए यूरोपियन कमीशन की स्थापना की गई थी जो ब्रसल्स शहर में स्थित थी। इसके सदस्य संबंधित देशों के सरकारी अधिकारी एवं दक्ष अर्थशास्त्री होते थे। ये सभी महत्वपूर्ण नीतियों का निर्धारण करते थे। इन्हें मजबूत शक्ति प्राप्त थी ताकि वे देशों की सरकारों की आलोचना या विरोधों का प्रभावी ढ़ंग से निपटारा कर सकें। इनके निर्णय को मंत्रिपरिषद् से पास करवाना पड़ता था।
- मंत्रिपरिषद् – सदस्य देशों के चुने हुए प्रतिनिधि, समुदाय के मंत्रिपरिषद् के सदस्य होते थे जिनका काम था कि वे अपने देशों के सरकारों की आर्थिक नीतियों और समुदाय की नीतियों में ताल–मेल बनाए रख सकें। परिषद् और कमीशन में मतभेद उभर जाते थे जिनका निपटारा बहसों के बाद होता।
- यूरोपीय संसद – कोयला और इस्पात समुदाय की आम सभा अब संसद कहलाने लगी और इसका स्थान स्ट्रासबर्ग ही रहा जिसमें अब सदस्य देशों के 198 चुने हुए सदस्य भेजे जाने लगे। इसका काम सभी मुद्दों पर चर्चा करना था पर उनका कमीशन अथवा परिषद् पर कोई नियंत्रण न था। 1979 से पहले इसके सदस्य छह देशों की संसदों के सदस्यों द्वारा चुने जाते थे पर 1979 के बाद इन्हें लोग सीधे चुनने लगे।

- यूरोपीय न्यायालय – इसका काम था रोम की संधि के पश्चात उठने वाले विवादों का निपटारा करना। अगर समुदाय के निर्णयों का सदस्य देशों की सरकारें उल्लंघन करती थीं तो लोग इस न्यायालय में अपील कर सकते थे।
- छह सदस्य देशों ने अपने आणविक ऊर्जा का विकास करने के लिए यूरोपीय आणविक ऊर्जा समुदाय (Eurotom) नामक संधि पर भी हस्ताक्षर किए और इस दिशा में अपनी क्षमताओं और संसाधनों का संयुक्त रूप से दोहन करने का निर्णय लिया।

1967 में यूरोपीय आर्थिक समुदाय, यूरोपीय कोयला एवं इस्पात समुदाय और यूरोपीय आणविक ऊर्जा समुदाय का विलय हो गया और 'आर्थिक' शब्द को हटा दिया गया और यह सिर्फ ''यूरोपीय समुदाय'' के नाम से जाना जाने लगा।

(EEC + ECSC + EURATOM = EC) 1967

अतः सीमा शुल्क हटाकर साझा बाजार की स्थापना ने यूरोपीय समुदाय को बहुत विकसित किया।

यूरोपीय समुदाय एवं ब्रिटेन के संबंध

दो विश्व युद्धों के दौरान आक्रामक जर्मनी ने जैसे यूरोप पर कहर ढ़ाया था, उससे फ्रांस जैसे देश उससे बड़ा घबराते थे और उसकी शक्ति को बढ़ने देने से रोकने का प्रयास करते थे। जीन मोने और राबर्ट श्यूमान की यूरोपीय समुदाय को स्थापित करने के पीछे भी यही मंशा थी कि परस्पर आर्थिक निर्भरता, युद्ध की स्थिति को बनने नहीं देगी और इसका फल अच्छा ही निकलेगा। ब्रिटेन के विंस्टन चर्चिल यूरोपीय देशों की एकता के बड़े हिमायती थे पर जब वास्तव में यूरोपीय समुदाय की स्थापना हुई तो वे और उनका देश पीछे हट गए। जब यूरोपीय कोयला और इस्पात समुदाय बना था तब भी क्लीमेंट एटली की लेबर सरकार ने उसमें शामिल होने से मना कर दिया और आगामी कंज़रवेटिव सरकार भी उससे दूर रही। 1957 की रोम की संधि जिससे यूरोपीय आर्थिक समुदाय अस्तित्व में आया, उस पर भी ब्रिटेन ने सहमति नहीं दी।

ब्रिटेन का समुदाय में शामिल न होने के कई कारण थे, उसके कई पुराने उपनिवेश थे जो अब कॉमनवेल्थ (राष्ट्रमंडल) के सूत्र में बंधकर उससे अभी भी जुड़े हुए थे जिनकी कुल आबादी 80 करोड़ थी जो ज्यादा बड़ा बाजार था जबकि समुदाय की कुल जनसंख्या 16 करोड़ 50 लाख ही थी, अतः समुदाय में शामिल होने से ब्रिटेन का अपने राष्ट्रमंडल देशों से संबंध प्रभावित होता।

ब्रिटेन का अमेरिका से विशेष निकट का संबंध था जो यूरोप की राजनीतिक हलचलों से दूर रहने की नीति का हिमायती था अतः ब्रिटेन समुदाय में घुसकर अमेरिका से दूरी बनाना नहीं चाहता था।

ब्रिटेन के ज्यादातर नेता और जनता अपने देश की संप्रभुता को ले कर बड़े संजीदा थे, वे नहीं चाहते थे कि अपने आर्थिक हितों का निर्णय वे किसी संस्था के हाथ में छोड़े, न ही वे यह चाहते थे कि यूरोप के देशों का राजनैतिक एकीकरण हो, वे अपने देश के मुद्दों पर निर्णय लेने का अधिकार अपने ही हाथों में रखना चाहते थे जबकि समुदाय के छह देशों को यह अधिकार कुछ हद तक स्थानांतरण करने में परेशानी नहीं थी।

यूरोपीय कोयला एवं इस्पात समुदाय ने तेजी से आर्थिक प्रगति की और रोम की संधि के पश्चात यूरोपीय आर्थिक समुदाय के रूप में जाना जाने लगा। अतः 1959 में ब्रिटेन ने अपने नेतृत्व में एक प्रतिद्वंदी गुट बनाया जिसे यूरोपीय मुक्त व्यापार संगठन (European Free Trade Association – EFTA) कहा गया जिसमें ब्रिटेन, डेनमार्क, नार्वे, स्वीडन, स्विटज़रलैण्ड, आस्ट्रिया एवं पुतर्गाल ने आपस में सीमा शुल्क धीरे–धीरे घटाने का निर्णय लिया। इसमें देशों का आर्थिक नीति संबंधी अधिकार छिन जाने का डर नहीं था न ही यूरोपियन कमीशन जैसी कोई संस्था थी, जो उनके आंतरिक मामलों में दखल देती।

परन्तु 1961 आते–आते ब्रिटेन का विचार बदलने लगा। तत्कालीन कंजरवेटिव प्रधानमंत्री ने घोषणा की कि ब्रिटेन यूरोपीय आर्थिक समुदाय में शामिल होने को तैयार है। ऐसा परिवर्तन होने के पीछे कई कारण थे –

- 1961 तक यह स्पष्ट हो चुका था कि समुदाय बेहद सफल रहा था बिना ब्रिटेन के शामिल हुए भी,
- 1950 के दशक में फ्रांसीसी उत्पादन 75 प्रतिशत तब बढ़ गया और जर्मन उत्पादन 90 प्रतिशत जबकि ब्रिटेन का उत्पादन 30 प्रतिशत ही बढ़ पाया था।
- 1960 में ब्रिटेन का व्यापार संतुलन घाटे में गया, उसे 270 मिलियन पौण्ड का व्यापार घाटा हुआ जिससे उसके सोना और मुद्रा भण्डार में कमी आ गई। उसकी अर्थव्यवस्था में ठहराव आ गया था।
- हालांकि यूरोपीय मुक्त व्यापार संगठन से ब्रिटेन को फायदा हुआ था पर यूरोपीय आर्थिक समुदाय के देशों जैसा नहीं।
- ब्रिटेन के राष्ट्रमंडल देशों का बाजार विशाल तो था पर उसमें क्रयशक्ति यूरोपीय समुदाय के देशों जैसी बिलकुल नहीं थी तो उससे विशेष लाभ न था।
- ब्रिटेन को समुदाय से उम्मीद थी कि राष्ट्रमंडल देशों के साथ विशेष व्यवस्था कर दी जाएगी और मुक्त व्यापार देशों को भी सदस्य बना लिया जाएगा।
- ब्रिटेन के प्रधानमंत्री हैरॉल्ड मैकमिलन ने यह भी सोचा कि समुदाय में शामिल होने से ब्रिटिश उद्योग को झटका लगेगा, वह और कार्यकुशल तथा प्रतियोगी बन जाएगा। वे यह भी सोचने लगे कि ब्रिटेन को समुदाय का नेतृत्व ले कर सोवियत संघ के विरूद्ध एक सुदृढ़ ढाँचा बनाने में मदद मिलेगी।

ब्रिटेन की तरफ से एडवर्ड हीथ को बातचीत करने के लिए भेजा गया जो यूरोपीय एकता का समर्थक माना जाता था परन्तु 1963 में बातचीत तोड़कर फ्रांसीसी राष्ट्रपति डी गॉल ने ब्रिटेन को सम्मिलित करने से मना कर दिया।

डी गॉल ने अपने इंकार के पीछे कई कारण दिए। उनके अनुसार ब्रिटेन के आर्थिक संकट कई तरह के थे जो यूरोपीय आर्थिक समुदाय को मुसीबत में डाल देंगें। उन्होंने राष्ट्रमण्डल देशों के लिए किसी किस्म की विशेष व्यवस्था को विरोध किया क्योंकि उससे समुदाय के संसाधन अपार रूप में खर्च हो जाते। परन्तु फ्रांस के अपने अफ्रीकी पुराने उपनिवेशों के लिए समुदाय ने आर्थिक एवं तकनीकी मदद की विशेष व्यवस्था की। ब्रिटेन के नेताओं का मानना था कि डी गॉल का विरोध सिर्फ समुदाय पर अपना वर्चस्व बनाए रखने के लिए था क्योंकि ब्रिटेन जैसे बड़े देश का समुदाय में दाखिला, फ्रांस के लिए चुनौती बन जाता। डी गॉल ब्रिटेन के अमेरिका के साथ "विशेष संबंध" के भी आलोचक थे। उन्हें लगता था कि ब्रिटेन के समुदाय में शामिल होते ही अमेरिका का यूरोपीय मामलों में अनावश्यक दखल हो जाएगा जिससे एक "विशालकाय अटलांटिक दल अस्तित्व में आ जाएगा जो अमेरिका पर निर्भर और उसके द्वारा नियंत्रित होगा" जो फ्रांस को मंजूर न था। डी गॉल को अमेरिका द्वारा ब्रिटेन को आधुनिक प्रक्षेपास्त्र देने को लेकर भी नाराजगी थी जो फ्रांस को नहीं दी गई थी जिसके कारण फ्रांस ने 1966 में नाटो की सदस्यता छोड़ दी। एक बड़ी पेंचीदा समस्या कृषि के क्षेत्र में थी। यूरोपीय आर्थिक समुदाय कृषि उत्पादों पर ऊँचा व्यापार शुल्क लगाता था अतः उनके अपने किसानों के उत्पाद ऊँची कीमत पर भी बिकते थे परन्तु ब्रिटेन का कृषि क्षेत्र ज्यादा कार्यकुशल और सरकार भी सब्सिडी देती थी जिससे कृषि उत्पाद के दाम कम थे, अगर ब्रिटेन का प्रवेश समुदाय में हो जाता तो यहाँ के विशेषकर फ्रांस के किसानों को ब्रिटिश कीमतों से प्रतिस्पर्धा करनी पड़ती और फिर राष्ट्रमंडल की और भी कम कीमतों से, जो फ्रांस को सही नहीं लगा। बिना ब्रिटेन के शामिल हुए यूरोपीय आर्थिक समुदाय निरंतर उन्नति कर ही रहा था। समुदाय का व्यापार संतुलन भी फायदे में था, उसका निर्यात उसके आयात से कहीं ज्यादा था। जबकि ब्रिटेन निरंतर व्यापार असंतुलन से जूझ रहा था। हैरोल्ड की लेबर सरकार को अंतर्राष्ट्रीय मुद्रा कोष से 1964 में भारी ऋण लेना पड़ा और सोना खोना पड़ा इससे उन्हें पक्का भरोसा हो गया कि ब्रिटेन का आर्थिक समुदाय में शामिल होना जरूरी है परन्तु 1967 में डी गॉल ने ब्रिटिश अर्जी को एक बार फिर खारिज कर दिया और समुदाय में सदस्यता देने से इंकार कर दिया।

फ्रांस के राष्ट्रपति डी गॉल ने 1969 में त्यागपत्र दे दिया जिसके बाद यूरोपीय आर्थिक समुदाय में ब्रिटेन का रास्ता खुल गया। आयरलैण्ड और डेनमार्क के साथ ब्रिटेन 1973 में समुदाय का सदस्य बन गया जिससे इसके सदस्यों की संख्या छह से बढ़कर नौ हो गई। ब्रिटेन की जनता तब तक भी इस मुद्दे पर एकमत नहीं थी, जब 1975 में एक जनमत कराया गया तो सिर्फ दो–तिहाई जनसंख्या वोट डालने आई और 67 प्रतिशत लोगों का पक्ष में मत पड़ा अर्थात सब मत डालते तो

लगभग आधे इसके विरोधी होते शायद इसी वजह से यूरोपीय संघ बनने के बाद भी ब्रिटेन में जनमत इससे अलग होने का ही रहा।

1973 से 1990 के बीच यूरोपीय समुदाय

यूरोपीय समुदाय की आशातीत आर्थिक सफलता ने आलोचना का भी मुख खोल दिया। समुदाय को स्वकेन्द्रित एवं स्वार्थी कहा जाने लगा जो अपनी संपदा का छोटा हिस्सा भी गरीब देशों की मदद में खर्च करना नहीं चाहता अतः 1975 में पश्चिमी अफ्रीका स्थित देश टोगो की राजधानी लोम में एक सम्मेलन हुआ जहाँ यह सहमति बनी कि अफ्रीका एवं करीबियाई क्षेत्र के चालीस देशों के उत्पाद यूरोपीय समुदाय में बिना शुल्क लाए जा सकेंगें। उन्हें आर्थिक मदद देने का वादा भी किया गया। तीसरे विश्व के देशों को भी मदद देने की सूची में जोड़ा गया।

1979 से यूरोपीय संसद के लिए प्रत्यक्ष चुनाव करवाए जाने लगे। ब्रिटेन, फ्रांस, इटली एवं पश्चिमी जर्मनी से 81 सदस्यों (चारों से 81–81) नीदरलैण्ड से 25 बेल्जियम से 24, डेनमार्क से 16, आयर से 15 एवं लक्ज़मबर्ग से 6 सदस्य जनता द्वारा यूरोपीय संसद से चुने जाने लगे। कुल सदस्य हुए 410 जहाँ ब्रिटेन की जनता इन्हें चुनने में कम रूचि दिखाती थी वहीं यूरोप के देशों की जनता इन्हें चुनने को ले कर उत्साहित रहती। हर पाँच वर्ष बाद चुनाव होते। 1981 में ग्रीस भी समुदाय का सदस्य बन गया वहाँ से 24 सदस्यों को भेजे जाने की सहमति बनी।

1979 में ही यूरोप की विभिन्न मुद्राओं के विनिमय की व्यवस्था की स्थापना हुई। ब्रिटेन ने अपने पाउण्ड स्टरलिंग को इससे अलग रखा।

यूरोपीय समुदाय के सदस्य देशों की संख्या बढ़ने लगी – 1981 में ग्रीस, 1986 में पुर्तगाल एवं स्पेन जब इसके सदस्य बन गए तो इसके कुल सदस्यों की संख्या बारह हो गई। परन्तु ये यूरोप के कम समृद्ध देशों में थे जिनकी अर्थव्यवस्था में समस्याएँ थी। वे समुदाय पर दबाव डालने लगे कि कमजोर आर्थिक स्थिति वाले देशों के विकास के लिए अधिक कदम उठाए जाएँ। ब्रिटेन को भी समुदाय से जुड़कर कोई विशेष फायदा न हुआ, उसका समुदाय को निर्यात तो बढ़ा पर आयात और ज्यादा बढ़ा अतः व्यापार संतुलन में घाटा बना रहा। समुदाय में ब्रिटेन की देनदारी भी अधिक तय की गई थी जिससे ब्रिटेन पर आर्थिक बोझ बढ़ा।

1986 में बारह सदस्य देशों ने आपस में मिलकर काम करते हुए कई ऐसे निर्णय लिए जिससे कि यूरोपीय समुदाय में सकारात्मक सुधार हो सके। इनमें पहला निर्णय था 1992 तक एक पूर्णतया मुक्त एवं प्रतिबंध रहित साझा बाजार की स्थापना करना जिससे इन बारह देशों के सामान एवं व्यापार बिना रोकटोक किए आवागमन कर सकें। स्वास्थ्य, सुरक्षा, पर्यावरण रक्षा और उपभोक्ता सुरक्षा पर यूरोपीय समुदाय का अधिक नियंत्रण हो। वैज्ञानिक शोध व तकनीक विकास को और प्रोत्साहन दिया जाए। पिछड़े क्षेत्रों को और मदद दी जाए। मंत्रिपरिषद में

बहुमत द्वारा निर्णय लेने की शुरूआत की जाए ताकि एक देश किसी निर्णय को रोक लेने में सक्षम न रहे कि वह उसके राष्ट्रीय हित के खिलाफ है। यूरोपीय संसद को और अधिकार मिले ताकि बिना विलंब के मुद्दे पास हो सके। इससे सदस्य देशों को अपने आंतरिक मामले में स्वतंत्रता में थोड़ी कटौती करनी पड़ी। इससे ब्रिटेन और डेनमार्क जैसे देश चिंतित हो उठे। ब्रिटेन की प्रधानमंत्री मार्गरेट थैचर ने कहा "एक केन्द्रीयकृत संघीय यूरोप की कल्पना बुरे सपने के समान है"।

1986 में ही यूरोपीय समुदाय ने अपना झण्डा जारी किया। पश्चिमी यूरोप को दर्शाने के लिए झण्डे का रंग नीला रखा गया जिस पर गोलाकार में बारह सुनहरे तारे जो सदस्य देशों को दर्शाते थे, रखे गए थे। गोलाकार स्थिति एकता एवं संपूर्णता की प्रतीक थी। 9 मई को यूरोप दिवस अथवा झण्डा दिवस मनाने की परंपरा शुरू की गई (1950 के श्यूमान घोषणा के दिन की याद में)। बीथोवन की नवीं सिंफनी के 'ओड टू जॉए' (Ode to Joy) धुन को समुदाय के गान के रूप में अपना लिया गया जो औपचारिक अवसरों पर बजाई जाती है।

यूरोपीय समुदाय मुक्त व्यापार का समर्थक था परन्तु उसके व्यापारिक प्रतिद्वन्दी कई तौर–तरीकों को अपनाकर आगे निकल जाने की कोशिश में लगे थे। समुदाय का ज्यादा व्यापार अमेरिका एवं जापान से होता था। 1987 में यूरोपीय समुदाय ने जापान को "डपिंग" का दोषी पाया अर्थात जापानी वस्तुओं का दाम कम कर समुदाय के देशों में बेचना, ऐसा बाजार पर अधिकार करने के लिए किया जाता है ; तत् पश्चात उस पर कई नियम लगाए गए। दूसरी तरफ अपने सदस्य देशों के बीच एकीकरण को और गहरा एवं प्रभावी बनाने का प्रयास शुरू किया जो मॉस्ट्रिच संधि के रूप में सामने आया।

मास्ट्रिच संधि 1991–1993

दिसम्बर 1991 में यूरोपीय समुदाय के बारह देशों के प्रतिनिधि डच शहर मास्ट्रिच में इक्ठ्ठा हुए और चर्चा प्रारंभ की कि कैसे एक मुद्रा वाला आर्थिक और मौद्रिक यूरोपीय संघ बनाया जाए और एक साझा केन्द्रीय बैंक स्थापित किया जाए। सदस्य देशों को बिना वीज़ा लिए एक दूसरे के देश में जाने की स्वतंत्रता मिले और उन्हें यूरोपीय नागरिक की तौर पर एक समान सामाजिक, श्रम, पर्यावरण, स्वास्थ्य इत्यादि के एकरूप अधिकार मिले।

मास्ट्रिच संधि ने समुदाय को यूरोपीय संघ (European Union)के नाम से स्थापित किया और इसमें तीन स्तंभ रूपी संस्थाएँ निर्मित की – पहली जो देशों की "संप्रभुता के जुड़ाव" पर आधारित थी अर्थात जिसके लिए ये सदस्य देश अपने राष्ट्रों की संप्रभुता का कुछ भाग यूरोपीय समुदाय को सौंप देते थे जिससे आर्थिक नियम–कानून, साझा बाजार, सीमा शुल्क को कम करना जैसे राष्ट्रीय मुद्दे यूरोपीय समुदाय के हवाले करने पर राज़ी हो जाना आता था। दूसरा स्तंभ विदेशी एवं सुरक्षा नीति से संबंधित संस्था थी और तीसरा स्तंभ न्याय एवं गृह मामलों

संबंधित संस्था थी। दूसरी और तीसरी संस्था सभी सदस्य देशों की राष्ट्रीय सरकारों के सहयोग और दिशा–निर्देशों में कार्य कर सकती थी परन्तु पहला स्तंभ सदस्य देशों की सरकारों के नियंत्रण से मुक्त था।

मास्ट्रिच संधि को सभी बारह देशों को स्वीकार करना था, जो या तो उनकी संसद करती या जनमत संग्रह द्वारा जनता। नौ देशों में तो इसे सहमति मिली परन्तु डेनमार्क, आयरलैण्ड और फ्रांस में जनमत संग्रह पहली बार असफल हुए परन्तु कुछ छोटे बदलाव के बाद वे भी सहमत हो गए। इन देशों की जनता को लगता था कि यूरोपीय समुदाय में उनकी देशों की संप्रभुता ज्यादा ही कम होती जा रही है। अतः नवम्बर 1993 से यह संधि प्रभावी हुई और तब से ही इसे यूरोपियन यूनियन (European Union) के नाम से जाना जाने लगा।

नई मुद्रा, जिसका नाम 'यूरो' रखा गया, उसको अपनाने में भी सदस्य देशों को कई तरह से संदेह थे। 1 जनवरी 2002 से यह मुद्रा अस्तित्व में आ गई जिसके नोट पर खुले दरवाजों, खिड़कियों अथवा पुलों का चित्र था जो इयू (EU) के ध्येय एकीकृत यूरोप को दर्शाते थे। डेनमार्क और ब्रिटेन ने इसे स्वीकार नहीं किया।

हालांकि यूरोपियन यूनियन की कई बातें विवादास्पद थी फिर भी यूरोप के देश इसकी सदस्यता लेने को उत्सुक थे। आस्ट्रिया, फिनलैण्ड एवं स्वीडन 1995 में इसके सदस्य बन गए जो समृद्ध देश थे अतः इसकी अर्थव्यवस्था में और इजाफा हुआ। यूरोपीय संघ में शामिल होने के कुछ मापदण्ड थे जिन्हें कोपेनहेगन मापदण्ड कहा गया था जिसके अनुसार यूरोप का कोई भी देश संघ का सदस्य बन सकता था जो कि स्थिर प्रजातंत्र हो, जहाँ मानव अधिकारों का सम्मान हो और कानून के शासन का सिद्धांत प्रचलित हो, जिसकी अर्थव्यवस्था "बाजार अर्थव्यवस्था" के अनुरूप हो और जो यूरोपीय संघ के कानूनों का पालन करने के लिए प्रतिबद्ध हो। इनके अलावा मास्ट्रिच संधि ने आर्थिक मापदण्ड भी तय किए जो यूरोपीय संघ के एकल बाजार, एकीकृत मुद्रा और समान तटकर शुल्क वाली व्यवस्था में शामिल होने के लिए आवश्यक थे। ये थे – शामिल होने के इच्छुक देश की मुद्रास्फीति दर तीन अन्य सदस्य देश, जिनकी अर्थव्यवस्था अच्छी हो की मुद्रास्फीति दर से 1.5 प्रतिशित से अधिक न हो ; इच्छुक देश का वार्षिक सरकारी घाटा, सकल घरेलू उत्पाद का 3 प्रतिशत से अधिक न हो ; इच्छुक देश यूरोपीय मुद्रा व्यवस्था (European Monetary System) में दो वर्ष से शामिल हो चुका हो और अपनी मुद्रा का अवमूल्यन न किया हो ; इच्छुक देश का दीर्घ अवधि ऋण दर 2 प्रतिशत से ज्यादा न हो, (तीन अन्य अच्छी अर्थव्यवस्था वाले सदस्य देशों के ऋण दर से)।

इन सभी मापदण्डों का उद्देश्य यह था कि नए सदस्यों के शामिल होने से भी यूरोक्षेत्र में स्थिर कीमतें बनी रहें।

अतः जर्मनी के हेलमुट कोल (Helmut Kohl) और फ्रांस के फ्रांक्वा मितरां (Francois Mitterrand) के नेतृत्व में मास्ट्रिच संधि के जरिए यूरोपीय समुदाय को एक नई दिशा और दशा मिली।

नए सदस्य

सोवियत संघ के विघटन से पहले ही समाजवादी खेमे के पूर्वी यूरोपीय देश यूरोपीय संघ में शामिल होने के लिए बेचैन थे। उन्हें अपनी कमतर आर्थिक स्थिति को सुधारने के लिए संघ में शामिल हो जाना एक बढ़िया रास्ता लग रहा था। दूसरे तरफ संघ के सदस्य देशों में यह चर्चा होने लगी कि इन देशों की कमजोर अर्थव्यवस्था उनके संघ में शामिल होते ही संघ को नीचे की ओर खींचेगी और सभी पर इसका असर होगा। परन्तु विभिन्न मापदण्डों को पूरा करने के बाद 2004 के मई महीने में दस नए सदस्य शामिल किए गए – पोलैण्ड, चेक गणराज्य, स्लोवाकिया, लिथुआनिया, लैटविया, इस्टोनिया, स्लोवेनिया, हंगरी, माल्टा और साइप्रस का ग्रीक भाग। अब संघ के सदस्यों की संख्या 25 हो गई। नए शामिल होने वाले देश अपेक्षाकृत गरीब थे तो यूरोपीय संघ की प्रति व्यक्ति आय, कुछ वर्षों के लिए पहले से कम हो गई। नए शामिल हुए देशों ने संघ में सामाजिक प्रजातंत्र की मांग उठाई। नए सदस्यों के आगमन से और संघ के कार्यकलापों में सुधार की जरूरतों के चलते यूरोपीय संघ ने एक संविधान तैयार करने की सोची।

सदस्यता पाना इतना आसान भी नहीं था, 1987 में जब मोरक्को ने सदस्यता के लिए आवेदन दिया था तब यूरोपीय समुदाय ने उसे गैर–यूरोपीय देश बताकर उसकी अर्जी खारिज़ कर दी थी। तुर्की के आवेदन पर भी लंबे समय से फैसला नहीं हुआ है क्योंकि उसका ज्यादा भौगोलिक हिस्सा एशिया माइनर में है और उसकी जनता मुसलमान है। 2007 में बल्गारिया और रोमानिया को यूरोपीय संघ में शामिल किया गया।[1] सदस्य देश ''समुदायिक संप्रभुता सिद्धांत'' के आधार पर संघ के सदस्य हैं अर्थात ये देश संप्रभु और स्वतंत्र देश तो हैं परन्तु इन्होंने स्वेच्छा से अपनी कुछ संप्रभु शक्तियाँ संघ को समर्पित कर दी है और संघ के कानून को अपने देशों में चलने देते हैं। अगर सदस्य देश संघ के कानूनों की अवमानना करें तो उन पर दण्ड लगाया जा सकता है और उनके हिस्से का अनुदान बंद किया जा सकता है। लिस्बन की संधि के पश्चात् सदस्य देशों को संघ की सदस्यता त्याग देने का अधिकार मिल गया। संघ सीमा शुल्क, तटकर, मुक्त व्यापार, बाजार के क्रियाकलाप, मौद्रिक नीति इत्यादि के बारे में कानून बनाने का अधिकार रखता है जबकि सदस्य देशों की सुरक्षा, घरेलू कानून व्यवस्था, कई तरह के सामाजिक क्षेत्र इत्यादि पर सदस्य देशों की संसद को कानून बनाने का अधिकार है। कुछ विषय पर दोनों को कानून बनाने का अधिकार है परन्तु अलग संघ उन पर कानून बनाए तो वे ही प्रभावी होते हैं। कई सदस्य देश किन्ही–किन्ही मुद्दों पर स्वयं को अलग रखने का अधिकार ले लेते हैं जैसे डेनमार्क एवं ब्रिटेन जैसे कुछ देशों ने यूरो मुद्रा को नहीं अपनाया है, आयरलैण्ड एवं ब्रिटेन 'शेनजेन सहमति' के बाहर हैं अर्थात संघ के बाकी सदस्य आपस में बिना पासपोर्ट निगरानी के एक दूसरे देश में आ जा सकते हैं।

लिस्बन की संधि (दिसम्बर 2007–2009)

यूरोपियन यूनियन की संस्थाओं (अंगो) में सुधार की जरूरत 2001 से ही महसूस की जाने लगी थी। हालांकि 1997 की एमस्टरडम संधि और 2001 की नीस संधि ने कुछ संशोधन किए थे पर यह निर्णय लिया गया कि यूरोपीय संघ के लिए एक संविधान तैयार किया जाए जो तमाम संधियों को समाप्त कर एक सुसंगठित दस्तावेज के तौर पर तैयार हो जाए। सभी सदस्य देशों से मश्वरा कर संविधान तैयार भी कर लिया गया पर फ्रांस एवं नीदरलैण्ड की जनता ने जनमत संग्रह के द्वारा इस संविधान को खारिज कर दिया अतः जिन सुधारों की जरूरत थी उन्हें ले कर लिस्बन की संधि को तैयार किया गया। इसीलिए इसे प्रारंभ में सुधार संधि (Reform Treaty) भी कहा जाता था।

अतः यह एक अंतर्राष्ट्रीय समझौता था जो पूर्व की दो संधियों, जो यूरोपीय संघ के प्रस्तावित संविधान का आधार थीं, पर संशोधन और सुधार लाने के लिए तैयार किया गया था। 1993 की मास्ट्रिज संधि और पूर्व की 1957 की रोम संधि में सुधार लाने वाली इस लिस्बन की संधि पर यूरोपीय संघ की सदस्यों ने 13 दिसम्बर 2007 पर दस्तखत किए, फिर सभी देशों की संसद में स्वीकृत होने के बाद यह 1 दिसम्बर, 2009 को लागू कर दी गई।

इस संधि के अनुसार, मंत्री परिषद में किसी प्रस्ताव को पास होने के लिए पहले जो सर्वसम्मति की आवश्यकता थी, उसे समाप्त कर बहुसंख्य मतदान (Mojority Voting) का प्रावधान कर दिया गया। लिस्बन की संधि का दूसरा महत्वपूर्ण सुधार यूरोपीय संसद को अधिक शक्तियाँ दे कर शक्तिशाली बनाना था। इस संधि के बाद यूरोपीय संघ एक कानूनी इकाई बन गया जो अन्य देशों से संधि कर सकता था या रद्द कर सकता था। इसमें यूरोपीय परिषद् के राष्ट्रपति के कार्यकाल को बढ़ाकर इस पद को महत्वपूर्ण बनाया गया। इसमें विदेशी मामलों एवं सुरक्षा नीति के लिए एक ''हाई रिप्रेज़ेन्टेटिव'' के पद का सृजन किया गया। इसमें संघ के अधिकारों के प्रस्ताव और मौलिक अधिकारों की घोषणा को कानूनी रूप से मान्य बनाया गया। मास्ट्रिच संधि में जो तीन स्तंभों का आधार बनाया गया था उसे समाप्त कर एकीकृत ढाँचा बनाया गया। इस संधि ने पहली बार सदस्य देशों को स्पष्ट रूप से यूरोपीय संघ की सदस्यता छोड़ने का कानूनी अधिकार दिया और अगर वे चाहें तो फिर शामिल हो सकें उसका भी अधिकार दिया। इन चीजों के लिए जो विधि अपनाई जाएगी उसकी भी व्याख्या इस संधि में की गई।

इस संधि के आलोचकों ने कहा कि इस संधि को मानने से सदस्य देशों के राष्ट्रीय संसदों के अधिकार कम जो जाएँगे वहीं एक अधिक केन्द्रीयकृत यूरोपीय संघ अस्तित्व में आ जाएगा। परन्तु संधि के पक्षधरों ने इसकी तारीफ करते हुए कहा कि इस संधि में नियंत्रण एवं संतुलन (Check and Balance) की व्यवस्था की गई है, यूरोपीय संसद को अधिक शक्तिशाली बनाया गया है और राष्ट्रीय संसदों के लिए नई भूमिका प्रदान की गई है।

यूरोपीय संघ की संस्थाएँ

यूरोपीय संघ की ज्यादातर संस्थाएँ 1958 के समय की यूरोपीय समुदाय की स्थापना के समय से ही हैं। समय–समय पर उनमें बदलाव किए जाते रहे, उनकी शक्तियों को पुनः परिभाषित किया जाता रहा। यूरोपीय संघ पर संधि (Treaty on European Union) के पहले अनुच्छेद ने संघ की सात संस्थाओं को इस क्रमांक में रखा – यूरोपीय संसद, यूरोपीय परिषद्, यूरोपीय संघ का परिषद्, यूरोपियन कमीशन, यूरोपीय संघ का न्यायालय, यूरोपीय केन्द्रीय बैंक एवं यूरोपियन कोर्ट ऑफ ऑडिटर्स।

यह सर्वविदित है कि यूरोपीय संघ की सबसे पहली शुरूआत 1951 की छह देशों की यूरोपीय कोयला एवं इस्पात समुदाय (European Coal and Steel Community) से हुई। इस समुदाय की स्थापना का उद्देश्य था कि कोयला एवं इस्पात जो युद्ध की आवश्यक सामग्री हैं, को एक अधिराष्ट्रीय शासन के नियंत्रण (Supranational Authority's Control) में रख दिया जाए जिससे शांति और आर्थिक विकास को प्रोत्साहन मिले। यही पहली संस्था थी जिसका मूल एक स्वतंत्र कार्यपालिका थी जिसे ''हाई अथॉरिटी'' कहा जाता था। यह हाई अथारिटी समुदाय के लिए कानून बनाती, जिसकी रक्षा के लिए एक न्याय का कोर्ट बनाया गया।

साथ ही "हाई अथारिटी" की शक्तियों को संतुलित करने के लिए फ्रांसीसी जीन मोने के विचारों पर आधारित एक आम सभा या ''साझा असेम्बली'' बनाई गई जिसमें सदस्य देशों के 78 संसद सदस्य, अपनी संसदों द्वारा चुनकर भेजे जाते थे। तीसरी संस्था ''मंत्री परिषद्'' थी जिन्हें सदस्य देशों की संसद नामित कर भेजती थीं।

1957 की रोम की संधि के बाद यूरोपीय कोयला एवं इस्पात समुदाय के अलावा एक यूरोपीय आर्थिक समुदाय (साझा बाजार) और अणु ऊर्जा समुदाय (Eurotom) भी बनाए गए। ये न्यायालय एवं साझा असेम्बली के सहारे कार्य–व्यापार करते। 1967 में विलय संधि (Merger Treaty) से इन तीनों को मिला दिया गया। इसी समय यह निर्णय लिया गया कि साझा असेम्बली के सदस्य अपने–अपने देशों की जनता द्वारा प्रत्यक्ष चुनकर आएँगे, उनकी संसद उन्हें चुनकर नहीं भेजेगी। पर यह निर्णय 1979 में ही कार्यान्वित हो पाया। उसके बाद से साझा असेम्बली जो पहले संसदीय असेम्बली फिर यूरोपीय संसद के नाम से जाने जाने लगी थी कि शक्तियों मे वृद्धि होती चली गई। मास्ट्रिच और लिस्बन की संधियों के बाद यह यूरोपीय संघ की प्रथम संस्था बन गई।

यूरोपीय संसद (European Parliament)

यूरोपीय संघ की यह प्रथम संस्था सदस्य देशों की जनता के चुने हुए प्रतिनिधियों की सभा है। 1979 से प्रत्यक्ष चुनाव की प्रक्रिया शुरू की गई, परन्तु इनके चुनाव

के लिए लोग बहुत ज्यादा उत्सुक नहीं रहते। औसतन पचास प्रतिशत से कम लोग ही इस मतदान में भाग लेते हैं। प्रत्येक देश के लिए प्रतिनिधियों का कोटा अलग है और कुल मिलाकर 751 प्रतिनिधि चुने जाते हैं। उदाहरण के लिए जर्मनी की 96 सीटें है जबकि माल्टा की 6 सीटें। प्रतिनिधियों का कार्यकाल पाँच वर्षों का होता है। इस संसद में सात राजनैतिक पार्टियों का बोलबाला है परन्तु दो यूरोपियन पीपल्स पार्टी जो मध्यमार्गी है एवं सोशलिस्ट एवं डेमोक्रेट पार्टी जो वाम झुकाव वाली है – के सदस्यों की संख्या ज्यादा है। अगर सात सदस्य देशों में 25 मेंबर ऑफ यूरोपियन पार्लियामेंट कोई नई पार्टी बना लें तो उसे मान्यता मिल जाती है। परन्तु यह ध्यान दिया जाता है कि कोई पार्टी धुर दक्षिण पंथी और रैडिकल न हो। पार्टियों का यह मतलब नहीं कि वे सरकार बनाते हैं बल्कि यह विचारधारा को स्पष्ट करने और चुनाव लड़ने के लिए उपयोगी है। संसद में सदस्य अर्धचन्द्राकार रूप में बैठते हैं। गोल का खाली भाग ऊँचा होता है जिस पर सभापति एवं उनके कर्मचारी बैठते हैं। सभापति संसद के स्पीकर भी होते हैं और सत्र के समय सदन के अध्यक्ष भी, उनके दस्तखत के बाद ही साधारण बिल या बजट बिल पास होते हैं। वह अढ़ाई साल के लिए, संसद के अन्य सदस्यों द्वारा चुने जाते हैं। वह एक बार फिर चुने जा सकते हैं वरना एक नए सभापति का चुनाव होता है। उनके नीचे 14 उप सभापति होते हैं।

यूरोपीय संसद, 'यूरोपीय संघ का परिषद्' के साथ मिलकर यूरोपीय संघ के विधायिका (दो सदनों वाली विधायिका) का काम करती है परन्तु यह किसी बिल का प्रस्ताव स्वयं प्रारंभ नहीं कर सकती। यूरोपियन कमीशन ही किसी बिल (विधेयक) को लाने का आग्रह यूरोपीय संसद से कर सकता है। यूरोपीय सदस्य देशों के बीच साझा व्यापार, बाजार, वस्तुओं, श्रम एवं पूँजी के मुक्त आवागमन, पर्यावरण, कृषि, न्याय इत्यादि अनेक विषय हैं जिन पर संघीय कानून बनते हैं और सदस्य देशों के राष्ट्रीय संसदों द्वारा बनाए कानूनों से ऊपर माने जाते हैं। यूरोपीय संसद संसदीय कमिटियों द्वारा काम करते हैं। 20 स्थाई कमिटियाँ हैं जो विभिन्न विषयों से संबंधित हैं जैसे बजट एवं आर्थिक मामले इत्यादि। यूरोपीय संसद तीन शहरों में बैठती है – फ्रांस के उत्तर–पूर्वी शहर स्ट्रासबर्ग, बेल्जियम के ब्रसल्स एवं लक्जमबर्ग के शहर लक्जमबर्ग सिटी में। ऐसी व्यवस्था के चलते इसके खर्च बढ़े हुए हैं। लक्जमबर्ग में संसद का सचिवालय बैठता है।

यूरोपीय संसद विधायिका होते हुए भी किसी विधेयक का प्रस्ताव स्वयं प्रारंभ नहीं कर सकती जैसा राष्ट्रीय संसद किया करते है। परन्तु यह यूरोपीय संघ की पहली संस्था है और इसकी समारोहात्मक भूमिका होती है, यह संधियों में पहले जिक्र की जाती है और यूरोपीय संघीय शक्ति का द्योतक है। यह यूरोपीय संघ का परिषद् के साथ मिलकर बराबरी से विधायिका एवं बजट संबंधी शक्तियों का उपभोग करती है। यूरोपियन कमीशन जो यूरोपीय संघ की कार्यपालिका है, वह यूरोपीय संसद को उत्तरदायी होती है। यही संसद कमीशन के अध्यक्ष को चुनती

है और बाकी सदस्यों के नाम पर स्वीकृति की मुहर लगाती है। संसद ही कमीशन को पदच्युक्त कर सकती है।

यूरोपियन काउंसिल (परिषद्) (European Council)

यह सदस्य देशों के राष्ट्राध्यक्षों की सभा है। यूरोपीय कोयला एवं इस्पात समुदाय के गठन के समय ही यूरोपीय काउंसिल का पहला शिखर सम्मेलन हुआ था जिसमें छह देशों राष्ट्राध्यक्ष मिले थे क्योंकि फ्रांस के तत्कालीन राष्ट्रपति डी गॉल समुदाय की ''हाई अथारिटी'' की शक्तियों को ले कर शंकालु थे। 1969 में फिर इन देशों के राष्ट्राध्यक्ष हेग (नीदरलैण्ड) में मिले जहाँ इंग्लैण्ड को यूरोपीय आर्थिक समुदाय में प्रवेश करने की इजाजत मिली। यहीं यह भी निर्णय हुआ कि आर्थिक एकीकरण के साथ आगे से विदेश मामलों में भी समुदाय के देश सहयोग करेगें। 10 एवं 11 मार्च 1975 को आयरलैण्ड के डब्लिन शहर में औपचारिक सम्मेलन हुआ जिसमें बढ़े हुए सदस्यों (इंग्लैण्ड, आयरलैण्ड एवं डेनमार्क और पहले के फ्रांस, पश्चिमी जर्मनी, इटली, लक्ज़मबर्ग, नीदरलैण्ड और बेल्जियम) कुल मिलाकर नौ देशों के राष्ट्रध्यक्ष एकत्रित हुए। फिर हर वर्ष दो या तीन बार इनके शिखर सम्मेलन होते जो यूरोपीय समुदाय के ''सामूहिक राष्ट्राध्यक्ष'' के रूप में भी जाने जाते और उनका काम था समुदाय की बड़ी नीतियों का दिशानिर्देश देना। मास्ट्रिच की संधि (1993) के बाद समुदाय के स्थान पर यूरोपीय संघ अस्तित्व में आया तो इन परिषद् की भूमिका भली भाँति परिभाषित की गई। अब वर्ष में चार बार इसके सम्मेदन होते। ये सम्मेलन ब्रसल्स शहर में होते और ज्यादातर दो दिनों के लिए चलते।

लिस्बन की संधि (2009) के बाद यूरोपीय परिषद् को 'यूरोपीय संघ का परिषद्' (The Council of the European Union) से बिलकुल अलग एक औपचारिक संस्था के रूप में परिभाषित किया, एक पूर्ण–कालिक एवं अधिक अवधि वाले अध्यक्ष के पद का सृजन किया जो पद पहले सदस्य देशों के बीच छह–छह महीनों के लिए घूमता रहता था।

अतः यूरोपीय परिषद् अपने वर्तमान रूप में यूरोपीय संघ की एक संस्था है जो ''संघ को विकास के लिए आवश्यक दिशानिर्देश और प्रोत्साहन देगी''। यह संघ की नीतियों को परिभाषित करेगी और यूरोप के एकीकरण के लिए ऊर्जा–शक्ति प्रदान करेगी, यह सदस्य देशों के बीच मतभेदों को सम्मेलन के दौरान या उसके बाद भी, सुलझाने का काम करेगी, विदेश नीति के मामलों में यह नेतृत्व प्रदान करेगी। यह ''राष्ट्राध्यक्षों के समूह'' के रूप में, महत्वपूर्ण दस्तावेजों पर सहमति प्रदान करेगी। यह संधियों के बदलाव पर बहुमूल्य सुझाव देगी।

यूरोपीय परिषद में सदस्य देशों के राष्ट्राध्यक्ष होते हैं और वे अपने में से एक अध्यक्ष चुनते हैं, जिसका कार्यकाल अढ़ाई वर्ष का होता है, वह पुनः एक बार चुना जा सकता है। परिषद् में इनके अलावा यूरोपीय आयोग (Commission) का अध्यक्ष भी शामिल होता है। इनके अलावा सदस्य देशों के विदेश मंत्री भी सम्मेलनों में

शामिल होते हैं पर किसी भी हाल में एक सदस्य देश के दो ही प्रतिनिधि सम्मेलन में भाग ले सकते हैं।

चूँकी यूरोपीय परिषद् राष्ट्राध्यक्षों का समूह होती है, इसकी शक्ति की झलक यत्र–तत्र महसूस होती है। इसकी 'नियुक्ति के अधिकार' में स्वयं के ''अध्यक्ष'' की नियुक्ति, संघ के विदेश एवं सुरक्षा नीति मामलों के ''उच्च प्रतिनिधि'' की नियुक्ति और यूरोपीय केन्द्रीय बैंक के ''अध्यक्ष'' की नियुक्ति आती है। यह यूरोपीय आयोग के अध्यक्ष के पद के लिए नाम की अनुशंसा यूरोपीय संसद को करती है। परिषद्, संघ की न्याय एवं पुलिस से संबंधी योजनाओं पर गहरा प्रभाव डालती है। यूरोपीय परिषद् संघ की ''सर्वोच्च राजनैतिक शक्ति'' है। इसके सम्मेलनों में निर्णय सबकी सहमति को ले कर होता है। हालांकि यूरोपीय परिषद् को कानून बनाने संबंधी कोई अधिकार नहीं है फिर भी विवादास्पद कानून में अगर एक सदस्य देश संतुष्ट नहीं है तो वह उसे परिषद् में ले जा सकता है पर वहाँ भी वह अपने पक्ष में समर्थन जुटा ही ले ऐसा कम ही होता है।

परिषद् के शिखर सम्मेलनों के पश्चात् उसके अध्यक्ष को यूरोपीय संसद को रिपोर्ट देनी पड़ती है। लिस्बन की संधि से पहले यूरोपीय परिषद् की अध्यक्षता छह–छह महीनों के लिए सदस्य देशों के पास रहती थी, और उन्हें बैठक बुलाना पड़ता था। बैठक में केन्द्रीय बैंक के अध्यक्ष और संसद के अध्यक्ष शामिल होते है और संसद के अध्यक्ष प्रारंभिक भाषण देते हैं जिसमें संसद की स्थिति का उल्लेख रहता है।

यूरोपीय परिषद् के सदस्य अपने देशों की राजनैतिक पार्टियों के सदस्य तो होते ही हैं वे यूरोप की राजनैतिक पार्टियों के सदस्य होते हैं जैसे ''यूरोपियन पीपल्स पार्टी'' ''सोशल एवं डेमोक्रेट्स'', ''पार्टी ऑफ यूरोपियन लेफ्ट'' इत्यादि। ये राजनैतिक पहचान की जरूरत परिषद के कार्यकलाप में आड़े नहीं आती सिर्फ अध्यक्ष चुनते वक्त एक विशेष दल वाले अधिक हो तो उनके ही मनमाफिक अध्यक्ष चुन लिया जाता है।

परिषद के कार्यकलापों में सहयोग के लिए बड़ी संख्या में नौकरशाह होते हैं।

यूरोपीय संघ का परिषद् **(Counsil of the European Union)**

यूरोपीय संघ का परिषद्, मंत्री परिषद् या फिर केवल परिषद् के नाम से भी जाना जाता है। यह यूरोपियन यूनियन पर संधि (मास्ट्रिच संधि) के अनुसार यूनियन (संघ) की तीसरी संस्था है। संघ की विधायिका का यह दूसरा भाग है जबकि यूरोपीय संसद उसका पहला भाग है। इसकी बैठकें और सत्र ब्रसल्स शहर की जस्टस लिपसियस भवन में होती हैं। परन्तु अप्रैल, जून व अक्टूबर में इसकी बैठक लक्ज़मबर्ग में भी होती है। यूरोपीय संघ का परिषद् वह संस्था है जो सदस्य देशों के हित को संघ में प्रस्तुत करता है। जब सदस्य देशों की संख्या 28 हो तो इन देशों के 28 मंत्री परिषद् में शामिल होगें पर वे विषय या विभाग विशेष से होंगे,

यूरोपियन यूनियन के सदस्य देश
आयरलैंड
इंग्लैंड
डेनमार्क
स्वीडन
फिनलैंड
इस्टोनिया
लैटविया
लिथुआनिया
नीदरलैंड
पोलैंड
जर्मनी
बेल्जियम
लग्ज़मबर्ग
चेक गणराज्य
स्लोवाक गणराज्य
फ्रांस
आस्ट्रिया
हंगरी
रोमानिया
स्लोवीनिया
क्रोएशिया
पुर्तगाल
स्पेन
इटली
बल्गारिया
ग्रीस
माल्टा
साइप्रस

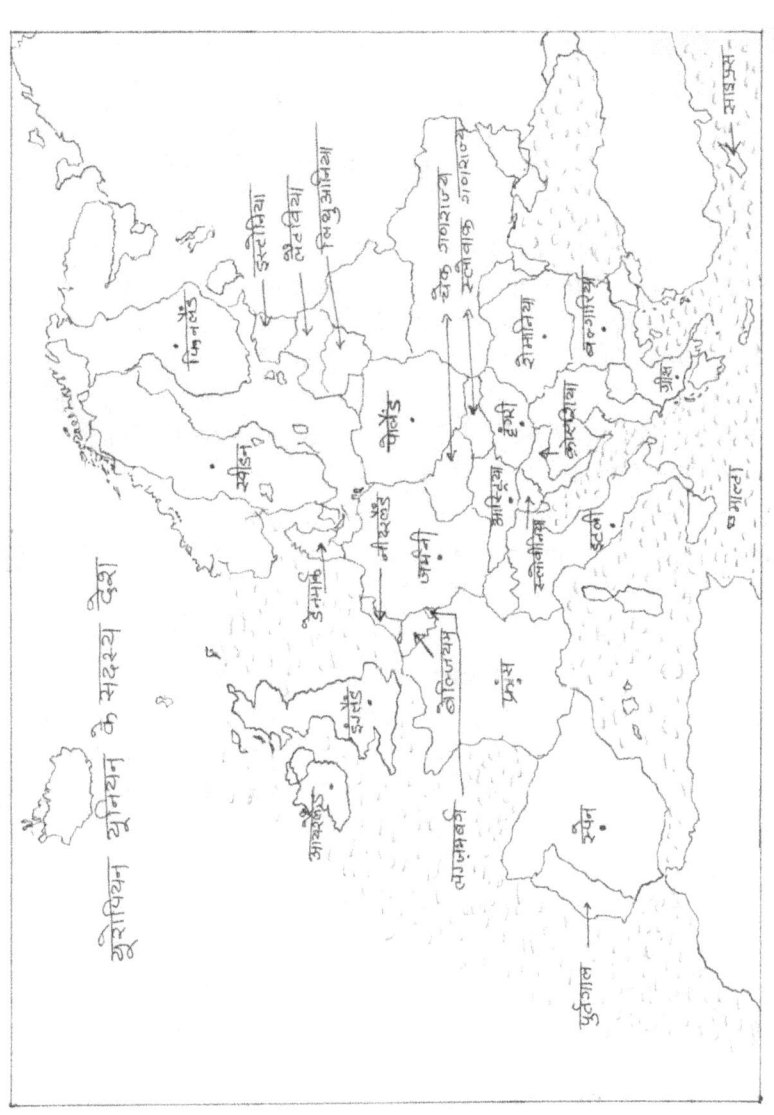

जो उस काल में चर्चा में हो। उदाहरण के लिए अगर कृषि पर चर्चा एवं कानून की जरूरत है, तो 28 देशों के कृषि मंत्री इक्ट्ठा होंगे, अगर परिवहन की चर्चा होनी है तो उस विभाग वाले मंत्री शामिल होंगे। ज्यादातर निर्णय विशिष्ट बहुमत से लिए जाते हैं अर्थात 55 प्रतिशत मत (जो कम से कम 15 देशों के राज़ी होने पर प्राप्त होती है) से ली जाती है।

इस परिषद का एक सचिवालय भी होता है जो इसके कार्यकलापों को संभव बनाता है। इसका प्रमुख सेक्रेट्री–जनरल होता है। सचिवालय सात विभागों में बंटा है।

यह परिषद् अपने प्रारंभिक रूप में यूरोपीय कोयला एवं इस्पाल समुदाय के निर्माण के समय अस्तित्व में आई थी। उस समय इसके अधिकार कम थे और यह हाई अथारिटी के कार्यों पर नजर रखने के लिए बनाई गई थी। फिर इसे यूरोपीय आर्थिक समुदाय के मंत्री परिषद् के रूप में परिभाषित किया गया तत्पश्चात मास्ट्रिच की संधि के बाद यह अपने वर्तमान स्वरूप में आया और "यूरोपीय संघ का परिषद" कहा जाने लगा। लिस्बन संधि ने इसे यूरोपीय परिषद् से अलग परिभाषा दी और विभिन्न स्वरूपों के दल बनाकर काम करने की व्यवस्था दी।

यूरोपीय संघ का परिषद्, यूरोपीय संसद के साथ मिलकर, यूरोपीय आयोग द्वारा प्रस्तावित विधेयकों पर कानून बनाता है। संघ के बजट पर भी परिषद एवं संसद का मिला–जुला नियंत्रण होता है।

अपनी विधायिका संबंधी कार्यों के अलावा परिषद संघ के साझा विदेश एवं सुरक्षा नीति के लिए "साझा स्थिति" (Common Position) या "साझा कार्यान्वयन" (Common Action) की रणनीति तैयार करती है। उदाहरण के लिए बर्मा जैसे देश में मानव अधिकारों एवं प्रजातंत्र की स्थापना के लिए प्रयासों की साझा योजना। इन्हें सभी सदस्य देशों को मानना पड़ता है। किसी ऐसे विशेष निर्णय को यूरोपीय संघ चार वर्षों की योजना बनाकर पूरा करने की कोशिश करता है।

यूरोपीय आयोग (European Commission)

यूरोपीय संघ की कार्यपालिका संस्था को यूरोपीय आयोग कहा जाता है। इसके विभिन्न कार्य हैं जैसे नए विधेयक का प्रस्ताव पेश करना, संघ के निर्णयों को कार्यान्वित करना, संघ की संधियों के अनुरूप कार्यों को करवाना और संघ के दिन–प्रतिदिन कार्यों का करना।

यह आयोग एक कैबिनेट के समान है जिसमें प्रत्येक सदस्य देश का एक प्रतिनिधि जिसे उस देश की सरकार नियुक्त करती है शामिल होता है। आयोग का सदस्य बन जाने के बाद उसे "कमिश्नर" कहा जाता है और उसे प्रतिज्ञा लेनी पड़ती है कि कमिश्नर के पद पर कार्य करते हुए वह अपने राष्ट्रीय हितों का ध्यान छोड़कर यूरोपीय संघ के हितों को सर्वोच्च मानेगा। वर्तमान के 28 सदस्यों में से एक अध्यक्ष (President) होता है। जिसका नाम यूरोपीय परिषद प्रस्तावित करती है

पर यूरोपीय संसद उसे चुनती है उसके बाद सभी सदस्य देशों से 27 अन्य सदस्यों को नामित किया जाता है जिसमें अध्यक्ष की भी सहमति अनिवार्य होती है और तब एक दल के रूप में यूरोपीय संसद उसे सहमति देती है।

आयोग का अर्थ 28 सदस्यों वाली ''कालेज ऑफ कमिश्नर्स'' होता है जिसमें 23,000 यूरोपीय नौकरशाह भी शामिल हैं जो लगभग 24 विभागों वाले आयोग के कार्यकलापों को संभव बनाते हैं। आयोग का सरकारी कार्यकलाप अंग्रेजी, फ्रांसीसी और जर्मन भाषा में चलता है। आयोग का स्थान बेरलेमोंट भवन, ब्रसल्स में है।

आयोग का प्रारंभिक स्वरूप यूरोपियन कोल एवं स्टील कम्युनिटी की हाई अथारिटी की तौर पर (1951 से) था। उसके बाद से इसके भी स्वरूप में समय के साथ कई परिवर्तन आए।

1951 में अध्यक्ष जीन मोने के कार्यकाल के दौरान जो ''हाई अथारिटी'' बनी उसके नौ सदस्य होते थे। इसने 10 अगस्त 1952 से लक्ज़मबर्ग से कार्य प्रारंभ किया। इसके पास राष्ट्रीय शक्तियों से ऊपर की शक्तियाँ थी अतः प्रारंभिक देशों की सरकारें इससे चिंतित थीं। परन्तु यूरोपीय कोयला एवं इस्पात समुदाय काफी सफल रहा। मास्ट्रिच एवं लिस्बन की संधि के पश्चात इसका वर्तमान स्वरूप अस्तित्व में आया।

यूरोपीय आयोग ही संघ के जमीनी कार्यों के लिए जिम्मेदार है। करीब 30,000 लोग यूरोपीय संघ के कानूनों के प्रस्ताव के लिए कार्य करते हैं जिन्हें यूरोपीय संघ का परिषद् एवं यूरोपीय संसद में पास होने के लिए भेजा जाता है अतः आयोग के पास विधेयकों का प्रस्ताव भेजने का एकाधिकार है। ऐसा संघ के कानूनों में एकरूपता रहे, उसके लिए किया जाता है। प्रस्ताव रखने से पूर्व आयोग उस विषय के बारे में सदस्य देशों की सरकारों, उस उद्योग के प्रतिनिधियों, मजदूर संघों के प्रतिनिधियों और विशेषज्ञों की राय लेना है और उनके हितों की रक्षा करने का प्रयास करता है। यह कार्य ब्रसल्स एवं लक्ज़मबर्ग से तो चलता ही है परन्तु इटली की इस्प्रा (Ispra), बेल्जियम की ज़ील (Geel), जर्मनी की कार्ल्सरूह (Karlsruhe) और नीदरलैण्ड की पेटेन (Petten) के शोध संस्थानो से भी मदद ली जाती है।

आयोग सिर्फ प्रशासक एवं विधायी प्रस्तावक के कार्य ही नहीं करता वरन इसके कई अन्य कार्य भी हैं – यह सुनिश्चित करता है कि संघ के कानूनों का पूरी तरह पालन हो ("Guardian of Treaties")। यह संघ के साझा बजट को जारी करने का जिम्मेदार है। यह संघ को विश्व परिदृष्य में प्रस्तुत करता है। यह यूरोपीय परिषद् के निदेशानुसार वाणिज्यक संधियाँ या तीसरे विश्व के देशों से अंतर्राष्ट्रीय समझौते करता है।

आयोग के अध्यक्ष एवं सदस्य कमिश्नरों का कार्यकाल पाँच वर्षों का होता है। प्रत्येक कमिश्नर एक विभाग विशेष के लिए होता है भले ही वे अलग विभागों से संबंधित हों परन्तु उनके निर्णय सर्वसम्मति से होते हैं। विभागों के बंटवारे की जिम्मेदारी अध्यक्ष की होती है जो आयोग के सदस्यों के चुने जाने के बाद ही

बँटवारा कर देते हैं। यूरोपीय आयोग के सदस्य सप्ताह में एक बार ब्रसल्स में मिलते हैं और संसद के सत्र के दौरान स्ट्रासबर्ग में।

आयोग यूरोपीय संसद को उत्तरदायी होता है और उनकी जिम्मेदारी सामूहिक होती है। मार्च 1999 में धोखाघड़ी एवं भ्रष्टाचार के आरोप लगा का संसद ने जैक्वस सान्टर के आयोग (Santer Commission) की आलोचना कर उसे त्यागपत्र देने पर मजबूर कर दिया था।

कमिश्नरों की तरह आयोग का अध्यक्ष एवं विदेश मामलों एवं सुरक्षा मुद्दों को प्रतिनिधि ''हाई रिप्रेज़ेन्टेटिव'' (जो आयोग की उपाध्यक्ष भी होता है) भी यूरोपीय संसद से सहमति पा कर ही पदभार ग्रहण कर सकते हैं।

लिस्बन की संधि के पश्चात् यूरोपीय आयोग के अध्यक्ष के संबंध में एक नई बात जोड़ी गई। अध्यक्ष पद के प्रत्याशी को चुनते समय यूरोपीय परिषद (राष्ट्राध्यक्षों वाली) इस बात को ध्यान में रखती है कि किस यूरोपीय राजनीतिक पार्टी का संसद में बहुमत है। इस प्रत्याशी को संसद से बहुमत में स्वीकृति मिलनी चाहिए वरना यूरोपीय संसद के सदस्य (Members of European Paliament – MEPs) अगर इस प्रत्याशी को नकार दे ंतो यूरोपीय परिषद् को दूसरा नाम प्रस्तावित करने के लिए एक महीने का समय मिलता है।

आयोग के अध्यक्ष संतुष्ट न होने पर किसी कमिश्नर से त्यागपत्र मांग सकते हैं। आयोग पर समय–समय पर पारदर्शिता न होने, विशेष हित वाली लॉबियों से प्रभावित होने, अत्यधिक खर्चीले होने जैसी आलोचनाएँ सामने आती हैं।

यूरोपीय संघ का न्यायालय(Court of Justice of the European Union)

यूरोपीय संघ की सर्वोच्च न्यायी संस्था यूरोपीय संघ का न्यायालय है जो लक्ज़मबर्ग शहर में स्थापित है।

इसका प्रारंभ 1952 में हुआ था जब यह यूरोपीय कोयला एवं इस्पात समुदाय के न्यायालय के नाम से जाना जाता था और फिर 1958 से इसे यूरोपीय समुदाय के न्यायालय के तौर पर जाना जाने लगा। 1988 में मामलों की भीड़ देखते हुए एक और सामान्य न्यायालय (अंग्रेजी में Court of First Instance) की स्थापना की गई और वर्ष 2004 में लोक सेवा प्राधिकरण (अंग्रेजी में Civil Service Tribunal) की स्थापना की गई। लिस्बन की संधि (2009) के पश्चात इसका वर्तमान नाम यूरोपीय संघ का न्यायालय (अंग्रेजी में Court of Justice of the European Union - CJEU) अस्तित्व में आया। यह संस्था स्ट्रासबर्ग स्थित मानव अधिकार न्यायालय (European Court of Human Rights) से अलग है जो सिर्फ मानव अधिकारों की रक्षा के लिए है और यूरोपीय संघ की संस्था नहीं है। यह संयुक्त राष्ट्र संघ के न्यायालय (The Internation Court of Justice) से भी अलग है जो नीदरलैण्ड के शहर हेग में स्थित है।

पश्चिमी यूरोप को संगठित करने का प्रयास : नाटो एवं यूरोपीय समुदाय • 347

यूरोपीय संघ का न्यायालय जो लक्ज़मबर्ग में स्थित है वह 28 न्यायाधीशों (हर सदस्य देश से एक) और 9[2] एडवोकेट जनरलों से मिलकर बनता है, जिनका कार्यकाल छह वर्षों का होता है। न्यायाधीशों को चुनते वक्त उनकी "कानूनी योग्यता" और "बिना संदेह वाली स्वतंत्र इच्छाशक्ति" का विशेष ध्यान रखा जाता है। उसी तरह से एडवोकेट जनरलों को भी सदस्य देश की सरकारें इन्हीं बिन्दुओं के आधार पर चुनती हैं जो न्यायाधीशों द्वारा दिए गए निर्णयों को जनता के सामने प्रस्तुत करते हैं।

यूरोपीय संघ की सर्वोच्च न्यायालय होने के नाते समस्त संधियों के अनुसार निर्मित कानूनों की व्याख्या करने, सदस्य देशों के न्यायालयों के साथ मिलकर इन कानूनों का पालन करवाने, संघ की संस्थाओं और राष्ट्रीय सरकारों के मध्य उठने वाले विवादों का निबटारा करने, व्यक्तियों और यूरोपीय संघ के बीच के विवादों का निबटारा करने, कंपनियों, संस्थाओं और उन व्यक्तियों के विवादों की सुनवाई करना जिनके अधिकारों का हनन हुआ हो, इत्यादि जैसे कई काम है।

इसके तीन प्रमुख न्यायालयों के कार्य इस प्रकार हैं –

कोर्ट ऑफ जस्टिस – यह राष्ट्रीय न्यायालयों की अपीलें सुनता है।

जनरल कोर्ट – यह व्यक्तियों, कंपनियों इत्यादि की प्रतियोगिता कानून, व्यापार कृषि इत्यादि पर विवादों की सुनवाई करता है।

सिविल सर्विस ट्राइब्यूनल – यह विशिष्ट न्यायालय है। जो यूरोपीय संघ एवं उसके कर्मचारियों के मध्य विवादों की सुनवाई करता है।

यूरोपीय संघ का न्यायालय विशेषकर यह सुनिश्चित करता है कि "कानून का पालन हो" "संधियों की व्याख्या एवं अनुपालन में एकरूपता रहे", संघ की संस्थाओं द्वारा लिए गए कदम, कानून सम्मत हों, सदस्य देश कानूनों का पालन करें।

1979 के इस न्यायालय के एक निर्णय को एतिहासिक और आधारभूत माना गया जब इस न्यायालय ने यह निर्णय दिया कि कोई वस्तु जो किसी एक सदस्य देश में कानूनी रूप से उत्पादित की गई हो और यूरोपीय संघ के स्वास्थ्य एवं सुरक्षा मानकों को पूरा करती हो तो उसे तुरन्त सभी सदस्य देशों के बाजारों में उतारने की अनुमति मिलनी चाहिए। यह निर्णय साझा एवं वास्तविक एकल यूरोपीय बाजार स्थापित करने की दिशा में ठोस निर्णय था।

यूरोपीय लेखा–परीक्षक न्यायालय (European Court of Auditors)

यूरोपीय संघ की इस संस्था की स्थापना 1975 में लक्ज़मबर्ग में की गई थी जो औपचारिक रूप से 1977 में अस्तित्व में आई। उस वक्त यह एक बाहरी संस्था थी जो यूरोपीय समुदाय के वित्त का लेखा–परीक्षण करती थी। इसके नाम में न्यायालय शब्द वास्तव में कोई न्यायी शक्ति का द्योतक नहीं है क्योंकि मास्ट्रिच की संधि (1993) के बाद ही इसे यह शक्ति मिली कि यूरोपीय संघ के वित्तीय

गड़बड़ियों को यह यूरेपियन न्यायालय में पेश कर सके। पहले यह यूरोपीय समुदाय के प्रथम स्तंभ का ही लेखा परीक्षण करता था परन्तु 1999 की एमेस्टरडम संधि के पश्चात इसे सभी संस्थाओं का लेखा–परीक्षण की जिम्मेदारी दे दी गई।

लेखा–परीक्षण न्यायालय की जिम्मेदारी है कि वह यूरोपीय संघ के राजस्व वसूली पर नजर रखे और उसके खर्चों का परीक्षण कर यह सुनिश्चित करे कि आय और व्यय ''कानून सम्मत तथा सुचारू'' हैं। अतः यूरोपीय संघ के वित्तीय मामलों के कानूनी नियंत्रण का काम लेखा–परीक्षण न्यायालय करती है।

लेखा–परीक्षण न्यायालय के परीक्षक, सदस्य देशों की सरकारों द्वारा नामित किए जाते हैं जिन्हें यूरोपीय संसद अनुमोदित करती है और यूरोपियन यूनियन का परिषद सर्वसम्मति दे कर नियुक्त करता है। इनका कार्यकाल छह वर्षों का होता है, जो एक बार फिर बढ़ाया जा सकता है। तब ये परीक्षक अपने में से एक अध्यक्ष चुनते हैं जिसका कार्यकाल तीन वर्षों का होता है जो इस न्यायालय की बैठक बुलाता एवं अध्यक्षता करता है। यह उसकी जिम्मेदारी है कि लेखा–परीक्षण न्यायालय के सभी विभाग मुस्तैदी से काम करें। इन सभी से निष्पक्ष एवं स्वतंत्र होने की उम्मीद की जाती है और लेखा–परीक्षण के क्षेत्र में उच्च कोटि की योग्यता आवश्यक है। इस न्यायालय में काम करते हुए वे कोई भी अन्य व्यवसाय नहीं कर सकते। उनके कार्यों में मदद के लिए 800 कर्मचारी जैसे लेखा–परीक्षक, अनुवादक एवं प्रशासकीय कार्यों को करने वालों का दल, उनकी मदद करते हैं। ये संघ के लोक सेवा सदस्य होते हैं।

लेखा परीक्षकों के अलग–अलग दल बनाए जाते हैं जो इस संस्था के विभिन्न कार्यों को करते हैं जैसे वित्तीय रिपोर्ट बनाना जिससे न्यायालय विभिन्न पहलुओं पर निर्णय ले सके। वे संस्थान जो यूरोपीय संघ से वित्तीय मदद पाते है तथा वे देश जिन्हें संघ द्वारा विभिन्न प्रोजेक्ट पर धन मिला हो, उस देश की राष्ट्रीय लेखा–परीक्षण के साथ मिलकर परियोजना धन सही ढ़ंग से खर्च हो रही है या नहीं, जैसे रिपोर्ट तैयार करना भी इसका काम है। अगर संसद द्वारा पारित बजट उसके निर्देशानुसार नहीं खर्च हो तो वह देखना इस न्यायालय का काम है, जो व्यक्ति संघ की आमदनी और खर्चे का हिसाब रखते हैं उन पर भी नजर रखना न्यायालय का काम है और यह औचक निरीक्षण भी करती है।

वर्ष के अंत में लेखा–परीक्षण न्यायालय एक वार्षिक वित्तीय रिपोर्ट भी छपवाती है जो यूरोपीय संघ की संस्थाओं पर दबाव डालने का काम करता है कि उनके वित्तीय कार्यकलाप का प्रबंधन सही और सटीक हो। पूरे वर्ष भर भी लेखा परीक्षको को उनसे किसी विषय पर सलाह के लिए बुलाया जा सकता है। उन्हें किसी नए बनने वाले कानून पर वित्तीय राय देने के लिए बुलाया जा सकता है। परीक्षकों की टीम ने 1999 में आयोग की वित्तीय गड़बड़ी पकड़ी थी जिसके चलते सान्टर आयोग को त्यागपत्र दे देना पड़ा।

यूरोपीय आयोग कभी–कभी लेखा–परीक्षण न्यायालय से परेशान हो जाता है क्योंकि बजट में एक बहुत मामूली सी त्रुटी के चलते न्यायालय एक सर्टीफिकेट

जिसे "Declaration of Assurance" कहा जाता है, नहीं देता जिसके चलते अखबार व मीडिया यूरोपीय संघ के सभी लेखा–अकाउंट को ''धोखाघड़ी और घपला'' बताने लगते है।

लेखा–परीक्षण न्यायालय के कर्मचारियों की बड़ी फौज भी आलोचना का बिन्दु बनती है।

यूरोपीय केन्द्रीय बैंक (European Central Bank)

यूरोपीय केन्द्रीय बैंक, यूरोपीय संघ के उन 19 सदस्य देशों का सर्वप्रमुख बैंक है जिन्होंने ''यूरो'' मुद्रा को अपनाया था। हालांकि इसकी स्थापना की बात मास्ट्रिच संधि में कर ली गई थी पर, एमेस्टरडम की संधि के दौरान औपचारिक रूप से यह बैंक 1998 में अस्तित्व में आया। यह यूरोपीय संघ की सात संस्थाओं में सबसे नवीन है परन्तु वर्तमान में यह विश्व के सबसे महत्वपूर्ण केन्द्रीय बैंको में से एक है। यह सदस्य देश के अंदर जिसे 'यूरोक्षेत्र' (Eurozone) कहते हैं की मौद्रिक नीति निर्धारित करता है और यह विश्व का सबसे बड़ा मुद्रा क्षेत्र है।[3] भले ही 19 देशों ने यूरो मुद्रा को अपनाया है पर सभी 28 सदस्य देश इसके सदस्य हैं।

इस बैंक की शेयर–पूँजी पर 28 सदस्य देशों का मालिकाना हक है। इसका मुख्यालय जर्मनी के फ्रैंकफर्ट शहर में है। यूरोपीय केन्द्रीय बैंक के विधान के अनुच्छेद दो के अनुसार यूरोक्षेत्र में मूल्य स्थिरता बनाए रखना इसका मुख्य उद्देश्य रहेगा। वहीं अनुच्छेद तीन के अनुसार इसके आधारभूत कार्य होंगे–यूरोक्षेत्र की मौद्रिक नीति बनाना और लागू करना, विदेशी मुद्रा विनिमय करना, यूरोपीय व्यवस्था वाले सदस्य देशों के केन्द्रीय बैंकों के विदेशी मुद्रा भण्डार की देख–रेख करना, वित्तीय बाजार की आधारभूत संरचनाओं को स्थापित करना और उनके कार्य कलापों पर नजर रखना। सिर्फ यूरोपीय केन्द्रीय बैंक ही ''यूरो'' बैंक नोट छाप सकता है और जारी कर सकता है। सदस्य देश इसकी अनुमति ले कर यूरो 'सिक्के' जारी कर सकते हैं। यह केन्द्रीय बैंक यूरोपीय कानूनों के अधीन तो है परन्तु इसकी व्यवस्था एक ''निगम'' (Corporation) के समान है क्योंकि 28 सदस्य देश इसके शेयरधारक हैं और इसकी जमापूँजी 28 देश के केन्द्रीय बैंकों में है। परन्तु ये देश या इनके केन्द्रीय बैंक यूरोपीय केन्द्रीय बैंक के शेयर न बंधक रख सकते हैं और न ही इन्हें स्थानान्तरित कर सकते हैं।

यूरोपीय केन्द्रीय बैंक के महत्वपूर्ण निर्णय लेने के लिए चार समितियाँ हैं–

– कार्यकारी मण्डल (The Executive Board)

– शासकीय परिषद (The Governing Council)

– सामान्य परिषद (The General Council)

– पर्यवेक्षी मण्डल (The Supervisory Board)

कार्यकारी मण्डल के छह सदस्य होते हैं जिनमें एक तो बैंक का अध्यक्ष और दूसरा उपाध्यक्ष होता और चार अन्य सदस्य होते है जो एक बार के ही लिए आठ वर्षों के कार्यकाल के लिए चुने जाते हैं। वे बैंक के मौद्रिक नीति का अनुपाल संबंधी निर्णय लेते हैं और दिन प्रतिदिन के कार्यों के लिए जिम्मेदार होते है। शासकीय परिषद में इन छह के अलावे यूरो मुद्रा अपनाने वाले देशों के राष्ट्रीय केन्द्रीय बैंकों के गर्वनर होते हैं। सामान्य परिषद वह समिति है जो यूरोपिन संघ के सदस्य बनने वाले देशों को 'यूरो' मुद्रा अपनाने संबंधी मशवरा देती है। पर्यवेक्षी मण्डल महीने में दो बार बैठक कर पर्यवेक्षण संबंधी कार्य करती है।

वर्तमान में इसके पास ग्यारह बिलीयन यूरो की पूँजी है जो सदस्य देशों से प्राप्त की गई है। यह संस्था भी लिस्बन की संधि 2009 के बाद औपचारिक रूप से यूरोपीय संघ की संस्था बन गई।

यूरोपीय संघ की अन्य विशेषताएँ

यूरोपीय संघ की ज्यादातर संस्थाओं का काम अंग्रेजी, फ्रेंच एवं जर्मन भाषाओं में किया जाता है परन्तु आधिकारिक तौर पर इसकी 24 कार्यकारी भाषाएँ हैं – अंग्रेजी, फ्रेंच, जर्मन, इटालियन, स्पेनी, पोलिश, रोमानियन, डच, यूनानी, हंगेरियन, पुर्तगाली, चेक, स्वीडीश, बल्गेरियाई, स्लोवाक, डेनिश, फिन्निश, लिथुआनियाई, क्रोएशियाई, स्लोवेनियन, इस्तोनियाई, आयरिश, लैटवियाई एवं माल्टीस।यूरोपीय संसद में सदस्य अपनी मातृभाषा में बोल सकते हैं क्योंकि संघ की मान्यता है कि इंसान अपनी मातृभाषा में धाराप्रवाह बोल सकता है और तर्क कर सकता है। भाषा इंसानों की राष्ट्रीय पहचान की भी निशानी है। संसद सभी दस्तावेजों का पूर्ण–अधिवेशन के समय इन चौबीसों भाषाओं में अनुवाद तैयार रखता है। सत्र के दौरान संसद सदस्य अपने इयरफोन के द्वारा किसी संसद सदस्य के भाषण को अपनी भाषा में सुन सकते हैं। कानून का आखिरी एवं संपूर्ण मसविदा, इन सभी भाषाओं में अनुवादित किया जाता है। इतनी सारी भाषाओं की वजह से यूरोपीय संसद दुनिया की सबसे ज्यादा भाषाओं वाली संसद बन गई है। यूरोपीय संसद में 350 पूर्ण–कालिक अनुवादक एवं 400 अंश–कालिक अनुवादक काम करते है। अनुवादों पर बहुत सारा धन खर्च होता है, अगर यूरोपीय संघ 24 के बजाय तीन – अंग्रेजी, फ्रेंच एवं जर्मन भाषा में काम करे तो इसका खर्च काफी कम हो जाएगा। परन्तु संघ, लोगों को भाषाएँ सीखने के लिए प्रोत्साहित करता है। इन भाषाओं की लिपि लैटिन है परन्तु बल्गोरियाई भाषा सीरिलिक लिपि में और यूनानी भाषा ग्रीक लिपि में लिखी जाती है। 26 सितम्बर को यूरोपीय भाषा दिवस के तौर पर मनाया जाता है जिसका ध्येय विभिन्न यूरोपीय भाषाओं को सीखने के लिए लोगों को प्रोत्साहित करना है।

यूरोपीय संघ को 2012 में विश्व का प्रतिष्ठित नोबल पुरस्कार मिला। यह पुरस्कार उसे शांति के क्षेत्र में उल्लेखनीय कार्यों के लिए मिला जैसे, बीसवीं सदी

और उससे पहले की फ्रांस और जर्मनी की भयंकर खून–खराबे वाली लड़ाइयों के दौर को यूरोपीय संघ ने खत्म कर दिया, मानव अधिकारों और प्रजातंत्र की स्थापना के लिए महती कार्य किया, साम्यवादी तानाशाही शासन से मुक्त होने वाले देशों को संघ में स्वीकार कर उनकी अर्थव्यवस्थाओं की बढ़ोत्तरी का काम किया इत्यादि।

यूरोपीय संघ की उपलब्धियाँ अनेकों हैं, पहले यूरोपीय कोयला एवं इस्पात समुदाय के रूप में तेज औद्योगिक आर्थिक विकास कर के अपनी जनता के जीवन स्तर को ऊँचा बनाया, फिर यूरोपीय आर्थिक समुदाय के रूप में गठित हो यूरोप के अन्य देशों को भी विकास की दौड़ में शामिल किया। 1993 के पश्चात यूरोपीय संघ के नाम से जाना जाने लगा और अब सदस्य देशों के आर्थिक विकास के लिए ही नहीं बल्कि राजनैतिक एकीकरण में सार्थक भूमिका निभाने लगा है।

वर्तमान का यूरोपीय संघ अपने एकीकृत रूप में एक विश्व शक्ति है। इसके सदस्य देश अकेले कुछ ज्यादा महत्व नहीं रखते पर संगठित हो कर 28 देश जिनमें से 19 ने यूरो मुद्रा अपना ली है, आर्थिक रूप से खूब ताकतवर होते जा रहे हैं, यहाँ प्रति व्यक्ति आय अमेरिका के बाद दूसरे स्थान पर है, विश्व के कुल व्यापार का 21 प्रतिशत हिस्सा यूरोपीय संघ के देश करते हैं, इन सब आर्थिक प्रगति से यहाँ मानव विकास दर भी अत्यंत ऊँचा है। अपने साझा विदेश एवं सुरक्षा नीति संबंधी संस्था के द्वारा यह विश्व में एक निर्णायक भूमिका निभाने लगा है और इक्कीसवीं सदी के बहुध्रुवीय विश्व की स्थापना के लिए खुद ब खुद काम कर रहा है। यह संयुक्त राष्ट्र संगठन जैसे वैश्विक मंच पर अपनी एक अलग पहचान और मुखर आवाज रखता है, विश्व व्यापार संगठन, G8 और G20 जैसे गुटों में एक शक्ति के रूप में माना जाता है। अपने वैश्विक प्रभाव के चलते इसे भी महाशक्ति समझा जाने लगा है। इसकी 50.8 करोड़ की आबादी पढ़ी–लिखी और व्यवसाय निपुण है अतः वे उस कहावत को चरितार्थ करते हैं कि संगठन में शक्ति है।

एकल साझा बाजार और फिर एक ही मुद्रा अपना कर संघ ने सदस्य देशों के उत्पादन एवं व्यापार के लिए बहुत अच्छा वातावरण तैयार कर दिया। सदस्य देशों के बीच वस्तुओं, पूँजी एवं श्रम का निर्बाध आवागमन, मुक्त अर्थव्यवस्था को स्थापित करने में सफल रहा। अपने पर्यावरण संरक्षण नीति से ऊर्जा स्त्रोतों को बचाने, जलवायु परिवर्तन रोकने और दुलर्भ पशु–पक्षी तथा पेड़–पौधों को बचाने में महत्वपूर्ण भूमिका निभाने में लगा है। यूरोप भर की नदियों की सफाई, तटों की सफाई, उपभोक्ता संरक्षण, भोज्य पदार्थ मानक, स्वास्थ्य सुविधा संबंधी कानूनों को बना कर यहाँ के लोगों के जीवन को अच्छा बनाने का काम किया। साझा बाजार में वस्तुओं के आवागमन के लिए कागजी कार्यवाही या ऊँचे शुल्कों को कम करके, मूल्य पारदर्शिता स्थापित कर, मुद्रा विनिमय में होने वाले कमीशन खर्च को समाप्त कर, यूरोपीय पेटेन्ट एवं कापीराइट मानक बनाकर, एकाधिकारों को तोड़कर बड़ी कंपनियों द्वारा निष्पक्ष प्रतिस्पर्धा के नियम को न मानने पर भारी जुर्माना लगाकर

(उदाहरण के लिए माइक्रोसॉफ्ट कंपनी पर यूरोपीय संघ ने भारी जुर्माना लगाया) उन्हें सुधारना, तथा श्रमिकों की सुरक्षा तथा सप्ताह में 48 घंटों से अधिक काम न करने का अधिकार, समान वेतन इत्यादि पर कानून बनाकर कड़ाई से पालन करवाया है।

नौजवानों को अपने देश के अलावे दूसरे यूरो संघ के देशों में बिना प्रतिबंध, पढ़ने, नौकरी करने और रहने की आजादी दिलाई है। जो सदस्य देश शिनज़ेन समझौते (Schengen Agreement) का पालन करते हैं वहाँ के नागरिक यूरोप के अंदर सीमा पर पासपोर्ट निरीक्षण से मुक्त हो जाते हैं। गृह एवं पुलिस क्षेत्र में यूरोपियन अरेस्ट वारेंट, मानव तस्करी, नशीले पदार्थ तस्करी, आतंकनिरोधी खुफिया सूचना तंत्र, यूरोप के अशांत क्षेत्रों के लिए नागरिक एवं सैन्य सहयोग के कार्य आदि को कर के यूरोपीय संघ कई चुनौतियों का सफलता से सामना कर रहा है। तीसरे विश्व के गरीब देशों में मानवीय परियोजनाओं को आर्थिक सहयोग दे कर महत्वपूर्ण काम कर रहा है। निवेश के अवसर और निर्बाध पूँजी आवगमन से तेज आर्थिक विकास हो रहा है। वैज्ञानिक अविष्कार एवं सूचना–क्षेत्र में शोध, प्रगति मार्ग पर आगे आगे बढ़ाने का प्रयास कर रहा है। ऐतिहासिक स्मारक संरक्षण, ललित कला केन्द्रों को आर्थिक मदद दे कर सांस्कृतिक उन्नति का सहयोगी भी बन रहा है। यूरोप के गैर संघ सदस्य इसके उल्लेखनीय फायदों को देखकर इसके सदस्य बनने को आतुर हैं और अपने यहाँ आवश्यक राजनैतिक और आर्थिक सुधार कर रहें है जिससे उन्हें भी सदस्य बना लिया जाए ; यह प्रभाव "नरम शक्ति" (Soft Power) के तौर पर जाना जाता है कि कठोर शक्ति (Hard Power) अर्थात सैन्य हस्तक्षेप के बिना दूसरे देशों में परिवर्तन लाने की शक्ति रखना। इससे यूरोपीय संघ की प्रतिष्ठा बढ़ती जा रही है।

नाटो जैसी सैन्य व्यवस्था का हिस्सा होने से इस अशांत विश्व में संघ के सदस्य देश अपनी सुरक्षा को ले कर निश्चिंत रहते हैं। वैसे हर देश की अपनी राष्ट्रीय सैन्य शक्ति भी है। यूरोपीय संघ ने बाल्कान युद्ध (1992–99) में महती भूमिका निभाई। संघ शांति अनुरक्षिणी कार्यवाही (Peace Keeping missions) करता है, बाल्कान, मध्य एवं उत्तर–पूर्वी अफ्रीका के देशों, अफगानिस्तान इत्यादि में बहुत सार्थक काम किया है। संघ आणविक हथियारों की रोकथाम के लिए परमाणु अप्रसार संधि के अंदर और देशों को लाने का प्रयास करता है। संघ के कई देशों के पास आणविक हथियार हैं जैसे इंग्लैण्ड व फ्रांस।

यूरोपीय संघ मानवीय मदद पहुँचाने में आगे है। 2012 में इसका मानवीय मदद बजट 87.40 करोड़ यूरो था जिसका 51 प्रतिशत अफ्रीका के देशों, 20 प्रतिशत एशिया के देशों, दक्षिण अमेरिका, कैरिबियाई एवं प्रशांत क्षेत्र के देशों और 20 प्रतिशत मध्य पूर्व तथा भूमध्यसागर के क्षेत्रों के देशों को दिया गया।

परन्तु यूरोपीय संघ की परेशानियाँ और चुनौतियाँ भी कम नहीं हैं। संघ के उत्तरी देश जैसे स्वीडन, डेनमार्क, लक्ज़मबर्ग, नीदरलैण्ड, बेल्जियम और जर्मनी

अमीर देश है पर मध्य एवं पूर्व में स्थित देशों की आर्थिक स्थिति ठीक नहीं, पुर्तगाल, स्पेन एवं ग्रीस मंदी, बेरोजगारी, बैंको के पतन इत्यादि जैसी समस्याओं से जूझ रहे हैं। इन देशों में सुधार लाने के जो नव उदार आर्थिक नीति वाले कठोर निर्देश हैं, इनकी अर्थव्यवस्था को और नुकसान पहुँचा रहे हैं। विश्व भर में बहस छिड़ी है कि सरकारी खर्च पर अंकुश लगा कर, मुक्त व्यापार की नीति अपना कर और निजी उद्यम को बढ़ावा दे कर ही विकास किया जा सकता है अथवा नहीं। कई अर्थशास्त्री जैसे जोसफ स्टिगलिट्ज़ और अर्मत्य सेन इसके विरोधी हैं पर अमीर पूँजीवादी देश इन्हीं रास्तों को अपनाने पर अड़े रहते हैं।

ऐसी आलोचना भी की जाती है कि संघ के कानून के पीछे नौकरशाह है जिनके ऊपर कोई लगाम नहीं है अतः संघ को प्रजातंत्रीय या जिम्मेदार संस्था नहीं माना जा सकता। इसके राष्ट्रीय सरकारों के ऊपर उच्च अधिकार इसे मनमानी करने की छूट देते हैं। कई देशों में आर्थिक संकट के समय यूरोपीय संघ को छोड़ देने की मांग उठती रहती है। ब्रिटेन एक ऐसा ही देश है।[4] नोबल पुरस्कार विजेता अर्थशास्त्री पाल क्रूगर ने भी बताया कि अंतर्राष्ट्रीय मुद्रा कोष द्वारा जारी अर्थव्यवस्था सुधार जैसे कर बढ़ाना और सरकारी खर्च कम कर देना जैसे उपाय इन देशों में और परेशानी लाने वाले कारण बन गए हैं। परन्तु संघ के अधिकारी ऐसे तथ्यों और मानवीय त्रासदी से अप्रभावित रहते हैं। इन देशों ने यूरो मुद्रा अपना रखा है अतः वे मुद्रा का अवमूल्यन कर अपना निर्यात बढ़ा भी नहीं सकते, स्वयं नोट छाप गरीबों को मदद नहीं दे सकते अतः इन देशों में संघ के कानून लोकप्रिय नहीं हैं।

यूरोपीय संघ आर्थिक एकीकरण के अलावे राजनैतिक एकता के ध्येय को भी ले कर स्थापित किया गया था, जिसके मूर्तवान होने की संभावना कम से कम होती जा रही है। सदस्य देशों ने एक संविधान तैयार करने की कोशिश की थी जिसे फ्रांस की जनता ने नकार दिया। कई सदस्य "यूरोप का संयुक्त राज्य" (United States of Europe) बनाने जैसी अवधारणा से ही भयभीत हो जाते हैं, उनके लिए यूरोपीय संघ की उनके राष्ट्रीय सरकारों से भी ऊपर की कुछ शक्तियाँ चिंता का कारण है। ऐसे विचारों के परिप्रेक्ष्य में किसी दूर भविष्य में राजनैतिक रूप से एकल यूरोपीय संघ की कल्पना साकार होती नहीं दिखती। दूसरी ओर कुछ का विश्वास है कि जैसे अमेरिका के 13 पूर्वी उपनिवेश संगठित राज्यों वाले महाशक्तिशाली संयुक्त राज्य अमेरिका जैसे संघीय देश बन गए वैसी ही संभावना यूरोप में भी है। अमेरिका को भी एकीकरण के दौरान दुःख झेलने पड़े थे 1860–64 का गृह–युद्ध उसकी अग्नि–परीक्षा से कम नहीं था। विभिन्न नस्लों, धर्मों और सांस्कृतिक पहचान वाली अपनी जनता को अमेरिका ने कानून के शासन, प्रजातंत्र और उसके विभिन्न मूल्यों द्वारा एक सूत्र में बाँधा, उसी प्रकार यूरोपीय संघ भी तमाम बाधाओं को पार करते हुए यूरोपीय मूल्यों वाला संघीय राजनैतिक हस्ती बन सकता है।

वर्तमान में यूरोपीय संघ की सबसे बड़ी चुनौती प्रव्रजक (Migrants) एवं शरणार्थी (Refugee) लोगों की है जो अपने देश की गरीबी या युद्ध क्षेत्रों से बचने के लिए यूरोप के देशों में लगातार बड़ी संख्या में चले आ रहें हैं। यूरोपीय संघ के

2005 के एक कानून के तहत सभी सदस्य देशों को अपना देश छोड़कर आने वाले शरणार्थी को पनाह देने का निर्देश है, पर यह संख्या इतनी अधिक है और आने वाले आतंकी हो सकते हैं जैसी संभावना के चलते इस कानून का पालन कोई नहीं करना चाहता। अपने सदस्य देशों की जनता को शिनज़ेन क्षेत्र के अंदर मुफ्त और अबाध आवागमन की सुविधा तो दी गई है पर यूरोप के बाहर से आने वाले लोगों को शरण देने की आर्थिक ताकत ज्यादातर यूरोपीय देशों के पास नहीं है अतः शरणार्थी मुद्दे और संघ के कुछ देशों की कमजोर आर्थिक अवस्था यूरोपीय संघ के भंग हो जाने का कारण बन सकती है।

नोट :—

1 क्रोएशिया 2013 में अठ्ठाइसवां सदस्य बना।

2 किन्ही स्त्रोतों में यूरोपीय न्यायालय के न्यायाधीशों की संख्या 28+11 लिखी मिलती है।

3 यह पाठ लिखे जाने के समय यूरोपीय संघ के सदस्यों की संख्या 28 थी और यूरो मुद्रा अपनाने वाले देशों की संख्या 19 थी।

4 जून 23, 2016 में हुए ब्रिटिश जनमत में जनता ने यूरोपीय संघ को त्याग देने के पक्ष में मत दिया।

प्रश्नावली

प्रश्न 1 : द्वितीय विश्व युद्ध के पश्चात पश्चिमी यूरोप के देशों में एकीकरण की इच्छा के जागृत होने के पीछे क्या कारण थे?

प्रश्न 2 : 'बेनेलक्स' किसे कहा जाता था ? इसकी उपलब्धियों का आलोचनात्मक परीक्षण करें।

प्रश्न 3 : 'यूरोपीय आर्थिक समुदाय' नामक संस्था की स्थापना का इतिहास लिखें, इसके तीन स्तंभ कौन से थे ?

प्रश्न 4 : 'यूरोपीय आर्थिक समुदाय' के प्रति ब्रिटेन का रवैया कैसा था, विस्तार से वर्णन करें।

प्रश्न 5 : यूरोपीय आर्थिक समुदाय, यूरोपीय संघ कब बना ? इसके वर्तमान स्वरूप और संस्थाओं का वर्णन करें।

प्रश्न 6 : यूरोपीय संघ की उपलब्धियों और आलोचनाओं की विस्तार से चर्चा करें।

१५. वैश्वीकरण

वैश्वीकरण (Globalization) शब्द का प्रयोग 1970 के दशक में प्रचलित हुआ। सन् 2000 ई॰ में अंतर्राष्ट्रीय मुद्रा कोष ने वैश्वीकरण के चार आधारभूत पहलुओं को आवश्यक बताया – व्यापार तथा विनिमय, पूँजी एवं निवेश का आवागमन, लोगों का आवागमन एवं प्रवास और ज्ञान का प्रसार। इसके अलावा वैश्वीकरण के पर्यावरण संबंधित आयाम भी हैं जैसे – भूमंण्डलीय तापवृद्धि, वायु एवं जल प्रदूषण, अतिमत्स्यग्रहण इत्यादि।

वृहतरूप में वैश्वीकरण अंतर्राष्ट्रीय एकीकरण की वह प्रक्रिया है जो विश्व भर में विचारों के आदान–प्रदान से, वस्तुओं के उपभोग से और सांस्कृतिक फैलाव से अस्तित्व में आती है। परिवहन के क्षेत्र में अभूतपूर्ण प्रगति साथ ही संचार की क्रांतिकारी त्वरित साधनों (इंटरनेट एवं मोबादल फोन) के चलते वैश्वीकरण अर्थात विश्व के देशों का नजदीक आना संभव हो पाया है जिसके चलते आर्थिक एवं सांस्कृतिक अंतर्संबंध बढ़ गए हैं। 19वीं सदी में बड़े पैमाने पर वैश्वीकरण हुआ जब दुनिया भर के देशों में लोगों का आवागमन बढ़ा, व्यापार के लिए जबरन द्वार खुलवाए गए और सभ्यताओं तथा अर्थव्यवस्थाओं के संबंध बढ़े। वैश्वीकरण के तीन आयाम हैं – आर्थिक वैश्वीकरण, सांस्कृतिक वैश्वीकरण एवं राजनैतिक वैश्वीकरण।

अर्थ एवं प्रकृति –शाब्दिक रूप में वैश्वीकरण का अर्थ है आर्थिक व्यवस्थाओं के अंतर्राष्ट्रीय अंतरजाल का उद्‌भव (Emergence of an international network of economic systems)। वैश्वीकरण के अंग्रेजी स्वरूप Globalization को लोकप्रिय बनाने का श्रेय अर्थशास्त्री थियोडोर लेविट को जाता है जब उन्होंने हारवर्ड बिजनेस रिव्यु नामक जर्नल में "Globalization of Markets" शीर्षक का लेख लिखा (1983, जून)।

तभी से इसकी विभिन्न परिभाषाएँ समय–समय पर विद्वानों द्वारा दी जाती रहीं हैं। समाजशास्त्री मार्टिन एलब्रो एवं एलिजाबेथ किंग ने इसकी परिभाषा इस रूप में दी कि "वे सारी प्रक्रियाएँ जिनसे विश्व भर के लोग एक एकीकृत विश्व समाज के रूप में समाविष्ट हो गए हैं।" स्वीडीश पत्रकार थॉमस लारसन अपनी किताब, The Race to the Top : The Real Story of Globalization, में इसके बारे में लिखते हैं – "यह विश्व के सिकुड़ जाने की प्रक्रिया है, इसमें दूरियाँ कम होती जा रहीं हैं, चीजें नजदीक आ रही हैं। इसके अंदर यह देखा जा सकता है कि विश्व के एक छोर पर स्थित कोई इंसान विश्व के दूसरे छोर पर स्थित किसी और से आपसी फायदे की बातें बड़ी आसानी से कर सकता है।"

प्रोफेसर मानफ्रेड स्टेगर वैश्वीकरण के चार आयामों – आर्थिक, राजनैतिक, सांस्कृतिक एवं पारिस्थितिक आयामों में एक पाँचवा आयाम – वैचारिक भी जोड़ते हैं जिसके अपने ही रिवाज, दावे एवं विश्वास हैं। पत्रकार थॉमस फ्रीडमैन ने "समतल विश्व" (Flat World) का पदबंध प्रचलित किया जिसमें भूमण्डलीय व्यापार, आउटसोर्सिंग, वस्तुओं की सप्लाई श्रृंखला और राजनैतिक दबावों ने विश्व को स्थाई तौर पर बदल डाला है, चाहे वो अच्छे के लिए हो या बुरे के लिए। उनके अनुसार वैश्वीकरण आगे भी व्यापार संगठनों और क्रियाओं पर प्रभाव डालता रहेगा।

लेचनर एवं बोली नामक विद्वानों ने वैश्वीकरण की प्रकृति के बारे में व्याख्या करते हुए कहा कि जिसमें ज्यादा से ज्यादा लोग, दूर–दूर रह कर भी ज्यादा और विभिन्न तरीकों से जुड़ते जाते हैं। आर्थिक वैश्वीकरण में विभिन्न राष्ट्रों की अर्थव्यवस्थाएँ एक दूसरे पर निर्भर होती जा रही हैं क्योंकि सीमाओं के पार वस्तुओं, सेवाओं, तकनीक एवं पूँजी का आवागमन तेजी से बढ़ रहा है। एक तरफ व्यापार के वैश्वीकरण से अंतर्राष्ट्रीय व्यापारिक नियमों में शिथिलता आ रही है, सीमा शुल्क एवं करों के पेचीदे बोझ को कम कर वैश्विक व्यापार की रूकावटें दूर की जा रही हैं तो दूसरी तरफ देशों के बीच आर्थिक एकीकरण को बढ़ाने की लगातार कोशिश की जा रही है ताकि एक वैश्विक बाजार या एक "एकल विश्व बाजार" (Single World Market) का उद्भव हो सके। नजरिए के अनुसार, आर्थिक वैश्वीकरण अच्छा या बुरा साबित किया जा सकता है। वर्तमान में वैश्वीकरण के अंतर्गत विकसित अर्थव्यवस्थाएँ, कम विकसित या विकासशील देशों के अर्थव्यवस्थाओं के साथ प्रत्यक्ष विदेशी निवेश (Foreign Direct Investment) व्यापारिक प्रतिबंधों को दूर कर के (Reduction of Trade Barriers) और अन्य आर्थिक सुधारों तथा प्रवासियों को काम दे कर एकीकृत होने का प्रयास कर रही हैं।

प्रथम विश्व युद्ध के बाद की महामंदी जैसी पुनरावृत्ति न हो, अतः 1944 में 44 देशों ने अमेरिका के ब्रैटन वुड्स सम्मेलन में भाग ले विश्व की वित्तीय व्यवस्था को संभालने का काम करने का प्रयास किया। विश्व की प्रमुख मुद्राओं की स्थिरता बनाए रखने और द्वितीय विश्व युद्ध के पश्चात होने वाले अंतर्राष्ट्रीय व्यापार के लिए ऋण की व्यवस्था करने जैसे महत्वपूर्ण काम हुए जिसके पश्चात विश्व बैंक (World Bank), अंतर्राष्ट्रीय मुद्रा कोष (International Monetary Fund) व्यापार शुल्कों पर आम सहमति (General Agreement on Trade and Traifts) जैसे संस्थाएँ अस्तित्व में आई, जो एक परस्पर जुड़े वैश्विक अर्थव्यवस्था एवं वित्तीय व्यवस्था के लिए आवश्यक थे। इन संस्थाओं ने देशों के बीच बिना प्रतिबंधों के मुक्त व्यापार(Free Trade) को बढ़ाने पर बल दिया। देशों को उस आर्थिक गतिविधि पर ही ध्यान दे कर विशेषज्ञता हासिल कर लेनी चाहिए और उस वस्तु का ही उत्पादन कर विश्व में व्यापार करना चाहिए जो उनके पास प्राकृतिक रूप से मौजूद हों या वे ही आर्थिक गतिविधियाँ में दक्षता लेनी चाहिए जिनमें उन्हें महारत हासिल हो। परन्तु इस विचार की खामी यह थी कि गरीब देश कृषि प्रधान देश थे और उनके कृषि उत्पादन का मूल्य भी कम होता था, तो वे गरीबी के चक्र से निकल नहीं

पाते थे। मुक्त व्यापार का अनुपालन कर के भी कई देश 1980 के दशक में मौद्रिक एवं आर्थिक संकट में फंस गए। 1989 में ''वांशिगटन सर्वसहमति'' नामक अर्थव्यवस्था सुधार के उपायों का प्रचार हुआ। यह दस सुधारों की सूची थी जो पहले ही ब्रैटन वुड्स के समय कही जा चुकी थी और जिनके लिए कहा गया अगर इन्हें अपनाया जाए तो विकासशील देश अपनी अर्थव्यवस्थाएँ सुधार पाएँगे और तभी उन्हें विश्व बैंक तथा मुद्रा कोष से मदद मिलेगी। इस सूची (Washington Consensus) के बिंदु थे – सरकारी बजट घाटा कम करना, सरकारी अनुदान कम करना, कर सुधार ताकि कर दायरा बढ़ाया जा सके, बाजार आधारित ऋण दर, प्रतियोगी मुद्रा विनिमय दर, प्रतिबंध मुक्त व्यापार, प्रत्यक्ष विदेशी निवेश, सरकारी क्षेत्र को निजी क्षेत्र में लाना, विदेशी पूँजी के प्रवेश को आसान करना और संपत्ति अधिकारों की रक्षा करना। इन सब बातों का अर्थ था कि देशों को अपनी अर्थव्यवस्थाएँ खोल देना चाहिए और सरकारों को कम से कम हस्तक्षेप करना चाहिए। परन्तु विकासशील देशों को इन्हें अपना कर विशेष फायदा न हुआ। चीन एक ऐसा देश था जिसने अपनी अर्थव्यवस्था को खोल दिया और तेज आर्थिक विकास किया परन्तु एक साम्यवादी देश होने के नाते उसने लोक प्रतिरोध का गला घोंट कर यह प्रगति पाई।

राजनैतिक वैश्वीकरण – आर्थिक वैश्वीकरण को सफल बनाने के लिए राजनैतिक वैश्वीकरण होना ही था। द्वितीय विश्व युद्ध के पश्चात दो राजनैतिक विचारधारा प्रबल हो गई थीं – पूँजीवादी प्रजातांत्रिक व्यवस्था और समाजवादी गणतांत्रिक व्यवस्था। पूँजीवादी देशों का एकीकरण बड़ा गहरा था दूसरी तरफ समाजवादी राजनैतिक व्यवस्था में कुछ असंतोष छिपा था। पर वैश्वीकरण के प्रभाव से संयुक्त राष्ट्र संघ में दोनों विचारधारा वाले देश बढ़ चढ़ कर भाग लेते थे। 1989 के पश्चात समाजवादी वैश्वीकरण कम हो गया। यूरोप में यूरोपियन समुदाय/संघ की स्थापना ने राजनैतिक वैश्वीकरण को नया आयाम दिया। यूरोप के पड़ोसी दुश्मन देश अपनी राष्ट्रीय सरकारों की कई संप्रभु शक्तियों को समर्पित करने को तैयार हुए बदले में उन्हें साझा बाजार, मुक्त व्यापार, एकल मुद्रा के चलते काफी फायदा हुआ। अधिराष्ट्रीय शक्तियों **(Supranational Power)** वाले यूरोपियन संघ ने राजनैतिक वैश्वीकरण को स्थापित किया है। अंतर्राष्ट्रीय व्यापार में सुविधा पाने के अलावा कई ऐसे मसले हैं जिनके निराकरण के लिए राजनैतिक वैश्वीकरण आवश्यक है – आतंकवाद की समस्या आज किसी एक राष्ट्र की समस्या नहीं है, इससे निपटने के लिए देशों को संगठित हो कर ही काम करना पड़ेगा। राजनैतिक वैश्वीकरण का सबसे बड़ा उदाहरण अमेरिका है, उन्नीसवीं एवं प्रारंभिक बींसवी सदी का अमेरिका यूरोप की राजनीति से अलग रहना चाहता था और उसे अलगाव की नीति (Policy of isolation) कहा जाता था, अन्य यूरोपीय देशों के विपरीत अमेरिका उपनिवेश एकत्र नहीं करता था परन्तु द्वितीय विश्व युद्ध के बाद शीत युद्ध के काल में वह विश्व राजनीति में कूद पड़ा। अपनी विचारधारा वाली सरकारों को स्थापित करने के उसके महती प्रयास सोवियत संघ से कतई

कम नहीं थे। सोवियत संघ के विखण्डन के पश्चात अमेरिका राजनैतिक वैश्वीकरण की ओर अग्रसर हो गया। पूरे विश्व पर अपना प्रभुत्व मनवाने की उसकी अदम्य इच्छा, संसार भर में सैन्य संधियाँ करने, अपनी सेना के ठिकाने बनाने और दूसरे देशों के आंतरिक मामले में दखल देने को प्रेरित करती है। अपने अनुसार वह प्रजातंत्र की रक्षा करने और मानव अधिकारों को स्थापित करने के लिए स्वअर्जित जिम्मेदारी के तहत इराक, लीबिया अफगानिस्तान, सीरिया इत्यादि देशों में हस्तक्षेप करता रहता है। आर्थिक वैश्वीकरण का जन्मदाता भी अमेरिका ही है जब उसके जंगी जहाज ने जुलाई 1853 में जापान को अपने ''द्वार खोलने'' और ''मुक्त व्यापार'' करने के लिए मजबूर कर दिया था। राजनैतिक वैश्वीकरण के चलते राष्ट्रीय संप्रभुता कम महत्वपूर्ण हो गई है, विश्व व्यापार संगठन की सदस्यता लेने पर उसके नियमों का पालन करना पड़ता है वैसे ही संयुक्त राष्ट्र संघ एवं यूरोपियन संघ के नियम हैं। वैश्विक अपराध से लड़ने के लिए निर्मित अंतर्राष्ट्रीय आपराधिक न्यायालय (International Criminal Court) वैश्विक अपराध जैसे नरसंहार, युद्ध अपराध एवं मानवता के प्रति अपराधों के मामलों की पड़ताल करता है जैसे मध्य अफ्रीकी गणराज्य के बेम्बा नामक व्यक्ति को युद्ध अपराधी पा कर सजा दी। विश्व के विभिन्न संधि गुट राजनैतिक वैश्वीकरण के उदाहरण है। आज विश्व में कोई भी ऐसा देश नहीं है जो किसी न किसी गुट के साथ संपृक्त हो। रेड–क्रास एवं युद्ध के दौरान राहत पहुँचाने वाली संस्थाएँ भी राष्ट्रीय सरकारों से इतर, जहाँ जरूरत हो वहाँ, डाक्टर विदाउट बोर्डस की तर्ज पर काम करती हैं।

सांस्कृतिक वैश्वीकरण– विचारों, मूल्यों एवं अंग्रेजी भाषा के प्रसार से विश्व के सामाजिक संबंधों पर जो प्रभाव पड़ा है उसे सांस्कृतिक वैश्वीकरण कहा जा सकता है। पार–सांस्कृतिक संपर्कों की वृद्धि से, चाहे वह आवागमन से हो अथवा दूरस्थ स्थानों के बीच सूचना प्रवाह में वृद्धि से, विदेशी उत्पादों और विचारों का उपभोग करने व आनंद प्राप्त करने की इच्छा, सांस्कृतिक वैश्वीकरण का कारण है। अंग्रेजी भाषा का विश्व के हर देश में प्रसार बढ़ गया है, साथ ही इसमें विभिन्न भाषाओं के शब्द इतने आसानी से घुल–मिल गए हैं कि यह एक वाकई वैश्विक भाषा बन गई है जैसे हिन्दी के शब्द गुरू, बाजार इत्यादि जर्मन शब्द आंग्स्ट (Angst) किंडरगार्टन (Kindergarten) फ्रांसीसी शब्द मिराज (Mirage) फसाद (Façade) मैटिनी (Matinee) इत्यादि अंग्रेजी भाषा के शब्द बन गये हैं। पहनने के वस्त्र वैश्विक हो गए हैं जैसे जींस, कोट–पैंट हर आम या खास पुरूष की वेशभूषा है। मनोरंजन के लिए पाप कल्चर, हॉलीवुड की फिल्में, डिज़नीवर्ल्ड, रॉक संगीत, विश्व के दर्शनीय स्थलों की सैर लगभग सभी को उपलब्ध हैं, सभी ऐसा ही मनोरंजन चाहते हैं। खाने पीने की चीज़ों का वैश्वीकरण मैकडोनाल्ड और स्टारबक्स से पता चलता है। मैकडोनाल्ड के बर्गर हर जगह उपलब्ध हैं और स्टारबक्स की काफी पीने की चाहत हर देश के शहरी को है। जापान की सूशी बड़े–बड़े शहरों में चाव से खाई जाती है, हर देश की उम्दा खान–पान की जानकारी वर्तमान काल में एक सुसंस्कृत और सभ्य इंसान की पहचान है।

ऐतिहासिक रूप से धर्मों ने सांस्कृतिक वैश्वीकरण की प्रक्रिया प्रारंभ की थी। धर्म को तलवार की जोर, अप्रवास, भिक्षुओं–भिक्षुणियों, व्यापारियों और साम्राज्यवादियों के जरिये फैलाया गया। अपने उत्कर्ष के स्थान से दूर–दूर तक ईसाई, इस्लाम, जैन, बौद्ध धर्म फैले। धर्म के वैश्वीकरण का मानवता पर गहरा प्रभाव पड़ा है। धर्म ने बहुसंस्कृतिवाद को बढ़ावा दिया इसीलिए वर्तमान में विश्व का कोई ऐसा देश नहीं जहाँ एक ही संस्कृति या एक ही भाषा बोली जाती हो।

वैश्वीकरण ने बहुसंस्कृतिवाद को पोषण दिया। वर्तमान विश्व में कई संस्कृतियों के मेल वाला समाज स्वीकार्य है पर साथ ही यह स्थानीय संस्कृतियों के उपभ्रंशीकरण का भी कारक है। प्रभावी संस्कृति को सरल संस्कृति आत्मसात कर लेती है जिससे स्थानीय संस्कृतियों की अपनी विशेषता एवं सुंदरता लुप्त हो जा रही है। वर्तमान में दूसरी संस्कृतियों के प्रति असहिष्णुता उत्पन्न होती जा रही है, जो अशांति का कारण बनेगी।

डिजिटल माध्यम का प्रयोग करने वालों के लिए दुनिया अत्यंत छोटी और एक समान होती जा रही है। आभासी दुनिया (Virtual World) के खेल जैसे ही बाजार में आते हैं सभी इन्हें खेलने में लग जाते है जैसे पॉकेमान (Pokemon), ओरिगेमी (Origami) इत्यादि। फेसबुक, वाट्सअप, ऑरकुट, ट्विटर इत्यादि के जरिए दुनिया भर में संवाद किये जा रहे हैं। विश्व कप (फुटबॉल) ओलंपिक खेल इत्यादि से सांस्कृतिक वैश्वीकरण की व्यापकता का आभास मिलता है।

सांस्कृतिक वैश्वीकरण का एक पहलू यह है कि चौबीस घंटे चलने वाले देशी–विदेशी चैनलों से विश्व की घटनाओं और मुद्दों पर सबका ध्यान आकर्षित होता है।

भारत जैसे प्राचीन देश में वर्तमान में भी वैश्वीकरण से संस्कृति कम प्रभावित हुई है। इसके कई कारण हैं – भारतीय समाज के आतंरक मूल्य(Core Values) अभी भी मजबूती से बने हुए हैं, अभी भी जनसंख्या का बड़ा भाग गाँवों में रहता है जिसकी वेशभूषा में कुछ परिवर्तन तो आया है परन्तु भोजन, तीज–त्यौहार, विवाह, जन्म, मृत्यु, वाद्ययंत्र, संगीत एवं नृत्य में स्थानीय संस्कृति गहरी रची हुई है। भारत के विभिन्न राज्यों की अपनी सुंदर स्थानीय संस्कृति है। विहंगम दृष्टि से देखें तो भारत में सांस्कृतिक विविधता के आंतरक (कोर) को वैश्वीकरण ने बहुत गहराई से प्रभावित नहीं किया है। भारत के शहरों की कहानी अलग है। शहरी जनता सूचना तंत्र के व्यापक प्रयोग से, अंग्रेजी भाषा में शिक्षा प्राप्त करने से और टेलिविजन के द्वारा प्रभावित हो कर एक वर्णसंकर संस्कृति का शिकार हो गई है। पश्चिमी जगत की भौतिकतावादी बेलगाम उपभोग की संस्कृति को आत्मसात कर भारतीय युवक वैश्वीकरण के शिकार हो गए हैं। मध्य एवं उच्च वर्ग के भारतीय लोगों का सपना पश्चिम में नौकरी पाना और धन कमाना है। उन्हें भोजन, कपड़े, स्वतंत्र मूल्य सभी में पश्चिमी संस्कृति बेहतर लगती है परन्तु विरोधाभास यह है कि अंदर से वे भारतीय ही रह जाते है।

शहरों में ऊपर तौर पर पश्चिम का अंधानुकरण करते हुए भी वे विदेशी पहनावे में दिखते हैं परन्तु उनके अंदर की गहराई में भारतीय मूल्य हैं। वैश्वीकरण के साथ–साथ राष्ट्रवाद की भावना भी गहरी होती जा रही है। भारत में भी पहचान, मूल्य और उद्देश्यों को ले कर हलचल मची हुई है। बुद्धिजीवी वर्ग की व्याकुलता है कि भारत की विशिष्टता – इसकी सहिष्णुता – कम होती जा रही है, राजधानियों के पुराने नामों को पुनः प्रचारित कर, औपनिवेशिक अतीत से पीछा छुड़ाने की मांग, राष्ट्रवाद के बढ़ते कदम की वजह से है या क्षेत्रीय अभिमान के, यह स्पष्ट पता करना कठिन है।

इक्कीसवीं सदी के दूसरे दशक में विश्व के देशों के चुनावों का परिणाम राष्ट्रवादी ताकतों और दक्षिणपंथी विचारधारा के लोकप्रिय होते जाने की तरफ इशारा कर रहे हैं। कहीं यह फिर से फासीवाद के उदय का काल न बन जाए।

वैश्वीकरण के आर्थिक एवं राजनैतिक प्रभाव

यूरोपीय गवेषणा एवं खोज के काल से ही पृथ्वी पर व्यापार बढ़ने लगा। अठारहवीं सदी के व्यापार को वणिकवाद (Mercantilism) कहा जाता है क्यों कि उस काल के यूरोप में राष्ट्र–राज्य (Nation State) मजबूत हो रहे थे और यहाँ के निरंकुश शासक व्यापार पर नियंत्रण स्थापित कर राजकीय कोष को भर लेना चाहते थे। यही कारण था कि यूरोपीय शासक साहसी नाविकों को नए देशों एवं नए रास्तों की खोज के लिए धन देकर भेजा करते थे। वे ऐसी वस्तुएँ मंगवाना चाहते थे जिसके व्यापार से सोने–चाँदी से उनका खजाना भर जाए। परन्तु एडम स्मिथ नामक अंग्रेज अर्थशास्त्री ने अपनी पुस्तक ''वेल्थ ऑफ नेशंस'' (Wealth of Nations 1776) में कहा कि राष्ट्रों एवं व्यक्तियों को प्रतिबंध मुक्त प्रतियोगी वातावरण में व्यापार करना चाहिए तभी सबका भला हो सकता है। यह ही ''मुक्त व्यापार'' (Free Treade) का सिद्धांत था। धीरे–धीरे यह सिद्धांत पश्चिमी जगत में लोकप्रिय हो गया। परन्तु मुक्त व्यापार कभी भी पूरी तरह मुक्त नहीं था, यूरोप के देश दूसरों से इस सिद्धांत के पालन की उम्मीद करते थे जैसे अंग्रेज भारत में मुक्त सिद्धांत के अनुसार ब्रिटेन में बनी चीजों को बिना शुल्क प्रवेश करने का हुक्त देते जबकि अपनी नवस्थापित कपड़े के मिलों के उत्पादन को प्रतियोगिता और भारतीय कपड़े के अच्छे होने की वजह से होने वाली भारी मांग को दबाने के लिए भारतीय माल पर ऊँचा शुल्क लगाते। परन्तु यह औपनिवेशिक काल की बात थी। प्रथम विश्व युद्ध के बाद ऐसे ही व्यापार–युद्ध के चलते महामंदी छा गई थी।

द्वितीय विश्व युद्ध के पश्चात पश्चिमी देश धीरे–धीरे पटरी पर आ गए। अमेरिका की आर्थिक प्रगति अभूतपूर्व थी, कोई युद्ध उसकी धरती पर नहीं लड़ा गया था, और युद्ध सामग्री की आपूर्ति कर वह बड़ा समृद्ध देश बन गया। जर्मनी और जापान बरबाद होने के बाद पुनःनिर्माण में लग गए। यूरोपीय समुदाय बना कर जर्मनी तेज आर्थिक विकास करने लगा। जापान भी अमेरिका के सहयोग और

सरंक्षण से इलेक्ट्रौनिक तकनीक का गुरू बन गया। जापानी तकनीक से बने टेप रिकार्डर, वी.सी.आर, टी.वी, उच्च गुणवत्ता के प्रतीक बन गये। 1980 के दशक के आते–आते अमेरिका, जर्मनी और जापान विश्व के सबसे धनी देश बन गए। 1987 में इनकी प्रति व्यक्ति आय क्रमशः 18,530 ; 14,400 और 15,760 अमरीकन डालर थी।

जापान को शीत युद्ध की परिस्थितियों ने बहुत फायदा पहुँचाया। सोवियत संघ एवं चीन जैसे साम्यवादियों के आस–पास सेना रखने की चाह ने अमेरिका को जापान के काफी करीब ला दिया। जापान पर अणु बम गिरा कर अमेरिका ने उसे द्वितीय विश्व युद्ध में हराया तो था पर उसके बाद के वर्षों में जापान के पुनःनिर्माण में बहुत मदद भी की। अमेरिका का बाजार जापान के उत्पादों के लिए खोल दिया गया। अमेरिका की अर्थव्यवस्था इंजन बन गई और जापान जैसे देश डिब्बे, अमेरिकी अर्थव्यवस्था जापान से अनेको वस्तुएँ आयात करती परन्तु जापान में अमेरिकी चीजों की मांग न थी फलतः अमेरिका का व्यापार घाटा बढ़ने लगा, पर जापान धनी होता गया। जापान डंपिग, (चीजों के दाम कृत्रिम रूप से कम रखना ताकि दूसरे देश के बाजार पर कब्जा कर लिया जाए) तकनीक की नकल या चोरी, और विदेशी वस्तुओं को अपने यहाँ घुसने न देना जैसी हरकतें भी करता था।

1990 आते–आते व्यापारिक निगम कई देशें में फैल गए जैसे अमेरिका की कार बनाने वाली जनरल मोटर्स, अंतर्राष्ट्रीय कंपनी बन गई, वहीं की क्रिसलर कंपनी ने जापान की मित्सुबिशी कंपनी के साथ साझा व्यापार समझौता कर लिया, ऐसा ही जर्मन एवं ब्रिटिश कंपनियों ने किया। जापान की कंपनी होन्डा ने अमेरिका के ओहायो में कार बनाने का कारखाना खोला। यह आर्थिक वैश्वीकरण का आधुनिक रूप था। इस व्यवस्था में देशों को पूँजी के प्रवाह पर प्रतिबंध नहीं लगाना था। कोई भी निवेशकर्ता कहीं भी कारखाना लगा या व्यवसाय में पूँजी निवेश कर सकता था, जहाँ उत्पादन के अन्य साधन सस्ते हो ; जैसे श्रम, कच्चा माल, जमीन इत्यादि। कौन सी चीजे उत्पादित होगी वह बाजार की ताकतों – मांग एवं कीमत – के अनुसार तय की जाती थी। ऐसी व्यवस्था ही मुक्त व्यापार कहलाती। 1980 के ही दशक के अंत में पूर्वी यूरापीय देशों से साम्यवाद का अंत हो गया क्योंकि मुक्त व्यापार एवं बाजार वाली अर्थव्यवस्थाएँ तेजी से धनी होती जा रही थीं और साम्यवादी सरकारी नियंत्रण वाली गरीब। अतः यह चर्चा हुई कि कुछ देश पिछड़े क्यों हैं और तब "वाशिंगटन सहमति" की सुधार सूची बनी। अनेक एशियाई देशों जैसे इंडोनेशिया, मलेशिया, दक्षिण कोरिया, दक्षिण अमेरिकी देशों, तीसरे विश्व के देशों ने इसे अपनाया। तीसरे विश्व के देशों को इन सुधारों को अपना कर भी तेज आर्थिक विकास का रास्ता नहीं मिला।

यूरोप, उत्तर अमेरिका, दक्षिण अमेरिका और एशिया के देशों ने क्षेत्रीय व्यापारिक संधियां करनी प्रारंभ की ताकि वे वैश्विक अर्थव्यवस्था में प्रतियोगिता के लिए तैयार हो सकें। इनमें से सबसे सफल यूरोपियन समुदाय था।

यूरोपियन समुदाय: **EU (European Union)** 9 मई 1950 को फ्रांस के विदेश मंत्री राबर्ट शयूमान के एक ऐसे आर्थिक गठबंधन का प्रस्ताव रखा जो वास्तव में दो पुराने दुश्मनों फांस एवं जर्मनी की दुश्मनी को खत्म कर सत्‌त चलने वाली शांति कायम कर देती। दूसरे फ्रांसीसी मंत्री जीन मोने ने इस प्रस्ताव को असली जामा पहनाया और यूरोपियन कोल एवं स्टील संधि से यह यूरोपियन समुदाय कहलाने लगा। देखते ही देखते ये सब बड़े औद्योगिक और समृद्ध देश बन गए। इनके लोगों का जीवन स्तर खूब ऊँचा उठ गया। 1992 की मास्ट्रिच संधि के बाद यह यूरोपियन यूनियन (संघ) कहलाने लगा और जनवरी 2002 से एकल मुद्रा यूरो इसके ज्यादातर सदस्य देशों की मुद्रा बन गई (* जुलाई 2013 में क्रोएशिया इसका 28वां सदस्य बन गया)। यह यूरोपियन देशों का एक बड़ा संघ बन गया। मुक्त व्यापार एवं अर्थव्यवस्था के इन कदमों के कारण यूरोपियन समुदाय ने बहुत प्रगति की और अमेरिका के बाद पश्चिमी दुनिया में सबसे समृद्ध बन गया।

नाफ्टा **(NAFTA – North American Free Trade Agreement)** यूरोपियन समुदाय के तर्ज पर कनाडा, संयुक्त राज्य अमेरिका एवं मैक्सिको ने एक मुक्त व्यापार संधि करने की सोची। इसमें अमेरिका व कनाडा औद्योगिकृत देश थे। 1980 में मैक्सिको का विदेशी ऋण सौ बिलियन डालर था जो चुकाया ही नहीं जा पा रहा था अतः आर्थिक सुधार के लिए मैक्सिको ने अंतर्राष्ट्रीय व्यापार संधि **(GATT)** में प्रवेश किया, अपनी अर्थव्यवस्था को विदेशी निवेश के लिए खोला और सरकारी उपक्रमों का निजीकरण किया। इससे विदेशी निवेश तो बढ़ा और अमेरिकी निर्यात भी बढ़ा परन्तु अमेरिकी एवं मैक्सिकन राष्ट्रपति इससे संतुष्ट नहीं थे। उन्होंने नाफ्टा का प्रस्ताव रखा जिसको इन दोनों देशों और कनाडा के कुलीनों और सैकड़ों अमेरिकी अर्थशास्त्रियों ने बहुत ही अच्छा प्रस्ताव बताया। अमेरिकी राष्ट्रपति बिल क्लिटंन ने अपनी जनता को ढेरों तन्ख्वाह वाली नौकरियाँ आने का आश्वासन दिया परन्तु जनवरी 1994 से जब यह लागू हुआ तो अमेरिकी निवेशकों ने मैक्सिको की कम मजदूरी दर का लाभ उठाने के लिए अपने कारखाने मैक्सिको में स्थापित कर लिए। बड़ी तन्ख्वाह वाली नौकरियाँ अमेरिका में नहीं आई। मैक्सिको के मजदूर विदेशी कंपनियों में काम कर के भी स्थानीय मजदूरी दर ही पा सके। मैक्सिको में भी मंदी छा गई तो राष्ट्रपति ने कर बढ़ा दिया, मैक्सिको को अंतर्राष्ट्रीय प्रतियोगिता के काबिल बनाने के लिए कई कदम उठाए, सरकारी खर्च में कटौती की, सरकारी दर पर बिकने वाला भोज्य पदार्थ, गैस, बस परिवहन आदि महंगे हो गए। मैक्सिको के किसानों को अमेरिकी एवं कनाडाई किसानों के उत्पादों से प्रतियोगिता करनी पड़ी, तो उनकी चीज बिकना बंद हो गई। इस मुक्त व्यापार संधि ने सिर्फ इन देशों के मुट्‌ठी पर निवेशकों को फायदा पहुँचाया, न अमेरिका का बड़ा वर्ग नौकरी पा सका, न मैक्सिको तेजी से विकास कर एक तकनीक समृद्ध औद्योगिकृत देश बन सका और न ही अमेरिका का बजट घाटा कम हुआ।

इस प्रतिबंध मुक्त व्यापार से .अमेरिका का भी बहुत भला न हुआ, सैकड़ों की संख्या में मैक्सिकन अमेरिका आने लगे और कई तो गैर–कानूनी ढ़ंग से भी रहने

लगे अपराध, गंदगी एवं नशा करने जैसी चीजें बढ़ने लगीं, मैक्सिको में 1994 से 2001 के बीच निवेश तो चार गुना बढ़ा परन्तु नौकरियाँ उस अनुपात में नहीं बढ़ी, 1994 वाला मजदूरी दर ही चलता रहा, अमेरिकी मजदूरों की नौकरियाँ लाखों की संख्या में, चली गई।

मरकोसर **(MERCOSUR – Common Market in Spanish Language)** 1991 में दक्षिण अमेरिका (लैटिन अमेरिका) के चार देशों – अर्जेटीना, ब्राजील, उरूग्वे एवं पराग्वे ने एक व्यापारिक गुट बनाया जिसे मरकोसर (दक्षिण के साझा बाजार का स्पेनी में पहले अक्षरों से बना शब्द) (Spanish Acronym for Common Market of the South) इसका भी ध्येय आपस में व्यापार के लिए शुल्क को कम करना और एक साझा बाजार की स्थापना करना था। इसके कुछ नेताओं के समाजवादी कदमों के कारण यह गुट ज्यादा सफल न हो सका।

आसियान : पूर्वी एशिया के देशों का आर्थिक गुट (ASEAN) 1967 में दक्षिणपूर्व एशियाई देशों (Association of South East Asian Nations) का एक गुट स्थापित किया गया जिसका स्वरूप आर्थिक होने के साथ राजनैतिक भी था। इसके सदस्य थे इंडोनेशिया, मलेशिया, फिलिपींस, सिंगापुर और थाइलैण्ड, 1968 के पश्चात वियतनाम, कंबोडिया, लाओस और बर्मा भी इसके सदस्य बन गए। इस गुट ने वियतनाम के पक्ष में भी आवाज उठाई। कूटनीतिक सहयोग से आर्थिक सहयोग बढ़ाने का रास्ता मिला और इन देशों ने मिलकर औद्योगिक निगम स्थापित किया, व्यापार शुल्कों को घटाया जिससे 1980 के पश्चात इन देशों में आर्थिक विकास की दर बढ़ गई।

ओपेक **(OPEC – Organization of Petrolium Exporting Countries)** यह पेट्रोलियम निर्यात करने वाले देशों का गुट है जो जनवरी 1961 में अस्तित्व में आया जिसके प्रारंभिक सदस्य थे – ईरान, इराक, कुवैत, साउदी अरब एवं वेनेजुएला। इन देशों के पास विश्व के तेल भण्डार का 73 प्रतिशत है।

बीसवीं सदी के प्रारंभ से अमेरिका, ब्रिटेन और नीदरलैण्ड में पेट्रोलियम का पता लगाने, निकालने और विभिन्न रूप में प्रयोग करने की तकनीक बहुत विकसित हो गई थी परन्तु आपस में विवाद होते रहते थे अतः इन देशों की तेल कंपनियों स्टैंर्डड आयल कंपनी, एंग्लो–परशियन आयल कंपनी एवं रॉयल डच शैल ने हाथ मिला लिया। इनके साथ चार अमेरिकी तेल कंपनियां जब जुड़ गई – टेक्सको, स्टैंर्डड आयल कंपनी ऑफ न्यूयार्क तथा गल्फ आयर तो इन्हें सेवेन सिस्टर्स कहा जाने लगा और यह बहुदेशीय कंपनियाँ वैश्वीकरण के लालची स्वरूप का पर्याय बन गईं। एक साथ मिलकर इन्होंने उन पिछड़े क्षेत्रों का खूब शोषण किया जहाँ का शासन कमजोर था और विज्ञान तथा तकनीक का विकास नहीं हुआ था। ईरान के तेल का पहले ब्रिटेन एवं रूस, फिर अमेरिकी कंपनी ने खूब फायदा उठाया। ईरान के शाह को अमेरिका ने तभी गद्दी पर बैठाया जब उस ने अनेक व्यापारिक फायदे और रियायतें अमेरिकी कंपनियों को दीं। ईरान की क्रांति (1979) के बाद

वर्ष 1950 में शंघाई

ये सब बंद हो गया और ईरान ने अपने तेल का राष्ट्रीकरण कर दिया तब से ही उसे "शैतानी साम्राज्य" की उपाधि मिली है और अपनी सुरक्षा के लिए वह आणविक हथियार बनाने की कोशिश करता है तो पश्चिमी जगत उस पर कठोर प्रतिबंध (Sanctions) लगाकर बैठ जाते हैं। वैसी ही कहानी वेनेजुएला, इंडोनेशिया, इराक, बहरीन, कतर के साथ दोहराई गई। पश्चिमी कंपनियों की शक्ति इतनी ज्यादा थी कि अपने देशों की सरकारों को दूसरे देशों में हस्तक्षेप करने के लिए मजबूर कर देते थे जैसे इराक, लीबिया, सूडान, सीरिया इत्यादि में।

अतः ओपेक देशों ने इन बड़ी बहुराष्ट्रीय कंपनियों को मनमाने व्यवहार पर रोक लगाने के लिए अपना गुट बनाया जिसमें कई अफ्रीकी देश – अल्जीरिया, अंगोला, गेबोन, लीबिया, नाइजीरिया, मध्य–पूर्व के देश कतर, यूएई, दक्षिण अमेरिका का इक्वाडोर भी सदस्य बन गए।

इनके प्रतिनिधियों का सम्मेलन वर्ष में दो बार वियना में होता है जहाँ वे पेट्रोलियम पदार्थों के दाम एवं उत्पादन की मात्रा के बारे में निर्णय लेते हैं। 1970 के दशक में इन्होंने उत्पादन कम कर तेल के दाम को खूब बढ़ने दिया जिससे इनकी समृद्धि और इन पर निर्भर पश्चिमी देशों की अर्थव्यवस्था में मंदी बढ़ गई। तब से "सात बहनों" की स्थिति बदल गई है वे सिकुड़ कर मात्र दस प्रतिशत की हिस्सेदारी वाले रह गए हैं जबकि ओपेक उस काल में ऊर्जा के सबसे महत्वपूर्ण स्रोत पर स्वामित्ववाला निर्णायक गुट बन गया। पश्चिमी देशों ने अपने तेल के खर्च कम किए, ऊर्जा के दूसरे स्रोत खोजे और नए तेल के भण्डारों का पता लगाया। उधर ओपेक ने अरब–इजरायल युद्धों में पश्चिमी देशों के इजरायल समर्थन के विरोध में उन्हें तेल देना कम कर अपने गुट के राजनैतिक स्वरूप की शक्ति का परिचय दिया। परन्तु फारस खाड़ी के तेल बहुल अरब देशों के आपसी झंझट ओपेक को कमजोर बनाते हैं। 1980 के दशक में तेल के दाम खूब गिरे। गैर–ओपेक तेल उत्पादन करने वाले देशों जैसे रूस, अमेरिका, ब्रिटेन आदि के उत्पादन बढ़े और ओपेक की एकाधिकार वाली स्थिति खत्म हो गई। सदस्य देश भी ओपेक की सदस्यता छोड़ने लगे जैसे इक्वाडोर एवं इंडोनेशिया। सन् 2000 में दाम और अधिक घटे जिससे कि वेनेजुएला जैसे देश बरबाद हो गए। फिर से ओपेक देश मिलकर उत्पादन घटाने और दाम के बढ़ने का वातावरण बनाने की कोशिश कर रहे हैं।

शंघाई सहयोग संगठन (Shanghai Co-operation Organization) 1990 के दशक के वैश्वीकरण से उत्पन्न चुनौती का सामना करने के लिए चीन, कज़ाकिस्तान, किंगिज़स्तान, रूस, ताज़िकिस्तान ने 1996 में शंघाई पाँच (Shanghai Five) नामक गुट बनाया जिसके राजनैतिक, आर्थिक एवं सैनिक सहयोग संबंधी उद्देश्य थे। जब इसमें 2001 में उज़्बेकिस्तान शामिल हो गया तो उसे शंघाई सहयोग संगठन का नाम दिया गया। इसका मुख्यालय चीन के बीजिंग शहर में है। वैसे तो इसका शुरूआती ध्येय इन पाँच पड़ोसियों की सीमा पर सैन्य मामलों में आपसी विश्वास

वर्ष 2001 में शंघाई

बढ़ाना और सैन्य टुकड़ियों की तैनाती कम करना था परन्तु सन् 2000 ई॰ के ताज़िकिस्तान सम्मेलन में जब सदस्य इस बात पर रजामंद हुए कि ''यह पाँच देश एक दूसरे की संप्रभुता, स्वतंत्रता, क्षेत्रीय अखंडता एवं सामाजिक स्थिरता की रक्षा करेंगे और उन ताकतों का विरोध करेंगे जो ''मानवतावाद'' और ''मानव अधिकारों की रक्षा के नाम पर दूसरे देशों के आंतरिक मामलों में दखल देते हैं''; तो यह इशारा पश्चिमी देशों के तरफ ही था। थॉमस अम्बरोसियों नामक एक पश्चिमी विद्वान ने इस संगठन का उद्देश्य 'इन देशों में उदार प्रजातंत्र (Liberal Democracy) का विकास न होने देना' बता दिया।

इस संगठन के जरिए विश्व के दो बड़े व ताकतवर देश एक साथ आ गए हैं – चीन एवं रूस, अतः अमेरिका का विश्व पर प्रभुत्व जमाने का काल समाप्त हो गया है। शंस (शंघाई) संगठन मुख्य रूप से मध्य एशिया के सुरक्षा जरूरतों को ध्यान में रखकर बनया गया है जो आतंकवाद अलगाववाद और उग्रवाद के इस क्षेत्र में बढ़ने से पैदा हो गया है। अक्टूबर 2007 में इस संगठन ने सामूहिक सुरक्षा संधि संगठन (Collective Security Treaty Organizaion – CSTO) पर समझौता किया। अब सदस्य देश मिलकर सैन्य अभ्यास करते हैं। शंस संगठन का ध्यान आर्थिक सहयोग के ऊपर भी है, 2003 में सदस्य देशों ने मुक्त व्यापार क्षेत्र बनाने की दिशा में काम करने पर समझौता किया, तेल एवं गैस के क्षेत्र, हाइड्रोकार्बन भण्डारों का पता लगाने के क्षेत्र में और जल संसाधनों का साझा और समुचित उपभोग करने के क्षेत्र में काम करने का निर्णय लिया। उन्होंने एक प्रभावी बैंक की स्थापना का भी प्रस्ताव रखा जो अंतर्राष्ट्रीय बैंकिंग व्यवस्था से स्वतंत्र हो। जून 2009 में चीन ने 10 बिलियन डालर का ऋण, संगठन के सदस्य देशों को पेश किया जिनकी अर्थव्यवस्थाओं को वित्त की आवश्यकता थी।

कज़ाकिस्तान की राजधानी अस्टाना में सन् 2005 में जो सम्मेलन हुआ उसके पश्चात शंघाई सहयोग संगठन के सदस्य देशों के शीर्ष नेताओं ने घोषणा जारी की, जो इस संगठन की प्रकृति और उद्देश्य पर सही प्रकाश डालती है। इसमें कहा गया कि सदस्य देशों के शासनाध्यक्ष इस बात की ओर इंगित करना चाहते हैं कि वैश्वीकरण के विरोधाभासी प्रक्रिया की पृष्ठभूमि में बहुस्तरीय सहयोग की आवश्यकता है जो समान अधिकार और परस्पर सम्मान के सिद्धांतों पर आधारित हो, संप्रभु देशों के आंतरिक मामले में अहस्तक्षेप, गैर–टकराव वाले सोचने के ढ़ंग, अंतर्राष्ट्रीय संबंधों के प्रति प्रजातांत्रिक रवैया, समग्र शांति तथा सुरक्षा के प्रति योगदान करते हुए अंतर्राष्ट्रीय समुदाय को आह्वान करता है कि विचारधारा की भिन्नता और सामाजिक व्यवस्थाओं में फर्क को दर किनार करते हुए एक नए सुरक्षा वातावरण को बनाने में आगे आएं जो परस्पर विश्वास, परस्पर लाभ समानता और संवाद पर आधारित हो।

परन्तु पश्चिमी मीडिया का विचार है कि शंस संगठन का वास्तविक उद्देश्य नाटो के विरूद्ध एक सैन्य संगठन खड़ा करना है और अमेरिका को

रूस या चीन की सीमा पर हुए किसी विवाद में हस्तक्षेप करने से रोक पाने की शक्ति विकसित करना है। इरान के राष्ट्रपति महमूद अहमदीज़ाद ने संगठन का सदस्य न होते हुए भी इसके सम्मेलन में आ कर अपने भाषण में अमेरिका के विरूद्ध बातें कही।

2005 में अमेरिका ने संगठन में पर्यवेक्षक हैसियत के लिए आवेदन दिया तो उसे सदस्य देशों ने खारिज कर दिया। अफगानिस्तान और इराक के साथ अमेरिकी सैन्य कार्यवाही के दौरान अमरीकन फौजे़ उज़्बेकिस्तान और किर्गिज़स्तान में ठहरी हुई थी। शंघाई संगठन ने 2005 में अमेरिका से उन्हें हटाने का निश्चित समय सीमा निर्धारण करने को कहा। उसके बाद उज़्बेकिस्तान ने भी अमेरिकी सेना को अपने K2 हवाई ठिकाने से हट जाने को कहा। अतः एकता में बल दिखा।

शंघाई सहयोग संगठन के भू–राजनीतिक स्वरूप का वैश्वीकरण के संदर्भ में मींमासा की जाती है। राजनीति शास्त्र के विद्वान मानते है कि 2001 में स्थापित शंस संगठन कहने के लिए मध्य एशिया में उग्रवाद पर रोक लगाने और सीमा सुरक्षा को पुष्ट बनाने के लिए स्थापित की गई है पर संभवतः इसका वास्तविक उद्‌देश्य अमेरिका तथा नाटो की मध्य एशिया में की जाने वाली गतिविधियों को प्रति–संतुलित (Counter-balance) करना है। मध्य एशिया के प्राकृतिक संसाधन एवं इस स्थान का सामरिक महत्व इस स्थान को बहुत महत्वपूर्ण बनाते हैं जिस पर सभी विश्व शक्तियाँ अपना प्रभुत्व चाहती हैं।

रूस के विदेश मंत्री सर्गइ लावरोव ने 2005 नवम्बर में कहा कि शंघाई सहयोग संगठन का उद्‌देश्य एक ''युक्तिपूर्ण और न्यायसंगत वैश्विक व्यवस्था'' की स्थापना करना है। 2008 में रूसी राष्ट्रपति पुतिन ने उक्रेन को चेतावनी दी कि अगर वह अमेरिका के प्रक्षेपास्त्र सुरक्षा व्यवस्था में शामिल होगा तो उसके विरूद्ध रूस भी अपने प्रक्षेपास्त्रों की तैनाती कर देगा।

ब्रिक (BRICS – Brazil, Russia, India, China, South Africa) ब्राजील, रूस, भारत, चीन एवं दक्षिण अफ्रीका ने एक संगठन बनाया है जिसमें इन देशों के नाम के प्रथम अक्षर से ब्रिक्स शब्द बनता है जो पूर्ण रूप से 2010 में स्थापित हुआ। इसका ध्येय आर्थिक एवं वित्तीय स्थिति की सुधार के लिए आपसी सहयोग करना था। इन्होंने ''न्यू डेवलपमेंट बैंक'' की स्थापना की जो आधारभूत संरचनाओं के लिए वित्तीय मदद (ऋण) देगा दूसरे इन्होंने BRICS Contingent Reserve Arrangement (CRA) की स्थापना की जो एक मौद्रिक संस्था है।

निष्कर्ष में यह कहा जा सकता है कि न केवल यूरोप, बल्कि उत्तर एवं दक्षिण अमेरिका और एशिया के देश वैश्वीकरण के दौर में अपनी प्रतियोगी क्षमताओं को बढ़ाने के लिए क्षेत्रीय व्यापारिक एवं अन्य समझौते कर रहे है जो आने वाले वर्षों में न केवल इनकी अर्थव्यवस्थाओं बल्कि इनकी राजनैतिक जीवन पर भी प्रभाव डालेगीं।

वैश्वीकरण और तीसरा विश्व

विश्व के गरीब देशों को तीसरा विश्व कहा जाता है जिसमें दक्षिण अमेरिका के देश, अफ्रीका एवं मध्य–पूर्व के गरीब देश और एशिया के गरीब देश आते हैं। इनकी अर्थव्यवस्था को विकासशील कहा जाता है। प्रथम विश्व, विश्व के पश्चिमी हिस्से में स्थित ज्यादातर श्वेत वर्णी औद्योगिकृत देशों को कहा जाता है, दूसरा विश्व, सोवियत संघ और पूर्वी यूरोपीय साम्यवादी देशों को कहा जाता था जो वर्तमान में साम्यवादी न रहे। तीसरे विश्व के देशों की पहचान का एक और बिंदु इनका औपनिवेशिक इतिहास भी है। द्वितीय विश्व युद्ध के बाद स्थापित विश्व बैंक और अंतर्राष्ट्रीय मुद्रा बैंक ने विश्व के सभी देशों को आर्थिक वैश्वीकरण अपनाने और अपनी अर्थव्यवस्था को विश्व अर्थव्यवस्था से जोड़ने की सलाह दी। पश्चिमी अर्थशास्त्रियों के अनुसार पूरे विश्व में वस्तुओं और सेवाओं का स्वतंत्र परिगमन होना चाहिए। मुक्त व्यापार ही प्रगति का वाहक है। 1980 के दशक से आर्थिक वैश्वीकरण की चर्चा बहुत मुखर हो गई। जिन देशों का अधिक आर्थिक विकास नहीं हुआ था जैसे तीसरे विश्व के देशों में, उन्हें कई सलाह दी गई जिसे एल.पी. जी. (LPG) भी कहते हैं। एल (L) अर्थात उदारीकरण (Liberalization) जिसके अंतर्गत व्यापार में उदारीकरण कर, शुल्क एवं प्रतिबंधों को समाप्त करना आदि थे। जो देश अपने उद्योगों को बढ़ावा देने के लिए आयात पर शुल्क–प्रतिबंध लगाते थे उन्हें ही इस सुधार को अपनाने की सलाह दी गई। पी (P) अर्थात निजीकरण (Privatization) का मतलब था कि जिन देशों में सरकार उद्यम चलाती है उन्हें ऐसा करना बंद कर इन उद्यमों को निजी स्वामित्व में दे देना चाहिए, क्योंकि अक्सर सरकारी उद्यम घाटे में चलते हैं। जी (G) अर्थात सरकारी नियंत्रण से मुक्त ; (Globalization and Deregulation) जिन देशों में सरकारे अर्थव्यवस्था में ज्यादा हस्तक्षेप करती हैं, तरह–तरह के नियंत्रण लगाती हैं, गैर–आर्थिक मदों में अत्यधिक खर्च करती हैं, उन्हें ऐसा करना नहीं चाहिए। सरकारों को अपने बजट की सीमा में खर्च करना चाहिए, प्रशासन को चुस्त बनाकर अनावश्यक खर्चे और बरबादी से बचना चाहिए। सरकारी खर्च पर अंकुश लगाकर गैर–आर्थिक मद पर नियंत्रण रखना चाहिए। इन सभी का सम्मिलित रूप 'वाशिंगटन सहमति' (Washington Consensus) कहलाया जिसे विश्व बैंक और अंतर्राष्ट्रीय मुद्रा कोष ने तीसरे विश्व के देशों को ऋण देने ने पहले इन पर पालन करवाने का नियम बना लिया।

तीसरे विश्व के देशों को मुक्त व्यापार वाली बाजार अर्थव्यवस्था को अपनाने के लिए निम्नलिखित कारणों के वजह से कहा जाता है।

- तीसरे विश्व के देशों के तीव्र आर्थिक विकास के लिए आवश्यक है कि इनमें निवेश हो, तकनीक का प्रसार हो, सही आर्थिक नीतियां अपनाई जाएं, संस्थाएँ

मजबूत हो, पढ़ी–लिखी व्यवसाय कुशल कामगर हो और बाजार अर्थव्यवस्था हो। 1980 के दशक के बाद यह माना जाता है कि तीसरे विश्व के देशों को अपनी अर्थव्यवस्था वैश्विक अर्थव्यवस्था से जोड़ देना चाहिए और विदेशी पूँजी निवेश को आमंत्रण दे मुक्त व्यापार की नीति अपनाना चाहिए।

- जिन देशों ने यह रास्ता अपनाया वहां की जनता को बड़े फायदे हुए – उन्हें तरह–तरह की उपभोक्ता वस्तुएँ प्राप्त होने लगी और वे अपनी रूचि के अनुसार चीजों को चुन पाए, सेवाओं के साथ भी ऐसा होगा, उत्पादन में प्रतियोगिता होने से चीजों के दाम कम होंगे, ज्यादा और बेहतर तनख्वाह देने वाली नौकरियों का सृजन होगा, बढ़िया स्वास्थ्य सुविधाएँ और उच्च जीवन स्तर मिलेगा। जैसे–जैसे वैश्वीकरण बढ़ेगा वैसे–वैसे गरीबी का दर घटेगा।
- तीसरे विश्व के देश तकनीक की दृष्टि से पिछड़े है परन्तु अगर वे वैश्वीकरण के द्वारा विश्व के दूसरे देशों से जुड़ते हैं तो विदेशी पूँजी निवेश से तकनीक का प्रसार होता है। औद्योगिक देश कई तरह के काम जैसे कम्प्यूटर डाटा का अध्ययन, उपभोक्ता सेवा, और कम्प्यूटर द्वारा किए जाने वाले काम तीसरे विश्व की पढ़ी–लिखी जनता को आउटसोर्स करते हैं जिनसे नौकरियों का विस्तार होता है। इन्टरनेट और उच्च टेलीसंचार व्यवस्था से औद्योगिक देश तीसरे विश्व के कौशल युक्त कार्यबल से काम करवाते हैं जिससे 'देश का कौशल' (Brain Drain) बाहर चले जाने से रूक जाता है।
- तीसरे विश्व का देशों को पर्यावरण कम नष्ट हुआ होता है अतः विदेशी पूँजी निवेश को अनुमति मिले तो वे नवीन तकनीक वाले उद्यमों की स्थापना करेगें जो पर्यावरण को कम नुकसान पहुँचाएगा। वैसी आर्थिक गतिविधियाँ की जाएँगी जो वर्तमान में वैज्ञानिक हो और कम से कम प्रदूषण करें।
- बाजार अर्थव्यवस्था को अपनाने से संसाधनों का अपव्यय नहीं होता। जिनकी बाजार में मांग हो वही वस्तुएँ उत्पादित की जाएँगी, उस वस्तु की मांग और पूर्ती की ताकतें, वस्तु के दाम का निर्धारण करेंगीं ; स्वस्थ प्रतियोगी वातारण में उपभोक्ता राजा होगा और उसे अपनी रूचि और ज़ेब के अनुसार विभिन्न वस्तुओं में से चुनने का अधिकार होगा।
- अर्थव्यवस्था के वैश्वीकरण में एक तथ्य निहित है कि इसमें देशों को उन वस्तुओं या सेवाओं का उत्पादन करने में पूरा ध्यान लगाना चाहिए जिसमें उन्हें प्राकृतिक कौशल प्राप्त हो। वैश्वीकरण में स्वस्थ प्रतियोगिता से कौशल व योग्यता बढ़ती है और विभिन्न देश विभिन्न चीजों के उत्पादन में सवश्रेष्ठ बन जाते हैं और उन चीजों के लिए पूरी दुनिया के बाजार खुल जाते हैं।
- विश्व अर्थव्यवस्था में एकीकृत होने से तीसरे विश्व के देशों में भी स्वास्थ्य सेवाओं एवं संचार के क्षेत्र में नवीनतम उपकरण उपलब्ध हो जाते हैं, व्यापार एवं वाणिज्य को संचार की बेहतरी से अत्यंत बढ़ावा मिलता है और शिक्षा, प्रेस एवं मीडिया के क्षेत्र में निरंतर बढ़ोत्तरी होती जाती है।

- वैश्वीकरण से अंतर्राष्ट्रीयता को बढ़ावा मिला है, दुनिया के विभिन्न देश मिलकर मानव तस्करी, नशीले पदार्थों का व्यापार एवं आतंकवाद पर रोक लगाना, पर्यावरण एवं मौसम परिवर्तन के मुद्‌दों पर काम करना जैसे विषयों पर मिलकर काम करने का चलन बढ़ा है।
- वैश्वीकरण के प्रसार से उदार प्रजातंत्र का विकास संभव हो पाता है। जब देशों की आर्थिक स्थिति बेहतर होती है, शिक्षा एवं संचार की प्रगति होती है तो स्वाभाविक रूप से जनता प्रजातंत्र एवं अभिव्यक्ति की स्वतंत्रता की इच्छा करने लगते हैं। उदार प्रजातंत्र वाले देश युद्ध से विरत होते हैं और विश्व शांति की स्थापना का वातावरण चाहते हैं।
- वैश्वीकरण का आधारभूत तथ्य अंतर्राष्ट्रीय व्यापार की बढ़ोत्तरी है जो व्यापार प्रतिबंधों जैसे ऊँचे सीमा शुल्क या तटकर को कम करके या हटा करके बढ़ाई जा सकती है। इससे ज्यादा वस्तुएँ देश के अंदर आएँगी जो उपभोक्ताओं को प्रतिभागी दामों पर उपलब्ध होगी जिससे देशों के अपने उद्योगों को बेहतर उत्पादन करने का दबाव मिलेगा, और उनकी दक्षता एवं निपुणता बढेगी। देश निर्यात की जाने वाली वस्तुओं का अधिक से अधिक उत्पादन करने में जोर लगाएगा क्योंकि अब विश्व का बाजार उसके सामने खुला होगा जिससे देश में रोजगार का सृजन होगा। व्यापार देशों को उन व्यवसायों पर ध्यान केन्द्रित करने के लिए प्रोत्साहन देता है जिसमें वे सहज रूप से दक्ष हों। व्यापार से अर्थव्यवस्था में लचीलापन और उतार–चढ़ाव बर्दाश्त करने की क्षमता बढ़ती है, अगर घरेलू आपूर्ती की कमी हो जाए तो उस झटके को बर्दाश्त करने में ज्यादा आयात काम आ जाता है। अर्थव्यवस्था का खुलापन विदेशी पूँजी निवेश को बढ़ाता है जिससे नौकरियों के अवसर पैदा होते हैं, देश में नवीन तकनीक वाले उद्यमों की स्थापना होती है जिससे उत्पादकता में वृद्धि होती है।

तीसरे विश्व को वैश्वीकरण से उपरोक्त फायदे तो अधिक नहीं हुए परन्तु निम्नलिखित नुकसान अवश्य दिखने लगे —

1. पश्चिमी देशों के वित्तीय संस्थान और मीडिया ने यह प्रचार किया था जैसे 'द इकोनामिस्ट नाम प्रतिष्ठित पत्रिका के अनुसार मुक्त बाजार "सभी के लिए फायदे मंद है" और "ये विश्व के गरीब है जिनका सबसे ज्यादा लाभ होगा" अर्थात तीसरे विश्व की जनता को। परन्तु आंकडे कुछ और बताते हैं। UNDP (United Nations Development Programme) के अनुसार विश्व में 84 करोड़ लोग कुपोशित हैं जिनमें से अधिकांश तीसरे विश्व के देशों में रहते हैं। अफ्रीका, एशिया और दक्षिण अमेरिका के अनेकों देश पहले से भी गरीब हो गए हैं और यह नहीं कहा जा सकता कि वैश्वीकरण ने "सबको" फायदा पहुँचाया है। 1991 में संयुक्त राष्ट्र के सचिव जनरल ने बताया कि अफ्रीका एक बहुत बड़े संकट की ओर बढ़ रहा है। उनकी अर्थव्यवस्थाओं ने सुधार अपनाने की कोशिश की जिससे उनकी कृषि चौपट हो गई, वनों एवं पर्यावरण

को तेजी से नुकसान हुआ, खाद्यान्न को भारी मात्रा में आयात करना पड़ा और ऐसे व्यापारिक समझौते करने पड़े जो उनके संसाधनों को गिरवी रख कर किए गए। उन देशों से पूँजी का पालायन भी हुआ। जिम्बाब्वे इस प्रक्रिया का उदाहरण है जो 1990 से पहले मध्यम आय वाला देश माना जाता है, उसके पास खनिज भी थे और कृषि क्षेत्र उन्नत था, अंतर्राष्ट्रीय मुद्रा कोष द्वारा बताए 'वाशिंगटन सर्वसहमति' के सुधारों को अपना कर, उसका बुरा हाल हो गया, मध्य 1990 में उसके प्रमुख निर्यात वस्तु सोना एवं तंबाकू के दाम गिर गए और निवेशक भाग खड़े हुए, 1997 में उसकी मुद्रा के अवमूल्यन से उसका शेयर बाजार धराशायी हो गया। मुद्रा कोष एवं विश्व बैंक के दबाव में सरकार ने मुख्य खाद्यान्न मक्का के दाम चौबीस प्रतिशत बढ़ा दिए, अब तो हड़ताल और प्रदर्शनियां फूट पड़ीं, मुद्रा का और अवमूल्यन हो गया, वैश्वीकरण अपनाने के कुछ ही समय बाद यह अफ्रीकी देश बरबाद हो गया।

वैश्वीकरण के चलते तीसरे विश्व के देशों पर ऋण भार अनेको गुणा बढ़ गया है 1970 से 1980 के बीच तीसरे विश्व के देशों का ऋण 5.9 करोड़ से 60.3 करोड डालर बढ़ गया, 1990 में यह दुगुना 1997 तक यह 2.17 ट्रिलियन डालर (2.17 खरब डालर) हो गया। तीसरे विश्व के देशों की सरकारों को अपने ऋण चुकाने के लिए अर्थव्यवस्था में सुधार करने को कहा गया जिसमें पहला था कर बढ़ाना, खाद्यान्न पर सब्सिडी घटाना, ऊर्जा पर शुल्क लगाना, कई वस्तुओं के आयात को कम करना और मुद्रा का अवमूल्यन करना। इससे इन देशों की जनता की हालत और खराब होती जाती है अतः इससे तीसरे विश्व के कम ही देशों का फायदा हुआ है।

2. ऐसा बताया गया था कि मुक्त बाजार अर्थव्यवस्था अपना कर जनता को किस्म किस्म की वस्तुएँ मिलेगीं और उसे चुनने का अधिकार होगा मगर सच्चाई तो यह है कि तीसरे विश्व के गरीब देश और गरीब हो गए हैं अतः उनके पास पैसे ही नहीं हैं जिनसे वे अपनी पसंद की वस्तुएँ खरीदें। उनके लिए जिन्दा रहने और अपने परिवार का गुजारा कर लेने भर को मुश्किल से पैसे हैं ऐसी स्थिति में 'उपभोक्ता राजा है'' जैसा नारा बिना मतलब है। 1997 के संयुक्त राष्ट्र संघ के आंकड़ों के अनुसार अमीर देशों के समृद्ध लोगों के पास विश्व की आय का 86 प्रतिशत धन केन्द्रित है जबकि तीसरे विश्व के देशों की आय 1.3 प्रतिशत ही है। तीसरे विश्व की बहुसंख्य जनता 1 डालर प्रतिदिन पर गुजारा करती है। तीसरे विश्व के 147 देश मानव विकास सूचकांक के सबसे निचले पायदानों पर है जिसमें जीवन प्रत्याशा, शिक्षा, स्वास्थ्य सुविधा, साफ पानी एवं पर्याप्त भोजन जैसी जरूरतों का आकलन किया जाता है। तीसरे विश्व में जनसंख्या भी ज्यादा है, जो और भी ज्यादा आर्थिक गिरावट की ओर एवं हाशिए पर धकेली जा रही है।

UNDP के अनुसार सहारा क्षेत्र के अफ्रीकी देश और भयंकर गरीबी की ओर बढ़ते जा रहे हैं। दक्षिण अमेरिका के कई देश जो मध्यम आय वाले देश थे उनकी

जनता के जीवन स्तर में निरंतर गिरावट आ रही है जैसे वेनेजुएला, अर्जेन्टीना, कोलंबिया इत्यादि। खाद्यान्न एवं कृषि संगठन के अनुसार दक्षिण अमेरिका के छह करोड़ लोग "सतत भूख" (Chronic Hunger) के शिकार हैं। नेपाल, भूटान, बांग्लादेश इत्यादि तो बहुत ही गरीब देश रह गए हैं।

3. वैश्वीकरण से दुनिया में असमानता की खाई गहरी हो गई है। दुनिया के उत्तरी हिस्सों में औद्योगिक उन्नत देश हैं जो धनी होते जा रहे हैं और तीसरे विश्व के देश ज्यादातर विश्व के दक्षिणी हिस्सों में हैं जो पहले से बहुत अच्छी स्थिति में नहीं आ पाए हैं। यह उत्तर–दक्षिण का भेद वैश्वीकरण को अपना कर भी समाप्त होने का नाम नहीं ले रहा। UNDP के अनुसार 1997 में विश्व के 225 व्यक्तियों के पास 1 खरब डालर से अधिक की सम्पत्ति थी। जिसमें साठ प्रतिशत पश्चिमी श्वेत वर्णी देशों में रहते थे जिसमें जापान भी था, बचे हुए में आधे एशिया के पूर्वी हिस्सों, कुछ ही दक्षिण अमेरिका और कुछ अरब देश, रूस और पूर्वी यूरोप के अमीर लोग थे। 225 में केवल 2 अफ्रीका के थे अतः इन आंकड़ों से पता चलता है कि वैश्वीकरण से भी दुनिया के धन का बँटवारा समान नहीं हुआ है और न ही भविष्य में होगा।

उसी प्रकार देशों के अंदर भी जनता के बीच आर्थिक असमानता अत्यधिक है। तीसरे विश्व के देशों में भी जो गरीब हैं वे अत्यंत ही गरीब हैं और समाज के हाशिए पर रहने वाले जनजातीय, घुमंतु, कम पढ़े लिखे या औरते हैं जैसे मिस्र जो नव उदार आर्थिक नीतियों को अपनाने में अव्वल देश था वहाँ 1970 में 23 प्रतिशत जनता गरीबी रेखा के नीचे रहती थी जो 1990 में 40 प्रतिशत हो गई। वैसे ही ब्राजील की भी स्थिति बनी। पिछले दो दशकों से आय–असमानता हर क्षेत्र एवं देश में बढ़ी है। उपभोक्ता आंकड़े बताते हैं कि तीसरे विश्व के देशों के अंदर भी अमीर व गरीब लोगों की आय में गहरा फर्क आता जा रहा है। भारत जैसे देश के अमीर उद्योगपति एवं अन्य अत्यंत अमीर है और उनकी आय बढ़ती ही जा रही है जबकि मध्यवर्ग की भी आय वैश्वीकरण के चलते बढ़ी है परन्तु उच्च वर्ग की तुलना में अधिक नहीं, परन्तु गरीब वर्ग वैसा ही रह गया है, उसके जीवन में विशेष सुधार नहीं आया है, स्वास्थ्य, शिक्षा, साफ पानी, भरपेट भोजन, बहुसंख्य लोगों के लिए अभी भी दूर' है। आय असमानता एवं गरीबी, वैश्वीकरण द्वारा मिटाए नहीं जा सके हैं।

4. "निम्नतम की ओर दौड़" (Race to the Bottom) वैश्विक अर्थव्यवस्था में बहुर्राष्ट्रीय कंपनियां भूमण्डल में घूम कर सबसे कम कीमत वाले श्रम की तरफ दौड़ लगाती हैं जिससे कि मानव श्रम की कीमत घटती जा रही है। बाजारीकरण और खुलेपन का सबसे बुरा असर मानव श्रम पर पड़ा है, तकनीक के विकास से वैसे ही नौकरियां कम होती जा रहीं हैं, अकुशल श्रम के क्षेत्र में भी निवेशक अब तीसरे विश्व के गरीब देशों में निवेश करने चले जाते हें जहाँ मजदूरी कम है। अमीर देशों के मजदूर अपने देशों की सरकारों के प्रति अत्यंत नाराज हैं जो उनकी नौकरियां बचा नहीं पा रहे, ऊपर से पूर्व

साम्यवादी देशों के लोगों को खुला आवागमन दे कर, सैकड़ों की संख्या में अप्रवासियों को आने दे कर कामगरों के बीच कम तनख्वाह के लिए प्रतियोगिता करवा दे रहे हैं। जो असंगठित मजदूर हैं उनके लिए अनेक मुसीबतें प्रारंभ हो गईं हैं जिनमें काम के अधिक घंटे, छुट्टी न मिलना, स्वास्थ्य एवं बीमा सेवा न मिलना इत्यादि आते हैं। वैश्वीकरण से दुनिया भर के मेहनत कश लोगों की मुसीबतें बढ़ गई हैं। सरकारें भी अपने श्रमिकों के फायदे के लिए कोई काम नहीं कर पा रहीं। विश्व वित्तीय संस्थानें सरकारों को अपने खर्च कम करने की सख्त हिदायत देती रहती हैं अतः पेंशन योजना, भोजन सुरक्षा, ऊर्जा सब्सिडी इत्यादि पर दिनों दिन रोक लगती जा रही है जिससे लोगों की परेशानी तो बढ़ रही है पर उसका निराकरण नहीं हो रहा।

5. अफ्रीका, दक्षिण अमेरिका एवं एशिया के हर देश ने बाजारीकरण की नीतियां अपना ली हैं फिर भी उनका तेज विकास नहीं हो पा रहा। एशिया के चार शेर – दक्षिण कोरिया, ताइवान, हाँगकाँग एवं सिंगापुर ही ऐसे देश हैं जहाँ तीव्र औद्योगीकरण हुआ परन्तु इन्हें किसी न किसी अमीर देश का पूरा प्रश्रय मिला जैसे दक्षिण कोरिया एवं ताइवान को अमेरिकी पूँजी एवं तकनीक का बड़ा सहयोग मिला, हांगकांग में ब्रिटेन एवं सिंगापुर में लगभग सभी देशों ने निवेश कर उनकी अर्थव्यवस्था को बढ़ाने में कामयाब हुए परन्तु भारत, पाकिस्तान, अर्जेन्टीना, वेनेजुएला इत्यादि देश लाख प्रयासों से भी तेज प्रगति न कर पाए। इन देशों के महानगर इनके विकास के विरोधाभास की कहानियाँ बताते हैं कोलकता, दिल्ली, इस्लामाबाद, बम्बई, शंघाई, कराकास, रियो इत्यादि में एक तरफ गगनचुंबी इमारते हैं तो दूसरी ओर झुग्गी झोपड़ी जहाँ जीने के लिए लोग रोज संघर्ष करते हैं।

बाजारीकरण के बावजूद असमान आर्थिक प्रगति में कोई फर्क न आया है। बाजारीकरण में निहित है कि देश एवं लोग उस व्यवसाय या उत्पादन में सर्वश्रेष्ठ हो जाएँ जिसमें उन्हें सहज दक्षता हो परन्तु यह विचार भी उतना ही खोखला व अन्यायपूर्ण और तीसरे विश्व के देशों को मूर्ख बनाने वाला है जितना कि औपनिवेशवाद को जायज ठहराने वाले तर्क। जाम्बिया जैसे अफ्रीकी देश के ज्यादातर निर्यात–आय तांबे के व्यापार से प्राप्त होती थी जहाँ 1977 में उस का दाम अत्यंत कम हो गया जिससे उस साल की आय शून्य हो गई, जिसके चलते सरकारी सब्सिडी वाले खाद्यपदार्थ मंहगे हो गए और जनता भुखमरी को मजबूर हो गई। चाड की दो तिहाई निर्यात आय कपास से, चिली की तांबे से, घाना की कॉफी से, कांगों की लकड़ी से, क्यूबा की चीनी से और लाइबेरिया की लौह–अयस्क से होती है, जब इन प्राकृतिक चीजों के दाम गिरते हैं तो ये देश संकट में आ जाते हैं परंतु आश्चर्यजनक रूप से औद्योगिक देशों के औद्योगिक उत्पाद या हथियारों के दाम कभी नहीं गिरते, वरन बढ़ते ही जाते हैं।

6. आर्थिक वैश्वीकरण का एक पहलू यह है कि पूँजी का मुक्त आवागमन। तीसरे विश्व के देशों को सबसे ज्यादा नुकसान इस व्यवस्था से होता है। दुनिया भर

के मुनाफाखोर लगातार विश्व के बाजारों में चक्कर लगाते रहते हैं और ''उभरते अर्थव्यवस्था'' (Emerging Economics) वाले देश में पूँजी लगाते और निकालते रहते हैं जिससे तीसरे विश्व के देशों की अर्थव्यवस्था विचलित हो जाती हैं, उनके विदेशी मुद्रा भण्डार प्रभावित होते हैं, मुद्रा का अनावश्यक अवमूल्यन होता है।

पूँजीवादी अर्थव्यवस्था का आधार उत्पादन होता है और उसमें धन रूपी पूँजी का उपयोग कर मशीन, सामग्री श्रम एवं जमीन इत्यादि खरीद कर उद्यमिता से उत्पादन किया जाता है जिससे वस्तुओं का निर्माण होता है और उसे बेचकर धन प्राप्त किया जाता है परन्तु धन का प्रयोग कर धन कमाया भी जाता है जैसे, बैंक एवं वित्तीय संस्थाएँ अच्छे मुनाफे की आस में बड़े पैमाने पर उधार पर धन दे देती हैं। आज विश्व में पूँजी का एक बड़ा हिस्सा किसी वास्तविक उत्पादन के लिए नहीं बल्कि मुनाफे की प्रत्याशा में शेयर बाजार में लगाया जाता है। पिछले तीस वर्षों में पूँजी का आवागमन सैकड़ों गुणा बढ़ गया है। पहले ज्यादातर पूँजी निवेश लंदन, न्यूयार्क और टोक्यो में होते थे जो अब कई देशों में होते हैं। तीसरे विश्व के देशों में पूँजी का आवागमन बढ़ गया है खास तौर पर पूर्वी एशिया और दक्षिण पूर्वी एशिया में। सट्टा बाजार गतिविधियों से इन देशों की अर्थव्यवस्था पर बुरा असर पड़ता है।

7. वैश्वीकरण के लिए देशों को प्रतिबंध मुक्त खुले व्यापार के लिए कहा जाता है परन्तु आज के विश्व में प्रतिबंध मुक्त व्यापार कही नहीं है। सभी देश क्षेत्रीय – व्यापारिक संधि में बंधकर दूसरों के व्यापार से भेद–भाव कर रहे हैं जैसे अर्थशास्त्री कहते हैं कि नाफ्टा (North American Free Trade Agreement 1992) सचमुच एक मुक्त व्यापार के लिए बनाया समझौता नहीं है, यह तो उत्तरी अमेरिका के तीन देश – कनाडा, संयुक्त राष्ट्र अमेरिका एवं मैक्सिको के बीच व्यापार और निवेश के प्रतिबंध हटाता है और इस त्रिगुट तथा अन्य देशों के बीच नए किस्म के प्रतिबंध लगाता है जैसे इसका वह नियम कि उत्पाद तभी आने दिए जाएँगे जब उनके उत्पादन की जगह (Rules of Origin) इन्हीं देशों में हो। अतः सभी अमीर देश पूरी मक्कारी से अपने फायदे के संधि संगठन करते हैं और तीसरे विश्व के देशों को ईमानदारी से मुक्त व्यापार का पालन करने को कहते हैं। इस तरह के माहौल में तीसरे विश्व के देशों की अंतर्राष्ट्रीय व्यापार में भागीदारी और कम होती जा रही है और वे लगातार हाशिए पर सिमटते जा रहे हैं। 1962 में तीसरे विश्व के देशों का अंतर्राष्ट्रीय व्यापार में भागीदारी 24.1 प्रतिशत था जो 1990 में घटकर 16.5 प्रतिशत रह गया। अपनी अर्थव्यवस्थाओं को भूमण्डलीकरण में जोड़ देने से भी तीसरे विश्व के देशों के व्यापारिक उपलब्धियों में बढ़ोत्तरी हुई हो, वैसा नहीं लगता है ; या विश्व की अर्थव्यवस्थाएँ सही अर्थों में एकीकृत (Integrate) हुईं हैं ऐसा प्रतीत नहीं होता है। व्यापारिक प्रवाह से अर्थव्यवस्थाएँ सूत्रबद्ध हो जाएँगी ऐसा मानना भ्रम है, उत्तरी अमेरिका, यूरोप और पूर्व एशिया (दक्षिण

कोरिया, ताइवान, सिंगापुर, हाँगकाँग तथा चीन) अंतर्राष्ट्रीय व्यापार के बड़े खिलाड़ी हैं जिन्होंने क्षेत्रीय व्यापारिक गुट बनाकर तीसरे विश्व के देशों को किनारे कर दिया है।

8. तीसरे विश्व के देशों को अपनी अर्थव्यवस्थाएँ खोलने के लिए राज़ी करने के वास्ते यह कहा जाता है कि बहुर्राष्ट्रीय कंपनियों द्वारा प्रत्यक्ष विदेशी निवेश के जरिए तीसरे विश्व के देशों का विकास होगा। 1990 के प्रारंभ तक 300 बहुर्राष्ट्रीय कंपनियाँ विदेशी प्रत्यक्ष पूँजीनिवेश का 70 प्रतिशत हिस्सा प्रदान करती थीं और विश्व की पूँजी का 25 प्रतिशत। वे भी तीसरे विश्व के देशों में अपने उद्योग स्थापित करने में भेदभाव करती हैं। ज्यादातर बहुर्राष्ट्रीय कंपनियां निष्कर्षण (Extraction) प्रसंस्करण (Processing) एवं विनिर्माण (Manufacture) जो पेट्रो रसायन, मोटरकार, इलेक्ट्रानिक उत्पाद, टायर, दवाएँ, तंबाकू एवं खाद्य पदार्थों के क्षेत्र में हैं। ये अपने निवेश का सोच समझ कर करते हैं – कपड़े एवं इलेक्ट्रानिक सामान को छोड़कर दूसरी चीजों के विनिर्माण में ये अपने देश–विशेष या आस–पास को ही प्राथमिकता देते हैं जिससे वैश्वीकरण का असमान आर्थिक आधार बनता जाता है। विश्व बैंक के आंकड़ों के अनुसार 1990 से 1995 के बीच, तीसरे विश्व के 147 देशों में से केवल 9 देशों में ही बहुर्राष्ट्रीय कंपनियों ने निवेश किया। हालांकि पूंजी का प्रवाह विभिन्न देशों में देखा जाता है परन्तु स्थाई निवेश, तीसरे विश्व के देशों में कम ही किया जाता है। इसीलिए वैश्वीकरण मात्र तीन क्षेत्रों का है – उत्तर अमेरिका, यूरोप एवं पूर्वी एशिया – उनके अलावे दुनिया का कोई और हिस्सा 'वृहद औद्योगिक परिसर' नहीं, बनने जा रहा है। बहुर्राष्ट्रीय कंपनियां इसके उत्तर में यह बताती हैं कि ज्यादातर तीसर विश्व के देश राजनैतिक रूप से अस्थिर, आधार भूत संरचनाओं में कमजोर और कम विकसित संस्थाओं वाले होते हैं इसीलिए वे तीसरे विश्व के देशों को लंबे काल के निवेश के लिए कम ही उपयुक्त पाते हैं।

9. तीसरे विश्व के कई देशों के लिए उदारीकरण (Liberalization) अर्थात व्यापारिक प्रतिबंध हटाना, विदेशी निवेशीकरण को सहमति देना और निजीकरण को संभव बनाना ; बड़ा ही मुसीबत भरा प्रयोग बन गया। भ्रष्ट सरकारों और उनके नुमाइंदों ने देश के संसाधनों को औने–पौने बेच डाला और कमीशन खा लिए। जैसे मिस्र में अनवर सदत की सरकार ने किया। पूरे अफ्रीका के देशों में बड़े पैमाने पर ऐसे काम हुए, इससे जनता में आक्रोश फैला और जगह–जगह लोगों ने प्रतिरोध के रंग दिखाए। 2011 के 'अरब वसंत' की हलचलें लोगों के प्रतिरोध का रूप थी जो अपने–अपने देशों के भष्ट सरकारों, गिरती आर्थिक स्थिति और भाई भतीजावाद के खिलाफ दिखाई गईं थीं। वाशिंगटन सहमति द्वारा बताए गए सुधार के रास्तों को अपना कर तीसरे विश्व के देशों की सरकारें जनता की भलाई के खर्चों को कम करने लगती हैं जिससे स्वास्थ्य सेवा कम कर, खाद्यान्न के दाम बढ़ाकर, ऊर्जा मंहगी कर

देने से जनता प्रतिरोध में उबल पड़ती है फिर उन्हें दबाने के कई उपाय किए जाते हैं। राजनैतिक अत्याचार बढ़ते है, देशों के अंदर विभिन्न नस्ली गुट अपने अपने हितों की रक्षा करने के लिए मार काट करने पर उतारू हो जाते हैं। दुनिया के कई हिस्सों में उग्र हथियार बंद क्रूर दलों की उत्पत्ति के पीछे भी आर्थिक असंतोष एक बड़ा कारण है। जाम्बिया, मलावी, नाइजीरिया, केन्या, साउथ सूडान, कांगो इत्यादि हर जगह प्रतिरोध और मार–काट का बोलबाला है। जहाँ–जहाँ बहुर्राष्ट्रीय कंपनिया जमीन लेने जाती हैं वहाँ प्रतिरोध की बाढ़ आ जाती है।

10. तीसरे विश्व के देशों में सबसे बुरा हाल अफ्रीका के देशों का है जो दिनो दिन ऋण के बोझ से दबते ही जा रहे हैं। ऐसा तीसरे विश्व के हर उस देश के साथ हो रहा है जो विश्व बैंक जैसे या यूरोपियन बैंक के कर्ज लेकर अपने देश का आर्थिक विकास करने का सपना देखते हैं। दक्षिण अमेरिका के देश और अफ्रीका के देश अत्यधिक कर्ज़े में डूबे हुए हैं और उनकी परियोजनाएँ भी पूरी नहीं हो पाती हैं क्योंकि राजनैतिक नेतृत्व भ्रष्ट एवं कमजोर है जिससे उनका आर्थिक विकास भी नहीं होता कि वे अपने कर्जे लौटा पाएँ। मैक्सिको, वेनेजुएला, तंजानिया, जिम्बाब्वे जैसे देश विश्व बैंक के बताए रास्ते पर चलकर सरकारी खर्चों में कटौती कर, जनता का श्राप ले कर भी अपने कर्जों के सूद की अदायगी नहीं कर पाते। विदेशी कर्जें बहुत मंहगे भी होते हैं अतः वे दिनों दिन बोझ को बढ़ाते जाते हैं। जून 1999 में जापान ने अफ्रीका के अत्यंत गरीब देशों को दिया ऋण माफ ही कर दिया। कुछ और अमीर देशों ने ऐसा किया फिर भी अफ्रीका के देशों पर विदेशी कर्ज का भारी बोझ है और वे जो भी कमाते हैं उसका बड़ा भाग कर्ज अदायगी में चला जाता है अतः उनकी गरीबी घटने का नाम नहीं लेती। 1999 के दशक में तीसरे विश्व के देशों का कर्जभार बढ़ता ही चला गया।

अतः तीसरे विश्व के देशों के लिए मुक्त व्यापार की वैश्विक बाजार व्यवस्था अपनाना फायदेमंद है या नुकसानदेह, इस पर अंतहीन बहस हो सकती है। एक बात वर्तमान विश्व में स्पष्ट है कि साम्यवादी सरकार द्वारा नियोजित अर्थव्यवस्थाएँ तेज आर्थिक विकास प्राप्त नहीं कर पाती है, चीन एक मात्र अपवाद है परन्तु देश के अन्दर सरकारी नीतियों के चलते जनता कितना परेशान हो रही है उसका पता भी नहीं चल पाता क्योंकि चीन में अभिव्यक्ति की स्वतंत्रता नहीं है और चीन ने साम्यवादी देश होते हुए भी अपनी अर्थव्यवस्था को खोल दिया है। इसलिए आर्थिक वैश्वीकरण तेज विकास के लिए जरूरी जैसा बन गया है। तीसरे विश्व के देश एक लंबा औपनिवेशिक काल भोग चुके हैं अतः उन्हें बाजारवाद की वैश्विक व्यवस्था को ठोक बजा कर अपनाना चाहिए। पश्चिमी दुनिया के देश जो अमीर तथा विकसित हैं तथा विश्व वित्तीय संस्थाएँ जैसे विश्व बैंक और अंतर्राष्ट्रीय मुद्रा कोष उनके साथ अन्य निजी एवं देशों के केन्द्रीय बैंक जो तीसरे विश्व के देशों के ऋण देते हैं – ये सब ही वैश्वीकरण के हिमायती हैं। इनका जोर इस बात पर है कि

तीसरे विश्व के देश व्यापार में संरक्षणवाद छोड़ दें और आयात शुल्क घटा या हटा दें जिससे चीजों, पूँजी और सेवा का हर देश में निर्बाध आवागमन हो सके परन्तु यह तो सही है कि तीसरे विश्व के देश इन बड़े देशों के उत्पाद से प्रतियोगिता नहीं कर पाते, संरक्षण समाप्त कर देने से घरेलू उद्योग ठप पड़ जाते हैं। ऐसी स्थिति में यह प्रश्न उठता है कि आखिर विकास का रास्ता क्या हो। रास्ता भी अंतर्राष्ट्रीय ख्याति के अर्थशास्त्री जोसफ स्टिगलिट्ज़ बताते हैं – उनके अनुसार सरकारी नियोजन और बेलगाम मुक्त अर्थव्यवस्था के बीच एक रास्ता जो मिश्रित अर्थव्यवस्था का हो वह अपनाना तीसरे विश्व के देशों के लिए सही है। वे सरकारी खर्चों में कटौती, निजीकरण और व्यापार में सभी प्रतिबंधों को समाप्त कर देने की "वाशिंगटन सर्वसहमति" के सुधारों के आलोचक हैं। वे कहते हैं कि सिर्फ बाजारवाद अपना कर गरीबी से मुक्ति नहीं पायी जा सकती है। भारतीय मूल के प्रख्यात अर्थशास्त्री अर्मत्य सेन भी आलोचना करते हुए कहते हैं कि तीसरे विश्व की जनता को संसाधन में बहुत ही कम हिस्सेदारी मिल रही है जो बिलकुल भी न्यायोचित नहीं है। उनका तर्क बिलकुल सही भी मालूम पड़ता है जब हम यह देखते हैं कि आर्थिक वैश्वीकरण के पक्ष में जब यह कहा जाता है कि उपभोक्ताओं को विभिन्न तरह की वस्तुएँ चुन पाने का मौका मिलेगा परन्तु तीसरे विश्व की बहुसंख्य जनता जो इतनी गरीबी में रहती है उसके लिए यह तर्क अपमानजनक मजाक ही बन कर रह जाता है।

असंख्य आलोचनाओं और 2008 की मंदी के बीच मई 2008 में अंतर्राष्ट्रीय मुद्रा कोष द्वारा प्रकाशित लेख (मई 2008) में वैश्वीकरण की समालोचना करते हुए यह बताया गया कि इस व्यवस्था में निर्यात योग्य वस्तुओं का उत्पादन करते हुए विकासशील देश तेजी से प्रगति कर सकते हैं, जिससे नौकरियों का भी सृजन होता है, देशी उद्योग बाहरी प्रतियोगिता के चलते ज्यादा निपुण बनते हैं और उपभोक्ताओं को तरह–तरह की वस्तुएँ उचित मूल्य पर मिल पाती हैं और अगर ये देश संरक्षण की नीति अपनाते हैं तो बिना प्रतियोगिता के घरेलू उद्योग बेकार सामान का निर्माण करते हैं, ऐसी व्यवस्था में जो सरकार के नजदीक लोग होते हैं उन्हें फायदा होता है और वे कमीशन व घूस द्वारा भ्रष्टाचार करते हैं, उपभोक्ताओं को दाम दे कर भी अच्छी वस्तुएँ नहीं मिलती है, उत्पादकता कम होती है और प्राकृतिक कारणों से किसी चीज की कमी हो जाए तो उसकी निर्यात द्वारा भरपाई तुरन्त नहीं हो पाती है।

परन्तु यही लेख विकासशील देशों को सावधान भी करता है। वर्तमान में पूँजी का आवागमन ही सबसे तेज हैं। वित्तीय वैश्वीकरण से तीसरे विश्व के देशों में आर्थिक हलचल और मौद्रिक गतिशीलता पैदा हो गई है अतः सरकारों का दायित्व बढ़ गया है कि वे अपने देशों के वित्तीय संस्थानों को मजबूत बनाए, अपने बैंकों और शेयर बाजार को नियम–कानूनो का पालन करने पर प्रतिबद्ध करे, स्थिर एवं स्पष्ट आर्थिक नीतियां बनाएँ ताकि विदेशी पूँजी पलायन करने पर आतुर न रहे। भ्रष्ट शासन व्यवस्थाएँ और काला बाजारी से देश खोखले हो जाते हैं अतः वैश्वीकरण अपनाने के साथ–साथ सही शासन व्यवस्था **(Good**

Governance), सही आर्थिक नीतियां **(Sound Macroeconomic Policies)**,कानून का शासन **(Rule of Law)** भी उतना ही जरूरी है। लेख में यह बात भी स्वीकारी गई है कि आर्थिक वैश्वीकरण से असमान आय और गैर–बराबर क्षेत्रीय विकास हुआ है। पर यह भी सही है कि वैश्वीकरण से पहले की अपेक्षा अब हर देश में प्रति व्यक्ति आय में बढ़ोत्तरी हुई है। पहले की अपेक्षा (कुछ देशों को छोड़कर) गरीबों की स्थिति बेहतर हुई है हालांकि अमीर देशों में प्रति व्यक्ति आय बहुत ज्यादा बढ़ी है। अमीर और गरीब देशों के बीच आर्थिक खाई और गहरी हुई है। लेख के अनुसार तीसरे विश्व के देशों को शिक्षा एवं कौशल के विकास पर ध्यान देना चाहिए क्योंकि उनकी बड़ी जनसंख्याओं को वैश्वीकरण के दौर में रोजगार तब मिलेगा जब वे कार्यकुशल होंगें। 1990 के एक सर्वेक्षण से पता चलता है कि विकासशील देशों में से जिन्होंने वैश्वीकरण को अपनाया, उनकी आय न अपनाने वाले देशों से साढ़े तीन गुना ज्यादा बढ़ी और जिन देशों का विकास हुआ उन देशों के गरीबों का भी भला हुआ।

भारत और वैश्वीकरण

द्वितीय विश्व युद्ध के बाद वैश्वीकरण मुख्य रूप से अर्थशास्त्रियों, राजनीतिज्ञों और कॉरपोरेट हितों के नियोजन का परिणाम है जिन्होंने संरक्षणबाद (Protectionism) के विरूद्ध ब्रेटन वुड में सम्मेलन कर व्यापार को बढ़ावा देने हेतु विश्व में एक नवीन व्यवस्था स्थापित करने की कोशिश की। इसमें सभी देशों के आर्थिक विकास का आश्वासन दिया गया था परन्तु सच्चाई यह है कि वैश्वीकरण एवं मुक्त व्यापार विकसित एवं प्रथम विश्व के देशों के हितों के ज्यादा अनुरूप है।

अंतर्राष्ट्रीय बैंक (विश्व बैंक), अंतर्राष्ट्रीय मुद्राकोष और शुल्क तथा व्यापार पर सामान्य समझौते (General Agreement on Tariffs and Trade – GATT) जो आगे चलकर विश्व व्यापार संगठन (World Trade Organization – WTO) कहलाया ने मुक्त व्यापार के संवर्धन के लिए निम्नलिखित सुझाव दिये –

- शुल्क में कमी या समाप्ति ; कम या शुन्य शुल्क के साथ मुक्त व्यापार क्षेत्र (Free Trade Zone) के निर्माण पर बल दिया।
- समुद्र नौवहन के लिए डिब्बाबंदी (Containerization) के विकास जिससे परिवहन मूल्य में कमी आती है को प्रोत्साहन दिया।
- पूँजी नियंत्रण (Capital Control) में कमी या कटौती करने का सुझाव दिया।
- सब्सिडी (Subsidies) में कटौती या उन्मूलन को सही ठहराया।
- इन संस्थाओं ने बौद्धिक संपदा के संरक्षण पर जोर दिया।

हालांकि भारत GATT का 1947 से ही संस्थापक सदस्य है और उसी तरह विश्व व्यापार संगठन का भी परन्तु इस संस्था की तीसरे विश्व के देशों के प्रति अनउदार रवैये का भारत आलोचना करता है। विकसित देश स्वयं औद्योगिकृत हो

जाने के पश्चात, विकासशील देशों के औद्योगिकरण की राह में पर्यावरण को ले कर रूकावट डालने की कोशिश करते हैं, जिसकी चर्चा में तीसरे विश्व के देशों का पक्ष भारत रखता है। अतः पश्चिमी देशों के चालाकी भरे रवैये और ईस्ट इंडिया कंपनी द्वारा लंबे उपनिवेशी शासन काल के चलते अपनी स्वतंत्रता पाने के पश्चात भारत लंबे समय तक आर्थिक विकास के लिए स्वनिर्भर और समाजवादी आर्थिक नीतियों का अपनाता रहा, परन्तु इससे अर्थव्यवस्था का तेज विकास नहीं हुआ। दूसरी तरफ जनसंख्या तेजी से बढ़ी अतः भारत को तीसरे विश्व के निर्धन देशों की श्रेणी में रखा जाता है हालांकि प्राकृतिक संसाधनों से समृद्ध और मेहनतकश मानव संसाधन से परिपूर्ण भारत में विकास की सभी संभावनाएँ हैं। अपने प्राचीनतम काल से भारत के लोगों का विश्व की दूसरी सभ्यताओं से व्यापार होता रहा है, सिंधु घाटी काल, रोमन सभ्यता से व्यापार, मध्य काल में अरब व्यापारियों और फिर यूरोपीय व्यापारियों ने भारतीय सामानों के व्यापार से अत्यंत लाभ कमाया जो अंततः भारत की पराधीनता का भी कारण बना।

स्वतंत्रता के पश्चात की सरकार ने मिश्रित अर्थव्यवस्था अपनाई जिसमें पंचवर्षीय योजनाओं के माध्यम से उद्योगों, कृषि, व्यापार आदि को भारत के हितों को साधने के लिए विकसित किया गया। एक लंबा काल जिसे लाइसेंस राज कहा गया की शुरूआत हो गई जिसमें कोई भी उद्यम को शुरू करने के लिए सरकार से लाइसेंस लेना पड़ता था अतः घूसखोरी, भ्रष्टाचार, भाईभतीजावाद, अनुत्पादकता, संसाधनों की बरबादी इत्यादि का बोलबाला हो गया। 1980 के दशक में कुछ पूर्वी एशियाई देश तेजी से प्रगति करने लगे जैसे दक्षिण कोरिया, ताईवान, सिंगापुर एवं हांगकांग और 1990 के दशक में साम्यवादी विचारधारा की लोकप्रियता अत्यंत कम हो गई तो भारत में भी अर्थव्यवस्था के सुधार को ले कर गंभीर चिंतन प्रारंभ हो गया। परन्तु 1991 के गंभीर आर्थिक संकट ने देश को झकझोर दिया। देश में सरकारें अस्थिर थीं, विदेशी मुद्रा की अत्यंत कमी हो गई थी, विदेशी ऋण को पूरा चुकाने लायक विदेशी मुद्रा नहीं बची थी अतः केन्द्रीय बैंक को देश का सोना विदेशी बैंकों में गिरवी रख कर विदेशी मुद्रा प्राप्त करनी पड़ी। मुद्रास्फीती का दर 17 प्रतिशत हो गया था, देश से पूँजी का पलायन हो रहा था और निवेशक तथा अनिवासी भारतीय निवेशक (Non-resident Indian Investors) भारत की अर्थव्यवस्था में विश्वास खो बैठे थे। इन बातों के चलते भारत की तत्कालीन सरकार ने भारतीय अर्थव्यवस्था की योजनाओं और नीतियों में आमूल परिवर्तन का निर्णय लिया ; इन्हें LPG कहा गया अर्थात उदारीकरण, निजीकरण एवं वैश्वीकरण।

1991 के बाद भारत भी वैश्वीकरण की राह पर चल पड़ा। अपनी अर्थव्यवस्था को उदार बनाते हुए विदेशी निवेश को कई क्षेत्रों में स्वीकृति देना शुरू किया, लाइसेंस राज खत्म किया, सरकारी नियंत्रण हटा उद्यमों के निजीकरण को अनुमति दी अतः भारतीय अर्थव्यवस्था में भी परिवर्तन प्रारंभ हुए।

वर्तमान में भारत में मात्र छह उद्योगों के लिए लाइसेंस लेने की जरूरत है वे हैं कोयला एवं लिग्नाइट, पेट्रोलियम, शराब, चीनी, पशु चर्बी आधारित तेल एवं

हाइड्रोजेनेटेड तेल, तम्बाकू एवं सिगरेट उत्पाद। इनके पर्यावरण एवं सामरिक महत्व है अतः इन पर सरकार के नियंत्रण को आवश्यक समझा गया पर इनकी स्थापना अगर आबादी से दूर हो तो लाइसेंस प्राप्त करना और आसान होता है।

भारत भी चीन जैसे देशों की तरह अपनी अर्थव्यवस्था विदेशी प्रत्यक्ष पूँजीनिवेश के लिए खोल बैठा है। 2005 में कन्स्ट्रक्शन के क्षेत्र में 100 प्रतिशत प्रत्यक्ष विदेशी निवेश की मंजूरी दे दी गई जिसके पश्चात होटल, अस्पताल, शहरी निर्माण, शैक्षणिक संस्थाओं मनोरंजन स्थलों के निर्माण में बाढ़ आ गई। अनिवासी भारतीय योजना (Non-resident Indian Scheme) के तहत भारत सरकार अनिवासी भारतीयों द्वारा प्रत्यक्ष निवेश को बहुत प्रोत्साहन देती है। इसके अलावे उन विदेशी कॉरपोरेट संस्थानों को कई छूट देती है जो भारत में निवेश करना चाहते है और जिनमें 60 प्रतिशत से अधिक हिस्सेदारी अनिवासी भारतीयों की है।

आजादी के पश्चात ऐसे अनेकों उद्योगों को चिंहित किया गया था जो सिर्फ सरकारी क्षेत्र में रखे गए थे और उन्हें सरकारी उद्यम बना कर, केन्द्र सरकार के नियंत्रण में उत्पादन करना था। ऐसे कई सरकारी उद्यम अव्यवस्था और बरबादी के शिकार बन गए। अब इन उद्योगों का निजीकरण कर दिया गया है। और वर्तमान में केवल तीन उद्योग सरकारी उद्यम बनाए जा सकते हैं – हथियार एवं गोला–बारूद और रक्षा क्षेत्र से संबंधित युद्ध पोत एवं विमान ; आणविक ऊर्जा एवं रेल परिवहन। सरकार ने निजी उद्योगों की सुविधा के लिए एकाधिकार संबंधी कानूनों में भी संशोधन कर दिया है। पहले भारत के कई उद्योग जो विदेशी कच्चे माल या उपकरण मंगाते थे उन्हें बड़ी परेशानी का सामना करना पड़ता था पर अब भारतीय सरकार आयात पर शुल्क कम कर ऐसे उद्योगों को बढ़ावा देती है। उसी तरह तटकर शुल्कों में कमी कर वस्तुओं के आयात को सरल बनाया गया है। वित्तीय क्षेत्र में विस्तृत सुधार किए गए हैं जिनसे पूँजी बाजार, बैंकिग क्षेत्र एवं बीमा के कार्य–कलाप सरल हो गए हैं। इनके विनियमन पर सरकारी नियंत्रण सख्त किया गया दूसरी ओर इन्हें उपभोक्ता तथा निवेशकों के लिए सहज और सरल बनया गया। इन क्षेत्रों में निजी संस्थाओं को स्थापित करने की सहमति दी गई जिससे प्रतियोगी वातावरण पैदा हुआ और सरकारी बैंक तथा बीमा क्षेत्र के अधिकारियों के व्यवहार और कार्यशैली में सुधार आ गया।

1991 में विदेशी मुद्रा संकट के समय जब सरकार ने अंतर्राष्ट्रीय मुद्रा कोष से ऋण लिया तभी से उसके द्वारा बताए कदमों का पालन करने की भी पहल की। अर्थव्यवस्था के उदारीकरण से विकास की दर तो बढ़ी सकल घरेलू आय सात या आठ प्रतिशत सालाना के दर से बढ़ी। विदेशी मुद्रा भण्डार भी बढ़ने लगा जो 2011 में 250 बिलियन डालर के लगभग हो गया। विदेशी प्रत्यक्ष निवेश में भी बहुत बढ़ोत्तरी हुई – बिजली के सामान, कम्प्यूटर एवं इलेक्ट्रोनिक्स उत्पाद, सेवा, टेलीसंचार, परिवहन उद्योग इत्यादि में निवेश आया। वर्ष 2007 की फोर्ब पत्रिका के अनुसार भारत में अरब पतियों की संख्या बढ़ती जा रही है जो 2007 में 40 हो गई जो जापान (24), चीन (17), फ्रांस (14) और इटली (14) से ज्यादा थी।

परन्तु वैश्वीकरण के सिक्के का दूसरा रूप भी उतना ही बुरा है जितना किसी भी तीसरे विश्व के गरीब देश के देखा जा सकता है। भारत के कृषि क्षेत्र में अधिक सुधार नहीं हुआ है। 1951 में भारत की 72 प्रतिशत जनता कृषि क्षेत्र में लगी थी और सकल घरेलू उत्पाद का 59 प्रतिशत कृषि से आता था पर 2001 में 58 प्रतिशत भारतीय कृषि व्यवसाय में लगे हैं और केवल 24 प्रतिशत सकल घरेलू उत्पाद को प्राप्त होता था। 2006–07 में कृषि क्षेत्र सकल घरेलू उत्पाद का सिर्फ 22 प्रतिशत हिस्सा रह गई। दूसरे देशों में विकास के साथ जनता की कृषि में हिस्सेदारी घटती जाती है पर उत्पादकता बढ़ती है। भारत में आबादी का आधा से ज्यादा हिस्सा कृषि क्षेत्र में काम करता है परन्तु उत्पादन, देश के उत्पादन के एक चौथाई से भी कम है। कृषि विकास दर 1980–1997 में तीन प्रतिशत थी, जो 2006 में घटकर दो प्रतिशत से भी कम हो गई है जबकि इसमें मत्स्य एवं वानिकी भी शामिल है। भारत में भूमिहीन किसानों की संख्या बढ़ती ही जा रही है, 1987 में 35 प्रतिशत, 1997 में 45 प्रतिशत एवं 2005 में 55 प्रतिशत। कई किसान सतत भुखमरी (Starvation) या आत्महत्या (Suicide) के शिकार होते जा रहे हैं। 2006 के कृषि मंत्री शरद पवार ने बताया था कि 1993–2003 के बीच एक लाख भारतीय किसानों ने आत्महत्या कर ली थी।

कृषि के इतने बुरे हाल के कई कारण हैं – अल्प निवेश, बीज–खाद का सही प्रयोग न होना, कृषक की उपज की समर्थन मूल्य न मिलना, कृषि उत्पाद को बाजार या गोदाम में सही समय पर न पहुँचा पाना इत्यादि। पश्चिमी देशों की तुलना में भारत में कृषि–उत्पादकता का दर नीचा है। वैश्वीकरण की दौड़ में भारतीय सरकार ने कृषि क्षेत्र को उपेक्षित कर रखा है। अरबपतियों की चमक से लाखों किसानों और उनकी परिवार की दुखभरी दास्तान छिप गई है।

नोबल पुरस्कार विजेता अर्थशास्त्री जोसफ स्टिगलिट्ज़ कहते हैं – "व्यापारिक समझौते कृषि क्षेत्र में सब्सिडी के खिलाफ हैं जिससे तीसरे विश्व के किसानों की आय कम होती जा रही है। चूँकी विकासशील देशों की 70 प्रतिशत जनता कृषि व्यवसाय में लगी है तो इन देशों की आय भी कम होती है। जिस किसी भी पैमाने से देखा जाए आज अंतर्राष्ट्रीय व्यापारिक शासन पद्धति विकासशील या तीसरे विश्व के देशों के प्रति अन्यायपूर्ण है"। भारत की सरकार भी पहले के समान कृषि क्षेत्र को महत्व नहीं देती। वैश्वीकरण के दौर मे उन उद्योगों और विनिर्माण को विकसित करने का प्रयास किया जा रही है जो निजी क्षेत्र में हैं और जो दूसरे देशों में निवेश करने के काबिल बन रहे हैं जैसे रिलायंस इन्डस्ट्रीज़ ने फ्लेग टेलीकॉम, बरमूडा को खरीदा, टाटा ने कोरस, रैनबैक्सी ने आ.पी.जी लैब फ्रांस को खरीदा इत्यादि।

वैसे भी बाजार अर्थव्यवस्था शहरी जनता के उपभोक्तावाद को प्रोत्साहन देने में लगी रहती है। गाँव की जनता और कृषि क्षेत्र वैश्वीकरण के दौर में कहीं नहीं टिकते।

वैश्वीकरण से भारत में एक और आई.टी. क्षेत्र में अपार रोजगार का सृजन हुआ है तो दूसरी तरफ बेरोजगारी बढ़ी है। कृषि की कम उत्पादकता के कारण लाखों लोग शहरों की तरफ आने को मजबूर हैं पर उनके लिए रोजगार नहीं। बड़े अंतर्राष्ट्रीय बैंक और कॉरपोरेशन, देशों के संप्रभु शासन से बड़े हो गए हैं। निर्वाचित स्थानीय शासन इनके आगे मजबूर हो गए हैं। बड़ी बहुर्राष्ट्रीय कंपनियां अपने मशीनी उद्योगों से रोजगार छीन ले रही हैं पर तेज विकास के नाम पर सरकारें कुछ नहीं कर पा रहीं हैं। विकास का यही माडल पश्चिमी प्रचारतंत्र और मीडिया के चलते विश्व में स्वीकार्य है। विकास का कोई दूसरा रास्ता विद्वानों को भी नहीं सूझ रहा।

भारत वैश्वीकरण में शामिल तो हुआ है परन्तु इसके कई क्षेत्रों की हालत खराब है। सेवा के क्षेत्र पिछड़े हुए हैं। शिक्षा की दुरावस्था किसी से छिपी नहीं। समय–समय पर जो सर्वेक्षण होते हैं उनसे यह पता चलता है कि 95 प्रतिशत भारतीय इंजीनियर और ग्रेजुएट में नौकरी लायक आधारभूत योग्यता नहीं है, स्कूली शिक्षा के कई स्तर हैं, निजी अंग्रेजी स्कूल बेहतर हैं तो गाँव के स्कूलों का स्तर बहुत ही नीचा है, शिक्षा का अधिकार या शिक्षा की सार्वभौमिकता इसके स्तर को सही ऊँचाई पर लाने का कोई कार्य नहीं करती। उसी तरह स्वास्थ्य सेवा भी बुरी हालत में है, शिशु मृत्यु दर अधिक है, मात्–सुरक्षा दर भी अच्छी नहीं है, ग्रामीण क्षेत्र में डॉक्टर तथा दवाएँ नहीं पहुँच पाते है परन्तु टीकाकरण के क्षेत्र में अच्छा काम हुआ है।

भारत के बड़े शहर, गंदी बस्तियों के भी बड़े गढ़ हैं – दिल्ली तथा मुम्बई – जहाँ की जनता का 45 और 54 प्रतिशत क्रमश: गंदी बस्तियों में रहता है और जहाँ खुले में शौच आम बात है। गंदगी यमुना नहर और समुद्र में बहा दी जाती है। इन दोनों जगहों पर प्रत्यक्ष निवेश का इन शहरों के स्वास्थ्य एवं पर्यावरण मुद्दों को सुधारने पर कोई प्रभाव नहीं पड़ा है। भारत की राजधानी एवं वित्तीय राजधानी दुनिया की सर्वश्रेष्ठ गंदी बस्तियों में से हैं।

वैश्वीकरण के शिकार भारत के गरीब लोग अपने नेताओं की तरफ आशाभरी नज़रों से देखते हैं। जोसफ स्टिगलिट्ज़ लिखते हैं व्यापारिक उदारीकरण और बाजारों तथा अर्थव्यवस्था को खोलने से वस्तुओं और सेवाओं का मुक्त आवागमन होना था जिससे चहुँमुखी विकास होता परन्तु सच्चाई कुछ मिली–जुली है। गरीब देशों में वैश्वीकरण पश्चात भी तेज विकास न होने के पीछे वे अंतर्राष्ट्रीय व्यापारिक समझौते हैं जो अक्सर असंतुलित होते हैं। विकसित देश हक से विकासशील देशों से किये गये आयात पर शुल्क लगाते है पर वह उनके उत्पाद पर लगे शुल्क से चार गुना होती है फिर भी वे विकासशील देशों को मुक्त व्यापार की सलाह देते है। न्यायमूर्ती व्ही.आर.कृष्ण अय्यर ने भी इस ओर इशारा किया है जब वे कहते हैं कि ''यह नई विश्व व्यवस्था जो वैश्वीकरण, उदारीकरण और निजीकरण के चलते अस्तित्व में आई है वह एशियाई और अफ्रीकी देशों को अपना शिकार बनाती है जो कमजोर पड़ जाते हैं। इनको आर्थिक उन्नति के नाम पर गुलामी मिली है

जो श्वेत दुनिया के रहमो–करम पर टिकी है। जब द्वितीय विश्व युद्ध का अंत हुआ तो संयुक्त राष्ट्र अमेरिका और अन्य विशालकाय व्यापारिक शक्तियों का उद्देश्य वाणिज्यिक एवं व्यापारिक विजय कीर्ति पाना बन गया। इन शक्तिशाली देशों एवं कंपनियों ने विश्व की भूख को भी व्यापार बना डाला। प्राकृतिक संसाधन वाले गरीब तीसरे विश्व को देश इनके द्वारा ही केला–गणराज्य (Banana Republic) और खीरा–गुलाम (Cucumber Vassals) देश बना दिए गए''।

2006 के मानव विकास रिपोर्ट के अनुसार वैश्वीकरण से आबादी के आय में बहुत ही बड़ा असमान वितरण हुआ है। भारत के संदर्भ में भी वही बात है। भारत के एक प्रतिशत अमीर लोग 70 प्रतिशत से भी अधिक धन के मालिक हैं जबकि गरीबों के निम्नतम दस प्रतिशत, आय का दशमलव तीन प्रतिशत ही पाते हैं। आय का अत्यधिक असमान वितरण भारत की एक मुख्य समस्या है जिसका समाधान नहीं दिखता। वैश्वीकरण से कुछ देशों के आर्थिक अवसर तो निसंदेह बढ़े हैं और कुछ का तीव्र विकास भी हुआ है। भारत को भी इस परिदृष्य में लाभ उठाने के लिए शिक्षा, स्वास्थ्य, साफ जल एवं स्वच्छता श्रम एवं रोजगार के क्षेत्रों की बढ़ोत्तरी के लिए पूरा ध्यान लगा कर काम करना चाहिए। मानव विकास के एक सुदृढ़ आधार पर देश वैश्वीकरण के फायदे उठा पाएगा और महान देश बनेगा। शिक्षा के क्षेत्र में ऊपरी तौर पर भारत को फायदा पहुँचा कि अंग्रेजी भाषा के जानकार आई. टी. क्षेत्र में युवकों–युवतियों को बड़ी मात्रा में रोजगार मिला, पर दूसरे देश भी ऐसा कर रहे हैं पर और भी बेहतर ढ़ंग से, अतः भारत को शिक्षा का स्तरीय विकास करने में बहुत ध्यान देना चाहिए।

भारत को अपने कृषि क्षेत्र के विकास के लिए भी बहुत अधिक ध्यान देने की जरूरत है। वह देश किसी भी तरह आगे नहीं बढ़ सकता जिसका एक बड़ा भाग इतना अधिक पिछड़ रहा हो। सरकार एवं पढ़े–लिखे किसानों को कृषि उत्पादन बढ़ाने और कृषि आधारित अन्य रोजगार बढ़ाने के लिए डट कर काम करना चाहिए। कृषि में निवेश बढ़ाने के लिए सरकार को ही आगे आना चाहिए, बड़े बैंको में सुधार करने चाहिए और ऐसे व्यापारिक समझौते करने चाहिए जो सरकार के हाथ को न बांध दें। सिर्फ सकल घरेलू आय की बढ़ोत्तरी से विकास होने का भ्रम न पालना चाहिए, भारत की पुरातन गरीबी को जड़ से मिटाने के लिए कृषि क्षेत्र का विकास बहुत जरूरी है। भारतवासियों के लिए भी आवश्यक है कि वे जागरूक नागरिक बनें, उनकी सरकार किस तरह के व्यापारिक समझौते करती है उस पर कड़ी नजर रखे आखिर प्रजातंत्र में जनता ही मालिक होती है, और उत्तरदायी सरकार जनमत के विरूद्ध नहीं जा सकती।

वैश्वीकरण के प्रभाव से दुनिया भर के देशों में दक्षिण पंथी विचारधारा भी लोकप्रियता पाने लगी है जिसके विरोध में आतंकवादी गतिविधियां बढ़ने लगी है। वैश्वीकरण के चलते कई यूरोप के देशों में बैंकों की बुरी हालत हो गई है। सरकारी खर्चे में कटौती से लोग बेरोजगार हो गए हैं। जर्मनी तथा बेल्जियम के नेतृत्व पर यूरोपियन संघ के देशों में असंतोष बढ़ता जा रहा है। ऐसा भी प्रतीत होता है कि

कहीं यूरोपियन संघ न भंग हो जाए क्योंकि ब्रिटेन में संघ को छोड़ देने का विचार तेजी से जड़ पकड़ रहा है।[1] एशिया के देश अपने प्राकृतिक संसाधनों के कारण विकसित औद्योगिक अमीर देशों के लालच का कारण बने रहेंगें। ये देश कमजोर देशों में सत्ता परिवर्तन और युद्ध करवाने के लिए उत्सुक रहेंगें। एशिया के देशों की जनता को भी जागरूक होने की सख्त जरूरत है क्योंकि दक्षिण-चीन समुद्र जैसी विश्व-विवाद के स्थानों का निर्माण हो चुका है।

नोट :—

1 23 जून 2016 के जनमत के पश्चात ब्रिटेन, यूरोपियन संघ से बाहर होने को राज़ी हो गया।

प्रश्नावली

प्रश्न 1 : वैश्वीकरण अथवा भूमंडलीकरण से आप क्या समझते है ? लेख लिखें।

प्रश्न 2 : वैश्वीकरण का विश्व पर क्या आर्थिक एवं राजनैतिक प्रभाव पड़ा ?

प्रश्न 3 : वैश्वीकरण से विश्व के विकासशील देशों पर क्या सकारात्मक और नकरात्मक प्रभाव पड़ा है ?

प्रश्न 4 : भारत और वैश्वीकरण पर एक आलोचनात्मक चर्चा करें।

प्रश्न 5 : क्या वैश्वीकरण ने भारत में सांस्कृतिक विविधता के अंतर्तम रूप को प्रभावित करने में सफलता पाई है। तर्क एवं उदाहरण सहित स्पष्ट करें।

प्रश्न 6 : वैश्वीकरण श्राप है या वरदान ?

प्रश्न 7 : वैश्वीकरण का भारत पर क्या प्रभाव पड़ा है ? वर्णन करें।

सन्दर्भ–ग्रन्थ–सूची

हिन्दी में प्रकाशित ग्रन्थ

कौशिक, करूणा, साम्राज्यवादी एवं साम्यवादी रूस, हिन्दी माध्यम कार्यान्वय निदेशालय, दिल्ली विश्वविद्यालय, 1991।

गुप्ता, पार्थ सारथि, संपादक, यूरोप का इतिहास, हिन्दी माध्यम कार्यान्वय निदेशालय, दिल्ली विश्वविद्यालय, 1993।

चौरसिया, राधेश्याम, संयुक्त राष्ट्रसंघ, एटलांटिक पब्लिशर्स एंड डिस्ट्रीब्यूटर्स, 2002।

जॉल, जेम्स, यूरोप 1870 से, हिन्दी माध्यम कार्यान्वय निदेशालय, अनु. स्नेह महाजन, 1991–2008।

देव अर्जुन, इंदिरा अर्जुन देव, समकालीन विश्व का इतिहास 1890–2008, ओरियंट ब्लैकस्वॉन, 2009।

महाजन, स्नेह, बीसवीं शताब्दी का विश्व इतिहास : एक झलक, भाग–१, हिन्दी माध्यम कार्यान्वय निदेशालय, दिल्ली विश्वविद्यालय, 2014।

महाजन, विद्याधर, आधुनिक यूरोप का इतिहास, एस. चंद, 2005।

विजय, देवेश, मीना भारद्वाज, वंदना चौधरी संपादक, आधुनिक यूरोप का इतिहास: आयाम एवं दिशाएं, हिन्दी माध्यम कार्यान्वय निदेशालय, दिल्ली विश्वविद्यालय, 2011।

शिरीश, नीना, संयुक्त राष्ट्रसंघ : सैद्धांतिक और व्यावहारिक पक्ष, हिन्दी माध्यम कार्यान्वय निदेशालय, दिल्ली विश्वविद्यालय, 2004

सिंह, वैकुंठनाथ, संयुक्त राष्ट्रसंघ, ज्ञानदा प्रकाशन, 2000।

हॉब्सबॉम, एरिक, क्रांतियुग (एज ऑफ रिवॉल्यूशन), अनु. लाल बहादुर वर्मा, संवाद, 2009।

Reference Books in English

Appadurai, A.(ed.), *Modernity at Large : Cultural Dimension of Globalization,* Minneapolis : University of Minnesota Press, 1996

Bailey, S., *The United Nations,* Macmillan, 1989.

Basu Rumki, *The United Nation* (Hindi) Sterling, New Delhi, 1998.

Baylis, John and S.Smith, *The Globalization of World Politics,* Oxford : Oxford University Press, 2001.

Bell, P.M.H., *The World since 1945,* London : Arnold, 2001.

Bulliet, R.W., *The Columbia History of the Twentieth Century,* New York : Columbia University Press, 1998.

Davies, N., *Europe : A History,* Oxford : Oxford University Press, 1993/2004.

Dobson, A.D. and S.Marsh, *US Foreign Policy since 1945,* London and New York : Routledge, 2001.

Fage, J.D., *A History of Africa,* London : Unwin and Hyman, 1993.

Fukuyama, Francis, *End of History and the Last Man,* London : Hamish Hamilton, 1992.

Fullbrook, *A Concise History of Germany,* Cambridge : Cambridge University Press, 2004.

Gaddis, J., *We Now Know : Rethinking Cold War History,* Oxford : Oxford University Press, 1998.

Gaiutra, Bahadur, *Coolie Woman : The Odyssey of Indenture,* Hurst Publishers, 2013.

Gill, Leslic, *The School of the Americas : Military Training and Political Violence in the Americas,* Durham, N.C., Duke University Press, 2004.

Hangloo, Rattan Lal (ed.), *Indian Diaspora in the Carribbean : History, Culture and Identity,* Delhi, Primus Books, 2012.

Hobsbawm, Eric, *Age of Extremes : The Short Twentieth Century, 1914-1991,* New Delhi : Penguine Books India, 1994/1995.

Howard, M. and Wm. R. Louis, *The Oxford History fo the Twentieth Century,* Oxford : Oxford University Press, 1998.

Jeffrey, R., *Asia, The Winning of Independence,* Macmillan, 1981.

Langsam, Walter, C. and Otis C. Mitchell, *The World since 1919,* New York, Macmillan 1971.

Lightbody, B., *The Cold War,* London and New York : routledge, 1999/2007.

Lowe, Norman, *Mastering Modern World History,* New Delhi : Macmillan India, 1982/2005

Lundestad, G., *East West North South : Major Developments in International Politics since 1945,* Oxford : Oxford University Press, 1999.

Martin, B., *Japan and Germany in the Morden World,* New York : Berghahn Books, 1995.

Mansfield, P., *A History of the Middle East,* Penguin Books, 1992.

Mazower, M., *The Balkans : A Short History,* London : Weidenfield and Nicolson, 2002.

MC Williams, W.C., and H. Piotrowski, *The World since 1945 : A History of International Relations,* London : Lynne Rienner Publishers, 1997.

Merriman, John, *A History of Modern Europe,* New York/London : WW Norton and Company, 1996/2004.

Nove, Alec, *Economic History of the USSR, 1917-1991,* London : Penguine Books, 1969/1992.

Porter, B., *The Lion's Share : A Short History of British Imperialism , 1850-1995,* London Longman.

Reddaway, Peter, and Dmitri Glinski, *The Tragedy of Russia's Reforms : Market Bolshevism against Democracy,* Washington, DC, United States Institute of Peace, 2000.

Regan, G., *Israel and the Arabs,* Cambridge University Press, 1993 (edn)

Smith, S.C., *British Imperialism -1750-1970,* Cambridge : Cambridge University Press, 1998.

Stueck, W., *The Korean War : An International History,* Princeton, (New Jersey) : Princeton University Press, 1997.

Thinker, Hugh, *New System of Slavery,* London, Hansib Publishing, 1993.

Wasserstorm, J.N., (ed.) *Twentieth Century China : New Approaches,* London and New York : Routledge, 2002.

Westad, O.A., *The Global Cold War : Third World Interventions and the Making of our Times,* Cambridge : Cambridge University Press, 2005

अनुक्रमणिका

अंतर्राष्ट्रीय अंतरजाल 355, 389

अंतर्राष्ट्रीय मुद्रा कोष 279, 280, 333, 353, 355, 356, 369, 372, 377, 378, 381, 389

अंतर महाद्वीपीय प्रक्षेपास्त्र 103, 389

अधिराष्ट्रीय अधिकार 389

अणु छतरी 327, 389

अनिवासी भारतीय निवेशक 380, 389

अनुबंधित श्रमिक 48, 49, 389

अमेरिकी स्वप्न 214, 389

अरब बसंत 242, 324, 389

अल–अक्सा 176

आइज़नहावर सिद्धांत 105, 168, 229

आंद्रेयी सखारोव 300, 304

आत्म निर्णय का अधिकार 389

आसियान 203, 363

इओका 69

इंकाथा पार्टी 293

इंतिफादा 173, 174, 176

इबो 41, 72, 128, 202, 274, 284

ईदी अमीन 274

उदारीकरण 159, 369, 376, 380, 381, 383

एक ध्रुवीय 203, 209, 239, 240, 241, 243, 245, 268, 269, 317

एकल विश्व बाजार 356

एक्सप्लोरर 9

एक्सोडस 166

एन.ए.ए.सी.पी. 218, 219

ओपेक 172, 219, 243, 363, 365

ओस्लो समझौता 174

कुओमिंगतांग 138, 150, 151, 152, 153, 156, 157

काउडिलोस 112, 128, 132

कू–क्लक्स–क्लान 220

कगारवाद 101, 102, 225, 229, 234

कोपेनहेगन मापदंड 336

कोलोन 80, 81, 82

क्वामे नुरूमा 71

कोन्टाडोरा 122

कम्मयून 155, 156

कॉमिनफार्म 92, 253

किम इल सुंग 101, 138, 141

किम ज़ोंग इल 141

किम ज़ोंग उन 142

खमैर रुज़ 148

ग्रान कोलंबिया 110, 111, 116, 128

गिरमिटिया 51, 54, 58

गमाल अब्दुल नासिर 166

गोल्ड कोस्ट 12, 63, 71, 82

ग्लासनोस्त 267, 303, 304, 306, 307, 308, 309, 313

389

चेचन विद्रोही 177
चार्टर 13, 15, 20, 21, 23, 24, 25, 26, 27, 28, 29, 30, 33, 35, 37, 40, 62, 63, 98, 256, 262, 263, 299
चर्नोबिल 304
चियांग–काई–शेक 150
छद्म युद्ध 5
ज़िंक 72
जनरल डी–गॉल 333
जनरल मैकआर्थर 101, 138
जीन मोने 325, 329, 331, 339, 345, 362
जिम क्रो व्यवस्था 220
जियोन 164
जुशे 141
टंगाइका 12, 63, 64, 73
टीटो 206, 212, 246, 247, 252, 253, 264
टुनुक अब्दुल रहमान 70
ट्रूमैन सिद्धांत 91, 92, 229, 230, 231, 327
डाएश 59
डेंग जिआओपिंग 157
डेटन समझौता 265
डोमिनो प्रभाव 9, 140
डियासपोरा 47, 52, 58, 59, 60
डेविड थोर 10
तियनमेन स्क्वेयर 158, 159, 160
थियोडोर हर्ज़ 164
दोई–मोई 149
ददांत 301
द्वैध नागरिकता 57

दाशिकी 222
नगो–दीन–दीम 144
नागरनो–कराबाख 309
निजीकरण 362, 369, 376, 378, 380, 381, 383
नाफ्टा 362, 375
"निम्नतम की ओर दौड़" 373
न्यासधारिता परिषद 23, 34, 35
नव दस्तूर 80
निषेधाधिकार 21, 25, 28, 33, 39, 44
पिग्स की खाड़ी 104, 125
प्राग वसंत 186, 308
पोड्सडैम सम्मेलन 7
पंचशील 204, 206
प्रतिबंध 8, 10, 27, 42, 43, 75, 76, 199, 122, 125, 131, 138, 142, 181, 183, 193, 208, 286, 287, 291, 292, 293, 299, 302, 316, 326, 329, 330, 334, 352, 356, 357, 360, 361, 362, 365, 369, 371, 375, 376, 378
"पृथक परन्तु समान" 217, 219
परामर्शतक क्षेत्राधिकार 31, 33
परमाणु–भयोत्पादन 234, 327
पेरेस्त्रोइका 267, 303, 305, 306, 313
पनामा नहर 116, 118, 119, 133, 230
पोलिश गलियारा 1, 2
पर्ल हारबर 2
पोल पॉट 148, 149
पोलिट ब्यूरो 154
प्रवासी भारतीय दिवस 57
प्रव्रजक 353

फिलिस्तीनी मैंडेट 169
फिलिस्तीनी कांउसिल 175
बोअर 284
ब्रिक्स देश 244, 368
बाजार समाजवाद 158, 160
ब्राज़विल घोषणा 77
ब्रेझनेव सिद्धांत 256, 258, 267, 268, 297, 308
बांटू 284
बेन बेल्ला 81
बेन गुरियन 166
बेनेलक्स 328, 354
बायफ्रा 72
बोलिवर क्रांति 130
बालफोर घोषणा 164
ब्लैक पावर 216, 222
ब्रसल्स संधि 327
बहुर्राष्ट्रीय कंपनियाँ 376
माओ त्से तुंग 97, 152, 162
मुक्त व्यापार 98, 201, 209, 233, 241, 321, 323, 332, 335, 337, 353, 356, 357, 358, 360, 361, 362, 367, 369, 370, 375, 377, 379, 383
मर्कन्टाइल व्यापार 6
मैकार्थी युग 225, 227
मखमल क्रांति 262
मार्टिन लूथर किंग 10, 17, 216, 218, 220, 221, 222, 223
मोन्कटन कमीशन 74
मानव विकास सूचकांक 372
मानवाधिकार आयोग 41

मुनरो सिद्धांत 120, 128, 132
मरकोसर 363
मरून 34, 82, 83, 86, 197
मालकम एक्स 221
मार्शल योजना 92, 100, 232, 326, 327
मास्ट्रिच संधि 335, 336, 338, 342, 349, 362
मुहम्मद मताहिर 70
यांकी साम्राज्यवाद 11, 136, 230
यूनिटा 238
योम किप्पूर युद्ध 172, 233
योरूबा 71, 274
यूरोपियन यूनियन 70, 268, 319, 322, 336, 338, 342, 348, 362
यूरो क्षेत्र 349
रूज़वेल्ट 9, 20, 21, 63, 111, 116, 132
रोजा पार्क्स 218
रॉबर्ट मुगाबे 76, 212
रिविज़निस्ट 157
राष्ट्रसंघ 15, 19, 21, 22, 23, 24, 25, 26, 28, 29, 30, 34, 35, 36, 37, 38, 40, 41, 42, 43, 45, 46, 63, 69, 74, 75, 84, 87, 98, 101, 116, 119, 131, 135, 138, 139, 141, 148, 149, 151, 157, 166, 167, 172, 173, 174, 177, 180, 181, 182, 183, 188, 197, 198, 201, 203, 206, 208, 210, 211, 276, 277, 280, 282, 283, 289, 290, 291, 301, 325, 327, 346, 357, 358, 372, 386
लिंडन बी. जानसन 216, 222, 223

लियो पिंस्कर 164
लिस्बन संधि 344
वाइमर गणतंत्र 1
वीटो 21, 27, 28, 44, 45, 119, 232, 292, 327
वणिकवाद 360
वियतमिन्ह 144, 145
विलि ब्रांट 197
विवाचन 27, 30, 31
विश्व बैंक 29, 38, 45, 118, 200, 243, 278, 279, 280, 356, 357, 369, 372, 376, 377, 379
विश्व व्यापार संगठन 38, 209, 351, 358, 379
वाशिंगटन मार्च 10
वाशिंगटन सर्वसहमति 357
वार्सा संधि 104
वर्साई संधि 17
शंघाई सहयोग संगठन 365, 367, 368
शेजू द्वीप 137

शांति के लिए एकता प्रस्ताव 25, 28
शांतिपूर्ण सहअस्तित्व 106, 204, 206, 239, 298, 299
शात–अल–अरब 179
साइमन बोलीवार 109
सुकर्णों 83, 84
सिंगमैन री 143
सैंडीनिस्टा 121, 135
सनयात सेन 151
सैन फ्रांसिस्को सम्मेलन 15, 21, 23, 26, 33
स्पूतनिक 9, 11, 104
स्त्रेब्रिंका 265
सामुहिक सुरक्षा 327
साहल क्षेत्र 278
हाई–अथॉरिटी 339
हो–ची–मिन्ह 78
हमास 175, 176, 177
ह्यूगो शावेज़ 123, 129, 130, 136

www.ingramcontent.com/pod-product-compliance
Lightning Source LLC
Chambersburg PA
CBHW061927220426
43662CB00012B/1825